Christoph Zahrnt

Vertragsrecht für IT-Fachleute

Christoph Zahrnt

Vertragsrecht für IT-Fachleute

5., völlig neu bearbeitete Auflage

Hüthig Verlag Heidelberg

Dr. Christoph Zahrnt, Jahrgang 1944, ist Rechtsanwalt mit eigener Kanzlei in Neckargemünd und berät beide Marktseiten, Lieferanten und Anwender, bei Verträgen und IT-Leistungen. Er gilt als einer der profiliertesten Spezialisten für IT-Recht in Deutschland.

Diejenigen Bezeichnungen von im Buch genannten Erzeugnissen, die zugleich eingetragene Warenzeichen sind, wurden nicht besonders kenntlich gemacht. Es kann also aus dem Fehlen der Markierung ® nicht geschlossen werden, dass die Bezeichnung ein freier Warenname ist. Ebensowenig ist zu entnehmen, ob Patente oder Gebrauchsmusterschutz vorliegen.

Autoren und Verlag haben alle Texte mit großer Sorgfalt erarbeitet. Dennoch können Fehler nicht ausgeschlossen werden. Deshalb übernehmen weder Autor noch Verlag irgendwelche Garantien für die in diesem Buch gegebenen Informationen. In keinem Fall haften Autoren oder Verlag für irgendwelche direkten oder indirekten Schäden, die aus der Anwendung dieser Information folgen.

Die Deutsche Bibliothek – CIP-Einheitsaufnahme

Zahrnt, Christoph:
Vertragsrecht für IT-Fachleute / Christoph Zahrnt. –
5., völlig neu bearb. Aufl. – Heidelberg : Hüthig, 2002
ISBN 3-7785-3956-6

5., völlig neu bearbeitete Auflage

Printed in Germany
Umschlaggestaltung: Lytas Concept + Design, Mannheim
Satz: Gottemeyer, Leonberg
Druck und Bindung: J.P. Himmer GmbH & Co. KG, Augsburg

Vorwort zur 5. Auflage

Die Große Schuldrechtsreform, die am 1.1.2002 in Kraft getreten ist, hat Vieles geändert. Im Bilde eines Programms gesprochen, ist weniger an der Benutzeroberfläche als am Programmcode geändert worden. Das heißt, dass Vieles, was bisher auf Grund der Rechtsprechung geltendes Recht war, nunmehr zum Gesetzestext gemacht worden ist. Vieles, was bisher außerhalb des BGB geregelt war, insbesondere das AGB-Gesetz, ist in das BGB integriert worden. Das Recht der Haftung bei Vertragsverletzungen, das bisher aus einer Reihe von Insellösungen bestand, die die Rechtsprechung mehr oder weniger um eine allgemeine Anspruchsgrundlage mit der Bezeichnung „positive Forderungsverletzung" ergänzt hat, ist von der Konstruktion her wesentlich vereinfacht worden.

Der Gesetzestext ist wegen der vielen Verweise noch schwerer als der alte zu lesen. Die Vertragsrechtsordnung für IT-Verträge ist aber deutlich vereinfacht und konsistenter gestaltet worden. Dies zeigt sich in dieser Auflage darin, dass die durch die Reform betroffenen Teile kürzer geworden sind.

Die Integration von Datenverarbeitung, Informationsverarbeitung und Telekommunikation hat noch an Geschwindigkeit gewonnen. Heute wird allgemein von IT (Informationstechnologie) gesprochen. Deswegen wird von dieser Auflage an die „DV" durch die „IT" ersetzt, es gibt also keine „DV-Anlage" mehr, sondern künftig eine „IT-Anlage". Sprachlich nicht präzis, aber weil in der Branche durchgesetzt, wird entsprechend von „IT-Technik" gesprochen.

Dieses Buch wendet sich an den Nicht-Juristen, der etwas für die Zukunft lernen will. Diese Auflage verzichtet deswegen weitestgehend darauf, die Unterschiede zwischen dem alten und dem neuen Recht anzusprechen. Diese Darstellung würde einem Juristen helfen, der dadurch einfacher erfahren würde, was sich geändert hat. Den Adressaten dieses Buches dürfte das aber kaum helfen. Wer die Unterschiede wissen will, kann sich die entsprechende Darstellung aus dem Internet laden (www.zahrnt.de).

Das neue Schuldrecht lässt manche Frage offen; die Rechtsprechung soll und wird sie klären („Im Jahr 2008 werden wir wissen, wie der BGH entschieden hat." ist derzeit der verbreitetste Satz unter Vertragsjuristen). Deswegen muss ich einige Fragen offen lassen. Ich werde Antworten, sobald ich sie gefunden habe, im Internet zum Abruf bereitstellen.

Neckargemünd, Juni 2002 *Christoph Zahrnt*

Vorwort und Benutzerhinweise

Wer viel mit dem Abschluss oder der Durchführung von Verträgen zu tun hat, bei denen es um viel Geld geht – seien es Forderungen nach Vergütung oder nach Schadensersatz –, sollte einigermaßen Bescheid wissen, womit er umgeht. Dieses Buch soll dem IT-Fachmann das von ihm benötigte Vertragsrecht aufbereiten. Auf Vollständigkeit wurde verzichtet; der IT-Fachmann soll kein Mini-Jurist werden, sondern soll in komplizierten und in strittigen Fällen den Rat eines Juristen einholen. Aber er soll lernen, diejenigen Schritte auf dem manchmal glatten Parkett des Rechts zu beherrschen, die er im Alltag alleine gehen muss.

Die ersten vier Kapitel über die Grundlagen des Vertragsrechts – etwa 15 % des Buchs – sollten gelesen und am besten auch durchgearbeitet werden.

Die weiteren Kapitel, die den Schutz von Software und die einzelnen praxisrelevanten Vertragstypen behandeln, sind als Nachschlagwerk gedacht.

Im Interesse des IT-Fachmanns, der einen Leitfaden sucht, ist auf die Zitierung von Urteilen und auf Verweise auf Rechtsprechung und Literatur verzichtet worden. Wer es genauer wissen will, wird auf mein Buch „Computervertragsrecht in Rechtsprechung und Praxis“ hingewiesen. Jenes enthält die Langfassung der Kapitel 5 bis 10 und 12 bis 14 für Juristen. Die weitgehende Übereinstimmung der Gliederung (in den Gliederungsebenen ohne Klammern) erlaubt den einfachen Rückgriff auf jene ausführliche Fassung. Die Kapitel 6 bis 10 und 12 bis 14 sind in diesem Buch um die juristischen Grundlagen der in diesen Kapiteln behandelten Vertragstypen erweitert worden.

Im Interesse der Kürze wird das Internet genutzt (www.zahrnt.de):

- Einige ergänzende Themen werden abgehandelt.
- Einige hier angesprochene Probleme werden ausführlich abgehandelt.
- Einige Sonderprobleme werden abgehandelt.

In diesen Kapiteln wird die Rechtslage für den Fall dargestellt, dass im Einzelfall nichts anderes geregelt worden ist. Wenn ein IT-Fachmann sagt, dass dieses oder jenes bei ihm aber anders sei, hat er verinnerlicht, wie Verträge in seinem Bereich gestaltet werden.

Die Besonderheiten für Verträge zwischen Lieferanten und Verbrauchern sind klein gedruckt.

Recht gilt für beide Vertragspartner gleichermaßen. Dementsprechend ist das Buch grundsätzlich neutral abgefasst. – Ratschläge zur Gestaltung und zur Durchführung von IT-Verträgen finden sich (fast) nicht in diesem Buch, sondern in dem Buch „Projektmanagement von IT-Verträgen“.

Inhaltsverzeichnis

Teil 2
Die einzelnen Vertragstypen

Teil 1 Grundlagen für den Abschluss und die Durchführung von Verträgen

1 Einführung in das Vertragsrecht

Inhaltsübersicht

1.1 Rechtsvorschriften nach Form, Funktion und Inhalt

Dieses Buch befasst sich mit Verträgen zur Beschaffung von IT-Leistungen. Die Juristen bezeichnen das diesbezügliche Recht als Schuldrecht (weil die Vertragspartner sich gegenseitig etwas schulden). Wie ist das Schuldrecht in unsere Rechtsordnung einzuordnen? Zur Beantwortung dieser Frage muss vorab geklärt werden, welche Arten von Rechtsvorschriften es gibt.

(1) Rechtsvorschriften dem Zustandekommen nach

Die Unterscheidung danach, wie Rechtsvorschriften zustande gekommen sind, bezieht sich auf die Institution, die das Recht geschaffen hat. Danach werden drei Arten unterschieden:

Gesetze werden durch die Parlamente erlassen, z. B. das BGB.

Verordnungen werden auf der Grundlage gesetzlicher Ermächtigungen durch die Regierungen erlassen (in Deutschland oft mit Zustimmung des Bundesrats), z. B. die Durchführungsverordnung zum Einkommensteuergesetz, die Straßenverkehrsordnung oder die Straßenverkehrszulassungsordnung.

Ungeschriebenes Recht entwickelt sich im Laufe der Zeit aus Rechtsgrundsätzen: Gewohnheitsrecht und Richterrecht *[siehe (4)]*: Gewohnheitsrecht und Richterrecht sind mit dem geschriebenen Recht gleichrangig. Wenn die Juristen vom „positiven" (= gesetztem) Recht oder vom Gesetz sprechen, meinen sie damit auch Gewohnheitsrecht und Richterrecht.

Dienstvorschriften der öffentlichen Hand sind also keine Rechtsvorschriften.

(2) Rechtsvorschriften der Funktion nach

Der Funktion nach werden zwei Bereiche unterschieden:

Das materielle Recht regelt, wer welche Rechte/Ansprüche hat.

Das Prozessrecht regelt, wie jemand sein Recht bei Gericht durchsetzen kann. Vor Gericht geht es insbesondere um die Frage, wer was beweisen muss, also um die Beweislast *[siehe Kapitel 1.2]*. Diese wird weitestgehend innerhalb des materiellen Rechts abgehandelt.

Jede praktische Rechtsfrage hat zwei Seiten – ebenso untrennbar wie die beiden Seiten einer Münze: Hat jemand den Anspruch, den er geltend macht, und kann er den dem Anspruch zugrundeliegenden Sachverhalt auch beweisen?

(3) Rechtsvorschriften dem Gegenstand nach

Dem Gegenstand nach, den das Recht regelt, werden zwei Bereiche unterschieden:

Das öffentliche Recht, in dem der Staat dem ihm unterworfenen Bürger gegenübersteht, schreibt dem Bürger vor, wie dieser sich zu verhalten hat. Die Grundlage dieses staatlichen Handelns bilden Gesetze; die Behörden handeln vielfach nicht durch Vertrag, sondern einseitig (durch sog. Verwaltungsakte).

Beispiel: Die Baurechtsgesetze regeln, wie der Bürger bauen darf. Dieser stellt einen Bauantrag; die zuständige Behörde erlässt die Baugenehmigung (einseitig) durch Verwaltungsakt.
Beispiel: Das Einkommensteuergesetz regelt die Steuerpflicht. Der Einkommensteuerpflichtige stellt einen Antrag auf Lohnsteuerjahresausgleich oder gibt eine Steuererklärung ab.

Das Privatrecht (etwas enger definiert: das Zivilrecht/Bürgerliches Recht einschließlich Handelsrecht und Arbeitsrecht) regelt, wie Rechtsgenossen auf gleicher Ebene miteinander rechtlich umgehen können (manchmal auch: müssen). Es hat wesentlich andere Prinzipien als das öffentliche Recht (Gleichrang der Parteien statt Über-/Unterordnungsverhältnis).

(4) Ungeschriebenes Recht und Verkehrssitte (Handelsbrauch)

Ungeschriebenes Recht entwickelt sich insbesondere aus der dauernden Anwendung von Generalklauseln (= sehr vage formulierten Rechtsvorschriften) oder der hinter diesen stehenden Rechtsgrundsätzen durch die Rechtsgenossen als Gewohnheitsrecht oder – bei der Urteilsfindung – durch Richter als Richterrecht. Es werden also konkrete oder nur einigermaßen vage Vorschriften geschaffen *[vgl. Kapitel 1.1.2 (1)]*.

Gewohnheitsrecht kann unabhängig von der Rechtsprechung entstehen. Meist entsteht es aber durch kontinuierliche Rechtsprechung, z. B. indem der Bundesgerichtshof als oberstes Zivilgericht erklärt, dass er eine Frage so und so „in ständiger Rechtsprechung" entscheide. Für Richter und Rechtsanwälte hat das faktisch Gesetzeskraft (auch wenn es sich nicht immer um Gewohnheitsrecht handelt). Deswegen wird vielfach von „Richterrecht" gesprochen *[zu Beispielen siehe Kapitel 1.1.2 (3)]*.

Verkehrssitten entstehen entsprechend, wenn die beteiligten Wirtschaftskreise während längerer Dauer eine Vereinbarung einheitlich auslegen oder durchführen und dem als rechtlich richtig zustimmen („branchenüblich"/„Das ist doch selbstverständlich"). Verkehrssitten sind sozusagen die kleine Münze des Gewohnheitsrechts. Das geschriebene Recht nimmt auf sie ausdrücklich Bezug. Spezielle Verkehrssitten im kaufmännischen Verkehr werden als Handelsbräuche bezeichnet.

Technische Normen (z. B. DIN 66230 für Programmdokumentation) gelten nicht wie Rechtsvorschriften. Wenn sie sich in der Praxis durchgesetzt haben, darf der Vertragspartner aber davon ausgehen, dass der andere sie einhält (Verkehrssitte). Besteht keine Verkehrssitte, *kann* sich aus den Umständen des Einzelfalls dennoch ergeben, dass die Leistung eine bestimmte Norm einhalten muss *[zur Frage, ob in Normen beschriebene Eigenschaften garantiert sind, siehe Kapitel 6.3 (2)]*.

1.1.1 Die wichtigsten Gesetze des Zivilrechts

Die wichtigsten Gesetze für die IT-Vertragspraxis sind (Abbildung „Inhaltliche Gliederung des Rechts der BRD")

- das BGB,
- das HGB,
- das Urheberrechtsgesetz *[siehe Kapitel 5.3]*.

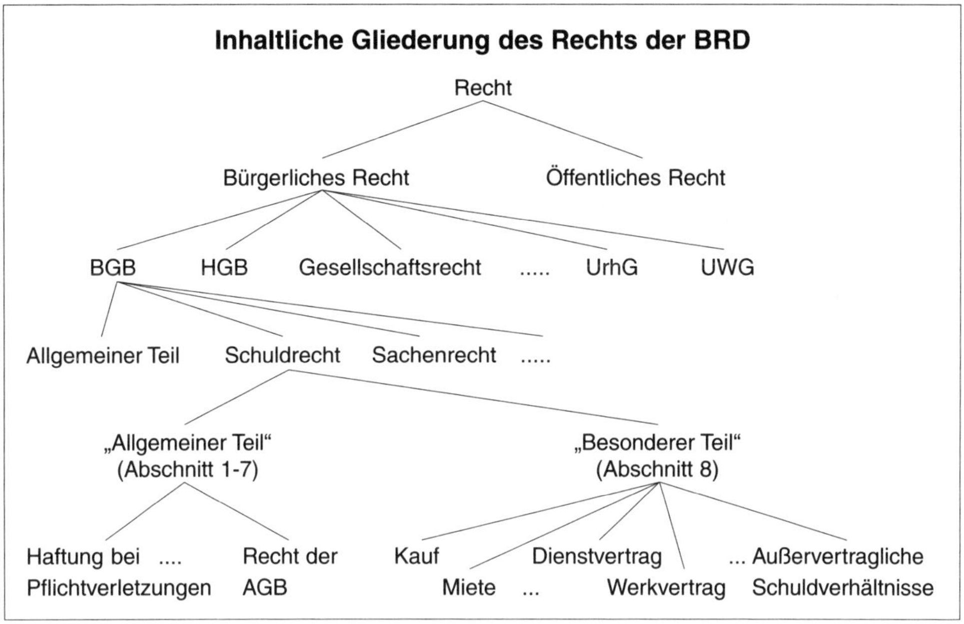

(1) BGB

Das BGB (Bürgerliches Gesetzbuch) ist am 1. Januar 1900 in Kraft getreten. Das Schuldrecht ist in den für IT-Verträge relevanten Teilen ein Jahrhundert lang durch den Gesetzgeber kaum geändert worden (wohl aber massiv durch die Rechtsprechung). Zum 1.1.2002 hat der Gesetzgeber das Schuldrecht modernisiert: Er hat es inhaltlich vereinfacht und einige inplausible und inkonsistente Vorschriften beseitigt, weiterhin vieles, was die Rechtsprechung an Richterrecht geschaffen hat, in Paragraphen gefasst. – Außerdem hat er eine Entwicklung fortgesetzt, die sich seit Jahren abzeichnet, nämlich den Verbraucherschutz gestärkt.

Die Teile des BGB: Das BGB besteht aus fünf Büchern:

1. Allgemeiner Teil
2. Recht der Schuldverhältnisse
3. Sachenrecht
4. Familienrecht
5. Erbrecht

Für die IT-Vertragspraxis sind nur die beiden ersten Bücher, z. T. auch das dritte (Übereignung von Sachen) wichtig.

Der *Allgemeine Teil* regelt insbesondere, wie Verträge geschlossen werden *[siehe Kapitel 2]* und wie sie ausgelegt werden *[siehe Kapitel 1.3]*.

Das *Schuldrecht* regelt Verträge im geschäftlichen Verkehr – auch im privaten geschäftlichen Verkehr. Diese Verträge begründen Rechte und Pflichten *[siehe ergänzend unter (3)]*. Im Gegensatz zu schuldrechtlichen Verträgen stehen sachenrechtliche Verträge (Bestellung einer Hypothek, Übereignung von Hardware), die in Erfüllung einer schuldrechtlichen

Pflicht geschlossen werden. Die Erfüllung einer solchen Pflicht erfolgt nach der deutschen Rechtsordnung durch einen gesonderten sachenrechtlichen („dinglichen“) Vertrag, z. B. Einigung über den Eigentumsübergang zusammen mit der Übergabe der Sache.

Beispiel: Ein Vertrag über den Ersatz einer Platteneinheit in einer IT-Anlage beinhaltet u. a. die schuldrechtliche Pflicht, die Ersatzteile anzuliefern, einzubauen und das Eigentum daran an den Anwender zu übertragen.

Insbesondere das Schuldrecht: Dieses besteht der Sache nach, wenn auch nicht formal, aus einem Allgemeinen Teil (2. Buch, Abschnitte 1 bis 7)

Was ist Leistungsinhalt bei Pflichten?
Welche Grenzen bestehen für den, der Allgemeine Geschäftsbedingungen aufstellt und zum Vertragsbestandteil machen will?
Wie werden Verträge über Leistungen abgewickelt?
Was geschieht bei der Verletzung von Vertragspflichten?

und aus einem Besonderen Teil (2. Buch, Abschnitt 8), in dem einzelne schuldrechtliche Vertragstypen geregelt sind. Dazu gehören insbesondere:

- der Kaufvertrag einschließlich der Variante Werklieferungsvertrag
- der Mietvertrag
- der Dienstvertrag
- der Werkvertrag

Die Regelungsdichte des geschriebenen Rechts ist sehr unterschiedlich. Der Gesetzgeber von 1900 hat das konkret geregelt, was ihm zu regeln wichtig erschien. So gibt es über den Fund 20 Paragraphen und über den Bienenschwarm vier Paragraphen. Hundert Jahre lang ist – außer hinsichtlich des Verbraucherschutzes – nicht viel hinzugekommen. Wichtig ist allerdings, dass der Gesetzgeber das Arbeitsrecht verselbständigt und ganz erheblich weiterentwickelt hat. Das neue Schuldrecht von 2002 hat Vertragstypen, in denen die Rechtsprechung Verbraucher geschützt hat, ins BGB aufgenommen.

Treten neue Vertragsformen in der Praxis auf (z. B. Leasing, Wartung/Pflege), bemüht sich die Rechtsprechung (zusammen mit der Rechtswissenschaft), diese bereits gesetzlich (oder in der Rechtsprechung) geregelten Vertragstypen zuzuordnen. Dies geschieht manchmal mehr formalistisch („in welche Schublade passt der Vertragstyp?“), manchmal mehr in der Weise, dass bisher geregelte Typen als Musterregelungen verstanden werden und daraus abgeleitet wird, wie der Gesetzgeber diesen neuen Typ wohl geregelt hätte *[zur Analogie siehe Anhang 1.7 (1)]*.

Die Vertragstypen im Besonderen Teil des Schuldrechts können spezielle Regelungen im Verhältnis zu den Regelungen im Allgemeinen Teil enthalten; diese gehen dann den Regelungen im Allgemeinen Teil vor (z. B. die Ansprüche wegen Sachmängeln den allgemeinen Regelungen über Pflichtverletzungen).

Außervertragliche Schuldverhältnisse: Neben den durch einen Vertrag begründeten Pflichten können auch Pflichten außerhalb vertraglicher Beziehungen auf Grund Gesetzes bestehen; es liegen dann sog. gesetzliche oder außervertragliche Schuldverhältnisse vor. Diese sind z. T. im Besonderen Teil des Schuldrechts, im Übrigen in speziellen Gesetzen (z. B. im Straßenverkehrsgesetz, Produkthaftungsgesetz und im UrhG) geregelt. Werden diese Pflichten verletzt, haftet der Verletzer *[siehe Kapitel 3.7]*.

(2) HGB

Inhalt: Das HGB (Handelsgesetzbuch) ist in seinen Wurzeln sogar noch älter als das BGB. Seine wichtigen Bücher sind:

1. Handelsstand, insbesondere wer Kaufmann ist
2. Handelsgesellschaften und stille Gesellschaften (die AG und die GmbH sind inzwischen außerhalb des HGB geregelt)
3. Handelsbücher
4. Handelsgeschäfte

Das HGB ergänzt und modifiziert das BGB für Kaufleute. Es soll u. a. den Geschäftsverkehr erleichtern und beschleunigen; es erwartet, dass die Beteiligten kaufmännisch – und somit auch einigermaßen rechtlich – gebildet sind, damit Risiken besser erkennen können und auch bereit sind, mehr Risiken zu übernehmen. Das HGB mutet ihnen deswegen mehr Risiken zu.

Beispiele: Eine Bürgschaft kann von einem Kaufmann auch mündlich übernommen werden (§ 350 HGB), während § 766 BGB sonst Schriftform vorsieht, damit der Erklärende durch diesen formalen Akt noch einmal auf die Bedeutung seiner Erklärung hingewiesen wird. – Die Vollmacht eines Geschäftsführers oder eines Prokuristen kann nicht eingeschränkt werden. Jeder Verhandlungspartner weiß also, woran er ist, und darf sich darauf verlassen, dass sein Gegenüber die geäußerte rechtsgeschäftliche Erklärung wirksam abgeben kann *[Kapitel 2.4]*. – Wer AGB verwendet, muss nicht nur dafür sorgen, dass diese als Vertragsbestandteil aufgeführt werden, sondern muss sie einem Konsumenten als Vertragspartner auch zur Kenntnis geben; Letzteres ist gegenüber einem Kaufmann nicht erforderlich *[siehe Kapitel 1.1.4 (2)]*. – Dem Kaufmann wird unterstellt, dass er grundlegende Begriffe des Vertragsrechts kennt.

Wird der Mitarbeiter eines Kaufmanns (z. B. einer GmbH) nach außen hin als Vertreter *[Kapitel 2.4]* oder als Erfüllungsgehilfe *[Kapitel 3.2 (1)]* tätig, wird dieses Tun nach Handelsrecht bewertet, auch wenn der Mitarbeiter sich gar nicht als Kaufmann fühlt! Zum Beispiel gilt das Schweigen eines Kaufmanns eher als Zustimmung als das Schweigen eines Privatmanns *[siehe Kapitel 2.1.5]*.

Kaufmann ist,

- gemäß § 1 HGB, wer ein Gewerbe betreibt, es sei denn, dass sein Unternehmen nach Art und Umfang einen in kaufmännischer Weise eingerichteten Geschäftsbetrieb nicht erfordert (kleine Gewerbetreibende können sich nach § 2 HGB ins Handelsregister eintragen lassen und dadurch Kaufleute werden).
- wer als Handelsgesellschaft organisiert ist, unabhängig davon, was er für eine Tätigkeit betreibt, also insbesondere jede GmbH: Formkaufleute (§ 6 HGB).

Den Gegensatz bilden Freiberufler, die gar kein Gewerbe betreiben, wie Ärzte, Steuerberater, Rechtsanwälte (sofern sie das nicht in der Form einer GmbH tun).

Die Rechtsordnung fasst in manchen Gesetzen Kaufleute und Freiberufler zusammen und stellt sie als „Unternehmer" den Verbrauchern gegenüber; der öffentliche Auftraggeber wird – als rechtlich versiert – weitgehend ebenfalls wie ein Kaufmann behandelt *[siehe z. B. Kapitel 1.1.4 (2) und (4)]*.

(3) Was die Gesetze einräumen: Rechte

Wie unter (1) dargestellt, kann jemand Rechte und Pflichten *gegenüber einem anderen* haben; diese werden typischerweise durch Verträge begründet (im Wirtschaftsleben: durch schuldrechtliche Verträge). Solche (schuldrechtlichen) Rechte werden auch „relative Rechte" im Gegensatz zu „absoluten Rechten" genannt. „Relative Rechte" bestehen gegenüber einer bestimmten Person (oder gegenüber mehreren) und beinhalten, dass von dieser etwas verlangt werden kann. „Absolute Rechte" sind Herrschaftsrechte an etwas, die von jedermann zu respektieren sind *[vgl. Kapitel 5.1 (1)]*. Das wichtigste Herrschaftsrecht ist das Eigentum an Sachen. Das Sachenrecht befasst sich weitgehend mit Herrschaftsrechten an beweglichen Sachen und an Grundstücken. Es gibt auch Herrschaftsrechte an nichtkörperlichen Gegenständen, z. B. am Namen, auf Ehre oder an Gesellschaftsanteilen. Für den IT-Fachmann geht es vor allem um das urheberrechtliche Herrschaftsrecht an Programmen *[siehe Kapitel 5.3]*.

Der Gegensatz zwischen Herrschaftsrechten und schuldrechtlichen Rechten sei an einem Beispiel verdeutlicht: Der Eigentümer eines Hauses hat das Recht, alle anderen von der Benutzung seines Hauses abzuhalten. Er kann es vermieten. Der Mieter erlangt kein Herrschaftsrecht am Haus; er hat aber gegenüber dem Eigentümer den Anspruch auf Benutzung, d. h. dass der Eigentümer dessen Herrschaftsrecht ihm gegenüber nicht ausübt. – Außerdem hat er als Besitzer (= als Repräsentant des Eigentümers) das herrschaftsrechtliche Recht, Dritte von der Benutzung auszuschließen. Das zeigt einen gewissen Übergang zwischen Herrschaftsrecht und schuldrechtlicher Position an, den es auch anderswo gibt.

1.1.2 Die Konkretheit von Rechtsvorschriften: Von Definitionen bis zu Rechtsgrundsätzen, insbesondere dem von Treu und Glauben

Dieser Abschnitt wird im Anhang 1 teilweise ausführlicher dargestellt.

(1) Gesetzgeberische Regelungstechnik

Gesetzliche Vorschriften sind oft nicht einfach zu verstehen. Nicht nur, dass sie Fachausdrücke verwenden; sie verwenden auch Ausdrücke aus der Alltagssprache mit einer juristischen Bedeutung, die dem Nichtjuristen oft unbekannt ist.

Beispiel: Zwischen Eigentum und Besitz besteht rechtlich ein erheblicher Unterschied *[siehe Kapitel 1.1.1 (3)]*.

Weiterhin streben Gesetze nach sprachlicher Kürze. Zu diesem Zwecke fassen sie Fallgruppen zusammen oder verwenden Verweise.

Noch gewichtiger ist das Problem der inhaltlichen Konkretheit: Das Zivilrecht ist vollständig, aber kurz. Die Kürze wird dadurch erreicht, dass die einzelnen Vorschriften einen ziemlich großen bis sehr großen Anwendungsbereich haben (viele bis sehr viele Fälle regeln), dafür aber zunehmend vage sind. Nach der Konkretheit (und damit ihrer Verständlichkeit) lassen sich vier Stufen von Rechtsvorschriften unterscheiden:

- Wenige Vorschriften sind sehr präzis *[siehe die Definition von Fristen in der Abbildung „Kurzer Code ist nicht guter Code"]*.
- Viele Vorschriften regeln bestimmte Lebenssachverhalte einigermaßen konkret. Schon diese können unscharfe Begriffe aus dem Leben (z. B. Ergonomie) enthalten.
- Viele Vorschriften verwenden für den Laien nicht klar definierte Begriffe, insbesondere unbestimmte Rechtsbegriffe *[Anhang 1.6]*, wie z. B. „angemessen" oder „(un)zumutbar". Diese Vorschriften sind also einigermaßen vage.
- Einige Vorschriften sind insgesamt vage; sie enthalten nahezu Rechtsgrundsätze *[siehe (2)]*.

Kurzer Code ist nicht guter Code

Wann endet eine Frist von einem Monat? Sie kann mit dem 30. November beginnen (dann am 30. Dezember); sie kann am 31. Oktober beginnen (dann am 30. November); sie kann am 31. Januar beginnen (dann am 28. Februar); sie kann am 28. Februar beginnen (dann am 28. März). Der Gesetzgeber regelt das in § 188 BGB in *einem* Paragraphen, und zwar zusammen mit der Berechnung von Fristen für ein Jahr, ein halbes Jahr und ein Vierteljahr, weil die Fragestellungen gleich sind, und auch noch für die beiden Fälle des § 187 BGB, dass der erste Tag der Frist mitgezählt bzw. dass er nicht mitgezählt wird:

§ 188 [Fristende]

(1) Eine nach Tagen bestimmte Frist endigt mit dem Ablauf des letzten Tages der Frist.

(2) Eine Frist, die nach Wochen, nach Monaten oder nach einem mehrere Monate umfassenden Zeitraume – Jahr, halbes Jahr, Vierteljahr – bestimmt ist, endigt im Falle des § 187 Abs. 1 mit dem Ablaufe desjenigen Tages der letzten Woche oder des letzten Monats, welcher durch seine Benennung oder seine Zahl dem Tage entspricht, in den das Ereignis oder der Zeitpunkt fällt, im Falle des § 187 Abs. 2 mit dem Ablaufe desjenigen Tages der letzten Woche oder des letzten Monats, welcher dem Tage vorhergeht, der durch seine Benennung oder seine Zahl dem Anfangstage der Frist entspricht.

(3) Fehlt bei einer nach Monaten bestimmten Frist in dem letzten Monate der für ihren Ablauf maßgebende Tag, so endigt die Frist mit dem Ablaufe des letzten Tages dieses Monats.

Die Eindeutigkeit, mit der die Antwort auf die konkrete Fallgestaltung gefunden wird, nimmt von Stufe zu Stufe ab. Das bedeutet, dass sich die Vertragspartner von Stufe zu Stufe mehr darüber streiten können, welches die korrekte Antwort ist. Es gibt einen von Stufe zu Stufe zunehmenden Graubereich, in dem eine zwingende oder wenigstens überzeugende Antwort nicht gegeben werden kann. – Wenn dennoch eine Antwort von einem Juristen gegeben werden muss, sollte sich der IT-Fachmann darüber im Klaren sein, dass das Ergebnis desto weniger belastbar ist, je vager die angewendete Rechtsvorschrift ist. Mit „belastbar" ist dabei gemeint, mit welcher Wahrscheinlichkeit ein Richter zu demselben Ergebnis kommen würde.

Unbestimmte Rechtsbegriffe innerhalb von Rechtsvorschriften helfen, die Umstände des Einzelfalles gebührend zu berücksichtigen. Das heißt aber auch andersherum, dass bei der Ermittlung der Rechtslage alle Umstände des Einzelfalls zu berücksichtigen sind. Beispielsweise spricht § 313 Abs. 1 BGB davon, dass die Frage, ob die Geschäftsgrundlage eines Vertrags gestört ist, „unter Berücksichtigung aller Umstände des Einzelfalls" entschieden werden muss. Das verlangt Umsicht und Neutralität.

Wenn eine bisher nicht behandelte Konstellation in der Praxis auftaucht, besteht erst einmal ein erheblicher Graubereich. Das heißt, dass für einen erheblichen Teil der Einzelfälle, die unter diese Konstellation fallen, nicht überzeugend gesagt werden kann, welcher Vertragspartner Recht hat. Wird eine neue Rechtsvorschrift erlassen, kann der Graubereich noch größer sein. Im Laufe der Zeit wird die Rechtslage von der Rechtsprechung konkretisiert.

Beispiel: Es gibt (sehr) klare Aussagen der Rechtsprechung dazu, was beim Kauf eines Software-Produkts an Benutzerdokumentation geschuldet wird *[siehe Kapitel 6.2.1 (1)]*, während noch unklar ist, was bei der Erstellung eines Individualprogramms an systemtechnischer Dokumentation geschuldet wird.

Beispiel für eine AGB-Klausel über höhere Gewalt in USA, wo kaum auf unbestimmte Rechtsbegriffe zurückgegriffen werden kann, so dass umfangreich formuliert werden muss: „Contractor shall not be liable for any failure to deliver, or delay in the delivery of, any Products or services due to any cause beyond its control, including but not limited to acts of God, acts of civil or military authority, fires, epidemics, floods, riots, wars, sabotage, labor disputes, yield problems, governmental actions, or inability to obtain materials, components, energy, manufacturing facilities, or transportation." Neuerdings wird formuliert: „war (wether declared or undeclared)", weil ein Gericht einen Bürgerkrieg nicht als „war" anerkannt hat.

Jedes Fachgebiet hat ebenso seine unbestimmten Sachbegriffe. Die IT-Fachleute sprechen z. B. von „erforderlichen Antwortzeiten" oder vom „rechtzeitigen Zurverfügungstellen". Man ist seit langem an solche Begriffe gewöhnt; bei vielen ist man sich des Graubereichs kaum noch bewusst. Es gibt auch Beispiele für unklare Begriffsinhalte: Was unterscheidet z. B. ein Upgrade von einem Update? Antwort: Etwas mehr an Weiterentwicklung. Was ist „etwas mehr"? – „Upgrade" kann aber auch die Erweiterung des Benutzungsrechts an einem Software-Produkt bedeuten.

Differenzierter Sprachgebrauch im Gesetz ist unvermeidbar. Das BGB unterscheidet zwischen unerheblichen und erheblichen Mängeln. In der Praxis gibt es noch weitere Differenzierungen der Erheblichkeit, die in Rechtsvorschriften entsprechend durch Worte verdeutlicht werden müssen. Es gibt z. B. mindestens folgende Stufen der Erheblichkeit von Störungen:

- unerheblich: § 323 Abs. 5, § 536 Abs. 1 Satz 3 BGB.
- normal: § 323 Abs. 1, § 536 Abs. 1 Satz 1 BGB (im Umkehrschluss zu „unerheblich").
- triftiger Grund: Formulierung in Verträgen (nachhaltige Störung) ähnlich „begründeter Anlass für eine Kündigung" gemäß § 89b III Nr. 1 HGB.
- wichtiger Grund: § 314, § 626 BGB; § 89b Abs. 3 Nr. 2 HGB (endgültige Zerstörung des Vertrauensverhältnisses).

Solche Differenzierungen sind nichts spezifisch Juristisches. Beispielsweise bilden IT-Fachleute Fehlerklassen, die noch stärker abgestuft sein können.

Vorsicht beim Umgang mit Rechtsbegriffen in der Praxis: Jedes Fachgebiet bildet und benutzt seine Begriffe unter seinen speziellen Zielsetzungen. Es geht also in der Praxis darum, Obacht zu geben, ob der Gesprächspartner, der von einem anderen Fachgebiet kommt, gemeinsam gebrauchte Begriffe gleichermaßen versteht.

Beispiele für unterschiedlich verwendete Begriffe [siehe auch Anhang 2.1 (2.2)]:

„Leistungsbeschreibung": Für einen IT-Fachmann (meist) die Beschreibung dessen, was Hardware oder ein Software-Produkt können soll oder was Vorgabe für ein zu erstellendes Programm ist. – Für einen Juristen die Menge der gegenseitigen Leistungen im Gegensatz zu den Vertragsbedingungen.

„AGB": Für den IT-Fachmann ein Papier, das dem Vertrag beigefügt wird, in dem das „Kleingedruckte" steht. – Für den Juristen für den mehrfachen Gebrauch vorformulierte Vertragsbedingungen, unabhängig von ihrer Verkörperung.

„Leistungen": Für den IT-Fachmann wie für Kaufleute allgemein etwas, was im Gegensatz zu Lieferungen (von Produkten) steht. – Für den Juristen der Oberbegriff für jegliches geschuldete Tun, auch für geschuldetes Unterlassen (§ 241 BGB).

„Dienstleistungen": Es handelt sich um einen kaufmännischen Begriff, der den Gegensatz zu Waren ausdrücken soll. – Damit ist für den Juristen nichts über den Vertragstyp gesagt (Dienst- oder Werkvertrag).

(2) Generalklauseln, Rechtsgrundsätze und die Vollständigkeit der Vertragsrechtsordnung

Generalklauseln sind vage Rechtsvorschriften, die es ermöglichen sollen, Antworten auf Sachverhalte zu geben, für die das Gesetz nicht einmal einigermaßen vage Vorschriften bereithält. Oder sie sollen es ermöglichen, die Umstände des Einzelfalls von vornherein oder korrigierend gegenüber einer zu streng gefassten Rechtsvorschrift zu berücksichtigen (Abbildung „Beispiele für Generalklauseln") *[siehe (3); siehe auch Anhang 1.6]*.

Generalklauseln sind Anhäufungen unbestimmter Rechtsbegriffe. Der Gesetzgeber verwendet sie zunehmend, weil er die Menge der Fälle und Lösungen im Einzelnen nicht voraussehen kann oder sich nicht im Einzelnen mit ihnen beschäftigen will. Die Generalklauseln stützen sich insbesondere auf Treu und Glauben. Der Gesetzgeber behandelt diesen Rechtsgrundsatz immer stärker als eine allgemein geltende Vorschrift (insbesondere schreibt er in der Begründung zu Gesetzen, dass er diesen oder jenen Fall nicht regele, sondern es der Rechtsprechung überlasse, diesen auf der Grundlage von Treu und Glauben zu regeln). Treu und Glauben wird damit als Rechtsgrundsatz zum Bestandteil des Vertragsrechts *[siehe (3)]*.

Beispiele für Generalklauseln

§ 157 BGB: *Auslegung von Verträgen*

Verträge sind so auszulegen, wie Treu und Glauben mit Rücksicht auf die Verkehrssitte es erfordern.

§ 242 BGB: *Leistung nach Treu und Glauben*

Der Schuldner ist verpflichtet, die Leistung so zu bewirken, wie Treu und Glauben mit Rücksicht auf die Verkehrssitte es erfordern.

§ 307 Abs. 1 BGB: *Treu und Glauben als Maßstab für AGB*

Bestimmungen in Allgemeinen Geschäftsbedingungen sind unwirksam, wenn sie den Vertragspartner des Verwenders entgegen den Geboten von Treu und Glauben unangemessen benachteiligen.

§ 346 HGB: *Handelsbräuche*

Unter Kaufleuten ist in Ansehung der Bedeutung und Wirkung von Handlungen und Unterlassungen auf die im Handelsverkehr geltenden Gewohnheiten und Gebräuche Rücksicht zu nehmen.

Dieses Konzept ermöglicht, dass es für jeden Sachverhalt eine Lösung gibt und dass dementsprechend unsere Vertragsrechtsordnung vollständig ist: Der Richter muss auf jede Rechtsfrage eine Antwort geben. Für jede Frage existiert eine Antwort, wenn diese auch oft noch nicht bekannt ist oder in Rechtsprechung und Lehre verschieden gegeben wird. Es gibt also innerhalb des Rechts (= innerhalb der Fragestellung, was rechtens ist) keinen rechtsfreien Raum. Wenn ein Jurist von rechtsfreiem Raum spricht, meint er, dass es um Bewertungsmaßstäbe außerhalb des Rechts geht, also vor allem um moralische *[vgl. Anhang 1.7 (1)]*.

Dieses Prinzip wird von einigen IT-Fachleuten öfters verkannt. Diese sind der Meinung, dass Punkte, zu denen keine Regelung in den Vertrag aufgenommen wird und die auch nicht ausdrücklich in einem Gesetz geregelt sind, rechtlich nicht existent sind; dementsprechend werde insoweit nichts geschuldet. Das ist falsch!

Beispiel: Es wird die Lieferung eines Software-Produkts zu Euro 20 000,– samt einer wichtigen Ergänzung zu Euro 5 000,– vereinbart. Zum Liefertermin ist nichts bestimmt, ebensowenig zum Thema Benutzerdokumentation und Einweisung. Der Lieferant liefert erst einmal nur das Software-Produkt, und das ohne Benutzerdokumentation. Der Anwender verlangt deren Lieferung; er weigert sich, die Rechnung zu bezahlen, mahnt die Lieferung der Ergänzung an (mit Benutzerdokumentation!) und macht etwas später Verzugsschaden geltend. Wahrscheinlich hat er in allen Punkten Recht.

(3) Treu und Glauben

Begriff: Ursprünglich beinhaltete Treu und Glauben, dass eine Entscheidung getroffen werden soll, die am Einzelfall und damit an den speziellen Interessen der Vertragspartner orientiert ist, dass also Einzelfallgerechtigkeit verwirklicht werden soll. Durch die starke Anwendung von Treu und Glauben in der Rechtsprechung und dann durch die zunehmende Bezugnahme auf „die Gebote von Treu und Glauben“ durch den Gesetzgeber ist der Inhalt heute wesentlich weiter: „Dem Worte nach weisen die Begriffe Treu und Glauben vor allem einerseits in die Richtung des Vertrauensschutzes, andererseits in die Richtung einer ‚billigen‘ Rücksichtnahme auf die schutzwürdigen Interessen anderer Beteiligter auch dort, wo deren Schutzwürdigkeit in der speziellen rechtlichen Regelung nicht bzw. nicht hinreichend Rechnung getragen wird. Auf den Grundsatz ausgleichender Gerechtigkeit beruft sich BGH.“[1] Zum Vertrauensschutz des anderen Vertragspartners gehört insbesondere der Grundsatz der Rechtssicherheit.

Dieses Gewicht von Treu und Glauben ist nicht von den Juristen als Existenzsicherung eines Berufsstandes erfunden worden, sondern ist ein Entgegenkommen an den Willen der Rechtsgenossen. Die Juristen haben typischerweise strenges Recht vorgezogen; die Rechtsgenossen haben dessen Aufweichung verlangt. Bei strengem Recht hätte der Rechtsberater auch in schwierigen Fällen eine gute Chance, auf der Grundlage des vom

1 MünchKomm-*Roth*, Bürgerliches Gesetzbuch § 242 (5).

Mandanten behaupteten Sachverhalts richtig vorherzusagen, wie das Gericht den Rechtsstreit entscheiden dürfte. Der Rechtsberater müsste trotzdem nicht befürchten, dass der Mandant die Lösung selbst suchen und als Kunde wegbleiben würde; denn die Rechtsordnung wäre für den Laien immer noch zu kompliziert. Der einzelne Rechtsberater könnte auch in weiteren Bereichen sachgerecht tätig werden, als es ihm heute möglich ist.

„Nach Treu und Glauben“ kann in etwa mit „fair“ gleichgesetzt werden. Ähnlich wird die Rechtsfigur des „reasonable man“ im angloamerikanischen Recht (wenn auch dort nur vorsichtig) angewendet: Wie würde dieser eine vertragliche Regelung verstehen? Würde dieser eine erbrachte Leistung als ordnungsgemäß betrachten? Wie würde dieser eine Lücke im Vertrag füllen?

Anwendung von Treu und Glauben: Jede vertragliche Regelung, die eine Leistung zum Gegenstand hat, ist gemäß § 157 BGB nach Treu und Glauben auszulegen und gemäß § 242 BGB entsprechend durchzuführen. Die Auslegung kann ergeben, dass die Regelung zu ergänzen ist. Ebenso kann sich bei der Anwendung von gesetzlichen Vorschriften ergeben, dass eine Lücke besteht, die nach den Geboten von Treu und Glauben gefüllt werden muss.

Konkretisierungen von Treu und Glauben sind beispielsweise:

- Schweigen zu einem kaufmännischen (geschäftlichen) Bestätigungsschreiben darf vom Absender weitgehend als Zustimmung verstanden werden *[Kapitel 2.2]*.
- Verwirkung kann früher als die gesetzlich geregelte Verjährung eintreten und die Durchsetzung von Ansprüchen ausschließen *[Kapitel 3.10 (4)]*.
- Der Auftragnehmer, der beim Verkauf eines teuren Software-Produkts die Pflicht zur Mängelbeseitigung ausdrücklich übernimmt, ist wahrscheinlich nach Ablauf der Verjährungsfrist für die Mängelbeseitigung zur Pflege verpflichtet, zumindest wenn er nur das Objektprogramm ausgeliefert hat *[Kapitel 14.2 (1)]*.

Die Auslegung einer vertraglichen Regelung kann auch ergeben, dass sie – gemessen an Treu und Glauben – korrekturbedürftig ist.

Auch jede gesetzliche Vorschrift ist sachgerecht, das heißt insbesondere unter Berücksichtigung von Treu und Glauben, auszulegen und anzuwenden. Das bedeutet insbesondere, dass die Vorschrift in Ausnahmefällen (!) nicht anzuwenden ist.

Beispiele: § 266 BGB verbietet Teilleistungen. Die Rechtsprechung lässt sie aber insoweit zu, wie Treu und Glauben das gebieten. Das liegt insbesondere bei Teilzahlungen nahe. – Darlehensverträge mit wucherischen Zinsen sind nichtig. Trotzdem muss der Darlehensnehmer das Geld nicht sofort zurückzahlen (das er so dringend benötigt hat, dass er solche Zinsen akzeptiert hat).

(4) Umgang mit juristischen Lehrsätzen

Es liegt nahe anzunehmen, dass es für einzelne Rechtsfragen eine wohldefinierte Menge an Lösungen gibt, bei denen nur im Grenzbereich unklar ist, ob der Anspruch gegeben ist oder nicht. Zu beachten sind allerdings zwei Störfaktoren:

Erstens: Es gibt nur bedingt saubere Grenzen eines Rechtsproblems zu anderen Rechtsproblemen. Es ist möglich, dass ein Gesichtspunkt eingreift, der zu einer anderen Behandlung und Lösung innerhalb einer anderen Fragestellung führt. Ein juristischer Laie sollte also jeden juristischen Lehrsatz nur für einen Normalbereich anwenden.

Beispiel: Die Verteilung der Rechte an den Ergebnissen bei Programmerstellung hängt von einer Reihe von Faktoren ab *[Kapitel 9.3.4]*. Dieses Argumentationsgeflecht wird wesentlich zugunsten des Auftragnehmers verschoben, wenn er eine Erweiterung zu einem seiner Software-Produkte erstellen soll *[siehe Kapitel 8.4.1 (5)]*.

Zweitens: Juristische Lehrsätze werden häufig in der Weise formuliert, dass sie zur Abgrenzung zwischen positiv und negativ für einen bestimmten Bereich dienen. Wenn solche Aussagen auf Extremfälle angewendet werden, taugen sie oft nicht mehr. Man kann sie mit Kurven, insbesondere mit Regressionskurven höherer Ordnung, vergleichen. Der juristische Lehrsatz soll nur für den Bereich gelten, der erfasst werden soll, nicht für den gesamten, für den er formal anwendbar ist.

Beispiel: Wann liegt eine Raubkopie vor? Jemand kopiere sich ein Programm von einem Originaldatenträger eines anderen Anwenders direkt in den Hauptspeicher (es wird keine Kopie in einer Plattenbibliothek angelegt) und nutze es (er darf seinen PC also nicht ausstellen). Manche Juristen sehen auch das als Vervielfältigungsstück an. Sie rechtfertigen das u. a. mit dem Hinweis, dass auch eine Speise aus Eis von der Rechtsprechung als urheberrechtliches Werk anerkannt worden sei.

Beispiel: Der Lieferant darf die Pflege einer veralteten Version bald einstellen *[siehe Kapitel 14.2.2]*. Er darf das aber bei einem Programm für Finanzbuchhaltung nicht zum 31.12. eines Jahres tun (sondern erst zu einem Termin im nächsten Jahr, zu dem ordentliche Anwender ihren Jahresabschluss fertig haben).

1.1.3 Vertragsfreiheit, Bedeutung und allgemeine Schranken

(1) Der Grundsatz der Vertragsfreiheit

Die Vertragsfreiheit beinhaltet das Recht der Rechtsgenossen,

- Verträge abzuschließen (das überhaupt tun zu dürfen, und zwar in der gewünschten Weise und mit dem gewünschten Partner, oder das auch ablehnen zu dürfen),
- andere Vertragstypen als die gesetzlich geregelten zu bilden: z. B. die Pflege von Software-Produkten; Outsourcing,
- von den geregelten Typen abzuweichen (soweit nicht zwingendes Recht vorliegt): z. B. Leasing als modifizierte Miete zu vereinbaren; die Haftung auf Schadensersatz einzuschränken (es kann also teilweise von gesetzlichen Haftungsregelungen abgewichen werden; im Übrigen gilt das BGB ergänzend),
- geschlossene Verträge einverständlich zu ändern oder aufzuheben.

Das bedeutet, dass die Vorschriften des Schuldrechts weitgehend abbedungen/ersetzt werden können (dass sie sog. nachgiebiges/dispositives Recht enthalten). Der Grundsatz der Vertragsfreiheit beantwortet also die Frage von IT-Fachleuten, ob sie dieses oder jenes vertraglich tun könnten: Sie können es, soweit nicht ausnahmsweise Schranken vorliegen.

Beispiele sind letztlich zahllos. Aus der Phase des Abschlusses von Verträgen: Derjenige, der einen Vertragsantrag macht, kann die ziemlich kurze Frist, für die sein Vertragsantrag nach dem Gesetz wirksam ist *[siehe Kapitel 2.1.2 (2)]*, verlängern (Bindefrist); er kann Schriftform für den Vertrag verlangen.

(2) Allgemeine Schranken

Die Vertragsfreiheit findet drei Schranken:

Zwingende Rechtsvorschriften: Es ist unmittelbar einsichtig, dass von solchen Vorschriften nicht abgewichen werden kann. Der Gesetzgeber sieht sie dort vor, wo er einen Vertragspartner schützen will. Dass eine Vorschrift zwingend ist, kann so selbstverständlich sein, dass diese Eigenschaft im Gesetz nicht erwähnt wird. Normalerweise findet sich ein Satz wie im Mietrecht: „Von den vorstehenden Vorschriften kann zu Lasten eines Mieters von Wohnraum nicht abgewichen werden.“. Ähnlich wie das Mietrecht enthalten das Recht des Verbrauchsgüterkaufs *[siehe Kapitel 6.3.13]* und das Arbeitsrecht zahlreiche zwingende Rechtsvorschriften. Im Bereich von IT-Verträgen, die nicht mit Verbrauchern abgeschlossen werden, gibt es fast keine praxisrelevanten zwingenden Vorschriften.

Beispiele: Nach § 314 BGB ist die Kündigung eines Dauerschuldverhältnisses aus wichtigem Grund stets zulässig – ohne Erwähnung des zwingenden Charakters.
Die Pflichten eines Anbieters im elektronischen Geschäftsverkehr gemäß § 312e BGB sind gemäß § 312f zwingend.
Nach § 69d II UrhG darf der Anwender sich eine Sicherungskopie machen *[siehe Kapitel 8.2.2.1 (3)]*. Nach § 69g II UrhG kann dieses Recht nicht eingeschränkt werden.

Allgemeine Grenzen: Was kann das Recht nicht zulassen?

- Sittenwidrige Verträge (§ 138 BGB), z. B. wucherische Zinsen bei Darlehen.
- Verstöße gegen gesetzliche Verbote (§ 134 BGB), z. B. gegen das AÜG *[Kapitel 12.2]*.

Besondere Grenzen wegen der Marktmacht eines Vertragspartners: Beispielsweise stellt sich die Frage, ob und ggf. in welcher Höhe die Telekom Gebühren verlangen kann, wenn ein Kunde mit seiner Telefonnummer zu einem anderen Anbieter wechseln will. Ggf. bestehen wegen der Marktmacht auch besondere Pflichten wie z. B. die Pflicht, Verträge abzuschließen, beispielsweise auf Grund des Gesetzes gegen Wettbewerbsbeschränkungen. *Siehe Kapitel 14.2 (1) zur Pflicht des Lieferanten, Pflegeverträge anzubieten.*

1.1.4 Besondere Schranken für Allgemeine Geschäftsbedingungen

Der Zweite Abschnitt des Schuldrechts regelt das Recht der Allgemeinen Geschäftsbedingungen. Er hat vor allem die Aufgabe, die Vertragsfreiheit bei der Ausgestaltung von AGB einzuschränken. Daneben regelt er einige spezielle Fragen.

(1) Der Begriff der Allgemeinen Geschäftsbedingungen

Wesentliches Merkmal für AGB ist, dass ein Vertragspartner einseitig vorformulierte Vertragsbedingungen einführt. Auf Kürze oder Länge, auf Schriftart und Form dieser Bedingungen kommt es nicht an, ebenso wenig auf deren Bezeichnung. Es kommt alleine darauf an, ob die Bedingungen für den mehrfachen Gebrauch vorformuliert sind. Auch solche Formulierungen, die ein Lieferant in seinen Angeboten standardmäßig verwendet, unterliegen dem AGB-Recht.

Es kommt auch nicht auf den Inhalt an, er muss nicht rechtlicher Art sein. Letztlich sind auch Preislisten AGB. Für Regelungen, die sich auf die Leistungen beziehen, gelten allerdings nur die allgemeinen Vorschriften *[siehe (3)]*, (fast) nicht auch die über die Inhaltskontrolle *[siehe (4)]*.

Den Gegensatz zu AGB bilden sogenannte Individualvereinbarungen, die zwischen den Vertragspartnern im Einzelnen ausgehandelt worden sind. Wenn sich der Verwender von AGB darauf beruft, dass eine ursprünglich als AGB gestellte Klausel ausgehandelt worden sei (auch wenn sie nicht geändert worden ist) und also das AGB-Recht nicht mehr eingreife, muss er das beweisen *[siehe (6)]*.

Beispiel: Ein Softwarehaus bietet zu seinen AGB an. Diese werden z. T. besprochen. Der (große) Auftraggeber übernimmt das Angebot komplett auf eigenes Papier (wie es dem Stil des Hauses entspricht) und gibt dem Softwarehaus das Dokument (als Vertragsantrag oder als Aufforderung zur Angebotsabgabe). Der Auftraggeber macht damit alle Regelungen zu Individualvereinbarungen.

(2) Einbeziehung von AGB in den Vertrag, insbesondere die Kollision von AGB beider Vertragspartner

Sollen AGB des Verwenders Vertragsbestandteil werden, muss ihre Geltung im Vertrag vereinbart werden.

Beispiele: Ein Hinweis erst auf einer Rechnung auf die Geltung von AGB ändert nichts daran, dass der Vertrag bereits ohne Einbeziehung der AGB geschlossen worden ist. – *Zu Schutzhüllenverträgen bei PC-Software siehe Kapitel 8.6.2.*

Darüber hinaus müssen die AGB im Normalfall einem Verbraucher als Vertragspartner so mitgeteilt werden, dass er sie einfach zur Kenntnis nehmen kann. Unternehmern und öffentlichen Auftraggebern brauchen sie nicht mitgeteilt zu werden; diese müssen aber die Möglichkeit haben, einfach Kenntnis zu erhalten. – Ob der andere Vertragspartner die AGB liest, ist seine Sache und ist für die Einbeziehung rechtlich unerheblich.

Verweist jeder der Vertragspartner auf seine AGB (wobei beide damit nicht AGB im Rechtssinne, also nicht Standardformulierungen in Angeboten bzw. Aufträgen, sondern jeweils ein bestimmtes Dokument meinen), so kommt der Vertrag gemäß § 154 BGB im Zweifel erst einmal nicht zustande. Der Zweifel ist aber widerlegt (und der Vertrag damit geschlossen), sobald beide Vertragspartner den Vertrag definitiv wollen *[vgl. Kapitel 2.1.3 (1) und Anhang 2.1 (2) zur dogmatischen Seite]*. Sie demonstrieren das insbesondere dadurch, dass sie den Vertrag durchführen. Die Rechtsprechung lässt dann nur diejenigen Klauseln gelten, die in beiden AGB der Sache nach (was heißt das?) übereinstimmen. Im Übrigen gilt grundsätzlich das BGB.

Grundsätzlich sind weitere Schreiben, dass die eigenen AGB gelten würden, unbeachtlich. Möglich ist aber, dass eine Seite auf der Geltung ihrer AGB definitiv teilweise (ausnahmsweise: oder ganz) besteht und diese damit insoweit gelten.

(3) Allgemeine Vorschriften

(3.1) **Überraschende Klauseln:** Objektiv überraschende Klauseln werden nicht Vertragsbestandteil. Ob der andere Vertragspartner die AGB gelesen hat, spielt keine Rolle.

Beispiel: Koppelungsgeschäfte dahingehend, dass der Käufer verpflichtet wird, künftig Verbrauchsmaterial und Formulare beim Verkäufer zu beschaffen.

(3.2) **„Unklarheitenregel“:** Bestehen Zweifel, wie eine AGB-Klausel auszulegen ist, so gehen diese zu Lasten des Verwenders. Dem anderen Vertragspartner (insbesondere dem Verbraucher) soll es möglich sein, die AGB im normalen Geschäftsleben eindeutig zu verstehen. Wenn zwei vernünftige Auslegungen einer Klausel möglich sind, gilt die für den anderen Vertragspartner günstigere.

Beispiel: Bei der Klausel „Ändern sich die Listenpreise, kann der Auftragnehmer die Preise entsprechend ändern“ muss der Auftragnehmer auch eine Preissenkung weitergeben.

(3.3) **Vorrang von Individualvereinbarungen:** Die Vertragspartner können ohne weiteres im Vertrag Regelungen treffen, die von den AGB abweichen. Die Vorstellung, dass AGB zwingender Natur seien, ist falsch.

Die Vorstellung wird teilweise dadurch genährt, dass AGB manchmal den Eindruck erwecken, als ob sie zwingend seien. So heißt es beispielsweise in Ziffer 4.3 der EVB-IT Instandhaltung: „Davon abweichend können die Parteien gesonderte Vereinbarungen treffen.“ Es bedarf einer solchen „Erlaubnis“ nicht!

Was die Vertragspartner individuell vereinbaren, kann also durch AGB nicht abgeändert werden. Das gilt nicht nur in dem Fall, dass eindeutig von einer Klausel abgewichen wird.

Beispiel: Laut AGB des Verwenders sind Liefertermine unverbindlich; es wird aber ein „fester Liefertermin“ vereinbart.

Sondern das gilt auch dann, wenn eine Klausel das Erreichen des Ziels einer Individualvereinbarung einschränken würde. Insofern wirkt die Klausel nicht.

Beispiel: Wer Eigenschaften garantiert/zusichert und damit eine erhöhte Haftung auf sich nimmt, kann diese Haftung für den Fall, dass solche Eigenschaften fehlen, in AGB nicht ausschließen. – Wird vereinbart: „Garantierter Liefertermin _____“, verliert eine Klausel, die die Haftung des Lieferanten auf Schadensersatz einschränkt, ihre Wirkung bei Verzug des Lieferanten.

(3.4) **Gebot der Klarheit und Verständlichkeit:** Klauseln, die nicht „klar und verständlich“ sind, sind im Zweifel unwirksam.[2]

(4) Die Inhaltskontrolle von AGB durch das AGB-Recht

Die Grenze der Vertragsfreiheit wird in individuellen Verträgen im Wesentlichen dadurch bestimmt, dass Verträge nicht sittenwidrig sein dürfen *[siehe Kapitel 1.1.3]*. Wenn jemand aber die Vertragsfreiheit nutzt, um AGB zu formulieren, wird die Grenze enger gezogen. Klauseln in AGB dürfen zwar etwas von den gesetzlichen Vorschriften abweichen (würde das nicht zugelassen werden, wäre von der Vertragsfreiheit nichts mehr übrig). Sie dürfen aber nicht *grob* abweichen, insbesondere nicht *grob* gegen Treu und Glauben verstoßen. Tun sie das, sind sie unwirksam.

Weiterhin sind solche Klauseln im Zweifel unwirksam, die die Erreichung des Vertragszwecks gefährden.

---

2 Dieses Gebot ist formal Teil der Inhaltskontrolle *[siehe (4)]*. Da sich die Inhaltskontrolle aber sonst nur auf rechtliche Regelungen bezieht und nur dieses Gebot auch auf die Leistungen beschreibenden Klauseln abstellt, wird es hier gesondert aufgeführt.

Beispiel: Unwirksam ist die Klausel bei Vollpflege von Software-Produkten *[siehe Kapitel 14]*, dass auch der Auftragnehmer den Vertrag nach einem Jahr kündigen darf.

Das ist die sogenannte Inhaltskontrolle von AGB.[3] Das AGB-Recht regelt also nicht, was der Inhalt von AGB-Klauseln sein soll, sondern erklärt solche Klauseln für unwirksam, die seinen Vorgaben nicht entsprechen. Es enthält dazu zwei umfangreiche Kataloge von Klauseln, die bestimmt oder wahrscheinlich unwirksam sind. Die Rechtsprechung produziert laufend Urteile. Die Tendenz geht dahin, die Vertragsfreiheit immer weiter einzuschränken, auch im unternehmerischen Geschäftsverkehr.

Die Inhaltskontrolle ist zugunsten der (schutzbedürftigen) Verbraucher strenger als zugunsten von Unternehmern und von öffentlichen Auftraggebern. Darüber hinaus differenziert das Gesetz aber nicht (der kleine Unternehmer kann einem Großunternehmen keine für sich günstigeren AGB stellen, als das Großunternehmen dem kleinen Unternehmer stellen kann).

Die Inhaltskontrolle bezieht sich – außer hinsichtlich des Klarheitsgebots – nicht auf vorformulierte Texte, die die beiderseitigen Leistungen beschreiben. Was dazu gehört, ist schwer abzugrenzen.

Das AGB-Recht greift auch dann korrigierend ein, wenn sich der andere Vertragspartner mit der Geltung der AGB des Verwenders einverstanden erklärt hat, z. B. sie unterzeichnet hat. Anders ist es, wenn die Vertragspartner über die AGB so viel verhandelt haben, dass sie zu Individualvereinbarungen geworden sind *[siehe (2)]*.

(5) Rechtsfolgen bei Nichteinbeziehung und Unwirksamkeit

Ist eine Klausel nicht Vertragsbestandteil geworden oder ist sie unwirksam, bleibt der Vertrag dennoch grundsätzlich wirksam. Diese Rechtsfolge braucht also nicht mehr in AGB geregelt zu werden. Die unwirksame Klausel wird durch das Bürgerliche Recht ersetzt. Wenn viele Anbieter dennoch regeln, dass der Vertrag im Übrigen wirksam bleibe, erfolgt das entweder aus Tradition oder dient der Vorbereitung der sogenannten salvatorischen Klausel („Die Vertragspartner verpflichten sich, die unwirksamen Vorschriften durch wirksame, die wirtschaftlich so weit wie zulässig gleichwertig sind, zu ersetzen."). Eine solche Klausel ist unwirksam, weil meist unklar ist, was denn ersatzweise gelten soll.

Allerdings ist zu berücksichtigen, dass die ergänzende Vertragsauslegung zum Bürgerlichen Recht gehört *[siehe Kapitel 1.3 (2)]*. Sie hat Vorrang vor der Anwendung der im BGB formulierten Vorschriften. Sie kann dazu führen, dass die unwirksame Klausel in der Weise abgeändert wird, dass sie für den anderen Vertragspartner angemessen ist, und somit wirksam bleibt.

Beispiel: Eine AGB-Klausel, die das Einsatzrecht an einem Software-Produkt an die anfangs eingesetzte Zentraleinheit fest bindet (so dass das Software-Produkt im Zeitablauf auf keiner anderen Zentraleinheit eingesetzt werden darf), ist unwirksam. Auf Grund der ergänzenden Vertragsauslegung darf der Anwender das Software-Produkt aber nicht auf zwei (oder mehr) Zentraleinheiten parallel einsetzen.

3 Die Inhaltskontrolle wird hier nur kurz behandelt. Sie ist zwar äußerst wichtig; aber nur derjenige, der AGB aufstellt, muss sie kennen. Sie wird deswegen in einem gesonderten Buch von *Zahrnt/Erben* „IT-/DV-Verträge: Wirksame und unwirksame Allgemeine Geschäftsbedingungen" behandelt.

(6) Beweislast

Wenn sich der andere Vertragspartner auf den Schutz des AGB-Rechts beruft, muss er beweisen, dass es sich bei der von ihm angegriffenen Klausel um eine Allgemeine Geschäftsbedingung handelt. Der Beweis ist schwer zu führen, wenn Standardformulierungen in den individuellen Vertragstext eingebettet werden. – Der Verwender muss den Entlastungsbeweis führen, dass die Klausel verhandelt worden ist und damit ihren Charakter als AGB verloren hat.

1.2 Anspruchsgrundlage und Beweislast

Wer etwas von einem anderen haben will, braucht eine Anspruchsgrundlage, die den gewünschten Anspruch beinhaltet (d. h. diesen bei Erfüllung der Anspruchvoraussetzungen zur Folge hat) *[siehe Kapitel 1.1.1 (1)]*.

Jede Anspruchsgrundlage besteht aus einer Menge von Anspruchsvoraussetzungen für eine Rechtsfolge *[siehe Kapitel 3.1]*. Dass diese gegeben (= erfüllt) sind, muss der Anspruchsteller im Streitfall vor Gericht durch Tatsachen beweisen.

Dasselbe gilt für Verteidigungsmittel *[wie etwa die Verjährung, siehe Kapitel 3.10 und 6.3.8]*: Wenn der Gläubiger seinen Anspruch bewiesen hat, kann der Schuldner möglicherweise eine „Abwehrgrundlage" dagegenhalten.

(1) Darlegungslast/Schlüssigkeitsprüfung

Der erste Schritt bezieht sich auf die Frage, ob es die Anspruchsgrundlage, auf die sich jemand stützt, überhaupt gibt (oder die Abwehrgrundlage) *[siehe Kapitel 3.1]*.

Beispiel: Der Auftragnehmer sieht das Projekt scheitern, weil der Projektleiter des Kunden unfähig ist (was er nachweisen könnte). Er verlangt dessen Austausch. Dafür gibt es (wohl) keine Anspruchsgrundlage. Er hat nur die Möglichkeit, bei Verletzung von Vertragspflichten Nachfrist mit der Androhung der Kündigung zu setzen und, wenn der Kunde seine Pflichten nicht erfüllt, zu kündigen.

Der zweite Schritt bezieht sich darauf, ob der Gläubiger nachvollziehbar darlegt, dass die einzelnen Anspruchsvoraussetzungen der Anspruchsgrundlage, auf die er sich stützt, erfüllt sind. Der Gläubiger hat die „Darlegungslast".[4] Ob die Darlegung ausreicht, wird in der „Schlüssigkeitsprüfung" überprüft. Die Juristen nennen das „Subsumtion" *[siehe dazu Anhang 1.3]*.

Beispiele: Das Produkthaftungsrecht gewährt keine Ansprüche auf Ersatz des Vermögensschadens *[siehe Kapitel 3.7 (2)]*. – Ein Mieter einer IT-Anlage verlangt, als diese das dritte Mal in kurzer Zeit ausfällt, dass der Vermieter sie ins Labor zur Reparatur mitnehmen soll, und verweigert dem Wartungstechniker den Zutritt zur Anlage zum Zwecke der Reparatur. Der Vermieter klagte vor Gericht den Mietzins ein. Der Mieter trug vor, dass er auf Grund dieses Sachverhalts nicht zur Zahlung verpflichtet sei – unschlüssig, wie das Gericht meinte:[5] Es sei Sache des Vermieters, wie/wo er den Mangel beseitige.

---

4 Formal braucht der Kläger die Anspruchsgrundlage nicht zu nennen, auch nicht die einzelnen Anspruchsvoraussetzungen. Er muss einen Sachverhalt vortragen, aus dem das Gericht die gewünschte Rechtsfolge ableiten kann (kann es das, wird es über die strittigen Tatsachen Beweis erheben). Implizit behauptet der Kläger eine bestimmte Anspruchsgrundlage und trägt vor, dass die einzelnen Anspruchsvoraussetzungen erfüllt sind.

5 LG Karlsruhe 0 4/79 KfH I vom 27.2.1980, *Zahrnt* DV-Rechtsprechung Band 1, K/M-7

(2) Die Beweislast im engeren Sinne

Bei der Beweislast im engeren Sinne geht es um den dritten Schritt. Er beinhaltet, dass die behaupteten Tatsachen bewiesen werden müssen, soweit sie vom Gegner (zulässigerweise) bestritten werden.

Für diesen Nachweis reicht ein „so hoher Grad an Wahrscheinlichkeit, dass ein vernünftiger, die Lebensverhältnisse klar überschauender Mensch nicht mehr an der Wahrheit zweifelt. Es kommt demnach darauf an, dass das Gericht zu einem für das praktische Leben brauchbaren Grad von Gewissheit gelangt, der dem Zweifel Schweigen gebietet, ohne ihn völlig auszuschließen.“[6]

(3) Verteilung der Beweislast

Wer die Beweislast trägt, ist aus der gesetzlichen Vorschrift bzw. der vertraglichen Regelung der Anspruchsgrundlage abzuleiten: Welche Voraussetzungen hat die gewünschte Rechtsfolge?

Beispiele für Beweislastverteilung durch Gesetz: Nach § 280 Abs. 1 Satz 1 BGB haftet der Lieferant bei einer Pflichtverletzung auf Schadensersatz; nach Satz 2 „gilt [dies] nicht, wenn der Schuldner die Pflichtverletzung nicht zu vertreten hat.“
Nach § 286 Abs. 1 BGB ist Voraussetzung für den Verzug des Lieferanten u. a., dass er nicht rechtzeitig geliefert hat. Nach Abs. 4 entfällt der Verzug, wenn der Lieferant den Verzug nicht zu vertreten hat. Aus dem Wortlaut ergibt sich, dass der Lieferant die Beweislast dafür trägt. Aber Vorsicht: Der Auftragnehmer trägt auch bei Abs. 1 die Beweislast für seine Entlastung, nämlich dass er rechtzeitig geliefert hat, obwohl die nicht rechtzeitige Lieferung Voraussetzung für Verzug ist. Es gibt also übergeordnete Gesichtspunkte für die Beweislastverteilung.

Beispiel für individuelle Formulierung: Ein Lieferant schließt mit einem Kunden einen Rahmenvertrag über die Lieferung von 10 IT-Anlagen. Darin heißt es u. a.: „Der Kunde erhält je Anlage 15 % Rabatt. Sollte der Vertrag aus Gründen nicht erfüllt werden, die der Lieferant nicht zu vertreten hat, so kann der Lieferant den gewährten Nachlass zurückfordern.“ Die Parteien kamen wegen Schwierigkeiten, die der Lieferant im Intelligenzgrad des Kunden und der Kunde in der Leistungsfähigkeit des Lieferanten sah, nach der Lieferung von zwei Systemen auseinander. Der Lieferant klagte den abgezogenen Rabatt ein. Wer trägt die Beweislast? Wohl der Lieferant.

Beispiel für AGB-Klauseln zur Haftung für Mängel: Ausgangspunkt ist der Satz: „Treten bei ordnungsgemäßem Einsatz Mängel auf, hat der Auftragnehmer sie unverzüglich zu beseitigen.“ Das entspricht der gesetzlichen Beweislast: Der Anwender hat zu beweisen, dass ein Mangel vorhanden ist, d. h. dass er Nacherfüllungsansprüche hat. In Verträgen folgt dann oft eine Formulierung zum Problem der ungerechtfertigten Mängelmeldung *[vgl. Kapitel 6.2.4 (4)]*:
„Der Auftragnehmer kann die Vergütung seines Aufwands verlangen, wenn ein Mangel des Programms nicht vorgelegen hat.“ oder
„Der Auftragnehmer kann die Vergütung seines Aufwands verlangen, soweit er auf Grund einer Mängelmeldung tätig geworden ist, ohne dass der Auftraggeber einen Mangel des Programms nachgewiesen hat.“

Die Beweislast kann wechseln, z. B. bei der Frage, ob ein Mangel bereits bei Lieferung vorgelegen hat *[siehe Kapitel 6.3.6 (1)]*.

Wer einen Vertrag abfasst, sollte stets bedenken, dass er die Beweislast durch seine Formulierungen mitverteilt!

6 BGH vom 18.4.1977, VersR 77, 721 unter Verweis auf das Urteil vom 21.12.1960 (NJW 61, 779)

(4) Beweis des ersten Anscheins

Der Beweispflichtige kann in der Beweisführung entlastet werden: Gibt es nach der Lebenserfahrung einen typischen Geschehensablauf, der zu dem zu beweisenden Ergebnis führt oder sich aus der zu beweisenden Ursache ergibt, braucht der Beweispflichtige nur den Tatbestand zu beweisen, der zum typischen Geschehensablauf führt, nicht aber das Ergebnis bzw. die Ursache selbst. Beweist der andere aber, dass auch – wegen besonderer Umstände – ein anderes Ergebnis/eine andere Ursache ernsthaft in Betracht gezogen werden kann, ist der Beweis des ersten Anscheins entkräftet. Der Beweispflichtige muss dann den normalen (= vollen) Beweis erbringen.

Beispiele: Bei Ausfällen von Hardware in der allerersten Zeit nach Installation ist davon auszugehen, dass die Mängelursache bereits vor Gefahrübergang gesetzt war *[siehe Kapitel 6.3.6 (3)]*. – Tritt eine Störung in einem Anwendungsprogramm auf, kann nicht von einer typischen Ursache gesprochen werden; es kommen neben anderen Ursachen insbesondere auch Bedienungsfehler in Betracht *[siehe Kapitel 6.3.6 (3)]*.

(5) Stellenwert der Beweislast

Die Beweislast ist von allergrößter Bedeutung vor Gericht. Im Volksmund heißt es: „Recht haben und Recht bekommen ist zweierlei".

Beispiel: Der Auftraggeber wünscht bei einem Programmerstellungsvertrag zu einem Festpreis von Euro 50 000,– eine erhebliche Änderung der Vorgaben zu Beginn der Realisierung und akzeptiert mündlich eine zusätzliche Vergütung von Euro 3 000,–. Der Auftragnehmer verlangt später Zahlung. Der Auftraggeber erklärt, dass die Änderung nach seiner Erinnerung unentgeltlich vereinbart worden sei; es habe sich um eine aufwandsneutrale Änderung gehandelt. Es dürfte für den Auftragnehmer sinnlos sein, auf zusätzliche Vergütung zu klagen. – Anders wäre es, wenn der Geschäftsführer der Auftraggeber-GmbH die Vereinbarung getroffen hat; denn er kann nicht als Zeuge aussagen. Der Auftragnehmer gewinnt den Prozess dank der Aussage seines Mitarbeiters, der bezeugt, die Vornahme der Änderung gegen Vergütung vereinbart zu haben. Wenn der Geschäftsführer aber seine Position aufgibt, steht er auch als Zeuge zur Verfügung – und der Auftraggeber gewinnt wahrscheinlich den Prozess.

Beispiel: Der Anwender meldet telefonisch Mängel. Der Lieferant tut nichts. Der Anwender erklärt wegen der Vielzahl der Mängel den Rücktritt vom Vertrag. Im Prozess beruft der Lieferant sich darauf, dass der Anwender immer nur nach der richtigen Bedienung des Software-Produkts gefragt habe.

Die Beweislast ist noch bedeutender, wenn ein Streit ohne Hilfe der Gerichte beigelegt werden soll: Man muss dann nicht nur einen neutralen Richter (und einen Sachverständigen) überzeugen, sondern den (früheren Partner und derzeitigen) Gegner! Also heißt es, Beweismittel zu schaffen *[siehe IT-Projektmanagement Kapitel 3.4.1]*.

(6) Verdrängen der Beweislast

Wer eine rechtliche Frage für einen konkreten Fall beantworten will, muss *streng* zwischen den Phasen Ermittlung der materiellen Rechtslage und Prüfen, ob die Voraussetzungen für die geltend gemachte Rechtsposition bewiesen werden können, unterscheiden. Anderenfalls besteht die große Gefahr, dass er nach der fairen Lösung schielt, wenn er erkennt, dass das von ihm für rechtlich richtig gehaltene Ergebnis wegen Beweisschwierigkeiten kaum oder nicht zu erreichen ist: Er springt direkt zum gewünschten Ergebnis und sucht dann – vergeblich – eine passende Begründung. – Das materielle Recht lässt die Beweislast so lange unberücksichtigt, wie diese nicht *typischerweise* problematisch ist, d. h. solange es einigermaßen wahrscheinlich ist, dass derjenige, der einen Anspruch geltend macht, dessen Voraussetzungen auch beweisen kann. Das richtige Vorgehen bei der Analyse kann dann zum – bedauerlichen – Ergebnis führen, dass man zwar Recht hat, aber im Einzelfall nicht Recht bekommt. Daran ist dann für den konkreten Fall nichts mehr zu ändern (falls nicht auch der andere Vertragspartner Schwierigkeiten hat, die von diesem eingenommene Position zu beweisen). Das kann dann nur zur Warnung führen, beim nächsten Mal vorsichtiger zu sein und Beweismittel zu schaffen.

Das Recht nimmt dann Rücksicht auf Beweisschwierigkeiten, wenn ein Vertragspartner typischerweise kaum in der Lage ist, etwas zu beweisen, z. B. dreht es dann die Beweislast für einzelne Anspruchsvoraussetzungen um *[siehe „Beispiel für Beweislastverteilung nach Gesetz“ unter (3)]*. Bei solchen Beweisproblemen kann auch die Rechtsprechung demjenigen die Beweislast auferlegen, der „näher am Beweis“ ist.

Beispiel: Wenn der Auftraggeber einen Werkvertrag kündigt, muss er den Werklohn zahlen, kann aber abziehen, was der Auftragnehmer durch den Einsatz seiner freigewordenen Kapazität anderweitig einnimmt *[siehe Kapitel 9.2.5]*. Der Auftraggeber trägt die Beweislast, kennt aber die Situation des Auftragnehmers meist nicht. Deswegen verlangt die Rechtsprechung vom Auftragnehmer, dass er seine Situation ausführlich darlegt.

1.3 Die Ermittlung des Inhalts von Verträgen

Gegenstand von Verträgen und damit der Rechte und Pflichten der Vertragspartner können mündliche oder schriftliche Verträge sein. Allerdings kann bei mündlichen Verträgen in der Praxis kaum festgestellt werden, welchen Wortlaut die Parteien vereinbart haben. Daher kann ggf. nichts ausgelegt werden.

(1) Auslegung von Dokumenten

Bei der Auslegung von Verträgen soll der gemeinsame Wille der Vertragspartner ermittelt werden: Was wollten die Vertragspartner mit bestimmten Formulierungen oder Begriffen ausdrücken? Haben sie das Gewollte überhaupt ausgedrückt? Haben sie ergänzende Vereinbarungen außerhalb des Dokuments getroffen? Dabei sind die Erklärungen der Vertragspartner vor deren Hintergrund zu sehen.

Beispiel: Wenn der IT-Laie sagt, dass die Dateien auf dem PC gelöscht sind, meint er, dass sie wirklich weg sind. Für den Fachmann kann das bedeuten, dass sie erst einmal nur im Dateiverzeichnis gelöscht sind und im Übrigen erst im Laufe der Zeit überschrieben werden.

Oft lässt sich ein spezifischer Wille nicht feststellen. Dann sind die Regelungen nach Treu und Glauben unter Berücksichtigung der Verkehrssitten auszulegen.

Beispiel für die Konkretisierung aus Treu und Glauben: Eine kurze Formulierung lautet: „Der Auftragnehmer ist zur Geheimhaltung vertraulicher Informationen verpflichtet.“ Das ist gleichbedeutend mit der Formulierung: „Der Auftragnehmer ist – auch nach Beendigung des Vertrages – zur Geheimhaltung vertraulicher Informationen verpflichtet. Dies gilt nicht für Informationen, die dem Auftragnehmer bereits bekannt waren oder die ihm außerhalb des Vertrages auf rechtmäßige Weise bekannt werden oder die Allgemeingut werden.“ *[siehe zu diesem Beispiel auch dessen Vertiefung in Anhang 1.6]*.

Wenn die Vertragspartner ihre Verhandlungen zusammengefasst haben (sei es in einem Dokument, sei es in einer mündlichen Äußerung), kann und muss man davon ausgehen, dass sie genau diese Zusammenfassung gewollt haben. Deswegen nimmt die Rechtsprechung an, dass bei Dokumenten („Urkunden“) zu vermuten ist, dass diese die Vereinbarungen vollständig und richtig wiedergeben. Weiterhin kann und muss man davon ausgehen, dass die Vertragspartner den verwendeten Begriffen die nach der Verkehrsauffassung gewöhnliche Bedeutung beigemessen haben.

Wer sich also darauf beruft, dass die Vertragspartner

- einen bestimmten Begriff gemeinsam abweichend von seinem üblichen Inhalt verstanden hätten,
- weitere Vereinbarungen als die niedergelegten getroffen hätten oder
- tatsächlich gemeinsam etwas anderes gewollt hätten,

muss beweisen, dass das entgegen der Verkörperung im Dokument (oder in der mündlichen Erklärung) gewollt war.

(2) Stufenschema der Feststellung des Vertragsinhalts

Die Feststellung des Inhalts von Verträgen erfolgt wegen der Bedeutung von Dokumenten (als Zusammenfassungen des Vereinbarten) *und* wegen der Beweislast in folgender Reihenfolge:

Erste Stufe: Auslegung des Dokuments *[siehe (1)]*.

Zweite Stufe: Feststellen des davon abweichend tatsächlich Gewollten: Die Vermutung der Vollständigkeit und Richtigkeit des Dokuments kann widerlegt werden. An die Entkräftung dieser Vermutung sind aber hohe Anforderungen zu stellen. Diese können bei Vereinbarung der Schriftform noch weiter erhöht werden *[siehe Kapitel 2.1.6]*.

Dritte und vierte Stufe: Ist eine Frage im Vertrag nicht geregelt (z. B. die Pflicht zur Installation oder zur Einweisung), muss der Vertrag ergänzt werden. Wegen des Respekts gegenüber der Vertragsfreiheit wird (vereinfacht formuliert) gefragt: Was hätten die Vertragspartner geregelt, wenn sie an diese Frage gedacht hätten? Dabei liegt nahe, dass die Vertragspartner das ergänzen, was das Gesetz vorsieht. Ergänzende Vertragsauslegung und Anwendung des Gesetzes dürften sich also überwiegend decken. Im Einzelfall kann sich, insbesondere aus dem Geflecht der getroffenen Regelungen, aber aufdrängen, dass die Vertragspartner den Vertrag in eine bestimmte Richtung abweichend vom geltenden Recht ergänzt hätten. Angesichts des Grundsatzes der Vertragsfreiheit soll dann diese spezielle Ergänzung gelten.

Beispiel: Der Auftragnehmer soll für einen Anwender ein Dialogprogramm liefern; für einen bestimmten Dialogschritt ist eine sehr kurze Antwortzeit vereinbart worden. Für die anderen Dialogschritte dürfte nicht das für diese übliche Antwortzeitverhalten geschuldet sein, sondern ein günstigeres, das in seiner Gesamtheit der vereinbarten kurzen Antwortzeit nahe kommt.

Beispiele finden sich vor allem in dem Zusammenhang, dass eine AGB-Klausel unwirksam ist. Wenn z. B. die Klausel des Lieferanten über den Umfang des Einsatzrechts des Anwenders auf Grund der Formulierung unwirksam ist, erhält der Anwender m. E. kein unbeschränkteres Einsatzrecht, sondern ein begrenztes, dessen Umfang im Wege der ergänzenden Vertragsauslegung zu ermitteln ist.

Die Rangfolge der dritten und vierten Stufe der Auslegung ergibt sich wiederum durch die Beweislast. Im Zweifel ist die gesetzliche Regelung gewollt. Wer sich also darauf beruft, dass das (abweichende) Ergebnis der ergänzenden Vertragsauslegung gewollt ist, muss das Gericht davon überzeugen.

Die Stufen der Feststellung des Vertragsinhalts

prozessual gesehen auch bei einer Auseinandersetzung	**nur nach materieller Rechtslage**
1. normale Auslegung der Erklärungen, insbesondere von Dokumenten a) Verkehrssitte/Handelsbräuche b) Umstände des Einzelfalls	**2.**
2. es sei denn, es lässt sich etwas anderes gemeinsam Gewolltes feststellen (einschließlich des stillschweigend Gewollten)	**1.**
3. sonst Ergänzung durch Gesetz*) a) Verkehrssitte/Handelsbräuche b) Umstände des Einzelfalls typisiert	**4.**
4. es sei denn, dass sich bei der ergänzenden Vertragsauslegung ein anderes Ergebnis auf Grund der Umstände des Einzelfalls, insbesondere auf Grund der getroffenen Vereinbarungen, aufdrängt	**3.**

*) Reihenfolge, weil die – vorrangig geltende – ergänzende Vertragsauslegung davon ausgeht, dass die Vertragspartner die gesetzliche Regelung ergänzend wollen.
Ergänzung durch das Gesetz unter Berücksichtigung der typisierten Umstände und ergänzende Vertragsauslegung unterscheiden sich nur selten.

1.4 Europäisches Recht/UN-Recht

(1) EU-Recht

IT-Fachleute fragen immer wieder, was das europäische Recht (= das Recht der Europäischen Union) alles bringt. Sie erwarten direkt für sie geltende Gesetze.

Es gibt aber nur wenig direkt geltendes EU-Recht. Zu erwähnen ist das Kartellrecht, das in einigen Grundsätzen im EG-Vertrag geregelt ist.

Der Schwerpunkt der Arbeit auf der Ebene der EU liegt darin, Richtlinien zu erlassen, wie die Mitgliedsstaaten ihr Recht in bestimmten Bereichen zu regeln haben. Der einheitliche Wirtschaftsraum wird also im Wesentlichen durch die Harmonisierung des Rechts der Mitgliedsstaaten erreicht (neben den verbindlichen Richtlinien gibt es auch bloße Empfehlungen für die Gestaltung des nationalen Rechts).

Beispiele: Bezüglich Marken (Warenzeichen) gibt es beides: die Gemeinschafts-Marke nach EU-Recht und die EU-Richtlinie zur Gestaltung des nationalen Markenrechts *[siehe Kapitel 5.8 (5)]*. Ein Teil der Großen Schuldrechtsreform diente der Umsetzung von Richtlinien zum Schutz von Verbrauchern.

(2) UN-Recht

Für Kaufverträge zwischen Vertragspartnern, die von verschiedenen Staaten aus tätig werden, hat die UN ein einheitliches Kaufrecht geschaffen, die „Convention on Contracts for the International Sale of Goods“ (CISG) vom 11. April 1980, auch „UN-Kaufrecht“ genannt. Diese wurde durch das Ratifizierungsgesetz vom 5. Juli 1989 zum deutschen Gesetz.

Jeder Staat kann diesem Abkommen beitreten. Seine Bedeutung liegt darin, dass sowohl die USA als auch Japan als auch die EU-Staaten beigetreten sind. Wenn die Vertragspartner von zwei Staaten aus, die dem Abkommen beigetreten sind, einen Vertrag schließen, unterliegt dieser automatisch dem UN-Kaufrecht. Jeder der zwei Staaten hat es zum Teil seines Rechts gemacht: Es ist dann jeweils als nationales Recht anzuwenden, wenn der andere Vertragspartner von einem anderen Mitgliedsstaat aus tätig wird.

Das UN-Kaufrecht erfreut sich bei deutschen Lieferanten bisher keiner Beliebtheit, weil es bis zur Schuldrechtsreform kundenfreundlicher als das rein deutsche Kaufrecht war. In AGB deutscher Lieferanten wurde dessen Geltung bisher meist ausgeschlossen.

2 Der Vertragsabschluss in der Praxis

Inhaltsübersicht

Dieses Kapitel soll das rechtliche Handwerkszeug vermitteln,

- wie man Verträge schließt,
- wie man feststellt, ob ein Vertrag geschlossen worden ist, z. B. bei Schweigen eines Vertragspartners, und was Vertragsbestandteil geworden ist, z. B. wenn Entwürfe abgeändert und/oder mündliche Erklärungen abgegeben worden sind oder mehrere Teildokumente vorliegen.

2.1 Vertragsvorbereitung und -abschluss

2.1.1 Angebot, Antrag, Annahme

Ein Vertrag kommt durch Antrag und Annahme zustande. Die beiden Erklärungen müssen verbindlich sein (= Willenserklärungen sein) und in der Regel inhaltlich vollständig übereinstimmen. – Der Vertrag ist ein zweiseitiges Rechtsgeschäft (oder ein mehrseitiges, z. B. die Gründung einer Gesellschaft durch mehrere Gesellschafter). Es gibt auch einseitige Rechtsgeschäfte, z. B. die Kündigung oder den Rücktritt vom Vertrag.

Der Begriff Angebot ist ein kaufmännischer bzw. operativer Begriff: Er wird in der Praxis meist für die (verbindliche oder unverbindliche) Erklärung des *Auftragnehmers* verwendet, dass er etwas liefern und dafür bezahlt werden will; in diesem Sprachgebrauch macht der Auftraggeber kein Angebot (sondern erteilt einen Auftrag). Umgangssprachlich bezeichnen auch Juristen häufig einen Antrag als „Angebot" („Ist das ein Vergleichsangebot?").

Erklärungen können ausdrücklich (schriftlich oder mündlich) abgegeben werden. Sie können auch statt durch Worte durch schlüssige Handlung („konkludent") erfolgen, also durch eine Handlung, die die Erklärung und den Erklärungswillen ausdrückt *[zur Erklärung durch Schweigen siehe Kapitel 2.1.5]*.

Beispiel: In einem Selbstbedienungsgeschäft legt der Käufer die Waren auf den Kassentisch. Der Verkäufer liest deren Nummern mit einem Lesestift in die Kasse ein. – Als der Stammgast sich an die Theke setzt (Vertragsantrag), stellt der Wirt ihm ein Glas Bier hin (Annahme; die Annahme kann schon vorher vorliegen, nämlich darin, dass der Wirt ein Glas greift, um Bier hineinlaufen zu lassen, *wenn* der Stammgast das sieht und daraus ableiten kann, dass das Bier für ihn ist).

2.1.2 Der Vertragsantrag

(1) Anforderungen

Ein Vertragsantrag liegt dann vor, wenn die Erklärung inhaltlich so vollständig und bestimmt ist, dass ein Vertrag durch eine einfache Zustimmungserklärung („Einverstanden") ohne Zusätze zustandekommen kann. Die Erklärung muss daher alle für den in Frage stehenden Vertragsabschluss wesentlichen Punkte enthalten. Da das geltende Recht ergänzend eingreift, braucht oft nicht viel erklärt zu werden *[zum elektronischen Geschäftsverkehr siehe Kapitel 4.2.1]*.

Beispiel: Schließen die Vertragspartner einen Kaufvertrag über eine Gattungssache, z. B. über einen PC, kann als Preis der beim Verkäufer übliche gewollt sein. Für den Liefertermin gilt: „Ist eine Zeit für die Leistung weder bestimmt noch aus den Umständen zu entnehmen, so kann der Gläubiger die Leistung sofort verlangen, der Schuldner sie sofort bewirken" (§ 271 BGB). Also brauchen die Vertragspartner nur die Kaufsache zu bezeichnen.

Enthält ein Angebot Alternativen, kann das ein Bündel an Vertragsanträgen sein, von denen der Empfänger eines annehmen kann. Ein solches Angebot kann aber auch so offen sein, dass es nur ein Vorschlag für Verhandlungen ist. Nur ein Vorschlag liegt auch dann vor, wenn ein Angebot als „Informationsangebot" oder als „freibleibend" bezeichnet wird.

Von einem Antrag zu unterscheiden ist auch die Aufforderung an den anderen, dass dieser einen Antrag abgeben soll. Das führt in der Praxis zu Schwierigkeiten, wenn der Auftragnehmer in seiner Aufforderung die Leistungen schon so genau beschreibt, dass sie vom Empfänger als Vertragsantrag verstanden werden kann. Sie unterscheidet sich in diesem Fall von einem Antrag nur dadurch, dass der Erklärende sich noch nicht binden will. Das muss erkennbar sein, um die Bindungswirkung zu beseitigen. Wenn ein solches Angebot unverbindlich sein soll, muss es also entsprechend gekennzeichnet werden.

Beispiel: Manche Hersteller legen ihren Kunden einen Kaufvertrag und einen die Leistungen vollständig spezifizierenden Kaufschein zur ersten Unterschrift vor. Die Tatsache, dass zwei Unterschriftsfelder vorgesehen sind, aber der Hersteller noch keine Unterschrift geleistet hat, zeigt, dass noch kein verbindlicher Vertragsantrag vorliegt.

(2) Zeitliche Wirksamkeit des Vertragsantrags

Ein Antrag wird mit seinem Zugang beim Antragsempfänger wirksam und bleibt eine angemessene Zeit lang verbindlich; danach erlischt er. Ein Widerruf ist also nicht nötig.

Die Dauer der Verbindlichkeit eines Antrags (angemessene Zeit) bestimmt sich nach dem Zeitbedarf für dessen Annahme: Ein unter Anwesenden abgegebener Antrag kann nur sofort angenommen werden, ebenso ein Antrag per Telefon. Unter Abwesenden kann ein (schriftlicher) Antrag bis zu demjenigen Zeitpunkt angenommen werden, bis zu dem der Antragende den Eingang der Antwort erwarten durfte. Die Frist hängt von der normalen Laufzeit des Antrags und bis zum Eintreffen beim Empfänger und der normalen Rücklaufzeit der Antwort, vor allem aber von der erforderlichen (!) Überlegungsfrist für den Empfänger ab. Diese hängt wiederum von der Praxis der jeweiligen Branche und von der Art des Geschäftes ab.

Unabhängig von diesen gesetzlichen Regelungen kann der Erklärende sich dank der Vertragsfreiheit *[Kapitel 1.1.3]* in seinem Antrag den Widerruf innerhalb der Lebensdauer des Antrags vorbehalten. Ebenso kann er – wegen der Unsicherheit, wie lange der Antrag wirksam ist, – angeben, wie lange dieser verbindlich sein soll. In der Praxis dient die Angabe einer Bindefrist meist dazu, die Bindefrist, die nach dem Gesetz relativ kurz ist, zu verlängern.

Ein Antrag erlischt weiterhin, sobald der Erklärungsempfänger ihn abgelehnt hat. dieser kann es sich also nicht mehr anders überlegen *[zu Ausnahmen siehe Kapitel 2.1.3 (1)]*.

(3) Vergütung für die Erstellung von Angeboten

Wegen Vorarbeiten, die im Rahmen einer Aufforderung zur Abgabe eines Angebotes anfallen, kann der Anbieter keine Vergütung für das Angebot verlangen. Das gilt auch, wenn diese Arbeiten viel Aufwand verursacht haben. Ist etwas anderes gewollt, bedarf es einer ausdrücklichen Vereinbarung *[siehe auch Kapitel 2.1.8]*. § 632 Abs. 3 BGB regelt (für den Werkvertrag, aber analog auch auf Projektverträge anwendbar), dass ein Kostenanschlag im Zweifel nicht zu vergüten ist. – Es kann sich empfehlen, eine Vergütung zu vereinbaren, die im Falle des Vertragsabschlusses auf die vertragliche Vergütung (ganz oder teilweise) angerechnet wird.

2.1.3 Die Annahme

Ein Vertrag kommt durch die rechtzeitige und uneingeschränkte Annahme des Antrags zustande.

(1) Annahme verspätet oder unter Änderungen

Wird ein Antrag verspätet angenommen, gilt die Annahmeerklärung als ein neuer Antrag. Die verspätete Annahme kann den Vertrag nicht mehr zustande bringen, weil der Antrag bereits erloschen und deshalb nicht mehr annahmefähig ist. Allerdings kann der Vertrag dadurch zustandekommen, dass der ursprüngliche Antragsteller und nunmehrige Antragsempfänger schweigt *[siehe Kapitel 2.1.5]*.

Ein Vertrag kommt auch nicht zustande, wenn der Antrag unter einem Vorbehalt „angenommen" wird, d. h. mit einer Einschränkung, Erweiterung oder einer sonstigen Abänderung. Auch diese „Annahme" gilt als ein neuer Antrag.

Beispiel: Auftragnehmer: „Ich biete das Software-Produkt einschließlich Installation zu Euro 5 000 an." Anwender: „Ich bestelle zu Euro 5 000 einschließlich einem Tag Schulung." – Das ist eine wesentliche Abänderung, also ein neuer Antrag. – Auftragnehmer nach wenigen Tagen: „Wann soll ich zum Installieren kommen?" – Das ist seine Annahmeerklärung, und zwar, wie sich durch Auslegung ergibt, einschließlich einem Tag Schulung. Wenn der Auftragnehmer gleich zum Installieren kommt, erklärt er die Annahme (mit demselben Inhalt) durch schlüssiges (= konkludentes) Handeln.

Auch wenn der Empfänger sich mit dem Antrag grundsätzlich einverstanden erklärt und nur eine kleinere Änderung wünscht, gilt das als Ablehnung (und neuer Antrag). Schweigt der andere, der den Antrag ursprünglich abgegeben hat, auf einen solchermaßen neuen Antrag, kann das aber leicht die Annahme dieses neuen Antrags beinhalten *[siehe Kapitel 2.1.5]*. – Lehnt der andere die kleine Änderung (und damit den neuen Antrag) ab, kann der Empfänger ausnahmsweise auf Grund von Treu und Glauben *[siehe Kapitel 1.1.2 (3)]* berechtigt sein, seine Abänderung zurückzunehmen; damit bringt er den Vertrag gemäß dem ursprünglichen Antrag des anderen zustande.

Ein Antrag wird auch dann – erst einmal – abgelehnt, wenn der Antragende auf seine AGB hingewiesen hat und der Empfänger den Antrag zwar annimmt, die Anerkennung der AGB aber verweigert oder auf seine eigenen AGB verweist *[siehe allerdings Kapitel 1.1.4 (2) zu der Frage, was gilt, wenn die Vertragspartner die vorgesehenen Leistungen erbringen]*.

(2) Auftragsbestätigung

„Auftragsbestätigung" ist ein Wort, das im kaufmännischen bzw. operativen Sprachgebrauch in verschiedener Weise verwendet wird. Häufig wird die schriftliche Annahme eines Antrags als Auftragsbestätigung bezeichnet. Dabei ist es gleichgültig, welcher Vertragspartner die Annahme erklärt. „Auftragsbestätigung“ kann aber auch beinhalten:

- den Vertrags*antrag* seitens des Auftraggebers (so in der Großindustrie teilweise gebräuchlich),
- ein Dokument, das nach Vertragsabschluss seitens des Auftraggebers oder seitens des Auftragnehmers erstellt wird, sei es als
  - Wiederholung schriftlicher Vereinbarungen; das dient dem Schreibenden nur zur Abwicklung (rein abwicklungsmäßige Bedeutung), oder als
  - Wiederholung mündlicher Vereinbarungen zwecks Beurkundung und damit von erheblicher Bedeutung als kaufmännisches Bestätigungsschreiben *[siehe Kapitel 2.2]*.

Im juristischen Zusammenhang geht es um zwei Fragen:

- Wann und dementsprechend mit welchem Inhalt ist ein Vertrag dadurch zustandegekommen, dass zwei sich inhaltlich deckende Willenserklärungen abgegeben worden sind?
- Liegt ein kaufmännisches Bestätigungsschreiben vor, das bereits *mündlich* getroffene Vereinbarungen bestätigt?

Damit diese juristische Analyse nicht durch eine Vorstellung über den „Begriff“ Auftragsbestätigung belastet wird, empfiehlt es sich, das Wort „Auftragsbestätigung“ gedanklich durch „Erklärung“ zu ersetzen.

(3) Zugangsbedürftigkeit von Erklärungen

Grundsätzlich muss die Annahmeerklärung dem Antragenden zugehen. Wer einen Antrag abgibt, kann aber auf den *Zugang* der Annahmeerklärung verzichten. Der Vertrag kommt dann nicht durch Schweigen, sondern durch bloße *interne Willensbestätigung* des anderen ohne ausdrückliche Erklärung gegenüber dem Anbietenden zustande (§ 151 BGB).

Beispiel: Nachdem ein verbindliches Angebot (= Antrag) des Auftragnehmers mündlich mit dem Auftraggeber durchgesprochen worden ist, schickt der Auftraggeber einen Mitarbeiter zu einer im Angebot vorgeschlagenen Besprechung über die Vorgehensweise bei der Realisierung. Das Angebot wird bereits in dem Augenblick angenommen, in dem die zuständigen Mitarbeiter des Auftraggebers die Annahme des Angebots beschließen. Der Auftragnehmer erfährt davon durch den Anruf des – u. U. vollmachtlosen – Mitarbeiters, der sich nach einem Gesprächstermin erkundigt.

In der Praxis wird häufig versucht, die eigenen Vorstellungen über die Vertragsbedingungen in der Form durchzusetzen, dass man einen Antrag unter Änderungen annimmt, also einen neuen Antrag abgibt, und erklärt, dass man auf eine Antwort verzichte. Dann kann der Vertrag zu den Änderungen dadurch zustandekommen, dass die andere Seite etwas intern zur Durchführung des Vertrages tut. Das bloße Schweigen der anderen Seite reicht zum Vertragsabschluss aber nur ausnahmsweise aus *[Kapitel 2.1.5]*.

2.1.4 Vertragsabschluss mit „Fernkommunikationsmitteln“

§ 312b BGB spricht von Fernkommunikationsmitteln als Hilfsmittel für die Übersendung von rechtsgeschäftlichen Erklärungen zwischen Abwesenden.

Der Gesamtzusammenhang des elektronischen Geschäftsverkehrs wird in Kapitel 4.2. (1) erläutert.

(1) Liegen Willenserklärungen vor?

Die Eröffnung eines Shops stellt – wie die Versendung eines Katalogs – noch keinen Vertragsantrag dar, sondern nur die Aufforderung, Bestellungen vorzunehmen, also Vertragsanträge abzugeben *[siehe Kapitel 2.1.2 (1)]*. Der Vertragsantrag erfolgt in diesem Falle also durch den Besteller.

Die Annahme erfolgt in diesem Fall automatisiert. Sie wird auf die Weise als Willenserklärung des Anbieters eingeordnet, dass dieser durch den Einsatz des IT-Systems seinen allgemeinen Willen ausdrückt, Vertragsanträge automatisiert anzunehmen.

Der Vertragsabschluss erfolgt unter Abwesenden *[siehe Kapitel 2.1.2 (2)]*. Dementsprechend gilt die Annahmeerklärung in einem E-Mail als zu dem Zeitpunkt zugegangen, zu dem üblicherweise mit dessen Abruf gerechnet werden kann (§ 312e Abs. 1 Satz 2 BGB).

(2) Formvorschriften

Die auf Grund der Vertragsfreiheit von den Vertragspartnern vorgesehene Schriftform wird grundsätzlich eingehalten *[siehe Kapitel 2.1.6 (1)]*.

Die gesetzliche Schriftform (durch Unterzeichnung oder durch notarielle Beurkundung) kann auch durch eine qualifizierte elektronische Signatur nach dem Signaturgesetz erreicht werden, soweit nicht Ausnahmen vorgesehen sind. Eine solche Ausnahme findet sich beispielsweise für die Bürgschaftserklärung eines Nicht-Kaufmanns. Dieser soll dadurch, dass er eine Unterschrift leisten muss, noch einmal vor den Risiken, die er eingehen will, gewarnt werden.

Textform: Diese neue Schriftform gilt für Erklärungen, die nicht unterschrieben werden brauchen (weil sie Massenerklärungen wie Garantieurkunden sind oder weil sie elektronisch übermittelt werden). Wenn nicht Papier verwendet wird, muss der Text auf einer „zur dauerhaften Wiedergabe in Schriftzeichen geeigneten Weise" gespeichert sein. In letzterem Fall darf der Unternehmer nicht die Möglichkeit haben, den Text nachträglich zu ändern (er bewirkt dies am besten, indem er die Erklärung in Textform dem Kunden zur Verfügung stellt). Der Text muss für eine solche Dauer wiedergegeben werden können, wie er benötigt wird. Beispielsweise ist das bei einem Verbrauchsgüterkauf mit einer Verjährungsfrist für Mängelansprüche von 2 Jahren dieser Zeitraum. Es kann davon ausgegangen werden, dass der Empfänger eines elektronischen Textes, z. B. eines E-Mails, den Text problemlos 2 Jahre vorrätig halten (oder ausdrucken!) kann. – Der Text muss entweder durch die Nachbildung einer Unterschrift oder sonst wie erkennbar abgeschlossen werden.

(3) Absicherung des Vorgehens beim Vertragsabschluss

Bedient sich ein Unternehmer innerhalb der Fernkommunikationsmittel systematisch eines Teledienstes (oder eines Mediendienstes) für den Abschluss von Verträgen, spricht § 312e BGB von „Verträgen im elektronischen Geschäftsverkehr".

Ein Unternehmer, der Waren- oder Dienstleistungen im elektronischen Geschäftsverkehr erbringen will, hat gemäß § 312e BGB i.V.m. § 3 Verordnung über Informationspflichten im Bürgerlichen Recht (VO-Info) eine Reihe von Pflichten einzuhalten.

Die Vorschriften gelten nicht, wenn der Vertrag „ausschließlich durch individuelle Kommunikation geschlossen wird“. Außerdem kann der Anbieter mit Unternehmern als Kunden (nicht mit Verbrauchern) anderes vereinbaren.

Er hat den Kunden über die bei Vertragsabschluss zur Verfügung stehenden Sprachen zu informieren.

Er hat „angemessene, wirksame und zugängliche technische Mittel zur Verfügung zu stellen, mit deren Hilfe der Kunde Eingabefehler vor Abgabe seiner Bestellung erkennen und berichtigen kann“, und den Kunden darüber zu informieren, wie dieser „Eingabefehler vor Abgabe der Bestellung erkennen und berichtigen kann“.

Er hat den Zugang der Bestellung unverzüglich auf elektronischem Wege zu bestätigen. Das Schweigen eines Kaufmanns gilt hier also nicht als Annahme *[vgl. Kapitel 2.1.5 (2)]*.

Er muss dem Kunden die Möglichkeit verschaffen, die Vertragsbestimmungen einschließlich der AGB bei Vertragsabschluss abzurufen und in wiedergabefähiger Form zu speichern, außerdem diesen darüber zu informieren, ob er den Vertragstext speichert und ob dieser dem Kunden zugänglich ist *[nach dem AGB-Recht muss der Unternehmer seine AGB einem Verbraucher sogar zugänglich machen, siehe Kapitel 1.1.4 (2)]*. Außerdem muss er den Kunden „über sämtliche einschlägigen Verhaltenscodizes, denen sich der Unternehmer unterwirft, sowie die Möglichkeiten eines elektronischen Zugangs zu diesen Regelwerken“ informieren.

Bestellungen und Empfangsbestätigungen gelten als zugegangen, wenn der jeweilige Vertragspartner, für den diese bestimmt sind, diese unter gewöhnlichen Umständen abrufen kann.

2.1.5 Schweigen, insbesondere Schweigen des Antragsempfängers

(1) Grundsatz

Schweigen kann im rechtsgeschäftlichen Verkehr grundsätzlich nicht als Zustimmung, z. B. als Annahme eines Antrags, gewertet werden. Wenn unter Nicht-Juristen dennoch die Vorstellung vorherrscht, dass Schweigen normalerweise als Zustimmung zu verstehen sei, dürfte das insbesondere auf drei Ursachen zurückzuführen sein:

- Viele Verträge kommen „stillschweigend“ zustande. Die Verwendung dieses Wortungetüms legt nahe, dass nicht Schweigen gemeint ist, sondern schlüssiges Handeln *[Kapitel 2.1.1]*; das wird mit Schweigen verwechselt.
- Es gibt im Geschäftsleben einige Ausnahmefälle, in denen Schweigen Zustimmung bedeutet *[siehe unter (2)]*.
- Die Vertragspartner vereinbaren ausdrücklich, dass Schweigen in bestimmten Situationen Zustimmung bedeuten soll (was nahelegt, dass die Beteiligten dem Schweigen eigentlich die richtige Bedeutung zumessen).

Außerdem spielt hier herein, dass der Nichtjurist den Begriff Schweigen vielfach damit in Verbindung bringt, dass Pflichten in einem Vertrag auch ohne Erklärung („implizit“) übernommen werden *[siehe Kapitel 1.3]*.

Schweigen gilt dann als Zustimmung/Annahme, wenn es im geschäftlichen Verkehr als Zustimmung/Annahme verstanden werden muss. Das ist dann der Fall, wenn nach der Lebenserfahrung in der gegebenen Situation davon auszugehen ist, dass der Betroffene mit dem Vorschlag einverstanden ist, und also erwartet werden darf, dass der Betroffene ausdrücklich widersprechen würde, wenn er ausnahmsweise nicht einverstanden sein sollte. Das kann anhand des Falls, dass der Betroffene eine Antwort per Brief schicken müsste, der nur ein „Ja" enthalten würde, verdeutlicht werden: Wenn der Antragsteller (!) davon ausgehen darf, dass der Betroffene sich diesen überflüssigen Aufwand ersparen will, darf er dessen Schweigen als Zustimmung/Annahme verstehen.

Beispiel für Schweigen als Zustimmung: Drei Männer spielen Skat in einer Gastwirtschaft und haben schon drei Runden Bier (kleine Gläser) konsumiert. Der Wirt fragt, ob er noch ein Bier bringen soll. Der erste sagt ja; der zweite schiebt sein Glas in Richtung des Wirtes; der dritte spielt triumphierend eine Karte aus. – Der zweite schweigt nicht, sondern erklärt seine Zustimmung durch schlüssiges Handeln. Nur der dritte schweigt. Sein Schweigen ist hier als Zustimmung aufzufassen.

Weiteres Beispiel: Der Auftraggeber hat ein Angebot kurz nach Ablauf von dessen Bindefrist angenommen. Er hat dabei geschrieben: „Wenn Sie nicht innerhalb von 14 Tagen widersprechen, gehen wir davon aus, dass Sie sich noch an Ihr Angebot halten wollen." – In diesem Fall ist Schweigen als Zustimmung einzuordnen, weil anzunehmen ist, dass der Lieferant das Geschäft noch tätigen will. Wenn ausnahmsweise ein Produkt nicht mehr lieferbar sein sollte oder wenn der Auftragnehmer keine freie Mitarbeiterkapazität haben sollte, soll er eben widersprechen. Wenn der Satz mit der Aufforderung zum Widerspruch nicht aufgenommen worden wäre, dürfte das Schweigen immer noch als Zustimmung einzuordnen sein.

(2) Schweigen eines Kaufmanns

Schweigt ein Kaufmann zu Vertragsanträgen von Kunden innerhalb seines Geschäftsgebiets, gilt das gemäß § 362 HGB als Annahme *[außer im elektronischen Geschäftsverkehr, siehe Kapitel 2.1.4 (3)]*,

- wenn der Kaufmann mit dem Antragenden in Geschäftsbeziehungen steht;
  Beispiel: Der Anwender sendet dem Auftragnehmer den x-ten Ergänzungswunsch zu einem Programm, der gegen Vergütung nach Aufwand realisiert werden soll.
- wenn der Kaufmann sich gegenüber dem anderen zur Besorgung solcher Geschäfte erboten hat.
  Beispiel: Bestellung bei einem Versandhandel.

2.1.6 Schriftform

(1) Grundsatz

Im kaufmännischen Verkehr sieht das Gesetz grundsätzlich keine Schriftform vor (Grundstücksgeschäfte gehören nicht zum kaufmännischen Verkehr). Sie wird allerdings häufig vereinbart, insbesondere um die Beweislage zu verbessern.

Nach § 127 BGB gelten bei gewillkürter (= vereinbarter) Schriftform zwar im Ansatz dieselben Anforderungen wie bei der gesetzlichen Schriftform nach § 126 BGB: Die Vertragsurkunde muss von beiden Vertragspartnern unterzeichnet werden (bei mehreren Exemplaren genügt es, wenn jeder die für den anderen Vertragspartner bestimmte Urkunde unterzeichnet).

Zur Wahrung der Form genügt jedoch auch, soweit nicht ein anderer Wille anzunehmen ist, die „telekommunikative" Übermittlung oder Briefwechsel. In der Praxis ist regelmäßig anzunehmen, dass Telefaxe und Briefe ausreichen sollen. Bei E-Mails besteht in der Branche noch keine einheitliche Auffassung dazu, ob sie die Schriftform wahren (die Vertragspartner können das durch die wiederholte Verwendung von E-Mails ausdrücken).

Es kann sich empfehlen, die Führung von Protokollen zu vereinbaren, die die Schriftform wahren, sei es die normale Schriftform, dass die Protokolle also von beiden Vertragspartnern unterschrieben werden sollen, sei es die besondere Schriftform, dass nur der Absender unterschreiben soll *[siehe Kapitel 2.2 (6)]*.

Beispiel für Ausnahmen: In AGB findet sich häufig der Satz, dass der Vertrag und seine Änderungen einer gesonderten Urkunde bedürfen. Das ist allerdings gegenüber Verbrauchern nach § 309 Nr. 13 BGB unwirksam. Außerdem verhindert das nicht mündliche oder schriftliche Vereinbarungen, die die vereinbarte Form nicht wahren *[siehe unter (2)]*.

Jeder, der Vertragsverhandlungen beginnt, kann die Schriftform zur Voraussetzung dafür machen, dass Erklärungen verbindlich sind. Das kann durch den Satz in den übergebenen AGB geschehen, dass der Vertrag der Schriftform bedürfe.

(2) Mündliche Aufhebung der Schriftform

Die Vertragspartner können einen Vertrag trotz vereinbarter Schriftform durch eine mündliche Vereinbarung ändern, indem sie auf die vereinbarte Schriftform verzichten (die jeweiligen Verhandlungspartner müssen zu den dann mündlich getroffenen Abreden bevollmächtigt sein *[Kapitel 2.4]*). Es gibt im Recht nicht die im technischen Bereich verbreitete Maxime, dass etwas nur in derselben Weise abgeändert werden kann, wie es geschaffen worden ist *[siehe Kapitel 2.4 (2)]*. Ebenso können die Vertragspartner mündliche Nebenabreden zu einem Vertrag, für den Schriftform vereinbart ist, treffen. Auch ein zweiter Satz dahingehend, dass die Aufhebung der Schriftformklausel der Schriftform bedarf, verhindert mündliche Vereinbarungen nicht. Also ist auch der Versuch sinnlos, noch einen dritten Satz anzuhängen, dass die Vertragspartner unwiderruflich darauf verzichten, den zweiten Satz mündlich aufzuheben. – Es hilft nur Disziplin oder der Verzicht, die Mitarbeiter zur Abgabe von rechtsgeschäftlichen Erklärungen zu bevollmächtigen!

Beispiel: Der Geschäftsführer des Auftraggebers nimmt am Ende der Verhandlung das Angebot des Auftragnehmers, das Schriftform vorsieht, mit einem Händedruck auf gute Zusammenarbeit (also mündlich!) an. Dabei können Änderungen des Angebots (mündlich!) vereinbart worden sein.

Beispiel: Die Geschäftsführer der beiden Vertragspartner haben die Erstellung eines Programmsystems in Visual Basic vereinbart. Wegen Laufzeitproblemen legen die beiderseitigen Projektleiter fest, dass einige Routinen in C++ geschrieben werden sollen. Später besteht der Auftraggeber insgesamt auf Visual Basic, weil C++ ihm in Hinblick auf die Pflege der Routinen ungünstig erscheint.

Wer sich auf eine mündliche Vereinbarung beruft, trägt allerdings die Beweislast dafür, dass sie getroffen worden ist und entgegen der Schriftformklausel gelten soll *[siehe Kapitel 1.2]*.

Bei mündlichen Nebenabreden *im Zusammenhang mit dem Vertragsabschluss* stellt die Rechtsprechung hohe Anforderungen an die Beweislast auf der Grundlage, dass die Vertragsurkunde ohnehin die Vermutung der Vollständigkeit und Richtigkeit für sich hat *[Kapitel 1.3 (1)]*.

Bei mündlichen Änderungen *während der Vertragsdurchführung* liegt es näher, dass die Vertragspartner – im Eifer des Gefechts – stillschweigend auf die Schriftform verzichten.

2.1.7 Die Verbindlichkeit von Verträgen

Ist ein Vertrag geschlossen, gilt er und kann nur einverständlich geändert oder aufgehoben werden. In Betracht kommt, dass er wegen einer Pflichtverletzung bei der Vertragsdurchführung einseitig aufgehoben werden kann *[zur Haftung siehe Kapitel 3]*.

Verträge sind auch grundsätzlich einzuhalten. Treu und Glauben kann einen Vertragspartner nur ausnahmsweise dazu berechtigen, eine (neutrale) Abänderung des Vertrags zu verlangen *[siehe Kapitel 9.2.2 (1) dazu, dass der Auftraggeber bei einem Werkvertrag Änderungen verlangen kann, bzw. Kapitel 9.2.5 (1), dass er einen Vertrag kündigen kann]*. Nur ganz ausnahmsweise kann verlangt werden, dass der Vertrag zu Lasten des anderen Vertragspartners abgeändert wird *[siehe Kapitel 9.3.3 zu einem überhaupt nicht kostendeckenden Festpreis und allgemeiner Kapitel 3.6 zur Störung der Geschäftsgrundlage]*.

2.1.8 Vorverträge, Verträge mit offenen Punkten, Letter of Intent

(1) Vorverträge

Vorverträge sind schuldrechtliche Verträge, in denen sich beide Vertragspartner (ausnahmsweise nur einer) verpflichten, einen anderen schuldrechtlichen Vertrag, nämlich den Hauptvertrag, abzuschließen, der im Detail erst noch endgültig fixiert werden muss. Es handelt sich um normale Verträge. Die Vertragspartner müssen sich also, wie auch sonst, über alle wesentlichen Punkte geeinigt haben. Der Unterschied zum endgültigen Vertrag ist also in der Sache gering.

Beispiel: Im Rahmen einer Ausschreibung eines Endkunden schließt ein Generalunternehmer mit einem Softwarehaus einen Vertrag, in dem dieses sich verpflichtet, bestimmte Leistungen zu bestimmten Bedingungen für den Fall zu erbringen, dass der Generalunternehmer den Zuschlag bekommt. Einzelheiten sind festzulegen, wenn der Vertrag mit dem Endkunden geschlossen worden ist.

Häufig ist es zweckmäßig, gleich den Hauptvertrag abzuschließen und bestimmte Punkte erst einmal ausdrücklich offen zu lassen.

(2) Verträge mit offenen Punkten

Zu dem Fall, dass sich die Vertragspartner über bestimmte Punkte noch nicht geeinigt haben, enthält § 154 BGB eine Auslegungsregel dahingehend, dass der Vertrag im Zweifel noch nicht geschlossen ist. Dieser Zweifel wird aber ausgeräumt, wenn die Umstände eindeutig ergeben, dass beide Seiten sich bereits binden wollen. Das kann sich insbesondere daraus ergeben, dass sie mit der Durchführung des Vertrags beginnen.

Beispiel: Ein Softwarehaus gibt einen Vertragsantrag über Programmerstellung (mit 12 Monaten Verjährungsfrist für Mängelansprüche) ab. Der Auftraggeber wünscht 24 Monate. Das Softwarehaus lehnt das ab. Der Auftraggeber erklärt: „Das klären wir noch." Das Softwarehaus antwortet: „In Ordnung." Beide Seiten beginnen mit der Arbeit.

Die offenen Punkte werden durch das BGB unter Berücksichtigung der ergänzenden Vertragsauslegung geregelt, falls die Vertragspartner sich über diese Punkte nicht noch einigen *[siehe Kapitel 1.3]*.

Beispiele: Häufig wird im kaufmännischen Verkehr der Punkt offen gelassen, welche AGB (inwieweit) gelten sollen *[siehe Kapitel 1.1.4 (2)]*. – Bei Erstellung von Software ist der Fall verbreitet, dass die Aufgabenstellung nur im Groben festliegt und der Auftragnehmer sie noch präzisieren soll *[siehe Kapitel 9.1.2]*.

(3) Letter of Intent und Vorfeldverträge

Ein Letter of Intent ist grundsätzlich nur eine Absichtserklärung, aber noch kein Vertragsantrag. Der Empfänger soll auf eigenes Risiko hin etwas tun. Diese Absichtserklärung bezweckt bei Kaufverträgen über Gattungssachen, dass der Lieferant dem Anwender einen günstigen Rang bezüglich der Lieferfristen reservieren soll. Der Erklärende haftet dann nur beschränkt, wenn er den Vertragsabschluss scheitern lässt *[siehe (3.2)]*. Die Erklärung kann aber auch bereits einen Vertragsantrag enthalten. Man denke an die Aufforderung des Auftraggebers bei Verträgen über Programmerstellung, „dass der Auftragnehmer schon mal anfangen soll." Eine solche Erklärung kann zu einem sogenannten Vorfeldvertrag führen.

(3.1) **Vorfeldverträge:** *Soll* der Auftragnehmer schon etwas tun, so sollen die gegenseitigen Rechte und Pflichten in der Regel später im Hauptvertrag aufgehen. Hier sind zwei Fälle zu unterscheiden, nämlich ob die Pflicht des Auftraggebers, diese Leistungen zu vergüten, ausdrücklich vereinbart ist oder nicht. Im ersten Fall bestehen keine Probleme. Im zweiten Fall stellt sich die Frage, inwieweit die Aufforderung seitens des Auftraggebers, mit der Realisierung einer Programmentwicklung schon einmal anzufangen, implizit die Bereitschaft enthält, die Leistungen in dem Fall zu vergüten, dass der endgültige Vertragsabschluss scheitert. Hier können drei Fälle unterschieden werden:

- Der Auftragnehmer trifft Vorbereitungsmaßnahmen für die spätere Leistungserbringung im eigenen Bereich (z. B. plant er die Erstellung in seinem Betriebskalender ein): Hier ist eine Vergütung für die vorbereitenden Leistungen in der Regel nicht gewollt. (Würde man von Geschäftsführung ohne Auftrag ausgehen, würde es sich in der Regel um ein eigenes Geschäft des Auftragnehmers handeln, so dass ein Anspruch auf Ersatz der Aufwendungen entfallen würde).
- Der Auftragnehmer erbringt eine selbständig verwertbare Leistung, insbesondere eine solche, deren Durchführung Entscheidungsgrundlage für den Abschluss des Hauptvertrages ist. Hier liegt es relativ nahe, dass die Parteien stillschweigend eine Vergütung vereinbaren. (Hier liegt es auch hinsichtlich der Geschäftsführung ohne Auftrag nahe, dass der Auftragnehmer ein fremdes Geschäft führt, das der Auftraggeber auch als seines will.)
- Der Auftragnehmer erbringt bereits einen unselbständigen Teil der Hauptleistung (er fängt schon mal mit der Programmierung an). Dann ist es ziemlich unsicher, ob der Auftraggeber sich stillschweigend zur Vergütung verpflichten will (bzw. dass er hinsichtlich Geschäftsführung ohne Auftrag die Tätigkeit des Auftragnehmers als Geschäft für sich wünscht).

(3.2) **Verletzung von Pflichten bei Vertragsverhandlungen** *[Zur Anspruchsgrundlage siehe Kapitel 7.1]*: Die Erteilung eines Letter of Intent berechtigt den Auftragnehmer in der Regel zu einem gesteigerten Vertrauen, aufgrund dessen er es als sinnvoll ansehen darf, Aufwendungen zu erbringen. Der Auftraggeber haftet auf Ersatz der Aufwendungen (Schadensersatz hinsichtlich der Nichterfüllung von Vertrauen, aber nicht Schadensersatz auf Erfüllung, d. h. auf Abschluss des Vertrages), wenn

a) der Auftraggeber das Vertrauen ohne sachliche Grundlage gesteigert hat, insbesondere in Wirklichkeit gar keinen Vertrag abschließen wollte, oder

Beispiel: Der Projektleiter des Auftraggebers fordert ein Softwarehaus zur Abgabe eines Angebots über Individualprogrammierung auf, weil der Einkauf mindestens zwei Angebote verlangt. Dabei ist bereits mit einem anderen Softwarehaus abgesprochen, dass dieses den Auftrag erhält.

b) der Auftraggeber nachträglich von dem geschaffenen Vertrauen ohne sachlichen Grund abrückt. Der Auftraggeber ist zwar insoweit nicht zum Abschluss des Vertrags verpflichtet, aber er hat sich hinsichtlich seines Verhaltens selbst gebunden. Die entscheidende Frage ist dann, inwieweit er im Einzelfall Vertrauen geschaffen hat.

2.1.9 Bedingungen

Verträge über IT-Leistungen können grundsätzlich unter Bedingungen geschlossen werden (bei einseitigen Rechtsgeschäften wie bei einer Kündigung geht das grundsätzlich nicht).

Beispiele: Ein Anwender schließt mit einem Softwarehaus einen Vertrag über die Überlassung von Standardsoftware unter der Bedingung, dass ein parallel zu schließender Vertrag über den Erwerb der für deren Einsatz erforderlichen IT-Anlage zustandekommt. – Jemand kauft ein Grundstück unter der Bedingung, dass die besprochene Baugenehmigung erteilt wird.

Bedingungen können sein

- aufschiebend: Der Vertrag wird erst mit Eintritt der Bedingung wirksam.
- auflösend: Der Vertrag ist gleich wirksam, verliert aber bei Eintritt der Bedingung rückwirkend seine Wirksamkeit.

Was vorliegt, ist oft schwer zu beurteilen, weil die Bedingung selbst so definiert werden kann, dass etwas bis zu/an einem bestimmten Zeitpunkt nicht geschieht. Deswegen empfiehlt es sich, umgangssprachlich möglichst genau zu schreiben, was man will.

Wird der Eintritt einer Bedingung wider Treu und Glauben verhindert, gilt die Bedingung als eingetreten (§ 162 BGB).

Beispiel: Ein Liefervertrag wird unter der *Bedingung* „Finanzierung durch Leasing“ geschlossen. Der Käufer bemüht sich nicht, einen Leasingvertrag zu schließen, dabei ist er ausreichend kreditwürdig.

Die Bedingung kann auch vom Willen eines Dritten, sogar vom Willen eines Vertragspartners selbst, abhängig sein.

Beispiele: Der Wartungsvertrag mit dem Lieferanten über eine Leasingsache wird für die Dauer des Leasingvertrags geschlossen. – Kauf auf Probe *[vgl. Kapitel 6.6.3]*

Eine Option ist das Recht eines Vertragspartners, einen – bereits ausreichend definierten – Vertrag in Kraft zu setzen. Sie lässt sich als aufschiebende, vom Willen des Optionsberechtigten abhängige Bedingung erklären. Sie wird allerdings – einfacher – als ein Gestaltungsrecht behandelt.

2.2 Geschäftliches („Kaufmännisches") Bestätigungsschreiben

Die Grundsätze zu einem solchen Bestätigungsschreiben wurden von der Rechtsprechung für den kaufmännischen Geschäftsverkehr entwickelt. Diese hat deswegen von einem „kaufmännischen" Bestätigungsschreiben gesprochen. Sie hat diese Grundsätze zunehmend in allen Fällen angewendet, in denen beide Vertragspartner geschäftlich versiert sind, also auch bei Architekten, Rechtsanwälten und öffentlichen Auftraggebern. Da das neue Schuldrecht weitgehend auf Unternehmer abstellt, kann davon ausgegangen werden, dass die Rechtsprechung die Grundsätze ab 2002 auf alle Unternehmer anwendet. Man sollte besser von „geschäftlichen Bestätigungsschreiben" sprechen.

Der operative Begriff der Auftragsbestätigung *[siehe Kapitel 2.1.3 (2)]* wird leicht mit dem Rechtsbegriff des geschäftlichen Bestätigungsschreibens verwechselt. Letzteres liegt aber nur dann vor, wenn bereits mündlich geschlossene Vereinbarungen bestätigt werden sollen (ausnahmsweise kommt es auch bei schriftlichen Vereinbarungen in Betracht *[siehe (3)]*). Ein als „Auftragsbestätigung" bezeichnetes Schreiben *[siehe Kapitel 2.3.1 (2)]* kann rechtlich gesehen ein geschäftliches Bestätigungsschreiben, kann aber auch etwas anderes beinhalten.

Darauf, wie der Absender das Schreiben bezeichnet, kommt es nicht an. Es empfiehlt sich, deutlich zum Ausdruck zu bringen, dass etwas „bestätigt" werden soll, was bereits „vereinbart" (und nicht nur besprochen) worden ist. Wenn jemand bestätigt, dass etwas „besprochen" worden ist, kann er schwerlich später behaupten, dass etwas „vereinbart" worden sei.

(1) Grundsätzliche Wirkung

Das geschäftliche Bestätigungsschreiben hat seinen Ursprung in mündlich geschlossenen Verträgen, bei denen Kaufleute oft nur die wichtigen Punkte festlegten und im Übrigen davon ausgingen, dass das Übliche ergänzend geltend sollte. Das Bestätigungsschreiben sollte und soll also in erster Linie den Abschluss des Vertrages und dessen Inhalt bestätigen und damit die Beweislage sichern.

Wenn der Empfänger auf ein solches Bestätigungsschreiben schweigt oder diesem nicht unverzüglich widerspricht, gilt es grundsätzlich als korrekte Dokumentation der getroffenen Vereinbarung. Das Ergebnis entspricht der Situation, dass beide Vertragspartner einen mündlich geschlossenen Vertrag nachträglich beurkundet hätten. – Widerspricht der Empfänger, gilt nicht die Dokumentation, sondern das, was vorher mündlich vereinbart worden ist. Für den, der sich auf die mündliche Vereinbarung beruft, kann es dann schwierig sein, diese zu beweisen.

Ein geschäftliches Bestätigungsschreiben kann auch den Vertrag in Nebenpunkten im Rahmen des Üblichen konkretisieren und/oder ergänzen. Soweit es das tut, gilt der Verzicht auf unverzüglichen Widerspruch als Zustimmung; insofern enthält das Schweigen eine rechtsgeschäftliche Erklärung (bei Konkretisierungen der getroffenen Vereinbarungen gilt dasselbe; sie lassen sich aber in der Praxis kaum von der Dokumentation der Vereinbarungen unterscheiden).

Das geschäftliche Bestätigungsschreiben wahrt die vereinbarte Schriftform.

Die Grundsätze zum geschäftlichen Bestätigungsschreiben gelten auch während der Vertragsdurchführung für Änderungen/Ergänzungen des Vertrages oder für die vorgesehene Fixierung von Konkretisierungen, z. B. der Aufgabenstellung gemäß Vertrag in der Spezifikation.

(2) Grenzen

Ein unrichtiges Bestätigungsschreiben ist auch wirksam,

- wenn es von den tatsächlich getroffenen Vereinbarungen abweicht; es sei denn
  - dass der Bestätigende arglistig abgewichen ist; das ist praktisch nicht zu beweisen.
  - dass die Abweichungen so groß sind, dass der Bestätigende vernünftigerweise mit der Billigung der anderen Seite nicht rechnen konnte; auch das ist nur schwer zu beweisen.
- wenn es in den *Konkretisierungen* und *Ergänzungen* von dem Üblichen zwar etwas, aber doch nicht so erheblich abweicht, dass der Bestätigende vernünftigerweise mit der Billigung der anderen Seite nicht mehr rechnen durfte. Eine so erhebliche Abweichung ist nur schwer zu beweisen. Zulässig ist die Ergänzung, dass die Leistungen zu den eigenen AGB erfolgen sollen, außer wenn die Vertragsverhandlungen das Gegenteil ergeben haben.
- wenn noch nicht einmal ein Vertrag geschlossen worden ist, der Bestätigende dies aber annimmt und seinen Irrtum durch die Bestätigung zum Ausdruck bringt. Das Bestätigungsschreiben bringt den Vertrag hier erst zustande.

(3) Bei Vorliegen schriftlicher Vereinbarungen

Die Grundsätze zum geschäftlichen Bestätigungsschreiben gelten auch in dem Fall, dass mehrere schriftliche Unterlagen existieren, wenn mündliche Verhandlungen die Reihenfolge der Vereinbarungen klären und Widersprüche/Unklarheiten beseitigen sollen und das bestätigt wird. Ausnahmsweise wird, auch wenn nicht entsprechend verhandelt worden ist, ein Schreiben, das Klarheit schaffen soll, als geschäftliches Bestätigungsschreiben anerkannt.

(4) Beweislast

Wer sich auf ein Bestätigungsschreiben beruft, muss beweisen, dass Verhandlungen stattgefunden haben (und – wie üblich – dass sein Schreiben der anderen Seite zugegangen ist).

Der Empfänger, der der Bindungswirkung des Bestätigungsschreibens entgehen will, muss beweisen, dass er unverzüglich widersprochen hat bzw. einer derjenigen Fälle vorliegt, bei denen ein Widerspruch ausnahmsweise nicht erforderlich war.

(5) Gegenbestätigung

In der Praxis wird manchmal um *Gegenbestätigung* gebeten, also um Bestätigung, dass die Vereinbarungen bereits getroffen worden sind. Dies geschieht insbesondere, wenn es unsicher erscheint, ob sich der andere auf geschäftlicher Ebene an einem geschäftlichen Bestätigungsschreiben festhalten lassen wird.

Die Bitte um Gegenbestätigung ändert nichts am Charakter des geschäftlichen Bestätigungsschreibens, soweit es getroffene Vereinbarungen dokumentiert. Es gilt also mangels Widerspruchs auch dann, wenn die Gegenbestätigung nicht erfolgt. Es ist allerdings eine Frage der kaufmännischen Klugheit, ob sich jemand mit dem Schweigen des anderen zufrieden gibt, wenn er erst dessen Gegenbestätigung für erforderlich gehalten hat. Konsequenterweise sollte er den anderen nach den Gründen dafür fragen, warum dieser die Gegenbestätigung nicht abgibt.

Etwas anderes ist die Bitte um *Zustimmung*. Sie macht Sinn, wenn das Schreiben über die Bestätigung der getroffenen Vereinbarungen hinaus wesentliche Zusätze enthält. Dann sollte auseinandergehalten werden, was Bestätigung und was Zusatz ist, und nur für Zusätze um Zustimmung gebeten werden (Änderungsvorschläge sind in diesem Sinne Zusätze). Sonst liegt es nahe, dass für alles erst um Zustimmung gebeten wird (auch wenn am Anfang des Schreibens von „Bestätigung" die Rede ist).

(6) Protokolle

Protokolle sind geschäftliche Bestätigungsschreiben. Wird ihre Führung vereinbart, kann das Besonderheiten beinhalten, z. B. dass eine Widerspruchsfrist festgelegt wird.

Ist vereinbart worden, dass Protokolle von beiden Seiten unterzeichnet werden sollen, kann auch gewollt sein, dass die in Protokollen festgehaltenen Vereinbarungen erst mit der Unterzeichnung wirksam werden (Willenserklärung). Das ist insbesondere anzunehmen, wenn die Protokolle unverzüglich nach der Sitzung unterzeichnet werden sollen.

2.3 Vertragsdokument

2.3.1 Vertragsbestandteile aus rechtlicher Sicht

(1) Vertragsbestandteile

In der *Praxis* werden Verträge häufig in zwei Dokumente aufgeteilt (Abbildung „Vertragsbestandteile"):

Vertragsbestandteile – Aufteilung in der Praxis

Vertrag

Individueller Teil
(„Angebot/Auftrag/Kaufschein")

1. Gegenstand
2. Leistungen im Einzelnen
3. Technische Voraussetzungen
4. Vorgehen, Termine
5. Vergütung
6. Geltung der AGB

Vertragsbedingungen in Form von AGB

1. Allgemeine Leistungen und Vertragsdurchführung*
2. „Was ist, wenn ...?"
3. Rahmenregelungen

* Damit das nicht jeweils in den individuellen Teil aufgenommen werden muss.

- Vertragsbedingungen im Sinne von standardisierten Vertragsbedingungen (AGB) sind formal meist durch ihre Zusammenfassung in einem gesonderten Dokument und durch ihre Benennung gekennzeichnet. Wenn mit standardisierten Vertragsbedingungen gearbeitet wird, werden häufig Leistungen, die grundsätzlich in gleicher Weise vereinbart werden, in die standardisierten Vertragsbedingungen übernommen.
- Der individuelle Teil ist das Dokument, das im Einzelfall im Hinblick auf einen Kunden („Angebot/Vertrag“) bzw. einen Auftragnehmer („Bestellung“) erstellt wird.

Rechtlich relevant ist, dass alles, was standardmäßig vorformuliert ist, dem AGB-Recht unterliegt *[siehe Kapitel 1.1.4]*.

(2) Begriffe

Konditionen: Das ist ein unklarer kaufmännischer Begriff. Er bezeichnet wohl die beiderseitigen Leistungen mit Ausnahme dessen, was der Auftragnehmer als Hauptleistung zu erbringen hat.

Anstelle des Begriffs **Leistungsbeschreibung** (LB) *[vgl. Kapitel 1.1.2 (1)]* wird oft gesprochen von

- Leistungsverzeichnis, wenn die Leistungen bereits technisch konkret beschrieben sind (insbesondere bei Ausschreibungen zur Beschaffung von PCs).
- Pflichtenheft/Lastenheft, wenn die Leistungen funktional beschrieben sind (DIN 69901). Der Begriff Pflichtenheft wird im Bereich der Prozessdatenverarbeitung oft im Sinne einer abschließenden funktionalen Beschreibung verwendet.

Hilfreich kann die Differenzierung sein:

- Ausschreibungs-LB
- Vertrags-LB
- Ausführungs-LB (nach Überarbeitung seitens des Auftragnehmers und Genehmigung seitens des Auftraggebers *[vgl. die Spezifikation in Kapitel 9.1]*).

Rahmenvertrag: Dieser Begriff hat keinen klaren Inhalt. Es kann sowohl darum gehen, dass (umfangreiche) Leistungen erbracht werden sollen, als auch darum, dass nur ein Rahmen für Bestellungen geschaffen werden soll; dieser kann die Pflicht zum Bestellen enthalten, braucht das aber nicht zu tun.

2.3.2 Physische Vertragsbestandteile und die Reihenfolge von deren Geltung

Vertragsbestandteile sind alle Vereinbarungen, gleich wo und wie sie getroffen wurden. Die Unterzeichnung eines Dokuments bringt allerdings eine starke Einschränkung und Ordnung (Vermutung der Vollständigkeit der Urkunde *[siehe Kapitel 1.3 (1)]*); diese kann durch die vereinbarte Schriftform *[siehe Kapitel 2.1.6]* noch verstärkt werden.

Gibt es mehrere physische Vertragsbestandteile (Dokumente) aus der Zeit des Vertragsabschlusses, kann unklar sein, welche überhaupt Vertragsbestandteil sein sollen und welche im Falle von Widersprüchen gelten sollen. Es empfiehlt sich deswegen, die Vertragsbestandteile aufzuführen und ausdrücklich festzulegen, in welcher Reihenfolge sie gelten sollen.

Beispiel aus der Praxis, bei dem die Reihenfolge nicht eindeutig bestimmt werden kann: „Software ist zu erstellen gemäß beiliegender Beschreibung vom 14.5.xx und Schreiben des Endkunden vom 8.5.xx (im Zweifelsfall unsere Beschreibung). Unter Bezugnahme auf unsere Anfrage ... vom 10.4.xx., Ihr Angebot vom 24.4.xx, die am 30.4.xx zwischen Ihren sehr geehrten Herren ..., ... und unseren Herren ..., ... geführte Unterredung sowie die am 10.5.xx zwischen Ihren Herren ..., ... und unseren Herren ..., ... erfolgte Schnittstellen-Abstimmung sowie beiliegende Vereinbarung."

Ergibt sich aus dem Vertrag nicht ausdrücklich, in welcher Reihenfolge die Dokumente der beiden Seiten gelten sollen, sind mehrere Fallgruppen zu unterscheiden; dabei kann das Argument, dass die Dokumente in einer zeitlichen Abfolge entstanden seien und das jeweils spätere maßgeblich sein sollte, nur eingeschränkt helfen: Erst einmal ist mit dem Vertragsabschluss zeitlicher Gleichrang geschaffen. Man kann nur begrenzt argumentieren, dass das jeweils vor Vertragsabschluss später geschaffene Dokument das jeweils erreichte Einverständnis ausdrücken sollte.

Bei der Erstellung von Programmen sind folgende Situationen zu unterscheiden:

- Der Auftraggeber hat seine Aufgabenstellung nur umrissen; ein ausführliches Angebot des Auftragnehmers war also erforderlich. Letzteres ist dann maßgeblich; die Aufgabenstellung des Auftraggebers dient nur der Interpretation, ist aber von größerem Gewicht, als wenn sie gar nicht zum Vertragsbestandteil gemacht worden wäre. Es wäre widersinnig, in solchen Fällen den Vorrang der Aufgabenstellung des Auftraggebers anzunehmen.
- Der Auftraggeber hat eine ausführliche Vorgabe gemacht und bekommt ein ausführliches Angebot des Auftragnehmers. Widersprüche sind nur schwer zu lösen. Weitgehend liegt die Lösung darin, dass Besprechungen Klarheit und Entscheidungen schaffen sollen. Nur lässt sich oft nicht beweisen, was das Ergebnis solcher Besprechungen war. Dasjenige Papier, das im Rahmen von Besprechungen geändert worden ist, soll wohl Vorrang haben. Sind kleine Änderungen vorgenommen worden, ist m. E. zu vermuten, dass der Auftraggeber dem Auftragnehmer seine Anforderungen erklärt und dieser sie so akzeptiert hat.
- Der Auftraggeber hat eine umfassende Vorgabe gemacht, die der Auftragnehmer nur ergänzen soll: Hier hat die Vorgabe des Auftraggebers Vorrang; der Auftragnehmer muss
  - ausdrücklich ausgrenzen, was er nicht liefern will;
  - ausdrücklich das, was er liefern will, interpretieren, wenn er Ansatzpunkte für Meinungsverschiedenheiten sieht. Damit schafft er partiell Vorrang für sich.

Bei der Lieferung von Standardkomponenten gewinnt deren Produktbeschreibung an Gewicht.

2.4 Vollmacht

(1) Begriffe

Ausgangspunkt ist, dass der Geschäftsherr einem anderen Aufgaben überträgt, die dieser erledigen soll (z. B. der Geschäftsführer einer Firma einem Mitarbeiter). Diese Zuständigkeit für Aufgaben (= Arbeitsplatzbeschreibung) heißt rechtlich bei Geschäftsführern oder Vorstandsmitgliedern Geschäftsführungsbefugnis. Diese Zuständigkeit wird im vertraglichen Verhältnis (z. B. im Arbeitsvertrag des Mitarbeiters) umrissen; sie kann im Rahmen des Direktionsrechts des Arbeitgebers konkretisiert werden.

Die Erledigung dieser Aufgaben kann es mit sich bringen, dass jemand rechtsgeschäftliche Erklärungen abgibt. Das verlangt, dass er die erforderliche Befugnis dafür, also Vollmacht, erhält. Vollmacht (= Vertretungsmacht) ist die Befugnis, rechtsgeschäftliche Erklärungen im Namen des Vertretenen abzugeben und damit unmittelbar mit Wirkung für diesen zu handeln.

Die Einräumung der Zuständigkeit für Aufgaben kann mit der Einräumung der Vollmacht verbunden sein, so beim Geschäftsführer der GmbH. Das deutsche Recht stellt aber in den Vordergrund, dass der Vollmachtgeber (= der Geschäftsherr) eine gesonderte Erklärung abgibt. Ursache dafür ist,

- dass die Vollmacht im Interesse des Geschäftsverkehrs typisiert sein soll, während die Geschäftspartner in diesem Zusammenhang nicht interessiert, für welche Aufgaben jemand bei einer Firma zuständig ist;
- dass dem Geschäftsherrn die Möglichkeit offen bleiben soll zu entscheiden, ob er einem Mitarbeiter Vollmacht einräumt. Z. B. kann die Aufgabe eines Vertriebsbeauftragten dahingehend festgelegt werden, Aufträge zu akquirieren, nicht aber auch deren Annahme zu erklären;
- dass die Vollmacht manchmal gegenüber der Zuständigkeit für bestimmte Aufgaben weit in den Vordergrund tritt, z. B. wenn Prokura erteilt worden ist oder wenn der Bevollmächtigte eine ganz bestimmte rechtsgeschäftliche Erklärung auf einer Versammlung abgeben soll (und aus Rechtsgründen nicht nur als Bote auftreten kann).

Der Umfang der Vollmacht kann also von der Zuständigkeit für Aufgaben abweichend gestaltet werden. So hat der Prokurist eine nahezu unbegrenzte Vollmacht, die über seinen Aufgabenbereich hinausreicht. Diese Vollmacht ist so typisiert, dass sie ins Handelsregister eingetragen werden kann.

Im Übrigen liegt es nahe, dass demjenigen, dem solche Aufgaben übertragen werden, die rechtsgeschäftliche Erklärungen verlangen, auch die dafür erforderliche Vollmacht erteilt wird. Das Gesetz kann das unwiderlegbar oder widerlegbar vermuten. Es tut das aber nur selten. Die Rechtsprechung hilft da nach *[siehe 2]*.

Beispiel für gesetzliche Vollmacht: Wer in einem Ladengeschäft als Verkäufer tätig ist, gilt für die „Verkäufe und Empfangnahmen, die in einem derartigen Laden gewöhnlich geschehen" nach § 56 HGB (unwiderlegbar) als bevollmächtigt. Der Geschäftsführer einer BGB-Gesellschaft gilt nach § 714 BGB im Zweifel auch als bevollmächtigt, soweit seine Zuständigkeit für Aufgaben reicht.

Weil das so nahe liegt, macht es Nicht-Juristen häufig Schwierigkeiten, die Zuständigkeit für Aufgaben und die Vollmacht auseinanderzuhalten.

Beispiel: Ein Abteilungsleiter X (mit Prokura) geht in Urlaub. Er teilt mit: „Hinsichtlich meiner Aufgaben werde ich durch meinen Gruppenleiter Y vertreten. Für Unterschriften ist Abteilungsleiter Z zuständig.“ Mit „Unterschriften“ meint er „rechtsgeschäftliche Erklärungen“.

Beispiel: Ein Abteilungsleiter (mit Prokura) des Kunden sagt dem glücklichen Geschäftsführer des Softwarehauses: „Wir sind uns einig. Der Einkauf ist für den Vertrag zuständig.“ (= Wir sind uns in der Sache einig. Ich nutze meine Vollmacht nicht, weil ich nicht dafür zuständig bin, Verträge auszuarbeiten.) „Aber fangen Sie bitte sofort mit der Arbeit an.“ (= Ich erteile einen vorläufigen Auftrag dank der mir zustehenden Vollmacht; möglicherweise soll ich das nicht tun; aber das ist nicht Ihr Problem, sondern meines. Möglicherweise gehört die Erteilung von solchen vorläufigen Verträgen sogar zu meinen Aufgaben.)

(2) Einräumung der Vollmacht

Die Vollmacht kann insbesondere erteilt werden:

- durch Erklärung an den Bevollmächtigten, z. B. durch Aushändigung einer Urkunde;
- durch Erklärung an den Vertragspartner, demgegenüber die Vollmacht wirken soll, z. B. in einem Vertrag über IT-Leistungen, indem jemand als Projektleiter benannt wird.

Die gewichtige Form der Prokura ist zum Handelsregister anzumelden (deklaratorische Bedeutung). Die Bevollmächtigung des Geschäftsführers einer GmbH braucht (und kann) nicht angemeldet werden; denn er erhält automatisch Vollmacht. Seine Bestellung zum Geschäftsführer ist aber anzumelden.

Das letzte Beispiel zeigt, dass Vollmacht auch durch Gesetz entstehen kann. Gesetzliche Vollmacht haben auch Eltern für ihre minderjährigen Kinder.

Die Erteilung einer Vollmacht baut zwar auf einem Vertragsverhältnis zwischen dem Vollmachtgeber und dem Bevollmächtigten auf; sie ist aber in gewissem Umfang von diesem unabhängig (sie kann im Regelfall widerrufen werden, ohne dass das Vertragsverhältnis, z. B. der Arbeitsvertrag, deswegen geändert werden müsste; sie kann auch fortbestehen, wenn das Vertragsverhältnis erlischt).

Vollmacht kann durch eine schlüssige Handlung erteilt werden, letztlich sogar dadurch, dass ein Geschäftsführer duldet, dass ein Mitarbeiter (oder sogar ein Dritter) wie ein Bevollmächtigter/Vertreter auftritt. Etwas überspitzt ausgedrückt: Die Rechtsprechung vermutet, dass jemand, der nach außen hin tätig werden soll, auch die dafür erforderliche Vollmacht hat. Es gibt dazu eine umfangreiche Dogmatik („Duldungs-/Anscheinsvollmacht“). In der Praxis spielt diese jedoch nur eine geringe Rolle, weil es für den Vertretenen peinlich ist, sich auf mangelnde Vollmacht seines Mitarbeiters zu berufen, und zwar so sehr, dass er darauf möglichst verzichtet.

Beispiel: Der Auftraggeber darf den Montageleiter bei einem Bauvorhaben als bevollmächtigt ansehen. Die Bevollmächtigung wird hier durch den im Aufgabenbereich des Auftragnehmers entstandenen Rechtsschein der Vollmacht ersetzt (BGH).[1] Man übertrage das auf den Projektleiter eines IT-Projekts!

1 BGH vom 18.10.51 (III ZR 138/50), NJW 52, 217.

Ein weiterer Grund dafür, dass in der Praxis kaum Probleme entstehen, liegt darin, dass die Erklärung eines Mitarbeiters, der ohne Vollmacht handelt, als von diesem im eigenen Namen abgegeben gilt (außer wenn der Erklärungsempfänger den Mangel an Vollmacht kannte oder kennen musste): Würde der Arbeitgeber sich auf die fehlende Vollmacht berufen, wäre der Mitarbeiter Vertragspartner des Auftraggebers und müsste den Vertrag durchführen. Man lässt einen Mitarbeiter nicht gerne im Regen stehen.

(3) Umfang der Vollmacht

Arten der Vollmacht

Position	Umfang	Erteilung	Zeichnung
Geschäftsführer (= Gf.)	unbeschränkt nach außen (§ 37 II GmbHG)	Bestellung zum Gf.	wie im Gf.-Vertrag vorgesehen
Prokurist (Prokura)	für alles, was der Betrieb eines Handelsgewerbes mit sich bringt (§ 49 HGB), nicht einschränkbar	Erklärung und Anmeldung zum Handelsregister (§ 53 HGB)	mit einem die Prokura andeutenden Hinweis Praxis: ppa
Handlungsbevollmächtigter (Handlungsvollmacht §§ 54 ff. HGB)	für alles, was gewöhnlich mit sich bringt*) – der Betrieb eines Handelsgewerbes – für diese Art des Betriebes – die Vornahme einer bestimmten Art von Geschäften – für diese Art von Geschäften – die Vornahme eines einzelnen Geschäftes – für diese Art von Geschäft	gegenüber Handlungsbevollmächtigten (möglich auch gegenüber Dritten)	mit Zusatz, der auf Vollmachtsverhältnis hinweist (§ 57 HGB) Praxis i.V. und i.A. Wenn beides verwendet wird, weist i.V. auf einen größeren Umfang als i.A. hin.

*) Einschränkungen sind möglich und sind wirksam, wenn der Dritte sie kennt/kennen muss.

Der Umfang kann unterschiedlich sein (siehe Abbildung „Arten der Vollmacht“). Es gibt aber keine unterschiedlich *starken* Vollmachten etwa derart, dass ein Vertreter mit schwächerer Vollmacht eine Erklärung, die von jemandem mit höherer Vollmacht abgegeben worden wäre, nicht abändern könnte. Ein solches Autorisierungsprinzip ist dem (deutschen) Recht fremd.

Zulässig ist, die Vollmacht dahingehend zu erteilen, dass mindestens zwei Bevollmächtigte die Erklärung abgeben müssen.

Die Vollmacht regelt, was der Bevollmächtigte gegenüber Dritten erklären *kann*. Über die Zuständigkeit für Aufgaben kann intern ergänzend vorgegeben werden, ob der Bevollmächtigte seine – vorhandene – Vollmacht nur eingeschränkt nutzen *soll* (Abbildung „Jemand hat Vollmacht ...“).

Beispiel: Der Geschäftsführer einer GmbH kann gehalten sein, sich vor der Aufnahme von Krediten oder von Investitionen über eine bestimmte Größenordnung hinaus die Zustimmung der Gesellschafter einzuholen.

Beachtet der Bevollmächtigte seine internen Bindungen nicht, ist sein Handeln gegenüber Dritten dennoch wirksam (es sei denn, dass der Dritte die Verletzung der internen Bindungen ausnutzt). Der Bevollmächtigte macht sich (nur) einer Verletzung seiner Pflichten schuldig; das kann Schadensersatzansprüche des Vertretenen gegen den Bevollmächtigten auslösen.

„Jemand hat Vollmacht,
soll sie aber nur nach Rücksprache oder gar nicht nutzen.“

§ 77 AktienG	Besteht der Vorstand aus mehreren Personen, so sind sämtliche Vorstandsmitglieder nur gemeinschaftlich zur **Geschäftsführung** befugt.
§ 78 AktienG	Der Vorstand **vertritt** die Gesellschaft gerichtlich und außergerichtlich.
§ 82 AktienG	Die Vertretungsbefugnis des Vorstands kann nicht beschränkt werden. Im Verhältnis der Vorstandsmitglieder zur Gesellschaft sind diese verpflichtet, die Beschränkungen einzuhalten, die ... die Satzung ... und die Geschäftsordnung ... für die Geschäftsführungsbefugnis getroffen haben.

(4) Handlungsvollmacht

Die Handlungsvollmacht ist ganz allgemein die Bevollmächtigung eines Vertreters durch einen Kaufmann. Der Vollmachtgeber kann den Umfang der Vollmacht beliebig festlegen, z. B. die Vollmacht auf bestimmte Geschäfte und diese mit einer bestimmten Obergrenze beschränken. § 54 HGB schützt gutgläubige Dritte dahingehend, dass untypische Einschränkungen der Vollmacht (z. B. hinsichtlich solcher Obergrenzen) ihnen gegenüber nicht gelten. Gutgläubig ist, wer Einschränkungen nicht kennt und auch nicht kennen muss. Gemäß § 54 HGB wird der Mindestumfang gegenüber gutgläubigen Dritten dahingehend festgelegt, dass sich die Vollmacht auf alle Geschäfte erstreckt, die die Position, für die die Vollmacht erteilt ist, mit sich bringt. Es besteht also die Vermutung, dass die Vollmacht den Umfang hat, der sich aus der Aufgabe ergibt.

Die Handlungsvollmacht braucht nicht schriftlich erteilt zu werden. Sie kann nicht ins Handelsregister eingetragen werden (weil sie sich dafür mangels klarer Typenbildung nicht eignet).

Beispiel für die Erteilung einer Vollmacht: „Sehr geehrte(r) ..., hiermit erteilt die ... GmbH Ihnen Handlungsvollmacht für alle Geschäfte in dem Bereich ... einer Unternehmensberatung im IT-Bereich. Diese Erklärung ist nicht zur Vorlage an Dritte gedacht. Sie haben schriftliche Erklärungen mit ‚i.V.‘ und Ihrem Namen zu unterzeichnen. Intern sind Sie verpflichtet, vor folgenden Erklärungen die Zustimmung des Geschäftsführers einzuholen: ... (z. B. bei Abweichungen von den AGB der GmbH).“

3 Grundfragen der Vertragserfüllung und der Haftung

Inhaltsübersicht

3.1 Ansprüche auf Erfüllung oder wegen Pflichtverletzung

Wozu schließt man im Geschäftsleben Verträge: Damit man vom anderen etwas verlangen kann. Die typische Frage lautet deswegen im Vertragsrecht: „Kann ich das verlangen?" bzw. „Kann der andere Vertragspartner das von mir verlangen?". Es geht also um Ansprüche (Abbildung „Ansprüche verlangen eine Anspruchsgrundlage") *[vgl. Kapitel 1.1.1 (3) und Anhang 1.2]*. Wer etwas verlangt (bzw. sich gegen einen Anspruch verteidigt), muss sich auf eine Anspruchsgrundlage stützen, die diese Rechtsfolge vorsieht und muss deren einzelne Voraussetzungen beweisen *[siehe Kapitel 1.2]*. Es ist also verständlich, dass die Juristen zentral in Anspruchsgrundlagen denken. Praktiker tun das – wie deren Fragen zeigen – auch, ohne sich dessen recht bewusst zu sein.

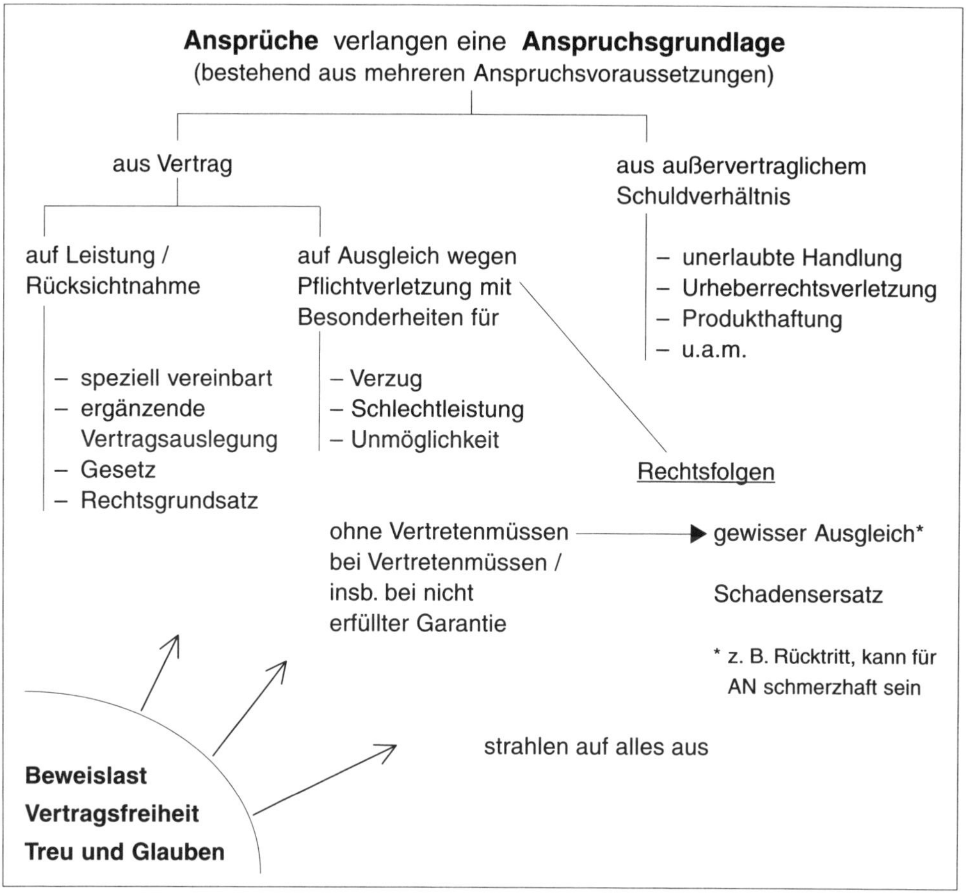

Der Praktiker sollte stets daran denken, dass es zwei unterschiedliche Arten von vertraglichen Anspruchsgrundlagen gibt:

- Ansprüche auf Leistung (oder auf Unterlassung von Pflichtverletzungen): Hier dreht es sich meistens um die Frage, ob sich der Anspruch aus dem Vertrag ergibt. Das Schema, wie diese Ansprüche zu ermitteln sind, ist in Kapitel 1.3 dargestellt.

- Ansprüche wegen der Verletzung einer Vertragspflicht. Haftungsansprüche können auch außerhalb vertraglicher Beziehungen entstehen *[Kapitel 1.1.1 (1) und ausführlicher Kapitel 3.7]*.

Die beiden Typen von Anspruchsgrundlagen müssen auseinandergehalten werden, damit die Rechtslage richtig analysiert und damit sachgerecht argumentiert werden kann.

Beispiele: Bei Verzug behält der Anwender erst einmal seinen Erfüllungsanspruch und kann daneben seinen Verzugsschaden geltend machen; er kann aber auch vollständig auf Haftungsansprüche übergehen *[Kapitel 3.3]*. – Der Lieferant kann seinen Aufwand, der ihm auf Grund einer unberechtigten Mängelmeldung entstanden ist, als Erfüllungsanspruch (aus einem Auftrag, die Störung zu klären) oder aus Haftung wegen unberechtigter Inanspruchnahme geltend machen *[Kapitel 6.2.4 (3)]*. – Die Pflicht zur Mängelbeseitigung besteht während der Verjährungsfrist aus dem Kaufvertrag als Haftungsanspruch, der unentgeltlich zu erfüllen ist (Nacherfüllung); bei Pflege wird die Mängelbeseitigung als geschuldete Leistung entgeltlich vereinbart *[Kapitel 14.3.1 (1)]*.

Anspruchskonkurrenz: Ein bestimmter Sachverhalt kann u. U. die Voraussetzungen mehrerer Anspruchsgrundlagen erfüllen, so dass eine Rechtsfolge mehrfach begründet ist und/oder verschiedene Rechtsfolgen bestehen *[vgl. Anhang 1.2]*. Die Anspruchsgrundlagen haben teilweise unterschiedliche Voraussetzungen und unterschiedliche Rechtsfolgen, z. B. hinsichtlich der Verjährungsfristen. Die Rechtsfolgen können nicht mehrfach geltend gemacht werden.

Beispiel: Der Geschädigte kann gegen einen Raubkopierer aus Urheberrecht oder, wenn dieser Raubkopien vertreibt, auch aus Wettbewerbsrecht vorgehen und Unterlassung oder auch Schadensersatz verlangen *[Kapitel 5.3.4 bzw. Kapitel 5.4.1]*. – Siehe Kapitel 3.7 (3) bzw. (4) zur Produzentenhaftung bzw. zur Produkthaftung des Herstellers.

(1) Ansprüche aus dem Vertrag auf Erfüllung

Der Vertrag schafft als Anspruchsgrundlage Ansprüche des Gläubigers bzw. Pflichten des Schuldners auf die

- Erbringung von Hauptleistungen,
- Erbringung von Nebenleistungen,
- Beachtung von Nebenpflichten.

Zu Letzterem enthält das neue Recht eine Generalklausel in § 241 Abs. 2 BGB: „Das Schuldverhältnis kann nach seinem Inhalt jeden Teil zu besonderer Rücksicht auf die Rechte, Rechtsgüter und Interessen des anderen Teils verpflichten."

(2) Ansprüche wegen Verletzung einer Vertragspflicht

Ausgangspunkt ist § 280 BGB, der eine generelle Anspruchsgrundlage enthält: Verletzt der Schuldner eine vertragliche Pflicht, ist er dem Gläubiger zum Ersatz des daraus entstandenen Schadens verpflichtet; die Haftung entfällt allerdings, wenn der Schuldner beweisen kann, dass er die Pflichtverletzung nicht zu vertreten hat. Der Vertrag bleibt bestehen.

Auf die Art der verletzten Pflicht kommt es bei dieser generellen Anspruchsgrundlage nicht an: es zeigt sich aber, dass insgesamt gewisse Differenzierungen sachgerecht sind. Man denke bei Verzug mit der Lieferung an die Mahnung. Das Gesetz geht deswegen auf drei Arten von Pflichtverletzungen speziell ein:

- Verzögerung der Erfüllung *[siehe Kapitel 3.3]*,
- Schlechterfüllung *[siehe Kapitel 3.4]*, wobei diese beiden Arten ineinander übergehen; deswegen werden sie teilweise zusammengefasst geregelt,
- Unmöglichkeit *[siehe Kapitel 3.5]*.

Man denke weiterhin daran, dass der Gläubiger auch das Recht braucht, vom Vertrag zurückzutreten und ggf. zusätzlich Schadensersatz *statt* der Leistung zu verlangen. Dafür müssen weitere Anspruchsvoraussetzungen erfüllt sein. Es gibt also neben der generellen Anspruchsgrundlage auf Schadensersatz weitere Anspruchsgrundlagen für andere Ansprüche.

Insgesamt kommen folgende Ansprüche (= Rechtsfolgen) in Betracht:

- Rücktritt = Erklärung, die zur Rückgängigmachung des Vertrags führt und damit zu dessen Rückabwicklung
- Außerordentliche/fristlose Kündigung (auch: Kündigung aus wichtigem Grund) = Erklärung, die den Vertrag mit Wirkung für die Zukunft beendet *[siehe (5)]*
- Minderung = Anspruch auf Herabsetzung der Vergütung
- Anspruch auf Nacherfüllung durch Mängelbeseitigung oder Ersatzlieferung
- Anspruch auf Schadensersatz
  - durch Schadensbeseitigung am Objekt (insbesondere Mängelbeseitigung)
  - durch finanziellen Ausgleich
- Anspruch auf Aufwendungsersatz (wenn der Aufwand ausnahmsweise keinen ersatzfähigen Schaden darstellt)
- Anspruch auf Herausgabe des Ersatzes (z. B. einer Versicherungszahlung)
- Anspruch auf Unterlassung
- Anspruch auf Auskunft, um danach die eigentlich beabsichtigten Ansprüche geltend machen zu können.

(3) Vertretenmüssen/Verschulden

Was der Schuldner an Pflichtverletzung vertreten (= was er sich zurechnen lassen) muss, ist in § 276 BGB geregelt: Im Normalfall ist das Vorsatz und Fahrlässigkeit. – Das BGB differenziert im Schuldrecht grundsätzlich nicht zwischen leichter und grober Fahrlässigkeit. Das geschieht häufiger in Verträgen (zur Verringerung des Risikos des Auftragnehmers). (Leichte) Fahrlässigkeit liegt vor, „wenn der Schuldner die im Verkehr erforderliche Sorgfalt außer acht lässt“. Grobe Fahrlässigkeit liegt vor, wenn er die im Verkehr erforderliche Sorgfalt in besonders schwerem Maße verletzt hat, insbesondere wenn er schon einfachste, ganz naheliegende Überlegungen nicht angestellt hat und das nicht beachtet hat, was im gegebenen Fall jedem einleuchten musste.

Beispiel: Im Normalfall dürfte grobe Fahrlässigkeit vorliegen, wenn ein Programmierer ein (von ihm erstelltes) Programm beim Anwender abändert, ohne die Änderung zu testen. Oder wenn ein Berater bei telefonischer Unterstützung den Laien-Benutzer einen Löschbefehl eingeben lässt, der bei falscher Eingabe zu irreparablen Schäden führt.

Nach § 276 BGB kann sich aber eine strengere oder eine mildere Haftung ergeben, und zwar zum einen aus dem sonstigen Inhalt des Schuldverhältnisses. Das Gesetz verweist hinsichtlich einer strengeren Haftung auf die Übernahme einer Garantie/Zusicherung *[siehe Kapitel 6.3 (2.4)]* und auf die Übernahme eines Beschaffungsrisikos *[siehe Kapitel 3.3.1 (3)]*.

Eine strengere oder mildere Haftung kann sich zum anderen „aus der Natur der Schuld" ergeben. Das ist insbesondere als Hinweis auf den eigenen Risikobereich/ Verantwortungsbereich zu verstehen. Das Recht kennt bzw. regelt an einigen Stellen den eigenen Risikobereich, in dem man auch ohne Verschulden haftet, bzw. den des anderen Vertragspartners sowie die höhere Gewalt, was dem Schuldner beides zugute kommt.

Risikobereich: Das Gesetz kennt den Risikobereich (z. B. § 412 Abs. 3 HGB), die Rechtsprechung den Verantwortungsbereich eines Vertragspartners. Für diesen haftet der Schuldner ohne Verschulden.

Höhere Gewalt (§ 203 II BGB) ist ein außergewöhnliches Ereignis, das unter den gegebenen Umständen auch durch äußerste, nach Lage der Sache vom Betroffenen zu erwartende Sorgfalt nicht verhindert werden kann; geringstes eigenes Verschulden schließt höhere Gewalt (aber nicht die Haftung für den eigenen Risikobereich) aus. Das Ereignis muss unvorhersehbar und unabwendbar sein.

Streik oder Aussperrung sind keine „höhere Gewalt", da ihnen jedenfalls das Merkmal der Unvorhersehbarkeit fehlt. Deshalb ist eine entsprechende Vereinbarung in Lieferanten-AGB üblich, etwa „dem Fall höherer Gewalt sind Streik und Aussperrung gleichzusetzen".

(4) Mitverschulden

Wenn sich der Schuldner schadensersatzpflichtig gemacht hat, ist stets gemäß § 254 BGB zu prüfen, ob die Haftung wegen Mitverschuldens des Gläubigers einzuschränken ist.

Beispiel: Ein Programmierer hat bei einer Änderung eines Programms für die Abwicklung eines Versandhandels dessen Routine zur Berechnung des Portos „abgeklemmt". Er merkt das beim Test der Änderung nicht. Der Auftraggeber setzt das geänderte Programm ohne Test ein. Nachdem einige Tausend Pakete mit Rechnung (im durchschnittlichen Wert unter DM 100,–) versendet worden sind, wird der Fehler entdeckt.

Beispiel für Mitverschulden außerhalb eines Vertrags: Der Anwender hat keine Datensicherung betrieben. Ein Besucher stößt so heftig gegen den PC, dass das Plattenlaufwerk beschädigt wird und die Daten dadurch verlorengehen.

(5) Kündigung aus wichtigem Grund

Die Kündigung aus wichtigem Grund beinhaltet, dass ein Vertragsverhältnis mit Wirkung für die Zukunft beendet wird. Die sonst bestehende normale Kündigungsfrist braucht nicht eingehalten zu werden; außerdem entfallen sonstige Schutzvorschriften (z. B. bei Miete von Wohnraum oder beim Arbeitsvertrag auf Grund des Kündigungsschutzgesetzes). Eine solche Kündigung kommt einem Teilrücktritt, bei dem der Auftraggeber bereits gelieferte Teile behält, nahe.

Die Kündigung aus wichtigem Grund ist im Arbeits- und Mietrecht speziell und in § 314 BGB sonst für Dauerschuldverhältnisse vorgesehen. Sie kann nicht ausgeschlossen werden *[siehe Kapitel 1.1.3 (2)]*.

(6) Haftungseinschränkung durch Vertrag

Es wird daran erinnert, dass das Zivilrecht – außer beim Verbraucherschutz – weitgehend nachgiebiges Recht enthält; die Vertragspartner können weitgehend davon abweichen *[Kapitel 1.1.3]*. Das gilt auch für das Haftungsrecht. Nur wenige gesetzliche Vorschriften sind zwingend, d. h. können nicht (im voraus) eingeschränkt werden, z. B. die Haftung für vorsätzliche Schädigung (§ 276 BGB).

Die Vertragsfreiheit geht sogar so weit, dass die Vertragspartner teilweise auch die Haftung aus Anspruchsgrundlagen außerhalb von Verträgen einschränken können.

3.2 Ausdehnung der Verantwortung: Erfüllungsgehilfe, Verrichtungsgehilfe, Generalunternehmer, Konsortium

Im Folgenden sollen einige Rechtsfiguren dargestellt werden, durch die Verantwortung (= das Vertretenmüssen) erweitert wird, so dass die Haftung ausgedehnt wird.

(1) Der Erfüllungsgehilfe

Erfüllungsgehilfe ist nach § 278 BGB derjenige, dessen sich der Schuldner zur Erfüllung seiner Pflichten bedient. Wenn es um Haftung geht, hat der Schuldner dessen Verhalten (wie auch das seines gesetzlichen Vertreters) wie sein eigenes zu vertreten. Das heißt im Wesentlichen: Er muss sich dessen Verschulden als eigenes zurechnen lassen.

Bei der Abgrenzung von Vorlieferanten und Erfüllungsgehilfen (Abbildung „Erfüllungsgehilfe") kommt es darauf an, ob dieser Dritte die *spezifischen Pflichten* des Auftragnehmers erfüllen soll. Wenn ein Hersteller eine IT-Anlage an ein Systemhaus verkauft, ist er nicht dessen Erfüllungsgehilfe im Verhältnis zum Endkunden. Denn die Pflicht des Systemhauses im Verhältnis zum Endkunden geht nicht auf die Herstellung der IT-Anlage,

Erfüllungsgehilfe

Der Erfüllungsgehilfe übernimmt Pflichten des Auftragnehmers (Systemhaus) gegenüber dem Auftraggeber (Endkunde).

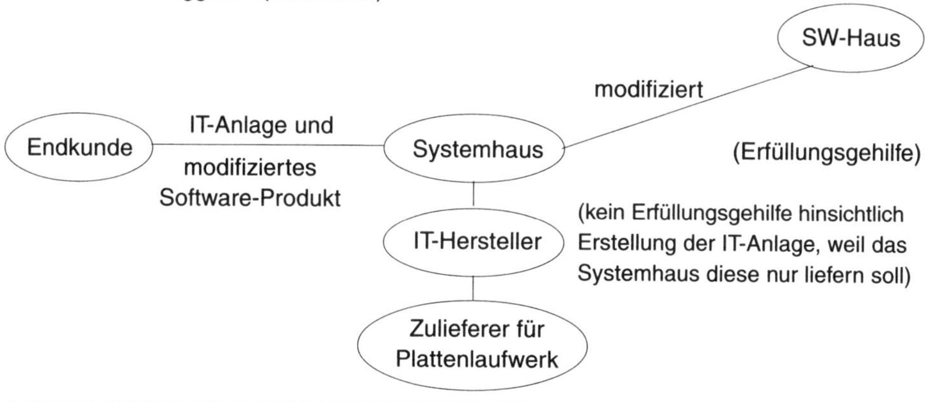

sondern auf deren Lieferung. Anders hingegen liegt es, wenn das Systemhaus sich für die Installation der IT-Anlage des Vorlieferanten bedient – dann ist dieser dessen Erfüllungsgehilfe, aber auch nur hinsichtlich der Pflicht zur Installation. Wenn ein Auftragnehmer sich bei Programmerstellung eines Unterauftragnehmers bedient, ist dieser sein Erfüllungsgehilfe.

Wird ein Mitarbeiter ausgeliehen, wird er nicht als Erfüllungsgehilfe des Verleihers tätig *[siehe Kapitel 12.2]*.

Wer eine vertretbare Sache verkauft, die er selbst einkaufen muss, übernimmt allerdings das Beschaffungsrisiko, dass der Vorlieferant rechtzeitig liefert *[siehe Kapitel 3.3.1 (3)]*.

(2) Der Verrichtungsgehilfe

Wer in der Produktion arbeitet, trägt zwar auch dazu bei, dass der Lieferant seine Pflichten gegenüber seinen Kunden erfüllen kann. Dennoch wird er kaum als Erfüllungsgehilfe angesehen, um die vertragliche Haftung nicht zu sehr auszuweiten.

Der Arbeitnehmer, der einen Fehler macht und dadurch ein schadhaftes Produkt erstellt, kann dadurch einen (Körper- oder Sach-)Schaden des Endkunden verursachen. Er haftet dafür persönlich aus unerlaubter Handlung *[Kapitel 1.1.1 (1)]*; doch ist bei ihm wahrscheinlich nicht viel zu holen. Der Endkunde kann mangels Verschulden des Lieferanten kaum erfolgreich gegen diesen vorgehen, auch wenn dieser sein Vertragspartner ist, gegen den Hersteller schon gar nicht, weil zu diesem keine vertraglichen Beziehungen bestehen. Das BGB sieht deswegen vor, dass auch der Fabrikant (oder der sonstige Geschäftsherr) für seine Mitarbeiter als seine „Verrichtungsgehilfen", wenn diese schuldhaft gehandelt haben, in dem Fall haftet, dass er sie nicht sorgfältig ausgewählt hat (§ 831 BGB). Meist gelingt dem Hersteller der Nachweis, dass ihn kein Auswahlverschulden trifft. – Die Rechtsprechung hat deswegen (und wegen der Schwierigkeit, den schuldigen Arbeitnehmer zu identifizieren) die Produzentenhaftung entwickelt, um die Haftung des Herstellers zu verschärfen *[Kapitel 3.7]*.

(3) Generalunternehmer

In der IT-Branche wird häufig von „Generalunternehmerverträgen" gesprochen, auch wenn es um nicht mehr geht, als dass ein Systemhaus Hardware und Software liefert. Niemand bezeichnet einen Automobilhersteller als einen Generalunternehmer, auch wenn dieser mehr als die Hälfte aller Teile von Vorlieferanten bezieht. In solchen Fällen sollte man von „Lieferung aus einer Hand" sprechen.

Den Begriff „Generalunternehmerschaft" verwenden Juristen in den Fällen, dass ein Werk zu erstellen ist und der Hauptauftragnehmer sich für die Erfüllung seiner spezifischen Vertragspflichten eines Unterauftragnehmers bedient *[also als seinen Erfüllungsgehilfen, siehe (1)]*. Zur Erfüllung dieser Pflichten ist meist viel Kontakt mit dem Auftraggeber/Kunden nötig. Der Unterauftragnehmer kommt also meist in intensiven Kontakt mit dem Auftraggeber/Kunden. Das muss bei der Abwicklung berücksichtigt werden *[zum Vertrag zwischen den beiden Auftragnehmern siehe Kapitel 10.1.4]*. Für diese Problematik steht der Begriff Generalunternehmerschaft.

(4) Konsortium

Ein Konsortium ist der Zusammenschluss mehrerer Anbieter, um einen Auftrag eines Auftraggebers durchzuführen. In der Baubranche spricht man oft von einer Arge, d. h. einer Arbeitsgemeinschaft. Rechtlich liegt eine „BGB-Gesellschaft“ vor, d. h. eine Gesellschaft, wie das BGB sie als Grundfall regelt (auch „GbR = Gesellschaft bürgerlichen Rechts“ genannt).

Beim Außenkonsortium sind alle Auftragnehmer Vertragspartner des Auftraggebers/Kunden und damit Gesamtschuldner für die Erfüllung der vertraglichen Pflichten. Dementsprechend haften sie gesamtschuldnerisch. Das bedeutet, dass der Auftraggeber/Kunde jeden voll auf Erfüllung oder aus Haftung – allerdings insgesamt nur einmal – in Anspruch nehmen kann. Zur Vereinfachung der Abwicklung tritt ein Konsorte als Vertreter gegenüber dem Auftraggeber/Kunden auf und koordiniert auch die interne Abwicklung (sog. Federführer).

Eine Variante ist das sogenannte Innenkonsortium: Nach außen tritt ein einziger „Konsorte“ als Auftragnehmer auf. Er ist damit automatisch Federführer. Die Konsorten vereinbaren, dass im Innenverhältnis ein Konsortium bestehen soll: Die anderen sind nicht normale Unterauftragnehmer, sondern haben mitzuentscheiden – sind aber meist auch stärker am Risiko beteiligt.

Die interne Haftung wird bei beiden Arten von Konsortien in der Praxis unterschiedlich geregelt. Sie kann mehr in die Richtung gehen, dass derjenige, der eine Vertragspflicht verletzt hat, die finanziellen Nachteile voll tragen soll (die anderen Konsorten ggf. entschädigen soll); sie kann auch in die gegenteilige Richtung gehen, dass die Konsorten die Nachteile einigermaßen gleichmäßig tragen sollen.

3.3 Verzug des Schuldners

Der Schuldner kann mit einer vertraglichen Leistung in Verzug kommen, aber auch mit der Erfüllung eines Haftungsanspruchs, z. B. der Auftragnehmer mit der Pflicht zur Mängelbeseitigung (was nach neuem Recht noch nicht sicher ist).

3.3.1 Voraussetzungen für den Verzug des Schuldners

Jeder Vertragspartner kann gemäß § 286 BGB mit seiner Leistung in Verzug kommen.

(1) Fälligkeit der Leistung

Erste Anspruchsvoraussetzung ist, dass die Leistung fällig ist. Das ist sie, sobald der Gläubiger sie verlangen kann, also der Schuldner zu ihr verpflichtet ist. Das Gesetz erwartet, dass das Fälligkeitsdatum im Vertrag geregelt wird.

Enthält der Vertrag keine solche Bestimmung, kann gemäß § 271 BGB der Gläubiger die Leistung sofort verlangen (der Schuldner sie sofort bewirken). „Sofort“ ist schneller als

„unverzüglich“ und bedeutet im Hinblick auf den Schuldner so schnell, wie er nach den Umständen leisten kann *[siehe Kapitel 9.2.4 (1) zur Situation bei der Erstellung von Software]*. „Unverzüglich“ heißt „ohne schuldhaftes Zögern“ (§ 121 BGB); es kommt darauf an, wie schnelles Handeln allgemein oder auf Grund der besonderen Umstände des Falls erwartet werden darf.

Ist der Fälligkeitstermin im Vertrag bestimmt, so ist die Leistung *vor* diesem Zeitpunkt nicht fällig. Der Schuldner darf die Leistung „im Zweifel“ vor dem vereinbarten Liefertermin erbringen.

Gegenbeispiel: Eine große IT-Anlage soll installiert werden. Der Aufstellungsraum für diese ist noch nicht fertig.

Leistung ist nicht nur die endgültige Leistung, sondern auch jede Zwischenform, die zu einem im Vertrag vereinbarten Termin erbracht werden soll: Der Auftragnehmer kann auch bei Meilensteinterminen in Verzug kommen.

(2) Mahnung

Zweite Anspruchsvoraussetzung ist Mahnung *nach* Fälligkeit. Das ist die bestimmte und eindeutige Aufforderung, die Leistung endlich zu erbringen. Sie ist von einer normalen Zahlungsaufforderung/-erinnerung zu unterscheiden *[vgl. Anhang 2.1 (2.2)]*. Eine einmalige Mahnung genügt, um den Schuldner in Verzug zu setzen.

Der Mahnung bedarf es gemäß § 286 Abs. 2 BGB nicht, wenn

„1. für die Leistung die Zeit nach dem Kalender bestimmt ist,“

Beispiel: „Liefertermin: 25. August/32. Kalenderwoche“; ausreichend auch „spätestens am 10. April“, „noch im Laufe des April“.

„2. der Leistung ein Ereignis vorauszugehen hat und eine angemessene Zeit für die Leistung in der Weise bestimmt ist, das sich von dem Ereignis an nach dem Kalender berechnen lässt.“

Beispiel: „zwei Monate nach Vertragsabschluss“, „zwei Wochen nach Lieferung“.

„4. aus besonderen Gründen unter Abwägung der beiderseitigen Interessen der sofortige Eintritt des Verzugs gerechtfertigt ist.“

Beispiel: Die Erfüllung ist offensichtlich besonders eilig, z. B. die Reparatur eines Servers, der produktiven Zwecken dient.

(3) Vertretenmüssen

Der Schuldner kommt nicht in Verzug, solange die Leistung infolge eines Umstandes unterbleibt, den er nicht zu vertreten hat. Das sind stets höhere Gewalt *[siehe Kapitel 3.1 (3)]* und die Fälle, in denen der Gläubiger dafür verantwortlich ist, dass die Leistung nicht rechtzeitig erfolgen konnte *[Abbildung „Verantwortungsbereiche“ in Kapitel 3.1 (3)]*. Im Übrigen kommt es dafür, was der Schuldner zu vertreten hat *[siehe Kapitel 3.1 (3)]*, auf die Art der Verpflichtung an. Bei Verträgen über Programmerstellung hat der Auftragnehmer als Schuldner nur Verschulden zu vertreten.

Beispiel: Der Auftragnehmer ist entlastet, wenn der Auftraggeber das Entwicklungssystem nicht im vereinbarten Umfang zur Verfügung gestellt hat.

(4) Beweislast

Der Gläubiger muss Fälligkeit und Mahnung beweisen. Der Schuldner muss sich entlasten, dass er die Leistung rechtzeitig erbracht hat oder dass er den Umstand nicht zu vertreten hat, der ihn an der rechtzeitigen Leistung gehindert hat.

3.3.2 Rechtsfolgen des Verzugs

(1) Anspruch auf Ersatz des Verzögerungsschadens neben dem auf Erfüllung

Der Auftraggeber kann als Gläubiger auf seinem Leistungsanspruch bestehen und *daneben* verlangen, dass ihm der Verzögerungsschaden ersetzt wird. Er hat also Anspruch darauf, wirtschaftlich so gestellt zu werden, als wenn die Leistung zu dem vereinbarten Zeitpunkt erbracht worden wäre.

Beispiel: Infolge des Verzuges kann der Auftraggeber die IT-Anlage erst mit dreiwöchiger Verspätung produktiv nutzen. Der Auftraggeber hat Anspruch auf Ersatz des entgangenen Gewinns und aller übrigen Kosten - was er der Höhe nach beweisen muss.

Zahlungsverzug des Auftraggebers: Der Auftraggeber kommt als Schuldner einer Geldforderung automatisch in Verzug, wenn er nicht innerhalb von 30 Tagen nach Fälligkeit und Zugang einer Rechnung (oder einer gleichwertigen Zahlungsaufstellung) leistet. Der Lieferant kann auch schon vor Ablauf von 30 Tagen mahnen, um den Auftraggeber in Zahlungsverzug zu setzen. Der Verzugszins beträgt zu Lasten von Unternehmern 8 %, zu Lasten von Verbrauchern 5 % über dem Basiszinssatz. Der Basiszinssatz wird halbjährlich von der Bundesbank bekanntgegeben (www.Bundesbank.de/de/presse/zinssatz).

(2) Rücktritt und/oder Schadensersatz statt der Leistung

Der Auftraggeber kann dem Auftragnehmer aber auch eine angemessene Frist für die Leistung setzen (§ 323 BGB). Leistet der Auftragnehmer innerhalb der Nachfrist nicht, kann der Auftraggeber danach die Leistung ablehnen. Er braucht das nicht gleich zu tun, sondern kann sich eine angemessene Frist lang Zeit lassen. Der Lieferant ist also weiterhin zur Leistung verpflichtet, muss aber damit rechnen, dass er kurz vor Fertigstellung herausgesetzt wird.

Die **Frist** muss angemessen sein. Was angemessen ist, bestimmt sich nach den Umständen des Einzelfalls. Die Frist muss so bemessen sein, dass der Auftragnehmer sie unter finanziellen und personellen Anstrengungen einhalten kann, wenn er das Werk bereits wesentlich fertiggestellt hat (vage Formulierung – hat aber der Rechtsprechung bisher gereicht). Eine unangemessen kurze Frist verlängert sich automatisch in eine angemessen lange: Der Auftraggeber soll nicht das Risiko tragen, eine zu kurze Frist gesetzt zu haben. Wenn er allerdings bereits vor Ablauf dieser automatisch verlängerten Frist die Lösung vom Vertrag erklärt (d. h. Schadensersatz statt der Leistung verlangt oder den Rücktritt erklärt), bricht das den Lauf der Frist ab. Seine Erklärung ist zu früh gekommen und ist damit unwirksam.

In *Ausnahmefällen* hat der Auftraggeber die im Folgenden dargestellten Rechte, ohne dass er vorher eine Nachfrist setzen muss (§ 323 Abs. 4 BGB), nämlich wenn das zwecklos oder für ihn nicht zumutbar ist. Dazu gehört auch, dass ein Fixgeschäft vorliegt, d. h. ein Geschäft, bei dem „das Leistungsinteresse des Gläubigers an die Rechtzeitigkeit der Lieferung gebunden ist".

Der Auftraggeber kann den Rücktritt erklären. Er kann zusätzlich Schadensersatz statt der Leistung verlangen.

Rücktritt: Bei teilweiser Nichterfüllung kann der Auftraggeber nur dann vom Vertrag insgesamt zurücktreten, wenn die teilweise Erfüllung für ihn ohne Interesse ist *[vgl. Kapitel 6.4.1 (1)]*. Hat eine Teilabnahme bereits stattgefunden, ist das ein Indiz – aber auch nicht mehr – dafür, dass der Auftraggeber mit der abgenommenen Teilleistung alleine etwas anfangen kann, also an ihr Interesse hat.

Durch den Rücktritt wird das ursprüngliche Vertragsverhältnis in ein Abwicklungsverhältnis umgewandelt. Damit entfallen alle (primären) Leistungspflichten *[Kapitel 3.1 (1)]*. Bereits erbrachte Leistungen sind zurückzugewähren. Der Wegfall der (primären) Leistungspflichten führt nicht dazu, dass Schadensersatzansprüche, die auf Ersatz des Verzugsschadens, der bis zum Rücktritt entstanden ist, gerichtet sind, erlöschen. Dieser kann weiterhin verlangt werden (neben dem Schadensersatz statt der Leistung).

Schadensberechnung: Der Schaden ist wie üblich primär als Mehrkosten zu berechnen. Ist bereits teilweise geliefert worden, kann der Auftraggeber die Mehrkosten für die Fertigstellung verlangen. Wenn er vom Vertrag insgesamt zurücktritt, kann er auf dieser Basis die Mehrkosten der neuen Lösung verlangen.

Schwebezustand nach Ablauf der Nachfrist: Nach erfolglosem Ablauf der Nachfrist erlischt der Erfüllungsanspruch nicht. Das wird damit gerechtfertigt, dass der Lieferant vertragsbrüchig sei. Er könne ja noch jederzeit erfüllen. Er müsse es deswegen hinnehmen, dass der Gläubiger „innerhalb eines gewissen Zeitraums zwischen den verschiedenen Rechtsbehelfen wählen kann" (Begründung zu § 323 Abs. 1 BGB).

§ 350 BGB ermöglicht zwar dem Vertragspartner, der durch ein Rücktrittsrecht des anderen betroffen ist, eine Erklärungsfrist zu setzen, ob der andere vom Vertrag zurücktreten wolle oder nicht. Das gilt aber ausdrücklich nur für das vertragliche Rücktrittsrecht.

3.4 Schlechterfüllung

Unter Schlechterfüllung[1] fällt alles an Haftung, was nicht speziell geregelt ist. In der IT-Praxis ist die Haftung für Mängel der wichtigste Anwendungsfall der Schlechterfüllung. Die Haftung unterscheidet sich nicht wesentlich von der für die Verletzung von Pflichten bei einem Dienstvertrag *[siehe Kapitel 10.1]*.

Generelle Anspruchsgrundlage ist § 280 BGB, der Schadensersatz vorsieht, wenn der Schuldner die Schlechterfüllung zu vertreten hat.

1 Der Begriff Gewährleistung für das Einstehen für Sachmängel wird im neuen Schuldrecht nicht mehr verwendet.

Für Schadensersatz statt Erfüllung und für den Rücktritt gilt dasselbe wie bei Verzug *[siehe Kapitel 3.3.2 (2)]*.

Besteht die Pflichtverletzung bei Kaufverträgen oder bei Werk(lieferungs)verträgen in mangelhafter Leistung, greifen spezielle Vorschriften ein *[siehe Kapitel 6.3.1 bzw. 9.5.1]*.

3.5 Unmöglichkeit

(1) Wirkliche Unmöglichkeit

Unmöglichkeit liegt dann vor, wenn entweder der Schuldner oder jedermann die Leistung, aus welchem Grund auch immer, nicht erbringen kann. Es kommt nicht darauf an, ob die Leistung schon bei Vertragsabschluss unmöglich ist (§ 311a BGB) oder erst später unmöglich wird: Was nicht geht, geht nicht! Deswegen „ist der Anspruch auf Leistung ausgeschlossen" (§ 275 Abs. 1 BGB). Bei einem gegenseitigen Vertrag entfällt der Anspruch auf die Gegenleistung (§ 326 Abs. 1 BGB).

Beispiele: Verkauf eines gebrauchten Computers, der bereits durch Brand vernichtet wurde. – Vertrag über Montage und Inbetriebnahme eines Computers, der den Vorschriften des Produktsicherheitsgesetzes nicht entspricht.

Der Schuldner haftet nach der generellen Haftungsvorschrift auf Schadensersatz, es sei denn, dass er die Unmöglichkeit nicht zu vertreten *[Kapitel 3.1 (2)]* hat. Ist die Leistung schon bei Vertragsabschluss unmöglich, hat er die Unmöglichkeit nicht zu vertreten, wenn er das Leistungshindernis nicht kannte und das nicht zu vertreten hat (§ 311a Abs. 2 BGB).

(2) „Faktische" Unmöglichkeit

§ 275 Abs. 2 BGB behandelt zwei Fälle, in denen die Leistung zwar möglich, aber so erschwert ist, dass diese Fälle der echten Unmöglichkeit gleich gestellt werden.

Unverhältnismäßigkeit des Aufwands für die Leistung: „Soweit und solange [die Leistung] einen Aufwand erfordert, der unter Beachtung des Inhalts des Schuldverhältnisses und der Gebote von Treu und Glauben in einem groben Mißverhältnis zu dem Leistungsinteresse des Gläubigers steht," kann der Schuldner die Leistung verweigern. Diese Vorschrift soll nur für ganz krasse Fälle gelten, in denen das Leistungsinteresse des Gläubigers im Verhältnis zum Aufwand gering ist, z. B. in dem Fall, dass der geschuldete Ring inzwischen auf dem Boden eines Sees liegt und geborgen werden müsste. Die Vorschrift soll nicht für den Fall gelten, dass die Vergütung für die Erstellung eines Programms weit hinter dem dafür erforderlichen Aufwand zurückbleibt *[siehe Kapitel 9.3.3]*.

Persönliche Unzumutbarkeit: Ebenso kann der Schuldner eine Leistung, die er persönlich zu erbringen hat, verweigern, soweit und solange sie ihm unter Abwägung des Leistungsinteresses des Gläubigers und der Leistungshindernisse auf Seiten des Schuldners nicht zugemutet werden kann.

Beispiel: Der Mitarbeiter des Lieferanten, der das Projekt alleine durchgeführt hat, hat einen Trauerfall in seiner Familie. Er braucht deswegen nicht zum Abschluss der Implementierung zu kommen, wenn an dem vereinbarten Tag das Begräbnis stattfindet.

3.6 Störung der Geschäftsgrundlage

§ 313 BGB regelt die Störung der Geschäftsgrundlage unter dem Gliederungspunkt „Anpassung und Aufhebung von Verträgen." Es geht um die Abschwächung von Pflichten.

Geschäftsgrundlage sind die bei Abschluss des Vertrages zutage getretenen, dem anderen Teil erkennbar gewordenen und von ihm nicht beanstandeten Vorstellungen des einen Vertragspartners oder die gemeinsamen Vorstellungen beider Vertragspartner von dem Vorhandensein oder dem künftigen Eintritt bestimmter Umstände, sofern der Geschäftswille der einen oder beider Vertragspartner auf diesen Vorstellungen beruht.

Beispiel: Als Plattenspeicher für PCs noch knapp und teuer war, erwarb ein Importeur ein Alleinvertriebsrecht für ein Komprimierungsprogramm in Deutschland; dafür musste er sich zu einer hohen Mindestabnahme verpflichten. Als die nächste Version von MS-DOS eine solche Routine standardmäßig enthielt, war das Programm praktisch unverkäuflich. M. E. war damit die Geschäftsgrundlage entfallen.

Was im Vertrag selbst *geregelt* worden ist, ist nicht Geschäftsgrundlage im rechtlichen Sinne (sondern höchstens unvollständige Vereinbarung). Die Umstände können hingegen *erwähnt* werden, müssen es aber nicht.

Die Geschäftsgrundlage ist zu unterscheiden von dem *Motiv*, das für eine oder für beide Vertragspartner dem Vertragsabschluss zugrunde lag.

Beispiel: Der Auftraggeber kauft ein IT-System, um Personal einzusparen. Das gelingt ihm nicht.

Wichtige Fälle der Geschäftsgrundlage im Wirtschaftsverkehr sind z. B.

- die Vorstellung der Vertragspartner von der ungefähren Gleichwertigkeit von Leistung und Gegenleistung *[siehe Kapitel 9.3.3 zu Programmerstellungsverträgen]*;
- das Fortbestehen des Kaufvertrages für den Wartungs-/Pflegevertrag *[Kapitel 13.3.1 (5)]*, nicht aber, dass der Auftraggeber die Hardware bzw. Software weiterhin einsetzt.

Die Geschäftsgrundlage ist gestört, wenn sie sich so „schwerwiegend verändert" hat, dass die Vertragspartner den Vertrag „nicht oder mit anderem Inhalt geschlossen [hätten], wenn sie diese Veränderung vorausgesehen hätten". Die Geschäftsgrundlage ist ebenfalls gestört, wenn die Vertragspartner gemeinsam eine falsche Vorstellung von ihr hatten, sich also über sie geirrt hatten.

Ist die Geschäftsgrundlage gestört, kann der dadurch benachteiligte Vertragspartner *dann* Anpassung des Vertrags verlangen, wenn ihm „unter Berücksichtigung aller Umstände des Einzelfalls, insbesondere der vertraglichen oder gesetzlichen Risikoverteilung, das Festhalten am unveränderten Vertrag nicht zugemutet werden kann." Die Anpassung kann beispielsweise darin bestehen, dass ihm ein Ausgleichsanspruch zugestanden oder die Schuld herabgesetzt oder gestundet wird. In Ausnahmefällen kann verlangt werden, dass der Vertrag aufgehoben wird.

3.7 Außervertragliche Haftung, insbesondere die Produzenten- und Produkthaftung

(1) Problemstellung

Es gibt zahlreiche Gesetze, die einem Rechtsgenossen bestimmte Pflichten außerhalb vertraglicher Beziehungen gegenüber einem Dritten auferlegen. Meist geht es darum, dass Handlungen zu unterlassen sind, die den Dritten schädigen. Beispielsweise muss es jeder unterlassen,

- Raubkopien eines fremden Software-Produkts herzustellen (§ 97 UrhG) *[Kapitel 5.3.4]* oder
- unfairen Wettbewerb zu betreiben, z. B. durch Verwendung des Logos eines großen Herstellers den Eindruck zu erwecken, mit diesem in besonderer Weise verbunden zu sein (§ 1 UWG) oder ein Software-Produkt zu vertreiben, das ein bekanntes Produkt eines Konkurrenten imitiert *[Kapitel 5.4.3 (2)]*.

Wer eine solche Pflicht verletzt, haftet dem Dritten. Die Haftung geht erst einmal auf Unterlassen, im Geschäftsverkehr auch oft dahin, im Falle der erneuten Verletzung der Pflicht eine Sanktion zu leisten. Bei Verschulden ist auch Schadensersatz zu zahlen.

Beispiel für eine Sanktion: Der verletzte Wettbewerber verlangt eine strafbewehrte Unterlassungserklärung dahingehend, dass bei jeder künftigen Verletzung ein Betrag von DM X an ihn zu zahlen ist. Wird eine solche Erklärung unberechtigt verweigert, wird das Urteil auf Unterlassung bei Vermeidung der Zahlung eines Zwangsgelds von DM X je Verstoß lauten.

Jede Verletzung einer gesetzlichen Pflicht ist *innerhalb* eines Vertrages zugleich eine Pflichtverletzung *[Kapitel 3.5]*; es besteht Anspruchskonkurrenz *[Kapitel 3.1 am Anfang]*.

(2) Unerlaubte Handlung nach §§ 823 ff. BGB

§ 823 I BGB enthält einen Grundtatbestand für die Haftung wegen schuldhafter Verletzung fremder Rechtsgüter. Die Rechtsprechung sieht insbesondere Verkehrssicherungspflichten als gesetzliche Pflichten vor. Diese reichen von der Pflicht, für die Verkehrssicherheit des Bürgersteigs vor dem eigenen Haus bei Schnee und Eis zu sorgen, bis zur Pflicht, eine Fabrik als gefährliche Einrichtung so zu organisieren, zu lenken und zu kontrollieren, dass kein dort hergestelltes Produkt einen vermeidbaren Personen- oder Sachschaden verursacht.

Allerdings werden nur bestimmte Rechtsgüter geschützt, insbesondere die körperliche Unversehrtheit und das Eigentum. Das Vermögen als solches (reine Geldschäden) zählt nicht zu den in § 823 I geschützten Rechtsgütern.

Beispiel: Ein Programm zur Steuerung einer Krebstherapie setzt einen Patienten einer zu hohen Strahlungsdosis aus.

Beispiel: Ein einen Produktionsprozess steuerndes Programm schaltet die Produktion ab. In der Minderproduktion liegt (nur) ein Vermögensschaden. Wenn aber eine Maschine beschädigt wird und das zu Produktionsausfall führt, liegt erst einmal eine Eigentumsverletzung vor. Der Produktionsausfall ist zwar ein Vermögensschaden, ist aber als Teil des Sachschadens (= mittelbarer Sachschaden) zu ersetzen.

Für viele Softwarehäuser stellt die „Produkthaftung" dementsprechend kein Problem dar, auch wenn sie ständig das Risiko der Produkthaftung durch Softwarefehler sehen. Denn sie verursachen nur reine Vermögensschäden. Die (falsche) Annahme, dass auch reine Vermögensschäden unter die Produkthaftung fallen, dürfte wesentlich darauf zurückzuführen sein, dass die Versicherungswirtschaft eine „Produkthaftungsversicherung“ anbietet, die Vermögensschäden der Anwender abdecken soll. Es geht bei solchen Versicherungen allerdings im Wesentlichen um vertragliche Haftungsansprüche.

Einige gesetzliche Regelungen wollen aber auch das Vermögen des Dritten schützen und sehen vor, dass auch reine Vermögensschäden zu ersetzen sind.

Beispiel: Wer die Imitation eines fremden Software-Produkts vertrieben hat, muss die Umsatzeinbuße des Dritten ausgleichen.

(3) Produzentenhaftung

Zu unterscheiden sind

- die Produzentenhaftung, die die Rechtsprechung aus der ganz allgemeinen Haftung für unerlaubte Handlung *[siehe (2)]* entwickelt hat, und
- die Produkthaftung auf Grund des Produkthaftungsgesetzes von 1990.

Beide Anspruchsgrundlagen stehen in Anspruchskonkurrenz *[Kapitel 3.3.4]*. Die Produkthaftung schafft weniger weitreichende Schadensersatzansprüche, diese aber unter weniger strengen Anspruchsvoraussetzungen (Verschulden ist überhaupt nicht erforderlich).

Die Produzentenhaftung ist erst einmal eine normale Haftung aus unerlaubter Handlung nach § 823 I BGB, bezieht sich also nur auf Personen- und Sachschäden und nicht auf reine Vermögensschäden. Sie setzt den Produzenten der Haftung auch gegenüber Dritten aus, mit denen er vertraglich nichts zu tun hat. Sie ist im Laufe der Zeit in der Rechtsprechung verschärft worden. Die Rechtsprechung hat im Hinblick auf das Verschulden verschiedene Pflichten des Unternehmers bei der industriellen Produktion definiert, so dass dieser die im Verkehr erforderliche Sorgfalt leicht verletzen kann *[vgl. Kapitel 3.2 (2) zur Haftung des Unternehmers für unerlaubte Handlungen seiner Verrichtungsgehilfen]*.

Der BGH hat § 823 BGB im Hinblick auf den Produzenten wie folgt formuliert: „Jedermann muss sich so verhalten, dass er nicht die Ursache für eine Beeinträchtigung des Lebens, des Körpers, der Gesundheit, ... des Eigentums ... eines Dritten setzt.“

Weiterhin wird dem Geschädigten der Nachweis der Voraussetzungen erleichtert: Er braucht nur noch nachzuweisen, dass das Produkt einen Fehler hat, der im Organisations- und Gefahrenbereich des Herstellers entstanden ist. Der Hersteller ist dann weitgehend zur Entlastung verpflichtet, dass kein Verschulden vorliegt (Beweislastumkehr).

Als Hersteller haftet vor allem derjenige, der das Produkt hergestellt und in Verkehr gebracht hat. Hersteller ist aber auch, wer für das von ihm hergestellte Endprodukt vorgefertigte Einbauteile verwendet oder das Endprodukt lediglich aus zugelieferten Teilen zusammensetzt (sogenannte Assembler-Haftung). Daneben ist auch der Zulieferer Hersteller und haftet neben dem Assembler-Hersteller, wenn das von ihm gelieferte Teil fehlerhaft ist.

(3.1) **Pflichten des Produzenten:** Der Produzent haftet, wenn das von ihm hergestellte Produkt nicht die nach der Verkehrsanschauung erforderliche Beschaffenheit besitzt und deshalb gefährlicher als ein gleichartiger Gegenstand ist. Man unterscheidet verschiedene Arten von Fehlern:

Herstellungsfehler:

- Konstruktions- und Rezeptfehler sind Fehler, die bei der Konstruktion vorkommen und daher für die ganze Serie typisch sind.
- Fabrikationsfehler sind Fehler, die bei der Fabrikation entstehen und deshalb in der Regel nur bei einzelnen Stücken des Produkts auftreten.

Der Hersteller hat seinen Betrieb so einzurichten, dass solche Fehler möglichst ausgeschaltet oder durch Kontrollen entdeckt werden. Je höherwertiger das gefährdete Rechtsgut ist, desto höher sind die Anforderungen.

Instruktionsfehler begeht der Hersteller, wenn seine Gebrauchsanweisungen mangelhaft sind oder wenn er den Verbraucher nicht in ausreichender Weise vor den besonderen gefahrbringenden Eigenschaften seiner Ware warnt. Allerdings muss sich derjenige, der sich ein Gerät anschafft, selbst darum kümmern, wie er damit umzugehen hat. Die Instruktionen müssen deutlich und vollständig sein. Der Hersteller muss auch eine nicht ganz fern liegende versehentliche Fehlanwendung einkalkulieren.

Überwachungsfehler begeht der Hersteller, der den Einsatz gefährlicher Güter nicht ausreichend überwacht, insbesondere gefährlichen Störungen, die in der Praxis auftreten, nicht nachgeht (Produktbeobachtungspflicht). Das kann zu einer Warnpflicht oder zu einer Rückrufpflicht führen.

(3.2) **Software als Produkt:** Was ein Produkt ist und wie es von individuell erstellten Sachen abzugrenzen ist, ist bisher nicht geklärt. Kennzeichnend für ein Produkt ist, dass es in Serien produziert und in größeren Stückzahlen abgesetzt wird. Daraus ist die Berechtigung abgeleitet worden, dem Hersteller besondere Pflichten aufzuerlegen.

Software-Produkte sind zwar keine Sachen; die Grundsätze für die Produkthaftung dürften aber auch auf sie zutreffen.

Bisher sind die Grundsätze der Produzentenhaftung fast nicht auf individuelle Leistungen bezogen worden. Es ist aber denkbar, dass die Rechtsprechung für die Erstellung von Programmen spezifische Pflichten entwickelt, wie eine Softwarewerkstatt einzurichten und zu betreiben ist. Schließlich ist die Produzentenhaftung ein spezieller Fall der allgemeinen Verkehrssicherungspflicht.

(3.3) **Pflichten bei der Software-Produktion:** Die Tatsache, dass es nahezu unmöglich ist, Software-Produkte fehlerfrei herzustellen, wirkt in zwei Richtungen. Zum einen kann nicht bei jedem Fehler gleich Fahrlässigkeit unterstellt werden *[vgl. Kapitel 9.5.1 (4)]*. Andererseits ist der Hersteller um so mehr verpflichtet, besonders sorgfältig vorzugehen, insbesondere zu testen, je schwerere Schäden, insbesondere Körperverletzungen, drohen.

Drittunternehmerhaftung: Wer einen Auftragnehmer ein Programm erstellen lässt, das er selbst als Teil eines Produktes verwenden will, haftet für seinen Auftragnehmer zwar nicht, weil dieser nicht sein Erfüllungsgehilfe ist *[Kapitel 3.2.1]*. Er ist aber verpflichtet, den Auftragnehmer sorgfältig auszuwählen, diesen zu äußerster Sorgfalt durch konkrete Vereinbarungen zu verpflichten und zu überwachen. Letzteres fällt weitgehend mit der eigenen Pflicht zur Qualitätssicherung zusammen.

Vertriebshändlerhaftung: Der Vertriebshändler haftet nur für Gefahren im eigenen Risikobereich. Für Importeure wird das verschärft.

(4) Produkthaftungsgesetz

In Erfüllung der Produkthaftungsrichtlinie der Europäischen Gemeinschaft ist 1990 das Produkthaftungsgesetz in Kraft getreten. Es sieht eine Haftung nur für Personen- und Sachschäden vor. Auch hier gibt es keine Haftung für echte Vermögensschäden. Die Haftung für Sachschäden ist insoweit gegenüber der bei Produzentenhaftung eingeschränkt, als die geschädigte Sache bereits Konsumgut sein muss („ihrer Art nach gewöhnlich für den privaten Ge- oder Verbrauch bestimmt und hierzu von dem Geschädigten hauptsächlich verwendet worden"). Der Schaden am schädigenden Gut selbst fällt nicht unter die Produkthaftung (möglicherweise unter die Produzentenhaftung).

Beispiel: Aufgrund einer fehlerhaften Ampelsteuerung (Produkt) werden ein privat genutzter PKW und ein LKW beschädigt. Der Schaden am PKW fällt unter Produzentenhaftung und unter das Produkthaftungsgesetz, der Schaden am LKW nur unter die Produzentenhaftung.

Verschulden ist nicht nötig; das Gesetz sieht eine Gefährdungshaftung vor (vgl. die Haftung des Kraftfahrzeughalters). Die Haftung entfällt aber, wenn der Fehler nach dem Stand der Wissenschaft und Technik nicht erkannt werden konnte. Gemeint ist damit normalerweise, dass die Möglichkeiten schadensauslösender Wirkungen noch nicht bekannt waren. Bei der Entwicklung von Software ist aber bekannt, dass diese kaum fehlerfrei erstellt werden kann. Die Haftung entfällt also nur, wenn der Fehler (dessen Schädlichkeit nicht neuartig ist) trotz bekannter Testmethoden nicht verhindert werden konnte.

Das schädigende Produkt ist in § 2 Produkthaftungsgesetz als „bewegliche Sache ... sowie Elektrizität" definiert. Bei normaler Verwendung des Begriffs Sache (§ 90 BGB) wären Programme keine Produkte im Sinne des Gesetzes; das Produkthaftungsgesetz würde also überhaupt nicht eingreifen. Es liegt nahe, dass der Begriff im Sinne der EG-Richtlinie auszulegen ist. Es ist allerdings offen, wie er dort gemeint ist (Sache oder Ware?). Es bleibt abzuwarten, wie die Rechtsprechung entscheidet. Unbeschadet dessen greift das Produkthaftungsgesetz ein, wenn es um eine Einheit aus Hardware und Software geht, auch wenn die Schädigung von der Software ausgeht.

Das Produkthaftungsgesetz kennt keine Produktbeobachtungspflicht. Diese wird aber teilweise durch das Produktsicherheitsgesetz eingeführt.

(5) Schutzmaßnahmen

Der Hersteller von Software kann sich über sorgfältigstes Vorgehen hinaus gegen Produzenten- und gegen Produkthaftung schützen

- durch klare Angaben in der Produktbeschreibung, wofür das Programm gut ist und wofür nicht („Dieses Tabellenkalkulationsprogramm ist nicht für die Berechnung von Rezepten aller Art geeignet, aufgrund derer Menschen behandelt werden sollen." „Dieses Datenverwaltungssystem ist nicht für die Speicherung von Daten geeignet, die Grundlage für die Ermittlung von Maßnahmen sind, die bei Fehlerhaftigkeit zur Schädigung der menschlichen Gesundheit führen können.") Besonders derjenige, der ein Programm in ein Produkt einbaut, muss über dessen Qualität informiert werden.

- durch Protokollierung aller Maßnahmen über die Einrichtung und die Organisation der Softwarewerkstatt (QS-System).
- durch die Protokollierung aller Testmaßnahmen im Einzelfall.

3.8 Schadensersatz

Im Folgenden werden die Rechtsfolgen dargestellt, wenn jemand schadensersatzpflichtig ist.

(1) Begriff des Schadens

Der juristische Schadensbegriff deckt sich nicht mit dem betriebswirtschaftlichen, der auf Kosten abstellt. Vielmehr muss die Vermögenseinbuße sich in Geld bewerten lassen (statt auf Kosten ist auf Zahlungen abzustellen).

Beispiel: Sämtliche Daten müssen vom Auftraggeber noch einmal erfasst werden. Das geschieht durch Mitarbeiter, die sich besonders anstrengen und die auch unentgeltliche Überstunden „leisten". Sie hätten auch sonst nicht mehr geleistet und dem Auftraggeber nicht mehr Umsatz gebracht. Also besteht nach verbreiteter juristischer Auffassung kein Schaden.

(2) Umfang

Die Schadensersatzpflicht kann unterschiedlich weit gehen:

- Bei Verletzung von Erfüllungsansprüchen ist der Geschädigte (finanziell) so zu stellen, wie er gestanden hätte, wenn der andere ordnungsgemäß erfüllt hätte (sog. positives Interesse).
- In anderen Fällen ist der Geschädigte so zu stellen, wie er gestanden hätte, wenn der andere ihn nicht geschädigt hätte (sog. negatives Interesse), nämlich bei
  - Verletzung von Nebenpflichten,
  - Verletzung von vorvertraglichen Pflichten *[Kapitel 7.1 (11)]*,
  - unerlaubter Handlung *[Kapitel 3.7]*.

(3) Schadensersatz statt der Leistung

Beschafft der Auftraggeber eine andere Lösung, geht der Schadensersatzanspruch nicht auf Erstattung der Kosten des Auftraggebers für die gescheiterte Lösung, sondern auf Erstattung der Mehrkosten für die neue Lösung *[vgl. dazu Kapitel 3.3.2 (3)]*.

§ 284 BGB sieht vor, dass der Auftraggeber den verlorenen Aufwand für die Arbeiten an der ersten Lösung stets als Mindestschaden verlangen kann (der aus dogmatischen Gründen auf Grund der generellen Anspruchsgrundlagen nicht immer ersatzfähig ist).

(4) Unmittelbarer Schaden

Das Recht sieht grundsätzlich vollen Schadensausgleich vor, gleich ob er unmittelbarer Art (z. B. Reparaturkosten für beschädigte Maschinen) oder mittelbarer Art (z. B. Produktionsausfall) ist. Der mittelbare Schaden ist Vermögensschaden. Um ihre Haftung zu begrenzen, sind viele Anbieter darauf gekommen, ihre Haftung für mittelbare Schäden zu begrenzen. Solche Schäden sind von den unmittelbaren abgrenzbar, wenn es wie dargestellt um Personen- oder Sachschäden als unmittelbare Schäden geht. Schwierig ist die Abgrenzung hingegen, wenn es von vornherein um einen reinen Vermögensschaden geht.

Beispiel: Bei einem Fakturierungslauf wird das Porto für das Versenden der Ware ohne Mehrwertsteuer berechnet. Unmittelbarer Schaden: Kosten für die Wiederholung der Rechnungsstellung, insbesondere für das Porto der erneuten Aussendung. Mittelbarer Schaden: Von Kunden nicht nachgezahlte Beträge an Mehrwertsteuer. – Ein Fakturierungslauf bricht wegen eines Mangels ab. Unmittelbarer Schaden: Rücksetzung und erneutes Ausführen. Mittelbarer Schaden: Zinsverlust.

3.9 Vertragsstrafe

(1) Begriff

Die Vereinbarung einer Vertragsstrafe dient zum einen dazu, Druck auf den Schuldner (in aller Regel: auf den Auftragnehmer) auszuüben, und zum anderen dazu, im Falle der „Verwirkung“ der Vertragsstrafe (= für den Fall, dass diese zu zahlen ist) den Nachweis des Schadens in deren Höhe zu ersparen. Das führt zu zwei Konsequenzen, die der Laie von sich aus typischerweise nicht sieht:

- Ist die Vertragsstrafe für den Fall des Verzuges vereinbart, muss der Auftraggeber, wenn er sie nach (verspäteter) Lieferung noch verlangen will, sie sich gemäß § 341 III BGB *bei* der Entgegennahme der endlich erbrachten Leistung vorbehalten. Anderenfalls entfällt sie.
- Wird eine Vertragsstrafe vereinbart, kann im Zweifel der weitergehende Schaden über sie hinaus verlangt werden (wenn das nicht durch andere Vereinbarungen ausgeschlossen wird). Die Vertragsstrafe beinhaltet also keine Pauschalierung des Schadens, sondern die Vereinbarung eines Mindestschadensersatzes.

Das Vertragsstrafeversprechen ist also von der Vereinbarung einer Pauschalierung des Schadensersatzes abzugrenzen.

(2) Herabsetzung der Vertragsstrafe

Das Gesetz sieht nirgends die Zahlung einer Vertragsstrafe vor, sondern regelt nur ihren Inhalt für den Fall, dass die Vertragspartner eine Vertragsstrafe vereinbaren (Vertragsstrafeversprechen). Das BGB enthält dazu hilfsweise geltende Regelungen. Verbindlich ist allerdings § 343 BGB, wonach das Gericht *zugunsten eines Privatmanns* eine überhöhte Vertragsstrafe herabsetzen kann.

3.10 Verjährung und Verwirkung

(1) Begriff der Verjährung

Jeder Anspruch unterliegt gemäß § 194 BGB der Verjährung. Das bedeutet gemäß § 214 BGB, dass der Schuldner nach Ablauf der Verjährungsfrist die Leistung verweigern kann. Die Verjährungsfrist ist diejenige Frist, innerhalb derer das gerichtliche Verfahren *eingeleitet* sein muss, damit der Schuldner sich nicht auf Verjährung berufen kann.

Mit Ablauf der Verjährungsfrist erlischt der Anspruch also nicht. Der Schuldner kann ihm aber die Einrede der Verjährung entgegensetzen. Beruft er sich auf diese Einrede, braucht er den Anspruch nicht mehr zu erfüllen; eine Klage wird abgewiesen. Anderenfalls nimmt das Verfahren seinen normalen Fortgang. Das Gericht beachtet den Eintritt der Verjährung nicht von Amts wegen.

Weiteres Beispiel: Der Anwender verlangt nach Fristablauf berechtigterweise Schadensersatz. Der Lieferant hat Versicherungsschutz und möchte diesen im Interesse der Geschäftsbeziehung in Anspruch nehmen. Da der Anspruch noch besteht, muss die Versicherung zahlen (es sei denn, dass die Versicherungsbedingungen das einschränken).

Der Lieferant kann bereits vor einem Rechtsstreit die Einrede der Verjährung dahingehend nutzen, dass er erklärt, künftig Fehler nur gegen Vergütung zu beseitigen. Der Lieferant, der nach Ablauf der Verjährungsfrist Fehler ohne eine solche Forderung beseitigt, kann dafür *nachträglich* keine Vergütung verlangen; er hat eben auf die Einrede der Verjährung verzichtet und seine Pflicht erfüllt. – Wenn er aber deutlich nach Ende der Gewährleistungsfrist eine Reparatur vornimmt, geht die Rechtsprechung davon aus, dass der Anwender sich nicht auf Gewährleistung berufen, sondern einen Auftrag erteilen will.

Die Verjährungsfrist bezieht sich auf einzelne Ansprüche, z. B. auf einzelne Ansprüche wegen einzelner Mängel. Die Hemmung der Verjährung, die im Folgenden beschrieben wird, bezieht sich jeweils nur auf die Ansprüche für den davon betroffenen Mangel.

(2) Dauer

Die regelmäßige Verjährungsfrist für schuldrechtliche Ansprüche beträgt 3 Jahre (§ 195 BGB). Sie beginnt gemäß § 199 BGB, wenn „der Anspruch fällig ist *und* der Gläubiger von den den Anspruch begründenden Umständen ... Kenntnis erlangt oder ohne grobe Fahrlässigkeit erlangen müsste." Sie endet aber spätestens 10 Jahre nach Fälligkeit (von Ausnahmen abgesehen). Für Ansprüche wegen Mängeln bei Kaufverträgen bzw. bei Werk(lieferungs)verträgen bestehen Sondervorschriften, die für den Lieferanten günstiger sind *[siehe Kapitel 6.3.8 (1)]*.

(3) Hemmung

Die Hemmung ist vergleichbar mit der Verlängerung einer Abnahmeprüfung entsprechend der Dauer von deren Unterbrechung wegen Mängeln (Abbildung „Hemmung der Verjährung") oder mit „Time out" bei Handball oder Eishockey. Die Hemmung ist also das, was umgangssprachlich als Unterbrechung bezeichnet wird. Während ihr ruht die Verjährungsfrist, läuft aber sofort nach Beendigung der Hemmung weiter.

Hemmung der Verjährung

Hemmung: § 205 BGB – *umgangssprachlich: Unterbrechung*

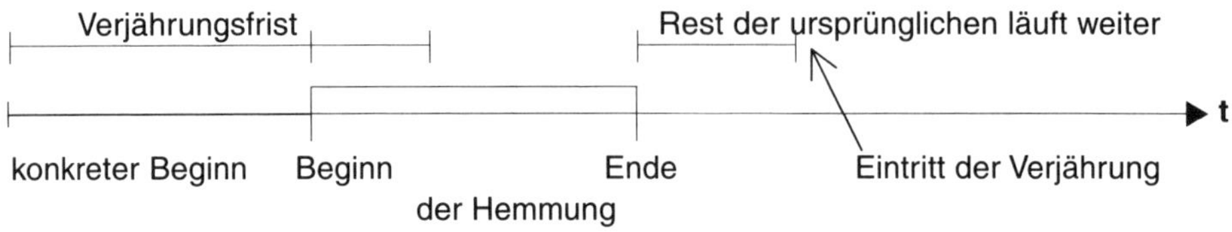

Gehemmt ist die Verjährung z. B., solange ein gerichtliches Verfahren anhängig ist oder solange die Vertragspartner über den Anspruch verhandeln.

(4) Verwirkung

Bis Ende 2001 betrug die regelmäßige Verjährungsfrist nicht 3, sondern 30 Jahre. Die Rechtsprechung hat deswegen das Instrument der Verwirkung entwickelt, so dass der Schuldner die Leistung ausnahmsweise bereits vor Ablauf der Verjährungsfrist verweigern konnte. Die Verwirkung tritt ein, wenn längere Zeit seit der Entstehung des Anspruches verstrichen ist und besondere Umstände hinzutreten, die es als einen Verstoß gegen Treu und Glauben erscheinen lassen, wenn der Anspruch doch noch geltend gemacht wird. Der Anspruch *erlischt*.

Die Rechtsprechung hat die Verwirkung aus dem Grundsatz von Treu und Glauben abgeleitet. Dieser Grundsatz verbietet ein widersprüchliches Verhalten im Rechtsverkehr *[Kapitel 1.1.2 (3)]*. Dafür, wie lange Zeit seit der Entstehung des Anspruches verstrichen sein muss, lassen sich allgemeingültige Maßstäbe nicht aufstellen *[vgl. Kapitel 7.2 (2.2) mit Beispiel]*.

In der Praxis wurde nach altem Recht vom Schuldner wesentlich häufiger Verwirkung behauptet, als sie tatsächlich gegeben ist. Größere Bedeutung hat die Verwirkung im Wettbewerbsrecht und im Markenrecht.

Beispiel: Ein Unternehmer duldet jahrelang, dass ein Wettbewerber eine Marke benutzt, die mit der eigenen älteren verwechselt werden könnte. Ein etwaiger Anspruch auf Löschung der fremden jüngeren Marke kann dann verwirkt sein.

3.11 Annahmeverzug des Auftraggebers

Soweit der Auftraggeber die Vergütung nicht rechtzeitig zahlt, richten sich die Rechtsfolgen seines Verzuges nach den Vorschriften über den Schuldnerverzug *[Kapitel 3.3]*. In Kapitel 9.2.3 ist ein besonderer Fall des Verzugs des Auftraggebers als Schuldner dargestellt, nämlich die Nichterbringung von Mitwirkungsleistungen. Hier geht es darum, dass der Auftraggeber als Gläubiger die Leistung nicht rechtzeitig annimmt und damit in Annahmeverzug kommt (§§ 293 ff. BGB).

(1) Voraussetzungen

Der Auftragnehmer muss die Leistung erbringen können und sie anbieten. Der Auftraggeber muss nach Eintritt des Liefertermins erklären, dass er die Leistungen nicht entgegennehmen wolle oder könne. Keine Voraussetzung für den Annahmeverzug ist, dass der Auftraggeber zu vertreten hat, dass er die Leistung nicht entgegennehmen kann. Der Auftraggeber gerät allerdings nicht in Annahmeverzug, wenn er nur vorübergehend verhindert ist, es sei denn, dass der Auftragnehmer die Leistung eine angemessene Zeit vorher angekündigt hat. Außerdem gerät der Auftraggeber nicht in Annahmeverzug, wenn höhere Gewalt *[Kapitel 3.1 (3)]* vorliegt.

(2) Rechtsfolgen

Zwei Rechtsfolgen sind von Bedeutung:

- Während des Annahmeverzuges braucht der Auftragnehmer nicht für leichte Fahrlässigkeit einzustehen, z. B. wenn er die für den Auftraggeber reservierten Komponenten beschädigt.
- Der Auftragnehmer hat Anspruch auf Erstattung seiner Mehraufwendungen, z. B. auf die, die für die Aufbewahrung und Erhaltung des geschuldeten Gegenstandes anfielen.

Der Auftraggeber bleibt als Schuldner zur Zahlung am vereinbarten Liefertermin verpflichtet. Der Auftragnehmer kann also die Leistung ordnungsgemäß (= wie im Vertrag vorgesehen) anbieten und dann Zahlung verlangen (auch wenn der Auftraggeber die Leistung nicht annimmt). Wünscht der Auftraggeber die Verschiebung des Liefertermins, braucht der Auftragnehmer nicht darauf einzugehen. Das setzt voraus, dass der Auftragnehmer entsprechende Komponenten auf Lager behält und nicht anderweitig vertreibt.

3.12 Leistung Zug um Zug, Zurückbehaltungsrecht, Aufrechnung

Leistungen Zug um Zug liegen vor, wenn beide Vertragspartner ihre jeweilige Leistung zum selben Zeitpunkt schulden, also austauschen sollen. Jeder kann die Erbringung seiner Leistung verweigern, wenn der andere sie nicht gleichzeitig erbringt.

Zurückbehaltungsrecht: Das ist gemäß § 273 BGB das Recht, eine eigene Leistung zu verweigern, solange der andere Vertragspartner irgendeine fällige Leistung nicht bewirkt. Beide Leistungen müssen sich nur aus demselben rechtlichen Verhältnis ergeben; das ist z. B. bei dem Kunden-/Lieferantenverhältnis über ein IT-System der Fall. Außerdem ist selbstverständlich Treu und Glauben zu berücksichtigen. Das kaufmännische Zurückbehaltungsrecht nach § 369 HGB ist etwas weiter gefasst, spielt bei IT-Verträgen aber kaum eine Rolle.

Leistungsverweigerungsrecht: Das ist gemäß § 320 BGB als spezieller Fall des allgemeinen Zurückbehaltungsrechts das Recht, eine Leistung zu verweigern, weil die (direkte) Gegenleistung nicht ordnungsgemäß erbracht ist.

Beispiele: Bei Kauf geht es um Zug-um-Zug Leistungen. Die Vertragspartner mögen Schulung und Fehlerbeseitigung vereinbart haben. Wenn nach der Lieferung der Kaufsache ein schwerer Fehler auftritt, kann der Käufer die Zahlung – auch nach Schulung – verweigern, bis der Fehler beseitigt ist. – Beim Werkvertrag ist der Auftragnehmer vorleistungspflichtig; der Auftraggeber braucht erst nach Abnahme zu zahlen und kann die Zahlung (Leistung) bis zur Beseitigung aller erheblichen Fehler verweigern.

Einzelheiten werden hier nicht dargestellt, weil es zu gefährlich ist, diese Instrumente ohne juristische Beratung anzuwenden. Denn wenn man sich irrt, verletzt man vorsätzlich den Vertrag und macht sich schadensersatzpflichtig. Bei Vorsatz ist keine Klausel wirksam, die die eigene Haftung einschränkt. Das Instrument sollte erst dann angewendet werden, wenn die Rechtslage „99 % sicher" ist. Bis dahin sollte man vorsichtshalber ausdrücklich auf sein Weigerungsrecht hinweisen und erklären, dass man nicht darauf verzichte, auch wenn man es nicht anwende.

Aufrechnung: Es kommt in Betracht, dass beide Vertragspartner gleichartige Leistungen schulden; im Wesentlichen geht es um Geldschulden. Z. B. soll der Auftraggeber den Werklohn zahlen, hat aber Schadensersatzansprüche. Ist die eigene Forderung fällig, kann der Gläubiger seine Forderung gegen die eigene Schuld verrechnen und letztere damit erfüllen. Das braucht nur der Vereinfachung zu dienen, kann aber auch eine Art Selbsthilfe oder ein Druckmittel sein. Selbsthilfe: Der Schuldner ist zahlungsunfähig. Druckmittel: Die Höhe der Schadensersatzansprüche ist zweifelhaft. Der Auftraggeber erklärt erst einmal Aufrechnung in Höhe des Werklohns. Der Auftragnehmer muss dann entweder den Gerichtsweg beschreiten oder einen Kompromiss aushandeln.

3.13 Erfüllungsort/Leistungsort

(1) Begriff

Unter dem Erfüllungsort versteht man den Ort, an dem der jeweilige Schuldner, gleich ob Auftragnehmer oder Auftraggeber, die von ihm zu erbringende Leistungs*handlung* zu bewirken hat. Nicht gemeint ist der Ort, an dem der Leistungs*erfolg* eintreten soll. Deswegen sprechen §§ 269, 270 BGB nicht vom Erfüllungsort, sondern vom Leistungsort. In der Praxis hat sich aber der Ausdruck Erfüllungsort eingebürgert.

Unterschieden werden:

- Holschulden: Erfüllungsort beim Schuldner. Der Schuldner hat die Leistung bereitzuhalten, der Gläubiger hat sie abzuholen.
- Schickschulden: Erfüllungsort beim Schuldner. Der Schuldner hat die Leistung auch abzuschicken. Der Gläubiger trägt die Transportgefahr. – Geldschulden stellen einen Sonderfall dar: Der Schuldner trägt im Zweifel Kosten und Gefahr des Transports.
- Bringschulden: Erfüllungsort beim Gläubiger. Der Schuldner hat die Leistung am Ort des Gläubigers zu erbringen.

Wird der Erfüllungsort nicht vereinbart, soll er sich nach § 269 BGB zunächst aus den Umständen bestimmen, und zwar insbesondere aus der Art des Schuldverhältnisses.

Beispiel:
Kauf eines IT-Systems, das der Auftraggeber selbst installiert: Erfüllungsort beim Auftragnehmer.
Kauf eines IT-Systems, das der Auftragnehmer installiert: Erfüllungsort beim Auftraggeber.

Der Erfüllungsort für Leistung und Bezahlung ist jeweils gesondert zu bestimmen. Wurde zwischen den Parteien nichts vereinbart und ergibt sich ein Erfüllungsort auch nicht aus der Art des Schuldverhältnisses, ist Erfüllungsort der Ort der gewerblichen Niederlassung des Schuldners bei Vertragsabschluss. Warenlieferungen sind also nach der gesetzlichen Regelung Holschulden.

Beim Rücktritt wegen Mängeln *[Kapitel 6.3 (2)]* nimmt die Rechtsprechung einen gemeinsamen Erfüllungsort für Rückgabe der Ware und Rückzahlung des Geldes an, nämlich den Ort, an dem sich die Sache befindet, also im Allgemeinen beim Auftraggeber. Das bedeutet, dass der Auftragnehmer Kosten und Gefahr der Rücksendung trägt.

(2) Rechtliche Bedeutung des Erfüllungsortes

Der Erfüllungsort ist maßgeblich

- für die Rechtzeitigkeit der Leistung (bei Zahlungen!).
- für den Gefahrübergang bei Versendung der Ware (vgl. § 447 BGB): Wer trägt Schäden, die durch die Beförderung entstehen?
- für den Gerichtsstand: Nach § 29 ZPO kann auch am Erfüllungsort geklagt werden.
- für die Geltung von Verkehrssitten und Handelsbräuchen.

4 Verträge im Ferngeschäft, insbesondere über das Internet

Inhaltsübersicht

Thema ist das Ferngeschäft insgesamt, das mit Mitteln der Fernkommunikation (§ 312b BGB) durchgeführt wird. Das Internet ist ein, wenn auch ein sehr wichtiges, Mittel der Fernkommunikation. Der Gesetzgeber sieht, soweit ein Unternehmer seinen Geschäftsverkehr über Fernkommunikation organisiert, einen gewissen Schutzbedarf für den anderen Vertragspartner, insbesondere wenn dieser ein Verbraucher ist. – Anfang des Jahres 2002 sind die meisten Vorschriften noch ganz neu, so dass noch manche Unklarheit besteht.

4.1 Internetrecht: Was ist das?

Früher wurde die räumliche Distanz für Menschen durch Briefe und den Transport von Sendungen überbrückt. Dann kam das Fax hinzu, später die E-Mail und schließlich der Internet-Shop, wobei manche Waren und Dienstleistungen sich auch gleich über das Netz ausliefern lassen.

Es geht um bereits bekannte Rechtsfiguren in neuen Varianten. Das Thema stößt bei Juristen auf großes Interesse, weil die Grundkenntnisse, die der Jurist im Umgang mit dem eigenen PC erworben hat, dafür ausreichen, die Abläufe insoweit zu verstehen, dass er sie rechtlich bewerten kann. Dementsprechend viel Literatur gibt es dazu.[1] Der In-Begriff Multimedia ist inzwischen fast überholt.

Da nahezu alle Rechtsgebiete irgendwie zum Internet Bezug haben, kann das Thema Internetrecht beliebig ausgeweitet werden. Es gibt einige Schwerpunkte wie das Recht an der E-Mail-Adresse an Domains als neue Form des Themas Namensrecht/Markenrecht. Im Wesentlichen geht es aber nur um besondere Erscheinungsformen in altbekannten Rechtsgebieten wie dem Wettbewerbsrecht (Zusendung von Werbung über Fax oder über E-Mail) oder dem Strafrecht (Stichwort Pornografie). Der Internet-Freak sei auf das (etwas sehr ausführliche) Buch von Tobias H. Strömer, Online § Recht: Rechtsfragen im Internet (3. Auflage 2002) verwiesen.

4.2 Ferngeschäft, insbesondere durch Nutzung von elektronischen Kommunikationsdiensten

Hier soll ein Überblick über die gesetzlichen Vorschriften gegeben werden, die sich auf das Ferngeschäft, insbesondere auf die „Nutzungsmöglichkeiten der elcktronischen Informations- und Kommunikationsdienste“ (§ 1 TDG) beziehen.

Kapitel 11 befasst sich auch mit den speziellen Verträgen über Leistungen, die über das Internet ausgeführt werden.

1 Beispielsweise habe ich im Buch von Redecker (Herausgeber) Handbuch der IT-Verträge (Loseblatt) im Kapitel über Rechenzentrumsverträge 9 einleitende Literaturhinweise gefunden, obwohl das Thema inzwischen 30 Jahre alt ist; im Beitrag von Ernst über den Internet-Auktionsvertrag finden sich hingegen 47 Verweise.

(1) Problemschichten

Hinsichtlich des Abschlusses und des Inhalts von Verträgen über Fernkommunikation geht es um eine Reihe von Problemschichten (Abbildung „Verträge im Ferngeschäft: Problemschichten“).

Über dem normalen Vertragsrecht (bezüglich Vertragsabschluss und Vertragsinhalt) liegt die Schicht der speziellen Vorschriften, wie Verträge bei Fernkommunikation zustandekommen *[siehe Kapitel 2.1.4]*.

Im Ferngeschäft kommen zwei Schichten hinzu. Die erste zusätzliche Schicht bezieht sich darauf, dass Verträge nicht nur in individueller elektronischer Kommunikation (z. B. durch Fax oder E-Mails) abgeschlossen werden, sondern dass ein Unternehmer den Abschluss von Verträgen organisiert im Fernabsatz, insbesondere im Internet anbietet: Dem Unternehmer werden besondere Informationspflichten und Datenschutzpflichten auferlegt.

Die zweite zusätzliche Schicht besteht darin, dass spezielle Vorschriften den Inhalt von Verträgen bestimmen. Bei Verträgen über die Grenzen eines Staates hinweg geht es darum, welches Recht Anwendung findet. Bei bestimmten Verträgen will der Gesetzgeber den Kunden, insbesondere den Verbraucher, schützen.

Verträge im Ferngeschäft: Problemschichten			
Vertragsinhalte	für Konsumenten im Fernabsatz Widerrufsrecht nach § 312b BGB Datenschutz: Verwendung der Kundendaten		Welches Recht bei Auslandsberührung?
Über Netz angeboten	Informationspflichten allgemein § 6 TDG speziell § 312c BGB + VO-Info		Datenschutz TDDSG
Beim elektronischen Geschäftsverkehr Bei Fernkommunikation allgemein	Liegen Willenserklärungen vor?	Formvorschriften Fax, E-Mail, Elektronische Signatur Brief	Absicherung der Abwicklung § 312e BGB + VO-Info
Normale Verträge	Normales Vertragsrecht		

4.2.1 Informationspflichten

4.2.1.1 Informationspflichten bei Teledienstverträgen

Teledienste sind nach § 1 Teledienstegesetz (TDG) „alle elektronischen Informations- und Kommunikationsdienste, die für eine individuelle Nutzung von kombinierbaren Daten wie Zeichen, Bilder oder Töne bestimmt sind, und denen eine Übermittlung mittels Telekommunikation zugrunde liegt“ (ausgenommen sind Telekommunikationsdienstleistungen, weil es dafür das spezielle Telekommunikationsgesetz gibt). Teledienste sind insbesondere Telebanking oder Datendienste, beispielsweise über Verkehrsdaten oder Börsendaten. Dazu gehören nach § 2 Abs. 2 Nr. 5 auch „Angebote von Waren und Dienstleistungen in elektronisch abrufbaren Datenbanken mit interaktivem Zugriff und unmittelbarer Bestellmöglichkeit".

Die bloße Information darüber, dass ein Unternehmer eigene Waren oder Dienstleistungen erbringen will, beinhaltet wahrscheinlich noch nicht das Anbieten von Telediensten. Denn es fehlt wahrscheinlich die unmittelbare Bestellmöglichkeit.

(1) Gegenstand der Informationspflichten

Diensteanbieter haben nach § 6 TDG für ihre geschäftsbedingten Teledienste bestimmte Informationen „leicht erkennbar, unmittelbar erreichbar und ständig verfügbar zu halten".

„1. Den Namen und die Anschrift, unter der sie niedergelassen sind, bei juristischen Personen zusätzlich den Vertretungsberechtigten,

2. Angaben, die eine schnelle elektronische Kontaktaufnahme und unmittelbare Kommunikation mit Ihnen ermöglichen, einschließlich der Adresse der elektronischen Post,

3. soweit der Teledienst im Rahmen einer Tätigkeit angeboten und erbracht wird, die der behördlichen Zulassung bedarf, Angaben zur zuständigen Aufsichtsbehörde,

4. das Handelsregister [oder entsprechende Register], in das Sie eingetragen sind, und die entsprechende Registernummer."

Soweit einschlägig, muss auch die Umsatzsteueridentifikations-Nummer angegeben werden, Freiberufler müssen Angaben zu ihrer beruflichen Stellung machen.

Bei Telediensten gibt es weiterhin besondere Informationspflichten bei Werbung (§ 7 TDG).

(2) Datenschutzpflichten zum Schutz von personenbezogenen Daten

Es gibt ein spezielles Gesetz über den Datenschutz bei Telediensten (TDDSG). Dieses verschärft die Vorschriften des Bundesdatenschutzes bei Telediensten.

Der Diensteanbieter hat den Nutzer gemäß § 4 insbesondere genau über „Art, Umfang und Zwecke der Erhebung, Verarbeitung und Nutzung personenbezogener Daten" zu informieren. Er darf die Daten ohne besondere Einwilligung nur zur Abwicklung des Geschäftsverkehrs verwenden *[siehe Kapitel 4.2.2 (2)]*. Wenn er eine solche Erlaubnis einholen will, muss er wiederum gemäß § 4 Abs. 2 bestimmte Vorgehenspflichten erfüllen, so dass der Nutzer weiß, woran er ist und wie er die Erlaubnis widerrufen kann.

(3) Maßgebliche Vorschriften bei grenzüberschreitendem Verkehr

Das Internet ermöglicht einen weltweiten Geschäftsverkehr. Der Unternehmer, der organisiert im Internet anbieten will, muss wissen, welche Rechtsvorschriften er einzuhalten hat. Nach dem Teledienstegesetz ist der Normalanbieter an die Vorschriften desjenigen Landes gebunden, in dem er niedergelassen ist („Herkunftslandprinzip"). Ein deutscher Unternehmer kann sich also dem deutschen Recht nicht dadurch entziehen, dass er seinen Server in einem anderen Land aufstellt oder sich eines Servers in einem anderen Land bedient.

Andersherum braucht er aber auch nur die Vorschriften in dem Land einzuhalten, in dem er niedergelassen ist (zumindest innerhalb der EG).

4.2.1.2 Informationspflichten bei Ferngeschäften mit Verbrauchern

Das Gesetz spricht im Hinblick auf Verbraucher von Fernabsatzverträgen. Das sind alle Verträge, bei denen der Unternehmer den Abschluss von Verträgen über seine Waren- oder Dienstleistungen mit Verbrauchern so organisiert, dass sie auch unter ausschließlicher Verwendung von Fernkommunikationsmitteln abgeschlossen werden können (§ 312b BGB). Darunter fallen also nicht nur Angebote über das Internet, sondern auch über Kataloge oder Telefonverkauf. – Wenn also das Telefon oder Fax/E-Mail nur im Rahmen einer nicht im Fernabsatz begonnenen Akquisition genutzt wird, liegt kein Fernabsatzvertrag vor.

Bestimmte Vertragstypen sind ausgenommen, entweder weil es für diese spezielle gesetzliche Vorschriften gibt, oder weil sie sich für die speziellen Schutzvorschriften des Fernabsatzrechts nicht eignen. Zu Letzterem gehört die Lieferung von Lebensmitteln und ähnlichem.

Vor Vertragsabschluss: § 312c Abs. 1 BGB sieht vor, dass „der Unternehmer den Verbraucher rechtzeitig vor Abschluss eines Fernabsatzvertrages in einer dem eingesetzen Fernkommunikationsmittel entsprechenden Weise klar und verständlich“ über bestimmte Punkte „zu informieren“ hat. Diese Informationen beruhen zum Teil darauf, dass das Gesetz in der zweiten zusätzlichen Schicht *[siehe Kapitel 4.2 (1)]* ein Widerrufsrecht zum Schutz des Verbrauchers vorsieht *[siehe Kapitel 4.2.2 (1)]*.

Der Unternehmer muss erst einmal klarstellen, dass er die Kommunikation zu geschäftlichen Zwecken eröffnet (er darf also beispielsweise den Kontakt nicht darüber beginnen, dass er den Eindruck erweckt, ein Interview führen zu wollen). Er muss sodann über Punkte der Vertragsdurchführung und über Punkte des Vertragsinhalts informieren. Ein solcher Text stellt AGB des Unternehmers dar *[zur Einbeziehung bei Fernkommunikation siehe Kapitel 2.1.4 (3)]*. Das in § 312c enthaltene Klarheitsgebot entspricht dem in § 307 Abs. 1 BGB *[siehe Kapitel 1.1.4 (3.4)]*. – Soweit der Unternehmer es bei den gesetzlichen Vorschriften belassen will, dürfte ein entsprechender Hinweis nicht ausreichen (ein Anbieter sollte gegenüber Konsumenten im Hinblick auf § 312e Abs. 3 Satz 2 BGB vorsichtig sein; denn wenn er nicht ordnungsgemäß informiert, beginnt die Frist für das Widerrufsrecht beim Fernabsatz gegenüber Verbraucher *[siehe Kapitel 4.2.2 (1)]* überhaupt nicht).

Der Unternehmer hat Informationen zu geben über:

„1. seine Identität,

2. seine Anschrift,

3. wesentliche Merkmale der Ware oder Dienstleistung sowie darüber, wie der Vertrag zustandekommt,

4. die Mindestlaufzeit des Vertrags, wenn dieser eine dauernde oder regelmäßig wiederkehrende Leistung zum Inhalt hat,

5. einen Vorbehalt, einen in Qualität und Preis gleichwertige Leistung (Ware oder Dienstleistung) zu erbringen, und einen Vorbehalt, die versprochenen Leistungen im Fall ihrer Nichtverfügbarkeit nicht zu erbringen,

6. den Preis der Ware oder Dienstleistung einschließlich aller Steuern und sonstiger Preisbestandteile,

7. ggf. zusätzlich anfallende Liefer- und Versandkosten,

8. Einzelheiten hinsichtlich der Zahlung oder Lieferung oder Erfüllung,

9. das Bestehen eines Widerrufs oder Rückgaberechts,

10. Kosten, die dem Verbraucher durch die Nutzung der Fernkommunikationsmittel entstehen, sofern sie über die üblichen Grundtarife, mit denen der Verbraucher rechnen muss, hinausgehen und

11. die Gültigkeitsdauer befristeter Angebote, insbesondere hinsichtlich des Preises."

Vor vollständiger Erfüllung: Nach § 312c Abs. 2 BGB hat der Unternehmer alsbald, spätestens bis zur vollständigen Erfüllung des Vertrags bestimmte Informationen in Textform *[siehe Kapitel 2.1.4 (2)]* mitzuteilen. Es geht im Wesentlichen um diejenigen Informationen, die schon vor Vertragsabschluss bereitgestellt werden sollen (vor Vertragsabschluss reicht die Abrufmöglichkeit aus), sowie um einige weitere Informationen. Alle Informationen können auch schon vor Vertragsabschluss in Textform übermittelt werden.

Die Information vor Vertragsabschluss braucht vorher nur in dem Umfang gegeben zu werden, wie dies nach dem eingesetzten Fernkommunikationsmittel sachgerecht ist (bei Telefonaten wohl nur in beschränktem Umfang). Das berechtigt den Unternehmer nicht dazu, nachträglich AGB zum Vertragsbestandteil zu machen.

Die Textform kann durch eine elektronische Mitteilung gewahrt werden. Bei einer Bestellung über einen Web-Shop reicht es auf keinen Fall aus, wenn der Kunde nur die Möglichkeit hat, den Text abzurufen. Strittig ist, ob es ausreicht, dass der Kunde vor Abschluss der Bestellung gezwungen wird, den Text abzurufen. Denn der Kunde muss die Seite erst einmal speichern, damit der Text dauerhaft ist; außerdem muss er nicht einen Drucker an dem Kommunikationsgerät haben. Im Hinblick auf das Widerrufsrecht von Verbrauchern *[siehe Kapitel 4.2.2(1)]* sollte der Unternehmer den Text Verbrauchern nachträglich per E-Mail oder mit der Sendung der Ware zur Verfügung stellen.

Der Unternehmer soll dem Verbraucher nach § 1 Abs. 3 VO-Info folgende weiteren Informationen mitteilen, und zwar in einer hervorgehobenen und deutlich gestalteten Form:

„1. Informationen über die Bedingungen, Einzelheiten der Ausübung und Rechtsfolgen des Widerrufs- oder Rückgaberechts sowie über den Ausschluss des Widerrufs- oder Rückgaberechts,

2. die Anschrift der Niederlassung des Unternehmers, bei der der Verbraucher Beanstandungen hervorbringen kann, sowie eine ladungsfähige Anschrift des Unternehmers und bei juristischen Personen ... auch den Namen eines Vertretungsberechtigten,

3. Informationen über Kundendienst und geltende Gewährleistungs- und Garantiebedingungen und

4. die Kündigungsbedingungen bei Verträgen, die ein Dauerschuldverhältnis betreffen und für eine längere Zeit als ein Jahr oder für unbestimmte Zeit geschlossen werden."

4.2.2 Vorschriften zum Inhalt von Verträgen

(1) Fernabsatz mit Verbrauchern

Bei einem Fernabsatzvertrag *[siehe Kapitel 4.2.1.2]* hat der Verbraucher gemäß § 312d BGB grundsätzlich ein Widerrufsrecht gemäß § 355 BGB. Der Verbraucher muss für den Widerruf keine Begründung abgeben. Er kann den Widerruf in Textform *[siehe Kapitel 2.1.4 (2)]* oder dadurch abgeben, dass er die Ware zurücksendet.

Die Frist beträgt zwei Wochen. Sie beginnt nicht vor der Erfüllung der Informationspflichten *[siehe Kapitel 4.2.1.2]*, bei der Lieferung von Waren nicht vor dem Tag ihres Eingangs beim Empfänger. Bei einer Dienstleistung erlischt das Widerrufsrecht, wenn der Unternehmer mit deren Ausführung mit ausdrücklicher Zustimmung des Verbrauchers begonnen hat oder der Verbraucher diese selbst veranlasst hat. – Erfüllt der Unternehmer seine Informationspflicht hinsichtlich dieses Punktes *[siehe Kapitel 4.2.1.2]* nicht, verlängert sich die Frist auf sechs Monate. Solange der Unternehmer diese Pflicht im elektronischen Geschäftsverkehr nicht erfüllt, beginnt die Frist überhaupt nicht (§ 312e Abs. 3 Satz 2 BGB).

Das Widerrufsrecht besteht gemäß § 312d Abs. 4 in bestimmten Fällen nicht, insbesondere in solchen Fällen, in denen die Ware nicht anderweitig absetzbar ist.

„Das Widerrufsrecht besteht ... nicht bei Fernabsatzverträgen

1. zur Lieferung von Waren, die nach Kundenspezifikation angefertigt werden oder eindeutig auf die persönlichen Bedürfnisse zugeschnitten sind oder die auf Grund ihrer Beschaffenheit nicht für eine Rücksendung geeignet sind oder schnell verderben können oder deren Verfalldatum überschritten würde,

2. zur Lieferung von Audio- oder Videoaufzeichnungen oder von Software, sofern die gelieferten Datenträger vom Verbraucher entsiegelt worden sind ...“

Der Unternehmer kann das Widerrufsrecht durch ein Rückgaberecht gemäß § 356 BGB ersetzen. Die wesentlichen Unterschiede liegen darin, dass das Rückgaberecht nur durch Rücksendung (wenn die Sache als Paket rückgesendet werden kann, sonst durch ein Rücknahmeverlangen) ausgeübt werden kann, nicht auch durch Erklärung (ohne Rücksendung). Die Rückgabefrist beginnt mit Erhalt der Sache.

In beiden Fällen trägt der Unternehmer die Kosten und die Gefahr (des zufälligen Untergangs) der Rücksendung. Bei einem Widerrufsrecht (nicht bei einem Rückgaberecht) dürfen dem Verbraucher bei einer Bestellung bis zu einem Betrag von EUR 40,00 die regelmäßigen Kosten der Rücksendung vertraglich auferlegt werden (§ 357 BGB).

(2) Datenschutz nach TDDSG

Gemäß § 3 TDDSG dürfen personenbezogene Daten im Zusammenhang mit „Telediensten nur erhoben, verarbeitet und genutzt werden, soweit dieses Gesetz oder eine andere Rechtsvorschrift es erlaubt oder der Nutzer eingewilligt hat.“ Da es reizvoll sein kann, die Daten nicht nur für die Durchführung des Teledienstes zu verwenden, liegt es nahe, dass der Diensteanbieter versucht, eine weitgehende Erlaubnis zu erhalten. Er darf gemäß § 3 Abs. 4 die Erbringung seiner Teledienste aber nicht von einer Einwilligung des Nutzers abhängig machen, „wenn dem Nutzer ein anderer Zugang zu diesen Telediensten nicht oder in nicht zumutbarer Weise möglich ist.“

Der Diensteanbieter darf aber „für Zwecke der Werbung, der Marktforschung oder zur bedarfsgerechten Gestaltung der Teledienste Nutzungsprofile bei Verwendung von Pseudonymen erstellen, sofern der Nutzer dem nicht widerspricht“ (§ 6 Abs. 3 TDDSG).

5 Rechtsschutz an Programmen und an Programmunterlagen

Inhaltsübersicht

Dieses Kapitel enthält die Grundlagen für die Behandlung von Nutzungsrechten an Programmen bei Kauf-, Erstellungs- und bei Arbeitsverträgen. Es soll das Verständnis der Kapitel erleichtern, die sich mit den konkreten Fragen jener Verträge befassen.

5.1 Einleitung

Unter Programm werden im Folgenden auch alle Vorstufen dazu sowie die Dokumentation verstanden. Als Programmentwickler wird jeder bezeichnet, der an der Erstellung beteiligt ist, gleich in welcher Funktion. Der Begriff „Programm" wird verwendet, wenn es in erster Linie um das geistige Gut geht, der Begriff „Software-Produkt" *[Kapitel 8.1 (1)]*, wenn es in erster Linie um das Wirtschaftsgut geht.

(1) Gesetzlicher Schutz gegenüber Dritten

Gemäß dem Grundsatz der Vertragsfreiheit *[siehe Kapitel 1.1.3]* kann jeder Vertragspartner den anderen verpflichten, bestimmte Dinge zu tun und andere zu unterlassen (schuldrechtliche = relative Pflichten) *[siehe Kapitel 1.1.1 (3)]*. Jeder Softwarelieferant kann sich also durch entsprechende Vereinbarungen gegenüber seinem Vertragspartner schuldrechtlich schützen, indem er genau beschreibt, was sein Vertragspartner tun darf und was er zu unterlassen hat. Die Frage, ob Programme urheberrechtlich geschützt sind, ist für den Softwarelieferanten insofern erst einmal zweitrangig.

Wer Software erstellt oder vom Ersteller dessen Rechte übertragen bekommen hat, möchte aber auch gegenüber Dritten geschützt sein, z. B. gegenüber einem konkurrierenden Anbieter *[vgl. auch Kapitel 9.3.4]*: Der Dritte soll das Programm oder Teile davon nicht kopieren und das im Programm enthaltene Know-how nicht nutzen dürfen.

Dieser Schutz kommt auf zwei Weisen in Betracht:

a) durch Erlangung eines gesetzlich geregelten Herrschaftsrechts an der Software *[siehe Kapitel 1.1.1 (3)]*. Es beinhaltet die – je nach Ausgestaltung mehr oder weniger alleinige – Herrschaftsbefugnis des Rechtsinhabers und damit das Recht, Dritte von der Nutzung auszuschließen. Das Urheberrecht räumt dem Urheber eine solche alleinige Nutzungsbefugnis ein – allerdings nur an der Darstellung *[Kapitel 5.3.1 (3)]*, nicht auch an dem dadurch verkörperten Know-how. Eigentum im Rechtssinne gibt es hingegen nach deutschem Recht nur an Sachen (§ 903 BGB), nicht an Programmen als geistigen Leistungen.

„Urheberrechtlich" heißt also im Wesentlichen gegenüber „schuldrechtlich", dass die Rechtsposition mit Wirkung gegenüber Dritten ausgestaltet ist und mit den besonderen Mitteln des UrhG verteidigt werden kann.

b) durch gesetzliche Verhaltenspflichten, die jeden binden, z. B. das Verbot, jemanden sittenwidrig zu schädigen (§ 826 BGB) *[zu außervertraglichen Schuldverhältnissen siehe Kapitel 1.1.1 (1)]*. Das Gesetz gegen den unlauteren Wettbewerb (UWG) enthält gewisse Pflichten zur Respektierung von fremdem Know-how.

(2) Auswirkung gesetzlicher Regelungen auf schuldrechtliche Verträge

Die gesetzlichen Vorschriften können auch innerhalb vertraglicher Beziehungen eingreifen, wenn zwischen den Vertragspartnern eine Frage nicht geregelt ist. So enthält das Urheberrechtsgesetz in § 31 Abs. 5 die Vermutung, dass der Inhaber von Nutzungsrechten diese nur insoweit an den Vertragspartner übertragen will, wie dies für die Zweckerreichung des Vertrags erforderlich ist (Zweckübertragungstheorie). Das ist wichtig bei Verträgen über die Erstellung von Programmen *[Kapitel 9.3.4]*.

5.2 Patentrecht

(1) Zielsetzung des Patentrechts

Das Patentrecht räumt absolute Rechte an technischen Erfindungen ein; es kann also einen starken inhaltlichen Schutz bieten.

(2) Patentfähiger Bereich

Nach § 1 Abs. 2 und 3 Patentgesetz sind Programme „als solche" nicht patentfähig. Ihnen wurde abgesprochen, dass sie unmittelbare technische Wirkung hätten. Das Patentrecht will nur technische Erfindungen schützen. Das sind solche, bei denen es um die Beherrschung von Naturkräften geht. Bei Programmen unterscheidet die Rechtsprechung technische Programme und nichttechnische, die organisatorische oder rechnerische Arbeiten zum Gegenstand haben. Technische Programme können zum einen zusammen mit Hardware und technischem Prozess Teil einer Erfindung sein: Es schadet nichts, wenn logische Schritte durch ein Programm realisiert werden statt durch fest vorgegebene Schaltungen.

Technische Programme können aber auch die Umsetzung von Verfahren sein, die unabhängig von Hardware der Beherrschung von Naturkräften dienen. Erforderlich ist, dass der Erfolg durch den Einsatz beherrschbarer Naturkräfte ohne Zwischenschaltung menschlicher Verstandeskräfte erreicht wird. Der Patentanspruch richtet sich auf ein technisches Verfahren, das durch technische Merkmale gekennzeichnet ist, die teilweise oder ganz durch ein Programm ausgeführt werden; der Patentanspruch richtet sich damit nicht auf ein „Programm als solches".

Damit gibt es innerhalb der technischen Programme zwei Bereiche für patentfähige Programme, nämlich zum einen mit Wirkung außerhalb eines IT-Systems, z. B. ein Antiblockiersystem für Kraftfahrzeuge, und zum anderen mit Wirkung auf das Arbeiten einer IT-Anlage selbst, z. B. Änderungen von Speicherzuständen oder Steuerung der Verarbeitung auf Betriebssystemebene.

Das Europäische Patentamt und das Deutsche Patentamt haben jeweils Richtlinien für solche Anmeldungen erlassen. Der Patentschutz hat durch die großzügige Behandlung in der Rechtsprechung, der die Patentämter folgten, Bedeutung erlangt. Die EG-Richtlinie zu Patenten an Software, die demnächst verabschiedet werden wird, wird diese Rechtsprechung absichern.

5.3 Urheberrecht

Der deutsche Gesetzgeber hat 1993 eine EG-Richtlinie nahezu unverändert übernommen. Die neuen Vorschriften wurden „im Interesse der Rechtsklarheit" in einem eigenen Abschnitt zusammengefasst (amtliche Begründung), also nicht in das Urheberrechtsgesetz systematisch integriert.

Diese Richtlinie – und damit das deutsche Urheberrechtsgesetz (UrhG) – beinhaltet eine Ansammlung von Einzelregelungen. Sie zeigen, worum es geht, nämlich um den Schutz von Investitionen, nicht von besonderen Leistungen eines Urhebers.

Dass der deutsche Gesetzgeber diese in einen eigenen Abschnitt aufgenommen hat, enthält die Botschaft, dass es sich eigentlich um eine eigene Art von Werk handelt; diese Art ist aber gemäß § 2 Abs. 1 UrhG als Unterform von Sprachwerken zu behandeln; damit konnte Software ins bestehende System (der internationalen Übereinkommen) gepresst werden.

5.3.1 Einleitung

(1) Zielsetzung

Das Urheberrecht schützt den Urheber eines Werks bei dessen Verbreitung; es will ihm einen angemessenen Anteil am Gewinn sowie die Wahrung seiner Urheberpersönlichkeitsrechte sichern. Das Urheberrecht will den Urheber nicht vor der Aneignung des im Werk enthaltenen Know-hows und dessen Verbreitung schützen. Den von IT-Fachleuten häufig erwarteten Know-how-Schutz durch das Urheberrecht gibt es nicht. Die Frage, ob es überhaupt sinnvoll ist, Programme über das Urheberrecht zu schützen, ist auf Grund der Gesetzeslage müßig. Man darf nur nicht erwarten, dass das Urheberrecht, das seinen Schwerpunkt im Schutz von Kunstwerken hat, für den Schutz von Investitionen passt.

(2) Schützbare Werke

Zu den schützbaren Werken gehören nach § 2 Abs. 1 UrhG „Sprachwerke, wie Schriftwerke, Reden und Computerprogramme". Es kommt nicht darauf an,

- ob die Sprache allgemein verständlich ist,
- ob das Werk ästhetischen Charakter hat oder
- wozu das Werk dient.

Werkformen: § 69a Abs. 1 UrhG definiert Programme als „Programme in jeder Gestalt, einschließlich des Entwurfsmaterials". Das Wort „Gestalt" dürfte nichts anderes als „Ausdrucksform" im Sinne von § 69a Abs. 2 beinhalten. Der Begriff umfasst auch das Objektprogramm.

Entwurfsmaterial: Dazu gehören:

- das Programmkonzept/der Entwurf,
- das (systemtechnische) Detailkonzept bis hin zur Programmiervorgabe 1 : 1.

Die Definition der Anforderungen/die Spezifikation dürfte nicht unter das Entwurfsmaterial fallen, weil es sich dabei um eine andersartige Darstellung eines anderen Themas handelt, nämlich des Themas, was das Programm leisten soll. M. E. ist die Urheberrechtsfähigkeit der Spezifikation als Sprachwerk oder als technische Darstellung gesondert zu beurteilen. Mit weiterer Verbesserung der Entwicklungsmethoden und -werkzeuge ist aber damit zu rechnen, dass die Spezifikation zunehmend zu einer frühen darstellerischen Stufe des Programms wird.

Die systemtechnische Dokumentation muss zum Programm gerechnet werden. Für die **Benutzerdokumentation** liegt das nahe, weil der Begriff des Programms sehr weit gefasst sein soll. Die Benutzeroberfläche, insbesondere die Dialogführung, fällt auch in den Bereich schützbarer Werke *[siehe (7)]*.

(3) (Schöpferische) Darstellung

Geschützt sind Programme nur dann, wenn sie eine persönliche geistige Schöpfung (§ 69a Abs. 3 UrhG) darstellen. Das ist im hier angesprochenen Bereich nicht der sachliche Inhalt, sondern die schöpferische *Darstellung*: Die Idee, der Algorithmus, die Methode usw. selbst sind nicht geschützt. Es liegt dem Urheberrecht fern, organisatorisches Wissen zu schützen. Das, was vielfach als eigentliche Leistung des Programmerstellers angesehen wird, ist dem Urheberrechtsschutz entzogen. Allerdings gibt es eine natürliche Verbindung von Inhalt und Form. Schon der Begriff der Darstellung zeigt, dass es um mehr als die bloße Form geht, nämlich dass Form und Inhalt in gewisser Weise zusammengehören („innere Form"/ „Gewebe"/US-Rechtsprechung: „expression of the idea").

Eine gute Hilfe für die Abgrenzung, was Gegenstand des Schutzes ist, bildet die Arbeitsteilung zwischen dem IT-Laien, der die Aufgabe definiert, und dem IT-Fachmann, der sie in einen Entwurf umsetzt. Die Tätigkeit des ersten ist unerheblich für die Frage, ob das Programm urheberrechtlich geschützt ist. Der zweite, der von der Aufgabenstellung nichts zu verstehen braucht, kann Ideen haben, die sich auf die Gestaltung beziehen. Diese sind schutzfähig. Die Anforderungen an die Gestaltungshöhe sind nach dem neuen Urheberrecht gering. Die Rechtsprechung zum neuen Urheberrecht legt die Meßlatte niedrig an.

(4) Entstehen und Dauer des Schutzes, Registrierung und Copyright-Vermerk

Der Schutz entsteht von alleine. Das Anbringen eines Urheberrechtsvermerks („Urheberbezeichnung" nach § 10 UrhG) auf dem Werk ist nach deutschem Recht nicht erforderlich. Die Praxis vieler Programmlieferanten, vom Anwender die Anbringung von solchen Vermerken auf (Sicherungs-)Kopien zu verlangen, ist im (früheren) US-Urheberrecht begründet *[Kapitel 5.3.6]*. Der Vermerk hat aber den Vorteil der Vermutung gemäß § 10 UrhG für sich, dass derjenige als Urheber oder Inhaber von Nutzungsrechten gilt, der als solcher angegeben ist.

Das Urheberrecht erlischt in der Regel 70 Jahre nach dem Tod des Urhebers (§ 64 UrhG).

(5) Urheberrechtsfähigkeit von Halbleitertopographien/von elektronischen Bauelementen

Gerade da logische Funktionen wahlweise hardwaremäßig und softwaremäßig realisiert werden können, stellte sich die Frage, ob logische Schaltungen urheberrechtlich geschützt sein können. Der Gesetzgeber hat dazu ein „Gesetz über den Schutz der Topographien von mikroelektronischen Halbleitererzeugnissen (Halbleiterschutzgesetz)“ am 17.9.1987 erlassen. Dieses sieht eine Registrierung vor. Der Umfang der Registrierung ist gering geblieben.

(6) Urheberrechtsfähigkeit von Schnittstellen

Angesichts dessen, dass es bei der Erarbeitung der EG-Richtlinie stark um Wettbewerbsfragen ging, nahm die Diskussion um den Schutz von Schnittstellen einen breiten Raum ein. Ein Teil der Industrie wünschte einen Schnittstellenschutz letztlich über den Schutz von Darstellungen hinaus; sie wünschte den Schutz von Definitionen von Schnittstellen, damit die Konkurrenz nicht von ihrem Inhalt in eigenen Software-Produkten Gebrauch machen könne. Ergebnis ist, dass in § 69a Abs 2 Satz 2 UrhG klargestellt worden ist, dass auch solche Ideen und Grundsätze, die Schnittstellen zugrunde liegen, nicht geschützt sind. *Ihre Darstellung kann geschützt sein. Zur Zulässigkeit des Dekompilierens siehe Kapitel 5.3.3.1. Zum Ermitteln von Schnittstellen durch Benutzen des Programms siehe Kapitel 5.3.3.4.*

(7) Benutzeroberfläche

Gestalterische Elemente von Benutzeroberflächen sind nach der weiten Fassung des Begriffs des Programms in § 69a Abs. 2 Satz 1 UrhG unabhängig von ihrer spezifischen Realisierung in einem Programm schützbar. Es besteht aber nur wenig Raum dafür, dass sie auch geschützt sind. Denn Zweckmäßigkeit und fachliche Anforderungen, nicht aber schöpferische Tätigkeit beeinflussen die Gestaltung im Wesentlichen.

Beispiel: Ein Programm arbeitete mit einem Befehlssatz, der dem Benutzer die Steuerung einer Anlage über eine Maske erlaubte. Der Befehlssatz ist nicht geschützt; dessen Präsentation kann es aber sein, nämlich wie die Bezeichnungen ausgewählt und wie sie auf der Bildschirmmaske präsentiert werden, z. B. durch zwei hervorgehobene Buchstaben – bejaht im Falle Digital Communications Associates v. Softklone Distributing 659, F. Supp. 449 (N.D.Ga. 1987).

5.3.2 Wem stehen die Urheberrechte zu?

(1) Urhebergemeinschaft

Die Urheberrechte entstehen automatisch mit der Schaffung eines Werkes und wachsen gemäß § 7 UrhG erst einmal dem oder den Urheber(n) des Werkes zu. Wenn mehrere Personen im Zeitablauf an der Programmerstellung beteiligt sind, stellt sich die Frage, ob sie auch schöpferisch an der Darstellung mitgewirkt haben *[siehe Kapitel 5.3.1 (3)]*; nur unter dieser Voraussetzung gehören sie zur Urhebergemeinschaft.

(2) Verhältnis Mitarbeiter – Arbeitgeber

§ 69b Abs. 1 UrhG sieht (etwas vereinfacht) vor, dass alle Nutzungsrechte an Programmen automatisch an den Arbeitgeber übertragen werden. Den Mitarbeitern verbleiben nur die Urheberpersönlichkeitsrechte *[siehe Kapitel 12.1.2 (3)]*.

(3) Verhältnis Anwender – Lieferant

Nach der Zweckübertragungstheorie werden die Nutzungsrechte insoweit übertragen, wie der Auftraggeber sie nach dem Vertragszweck benötigt *[vgl. Kapitel 5.1 (2)]*. Im Übrigen verbleiben sie beim Auftragnehmer *[siehe im einzelnen Kapitel 9.3.4]*.

Mitarbeiter des Auftraggebers können Miturheber sein *[siehe (1)]*. Was bedeutet das für den Fall, dass der Auftraggeber nicht unbeschränkte und/oder nicht ausschließliche Nutzungsrechte erhalten soll? Bei der Beantwortung dieser Frage ist davon auszugehen, dass alle Mitarbeiter ihre Anteile an den von ihnen geschaffenen Nutzungsrechten an ihren jeweiligen Arbeitgeber übertragen *[siehe (2)]*. Das bedeutet, dass der Auftraggeber die Rechte, die ihm seine Mitarbeiter als Miturheber übertragen haben, an den Auftragnehmer übertragen muss, soweit sie über das hinausgehen, was dem Auftraggeber zustehen soll.

Wenn der Auftragnehmer bei einem Dienstvertrag ein freiberuflicher Programmierer ist, liegt die analoge Anwendung von § 69b Abs. 1 UrhG (dass alle Nutzungsrechte übertragen werden *[siehe (2)]*) desto näher, je stärker der Freiberufler wie ein Arbeitnehmer tätig ist.

5.3.3 Inhalt des Urheberrechts

Das Urheberrecht schafft dem Urheber Urheberpersönlichkeitsrechte sowie Verwertungsrechte.

(1) Urheberpersönlichkeitsrechte

Die Urheberpersönlichkeitsrechte beinhalten im Wesentlichen folgendes:

Der Urheber hat das Recht zu bestimmen, ob und wie das Werk veröffentlicht werden darf (§ 12). Die Ausübung dieses Rechts kann (auf den Nutzungsberechtigten) übertragen werden. Sie erfolgt m. E. stillschweigend.

Der Urheber hat den Anspruch auf Autorennennung/Anerkennung der Urheberschaft (§ 13). Auch bei Programmänderungen (Bearbeitungen) darf also der Name des ursprünglichen Autors, wenn er im Programm eingegeben worden ist, nicht ersetzt werden. Der Autor kann auf dieses Recht nicht verzichten. Allerdings ist anerkannt, dass eine Verkehrsgewohnheit dahin gehen kann, dass der Name nicht angegeben wird. M. E. besteht eine solche Verkehrsgewohnheit hinsichtlich der Benutzeroberfläche und der Benutzerdokumentation.

Der Urheber kann gegen die Entstellung seines Werks vorgehen (§ 14): Das Werk darf nicht in einer solchen Weise bearbeitet werden, dass die berechtigten geistigen oder persönlichen Interessen des Urhebers am Werk gefährdet werden würden. Abgesehen von dem Bereich der ins Künstlerische gehenden Programme dürfte ein solches Interesse des Urhebers grundsätzlich nicht bestehen.

Der Urheber hat (als sonstiges Recht) den Anspruch auf Zugang zu einem Vervielfältigungsstück (§ 25). Der Urheber ist danach berechtigt, eine Kopie des Werks für sich zu beschaffen, soweit dem „nicht berechtigte Interessen des Besitzers entgegenstehen". Es ist anzunehmen, dass der Ersteller eines Programms keinen solchen Anspruch hat.

Die Urheberpersönlichkeitsrechte sind nicht übertragbar.

(2) Verwertungsrechte

Verwertungsrechte sind in der Form übertragbar, dass der Urheber sie einem anderen als Nutzungsrechte einräumen kann (die Begriffe Verwertungsrechte und Nutzungsrechte können hier synonym gebraucht werden.) Der Begriff Nutzung ist hier nicht im IT-technischen Sinne zu verstehen. Es geht nicht um die Nutzung im Sinne des Einsatzes eines Programms (§ 69d Abs. 1 UrhG = „*Be*nutzung"), sondern um bestimmte Nutzungsrechte im Rechtssinne.

§ 69c UrhG gewährt folgende Nutzungsrechte:

- Vervielfältigungsrecht *[Kapitel 5.3.3.1]*,
- Verbreitungsrecht *[Kapitel 5.3.3.2]*,
- Umgestaltungsrecht *[Kapitel 5.3.3.3]*.

(3) Einräumung von Nutzungsrechten

Verträge über die Einräumung von Nutzungsrechten liegen z. B. vor, wenn der erste Rechtsinhaber einem Distributor erlaubt, Vervielfältigungsstücke herzustellen. Die Einräumung von Nutzungsrechten richtet sich grundsätzlich nach den §§ 31 ff. UrhG.

Nutzungsrechte können nach § 31 Abs. 1 Satz 2 UrhG Dritten als ausschließliche oder als nicht ausschließliche Rechte (= einfache) eingeräumt werden. Werden sie nicht ausschließlich eingeräumt, kann der Urheber diese Rechte auch noch Dritten einräumen. Unabhängig davon, ob diese Rechte ausschließlich oder nicht ausschließlich eingeräumt werden, können sie räumlich, zeitlich und inhaltlich beschränkt werden (Abbildung „Nutzungsrechte"). Das kann allerdings nicht beliebig, sondern nur in typischer Weise geschehen. Minimale Abspaltungen des Nutzungsrechts sollen ausgeschlossen sein. Unter „räumlich" ist an ein Gebiet zu denken, nicht an eine einzelne IT-Anlage.

(4) Rechtsnatur der einfachen Nutzungsrechte

Der Streit zwischen Juristen, ob ein einfaches Nutzungsrecht nur schuldrechtlicher oder aber herrschaftsrechtlicher Natur ist, spielt nur eine geringe Rolle. Es kann je nach Rechtsauffassung überhaupt nicht oder nur mit Zustimmung des Rechtsinhabers übertragen werden. Es kann auf keinen Fall vervielfacht werden: Wer ein einfaches Nutzungsrecht zum Erstellen von Kopien hat, kann keinem Dritten erlauben, das ebenfalls zu tun (er braucht dazu eine gesonderte Ermächtigung).

Nutzungsrechte		
(zu Lasten des Lizenznehmers)	(zu Lasten des Urhebers)	
	ausschließliche	Nicht ausschließliche = einfache
zeitlich, räumlich, inhaltlich beschränkt	X	X
unbeschränkt	X	X
übertragbar	ja, Zustimmung ist gemäß § 34 nach Treu und Glauben zu erteilen	strittig (Zustimmung nötig)
	sowie abgeschwächt: Einräumung einfacher Nutzungsrechte (mit Zustimmung) gemäß § 35	nein (geht nicht)
X = möglich		

(5) Übertragung und Rückfall von Nutzungsrechten

Die Juristen haben einige konstruktive Schwierigkeiten, die Übertragung und den Rückfall von Nutzungsrechten dogmatisch einzuordnen.

(6) Überlassung eines Vervielfältigungsstücks zwecks Benutzung/ Einsatz

Das Urheberrecht behandelt den Kauf von Software-Produkten nicht ausdrücklich, geht aber in § 69d Abs. 1 UrhG deutlich davon aus, dass Vervielfältigungen und Änderungen „nicht der Zustimmung bedürfen, wenn sie für die bestimmungsgemäße Benutzung des Computerprogramms ... durch (den) zur Verwendung eines Vervielfältigungsstücks des Programms Berechtigten notwendig sind.“ *[siehe dazu Kapitel 8.2.1]*. Der Erwerber darf sein Vervielfältigungsstück benutzen (in der Praxis trifft der Begriff „einsetzen“ auf die breiteste Zustimmung).

§ 69d Abs. 1 UrhG enthält einleitend die Regelung, dass die Vertragspartner den gesetzlichen Anspruch auf Benutzung einschränken oder erweitern können. Sie können das in der Weise tun, dass sie sich an die gesetzliche Konstruktion halten und in ihrer Sprache regeln, in welchem Umfang der Erwerber das Programm benutzen (= einsetzen) darf.

Diese Einwilligung hat urheberrechtliche Wirkung. (Urheberrechtliche) Nutzungsrechte können zwar nicht beliebig begrenzt werden *[vgl. (3)]*. Das gilt aber gemäß § 69d UrhG nicht hinsichtlich der *Be*nutzung von *Vervielfältigungsstücken*.

Das UrhG sagt nichts Genaues dazu aus, was es unter einem Vervielfältigungsstück versteht, lässt aber erkennen, dass es gut identifizierbare Kopien meint, nämlich solche auf einem Datenträger, der auf das Programm hinweist (= es repräsentiert). Die Lieferung eines

Datenträgers ist zwar nicht essentiell und technisch nicht einmal nötig *[siehe Kapitel 8.1 (4)]*. Es ist aber festzuhalten, dass das UrhG idealtypisch von einem Originaldatenträger ausgeht, auf dem das Programm gespeichert ist. Das Vervielfältigungsstück repräsentiert das Benutzungsrecht. Auch § 312d Abs. 4 Ziffer 2 BGB geht im Fernabsatz von einem verkörperten Vervielfältigungsstück aus, das „entsiegelt“ wird.

Der Umfang des Benutzungsrechts kann auf dem Datenträger angegeben werden. Bietet der Aufkleber auf dem Datenträger nicht genügend Platz, kann auf eine – eindeutig identifizierbare – Urkunde oder auf die erste Bildschirmmaske (!) bei Benutzung des Programms verwiesen werden.

(7) Weitergabe eines Vervielfältigungsstücks

§ 69c Nr. 3 UrhG besagt, dass die Weitergabe eines Vervielfältigungsstücks urheberrechtlich innerhalb der EG zulässig ist. Es sieht keinen Regelungsbedarf dafür, wie die Weitergabe erfolgt, weil es von einem Originaldatenträger ausgeht, der das Benutzungsrecht repräsentiert. Wenn der Originaldatenträger weiterübertragen wird, wird das Benutzungsrecht mitübertragen. Der Zweiterwerber darf das Software-Produkt in dem Umfang wie sein Vorgänger nutzen.

Dieser Ansatz muss differenziert werden: Der Ersterwerber kann dem Zweiterwerber den von ihm erlangten Benutzungsumfang mitteilen; dieser wird dann übertragen. Die Übertragung kann aber auch ohne diese Information erfolgen. Der Zweiterwerber kann dann gemäß § 69d Abs. 1 UrhG als ein zur Benutzung Berechtigter das Software-Produkt im Rahmen von dessen bestimmungsgemäßer Benutzung einsetzen. Der Rechtsinhaber muss sich dann gefallen lassen, dass sich ein demgegenüber nur eingeschränkt eingeräumter Benutzungsumfang ausweitet. Der Rechtsinhaber muss das hinnehmen, wenn er es unterlässt, sich vertraglich gegenüber dem Ersterwerber dahingehend abzusichern, dass dieser die Einschränkungen weiterzugeben hat *[Kapitel 8.2.2.3]*. Der Rechtsinhaber kann die von ihm zugelassene Benutzung auf dem Originaldatenträger angeben, so dass dieser sie ohne weitere Vermittlung dokumentiert. Der (erste) Benutzungsberechtigte kann dann nicht mehr als das an Benutzungsrecht übertragen, was im Originaldatenträger an zulässiger Benutzung angeführt ist.

Weitergabe durch einen Händler: Ersterwerber kann auch ein Händler sein. Die bestimmungsgemäße Benutzung eines jeden gelieferten Vervielfältigungsstücks wird zwischen Rechtsinhaber und Händler im Hinblick darauf festgelegt, was ein Erwerber als Anwender damit bestimmungsgemäß tun darf. Das und nur das kann der Händler an seinen Kunden mit urheberrechtlicher Wirkung weitergeben. Das erfährt aber wie zuvor dargelegt eine Einschränkung: Wenn Händler und Anwender die bestimmungsgemäße Benutzung nicht regeln, ergibt sich diese gemäß § 69d Abs. 1 UrhG objektiv, d. h. durch die Art des Programms. Insofern kann der Händler den Verzicht des Rechtsinhabers auf dessen Unterlassungsanspruch mit urheberrechtlicher Wirkung beeinflussen. Allerdings kann der Rechtsinhaber die zugelassene Benutzung auf dem Originaldatenträger festlegen.

5.3.3.1 Vervielfältigungsrecht

§ 69c UrhG räumt dem Rechtsinhaber eine umfassende Rechtsstellung hinsichtlich des Vervielfältigens ein: Nach Nr. 1 Satz 1 ist Dritten auch die vorübergehende Vervielfältigung verboten, ebenso das teilweise Kopieren. Es wird noch ergänzt, dass das für jedes Mittel und für jede Form gelte. Damit ist praktisch alles, was jemand mit einem Software-Produkt überhaupt tun kann, insbesondere das Laden in den Hauptspeicher, grundsätzlich zustimmungsbedürftig.

Die praktische Relevanz ist allerdings gering, denn nach § 69d Abs. 1 UrhG darf der Erwerber alle für eine bestimmungsgemäße Benutzung des Programms erforderlichen Vervielfältigungsvorgänge vornehmen, das Programm also laden.

Beispiele: Wer ein Programm auf einem Datenträger erhält, überspielt (speichert) es meist auf einen anderen (Programmbibliothek auf Platte), von dem aus das Programm in den Hauptspeicher geladen werden kann. – Wer seine Bibliotheken reorganisieren will, um die Ausnutzung von Speicherplatz zu verbessern, muss die bisherige Kopie auf einen anderen Datenträger übertragen, die bisherige löschen und mit dem Rückübertragen wieder eine Kopie herstellen; gelegentlich wird er die zwischenzeitlich hergestellte löschen (oder bei Reorganisation über andere Festplatten alsbald, um den Speicherplatz wieder freizubekommen).

§ 69c Nr. 1 Satz 2 UrhG erwähnt als weitere mögliche Vervielfältigungsakte:

- „Anzeigen“: Gemeint sein dürfte das Anzeigen des Quellprogramms auf dem Bildschirm als Maßnahme zur Bearbeitung.
- „Ablaufen“ heißt technisch gesehen, dass das Programm – das im Hauptspeicher gespeichert ist – befehlsweise in den Prozessor gelesen und dort abgearbeitet wird. Es kann sich dabei um einen kontinuierlichen Strom an Befehlen handeln. Die Stücke sind so winzig, dass man aus urheberrechtlicher Sicht nicht von einem Teil des Programms sprechen kann. Wer bezeichnet einen Ziegel unter urheberrechtlichen Gesichtspunkten als einen Teil eines Bauwerks? Dementsprechend stellt das Ablaufenlassen eines bereits im Hauptspeicher geladenen Programms keine Vervielfältigung dar.
- „Übertragen“ betont den Aspekt des Transports über eine Leitung vor dem dann unbedingt nötigen Speichern (auf einem Datenträger) bzw. Laden (z. B. in den Hauptspeicher eines laufwerklosen PC).

Kopie zum persönlichen Gebrauch: Es ist nicht gestattet, eine solche herzustellen.

Dekompilieren: Dabei geht es um zwei Situationen:

- Der Dritte will nur die Schnittstellen aufdecken, um andere Programme konstruieren zu können, die mit dem betroffenen zusammenwirken.
- Der Dritte will ein ähnliches, also konkurrierendes Programm selbst entwickeln: Dekompilieren ist hier suspekt, weil nicht sichergestellt wird, dass das Dekompilieren auf das Ermitteln der Schnittstelleninformation begrenzt wird.

§ 69e UrhG erlaubt in beiden Fällen das Dekompilieren zwecks Ermitteln von Schnittstelleninformationen in bestimmtem Umfang ohne Zustimmung des Rechtsinhabers. Der Wortlaut ist missglückt, das Ergebnis aber ziemlich klar *[siehe* www.Zahrnt.de *Kapitel 05.3.3.1]*.

5.3.3.2 Verbreitungsrecht

(1) Rechtliche Einordnung des Verbreitungsrechts

Das Verbreitungsrecht nach § 17 Abs. 1 UrhG setzt das Vervielfältigungsrecht voraus; es ergänzt dieses, hat aber im deutschen Recht eigenständigen Charakter. Es kann aber auch selbständig sein: Wer Vervielfältigungsstücke erwirbt, darf sie nur in denjenigen Staaten vertreiben, für die der Rechtsinhaber die Verbreitung freigegeben hat.

(2) Insbesondere Inverkehrbringen durch Veräußerung/ Erschöpfungsgrundsatz

Wer als Lieferant ein Vervielfältigungsstück veräußert, erschöpft sein Verbreitungsrecht an diesem. Das bedeutet, dass er die Weiterveräußerung nicht mit urheberrechtlicher Wirkung einschränken kann.

Er kann nur dadurch eine urheberrechtliche Einschränkung erreichen, dass er das Programm nicht „durch Veräußerung" in den Verkehr bringt. Bei Überlassung gegen einmalige Vergütung liegt allerdings eine Veräußerung vor.

Das UrhG schließt nur urheberrechtliche, nicht aber schuldrechtliche Einschränkungen (die dann allerdings nicht durch das Vervielfältigungsstück repräsentiert werden und den Zweiterwerber bei Gutgläubigkeit nicht binden) aus *[siehe Kapitel 5.3.3 (7)]*.

(3) Vermieten und Verleihen von Vervielfältigungsstücken

§ 69c Nr. 3 Satz 1 UrhG erwähnt das Vermieten als Vorbereitung für die Einschränkung in Satz 2: Die Erschöpfung des Verbreitungsrechts bezieht sich nicht auf das Vermietrecht. Dem Inhaber der urheberrechtlichen Nutzungsrechte steht ein im Verhältnis zum Weitergaberecht selbständiges Vermietrecht zu, so dass die Veräußerung dem Erwerber noch nicht erlaubt, das Software-Produkt durch Vermietung weiterzugeben.

(4) Verbreiten von Public-domain Software und von Shareware Software

Public-domain Software: Der Rechtsinhaber gibt die Verbreitung gewöhnlich nur in der Weise frei, dass daraus kein Geschäft gemacht werden darf *[vgl. Kapitel 8.6.3]*. Wer solche Software vertreibt, darf sich nur seine Kopier- und Vertriebsleistung bezahlen lassen. Verlangt er mehr, begeht er einen Wettbewerbsverstoß nach § 1 UWG *[siehe Kapitel 5.4.3]*.

Allerdings gibt es Programme, die darauf angelegt sind, in größere Anwendungen eingebunden zu werden, und zwar auch von anderen Anbietern von Software-Produkten oder von Auftragnehmern bei Erstellung von Individualsoftware. Das gilt insbesondere für systemtechnische Routinen. Zum Teil sind diese so verbreitet, dass es schon gar keine konkurrierenden kommerziellen Angebote mehr gibt. Insoweit liegt nahe, dass die Nutzung auch für kommerzielle Zwecke freigegeben wird (die Einbindung in Individualsoftware ist unproblematisch, weil der Anwender als Benutzer angesehen werden kann). Inhaltliche Beschränkungen mit urheberrechtlicher Wirkung sind wahrscheinlich zulässig. Auf jeden Fall sollte die Erklärung im Programm zum Ausdruck kommen. Fraglich ist, ob der Rechtsinhaber die Freigabe widerrufen kann (daran kann er Interesse haben, um eine nächste

Version kommerziell zu verwerten). Sicherheitshalber sollte der Rechtsinhaber die Freigabe von vornherein zeitlich begrenzen und das auch mitteilen (was über eine Bildschirmmaske einfach möglich ist).

Bei **Shareware Software** wünscht der Rechtsinhaber geradezu, dass viele sein Programm vervielfältigen und verbreiten, so dass er von den so gewonnenen Anwendern den Kaufpreis bekommt *[Kapitel 8.6.4]*. Die Vertreiber werden in ein – informelles – Vertriebsnetz eingeschaltet. Sie sollen auch etwas am Vertrieb verdienen, um den Absatz und damit die Einnahmen des Rechtsinhabers zu fördern. Dessen Vergütung liegt bereits fest, wird also durch den Aufpreis des Händlers höchstens mittelbar betroffen (Verringerung des Absatzes, allerdings bei Konkurrenz mit anderen Vertreibern). Die Rechtsprechung billigt dem Händler aber nicht mehr als bei Public-domain-Software zu. Dann lässt sich nicht mehr bestimmen, was ein angemessener Vertriebsgewinn ist. Wenn es keine einschränkende Äußerung des Rechtsinhabers gibt (es gibt hier keinen typischen Willen, der stillschweigend geäußert werden könnte), fehlt es an einer inhaltlichen Beschränkung der Vertriebserlaubnis.

Wenn der Urheber eine neue Version herausbringt, die er kommerziell vertreiben will, muss er dem Shareware-Händler eine angemessene Auslauffrist nach Ankündigung einräumen, während der dieser seine Kosten (z. B. für die Erstellung einer deutschsprachigen Programmbeschreibung) noch amortisieren kann.

Probeversionen: Bei diesen gibt es Trittbrettfahrer, die diese als Software-Produkte mit bescheidener Funktionalität vertreiben. Es ist verständlich, wenn ein Anbieter das nicht erlauben will, insbesondere damit nur seine (Fach-)Händler die jeweils aktuelle Version verbreiten dürfen.

5.3.3.3 Umarbeitungs-/Bearbeitungsrecht

§ 69c Nr. 2 UrhG sieht vor, dass „Übersetzung, Bearbeitung, Arrangement und andere Umarbeitungen“ zustimmungspflichtig sind. Mit „Übersetzung“ ist gemäß § 69e Abs. 1 UrhG das Kompilieren gemeint. Das Übertragen in eine andere menschliche Sprache (also die Übertragung der Benutzeroberfläche und der Dokumentation) bedarf der Zustimmung nach § 3 UrhG.

Erweiterungen können mehr oder weniger unabhängig vom Programm realisiert werden. Sie wirken nur funktional mit dem ersten Programm zusammen. Eine (zustimmungsbedürftige) Änderung des Programms kann darin nicht gesehen werden.

Umarbeitungen durch den Anwender: Bei Software-Produkten sind diese nach § 69d Abs. 1 UrhG zustimmungsfrei, wenn sie für die bestimmungsgemäße Benutzung notwendig sind *[siehe Kapitel 8.2.2.4]*.

Wer ein Individualprogramm erstellen lässt, hat Anspruch auf Lieferung des Quellprogramms: Er muss in der Lage sein, das Programm zu ändern *[siehe Kapitel 9.3.1 (1)]*. Er erhält also in der Regel die Zustimmung dazu zumindest implizit.

Umarbeitungen durch den Vertreiber: Dieser darf das Software-Produkt nach dem Urheberrecht ohne zusätzliche Erlaubnis nicht in einer geänderten Form verbreiten. Umarbeitungen durch den Vertreiber für einen einzelnen Anwender sind zulässig.

Auch wenn der Rechtsinhaber, der ein einfaches Verbreitungsrecht an einem Software-Produkt einräumt, dieses als Quellprogramm bereitstellt, dürfte er in der Regel diese Erlaubnis trotz der Änderungsbedürftigkeit von Software-Produkten nicht erteilen wollen. Denn das würde die Gefahr heraufbeschwören, dass eines Tages mehrere Varianten des Software-Produkts auf dem Markt angeboten werden würden; das dürfte dem Image im Zweifel schaden. Der Rechtsinhaber könnte sich später kaum dem Verlangen der Anwender entziehen, deren Variante nach Beendigung des Vertriebsvertrags zu pflegen. Wenn aber ausschließliche Vertriebsrechte eingeräumt werden, liegt es nahe, die Zustimmung zu unterstellen *[zu deren Einräumung seitens des Mitarbeiters an den Arbeitgeber siehe Kapitel 12.1.2 (3)]*.

Rechte an Bearbeitungen: § 69c Nr. 2 Satz 2 UrhG weist darauf hin, dass die allgemeinen Grundsätze hinsichtlich Bearbeitungen unberührt bleiben: An (von Menschen durchgeführten) Übersetzungen und anderen Bearbeitungen eines Werkes, die persönliche geistige Schöpfungen des Bearbeiters sind, erlangt der Bearbeiter gemäß § 3 Urheberrechte neben denen des ersten Urhebers. „Bearbeitung" ist hier mit „Umarbeitung" gleichzusetzen.

Bearbeitung durch den Urheber: Der Urheber ist nicht berechtigt, das Programm zu bearbeiten, soweit Dritte ausschließliche Nutzungsrechte an der Ausgangsfassung haben. Die Einschränkung kann schuldrechtlich auch für unabhängige Bearbeitungen gelten *[siehe Kapitel 5.3.3.4]*.

5.3.3.4 Freie Benutzung bei Schaffung eines neuen Werks

Von der gebundenen Umarbeitung des Werks ist nach § 24 UrhG dessen freie Benutzung zu unterscheiden, d. h. die Schaffung eines neuen Werks, bei dem das alte nur als gedankliche Vorgabe dient, die Darstellung (Struktur) aber nicht übernommen wird. Diese Art der Nutzung ist grundsätzlich zulässig. Der Schöpfer erhält am neuen Werk alle Urheberrechte. Das Problem liegt in der Abgrenzung von freier Benutzung zu gebundener Umarbeitung.

Beispiel: Weil das Softwarehaus X großen Erfolg mit dem Branchenpaket für den ...handel hat, erarbeitet das Softwarehaus Y auch ein Programm – natürlich besser. Es arbeitet dazu die Bedienungsanweisung für das X-Programm gründlich durch und beobachtet dieses entsprechend § 69d Abs. 3 UrhG.

Eine freie Benutzung liegt vor, wenn die schöpferischen Züge des alten Werks verblassen oder völlig zurücktreten. Je ausgeprägter die Eigenheiten des Vorbilds sind, desto größer ist der Abstand, der eingehalten werden muss.

Dabei kommt es nicht auf die Benutzung der Idee, sondern auf die Benutzung der Darstellung an; denn nur letztere ist geschützt *[siehe Kapitel 5.3.1 (3)]*. Es kommt also nicht darauf an, ob sich die Idee des Programms, das als Vorbild gedient hat, noch erkennen lässt, sondern darauf, ob das neue Programm auch an die alte Darstellung erinnert, soweit diese schöpferisch ist.

Freie Benutzung bei Modifikation eines Programmes: Die Tatsache, dass jemand ein fremdes Programm nimmt und dieses immer weiter ändert, schließt nicht aus, dass nach genügend Änderungen ein neues Werk entsteht. Allerdings ist die Schaffung der gebundenen Zwischenstufen erlaubnispflichtig. Also darf nur derjenige Anwender sie vornehmen, der das Programm für die eigene Benutzung abändern darf.

Die Übertragung eines Programms in eine andere Programmiersprache (mittels eines Cross-Compilers) ändert nichts Wesentliches an der Struktur des Programms, stellt also eine gebundene Umarbeitung dar. Das gilt grundsätzlich auch für die Anpassung eines Programms an eine andere IT-Anlage (= Portierung) *[vgl. Kapitel 8.2.4]*.

Ermitteln des Programminhalts durch Benutzen des Objektprogramms: Durch den Einsatz des Software-Produkts lässt sich das in ihm enthaltene Know-how teilweise ermitteln. Das Aufdecken von Know-how ist urheberrechtlich eigentlich irrelevant *[vgl. Kapitel 5.3.1 (1)]*; da das Aufdecken aber durch Vervielfältigungshandlungen erfolgt, ist dieses Thema in § 69d Abs. 3 UrhG geregelt worden. Diese Vorschrift erlaubt dem Benutzungsberechtigten uneinschränkbar alle Maßnahmen, die er zum Einsatz des Software-Produkts durchführen darf, auch zu dem Zweck einzusetzen, das im Programm enthaltene Know-how zu ermitteln *[zur Praxis siehe Kapitel 5.3.3.1]*.

Ermitteln des Programminhalts durch Benutzen des Quellprogramms: § 69d Abs. 3 UrhG bezieht sich nur auf das Objektprogramm. Will jemand Kenntnisse aus dem/über das Quellprogramm gewinnen, gilt: Urheberrechtlich relevant sind Maßnahmen hinsichtlich des Quellprogramms nur, wenn eine weitere Vervielfältigung geschaffen wird. Das kommt beim Reverse Engineering in Betracht. Eine solche Maßnahme gehört nicht zum bestimmungsgemäßen Gebrauch, rechtfertigt also nicht das Erstellen einer Kopie. Der Inhaber einer Kopie darf den Inhalt des Programms aber dadurch ermitteln, dass er dieses benutzt.

5.3.3.5 Erwerb vom Nichtberechtigten seitens des Anwenders

Der gutgläubige Erwerb eines urheberrechtlichen Nutzungsrechtes ist grundsätzlich nicht möglich, weil grundsätzlich kein Anknüpfungspunkt für den guten Glauben vorhanden ist (wie der Besitz der Sache beim gutgläubigen Erwerb von Eigentum). Der gutgläubige Erwerb eines Vervielfältigungsstücks (zum Zwecke der Benutzung) ist ausgeschlossen *[siehe Kapitel 5.3.4 am Ende]*.

In Betracht kommt allerdings, dass der Zweiterwerber einen weiteren Benutzungsumfang vom Ersterwerber eingeräumt bekommt, als dieser ihn vom Rechtsinhaber erlangt hat, weil der Rechtsinhaber den Umfang des Benutzungsrechts auf dem Datenträger nicht ausreichend angegeben hat *[Kapitel 5.3.3 (7)]*.

5.3.4 Ansprüche aus Urheberrechtsverletzungen

Ansprüche gehen auf Unterlassung und Vernichtung, bei Verschulden zusätzlich auf Schadensersatz *[vgl. Kapitel 3.7 (1)]* (der unberechtigte Benutzer muss das Software-Produkt bezahlen <u>und</u> vernichten). Ansprüche können sich gegen den Täter, aber auch gegen die juristische Person ergeben, in deren Auftrag der Täter handelt.

Geschäftsführerhaftung: Einige Softwareanbieter behaupten im eigenen Interesse, dass der Arbeitgeber auf Schadensersatz haften würde, wenn seine Mitarbeiter Raubkopien einsetzen würden. Denn der Rechtsinhaber kann viel einfacher dagegen vorgehen, dass Mitarbeiter eines Unternehmens sich Raubkopien erstellen, wenn er nicht nur von diesen, sondern auch vom Unternehmen selbst Schadensersatz verlangen kann *[zur vertraglichen Situation siehe Kapitel 8.2.5 (3.1)]*. § 100 UrhG sieht zwar Ansprüche gegen das Unternehmen vor; Schadensersatzansprüche sind allerdings *ausgenommen*. Also wird von der interessierten Seite die Verletzung einer Pflicht der Geschäftsführer zur Vermeidung von Raubkopien konstruiert, um direkte Schadensersatzansprüche gegen das Unternehmen zu begründen. Das ist bisher von keinem Gericht bestätigt worden *[siehe auch Kapitel 5.7 (1) zur Frage der Strafbarkeit]*. – Täterschaft liegt allerdings vor, wenn der Geschäftsführer mehrere PCs, aber das Benutzungsrecht an einem von mehreren Mitarbeitern benötigten Programm nur für einen PC anschafft. Der Geschäftsführer setzt dann die Ursache für das Kopieren und ist Täter durch Tun, weil er davon ausgehen muss, dass die Mitarbeiter das Programm kopieren werden.

§ 69f Abs. 1 UrhG sieht einen Vernichtungsanspruch nicht nur für solche Vervielfältigungsstücke vor, die im Eigentum oder Besitz des Verletzers sind, sondern für alle, die jemand in Eigentum oder Besitz hat, also auch die eines arglosen Erwerbers. Diese Vorschrift stellt klar, dass es grundsätzlich keinen gutgläubigen Erwerb von Software-Produkten gibt *[vgl. Kapitel 5.3.3.5]*.

5.3.5 Prozessuale Fragen

Der Verletzte muss vor Gericht vortragen, worin die schöpferische Darstellung in seinem Programm liegt. Das ist allerdings nicht schwer *[siehe Kapitel 5.3 am Anfang und 5.3.1 (3)]*. Es kommt nur noch darauf an, einen gewissen Formalismus einzuhalten. Die Rechtsprechung vermutet, dass das, worüber ein Rechtsstreit lohnt, urheberrechtlich geschützt ist.

5.3.6 Schutz in den USA

Ausgangspunkt ist das Urheberrechtsgesetz von 1976. Dieses wurde 1980 durch den Computer Software Copyright Act hinsichtlich des Schutzes von Programmen ergänzt. Der Schutz von Programmen ist in das allgemeine Urheberrecht eingebettet.

Programme werden in § 101 definiert und damit als Werke aufgeführt. Ob sie urheberrechtlich als Originalwerke geschützt sind, ist nach allgemeinen Maßstäben zu beurteilen. Die Rechtsprechung in den USA ist zu dieser Frage traditionell großzügig: Individualität reicht nahezu aus; nur ganz triviale Werke sollen vom Urheberrechtsschutz ausgeschlossen werden. Ideenschutz ist ausgenommen.

Benutzeroberflächen: Angesichts der traditionell niedrigen Anforderungen an die Schutzvoraussetzungen spielt der Schutz von Benutzeroberflächen seit Jahren eine erhebliche Rolle: Zu jeder Systemplattform gehört auch eine Benutzeroberfläche. Der Kampf um den Markt wird deswegen auch auf der Ebene der Benutzeroberflächen geführt. Benutzeroberflächen können durch Hinterlegung des Programms zusammen mit Kopien der Masken registriert werden *[siehe unten]*.

Begriff des Urhebers: Werden Werke – hier Programme – von Mitarbeitern erstellt, wächst das Urheberrecht unmittelbar dem Arbeitgeber zu. Dementsprechend wird in US-

Programmen die Firma und nicht der Mitarbeiter als „Author" im Programm aufgeführt. Das ist dogmatisch möglich, weil den Urheberpersönlichkeitsrechten keine so große Bedeutung wie im kontinentaleuropäischen Urheberrecht zugemessen wird.

Urheberrechtsvermerk: Nach US-Urheberrecht war es früher sehr wichtig, alle Vervielfältigungsstücke mit dem Urheberrechtsvermerk zu versehen, um die Nutzungsrechte zu wahren. Anderenfalls bestand die Gefahr, dass die Programme zur public domain wurden bzw. die Urheberrechte verwirkt wurden. Das erklärt, warum die US-Anbieter in Vertriebsverträgen und in Kaufverträgen so großen Wert darauf legten, dass der Anwender bzw. Vertreiber auf jedem Datenträger mit einer Kopie des Programms einen Urheberrechtsvermerk anbrachte. – Nach dem Beitritt der USA zur Berner Übereinkunft am 1.3.89 ist die Urheberbezeichnung zur Wahrung des Urheberrechts nicht mehr erforderlich. Das hat aber bisher kaum dazu geführt, dass die Anbringung von Urheberbezeichnungen nicht mehr verlangt wird.

Registrierung: Programme können beim US-Copyright Office registriert werden. Die Registrierung ist nicht Voraussetzung für den Urheberrechtsschutz, wohl aber für bestimmte Klagen wegen Verletzung des Urheberrechts. Von Quellprogrammen braucht der Risikominderung wegen nur ein Teil hinterlegt zu werden. Programme, die überhaupt nur als Objektprogramme weitergegeben werden, brauchen gar nicht hinterlegt zu werden.

Look and Feel bezeichnet eigentlich ein Beweiskonzept: Wenn ein zweites Programm einem ersten von der Benutzeroberfläche her ähnlich ist und der Autor des zweiten Zugang zum Quellprogramm des ersten gehabt hat, wird vermutet, dass der Autor das erste Programm übernommen hat. Das hat nichts mit dem Schutz von Benutzeroberflächen zu tun; der Begriff wird aber manchmal auch im Zusammenhang damit verwendet.

Clean room policy soll verhindern, dass beim Entwickeln eines konkurrierenden Software-Produkts irgend etwas von der Darstellung des Vorbild-Programms übernommen wird, wenn dessen Schnittstellen ermittelt werden. Damit soll eine Urheberrechtsverletzung ausgeschlossen werden.

„Clean room" bedeutet, dass diejenigen Softwareentwickler, die das neue Programm entwickeln, in einem Raum arbeiten, der frei von dem Vorbild-Programm ist, das rückübersetzt (= dekompiliert) wird. Es wird also ein völlig getrenntes Team für das Rückübersetzen eingesetzt. Dieses analysiert das vorhandene Programm und teilt dem anderen Team dann mit, was jenes für die Entwicklung eines neuen Software-Produkts benötigt (Schnittstellen und, weil das neue das alte funktional ersetzen soll, dessen detaillierte Funktionen). Wenn die Informationen nicht ausreichen, werden Anfragen an das Analyseteam gestellt. Dieses ergänzt dann seine Analyse.

5.4 Gesetz gegen den unlauteren Wettbewerb (UWG)

Das Wettbewerbsrecht räumt nicht Herrschaftsrechte ein, sondern schützt Wettbewerbspositionen. Es definiert Verhaltensregeln für Konkurrenten; wer diese verletzt, begeht eine unerlaubte Handlung *[Kapitel 1.1.1 (1) und 3.7 (1)]*. Das Wettbewerbsrecht schützt also nicht unmittelbar das Ergebnis von Entwicklungsleistungen, sondern verbietet nur bestimmte Formen der Nutzung einer fremden Entwicklungsleistung oder bereits der Kenntniserlangung von dieser.

UWG und Urheberrecht: Das UWG kann mit mehreren Vorschriften eingreifen, und zwar indem es bestimmte Art und Weisen, wie fremde Arbeitsergebnisse ausgenutzt werden, verbietet. Insofern wird es auch nicht vom UrhG verdrängt, wenn es auch beim Vorgehen gegen Raubkopierer in der Praxis im Verhältnis zum Urheberrecht nur eine geringe Bedeutung hat. Das UWG hat gegenüber dem Urheberrecht selbständige Schutzziele, insbesondere in Richtung des Schutzes von Know-how.

Auch im Wettbewerbsrecht gilt der Satz, dass im Verhältnis von Arbeitgeber zu Arbeitnehmer das Recht zur Verwertung der Arbeitsergebnisse in der Regel dem Arbeitgeber zusteht *[Kapitel 12.1.2 (5)]*.

Siehe Kapitel 9.3.4 zur Frage, ob der Auftragnehmer bei Programmerstellung das bei Vertragsdurchführung kennengelernte Know-how des Auftraggebers anderweitig nicht verwerten darf.

Rechtsfolgen einer Verletzung des UWG: Als Rechtsfolgen eines Wettbewerbsverstoßes kommen in Betracht,

- dass der Täter auf Unterlassung und Beseitigung von Raubkopien in Anspruch genommen werden kann,
- dass der Täter bei Verschulden schadensersatzpflichtig ist,
- dass sich der Täter strafbar macht (§§ 17 und 18, nicht § 1 UWG).

5.4.1 §§ 17, 20 UWG Verrat von Betriebsgeheimnissen

Wer als Mitarbeiter Betriebsgeheimnisse verrät, macht sich nach § 17 Abs. 1 UWG strafbar und schadensersatzpflichtig. Wer sich – sei er Mitarbeiter oder nicht – ein Betriebsgeheimnis auf bestimmte Weise unbefugt verschafft, macht sich nach § 17 Abs. 2 UWG schadensersatzpflichtig und strafbar. § 20 UWG erstreckt die Strafbarkeit auf den, der sich vorsätzlich ein fremdes Betriebsgeheimnis mitteilen lässt.

Betriebsgeheimnis: Programme sind grundsätzlich betriebsgeheimnisfähig. Sie müssen entsprechend geheim gehalten werden, indem der Rechtsinhaber das Programm so schützt, dass es Dritten gegen seinen Willen kaum bekannt werden kann. Der *Softwareanbieter* demonstriert, dass er das Programm schützen will, dadurch, dass er es nur als Objektprogramm aus der Hand gibt. Es reicht aber bei Auslieferung des Quellprogramms aus, dem Vertragspartner Geheimhaltungspflichten aufzuerlegen.

Der *Anwender eines Individualprogramms* demonstriert das Vorliegen eines Betriebsgeheimnisses durch entsprechenden Programmschutz.

Das Programm ist Betriebsgeheimnis auch gegenüber demjenigen, der es erstellt hat, wenn der Auftraggeber/Arbeitgeber es von vornherein schützt.

Tathandlung: Nach § 17 Abs. 1 UWG ist Tathandlung das Mitteilen bzw. das Verwerten des Programms durch einen *Mitarbeiter während* des Bestehens des Arbeitsverhältnisses.

Nach § 17 Abs. 2 UWG unterliegt bereits das Sichverschaffen des Betriebsgeheimnisses – gleich durch wen – auch ohne Verwertung der Strafbarkeit, wenn dieses Sichverschaffen makelbehaftet ist. Das ist der Fall, wenn es durch

- Anwendung technischer Mittel,
- Herstellen einer verkörperten Wiedergabe des Geheimnisses oder
- Wegnahme einer Sache, in der das Geheimnis verkörpert ist,

erfolgt.

§ 17 Abs. 2 UWG stellt auch alle Fälle der Verwertung eines nach Abs. 1 von einem Mitarbeiter unbefugt erlangten oder nach Abs. 2 in makelbehafteter Weise erlangten Betriebsgeheimnisses unter Strafe. Damit macht sich auch derjenige Mitarbeiter strafbar, der sich während seiner Dienstzeit eine Kopie verschafft hat und diese erst nach Beendigung seines Arbeitsvertrags verwertet. Auch wenn sich der Mitarbeiter keine Kopie verschafft hat, sondern nur sein Wissen verwertet, kann er ausnahmsweise einen Wettbewerbsverstoß nach § 1 UWG begehen *[siehe Kapitel 12.1.2 (6)]*.

Wer als Mitarbeiter für seine Tätigkeit Gewahrsam an einer Kopie des Quellprogramms erhält und diese nach Vertragsende trotz Aufforderung nicht zurückgibt, begeht keinen Gewahrsamsbruch und verletzt folglich nicht § 17 Abs. 1 UWG.

Dass ein Auftragnehmer, der ein Individualprogramm erstellt hat, eine Kopie behält, obwohl er ausschließliche Nutzungsrechte übertragen hat, kann nicht als makelbehaftetes Sichverschaffen angesehen werden.

Dekompilieren *[Kapitel 5.3.3.1]*: Dieses erfolgt in aller Regel mit technischen Mitteln. Besondere Anforderungen an den Aufwand des Einsatzes technischer Mittel werden in § 17 UWG nicht gestellt (Kopiergeräte und Photoapparate gelten als klassische technische Mittel). Es ist also grundsätzlich unerheblich, ob das Dekompilieren mit Hilfe eines Werkzeugs oder in mühseliger Arbeit erfolgt.

Entscheidend ist also, ob das Dekompilieren unbefugt i.S.v. § 17 Abs. 2 UWG ist. Wenn der Täter nur Schnittstellen aufdecken will und dabei nach der clean room policy vorgeht *[Kapitel 5.3.6]*, liegt es sehr nahe, wettbewerbsrechtlich erwünschtes, also befugtes Vorgehen anzunehmen.

5.4.2 §§ 18, 20 UWG Vorlagenfreibeuterei

§ 18 UWG macht denjenigen schadensersatzpflichtig, der „ihm im geschäftlichen Verkehr anvertraute Vorlagen oder Vorschriften technischer Art, insbesondere Zeichnungen, Modelle, Schablonen, Schnitte, Rezepte, zu Zwecken des Wettbewerbs unbefugt verwertet oder an jemand mitteilt.“

§ 18 UWG ist wichtig

- für den Schutz von Programmvorgaben eines Auftraggebers in dem Fall, dass ein Auftragnehmer auf ihrer Grundlage Quellprogramme erarbeiten soll.
- für den Schutz von Quellprogrammen, die ein Auftragnehmer modifizieren soll. Das umfasst auch den Schutz gegen die – urheberrechtlich zulässige – freie Benutzung der Quellprogramme.

Im geschäftlichen Verkehr *anvertraut* wird ein Programm nur einem Dritten, nicht einem eigenen Mitarbeiter. Erhält ein Anwender ein Software-Produkt als Vervielfältigungsstück, ist es als Ware in den Verkehr gelangt. Dann ist es nicht anvertraut. Zu beachten ist, dass das Ausspähen des Objektprogramms nunmehr nach § 69d Abs. 3 UrhG erlaubt ist *[vgl. Kapitel 5.3.3.4]*.

Ein Programm dürfte eine *Vorlage/Vorschrift* sein, wenn es ein Vertriebspartner erhält, um selbst Kopien herzustellen, oder ein Auftragnehmer, um es zu modifizieren.

Ein Programm dürfte auch eine Vorlage/Vorschrift *technischer Art* sein. Die Patentfähigkeit von Programmen scheitert zwar weitestgehend gerade daran, dass sie nicht technischer Art sind. Hier dürfte der Begriff der Technik aber weniger eng gemeint sein.

Täter kann das andere Unternehmen sein, aber auch ein bei diesem Beschäftigter; es dürfte aber nur ausnahmsweise so liegen, dass die Vorlage dem Beschäftigten anvertraut ist.

Ein *Dritter*, der sich von einem Vertriebspartner oder von einem anderen Anwender eine Kopie geben lässt, von der er weiß, dass diese als Vorlage anvertraut ist, macht sich nach § 20 UWG strafbar und schadensersatzpflichtig.

5.4.3 § 1 UWG Generalklausel

§ 1 UWG enthält eine sehr weitgefasste Generalklausel. Nach ihr macht sich schadensersatzpflichtig, „wer im geschäftlichen Verkehr zu Zwecken des Wettbewerbs Handlungen vornimmt, die gegen die guten Sitten verstoßen." Die Rechtsprechung hat das in unzähligen Entscheidungen konkretisiert. Ergebnis ist ein Flickenteppich. Niemand sollte versuchen, diese Rechtsprechung verstehen zu wollen.

Bei der Anwendung von § 1 UWG ist zu unterscheiden, ob der Konkurrent das fremde Programm heimlich nutzt oder das offen tut, weil er sich dazu für berechtigt hält *[zu letzteren Fällen siehe Kapitel 5.3.3.2 (4)]*.

(1) „Schmarotzen"

Die unmittelbare Aneignung eines fremden Arbeitsergebnisses zu Wettbewerbszwecken wird als Schmarotzen bezeichnet. „Unmittelbar" steht im Gegensatz zu „nachschaffend vollziehend". Nicht jede unmittelbare Übernahme eines fremden Arbeitsergebnisses ist sittenwidrig, sondern es kommt auf die Umstände des Einzelfalles an.

Vertrieb von unbearbeiteten Kopien: Für diesen Fall ist der Wettbewerbsverstoß in der Rechtsprechung wegen fehlender Eigenleistung eindeutig bejaht worden.

Modifikationen/Erweiterungen: Inwieweit diese eigenen Aufwand darstellen, der der Sittenwidrigkeit entgegenwirkt, ist bisher nicht geklärt. Manipulationen des Nachahmers, die sich im Wesentlichen darauf beschränken, den Übernahmetatbestand zu verschleiern oder einzelne Anpassungen (insbesondere IT-technische) vorzunehmen, stellen keine ausreichende Eigenleistung dar.

Übernahme von Schnittstellen: Die Entwicklung von Schnittstellen stellt eine Investition dar. Deren unmittelbare Übernahme ist bedenklich. Andererseits stellt dieser Teil der Investition nur einen geringen Teil der Gesamtinvestition in ein Produkt dar. Auch soll das Entwickeln von konkurrierenden Produkten (zum Programm selbst oder zu einem anderen Produkt, das die Schnittstellen nutzt) grundsätzlich möglich sein.

Übernahme von Know-how: Diese ist im Ansatz wettbewerbsrechtlich erlaubt. Die Mittel für die Erlangung des Know-hows dürfen nicht unlauter sein. § 69d Abs. 3 UrhG erlaubt ausdrücklich und unverbietbar das Ausspähen fremder Programme durch Benutzung *[siehe Kapitel 5.3.3.4]*.

Entfernung von Marken: In Betracht kommt, dass der Täter Marken entfernt, die im Programm einkodiert sind *[vgl. Kapitel 5.8 (2)]*. Es ist strittig, ob das als wettbewerbswidrig anzusehen ist. Es ist auf jeden Fall ein zusätzliches Element für die Sittenwidrigkeit der Leistungsübernahme.

(2) Die sklavische Nachahmung

Grundsätzlich ist das Nachahmen fremder Produkte, die nicht gesetzlich geschützt sind, zulässig *[vgl. Kapitel 5.3.3.3 und 5.3.3.4 zur unzulässigen Umgestaltung eines urheberrechtlich geschützten Werks bzw. zu dessen zulässiger Benutzung für die Schaffung eines unabhängigen Werks]*. Das darf aber nicht so weit gehen, dass der Nachahmer bei den Kunden den Eindruck erweckt, das von ihm angebotene Produkt sei das Vorbild-Produkt.

Bei der sklavischen Nachahmung kann der Konkurrent denselben oder sogar einen höheren Investitionsaufwand als der Hersteller des Vorbild-Produkts haben (z. B. bei der Clean room policy); er beutet die hohe werbliche Eigenart der fremden Leistung aus.

(3) Wettbewerbsabsicht

§ 1 UWG setzt Wettbewerbsabsicht voraus. § 1 deckt also nicht den Fall, dass sich jemand heimlich eine Kopie für eigene Anwendungszwecke beschafft oder dass jemand eine Kopie in weiterem Umfang als vereinbart benutzt. Dann bestehen vertragliche und urheberrechtliche Schadensersatzansprüche, so dass es keines Schutzes durch das UWG bedarf.

(4) Adressat

Täter kann nicht nur der Unternehmer (der gesetzliche Vertreter einer juristischen Person) sein, sondern auch ein Mitarbeiter, der nicht nur eine untergeordnete Stellung hat (d. h. nicht nur fremde Anordnungen ausführt).

Allerdings ist die Tat eines Mitarbeiters dem Unternehmen gemäß § 13 Abs. 4 UWG zuzurechnen, soweit es um Unterlassungsansprüche geht. Schadensersatzansprüche sind ausgenommen; doch kann leicht Verschulden der gesetzlichen Vertreter vorliegen, so dass das Unternehmen selbst aus § 1 UWG haftet.

5.5 Beweisprobleme

Schwierig ist es in der Tat, dem Missbrauch überhaupt auf die Spur zu kommen.

Ist man dem Missbrauch auf der Spur, ist es oberhalb der Ebene der PC-Programme teuer, u. U. auch schwierig, Beweismittel zu beschaffen. Der Verletzte kann allerdings einen Besichtigungsanspruch entsprechend § 809 BGB haben, dass er sich Gewissheit darüber verschaffen darf, ob sein Recht verletzt ist. Er muss dann darlegen, dass eine Verletzung seines Rechts mit erheblicher Wahrscheinlichkeit vorliegt. – Ähnlich kann er in einem Prozess auf Grund von Umständen die erhebliche Wahrscheinlichkeit nachweisen, dass der andere seine Rechte verletzt hat, z. B. weil dieser als ehemaliger Mitarbeiter in sehr kurzer Zeit nach seinem Ausscheiden ein Konkurrenzprodukt auf den Markt gebracht hat. Dann dreht sich die Beweislast um.

Ist man an die Unterlagen herangekommen, bereitet es in der Praxis allerdings kaum ein Problem, Missbrauch nachzuweisen.

5.6 Maßnahmen zum Programmschutz

5.6.1 Schutzmaßnahmen für Programme

Zur Zulässigkeit von technischen Maßnahmen zum Programmschutz innerhalb von Kaufverträgen siehe Kapitel 8.2.5 (2).

Hier ist zu fragen, inwieweit Maßnahmen außerhalb von Kaufverträgen, die das Erstellen oder das Benutzen von Vervielfältigungsstücken verhindern oder erschweren sollen, unzulässig sind. Das Problem liegt in dem Fall, dass ein gutgläubiger Dritter eine Raubkopie erwirbt und über die Schutzmaßnahmen nicht informiert wird. Es kann eine unerlaubte Handlung des Anbieters darin liegen, dass der Betrieb des Dritten plötzlich schwerwiegend gestört wird.

Bewirkt die Maßnahme, dass die Benutzung eines Programms abgebrochen wird, kann eine Straftat nach § 303a oder § 303b StGB vorliegen *[Kapitel 8.2.5 (2)]*; diese führt als unerlaubte Handlung zu Schadensersatzansprüchen *[Kapitel 3.7]*.

5.6.2 Vorgehen gegen Produkte zum Umgehen von Maßnahmen zum Programmschutz

(1) Schutz nach § 69f Abs. 2 UrhG

§ 69f Abs. 2 UrhG sieht einen Vernichtungsanspruch bezüglich aller „Mittel“ vor, „die *allein* dazu bestimmt sind, die unerlaubte Beseitigung oder Umgehung von Programmschutzmechanismen zu erleichtern.“ Der Anspruch richtet sich gegen jeden Besitzer oder Eigentümer solcher Mittel.

Alleiniger Zweck: Produkte mit Angriffsmitteln dienen häufig auch anderen legalen Zwecken. Die anderen Funktionen stehen zwar im Hintergrund, machen sich aber gut, um den Anschein der Anständigkeit des angebotenen Produkts zu wahren.

Das Gesetz will effektiven Schutz. Es bezieht sich nicht auf Produkte, sondern auf Mittel, also ggf. auf diejenigen Produktteile, die alleine dem Missbrauch dienen sollen. Der Vernichtungsanspruch ist also auf diese Teile beschränkt; dann ist er aber auch angemessen.

Unerlaubte Beseitigung/Umgehung: Die Einschränkung auf „unerlaubte" dürfte wenig Sinn machen. Denn prinzipiell sind alle Umgehungsmaßnahmen unerlaubt. Erlaubt ist nur das, was der Beseitigung/Umgehung unerlaubter Programmschutzmaßnahmen dient. Unerlaubt sind im Wesentlichen solche Maßnahmen, die der Rechtsinhaber trifft, ohne sie vertraglich wirksam zu vereinbaren *[siehe Kapitel 8.2.5 (2)]*.

Erlaubt könnte die Beseitigung sein, wenn sie erforderlich ist, um eine Sicherungskopie zu erstellen, die die künftige Benutzung absichern soll *[siehe Kapitel 8.2.2.1 (3)]*. Das Mittel erlaubt aber, danach weitere Kopien, also Raubkopien, zu erstellen. Soll das Mittel legal sein, müsste es schon so konstruiert werden, dass es nur die Erstellung einer einzigen Kopie zulässt.

Programmschutzmechanismus: Es geht nicht nur darum, die Benutzung illegaler Kopien zu verhindern, sondern auch die Benutzung über vertragliche Begrenzungen hinweg, z. B. über die maximal zulässige Zahl an Benutzern *[siehe Kapitel 8.2.3]*. Ein verbotenes Mittel liegt also auch darin, eine Routine, die dem entgegenwirkt, auszuschalten.

(2) Sonstiges Urheberrecht

Der Anspruch auf Unterlassung des Vertriebs lässt sich aus § 97 UrhG ableiten, wenn das Programm geändert wird, um die Schutzmaßnahme zu umgehen.

(3) Wettbewerbsrecht

Das Anbieten von Umgehungsprodukten wird von der Rechtsprechung grundsätzlich als Verstoß gegen § 1 UWG wegen sittenwidriger Behinderung bzw. wegen Verleitens zum Vertragsbruch angesehen. Allerdings muss berücksichtigt werden, dass das Kopieren ausnahmsweise erlaubt sein kann. Eine hohe Vergütung für das Umgehungssystem kann besonders für die Sittenwidrigkeit sprechen.

Die Rechtsprechung hat das Umgehen von Dongles bisher als sittenwidrig eingestuft *[vgl. Kapitel 8.2.5 (2)]*. Das Anbieten eines Umgehungsmittels setzt die Analyse der Schutzmaßnahme, insbesondere des im Dongle gespeicherten Codes, voraus. Es liegt nahe, dass das wie beim Dekompilieren eines Programms zur Verletzung von § 17 UWG führt *[siehe Kapitel 5.4.1]*.

Maßnahmen, die den Programmschutzmechanismus nicht umgehen, sondern ihn ausspielen *[siehe (1) am Ende]*, sind genauso unlauter. Auf die Art der Maßnahme kommt es angesichts des weiten Wortlauts von § 1 UWG gegenüber § 69f Abs. 2 UrhG nicht an.

(4) Bekämpfung von Anweisungen zur Umgehung von Kopierschutz

Es geht um Beschreibungen ohne ein Umgehungsprodukt, wie der Inhaber einer geschützten Kopie den Schutz beseitigen kann (z. B. durch Löschen bestimmter Befehle), so dass er dann das Programm kopieren kann.

§ 17 UWG dürfte meist eingreifen; denn das Betriebsgeheimnis Programmschutzmaßnahme wird meist entschlüsselt, um danach die Umgehungslösung erarbeiten zu können.

Auch solche Beschreibungen sind ein Mittel im Sinne von § 69f Abs. 2 UrhG.

In Betracht kommt auch ein Verstoß gegen § 1 UWG mit entsprechender Argumentation wie beim Angebot von Kopierprogrammen *[vgl. oben (3)]*.

5.7 Schutz durch das Strafrecht

(1) § 106 UrhG: Unerlaubte Verwertung urheberrechtlich geschützter Werke

Nach § 106 UrhG macht sich strafbar, wer ein Werk unberechtigt „vervielfältigt, verbreitet oder öffentlich wiedergibt". § 69c UrhG hat inzwischen die Nutzungsrechte an Programmen speziell definiert. Das muss bei der Anwendung von § 106 UrhG berücksichtigt werden: Strafbar sind nur Handlungen, die ein Vervielfältigungsstück im herkömmlichen Sinn schaffen. Das tut beispielsweise jemand, der ein Programm auf einer Plattenbibliothek ohne Erlaubnis speichert. Wer hingegen eine legale Kopie speichert und dann in weiterem Umfang als zulässig benutzt, z. B. für mehr Benutzer als vereinbart *[vgl. Kapitel 8.2.3 (2)]*, verletzt nur den Vertrag.

Laden in den Hauptspeicher: Das Laden bedarf als vorübergehende Vervielfältigung der Zustimmung *[Kapitel 5.3.3.1 (1)]*. Es sollte aber strafrechtlich nicht als Erstellen eines Vervielfältigungsstücks angesehen werden.

Täterschaft durch Unterlassen: Die pauschale Behauptung eines Teils der Softwareindustrie, dass der Geschäftsführer eines Unternehmens sich strafbar machen würde, wenn die Mitarbeiter von sich aus Raubkopien einsetzen würden, ist nicht zu halten. Es gibt keine Garantenstellung des Geschäftsführers *[vgl. Kapitel 5.3.4]*.

Verbreitungsakte bei Raubkopien: Raubkopierer haben u. U. die von ihnen angebotenen Programme nicht vorrätig. Das Versenden einer Angebotsliste wird als Verbreiten im Sinne von § 106 UrhG angesehen, so dass sich der Täter bereits damit strafbar macht.

(2) § 17 und § 18 UWG

Der Verrat von Programmen als Betriebsgeheimnisse nach § 17 UWG *[Kapitel 5.4.1]* bzw. die Verwertung von Vorlagen nach § 18 UWG *[Kapitel 5.4.2]* sind strafbar.

(3) § 202a StGB: Ausspähen von Daten

Als spezifische Schutznorm des StGB kommt § 202a StGB in Betracht. Danach macht sich strafbar, wer sich unerlaubt Daten verschafft, die gegen unberechtigten Zugang besonders gesichert sind. Programme können als besondere Form von Daten angesehen werden. Jeder, dem Programme nicht zugänglich gemacht sind und der sie sich oder einem Dritten zugänglich macht, macht sich strafbar.

Voraussetzung ist, dass für die Programme ein Zugangsschutz besteht, und zwar zur Zeit der Tat. Ein Kopierschutz dürfte als Zugangsschutz nicht ausreichen, denn dieser soll nicht den Zugang zum Programm verhindern. Keine Voraussetzung ist, dass die Programme Betriebsgeheimnisse sind.

5.8 Markenrecht

(1) Schutzgegenstand

Das Markengesetz soll die Bezeichnung/den Namen einer Ware oder einer Dienstleistung, nicht die Ware oder Dienstleistung selbst, im geschäftlichen Verkehr schützen. Software-Produkte sind Waren im Sinne des Markengesetzes. Sie können als Marken angemeldet werden (§ 3 Markengesetz). Auf die Verkörperung des Programms auf einem Datenträger kommt es dafür nicht an.

Als Dienstleistung, für die eine Marke eingetragen werden kann, kommt das Erstellen von Programmen oder Beratung in Betracht.

Der Schutz besteht nicht gegenüber allen anderen Waren bzw. Dienstleistungen. Vielmehr wird die Marke für bestimmte Klassen eingetragen. Der Schutz gilt dann nur für diejenigen Waren/Dienstleistungen, die unter diese Klassen fallen. Innerhalb einer Klasse greift der Schutz nur bei Gleichartigkeit der Waren/Dienstleistungen ein. Programme werden als schlechthin gleichartig eingestuft. Wer also eine Marke für ein spezielles kommerzielles Programm anmeldet, kann auch Anbietern von Prozessrechnersoftware den Gebrauch dieses Namens verbieten.

Software-Produkte fallen stets in die Klasse 9: „Wissenschaftliche, Schiffahrts-, Vermessungs-, elektrische (auch solche für drahtlose Telegraphie und Telephonie), photographische, Film-, optische, Wäge-, Mess-, Signal-, Kontroll-, Rettungs- und Unterrichtsapparate und -instrumente; Automaten die durch Einwurf von Münzen oder Jetons betätigt werden; Sprechmaschinen“. Dienstleistungen fallen in der Regel unter die Klasse 42 „Verschiedenes“.

(2) Zielsetzung im IT-Bereich

Das Beantragen von Marken dient im Softwarebereich im Wesentlichen dazu,

- aktiv die Durchsetzung des Namens eines oder mehrerer Software-Produkte zu fördern, insbesondere im Bereich von PC-Programmen;
- passiv Unterlassungsansprüche für ganz normale Programmnamen zu verhindern, die andere Anbieter dadurch erlangen könnten, dass sie ganz normale Namen als Warenzeichen eintragen lassen. Z. B. ist das Warenzeichen „LoGe“ eingetragen. Der Inhaber hat beispielsweise erfolgreich die Verwendung des Programmnamens „LoGa“ abgemahnt.

– eine Bezeichnung zu schützen, die nicht bereits im Firmennamen enthalten ist, bzw. den Firmennamen besser zu schützen.

Mittelbar kann die Marke das Software-Produkt selbst gegen unberechtigtes Kopieren und Vertreiben schützen, indem sie im Software-Produkt so codiert wird, dass sie bei dessen Benutzung alsbald als Teil von Bildschirmmasken zu sehen ist. Wird sie dem Benutzer beim Einsatz des Programms sichtbar, entsteht für diesen der Eindruck, dass die Kopie vom berechtigten Markeninhaber stammt. Damit lassen sich Unterlassungsprozesse wegen unberechtigter Nutzung der Marke schneller durchführen als auf der Grundlage des Urheberrechts (wo eine geistige Leistung nachgewiesen werden muss) oder des UWG (wo eine unberechtigte Leistungsübernahme nachgewiesen werden muss).

(3) Sachliche Schranken der Eintragungsfähigkeit

Nach § 8 Markengesetz können u. a. solche Marken nicht eingetragen werden,

– denen „jegliche Unterscheidungskraft fehlt";
– die Angaben über Art, Beschaffenheit, Menge, Bestimmung, Wert, geographische Herkunft, der Zeit der Herstellung der Waren oder der Erbringung von Dienstleistungen enthalten. Solche Zeichen sollen freigehalten werden, weil sie auch von anderen Anbietern benötigt werden.

(4) Rechtsposition

Nach § 14 Markengesetz darf nur der Inhaber der Marke diese im Verkehr nutzen, insbesondere Waren mit ihr versehen sowie auf beliebigen Geschäftspapieren verwenden. Der Inhaber hat gegenüber Verletzern Anspruch auf Unterlassung bzw. bei Verschulden Anspruch auf Schadensersatz. Der Inhaber kann auch gegen solche Zeichen vorgehen, bei denen (nur eine) Verwechslungsgefahr mit seiner Marke besteht.

Der Unterlassungsanspruch greift nicht gegen denjenigen, der eine rechtmäßig erworbene Kopie eines Software-Produkts unberechtigt weitergibt. Das Recht an der Marke ist erschöpft. Der Schutz greift bei der Erstellung von Raubkopien für den *Eigen*gebrauch nicht ein. Der Schutz wird auf 10 Jahre eingeräumt. Die Frist ist jeweils um 10 Jahre verlängerbar gegen eine (doppelte) Gebühr.

(5) Anmeldeverfahren

Bei der Anmeldung kommt es darauf an, in welchen Staaten die Marke geschützt werden soll. Wenn das nur Deutschland ist (für den Schutz nach dem Markengesetz), erfolgt die Anmeldung beim Deutschen Patentamt als nationale Marke.

Das neue Markengesetz geht zwar auf eine EG-Richtlinie zurück. Diese beinhaltete aber nur die Angleichung des Schutzes in jedem Land; sie sollte nicht bewirken, dass die Anmeldung für das Gebiet der EG gilt.

Die Gemeinschaftsmarken-Verordnung der EG sieht eine Gemeinschaftsmarke – neben den nationalen Marken – für den EG-weiten Schutz vor. Inhaltlich unterscheidet sich die Gemeinschaftsmarke praktisch nicht von den nationalen Marken innerhalb der EG (EU), weil die Gemeinschaftsmarken-Verordnung die Gemeinschaftsmarke so ausgestaltet hat, wie die EG-Richtlinie das Markenrecht für die nationalen Marken der Mitgliedsstaaten vorgegeben hat. Es ist ein „Markenamt“ in Alicante (Spanien) errichtet worden, das für die Registrierung von Gemeinschaftsmarken zuständig ist. Dieses erhebt hohe Gebühren und verursacht wegen der Mehrsprachigkeit hohe Übersetzungskosten. Diese Gemeinschaftsmarke setzt sich allmählich durch.

Wer seine Marke beim Deutschen Patentamt für Deutschland anmeldet, kann sie zugleich für eine Reihe wichtiger Industriestaaten anmelden: Diese Staaten haben das Madrider Markenabkommen geschlossen. Dieses bewirkt, dass die Marke, die in einem Mitgliedsland angemeldet wird, an die World Intellectual Property Organization in Genf weitergemeldet und damit in den Mitgliedsländern angemeldet wird, für die das gewünscht wird. Der Anmelder erhält also ein Bündel nationaler Marken. Die USA sind diesem Abkommen nicht beigetreten.

(6) Nicht registrierte Marken

Das Markengesetz schützt auch nicht angemeldete Zeichen wie angemeldete Marken, wenn sich das Zeichen durchgesetzt hat (der Wortlaut des deutschen § 4 Markengesetz spricht zwar von „Verkehrsgeltung“, meint damit aber – laut Amtlicher Begründung – wie die EG-Richtlinie nur „Durchsetzung“).

(7) Werktitel

§ 5 Markengesetz schützt auch Werktitel für Druckschriften, Tonwerke, Bühnenwerke und sonstige vergleichbare Werke, weil diese weder Ware noch Dienstleistung und somit vom Markenschutz ausgenommen sind. Obwohl Software-Produkte als Ware schützbar sind, räumt die Rechtsprechung Software-Produkten auch den Schutz von Werktiteln ein.

Teil 2 Die einzelnen Vertragstypen

6 Beschaffung/Lieferung von IT-Systemen

Inhaltsübersicht

6.1 Vertragsgegenstand und rechtliche Einordnung

(1) Vertragsgegenstand und Begriffe in der Praxis

Bei Beschaffungs-/Lieferverträgen reicht der Bogen vom Kauf aus dem Regal über Systemverträge (Software-Produkte mit Modifikationen oder Erstellung von Individualprogrammen, ggf. zusammen mit Hardware) bis hin zum Rahmenvertrag über eine Gesamtlösung, in die der Anwender sogar eigene Individualsoftware einbringen kann. In der Praxis werden verschiedene Begriffe verwendet; diese haben keinen feststehenden Inhalt.

Von einem Systemvertrag wird in diesem Buch gesprochen, wenn ein bereits deutlich definiertes Ziel – im Wesentlichen auf der Basis von Produkten – erreicht werden soll.

Wenn das Ziel hingegen noch relativ offen ist und/oder der Auftraggeber selbst Teile zur Lösung beisteuern soll, wird in der Praxis von einem Systementwicklungsvertrag gesprochen.

„Systemintegrationsvertrag“ (systems integration) ist eine vom Marketing lancierte Bezeichnung für einen Systemvertrag.

Ein Generalunternehmervertrag *[Kapitel 3.2 (3)]* ist dadurch gekennzeichnet, dass der Unterauftragnehmer eine spezifische Arbeitspflicht des Lieferanten an dessen Stelle erbringen soll. IT-Fachleute verwenden den Begriff häufig, auch wenn nur Vorlieferanten eingeschaltet werden.

Im Folgenden geht es um Systemverträge, sofern ich mich nicht ausdrücklich auf schlichte Kaufverträge beziehe.

(2) Grundzüge des Kaufvertragsrechts

Zur Haftung wegen Sachmängeln siehe Kapitel 6.3 (1) bis (3).

Ausgangspunkt für die Anwendung des Kaufvertragsrechts ist, dass die Rechtsprechung die Überlassung von Software-Produkten wie die Lieferung von Sachen behandelt hat *[siehe auch Kapitel 8.1 (3) und 8.2]*. Alle Verträge, die die Lieferung von beweglichen Sachen zum Gegenstand haben, sind nach neuem Recht Kaufverträge. Das gilt auch dann, wenn die Sache erst erstellt werden muss. Werkverträge können vorliegen, wenn der Auftragnehmer (fremde) Software-Produkte einführt, die der Anwender anderweitig, z. B. direkt vom Hersteller, bezogen hat *[siehe Kapitel 10.4 (1)]*.

Wenn eine Sache erstellt werden soll, die nicht vertretbar ist (die also auf den Anwender zugeschnitten ist), liegt ein Werklieferungsvertrag nach § 651 BGB vor. Das bedeutet: Hinsichtlich der Sachmängelhaftung gilt Kaufrecht (das sich vom Sachmängelrecht beim Werkvertrag kaum unterscheidet). Hinsichtlich der Durchführung wird das Kaufrecht durch einige Vorschriften des Werkvertragsrechts ergänzt, die sich auf die Durchführung beziehen. § 640 BGB über die Abnahmeprüfung und die Abnahmeerklärung *[siehe Kapitel 9.4]* gilt aber nicht.

Die Frage, ob dank des Umfangs der Einführungsleistungen ein nicht vertretbares System und damit ein Werklieferungsvertrag vorliegt, kann dahingestellt bleiben. Denn auch wenn im Einzelfall nur ein geringer Bedarf dafür besteht, die zusätzlichen Vorschriften des Werkvertragsrechts im Hinblick auf die Einführungsleistungen anzuwenden, sind diese

Vorschriften in dem Umfang entsprechend/analog *[siehe Anhang 1.7 (1.2)]* anzuwenden, in dem Bedarf dafür besteht.

Auf die zusätzlichen Vorschriften beim Werklieferungsvertrag wird bei den einzelnen Fragestellungen eingegangen.

Anzuwenden sind:

§ 642 BGB über die Mitwirkung des Anwenders und Entschädigung des Lieferanten für seinen Mehraufwand bei nicht ordnungsgemäßer Mitwirkung).

§ 643 BGB über das Recht des Lieferanten, den Vertrag bei unterlassener Mitwirkung außerordentlich zu kündigen.

§ 645 BGB über Ansprüche des Lieferanten, wenn der Anwender verursacht, dass die Leistung nicht erbracht werden kann, auch wenn den Anwender kein Verschulden trifft.

§ 649 BGB über das freie Kündigungsrecht des Anwenders (der dadurch von seiner Zahlungspflicht aber nur eingeschränkt befreit wird).

§ 650 BGB über Kostenanschläge.

Wenn die Vergütung nicht bestimmt ist, greift § 632 BGB (oder § 612 BGB) entsprechend ein, dass die übliche Vergütung als vereinbart anzusehen ist.

Eigentumsübergang beim Kaufvertrag: Der Kaufvertrag ist ein gegenseitiger schuldrechtlicher Vertrag und begründet als solcher nur gegenseitige Rechte und Pflichten *[siehe Kapitel 1.1.1 (1)]*. Er bewirkt noch nicht den Übergang des Eigentums an dem Kaufgegenstand und an dem Kaufpreis. Wer einen Kaufvertrag abgeschlossen hat, ist zunächst nur *verpflichtet*, ihn zu erfüllen. Tut er das nicht, greifen die Vorschriften über Pflichtverletzungen ein, insbesondere § 323 BGB *[siehe Kapitel 3.3]*.

Eigentum wird nach §§ 925 ff. BGB durch Einigung und Übergabe verschafft. Übergabe ist die Verschaffung des (tatsächlichen) Besitzes. Die Einigung ist der dingliche Vertrag, dass das Eigentum übergehen soll. Diese dingliche Einigung vollzieht sich in der Regel stillschweigend, so dass sie den Vertragspartnern selten bewusst wird. Anders ist das, wenn ein Eigentumsvorbehalt vereinbart wird. Hier wird deutlich, dass außer dem schuldrechtlichen Kaufvertrag noch die sachenrechtliche (= herrschaftsrechtliche) Einigung über den Eigentumsübergang erforderlich ist *[siehe im Folgenden]*.

Einfacher Eigentumsvorbehalt: Die (dingliche = sachenrechtliche) Einigung kann unter der aufschiebenden Bedingung geschlossen werden, dass der Käufer den gesamten Kaufpreis bezahlt. Wird über das Vermögen des Vorbehaltskäufers ein Insolvenzverfahren eröffnet, ehe er den Kaufpreis bezahlt hat, kann der Vorbehaltskäufer die noch in seinem Eigentum stehende Kaufsache aus der Masse aussondern, d. h. verlangen, dass der Insolvenzverwalter die Sachen herausgibt.

Dieser einfache Eigentumsvorbehalt bezieht sich nur auf die verkaufte Sache selbst: „Die von uns gelieferte Ware bleibt bis zur vollständigen Bezahlung unser Eigentum.“

Verlängerter Eigentumsvorbehalt: Ein Systemhaus will geschäftsmäßig die vom Vorlieferanten bezogene Ware weiterverkaufen und den Vorlieferanten erst aus dem Erlös aus dem Weiterverkauf bezahlen. Für diese Fälle kann sich der Vorlieferant (= Kreditgeber) dadurch absichern, dass er unter Eigentumsvorbehalt liefert und zwar dem Systemhaus erlaubt, die Ware im ordnungsgemäßen Geschäftsgang weiter zu veräußern, aber vereinbart, dass ihm dessen Kaufpreisforderung gegen den Endkunden schon im voraus abgetreten wird.

Verlängerter Eigentumsvorbehalt

Lieferant → Händler → Endkunde

Verkauf unter Eigentumsvorbehalt bis zur Zahlung aller Forderungen | Verkauf (schuldrechtlicher Vertrag)

Einräumung einer Verfügungsermächtigung → Übereignung mit oder ohne Eigentumsvorbehalt

← Abtretung künftiger Kaufpreisforderungen seitens Händler

vorläufige Einzugsermächtigung → Einzug Kaufpreisforderung

Das korrekt arbeitende Systemhaus verkauft die Ware im ordnungsgemäßen Geschäftsgang seinem Kunden unter Eigentumsvorbehalt. Der Endkunde wird bereits Eigentümer, wenn er den von ihm geschuldeten Kaufpreis vollständig gezahlt hat.

Gefahrübergang: Wer trägt den Verlust, wenn die Kaufsache zwischen Abschluss der Erfüllungshandlung und Eintritt des Erfüllungserfolges (Besitzerlangung und Eigentumsübergang) *[Kapitel 3.13 (1)]* sich zufällig verschlechtert oder untergeht? Letzteres kann z. B. beim Versendungskauf (Erfüllungsort beim Verkäufer; Erfüllungshandlung: Übergabe an den Spediteur o. ä.) während des Transports geschehen. Das Gesetz schiebt dieses Risiko dem Käufer wie folgt zu (§§ 446 f. BGB) *[siehe aber zum Verbrauchsgüterkauf Kapitel 6.3.13 (1) am Ende]*. Die Gefahr geht auf ihn über

- bei einer Schickschuld (Lieferung ohne Installation) mit Absendung,
- bei einer Bringschuld (Installation geschuldet) mit Abschluss der Installation. Der Auftragnehmer trägt dann auch das Risiko, wenn die Sache zwischen Anlieferung und Abschluss der Installation zufällig untergeht.

Kauf auf Probe: Die Wirksamkeit des Kaufvertrages hängt von der Billigung des Kaufgegenstandes durch den Käufer ab *[zur Bedingung siehe Kapitel 2.1.9]*. Billigt dieser die Ware nicht, kommt der Kaufvertrag nicht zustande. Diese Billigung steht in seinem freien Belieben; er braucht die Ablehnung nicht zu begründen *[siehe zum Schadensersatzanspruch, wenn der Käufer von vornherein nicht billigen wollte Kapitel 2.1.8 (3.2)]*. – Die Vertragspartner können auch vereinbaren, dass eine Missbilligung nur unter bestimmten nachprüfbaren Voraussetzungen zulässig sein soll.

Beispiel für eine Ausnahme: Der Käufer bestellt ein Programm unter folgender Klausel: „Der Käufer ist berechtigt, innerhalb von einem Monat den Vertrag zu beenden, wenn er der begründeten Auffassung ist, dass das Programm seinen betrieblichen Anforderungen nicht genügt."

(3) Ausprägung als „komplexer Langzeitvertrag"

Mit wachsender Kompliziertheit des Projekts reicht das BGB immer weniger zur Bestimmung der beiderseitigen Rechte und Pflichten aus; es empfiehlt sich deswegen dringend, vieles über die beiderseitigen Leistungen ausdrücklich zu regeln. Damit handelt es sich um einen typischen Tatbestand der heutigen Industriegesellschaft. Um diesem gerecht zu werden, arbeitet die Rechtswissenschaft mit der Figur des „komplexen Langzeitvertrages": Je komplizierter das Projekt ist, desto stärker sind – im Wege der ergänzenden Vertragsauslegung – Pflichten beider Seiten zur Planung, Koordination, Kontrolle und Anpassung des Vertrags an veränderte Umstände anzunehmen *[siehe als Beispiel die Konkretisierung der Aufgabenstellung bei der Erstellung von Programmen in Kapitel 9.1]*.

6.2 Geschuldete Leistungen in der Phase der Einsatzvorbereitung

Die Phase der Einsatzvorbereitung lässt sich nicht scharf von der Benutzungsphase *[Kapitel 6.5]* trennen. Einige Themen, die sich in der Phase der Einsatzvorbereitung stellen, können das in der Benutzungsphase weiterhin tun, z. B. die Erbringung weiterer Unterstützungsleistungen oder die Aufklärung von Störungen, die nicht auf Mängeln in den Lieferungen beruhen.

(1) Definition der Anforderungen

Die sachgerechte Definition der Anforderungen des Anwenders an das System einschließlich der an Anpassungsprogrammierung sieht wesentlich anders aus als für die Erstellung eines Individualprogramms. Das wird von Juristen oft übersehen.

Es gibt keine vorgegebene fachliche Kompetenz eines der beiden Vertragspartner für die Definition der Anforderungen. Der Anwender kennt sein Unternehmen am besten. Der Lieferant kennt seine Produkte und hat Erfahrung mit deren Einsatz und mit der Vorgehensweise zur Ermittlung der Anforderungen eines Anwenders. Insofern liegt Zusammenarbeit nahe. Dass es dem Anwender angeraten ist, sachgerechte Vorgaben *vor* Vertragsabschluss zu erarbeiten, ist eine Frage des richtigen Vorgehens *[siehe IT-Projektmanagement Kapitel 5.2.2]*.

Der Anwender kann seine Anforderungen *vor* Abschluss des Beschaffungsvertrags selbst grob oder mittelfein ermitteln *[siehe Kapitel 6.3.1 (3)]*, ggf. mit Hilfe eines Beraters *[zu Beratungsverträgen siehe Kapitel 10.2]*. Laien-Anwender wollen die Kosten für einen Berater aber gerne einsparen. Weil das für Laien-Anwender gefährlich ist, es für sie aber auch schwierig ist, ihre Anforderungen zu ermitteln, geht die Rechtsprechung von Aufklärungspflichten und teilweise auch von Beratungspflichten aus *[Kapitel 7.1]*. Wenn der Anwender sich mit groben Vorgaben im Vertrag zufrieden gibt, die dementsprechend ausfüllungsbedürftig sind, dürfte es Sache des Lieferanten sein, eine Lösung auszusuchen, die den groben Vorgaben gerecht wird.

(2) Planung der Einsatzvorbereitung bei IT-Systemen

Je schwieriger und langfristiger die Vorbereitung des Einsatzes des IT-Systems ist, desto mehr Planung ist – selbstverständlich – nötig, und zwar auch in der Sphäre des Anwenders. Ein Laien-Anwender kann sie praktisch nicht erbringen. Wenn er nicht einen Berater einschaltet, ist von folgendem auszugehen: Wegen der Kenntnisse des Lieferanten hinsichtlich seiner Produkte und der erforderlichen Planungen in der Sphäre des Anwenders hinsichtlich der Inbetriebnahme des IT-Systems ist im Normalfall anzunehmen, dass die Planung und, wenn der Anwender Aufgaben gemäß Plan durchführt, die Kontrolle von deren ordnungsgemäßer Erledigung Aufgabe des Lieferanten ist *[siehe auch Kapitel 9.2.3.2 (2)]*.

Die Einführung eines neuen IT-Systems kann weniger oder mehr organisatorische Maßnahmen beim Anwender verlangen. Der Anwender ist für sein Organisations-Projekt *[siehe IT-Projektmanagement Kapitel 3.3.2]* selbst verantwortlich. Soweit nichts ausdrücklich vereinbart ist, braucht der Lieferant den Anwender hinsichtlich dessen Organisations-Projekt nur in der Weise zu unterstützen, dass er mitteilt, welchen Input aus dem Organisations-Projekt er für das IT-Projekt zu welchem Zeitpunkt benötigt.

6.2.1 Leistungsumfang

Zum Leistungsumfang gehören alle für ein funktionsfähiges System erforderlichen Teile, auch wenn sie im Vertrag nicht aufgeführt sind. Schriftform spielt insofern keine Rolle. Dasselbe gilt – unbeschadet der Frage nach der Vergütung – für Tätigkeiten hinsichtlich der Einsatzvorbereitung, soweit sie vom Fachwissen her Sache des Lieferanten sind *[vgl. Kapitel 6.2 (2) und Kapitel 8.3.1]*.

(1) Benutzerdokumentation

Hardware und Systemsoftware: Der Anwender hat Anspruch auf eine Benutzerdokumentation für die Hardware und Systemsoftware. Diese muss in Deutsch abgefasst sein, wenn nicht davon auszugehen ist, dass die zuständigen Mitarbeiter die Sprache beherrschen, in der die Benutzerdokumentation abgefasst ist.

Systemsoftware als Teil einer Anwendung: Ist die Systemsoftware Teil einer Anwendung, soll sie für den Anwender weitgehend unsichtbar sein. Das ist eine Frage der benutzerbezogenen Qualität *[Kapitel 6.3.3]*.

Dementsprechend ist das, was von der Systemsoftware an Funktionalität und Bedienung als Teil der Benutzeroberfläche der Anwendung erscheint, innerhalb der Dokumentation für die Anwendungssoftware zu beschreiben. Es soll dann für den Benutzer gar keine gesonderte Dokumentation der Systemsoftware geben (wohl für die IT-Abteilung des Anwenders, falls eine solche existiert).

Der Anwender soll insbesondere nicht mit mehr als mit den Fehlermeldungen der Systemsoftware konfrontiert werden. Dann ist es unzumutbar für ihn, wenn er mit einem dicken Handbuch arbeiten zu müsste, von dem er nur einige Seiten bräuchte.

Anders liegt es, wenn der Anwender das Werkzeug Systemprogramm selbst nutzen will, z. B. eine Programmiersprache innerhalb eines Datenbankverwaltungssystems. Diese Dokumentation hat normal umfangreich zu sein. Die Anbieterseite bemüht sich zwar z. T., die wichtigsten Teile der Benutzerdokumentation in Deutsch zu übersetzen. Es wird aber als sachgerecht angesehen, dass dieser Teil der Benutzerdokumentation in Englisch geliefert wird (schon deswegen, weil deutsche Benutzer eine neue Version gerne bald einsetzen und also nicht erst lange auf die Übersetzung warten wollen).

Anwendungssoftware: Die Benutzerdokumentation (einschließlich Installationsanweisung, soweit erforderlich) ist automatisch wesentlicher Bestandteil der Leistung. – Die Benutzerdokumentation darf voraussetzen, dass der Benutzer seine Aufgabe fachlich kennt. Sie braucht keine Einweisung für die organisatorische Vorbereitung des Programmeinsatzes zu enthalten (wohl aber eine für das Einrichten). Sie braucht nicht so ausgerichtet zu sein, dass sie Schulung ersetzen könnte. Ansonsten sind die Anforderungen an die Benutzerdokumentation aber hoch.

Form und Menge: Die Benutzerdokumentation für Software-Produkte wird zunehmend auf Datenträger gespeichert geliefert. Wenn der Anwender sie selbst ausdrucken kann, ist das als vollwertige Lieferform anzusehen. Dann muss dokumentiert sein, wie die Benutzerdokumentation ausgedruckt werden kann.

Wenn Teile nur im Dialog zur Verfügung gestellt werden, z. B. Helpfunktionen *[Kapitel 6.3.3 (3)]*, wird das von den Sachverständigen noch nicht als vollwertige Lieferform anerkannt. Andererseits wird zunehmend eine Online-Hilfe verlangt.

Wird ein Benutzungsrecht für mehr als für einen Benutzer erteilt, muss der Lieferant, wenn er nur eine gedruckte Benutzerdokumentation liefert, zumindest einen Satz je IT-Anlage liefern. Bei Software-Produkten, die von mehreren Benutzern je IT-Anlage benutzt werden sollen, lässt sich die Zahl der zu liefernden Sätze kaum bestimmen. Denn typischerweise steht die Benutzerdokumentation ohnehin „in der Ecke". Der Bedarf an ausgedruckten Exemplaren nimmt noch stärker ab, wenn die Help-Funktion integriert ist *[vgl. Kapitel 8.2.2.1 (4)]*.

Systemsoftware: Soweit Systemsoftware vom einzelnen Benutzer eingesetzt wird, gilt für die Menge dasselbe wie für Anwendungssoftware-Produkte. Unklar ist die Situation bei nur gedruckter Benutzerdokumentation, wenn der Anwender die Systemsoftware darüber hinaus nutzen will, z. B. ein Datenbankverwaltungssystem, falls nicht Vollprodukte *und* runtime-Komponenten existieren. Die Zahl der professionellen Benutzer ist dann in der Regel wesentlich geringer als die Zahl der Benutzer der Anwendung, die auf der Systemsoftware aufbaut. Der Anwender braucht also nicht nur einen Satz Dokumentation, aber auch nicht viele, sondern einige.

Hardware: Die Benutzerdokumentation für diese wird typischerweise jeweils einmal für die zentrale Konfiguration und für jeden Arbeitsplatz in den dafür relevanten Teilen zur Verfügung gestellt.

Rechtliche Folgen der Nichtlieferung: Die Verjährungsfrist für Sachmängel und die kaufmännische Rügepflicht für die Gesamtleistung beginnen erst mit Lieferung der Benutzerdokumentation, auch wenn sonst alle Leistungen erbracht sind. Der Lieferant trägt die Beweislast für die Lieferung. – Anwender berufen sich häufig erst nach mehr als einem Jahr darauf, dass die Benutzerdokumentation fehle oder unzulässigerweise in Englisch geliefert worden sei, und nehmen das zum Anlass, die Rückabwicklung des Vertrags zu verlangen, den sie aus anderen Gründen nicht mehr wollen. Die Rechtsprechung weist das zunehmend als treuwidrig zurück.

(2) Installation

Zur Installation von Software bzw. zu deren Einsatzvorbereitung siehe ergänzend Kapitel 8.3.1 (3) und (4). Zu den Mitwirkungspflichten des Anwenders siehe Kapitel 9.1.4 (Informationen über seine Anforderungen) bzw. Kapitel 9.2.3.1 insgesamt.

Die Grenze zwischen Installation von Software und deren Einrichten gemäß den Anforderungen des Anwenders ist fließend *[Kapitel 8.3 (4)]*.

Installationspflicht des Lieferanten: In Prozessen über größere Systeme war die Installation – wie in der Praxis üblich – vom Lieferanten durchgeführt worden, und war damit die Frage der Installationspflicht kein Problem. Bei PCs dürfte es darauf ankommen, ob der Käufer die Installation typischerweise selbst vornehmen kann und dann der Kostenersparnis wegen wohl auch soll.

Vor-Installation von PCs: Bei PCs kann sich die Installation vor Ort auf das Einstecken (und Anschrauben) von Steckern beschränken. Der Lieferant hat im Normalfall alle Komponenten darauf vorzubereiten, so dass nur noch dieses Einstecken erforderlich ist. Die Vor-Installation ist durch den Kaufpreis abgegolten, wenn nichts anderes vereinbart ist (= „PC bestehend aus ...").

Schaffung der Installationsvoraussetzungen (für die Hardware): Der Hersteller nennt Betriebsvoraussetzungen für die relevanten Geräte (Stromaufnahme, Wärmeabgabe usw.). Daraus muss die Gesamtbelastung berechnet und dann abgeleitet werden, inwieweit die konkrete Situation der Aufstellungsräume ausreicht und inwieweit Maßnahmen getroffen werden müssen, um die fehlende Differenz zu erfüllen. Soweit die Lieferanten installieren, sind sie üblicherweise bereit, diese Anforderungen zu ermitteln. Das erfolgt überwiegend ohne Vergütung des Aufwands.

Überprüfung der Installationsvoraussetzungen: Bei Installation durch den Lieferanten gehört es zum Stand der Technik, dass dieser die elektrischen Voraussetzungen wegen der hohen Empfindlichkeit der Elektronik gegen Stromstörungen überprüft.

Hat der Anwender die Hausverkabelung vorgenommen, braucht der Lieferant nicht vor Beginn der Installation seiner Einheiten die Kabel zu überprüfen (sondern erst das Netz nach Integration). Hat der Anwender bereits ein integriertes Netz, in das nunmehr weitere Einheiten integriert werden sollen, besteht erst recht keine Pflicht zur Überprüfung.

Hausverkabelung: Zum Standardlieferumfang gehören Kabel in einer solchen Länge, die es erlauben, alle nahe beieinanderstehenden Geräte miteinander zu verbinden. Das (Beschaffen und) Legen der Kabel zu dezentral aufzustellenden Geräten wird als Sache des Anwenders angesehen (Kabel werden vom Anwender selbst oder vom Elektriker billiger gelegt als vom teuren Elektroniker). Die Planung der Hausverkabelung wird, soweit sie sich auf die zu liefernden IT-Geräte bezieht, vom IT-Lieferanten typischerweise unterstützt (Kostentragung wie für die Installation vereinbart). Der Anschluss der Geräte an die Kabel (das Netz) gehört zur Installation.

Ist die Lieferung (aber nicht das Verlegen) von Kabeln im Vertrag vorgesehen, fragt sich, ob das Verlegen, wenn der Lieferant es übernehmen soll, gesondert zu vergüten ist. Das ist auf jeden Fall anzunehmen, wenn die Installation nach Aufwand zu vergüten ist. Die Leistung dürfte auch gesondert zu vergüten sein, wenn für die „Installation" der Hardware eine Pauschale vorgesehen ist. Nur wenn überhaupt ein Pauschalpreis für die Systemlieferung vorgesehen ist, dürfte auch diese Leistung im Vertrag vom Lieferant bereits übernommen worden sein.

Datensicherung: Wegen deren Wichtigkeit ist davon auszugehen, dass der Lieferant die für diese erforderlichen Einheiten liefern muss, sofern sie nicht bereits vorhanden sind *[siehe Kapitel 6.3.2.4]*. Weiterhin muss er ein Konzept für die Datensicherung erarbeiten und umsetzen, soweit der Anwender als Profi-Anwender nicht selber dafür sorgen will *[zur Einweisung siehe (3)]*.

Test: Zur Installation gehört ein Test, um deren Ordnungsgemäßheit zu überprüfen. Der Lieferant hat den erfolgreichen Abschluss, d. h. die technische Betriebsbereitschaft, auch vorzuführen.

Vergütungspflicht: Je niedriger der Kaufpreis ist, desto eher muss der Anwender die Installation gesondert vergüten.

(3) Einweisung/Schulung

Einweisung und Schulung unterscheiden sich nur graduell. Von Schulung wird gesprochen, wenn die Maßnahme formeller und dann meist auch für mehrere Benutzer auf einmal durchgeführt wird, insbesondere beim Lieferanten.

Zur telefonischen Unterstützung (in der Benutzungsphase) siehe Kapitel 6.5.1 (5) bzw. 14.3.2 (4).

Pflicht, Schulung anzubieten: Die Frage, ob der Auftragnehmer Schulung oder Einweisung anbieten muss, ist eine wesentliche Vorfrage für die Frage, ob der Auftragnehmer bei Schweigen des Vertrags diese Leistung erbringen muss, und zwar u. U. ohne gesonderte Vergütung. Die Frage ist aber auch isoliert für den Lieferanten wichtig, wenn er keine Schulung erbringen will, weil er darauf nicht eingerichtet ist. – Vom Ansatz her ist von der Pflicht, Schulung anzubieten, auszugehen, weil es sich um eine Leistung handelt, die der Anwender dringend benötigt. Ausgenommen sind die Fälle,

- in denen der Lieferant erkennbar nicht auf Schulung eingerichtet ist, z. B. bei Bestellung im Versandhandel oder bei Kauf in einem PC-Geschäft, und zwar auch bei größeren PC-Geschäften, wenn diese Billiganbieter sind.
- wenn Schulung typischerweise nicht vom Lieferanten erbracht wird (was sich mit dem vorhergehenden Punkt weitgehend überschneidet).

Pflicht, Schulung durchzuführen, und Vergütungspflicht: Es geht um die Fälle, dass die Pflicht zur Schulung besteht.

Ist Schulung im Vertrag als Leistung vorgesehen, die Frage der Vergütung aber nicht geregelt, deckt der Preis für die Software die Schulung ab.

Ist Schulung als Leistung überhaupt nicht geregelt, ist der Lieferant auf Verlangen verpflichtet, Schulung zu erbringen. Die Frage ist im Wesentlichen die, ob er dafür eine gesonderte Vergütung verlangen kann. Ggf. stellt sich die Zusatzfrage, wieviel Schulung ohne gesonderte Vergütung zu erbringen ist. Der Trend der Rechtsprechung geht dahin, alle Unterstützungsleistungen als vergütungspflichtige Zusatzleistungen zu behandeln. Dafür spricht besonders, dass der Bedarf stark vom Anwender abhängt und der Preis dafür also vom Lieferanten schlecht pauschaliert werden kann.

Inhalt: Angesichts ihrer Wichtigkeit ist die Schulung als Hauptleistung anzusehen. – Bei umfangreicher Schulung können sich Besonderheiten ergeben: Der Beginn der Verjährungsfrist für Sachmängel hängt nicht von der Durchführung der gesamten Schulung ab, sondern davon, dass die Schulung in dem Umfang erbracht worden ist, dass Mitarbeiter des Anwenders in der Lage sind, das System auf Mängelfreiheit zu überprüfen *[siehe Kapitel 6.3.8 (2)]*.

Schulungsunterlagen: Bei formellen Schulungskursen ist es üblich (Verkehrssitte), dass Schulungsunterlagen geliefert werden. Bei Einweisung vor Ort ist die Stellung von Schulungsunterlagen nicht üblich. Es liegt dann auch näher, die Benutzer anhand der Benutzerdokumentation und damit in der Handhabung zu schulen.

Schulung ordnungsgemäß? Es geht um den Fall, dass sich der Anwender nach der Rechnungsstellung, also Wochen später, weigert, die Schulung überhaupt oder vollständig zu bezahlen, weil Mängel (im Software-Produkt) aufgetreten seien und der Mitarbeiter des Lieferanten viel Zeit während der Schulungsveranstaltung dafür verwendet habe, diese zu beseitigen, oder weil die Schulung sonst unzulänglich gewesen sei. Manchmal will der Anwender die Rechnung kürzen, manchmal verlangt er Nachschulung. Auf jeden Fall streiten die Parteien über das, was tatsächlich geschehen ist.

Der Lieferant trägt die Beweilast dafür, dass er ordnungsgemäß geschult hat. Allerdings ist zu berücksichtigen, dass im Schweigen des Anwenders nach Abschluss der Schulung das Anerkenntnis liegen kann, dass die Schulung ordnungsgemäß war. Das liegt nahe, wenn der Projektleiter des Anwenders von der Situation erfährt und nicht alsbald protestiert. Damit kann die Beweislast auf den Anwender übergehen.

Schulungs-/Einweisungsbedarf: Die Pflicht zur Einweisung besteht auch dann, wenn die Mitarbeiter hinsichtlich der fachlichen Seite des Software-Produkts ausgebildet sind. – Sie besteht hinsichtlich der Einweisung in die Datensicherung wegen deren Wichtigkeit.

(4) Übernahme von Altprogrammen

Bereits vorhandene Programme können verträglich (kompatibel) oder wenigstens portabel sein, sie brauchen es aber nicht zu sein. Ist die Übernahme nicht vereinbart, ist der Lieferant zwar im Rahmen seiner Unterstützungspflicht (im Zweifel gegen Vergütung) verpflichtet, sich um die Übernahme zu bemühen, schuldet aber nicht den Erfolg.

(5) Schaffung der für den Programmeinsatz erforderlichen Daten

Software-Produkte können Datenbestände enthalten, die von dem einzelnen Anwender unabhängig sind. Diese sind von solchen Datenbeständen (Dateien) abzugrenzen, die innerhalb der Einsatzvorbereitung geschaffen werden sollen.

Wegen der Wichtigkeit und der Kostenträchtigkeit der Übernahme der vorhandenen Datenbestände ist der Lieferant vor Vertragsschluss verpflichtet, den Anwender diesbezüglich zu beraten *[Kapitel 7.1 (3)]*. Die Datenübernahme dürfte bei Schweigen des Vertrags geschuldet sein. Schwierig ist aber festzulegen, in welchem Umfang sie geschuldet ist.

6.2.2 Terminvereinbarungen und Verzug

Reine Standardlieferungen sind sofort durchzuführen. Je mehr Unterstützungsleistungen hinzukommen, um so mehr richtet sich der Liefertermin – bei fehlender Vereinbarung – nach den Umständen *[siehe Kapitel 9.2.4 (1)]*.

Es besteht eine Tendenz in der Rechtsprechung, wenn der Lieferant in Verzug ist, die Vereinbarung von Terminen nicht als Vereinbarung einer Nachfrist, sondern als Vereinbarung eines neuen Liefertermins anzusehen, so dass der Verzug aufgehoben wird.

Zu Verzugsproblemen siehe auch Kapitel 9.2.4.

6.2.3 Preisvereinbarungen

(1) Fälligkeit des Kaufpreises

Der Kaufpreis ist bei Abnahme fällig. Unter „Abnahme" im Sinne von § 433 Abs. 2 BGB ist allerdings nicht die förmliche „Abnahme" wie beim Werkvertrag (§ 640 BGB) *[siehe Kapitel 9.4 und 10.1.1 (2)]* zu verstehen, sondern die tatsächliche Entgegennahme, durch die der Verkäufer von der Sache befreit wird.

Die gesamte Leistung muss entgegengenommen sein, wenn nicht Teilleistungen vereinbart worden sind. Zur gesamten Leistung gehören auch die in Kapitel 6.2.1 dargestellten Unterstützungsleistungen.

In der Regel ist diese Entgegennahme eine Nebenpflicht des Käufers, bei deren Verletzung nicht Schuldnerverzug, sondern Annahmeverzug eintritt *[Kapitel 3.11]*. Je nach den Umständen des Einzelfalles kann sie aber auch zur Hauptpflicht werden.

Beispiel: Verkauf einer großen Warenmenge mit dem für den Käufer erkennbaren Zweck, dass der Lieferant sein Lager räumen will.

(2) Zahlungspflicht bei nicht vereinbarten Teilleistungen

Es geht um die Situation, dass ein Lieferant Zahlung für Teilleistungen verlangt, die er erbracht hat, auch wenn Teilleistungen im Vertrag nicht vorgesehen sind. Erst wenn der Anwender das als Teilerfüllung anerkennt, ist er verpflichtet, diesen Teil vorab zu zahlen.

Einzelne kurze Unterstützungsleistungen (insbesondere in der Benutzungsphase) werden isoliert abgerechnet. Bei andauernder Zusammenarbeit über mehr als einen Monat (insbesondere in der Phase der Einsatzvorbereitung) wird üblicherweise monatlich abgerechnet (oder sogar in kürzeren Abständen).

(3) Gesonderte Vergütung

Die Vergütung der Reisekosten ist üblich, auch die der Reisezeiten, wobei allerdings häufig niedrigere Sätze als für Arbeitszeiten in Rechnung gestellt werden.

6.2.4 Die Beseitigung von Störungen, für die der Lieferant nicht einzustehen hat

(1) Problemstellung

Unter Störungen des IT-Systems werden hier Beeinträchtigungen von dessen Funktionsfähigkeit in dessen Istbeschaffenheit verstanden. Wenn der Lieferant für diese einstehen muss, liegen Mängel vor, so dass der Lieferant diese zu beseitigen hat *[siehe Kapitel 6.3]*. Im anderen Fall geht es in der Praxis insbesondere um zwei Probleme, wenn der Lieferant wegen einer solchen Störung gerufen wird: Erstens erbringt er Leistungen und will diese vergütet haben. Zweitens kümmert sich der Lieferant manchmal nicht um die Meldung; der Anwender kann dann das System (teilweise) wie bei einem echten Mangel nicht einsetzen. Der Anwender ist also auf Hilfe angewiesen *[siehe unter (4)]*.

(2) Vergütungsanspruch

Die IT-spezifische Rechtsprechung hat im Wege der ergänzenden Vertragsauslegung weitestgehend angenommen, dass die Aufforderung, einen Mangel zu beseitigen, als Auftrag, die Situation zu klären, zu verstehen ist, falls es sich nicht um einen Mangel, sondern um eine Störung handelt.

(3) Nicht aufgeklärte Störungsursache

Manchmal wird die Ursache für die Störung nicht aufgeklärt, sondern die Suche abgebrochen, insbesondere weil die Störung nicht mehr auftritt, nachdem die betroffene Einheit neu installiert und/oder parametriert worden ist. In solchen Fällen kann die Ursache auch ein Mangel sein, der unentgeltlich zu beseitigen wäre. Der Lieferant kann also nicht beweisen, dass es sich nicht um einen Mangel handelt, kann seinen Anspruch auf Bezahlung seines Aufwands also nicht durchsetzen.

Nach Ablauf der Verjährungsfrist für Sachmängel gilt dasselbe, wenn Mängelbeseitigung aus einem Wartungs- oder Pflegevertrag geschuldet wird und die Aufklärung von sonstigen Störungen nicht durch die Pauschale abgedeckt ist. – Besteht kein solcher Vertrag, dürfte der Lieferant grundsätzlich erkennbar nur gegen Vergütung tätig werden wollen, kann also Bezahlung seines Aufwands auch dann verlangen, wenn er die Störungsursache nicht aufklären kann.

(4) Pflicht des Lieferanten, sich um Störungen zu kümmern

Es geht um die Frage, inwieweit der Lieferant für die Einsatzfähigkeit des IT-Systems zu sorgen hat, wenn der Anwender dessen Einsatzfähigkeit beeinträchtigt.

Ist die Wartung der Hardware bzw. die Pflege der Software in den Vertrag integriert, ist der Lieferant wie bei Mängeln zur unverzüglichen Unterstützung – meist außerhalb der Pauschale – verpflichtet *[vgl. Kapitel 13.3.2 (4)]*.

Aber auch unabhängig von Wartungs- und Pflegeverträgen verlangt die Rechtsprechung, dass der Lieferant sein überlegenes Wissen einsetzt, um dem Anwender zu helfen. Unterlässt er das, verletzt er eine Vertragspflicht. Das kann sogar den Rücktritt vom Vertrag rechtfertigen *[siehe Kapitel 3.4]*.

6.2.5 Unberechtigte Rügen der Sollbeschaffenheit

Vom Verlangen, Störungen zu beseitigen *[Kapitel 6.2.4]*, ist die Rüge des Anwenders abzugrenzen, dass das Programm nicht die geschuldeten Funktionen habe (Streit über die Sollbeschaffenheit). Hier kann die Erklärung des Anwenders nur mit Vorsicht als Auftrag für den Fall verstanden werden, dass kein Mangel vorliegt. Denn bei Software-Produkten sind individuelle Änderungen im Verhältnis zum Paketpreis sehr teuer. Außerdem sind individuelle Modifikationen oft unerwünscht, weil sie die Pflege gefährden *[vgl. Kapitel 14.4]*. Bei Rügen der Sollbeschaffenheit von Hardware gelten die Argumente ähnlich.

6.2.6 Vereinbarte Abnahme

Die Abnahme im Sinne des Werkvertragsrechts *[siehe Kapitel 10.1.1 (2)]* ist, auch bei einem Werklieferungsvertrag, im Gesetz nicht vorgesehen *[vgl. Kapitel 9.4 (1)]*.

Wenn eine Abnahmeprüfung vereinbart wird, ist Folgendes zu berücksichtigen: Die Abnahmeprüfung unterscheidet sich von der bei Individualsoftware. Im zweiten Fall ist intensives Testen der Individualsoftware, die noch eine relativ hohe Fehlerquote enthält, dringend angezeigt; im ersten geht es mehr um eine Überprüfung, ob der Lieferant seine Aufgaben bei der Einsatzvorbereitung insgesamt korrekt durchgeführt hat und ob sich Mängel aus der Einsatzkonstellation bei diesem Anwender ergeben *[vgl. zum geringen Umfang der kaufmännischen Untersuchungspflicht Kapitel 6.3.9 (1)]*.

6.3 Haftung wegen Mängeln

Im Vordergrund stehen Sachmängel. Die Haftung für Rechtsmängel ist identisch.

Ausgangspunkt für die Haftung wegen Sachmängeln (früher: „Gewährleistung") ist die Frage, wann ein Sachmangel vorliegt. Es hilft für das Verständnis, zwischen Mängeln in der Sollbeschaffenheit und solchen in der Istbeschaffenheit zu unterscheiden.

Mängel in der Sollbeschaffenheit: Es geht um die Frage, ob das, was das Produkt leistet, die Vereinbarungen über die geschuldete Beschaffenheit erfüllt. Der Anwender kann sagen: „Die Ergebnisse sind an und für sich richtig, aber die Funktionalität ist nicht die, auf die ich Anspruch habe." Als Fehler kommen nicht nur physische Eigenschaften in Betracht, sondern auch tatsächliche, wirtschaftliche und selbst rechtliche Beziehungen des Produkts zur Umwelt.

Beispiel: Ein Programm für zahnärztliche Abrechnungen mit Krankenkassen erstellt Aufkleber, die von den Krankenkassen nicht als Quartalsabrechnungen angenommen werden.

Mängel in der Istbeschaffenheit liegen vor, wenn das gelieferte Produkt nicht einmal die Leistungen erbringt, die es auch nach Auffassung des Lieferanten erbringen sollte. Wenn die Vertragspartner streiten, dann tun sie das darüber, was die Ursache für das Fehlverhalten ist, also ob der Lieferant dafür einzustehen hat *[siehe Kapitel 6.3.6]*.

Manchmal kommt beides zusammen, z. B. wenn der Sachverständige in seinem Gutachten schreibt: „Das Programm brachte unbrauchbare Ergebnisse (oder sogar: keine Ergebnisse); es liegt kein Bedienungsfehler vor. Aber selbst wenn es die vom Lieferanten beabsichtigten Ergebnisse erbracht hätte, hätte die Funktionalität den Vereinbarungen nicht entsprochen."

§ 434 BGB stellt Mängel in der Sollbeschaffenheit in den Vordergrund und geht davon aus, dass die vereinbarten Eigenschaften nicht durch Mängel in der Istbeschaffenheit beeinträchtigt werden.

Im Hinblick auf die Sollbeschaffenheit gibt es eine Vielzahl von Qualitätsmerkmalen für Software, eingeschränkt auch für Hardware. DIN 66272 enthält eine Systematik von Qualitätsmerkmalen. In diesem Kapitel werden die Fälle mangelhafter Qualität in Anlehnung an diese Norm wie folgt gegliedert:

- Funktionalität *[Kapitel 6.3.2]*
- Benutzerbezogene Qualität, insbesondere Ergonomie *[Kapitel 6.3.3]*
- Leistungsverhalten *[Kapitel 6.3.4]*
- Sonstige IT-technische Qualität *[Kapitel 6.3.5]*

(1) Überblick über die Voraussetzungen

(1.1) **Der Begriff des Sachmangels:** Entsprechend dem Grundsatz der Vertragsfreiheit schuldet der Lieferant in erster Linie das, was die Vertragspartner vereinbart haben. § 434 BGB unterscheidet dabei drei Stufen:

In der ersten Stufe sind die Eigenschaften der Sache („Beschaffenheit") geschuldet, die die Vertragspartner konkret vereinbart haben.

In der zweiten Stufe geht das Gesetz davon aus, dass sich die Sache „für die nach dem Vertrag vorausgesetzte Verwendung eignen" muss. Auch hier liegt eine Vereinbarung vor. Diese ist allerdings aus dem Vertrag erst zu ermitteln, insbesondere aus der Zielsetzung, die der Auftraggeber vereinbarungsgemäß verfolgt.

Die Vertragspartner können den Eigenschaften, die in den beiden Stufen vereinbart worden sind, ein besonderes Gewicht zulegen, so dass der Lieferant schärfer als normal haftet *[zur Garantie siehe (2)]*.

Auf dritter Stufe schuldet der Lieferant ohne spezielle Vereinbarung, dass die Sache „sich für die gewöhnliche Verwendung eignet und eine Beschaffenheit aufweist, die bei Sachen der gleichen Art üblich ist und die der Käufer nach der Art der Sache erwarten kann."

Zur dritten Stufe gehören auch Eigenschaften, die der Käufer nach den öffentlichen Äußerungen des Verkäufers oder des Herstellers (!)[1] erwarten kann. Die Äußerungen können in der Werbung oder durch die Kennzeichnung einer bestimmten Eigenschaft der Sache erfolgen. Der Hersteller kann also die Beschaffenheit, die der Kunde erwarten darf, beeinflussen. – Wenn Hersteller und Lieferant auseinanderfallen, haftet der Hersteller auch selbst gegenüber seinem Abnehmer für diese Beschaffenheit.

1 Das Gesetz lässt auch Äußerungen eines Gehilfen des Herstellers ausreichen. Dabei ist – vom Zusammenhang her – unklar, wer ein Gehilfe ist.

Dem Wortlaut von § 434 Abs. 1 Satz 3 BGB nach ist die Produktbeschreibung keine öffentliche Äußerung. Die Rechtsprechung hat aber bisher schon dazu tendiert, den Verkäufer an seiner eigenen Produktbeschreibung festzuhalten, und wird es wahrscheinlich künftig noch stärker tun. Andersherum wird sie wahrscheinlich auch zu Lasten des Käufers künftig stärker davon ausgehen, dass die Produktbeschreibung maßgeblich sein soll.

Die öffentlichen Äußerungen sind dann unerheblich,
- wenn der Verkäufer sie nicht kannte und sie auch nicht kennen musste oder
- wenn sie im Zeitpunkt des Vertragsabschlusses in gleichwertiger Weise berichtigt waren oder
- wenn sie die Kaufentscheidung nicht beeinflussen konnten.

Da der Vertrag auch Dienstleistungen umfassen kann, behandelt § 434 Abs. 2 BGB einen „Montagemangel“ seitens des Verkäufers als Sachmangel. Wenn bei Systemverträgen weitere Dienstleistungen vorkommen, ist die genannte Vorschrift auch auf diese anzuwenden, nämlich dass ein Mangel in diesen Leistungen ein Sachmangel ist. Das gilt beispielsweise für die Installation und die Implementierung.

(1.2) **Zeitpunkt, zu dem der Mangel vorhanden sein muss:** Der Mangel muss zum Zeitpunkt des Gefahrübergangs mindestens im Ansatz („im Keim“) vorhanden sein. Wie soll der Käufer das beweisen? Was heißt das bei elektronischen Bauteilen? Wenn diese mit einer gewissen Wahrscheinlichkeit ausfallen, sind sie nicht im Ansatz mangelhaft (Parallele zu Verschleißteilen, deren Abnutzung – wie hier Ausfälle – in der Natur der Sache liegen). Die gesetzliche Vorschrift reicht also für den Käufer nicht aus: Es liegt in dessen Interesse, dass der Verkäufer sich verpflichtet, alle Ausfälle zu beseitigen, also eine Haltbarkeitsgarantie zu übernehmen *[Kapitel 6.3.12]*. Hinzukommen kann das Bedürfnis, dass der Verkäufer (wie bei der Miete) auch die Instandhaltung übernimmt. Das ist der Ansatzpunkt dafür, dass Wartungsvereinbarungen bereits mit der Verjährungsfrist für Mängel beginnen *[siehe Kapitel 13.1 (2)]*.

(2) Überblick über die Rechtsfolgen

Der Käufer hat nach § 437 BGB die folgenden Rechte:

Er kann Nacherfüllung verlangen *[siehe unter (2.1)]*. Er kann dafür eine Frist setzen. Schlägt die Nacherfüllung fehl, kann er vom Vertrag zurücktreten oder den Kaufpreis mindern *[siehe Kapitel 6.3.10]*.

Hat der Verkäufer den Mangel zu vertreten, kann der Käufer Schadensersatz verlangen *[siehe unter (2.2)]*.

(2.1) **Nacherfüllung:** Der Käufer hat gemäß § 439 BGB Anspruch auf Nacherfüllung, d. h. darauf, dass der vertragsgemäße Zustand herbeigeführt wird: Er kann nach seiner Wahl Nachbesserung oder die Lieferung einer mangelfreien Sache verlangen. Der IT-Anbieter kann die Nacherfüllung – im Hinblick auf Fremdprodukte – von vornherein ausschließen; das bedeutet, dass der Kunde, wenn ein Mangel auftritt, gleich vom Vertrag zurücktreten oder Minderung verlangen kann.

Das Wahlrecht über die Art der Nacherfüllung liegt beim Käufer. Wenn der Käufer Ersatzlieferung verlangt, kann der Verkäufer allerdings nach § 439 Abs. 3 diese Art der Nachbesserung verweigern, wenn diese mit unverhältnismäßigen Kosten verbunden ist. Dann kommt nur die andere Art der Nacherfüllung, in dieser Situation also Nachbesserung, in Betracht. Wenn auch diese mit unverhältnismäßigen Kosten verbunden ist, entfällt der Anspruch auf Nacherfüllung insgesamt. Der Käufer ist in diesem Fall gemäß § 440 BGB berechtigt, vom Vertrag ohne Fristsetzung zurückzutreten. – Das Ganze gilt entsprechend, wenn der Anwender zuerst Mängelbeseitigung durch Nachbesserung verlangt. – Der Anspruch auf Nacherfüllung entfällt, wenn diese unmöglich ist.

Rechtslage beim Verbrauchsgüterkauf: Das Wahlrecht liegt zwingend beim Verbraucher *[siehe ergänzend Kapitel 6.3.13 (1)]*.

Wenn der Lieferant den Anspruch auf Nacherfüllung nicht erfüllt, kann der Anwender nicht Schadensersatz statt der Leistung verlangen, sondern nur vom Vertrag zurücktreten oder Minderung des Kaufpreises verlangen.

Zu Einzelheiten bezüglich Geschwindigkeit, Ort und Kostentragung siehe Kapitel 6.3.7.

Anrechnung von Nutzungsvorteilen: Der Käufer, der eine Ersatzlieferung aufgrund von Nacherfüllung erhält, muss die Nutzungsvorteile, die er in der Vergangenheit erzielt hat, erstatten, d. h. dass er diese über den Kaufpreis hinaus vergüten muss (§ 439 Abs. 4 BGB).

(2.2) **Schadensersatz:** Der Käufer kann erst einmal gemäß § 280 BGB den Ersatz des Schadens, den er durch den Mangel erleidet, verlangen, wenn der Verkäufer den Schaden zu vertreten hat *[zum Vertretenmüssen siehe Kapitel 3.1 (3)]*. Unabhängig von Verschulden haftet er also, wenn er eine Garantie für das Vorhandensein einer bestimmten Eigenschaft gegeben hat *[siehe (2.4)]*. Beim Weiterverkauf fremder Ware dürfte es am Verschulden in der Regel fehlen.

Es ist aber möglich, dass die Rechtsprechung das Verschulden eines solchen Vorlieferanten, dessen Software der Verkäufer wie eigene Software vertreibt, sich zurechnen lassen muss. Es geht insbesondere um die Fälle, dass ein Softwarehaus fremde Software – zumindest gegenüber der Kundschaft – in seine eigene Softwarefamilie integriert.

Der Käufer kann auch Schadensersatz statt der Leistung verlangen, wenn er – wie beim Verzug – eine Frist für die Nacherfüllung setzt und diese Frist erfolglos abläuft. Es kommt dann zu derselben Unklarheit wie bei Verzug, was nach erfolglosem Fristablauf gilt *[siehe Kapitel 3.3.2 (2)]*.

§ 284 BGB sieht ausdrücklich den Ersatz vergeblicher Aufwendungen vor. Beispiel: Der Auftraggeber hat seine Mitarbeiter Daten aufbereiten lassen, wie das in dieser Form für den nächsten Anlauf nicht mehr genutzt werden kann. Der Auftraggeber hat seine Mitarbeiter beim Vorlieferanten schulen lassen; diese Software wird im nächsten Projekt nicht mehr benötigt. Es liegen dann häufig, aber nicht immer, sogenannte frustrierte (nutzlose) Aufwendungen und damit ein Schaden vor. § 284 BGB soll klarstellen, dass diese frustrierten Aufwendungen stets zu ersetzen sind.

(2.3) **Unerhebliche Mängel:** Von Lieferantenseite werden Mängel immer wieder mit der Begründung bagatellisiert, dass ihre Beseitigung eine Kleinigkeit sei. Entscheidend ist aber, in welchem Umfang sie die Verwendung des Software-Produkts beeinträchtigen. Ein Mangel kann unwesentlich sein, wenn der Anwender (!) ihn mit geringem Aufwand beseitigen kann.

Auch bei unerheblichen Mängeln besteht der Anspruch auf Nacherfüllung; es sei denn, dass der Verkäufer die Nacherfüllung wegen Unzumutbarkeit ablehnen kann *[siehe unter (2.1)]*. Der Käufer kann allerdings wegen eines unerheblichen Mangels nicht vom Vertrag zurücktreten.

Dies ergibt sich aus dem Verweis in § 437 BGB auf § 323 Abs. 5 BGB. Danach kann der Gläubiger vom Vertrag nicht zurücktreten, wenn die Pflichtverletzung „unerheblich" ist.

Dem Käufer verbleiben das Recht auf Minderung und auf Ersatz des Schadens, der durch den Mangel entsteht; diese Rechte dürften bei unerheblichen Mängeln allerdings meist unbedeutend sein.

(2.4) **Garantie/Zusicherung von Eigenschaften:** Garantiert ist eine Eigenschaft, wenn der Verkäufer dem Käufer durch eine zum Vertragsinhalt gewordene Erklärung zu erkennen gibt, er wolle es vertreten, dass die Kaufsache die betreffende Eigenschaft aufweise, und zwar auch durch Leistung von Schadensersatz. In der Praxis wird – entsprechend dem Wortlaut des früheren Rechts – von zugesicherten Eigenschaften gesprochen. Der Verkäufer haftet also auch ohne Verschulden auf Schadensersatz.

Die Abgrenzung von nur vereinbarten zu garantierten/zugesicherten Eigenschaften ist problematisch. Garantien/Zusicherungen liegen im Bereich des geschuldeten Leistungsverhaltens nahe *[siehe Kapitel 6.3.4]*. Es bleibt abzuwarten, wie strenge Anforderungen die Rechtsprechung daran stellen wird, ob eine normale oder eine garantierte Eigenschaft vorliegt.

Die Beschreibung eines Produktes seitens des Lieferanten stellt in der Regel noch keine Garantie/Zusicherung von Eigenschaften dar.

Auch Vorgaben des Anwenders bewirken in der Regel noch keine Garantien/Zusicherungen. Das gilt gerade beim Kauf von Software-Produkten, weil hier ggf. viele Anforderungen spezifiziert werden, um die Existenz von Eigenschaften abzufragen; es geht nur ausnahmsweise um einzelne herausgehobene Eigenschaften.

6.3.1 Der Mängelbegriff bei IT-Leistungen im Einzelnen

Streitigkeiten über die Sollbeschaffenheit beziehen sich weit überwiegend auf die Software (bei Hardware geht es bei Streit hauptsächlich um das Leistungsverhalten); deswegen wird im Folgenden die Software in den Vordergrund gestellt.

(1) Gewöhnliche Verwendung

In der Praxis geht es insbesondere hinsichtlich der Funktionalität (als wichtigster Aspekt der Sollbeschaffenheit)

- um das Fehlen von Funktionen;
- um die Art der Realisierung, ob sie der Branche, der Organisationsgröße und der organisatorischen Ausrichtung des Anwenders nach dessen Typs entspricht;
- um die Vollständigkeit der Funktion, was in die Frage der Ergonomie übergeht *[vgl. Kapitel 6.3.3 (2)]*.

Beispiel für organisatorische Ausrichtung: Ein Versandhandelsunternehmen, bei dem 50 von 200 Mitarbeiter in der Finanzbuchhaltung beschäftigt sind, hat hinsichtlich Leistungsverhalten und Ergonomie höhere Anforderungen an ein Buchhaltungsprogramm als ein normaler Handelsbetrieb mit 20 Mitarbeitern in der Buchhaltung und 500 Mitarbeitern insgesamt.

Beispiel für Vollständigkeit der Funktion: Es soll bei einem Fakturierungsprogramm für einen Großhändler möglich sein, Sammelrechnungen (für mehrere Einzelbestellungen) zu erstellen. Das kann entweder so gelöst werden, dass bei der Erfassung des einzelnen Auftrages angegeben wird, ob eine Sammelrechnung erstellt werden soll oder nicht. Das kann aber auch so gelöst werden, dass im Kundenstammsatz angegeben wird, ob der Kunde eine Sammelrechnung wünscht. Bei dieser Lösung bleibt dann die Frage, ob beim Erfassen des einzelnen Auftrags abgefragt werden muss, ob ausnahmsweise keine Sammelrechnung geschrieben werden soll. – Weiterhin stellt sich die Frage, ob die Sammelrechnung sich auf Bereiche von Rechnungsnummern oder auf Perioden bezieht, im zweiten Falle weiterhin, ob die Periodizität automatisch einen Monat beträgt oder ob sie gesteuert werden kann, und zwar für alle Kunden oder je Kunde.

Branchenspezifische Anforderungen als Maßstab: Als Ausgangspunkt für die Bestimmung der gewöhnlichen Verwendung bietet sich die Frage an, wie branchenspezifisch das Software-Produkt angeboten wird. So gibt es Fakturierungsprogramme

- unspezifisch
- für Großhandel oder für sonstige Bereiche
- für technischen Großhandel oder für sonstigen Großhandel
- für technischen Großhandel, dessen Kunden auftragsbezogen arbeiten, insbesondere Bauzulieferbetriebe, oder für sonstigen Großhandelsbetriebe,
- für einen solchen Großhandel mit Kunden für bestimmte Branchen, z. B. für Sanitärgroßhandel.

Wenn also ein Sanitär-Großhändler ein Paket über den Ladentisch erwirbt, das ausdrücklich als Großhandelspaket angeboten wird, darf er erheblich weniger sanitärgroßhandelspezifische Qualität (nach der Stufenbildung drei Stufen) erwarten als bei einem Paket für den Sanitärgroßhandel.

Beispiel: Vielen Anwendern reichen zwei Zeilen Text für die Beschreibung von Artikeln (z. B. von Schrauben); manche (z. B. Sanitärgroßhandel) benötigen variable Textlänge, weil die Beschreibung sehr umfangreich ist (z. B. ein Badezimmer).

Schwierig wird der Fall, wenn das Paket als ein technisches Großhandelspaket angeboten wird, das für den Sanitärbereich geeignet sei *[siehe (3)]*.

Software-Produkt selbst ist Maßstab für Funktionen: Als geschuldete Verwendung wird von einem Teil der Rechtsprechung nur das angesehen, was ein Software-Produkt tatsächlich an Verwendung ermöglicht. In der Praxis gibt es häufig so viele Varianten für die Abwicklung von Aufgaben, dass man von einer (oder einigen) gewöhnlichen nicht sprechen kann. Es gibt zwar auch häufig wenige Varianten, so dass alle realisiert werden könnten; diese beruhen aber jeweils auf verschiedenen betriebswirtschaftlichen/organisatorischen Konzepten. Der Anbieter realisiert eine und nur eine Lösung nicht nur wegen der Kosten, sondern auch wegen seines Konzepts und der angestrebten Einfachheit des Einsatzes.

Aufgabe des Anwenders, sich zu informieren: Fraglich ist, inwieweit die Produktbeschreibung und die Benutzerdokumentation dem Interessenten helfen können, die Funktionsweise eines Programms im Detail zu verstehen *[siehe (2)]*. Hier ist zu bedenken, dass die Rechtsprechung den Lieferanten für verpflichtet hält, einen Laien-Anwender aufzuklären, dass der Vertrag gründlich vorbereitet werden muss *[Kapitel 7.1]*. Das kann dazu führen – manches auch in Kombination –,

- dass der Anwender seine Anforderungen beschreibt *[siehe (3.1)]* (kaum genau!) oder
- dass der Lieferant sie (mehr oder weniger) beschreibt *[siehe (3.2)]* oder
- dass die beiden die Anforderungen kurz besprechen *[siehe (3.3)]*, teilweise im Rahmen von Vorführungen, oder

- dass der Anwender sich die Programme bei einem anderen Anwender ansieht oder
- dass der Anwender eine Testinstallation durchführt.

Wenn der Anwender entsprechende Angebote, insbesondere einen – entgeltlichen – Auftrag über die Ermittlung seiner Anforderungen, ablehnt, gibt er damit tendenziell zu verstehen, dass er sich mit den Programmen, wie sie sind, zufrieden geben will.

Stand der Technik: Was ist die gewöhnliche Verwendung? Angesichts des schnellen Fortschritts in der IT-Technik konnte sich in vielen Bereichen bisher hinsichtlich des Aspekts Modernität (was auch zunehmenden Umfang an Funktionalität beinhaltet) kaum etwas Gewöhnliches einigermaßen deutlich oberhalb des Bereichs der Grundfunktionen herausbilden.

(2) Festlegungen durch Produktbeschreibungen usw.

Die Existenz einer Produktbeschreibung dürfte nach neuem Recht ausreichen, sie zum Maßstab für das geschuldete Soll zu machen *[siehe Kapitel 6.3 (1.1)]*. Für die Benutzerdokumentation die nicht diese Informationsfunktion hat, dürfte das nicht gelten.

Auslegung der Produktbeschreibung: Die Produktbeschreibung ist eine Zusammenfassung eines Teils der Benutzerdokumentation. Da das Software-Produkt bereits existiert, ist davon auszugehen, dass die Eigenschaften im Detail wie bereits realisiert vorhanden sein sollen. Diese werden in der Benutzerdokumentation beschrieben, so dass diese indirekt die Realisierung verbindlich beschreibt. Der Anwender darf sich aber darauf verlassen, dass die in der Produktbeschreibung aufgeführten Eigenschaften in deren Kern erfüllt sind.

Beispiel: Als Funktion eines Lagerwirtschaftsprogramms wird „ABC-Analyse" angegeben. Das Programm listet die Artikel nach den Auswahlkriterien auf und erlaubt, die Tabelle in drei Teile mit Zwischenüberschrift zu gliedern. Der Anwender erwartet hingegen, dass in den Stammdaten ein Kennzeichen gemäß der Zuordnungsentscheidung des Benutzers aufgenommen werden kann, so dass er Periodenvergleiche über den Absatz machen kann. Bei mehreren Perioden bedarf es dann mehrerer Felder zur Zuordnung; die Lösung wird kompliziert und aufwendig. – *Weiteres Beispiel* siehe „Sammelrechnung" unter (1).

Anspruch auf volle Erfüllung der Produktbeschreibung: Wenn das Software-Produkt nicht alle in der Produktbeschreibung aufgeführten Funktionen oder sonstige Eigenschaften hat, geht das zu Lasten des Lieferanten. Ebenso darf der Anwender zu seinen Gunsten davon ausgehen, dass das, was in der Benutzerdokumentation beschrieben ist, auch realisiert ist.

Verhältnis von Produktbeschreibung zur gewöhnlichen Verwendung: Der Sinn der Bezugnahme auf die Produktbeschreibung geht dahin, die geschuldete Funktionalität auf die darin beschriebene zu begrenzen, die gewöhnliche Verwendung also aus dem Leistungsumfang auszunehmen, soweit sie nicht beschrieben ist. Das kann entweder durch ausdrückliche Aufführung der Grenzen erfolgen oder dadurch, dass die sehr genaue positive Beschreibung verdeutlicht, dass mehr nicht realisiert ist. Anderenfalls darf der Anwender davon ausgehen, dass die gewöhnliche Verwendung realisiert ist.

Kurzbeschreibung im Vertrag: Wird der „Leistungsumfang" in einem Anhang zum Vertrag (oder im Vertrag selbst) vom Lieferanten in Schlagworten aufgeführt, dürfte das wie eine Produktbeschreibung zu behandeln sein, lässt aber sehr viel Raum für Interpretation.

Weiteres Informationsmaterial: Übergebenes Informationsmaterial wird zum Maßstab für die Sollbeschaffenheit, wenn es konkrete Kenntnisse vermitteln soll. Ob es das tun soll oder ob es den Interessenten beeindrucken soll: Darüber kann man streiten.

Öffentliche Aussagen: Sie sind im Normalfall verbindlich *[siehe Kapitel 6.3 (1.1)]*. Einzelheiten sind noch ungeklärt.

(3) Vertraglich vorausgesetzte Verwendung zugunsten des Anwenders

Es geht um die Frage, was die vertraglich vorausgesetzte Verwendung und was nur Erwartung des Käufers ist.

(3.1) **(Schriftliche) Vorgaben des Anwenders:** Es geht um den Fall, dass der Anwender seine Anforderungen von sich aus (schriftlich) definiert, auch wenn er Standard beschaffen will *[zur Interpretation von Vorgaben siehe grundsätzlich Kapitel 9.2.1 (5) und speziell zu Anpassungen Kapitel 8.4.1 (6); siehe auch IT-Projektmanagement Kapitel 5.2.2]*.

Wird die Erfüllung dieser Anforderungen vereinbart, so handelt es sich nicht automatisch um garantierte Eigenschaften *[siehe Kapitel 6.3 (2.4)]*. – Der Anwender darf die Zusage so verstehen, dass seine Anforderungen sich alle im Rahmen des Einrichtens, also ohne Anpassungsprogrammierung abdecken lassen; er darf also davon ausgehen, dass er in der Vollpflege nicht beeinträchtigt wird. Wird Anpassungsprogrammierung trotzdem erforderlich, muss der Lieferant diese als Teil der Software-Produkte pflegen.

Formuliert der Anwender seine Anforderungen nur in Stichworten, darf der Lieferant davon ausgehen, dass der Anwender mit seinen Vorgaben nur das Vorhandensein von Funktionen abfragen will *[vgl. Kapitel 9.1.2 (5.1)]*. Wie die Anforderungen erfüllt werden, soll sich nach dem Software-Produkt richten, soweit die Anforderungen nicht detailliert sind.

Beispiel: In einem „Pflichtenheft" soll vom Softwarelieferanten angekreuzt werden, ob das angebotene Software-Produkt die Funktion „Sammelrechnung" enthält. In einem Beispiel unter (1) ist ansatzweise dargestellt, wie unterschiedlich diese realisiert werden kann.

Die Anforderungen können auch durch die Bezugnahme auf bereits eingesetzte Programme definiert werden (Ablösen von Individualprogrammen oder von anderen Software-Produkten). In der Praxis entstehen erhebliche Reibungen, wenn diese Bezugnahme nur im Kopf des Anwenders erfolgt: Er erwartet eine ähnliche Lösung. Hätte er das dem Lieferanten gesagt, hätte dieser ihn wahrscheinlich deutlich belehrt, dass er ihm eine andere – natürlich bessere – Lösung anbieten würde. – Eine als besser angebotene Lösung darf in einzelnen Funktionen auch etwas schwächer sein.

(3.2) **Schriftliche Vorgaben vom Lieferanten erstellt:** Hat der Lieferant eine Organisationsuntersuchung durchgeführt und daraufhin die Anforderungen des Anwenders dargestellt, darf der Anwender diese Darstellung in seinem Sinne auslegen *[vgl. Kapitel 9.1.3 (4)]*. – Bietet der Lieferant keine Anpassungsprogrammierung an, obwohl sie in Betracht kommt (Preisklasse, Ausrichtung des Lieferanten auf Anpassungsprogrammierung), fragt sich, ob der Anwender davon ausgehen darf, dass die Funktionen der Software-Produkte seine Anforderungen auch im Detail abdecken und damit nur unwesentliche Änderungen seiner Organisation erforderlich sind (soweit letztere nicht sogar zur Verbesserung der Organisationsstruktur gewünscht sind). Die Antwort dürfte davon abhängen, wohin und wie tief der Untersuchungsauftrag ging:

- Wohin: Auf die Ermittlung von Anforderungen unabhängig von den eigenen Software-Produkten des Lieferanten (frühes Untersuchungsstadium) oder auf die Abdeckung der Anforderungen durch die Software-Produkte des Lieferanten. Im zweiten Fall darf der Anwender eine weitergehende Abdeckung im Detail erwarten.
- Wie tief: Hier kommt es vor allem auf die Entgeltlichkeit der Ermittlung an. Bei einer unentgeltlichen Untersuchung darf der Anwender nur davon ausgehen, dass er das Software-Produkt ohne wesentliche Änderung seiner Organisation einsetzen kann.

(3.3) **Mündliche Anforderungen des Anwenders:** Haben die Vertragspartner die Anforderungen des Anwenders besprochen, ist unsicher, inwieweit das als vertraglich vorausgesetzte Verwendung geschuldet wird. Zu bedenken ist insbesondere, dass viele Wünsche geäußert werden, der Interessent diese aber vielfach zurückzieht, wenn er erfährt, dass deren Realisierung teuer ist.

Soweit der Anwender seine Branche, seine Betriebsgröße und ähnliche *grundsätzliche* Anforderungen bekanntgibt, ist das Schweigen des Anbieters als Bestätigung einzuordnen, dass die Software-Produkte – wie auch die Hardware – auf diese hin ausgerichtet sind.

Soweit der Anwender seine Anforderungen nicht bekannt gibt – und die Lösung dann nicht ausreicht –, ist das sein Risiko. Allerdings kann dann Beratungsverschulden *[Kapitel 7.1]* vorliegen. Abzulehnen ist, über unterlassene Beratung die Vereinbarung nicht besprochener Anforderungen zu konstruieren.

M. E. kommt es bei der Beweiswürdigkeit stark auf die Art der Gesprächsführung an. Solche Gespräche werden sehr unterschiedlich geführt, wobei sie auch gemischt ablaufen können:

- Der Interessent (sieht sich die Software an und) stellt Fragen. Der Lieferant mag Rückfragen stellen. Aber am Ende weiß er wenig darüber, wie das Unternehmen des Interessenten organisiert ist, welche Anforderungen also dieser hat. Der Interessent nimmt die Kompetenz in Anspruch, sachgerecht fragen zu können.
- Der Lieferant (stellt seine Software vor und) stellt Fragen nach der Situation des Interessenten.

Wenn der Interessent nach der Existenz einer Funktion fragt, z. B. nach der Monatsrechnung, und sich mit der Bejahung seiner Frage zufriedengibt, hat er nur Anspruch darauf, dass eine der möglichen Ausgestaltungen ausreichend realisiert ist (außer wenn er erkennbar unfähig ist, sachgerechte Fragen zu stellen *[zum Beratungsverschulden siehe Kapitel 7.1]*).

Wenn der Lieferant bei Funktionen mit vielen Varianten auf seine Frage die Antwort bekommt, dass die Funktion benötigt werde, dürfte es seine Aufgabe sein, ins Detail zu gehen. Der Interessent verlässt sich dann erkennbar darauf, dass der Lieferant die erforderlichen Fragen stellt. Schließlich kann dieser eine sehr breit angelegte Lösung für diese Funktion haben, die sich für sehr unterschiedliche Anforderungen einrichten lässt *[siehe Kapitel 8.3 (4)]*, so dass weitere Fragen nicht nötig sind.

Mündliche Anforderungen contra Produktbeschreibung/Benutzerdokumentation: Bezieht sich der Lieferant im Vertrag auf die Benutzerdokumentation als Maßstab oder auf das Software-Produkt selbst (dass es können soll, was es an Funktionen enthält), ist gemäß allgemeinen Grundsätzen zu verfahren:

- Hat der Lieferant auf seine Beschreibung(en) nur in seinen AGB hingewiesen, geht das mündlich Vereinbarte als Individualvereinbarung gemäß § 305b BGB vor. Der Anwender muss beweisen, dass das auch wirklich vereinbart worden ist.
- Hat der Lieferant auf seine Beschreibung(en) in den Verhandlungen oder im individuellen Teil seines Angebots hingewiesen, ist zu ermitteln, was die Vertragspartner wirklich gewollt haben. Die Anforderungen an die Beweislast des Anwenders hinsichtlich seiner Behauptung, dass der Lieferant die Erfüllung seiner Anforderungen zugesagt habe, dürften hoch sein.
- Die Antwort des Lieferanten „Das geht!" („Das ist machbar!") heißt, dass es einen sachgerechten Lösungsweg für die nachgefragte Funktion bereits gibt.

Schriftform nicht eingehalten: Mündliche Konkretisierungen der vertraglich vereinbarten Verwendung und mündliche Nebenabreden sind auch bei vereinbarter Schriftform möglich *[siehe Kapitel 2.1.6 (2)]*.

Rückgriff auf Dokumente vor Vertragsabschluss: Es ist weitgehend Sache der Auslegung, was von früheren Angeboten des Lieferanten noch gelten soll, wenn es nicht in den endgültigen Vertrag aufgenommen worden ist: Ist es als selbstverständlich geschuldet nicht extra aufgenommen worden, oder ist es fallengelassen worden? Gerade im IT-Bereich sind Angebote häufig ausführlich abgefasst, das Vertragsdokument aber sehr kurz.

6.3.2 Funktionalität einschließlich Zulassung zum Einsatz

6.3.2.1 Funktionsumfang

(1) Problemstellung

Die Forderung nach wirtschaftlich sinnvollem Einsatz beinhaltet insbesondere, dass solche Schritte automatisiert werden, die Routineaufgaben beinhalten.

Beispiel: Beim „Mahnwesen" darf der Anwender mehr als eine bloße Mahnliste (Übersicht über Verzugsfälle) erwarten. Er darf eine Vorschlagsliste erwarten, die nach entsprechender Bestätigung den Druck von Mahnungen aktiviert. Auch wenn zugleich ein Textprogramm mitverkauft worden ist, reicht die bloße Mahnliste nicht aus: Der Anwender könnte sich zwar Standardbriefe entwerfen. Er müsste diese aber noch mit den Daten aus der Fakturierung füllen. Außerdem müsste er die Daten zur vollzogenen Mahnung rückmelden. All das geht über seine Aufgaben bei der Einsatzvorbereitung hinaus.

(2) Übliche Funktionen

Umfang der Funktionsabdeckung: Aufgabe von Software-Produkten kann es sein, innerhalb eines Anwendungsbereichs mehr oder weniger viel abzudecken. Die Bezeichnung eines Anwendungsgebietes heißt nicht, dass das Software-Produkt alle Funktionen dieses

Anwendungsgebietes unterstützen soll. Es muss aber alle wesentlichen abdecken bzw. die, die Konkurrenzprodukte typischerweise beinhalten.

Unterstützungs-/Rationalisierungszweck als Maßstab: Das Software-Produkt muss, wie es in der Praxis heißt, „rund laufen". Jede dafür erforderliche Funktion muss vorhanden sein und ihrerseits „rund laufen". Das entspricht weitgehend dem Ansatz in Kapitel 6.3.1 (1), dass realisiert sein muss, was sich an IT-mäßiger Unterstützung aufdrängt.

„Nicht standardisierbare" Funktionen: Es gibt Funktionen auch im Kernbereich, die nur sehr schlecht standardisierbar sind, z. B. die Provisionsabrechnung bei der Fakturierung, die auf alle möglichen Besitzstände Rücksicht nehmen muss. Relativ teure Anpassungsprogrammierung ist dann erforderlich *[Kapitel 8.4.1]*. Der Lieferant kann deswegen aber nicht argumentieren, dass er diese Funktionen deswegen nicht schulden würde. Denn das Software-Produkt muss „rund laufen". Hier kann allerdings eher vom Anwender erwartet werden, dass er Berechnungen selbst durchführt und sie dann als Zwischenergebnisse eingibt, d. h. dass das Software-Produkt nur eine zu seinem sonstigen Niveau bescheidenere Lösung zu beinhalten braucht.

Zuviel an Funktionalität: Ein Software-Produkt, das sehr viel an Funktionalität beinhaltet, insbesondere im Detail, belastet den Einsatz und das Leistungsverhalten und kann damit für manche Anwender mangelhaft sein.

6.3.2.2 Korrektheit

(1) Richtigkeit

Die Richtigkeit betrifft die Übereinstimmung des tatsächlichen Ergebnisses mit dem erwarteten Ergebnis hinsichtlich der Art der Daten, der Datenwerte und der Form ihrer Darstellung. Wenn die Richtigkeit eines Ergebnisses nicht *festgestellt* werden kann, dann liegt nicht Unrichtigkeit, sondern unzureichende Prüfbarkeit vor *[siehe 6.3.2.3 (4)]*.

(2) Vollständigkeit

Die Sollbeschaffenheit beinhaltet die vollständige Verarbeitung, Speicherung und Übermittlung der Daten. Eine Form der Unvollständigkeit liegt bei fehlender Datenherkunft vor, d. h. dass Ausgabedaten nicht korrekt oder überhaupt nicht gebildet werden können, weil die erforderliche Eingabe als Grundlage für die Ausgabedaten fehlt.

Beispiel: Beim Anzeigen einer Stückliste kann im Feld Zeichnungsnummer nie eine Zeichnungsnummer angezeigt werden, wenn dieses Datenfeld nicht erfasst und gespeichert werden kann. Das Ausgabefeld Zeichnungsnummer hat dann keine Datenherkunft.

Fehlende Datenverwendung als weitere Form der Unvollständigkeit liegt vor, wenn ein Datum erfasst und gespeichert, aber danach nicht mehr verwendet wird (auch nicht für Auskünfte). Damit ist die Erfassung und Speicherung sinnlos.

Es gibt einige allgemeine Argumentationshilfen für den Anwender; die Abgrenzung zur benutzerbezogenen Qualität ist fließend *[siehe Kapitel 6.3.3]*:

Wenn eine bestimmte Teilfunktion innerhalb einer Hauptfunktion realisiert ist, muss sie normalerweise auch innerhalb einer anderen, vergleichbaren realisiert sein.

Wenn eine bestimmte Teilfunktion auf einer niederen Ebene realisiert ist, muss sie normalerweise auch auf einer höheren realisiert sein.

Beispiel: Beim Tagesabschluss werden die Umsätze nach Barverkäufen und nach Rechnungen zwischensummiert, beim Monatsabschluss nicht.

Es muss möglich sein, das, was auf dem Bildschirm oder in einem Ausdruck mit sehr ähnlicher Zielsetzung realisiert ist, auch auf dem jeweils anderen Medium auszugegeben.

6.3.2.3 Ordnungsmäßigkeit

(1) Ordnungsmäßigkeit der Datenverarbeitung

Einhaltung von Rechtsvorschriften allgemein: Rechtsvorschriften können sich auf die Konstruktionsweise (Sicherheit) und/oder auf die Funktionalität beziehen. Bei Hardware steht die Sicherheit im Vordergrund, bei Software die Funktionalität und – wegen der DIN EN ISO 9241 – die Ergonomie *[siehe Kapitel 6.3.3]*.

Dass Software Rechtsvorschriften befolgen muss, die ihre Funktionalität beeinflussen, gehört zu ihrer bestimmungsgemäßen und damit gewöhnlichen Verwendung. Schwierig ist zu bestimmen, in welchem Umfang das gilt, wenn die Software auch in anderen Ländern eingesetzt werden soll oder darf (desto schwieriger, je weiter der Umfang des Einsatzes sein darf). Problematisch ist weiterhin, inwieweit branchenspezifische Vorschriften eingehalten werden müssen, wenn das Software-Produkt branchenneutral angeboten wird *[vgl. Kapitel 6.3.1 (1) und (3)]*.

Einhaltung ähnlich zwingender Anforderungen wie Rechtsvorschriften: Es gehört bei Vollpflege dazu, die Software-Produkte anzupassen, wenn sich Vorgaben ändern, auf denen die Software-Produkte (tatsächlich) aufbauen *[siehe Kapitel 14.2.1 (2)]*. Damit sind die ähnlich zwingenden Vorgaben schon einigermaßen gut definiert.

Gehört ihre Beachtung zur gewöhnlichen Verwendung, sind sie einzuhalten, auch wenn sie in der als maßgeblich definierten Produktbeschreibung/Benutzerdokumentation *[Kapitel 6.3.1 (2)]* nicht angeführt sind.

(2) Identifizierbarkeit

Identifizieren heißt, etwas unverwechselbar und verständlich bezeichnen, um hierauf Bezug nehmen zu können.

Die vom System verarbeiteten Geschäftsvorfälle müssen durch die Art des Geschäftsvorfalls, z. B. Begründung einer Forderung aufgrund einer Lieferung, und eine – vorzugsweise lückenlose – Identnummer identifiziert werden. Grundlage bildet das Belegprinzip, d. h. die Begründung einer Forderung aufgrund einer Lieferung wird durch eine identifizierbare Rechnung belegt. Grundsätzlich muss es ausgeschlossen sein, dass Objekten die gleiche Identnummer zugewiesen wird, wenn die Objekte aus Anwendersicht verschieden sind.

Beispiele für mangelhafte Identifizierbarkeit: Software numeriert die Seiten einer Ausgangsrechnung nicht fortlaufend.

(3) Geordnete Darstellung

Die geordnete Darstellung dient der Klarheit und Verständlichkeit, der besseren Prüfbarkeit und der Effizienz durch geringe Suchzeiten. Die geordnete Darstellung wird insbesondere erreicht durch:

- gemeinsame Darstellung von Geschäftsvorfällen mit gleichem sachlichem Bezug,
- Angabe eines Bezugszeitpunktes, z. B. des Druckdatums, oder des Bezugszeitraums, z. B. des Abrechnungsmonats,
- Sortierung, d. h. in der Regel Darstellung in aufsteigender Folge eines Sortierbegriffs.

(4) Verständlichkeit und Prüfbarkeit

Die Verständlichkeit ist Voraussetzung für die Verwendbarkeit und die Beurteilung der Richtigkeit.

Die Prüfbarkeit betrifft die Nachvollziehbarkeit des Verfahrens und der Einzelergebnisses, z. B. einer einzelnen Buchung oder Summe. Die Nachvollziehbarkeit des Verfahrens setzt auch eine geeignete Benutzerdokumentation voraus. Die Prüfbarkeit umfasst Klarheit im Sinne eines durchschaubaren Verfahrens sowie die Aufbewahrung der Dokumentation, Belege und Geschäftsbücher innerhalb der gesetzlichen Aufbewahrungsfristen. Sofern Daten auf nicht visuell lesbaren Datenträgern gespeichert werden, müssen sie in angemessener Zeit im Sinne der Grundsätze ordnungsgemäßer Speicherbuchführung sichtbar gemacht werden können.

(5) Zeitgerechte Verarbeitung

Die Sollbeschaffenheit hinsichtlich einer zeitgerechten Verarbeitung betrifft die

- zeitnahe Verarbeitung, die in der Regel von der Betriebsorganisation des Anwenders abhängt,
- Buchung der Geschäftsvorfälle entsprechend ihrer zeitlichen Reihenfolge,
- zeitliche Abgrenzbarkeit der Verarbeitung und der Daten.

Die zeitgerechte Verarbeitung wird wesentlich durch das Verhalten des Anwenders bestimmt. Der Anwender legt den Zeitpunkt fest, zu dem bestimmte Arbeiten ausgeführt werden. Probleme bei der Bestimmung der Sollbeschaffenheit hinsichtlich einer zeitgerechten Verarbeitung können aus häufig anzutreffenden organisatorischen und betrieblichen Schwächen resultieren, welche die Software überbrücken soll.

(6) Archivierung und Sichtbarmachung

Gemäß § 43 Abs. 4 HGB und § 146 Abs. 5 Abgabenordnung ist es zulässig, Handelsbücher, Bücher und sonstige erforderliche Aufzeichnungen maschinell zu speichern und die Daten bei Bedarf für den jeweils benötigten Zweck einzeln oder kumulativ (verdichtet) lesbar und sichtbar zu machen. Gemäß Erlass zu den Grundsätzen ordnungsgemäßer Speicherbuchführung ist Voraussetzung für dieses als Speicherbuchführung bezeichnete Verfahren:

- Einhaltung der Grundsätze ordnungsgemäßer Buchführung,
- ordnungsgemäße, insbesondere sichere und dauerhafte Speicherung der Daten,
- Sichtbarmachung der Daten,
  - in „angemessener“ Frist,
  - auch bei einem System- oder Datenträgerwechsel,
- Existenz einer Benutzerdokumentation.

6.3.2.4 Sicherheit

Mit Sicherheit ist die Vermeidung von solchen Schäden gemeint, die nicht aus mangelnder Korrektheit entstehen *[Kapitel 6.3.2.2]*.

Der Anwender muss in die Lage versetzt werden, Datensicherheit durch Datensicherung zu schaffen. Die Frage ist, inwieweit die Datensicherung durch das Anwendungsprogramm und inwieweit sie durch die Systemsoftware realisiert werden muss.

6.3.2.5 Verträglichkeit (Kompatibilität)

Schwerpunkt in der Vertragspraxis ist die Kompatibilität von Einheiten eines Systems. Auch wenn letztlich auf den Einzelfall abzustellen ist, so ergibt doch die Werbung für Mixed-Hardware oder für steckerkompatible Systeme deutlich die Aussage, dass sich der Anwender in einer heiklen Frage auf den Anbieter verlassen darf. Die Kompatibilität wird in der Werbung stark betont. M. E. wird Kompatibilität in der Regel garantiert/zugesichert.

6.3.3 Benutzerbezogene Qualität/Ergonomie

(1) Problemstellung

Begriff: Allmählich setzt sich der Begriff Ergonomie für das durch, was an benutzerbezogener Qualität verlangt wird. Maßgeblich ist DIN EN ISO 9241 Ergonomische Anforderungen für Bürotätigkeiten mit Bildschirmgeräten, insbesondere Teil 10: Grundsätze der Dialoggestaltung. Diese Norm ist Grundlage für die Verordnung über Sicherheit und Gesundheitsschutz bei der Arbeit an Bildschirmgeräten (Bildschirmarbeitsverordnung) vom 4.12.1996 (BGBl I S. 1841).

Da es um eine Schicht über der (reinen) Funktionalität geht, ist es sehr schwierig, *punktuelle* Mängel als Mängel im Rechtssinne zu qualifizieren, insbesondere als wesentliche. Das heißt also, dass es oft erst die Menge macht.

Gewöhnliche oder vertraglich vorausgesetzte Qualität: DIN EN ISO 9241 Teil 10 führt in der Einleitung aus: „Diese Grundsätze können bei der Gestaltung und Bewertung von Dialogsystemen angewandt werden, jedoch nur als allgemeine Leitlinien. Die Art und Weise, in der jeder einzelne Grundsatz der Dialoggestaltung umgesetzt wird, hängt von den

Merkmalen des Benutzers, für den das Dialogsystem gedacht ist, den Arbeitsaufgaben, der Arbeitsumgebung und der jeweils eingesetzten Dialogtechnik ab."

(2) Aufgabenangemessenheit

Die Aufgabenangemessenheit beinhaltet, dass der Dialog den Benutzer unterstützen soll, seine Aufgabe effektiv zu erledigen. Sie ist abhängig vom Umfang des Einsatzes, von der Häufigkeit des Einsatzes und von der Art des Einsatzes. Das kann bei jedem Anwender unterschiedlich sein. Es macht deshalb keinen Sinn, auf den durchschnittlichen Anwender abzustellen. Denn der Entwickler soll sich nicht daran ausrichten, sondern soll eine in sich schlüssige Lösung schaffen. Einfache Handhabbarkeit einzelner Funktionen gehört zur Aufgabenangemessenheit. Der Lieferant darf im Normalfall davon ausgehen, dass der Anwender geeignete Mitarbeiter einsetzt.

Aufgabenangemessenheit für den „mittelbaren Benutzer": Der Anwender setzt die Datenverarbeitung weitgehend zur Abwicklung seiner Geschäfte mit seinen Kunden und Lieferanten ein. Ihnen gegenüber kommt es auf ein gutes Erscheinungsbild an; den Lieferanten kann man wohl mehr Unbequemlichkeiten zumuten. Hier sind höhere Ansprüche der Kundschaft an Verständlichkeit als für interne Abläufe zu erfüllen.

Beispiel: Der Kunde erteilt eine Bestellung. Er erhält zwei Auftragsbestätigungen (je eine für sofort lieferbare Positionen bzw. für solche, die der Verkäufer erst bestellen muss). Er erhält – richtig – je einen Lieferschein für jede Teillieferung, aber – als einziger Abwicklungsweg unzumutbar – auch eine Rechnung je Lieferschein.

(3) Selbstbeschreibungsfähigkeit

Ein Dialog ist in dem Maße selbstbeschreibungsfähig, wie jeder einzelne Dialogschritt durch Rückmeldung des Dialogsystems unmittelbar verständlich ist oder dem Benutzer erklärt wird, wenn er die entsprechenden Informationen verlangt.

Fehlermeldungen (Meldungen von Bedienungs- oder Datenfehlern seitens des Programms) müssen verständlich sein.

(4) Steuerbarkeit

Ein Dialog ist in dem Maße steuerbar, wie der Benutzer in der Lage ist, den gesamten Dialog-Ablauf bis zu einem Punkt, an dem das Ziel erreicht ist, zu beeinflussen.

(5) Erwartungskonformität

Ein Dialog ist in dem Maße erwartungskonform, wie er den Kenntnissen aus bisherigen Arbeitsabläufen, der Ausbildung und der Erfahrung des Benutzers sowie den allgemein anerkannten Übereinkünften entspricht. Die Forderung nach Erwartungskonformität berücksichtigt die Einheitlichkeit und das nach Kriterien der Konsistenz und der Lebenserfahrung zu erwartende Verhalten des Systems.

(6) Robustheit gegen Bedienungsfehler

Bedienungsfehler gehören so sehr zum Programmeinsatz, dass das Programm Prüfungen (Plausibilitätskontrollen), die typische Bedienungsfehler erkennen, enthalten und Maßnahmen vorsehen muss, so dass der Benutzer die eigenen Fehler möglichst korrigieren kann. Auf keinen Fall darf das Programm bei fehlerhafter Bedienung abstürzen.

6.3.4 Leistungsverhalten

(1) Problemstellung

Es geht hier um die Frage, welche quantitativen Anforderungen des Anwenders das IT-System zu erfüllen in der Lage sein muss *[zur Verantwortung für das Leistungsverhalten bei zwei Lieferanten siehe Kapitel 7.1 (4); zur ähnlichen Situation bei IT-Anlagen mit Individualprogrammen siehe Kapitel 9.5.1 (3)]*.

Lieferanten weisen häufig auf die vielen Unwägbarkeiten bei der Bestimmung des Leistungsbedarfs und des geforderten Leistungsverhaltens hin, insbesondere auf die vielen vom Anwender abhängigen Parameter, so dass sie die benötigte Leistungsfähigkeit der angebotenen IT-Anlagen nicht ausreichend ermitteln und das geforderte Leistungsverhalten des IT-Systems nicht zusagen könnten.

Die ergänzende Vertragsauslegung hat dabei anzusetzen, dass der Anwender sich für seine betriebliche Situation absichern will. Es geht ihm um den Leistungsbedarf der Anwendungs-Software bei seinen Anforderungen zu Hochzeiten und sogar zu Spitzenzeiten.

Beispiel: Eine Buchhandlung hat die Formulierung durchgesetzt, dass ein bestimmtes Mengengerüst bei Einhaltung einer bestimmten Antwortzeit bei Dialogverarbeitung abgearbeitet werden kann. Dabei kann sich leicht ergeben, dass das Weihnachtsgeschäft doppelt so hoch ist wie das durchschnittliche Geschäft und dreimal so hoch wie das „Sommergeschäft".

Weiterhin ist gemäß DIN 66273 zu berücksichtigen, dass das Leistungsverhalten des IT-Systems in einem eingeschwungenen Zustand der Anwendung zu messen ist, wenn nichts anderes vereinbart ist.

Beliebt ist es, nicht auf durchschnittliche Antwortzeiten abzustellen, sondern auf maximale, die zu X % (95 %) eingehalten werden müssen. Der Zeitraum, auf den sich diese Vorgabe bezieht, gehört zu einer vernünftigen Definition. Hier ist folgende Matrix zu berücksichtigen (Abbildung „Vereinbarung einer Antwortzeit für 95 % aller Fälle"):

Vereinbarung einer Antwortzeit für 95 % aller Fälle		
	95 %	5 %
normale Fälle	normale Abwicklung	untypische Zeitdauer
Sonderfälle	normale Abwicklung	untypische Zeitdauer

- Die Antwortzeit kann sich auf bestimmte Vorgänge beziehen, für die es Sonderfälle gibt, die mehr Zeit benötigen.
- Innerhalb der normalen Fälle kann die Erledigung untypisch lange dauern, z. B. weil das System gerade besonders belastet ist.

Wenn das Antwortzeitverhalten also z. B. für 95 % aller Fälle (Transaktionen) kleiner gleich zwei Sekunden sein soll, muss geklärt werden, ob sich die restlichen 5 % nur auf die Langläufer innerhalb der normalen Fälle beziehen oder auch auf die Sonderfälle. Definiert werden sollte der Zeitraum, für den dieses Zeitverhalten geschuldet ist.

(2) Ansprüche bei mangelhaftem Leistungsverhalten

Die Ansprüche des Anwenders hängen davon ab, ob eine Vereinbarung zum Leistungsverhalten nur eine vereinbarte Eigenschaft (Schadensersatz nur bei Verschulden) oder eine garantierte/zugesicherte beinhaltet (stets Schadensersatz). In der Rechtsprechung zum früheren Recht bestand die Tendenz, das Letztere anzunehmen.

(3) Anforderungen an das Leistungsverhalten von IT-Systemen

Es gehört zur gewöhnlichen Verwendung eines IT-Systems, dass sein Leistungsverhalten, insbesondere das Antwortzeitverhalten, ordentlich ist.

Der Anwender darf eine gewisse Reserve an Leistungsfähigkeit und eine gewisse Ausbaubarkeit des IT-Systems erwarten, um seine – typischerweise steigenden – Anforderungen abdecken zu können.

Zeitaufwendiges Arbeiten wegen geringer Leistungsfähigkeit: Es gibt Einschränkungen der Nutzbarkeit, die technisch vorgegeben sind. Wenn sie Folge einer einfach gehaltenen technischen Lösung sind, sind sie nur dann vertragsgemäß, wenn sie für den Anwender zumutbar sind. – Teilweise wird eine normale Lösung durch die besonderen Umstände, unter denen sie eingesetzt wird, stark belastet. Das wirkt sich oft zugleich als mangelhafte Ergonomie aus *[Kapitel 6.3.3]*. Wenn sich die vertraglich vorausgesetzte Verwendung auf solche Umstände bezieht, ist die Lösung mangelhaft *[Kapitel 6.3.1 (3)]*.

(4) Anforderungen an die Leistungsfähigkeit

Die Anforderungen an die Leistungsfähigkeit der IT-Anlage werden typischerweise in Verbindung mit dem Leistungsbedarf der Anwendungssoftware und dem vom Anwender verlangten Leistungsverhalten abgehandelt *[siehe (3)]*. Die Leistungsfähigkeit kann aber auch für sich alleine beurteilt werden.

Leistungsbedarf von Programmen: Trotz billiger Hardware dürfen Programme auch heute nicht unnötig viel Ressourcen verbrauchen; es sei denn, dass der Lieferant dementsprechend viel an Ressourcen mitliefert *[siehe ergänzend Kapitel 8.5.3.2]*.

Leistungsfähigkeit von Geräten: Geräte müssen auf die Einsatzumgebung abgestimmt sein.

Leistungsdaten von Geräten: Da Nominalangaben häufig wenig über die effektive Leistung aussagen, hat das LG Stuttgart[2] erklärt, dass „alle Angaben in der Computerbranche ohnehin nur ca.-Angaben" sind. Das mag dem einzelnen Lieferanten im Streitfall helfen, ist aber ein peinliches Etikett für die Branche.

2 16 S 185/93 vom 30.9.93, ECR LG·144.

6.3.5 Sonstige IT-technische Qualität

6.3.5.1 Zuverlässigkeit

(1) Verfügbarkeit

Es gibt keine Rechtsprechung zu der Frage, wie hoch die geschuldete Verfügbarkeit ist.

(2) Anlaufphase zur Stabilisierung

Die Rechtsprechung ist gegenüber Ausfällen in der Anlaufphase relativ großzügig: Weil Mängel in gewissem Umfang unvermeidbar sind, muss der Anwender in der Anlaufphase eine gewisse Menge an Mängeln hinnehmen, wenn sie nur alsbald beseitigt werden: Insofern liegt eine typische Einschränkung der Verwendungsfähigkeit vor.

Die Dauer der Anlaufphase lässt sich nicht allgemein bestimmen. Im Laufe der Zeit gewinnt an Bedeutung, wie gut der Lieferant auf Mängelmeldungen reagiert (schnelle und effektive Mängelbeseitigung).

6.3.5.2 Flexibilität

(1) Änderbarkeit

Änderbarkeit von Software ist für den Anwender nur relevant, wenn er ein Software-Produkt (auch) als Quellprogramm erhalten hat. Aber auch dann dürfte er nicht berechtigt sein, Anforderungen zu stellen, weil der Lieferant die Änderbarkeit für eigene Zwecke geschaffen hat und diese dem Anwender nur als Folge dessen zugute kommen soll.

Änderbarkeit der Hardware spielt bei Lieferverträgen hinsichtlich der Aufrüstbarkeit eine Rolle sowie hinsichtlich der Verträglichkeit (= Kompatibilität). Insofern soll die Hardware Schnittstellen haben, die bei Bedarf durch Parametrieren an die Systemumgebung angepasst werden können.

Austauschbarkeit der Hardware, insbesondere im Reparaturfall, ist etwas, wofür die Hersteller zunehmend sorgen. Rechtsprobleme sind insoweit noch nicht aufgetreten.

(2) Übertragbarkeit

Übertragbarkeit (= Portabilität) bezieht sich ausschließlich auf Software. Insofern geht es um Verträglichkeit, wie sie in Kapitel 6.3.2.5 abgehandelt ist.

Übertragbarkeit von einer Anwendungsumgebung in eine andere hängt vom Anwendungsvorrat an Funktionalität und seiner Nutzbarkeit durch Parametrierung *[Kapitel 8.4.1]* ab. Beispielsweise muss es möglich sein, einen neuen MWSt-Satz über Parametrierung und nicht durch Änderung des Programmcodes einzugeben. Die Anforderung wird zwar allgemein gestellt, ist aber noch nicht Gegenstand von Urteilen geworden.

6.3.5.3 Installierbarkeit

Wenn der Anwender die Hardware oder Software installieren soll, muss eine Installationsdokumentation geliefert werden und anhand dieser Installationsdokumentation von einem durchschnittlich geeigneten und geübten Anwender die Installation durchgeführt werden können. Die Installationsdokumentation muss die Installationsvoraussetzungen und die durchzuführenden Installationsmaßnahmen angeben und die Symptome, Ursachen und Korrekturmaßnahmen für Installationsfehler beschreiben.

Nach der Installierung von Software-Produkten muss erkennbar sein, ob diese funktionsfähig sind, beispielsweise durch mitgelieferte Prüffälle oder durch Selbstprüfung mit entsprechender Meldung.

Die Installation darf durch Programmschutzmaßnahmen nicht wesentlich erschwert werden *[Kapitel 8.2.5]*.

6.3.5.4 Neuwertigkeit/Vollwertigkeit

(1) Neuheit

Wer Hardware kauft, geht mehr oder weniger davon aus, dass diese neu, d. h. ungebraucht ist.

(2) Technisches Niveau

Angesichts des rasanten technischen Fortschritts läuft ein Lieferant Gefahr, das nicht mehr technisch Neueste anzubieten. In den bisher bekannt gewordenen Fällen war das Angebotene laut Sachverständigengutachten noch nicht so veraltet, dass es deswegen als mangelhaft hätte eingestuft werden müssen. Die Rechtsprechung tendiert dazu, die Stabilität des IT-Systems mit zu bewerten, so dass der Grad der technischen Neuheit nicht so im Vordergrund steht.

6.3.6 Beweislast bei Mängeln

(1) Problemstellung

Schwierigkeiten machen in erster Linie Mängel hinsichtlich der Istbeschaffenheit: Was ist die Ursache des Mangels, in wessen Verantwortungsbereich fällt sie? – Streitigkeiten über die Sollbeschaffenheit beinhalten wesentlich weniger (und andere) Beweislastprobleme *[siehe unter (5)]*. In rechtlicher Hinsicht sind vier Probleme zu unterscheiden:

- *Die ordnungsgemäße Mängelmeldung zur Wahrung von Ansprüchen wegen Mängeln:* Das geltende Recht kennt Anforderungen, die der Anwender bei der Mängelrüge zur Wahrung seiner Ansprüche einzuhalten hat, insbesondere die kaufmännische Untersuchungs- und Rügepflicht (§ 377 HGB) *[siehe Kapitel 6.3.9]*. Die Mängelrüge muss so abgefasst sein, dass der Verkäufer ihr die Art und den Umfang von Mängeln genau entnehmen kann. Funktionsstörungen sind im einzelnen in ihren Auswirkungen zu beschreiben. Das Gesetz verlangt dies, um zu verhindern, dass der Käufer etwa weitere nicht rechtzeitig gerügte Mängel „nachschiebt".

Beispiel für eine nicht ausreichende Mängelrüge: „Seit einer Woche können wir das System wieder nicht nutzen."

- *Die operative Unterstützungspflicht seitens des Anwenders:* Angesichts der Schwierigkeit, Ursachen insbesondere von Softwaremängeln zu erkennen, ist der Anwender verpflichtet, den Lieferanten bei der Mängelsuche zu unterstützen. Dazu gehört die detaillierte Mängelmeldung. Damit besteht m. E. eine deutlich über die prozessuale Substantiierungspflicht hinausgehende operative Substantiierungspflicht *[siehe Kapitel 6.3.7 (1)]*.
- *Insbesondere die prozessuale Substantiierungspflicht:* Laien-Anwender tun sich bei einem Prozess oft schwer, Mängel zu substantiieren *[siehe (2)]*.
- *Der Nachweis im Prozess:* Wie soll ein Laien-Anwender einen Mangel nachweisen *[siehe Kapitel 1.2]*? Wie kann ein Profi-Anwender in schwierigen Fällen den Nachweis dafür erbringen, dass ein Mangel vorliegt, wenn er das Software-Produkt nicht als Quellprogramm hat?

Beweislastverteilung: Die prozessuale Beweislast liegt bis zur Entgegennahme als Erfüllung beim Käufer, gleich ob dieser auf Rückzahlung oder der Lieferant auf Zahlung klagt. Vorher trägt der Lieferant die Beweislast. Regelmäßig dürfte vollständige Leistung Voraussetzung für den Willen des Anwenders sein, die Leistung als Erfüllung entgegenzunehmen *[vgl. dazu Kap. 6.3.8 (2)]*.

Rechtslage beim Verbrauchsgüterkauf: § 476 BGB enthält (laut Überschrift) eine Beweislastumkehr zu Lasten des Verkäufers bei Mängeln in der Istbeschaffenheit:

> „Zeigt sich innerhalb von 6 Monaten seit Gefahrübergang ein Sachmangel, so wird vermutet, dass die Sache bereits bei Gefahrübergang mangelhaft war."

Diese Vermutung kann aber widerlegt werden:

> „Es sei denn, diese Vermutung ist mit der Art der Sache oder des Mangels unvereinbar."

Mit „Art der Sache" ist in erster Linie die Verderblichkeit von Waren, insbesondere von Lebensmitteln, gemeint. – Die Vermutung kann auch dadurch widerlegt werden, dass der Verkäufer einen konkreten Gegenbeweis erbringt, insbesondere dass der Käufer die Störung verursacht hat.

(2) Die prozessuale Darlegungslast bei Streit über die Istbeschaffenheit

Der Anwender hat ein Fehlerbild vorzutragen. Trifft ihn die prozessuale Beweislast, muss er auch behaupten, dass die Ursache dafür in der Leistung, insbesondere in einem Programm liege. Er braucht aber nicht die Ursache der Funktionsuntüchtigkeit darzulegen.

Prozessuale Substantiierungspflicht: Im Prozess besteht die Substantiierungspflicht auch gegenüber dem Gericht: Auflistungen von Mängeln müssen in einer für das Gericht verständlichen Weise abgefasst sein. Anders kann das Gericht nicht die richtige Beweiserhebung anordnen, die bei Streitigkeiten über das geschuldete Soll anders als bei Streitigkeiten über das Ist ist.

Maßgeblicher historischer Zustand ist der ursprüngliche, auch wenn er, insbesondere wegen der leichten Ersetzbarkeit und Änderbarkeit von Software, nicht mehr rekonstruiert werden kann. Der Beweisbelastete kann also leicht in Beweisnot kommen. *Zur Pflicht der anderen Seite, bei ihr vorhandenes Material zur Verfügung zu stellen, siehe (4).*

Manipulation des historischen Zustands: Es besteht die erhebliche Gefahr der Manipulation, insbesondere im Bereich von Installationsfehlern. Grundsätzlich muss nach der Übergabe der Lieferant beweisen, dass eine Manipulation vorliegt.

Aufzeichnungspflichten des Lieferanten bei Mängelmeldungen: Ein ordentlicher Lieferant erstellt Mängelberichte, in denen auch die Ursache für den Mangel angegeben wird. Für Wartungstechniker für Hardware ist das weitestgehend Routine.

(3) Beweislast im engeren Sinne

Der Nachweis, dass der Mangel, wie von seinem Erscheinungsbild (seiner Oberfläche) her beschrieben, seine Ursache tatsächlich in der Leistung, insbesondere in einem Programm, hat, wird in der Prozesspraxis nur selten – im Wege des Sachverständigengutachtens – dadurch geführt, dass die Ursache des Mangels genau festgestellt wird. Auch Sachverständige beschränken sich überwiegend auf die Feststellung, dass der Mangel aufgrund des Fehlerbildes seine Ursache im Programm haben müsse. Alle anderen Ursachen würden vernünftigerweise ausscheiden.

Bei Gericht reicht meist nicht aus, dass der Lieferant das Vorliegen eines Mangels nur mit Nichtwissen bestreitet. In diesem Fall gilt der Mangel fast immer als zugestanden.

Wahrscheinlichkeitsurteil: Beruft sich der Anwender auf einen selten auftretenden Mangel, kann sich zu seinen Lasten ergeben, dass er beweisfällig bleibt, weil der Mangel auch während einer langen Überprüfungsdauer beim Sachverständigen nicht auftritt.

Indirekter Nachweis durch Ausschluss anderer Ursachen: Der Anwender kann Fehlerbilder schaffen, die nicht auf Mängel zurückzuführen sind. Bei ausgereiften Software-Produkten sind weit mehr als die Hälfte aller Mängelmeldungen auf Bedienungsfehler zurückzuführen. Ein Beweis des ersten Anscheins kann deswegen kaum zulässig sein. Also muss der Beweis so geführt werden, dass alle anderen Einflussfaktoren als Ursache – insbesondere nach der Art des Fehlerbildes – ausschlossen werden.

Insbesondere bei Hardwaremängeln: Erst einmal muss geklärt werden, wer die Beweislast trägt *[siehe (1)]*. – Ist das der Anwender, fragt sich, wie er überhaupt beweisen kann, dass die Ursache des Mangels bei Gefahrübergang bereits gesetzt war. Die Rechtsprechung arbeitet zunehmend mit dem Beweis des ersten Anscheins, wenn es sich um Fehlerbilder handelt, die typischerweise nicht vom Anwender verursacht werden.

Es liegt nahe, dass der Lieferant vorträgt, dass das Gerät bei ihm funktioniert habe. Das kann dafür sprechen, dass die Ursache bei Gefahrübergang noch nicht gesetzt war, braucht es aber nicht zu tun.

Das Fehlerbild braucht sich nicht als Grundlage für die Vermutung zu eignen; mit zunehmendem Zeitabstand zwischen Gefahrübergang und Mängelmeldung nimmt die Vermutung im Allgemeinen ab.

Insbesondere bei Softwaremängeln: In der bisherigen Rechtsprechung hatten die Anwender kaum besondere Schwierigkeiten bei der Erfüllung der Beweislast. Deswegen gibt es keinen Bedarf dafür, Beweiserleichterungen oder die Umkehr der Beweislast zu fordern *[vgl. Kapitel 1.2 (3)]*.

(4) Bereitstellen von Beweismitteln durch den Gegner/ Beweisvereitelung

Wer damit rechnen muss, dass ein IT-System noch zu Beweiszwecken benötigt wird, und es dennoch nicht zugänglich hält, läuft erhebliche Gefahr, dass ihm das als Beweisvereitelung angelastet wird: Der Beweis durch die andere Seite gilt als erbracht, wenn dieser nicht geführt werden kann, weil das IT-System nicht zur Verfügung steht.

(5) Streit über die Sollbeschaffenheit

Hier ist der Anwender viel besser als bei einem Streit über die Istbeschaffenheit zu einer ordentlichen Mängelmeldung in der Lage. Er muss sie dann auch erbringen.

6.3.7 Der Anspruch auf Nacherfüllung im Einzelnen

Zum Anspruch auf Nacherfüllung siehe Kapitel 6.3 (2.1), zur geschuldeten Geschwindigkeit siehe Kapitel 6.3.10 (2) und 8.5.4 (2).

(1) Pflicht des Anwenders zur Unterstützung, insbesondere zur ordentlichen Mängelmeldung

Zu den verschiedenen Aspekten hinsichtlich der Anforderungen an Mängelmeldungen siehe Kapitel 6.3.6 (1).

Die Frage, inwieweit der Anwender das Fehlerbild bei dessen Meldung spezifizieren muss, dürfte grundsätzlich dahingehend zu beantworten sein, dass er zumindest das, was er im Prozess für die Substantiierung zu leisten hat, auch bereits zum Zeitpunkt der Mängelmeldung zu leisten hat. Zur Mängelmeldung gehört auch, dass der Anwender das Fehlerbild auf Verlangen des Lieferanten vorführt und Ausdrucke vorlegt, die die gerügten fehlerhaften Ergebnisse anzeigen.

Der Anwender muss die Anforderungen, wie er Mängel zu melden hat, einhalten, damit er überhaupt vor Gericht gehört wird. Darauf, dass der Anwender die vereinbarte Schriftform nicht eingehalten hat, kann der Lieferant sich aber nicht berufen,

- wenn er Kenntnis vom Mangel hat bzw.
- wenn er sich sogar um dessen Beseitigung bemüht hat.

Die weitere Pflicht zur Unterstützung hängt wesentlich vom sachlich richtigen Ort für die Fehlersuche und für die Integration der Reparatur-/Korrekturmaßnahme ab. Welches dieser Ort ist, hängt wiederum davon ab, wieviel dem Anwender zugemutet werden kann *[siehe (2)]*.

Zur ausreichenden Gelegenheit gehört neben der Beschreibung des Fehlerbilds und – bei Bedarf – dessen Vorführung nicht nur das reine Gewähren des Zugangs zum System, sondern auch die Mitwirkung seitens des Anwenders, die der Lieferant als zumutbar erwarten darf:

- Bereitstellung von anderen als den gestörten Einheiten zur Fehlerlokalisierung, z. B. Ermöglichung der Nutzung einer Verbindung zwischen einem Hostrechner (zentraler

IT-Anlage) und dem angeschlossenen Subsystem, das Daten nicht wie vorgesehen an den Hostrechner überträgt.

- Bereitstellung der Entwicklungsumgebung, wenn vorhanden, zur Erarbeitung der Korrektur.
- Systemtechnische Unterstützung seitens eines Profi-Anwenders, z. B. beim letzten Beispiel Klärung der Schnittstellenproblematik durch Beratung oder durch Tests.
- Übersendung einer Kopie des mangelhaften Software-Produkts.
- Zurverfügungstellen der Anwendungsdaten in Dateien/Datenbanken, soweit das vom Datenschutz her vertretbar ist. Eine andere Frage ist, inwieweit es dem Anwender zuzumuten ist, die Daten selbst zu kopieren.
- Wenn vereinbart: Stellung von Leitungskomponenten für die Ferndiagnose.
- Einspielen einer Korrekturmaßnahme in das Software-Produkt *[siehe (2)]*.

(2) Ort der Mängelbeseitigung

Der Ort der Mängelbeseitigung richtet sich nach § 269 BGB *[vgl. Kapitel 3.13]* – unbeschadet der Frage der Kostentragung (§ 439 Abs. 2 BGB). Der Ort für die Erfüllung der Hauptpflicht (= Lieferung) kann sich von dem für die Erfüllung von Ansprüchen wegen Sachmängeln unterscheiden. Es liegt nahe, von der Übereinstimmung der Orte auszugehen; doch sind einige Gesichtspunkte zu berücksichtigen, die sich aus den drei Phasen

- Suche nach dem Mangel,
- Reparatur-/Korrekturmaßnahme und
- Integration in die Benutzungsumgebung

ergeben und zum gegenteiligen Ergebnis führen können. Außerdem können die Vertragspartner Fernbetreuung vereinbart haben.

Die Suche kann erfordern, dass der Lieferant vor Ort kommt, weil der Mangel anders nicht lokalisiert werden kann. Meist hat der Lieferant aber in seiner Werkstatt die besseren Diagnosemöglichkeiten, bei Software deren Entwicklungsumgebung, zu der die Testumgebung gehört. Die Reparatur/Korrekturmaßnahme kann meist ebenfalls leichter beim Lieferanten durchgeführt werden.

Die Integration der Maßnahme kann oft vom Anwender selbst vor Ort durchgeführt werden, wenn der Lieferant ihn richtig anleitet. Das weist darauf hin, dass die Antwort stark davon abhängt, wieviel dem Anwender an Mitwirkung zugemutet werden kann.

Hat der Anwender die Hardware oder das Software-Produkt selbst installiert, braucht der Lieferant die Nachbesserung grundsätzlich nicht vor Ort vorzunehmen. Er muss allerdings den Aufwand des Anwenders für den Transport der Hardware bzw. die Lieferung von Unterlagen (über die Mängelmeldung hinaus) ersetzen. Er braucht nur in besonders schwierigen Fällen zur Mängelsuche zum Anwender zu kommen und zur Reparatur nur dann, wenn die Hardware fest in eine schlecht transportable Einheit eingebaut worden ist.

Der Lieferant hat die Hardware vor Ort installiert: Ist die Hardware nur schwer transportabel, muss der Lieferant vor Ort kommen. Anderenfalls dürfte es dem Anwender zumutbar sein, die gestörte Einheit zu übersenden. Die Grenze dürfte da liegen, wo das verpackte Gerät vom Anwender nur noch mit Hilfsmitteln bewegt werden kann. Das dürfte allerdings nicht gelten, wenn der Einsatzort der Einheit im Nahbereich des Lieferanten liegt, d. h. in dem Bereich, den seine Wartungstechniker regelmäßig befahren.

Der Lieferant hat das Software-Produkt vor Ort installiert: § 269 BGB spricht dafür, dass er auch erst einmal vor Ort kommen muss, um den Mangel zu suchen, und das später erneut tun muss, um die Korrektur oder die Ersatzlieferung einzuspielen. Nach Treu und Glauben muss der Anwender ihn aber unterstützen, d. h. den Mangel ordentlich melden und ggf. die Korrekturmaßnahme in das Software-Produkt einspielen *[Kapitel 6.3.7 (2)]*. Das ist dem Anwender in der Regel dann zuzumuten, wenn er ein Verfahren dafür zur Verfügung bekommt, das er einfach und sicher handhaben kann. Nur ausnahmsweise ist ihm zumutbar, einzelne Programmbefehle, die ihm schriftlich mitgeteilt worden sind, in das System (gemäß Verfahren) einzugeben; denn das Risiko einer fehlerhaften Eingabe ist relativ groß.

Ist ein Software-Produkt mehrfach installiert worden, kann das Einspielen der Korrekturmaßnahme (bzw. das erneute Überspielen des gesamten Software-Produkts) erheblichen Aufwand verursachen. Hier kommt es darauf an, welcher Vertragspartner die Installationen durchgeführt hat. Ist das der Anwender gewesen, spricht das für die stillschweigende Vereinbarung, dass er bereit ist, für Wiederholungen zuständig zu sein. Anderenfalls ist die Grenze der Zumutbarkeit für den Anwender bald erreicht.

(3) Kosten der Mängelbeseitigung

Der Lieferant muss gemäß § 439 Abs. 2 BGB alle Kosten für die Mängelbeseitigung tragen. Auch wenn der Erfüllungsort für die Nachbesserung beim Lieferanten ist, muss dieser den Aufwand dafür tragen, dass das gestörte Produkt zu ihm gebracht wird. Der Lieferant muss auch die Kosten tragen, die dadurch entstehen, dass der Anwender die Kaufsache vom Installationsort an einen Ort verbringt, der zu höheren Kosten führt.

Soweit der Anwender zur Mitwirkung verpflichtet ist *[siehe unter (1)]*, geht die Praxis typischerweise dahin, dass der Anwender die Erstattung seiner Kosten nur verlangt, wenn er durch die Vielzahl der erfolglosen Nachbesserungsversuche entnervt ist. Die Rechtslage ist hier nicht eindeutig. M. E. sind alle Kosten, die *normalerweise* beim Lieferanten anfallen, von diesem zu tragen und dürfen nicht auf den Anwender abgewälzt werden. Soweit es Aufgabe des Anwenders ist, bei der Mängelsuche und ggf. bei der weiteren Mängelbeseitigung mitzuwirken, geht der Aufwand zu dessen Lasten. Der Anwender darf nicht von sich aus aufwendige Suchaktionen starten, geschweige denn versuchen, den Mangel (unter Zuhilfenahme Dritter) zu beseitigen. Als zweckmäßig gilt im Verhältnis der Vertragspartner, was der Lieferant an Mitwirkung wünscht.

Der Anwender kann die Erstattung des Aufwands für die Selbstvornahme *[Kapitel 10.1.1 (3)]* (nur) bei Verzug und nach nutzloser Fristsetzung verlangen.

(4) Inhalt/Umfang der Fehlerbeseitigung

Zur Mängelbeseitigung gehört ggf. die erneute Installation des Software-Produkts *[siehe (1)]*. Muss eine weiterentwickelte Version installiert werden, die nicht aufwärtskompatibel ist, gehört zur Mängelbeseitigung auch das erforderliche Einrichten und die Konvertierung von Datenbeständen *[siehe genauer Kapitel 8.5.4 (1)]*.

Korrektur von Daten: Hier sind zwei Probleme zu unterscheiden: Zum einen kann die Korrekturmaßnahme am Programm bewirken, dass die Dateien, die mit Hilfe des Programms angelegt worden sind, ebenfalls geändert werden müssen, z. B. weil ein Feld eingefügt werden muss. Diese Umstellung der Dateien gehört zur Mängelbeseitigung. – Sind die Daten durch den Mangel verfälscht worden, schuldet der Lieferant Schadensersatz, wenn er den Schaden zu vertreten hat *[siehe Kapitel 6.3 (2.2)]* und den Anwender nicht Mitverschulden wegen mangelhafter Datensicherung trifft.

(5) Eingriffe des Anwenders

Zur speziellen Problematik bei Software siehe Kapitel 8.5.2 (6).

Der Eigentümer darf sein Eigentum ändern oder selbst warten/pflegen. Das berührt die Haftung des Lieferanten nur dann, wenn das Einfluss auf das Auftreten eines Mangels hat.

6.3.8 Verjährung

(1) Dauer der Verjährungsfrist

Die Verjährungsfrist *[zur Verjährung siehe Kapitel 3.10]* für die Ansprüche des Anwenders wegen Mängeln beträgt gemäß § 438 BGB – abweichend von der regelmäßigen Verjährungsfrist von drei Jahren ab Jahresende – nur zwei Jahre, und zwar ab Ablieferung der Sache. Dieser Zeitpunkt deckt sich mit dem Zeitpunkt des Gefahrübergangs (außer in dem Fall, dass der Anwender in Verzug mit der Annahme der Leistung ist).

Diese Frist kann bei Verbrauchsgüterkauf nicht abgekürzt werden.

Bei einer Verjährungsfrist von zwei Jahren stellt sich die Frage, welche Lebensdauer ein Produkt (insbesondere seine Verschleißteile) haben muss. Wenn die Lebensdauer nicht gewöhnlich kürzer als die Verjährungsfrist ist oder der Lieferant keinen Vorbehalt macht, dürfte der Anwender berechtigt sein, davon auszugehen, dass die Lebensdauer länger als die Verjährungsfrist ist.

Die Verjährungsfrist bezieht sich auf versteckte Mängel; sie läuft also auch dann ab, wenn der Anwender den Mangel während dieser Frist nicht entdecken konnte.

(2) Beginn der Verjährungsfrist

Werden Software-Produkte vom Lieferanten installiert, ist nicht Voraussetzung für den Verjährungsbeginn, dass ein Datenträger mit dem Software-Produkt übergeben worden ist.

Möglichkeit der Untersuchung: Die Verjährungsfrist beginnt erst, wenn der Anwender die echte Möglichkeit hat, die Kaufsache zu untersuchen.

Voraussetzung dafür ist zum einen, dass der Lieferant *alle* Leistungen erbracht hat *[zur Benutzerdokumentation siehe Kapitel 6.2.1 (1)]*. Hier ist maßgeblich zu unterscheiden:

- Liegt ein Systemvertrag *[Kapitel 6.1 (1)]* vor, sind die Unterstützungsleistungen Teil einer einheitlichen Leistung. Erst nach deren Abschluss ist „abgeliefert" worden.
- Soll der Lieferant nur liefern (und installieren) und führt der Anwender die Einsatzvorbereitung selbst durch und nimmt nur bei Bedarf Beratungsleistungen in Anspruch, ist der Vertrag mit Abschluss des Minimums an Unterstützungsleistungen, insbesondere der grundlegenden Einweisung, erfüllt.

Stufenweise Lieferung: Werden Teilleistungen vereinbart, beginnt die Verjährungsfrist für jede Teillieferung bereits mit deren Lieferung. Hier sind drei Gesichtspunkte zu berücksichtigen.

Erstens kommt es vor, dass einzelne Teile – ohne Abrede – nicht gleich mitgeliefert und also nachgeliefert werden. Die Verjährungsfrist beginnt auch dann erst mit vollständiger Lieferung, selbst wenn der Anwender die gelieferten Teile schon nutzt *[zur Frage der Zahlungspflicht bei nicht vereinbarten Teilleistungen siehe Kapitel 6.2.3 (2)]*.

Zweitens kommt stufenweise Lieferung vor, weil der Anwender es organisatorisch nicht verkraftet, das System auf einmal in Betrieb zu nehmen, ohne dass formal Teillieferungen vereinbart worden sind. Typischerweise wird kein Liefertermin oder ein einheitlicher Liefertermin vereinbart; es wird alles auf einmal installiert; die Anwendungssoftware wird nach und nach in Betrieb genommen. Dann muss ausgelegt werden, ob die Vertragspartner nachträglich Teilleistungen vereinbart haben.

Drittens kann sich stufenweise Lieferung daraus ergeben, dass Modifikationen/Erweiterungen von Software-Produkten erst noch erstellt werden müssen, ohne dass diese formal als Teilleistungen vereinbart werden *[siehe Kapitel 8.4.1 (1)]*.

(3) Erschwerung der Verjährung

Hemmung: Die Meldung von Mängeln hemmt nicht den Lauf der Verjährungsfrist. Wenn der Lieferant aber auf eine solche Meldung nicht ablehnend reagiert, dürfte die Situation so einzustufen sein, dass die Vertragspartner über die Mängelbeseitigung verhandeln. Das führt zur Hemmung, bis die Verhandlungen abgebrochen werden (dadurch dass der Lieferant erklärt, dass er den Mangel beseitigt habe oder dass kein Mangel vorliegen würde) *[siehe Kapitel 3.10 (3)]*. – Allerdings ist folgende Rechtslage zu beachten:

Neubeginn durch Anerkenntnis des Anspruchs auf Mängelbeseitigung: Die Verjährungsfrist beginnt gemäß § 212 BGB erneut, wenn der Schuldner dem Gläubiger gegenüber einen Anspruch anerkennt. Die Rechtsprechung war nach altem Recht großzügig darin, die Erklärung des Lieferanten, dass ein Mangel vorliegen würde und er diesen beseitigen würde, als Anerkenntnis anzusehen. Es ist offen, ob die Rechtsprechung diese Linie fortsetzen wird.

Nacherfüllung durch Ersatzlieferung: Die bisherige Rechtsprechung hat die Verjährungsfrist im Falle einer Ersatzlieferung neu beginnen lassen. Es bleibt abzuwarten, ob die Rechtsprechung die Neulieferung als Anerkenntnis (wie vorstehend beschrieben) einordnen und damit die Verjährungsfrist neu beginnen lassen wird.

Erhaltung der Mängeleinreden trotz Verjährung: Das Recht zum Rücktritt *[siehe 6.3.10 (2)]* entfällt mit Ablauf der Verjährungsfrist, wenn der Lieferant sich darauf beruft. Soweit der Anwender den Kaufpreis noch nicht gezahlt hat, kann er dessen Zahlung verweigern. Wenn er das tut, kann der Lieferant seinerseits vom Vertrag zurücktreten (und die von ihm erbrachte Leistung zurückverlangen).

Entsprechendes gilt für die Minderung: Soweit der Anwender den Kaufpreis noch nicht gezahlt hat, kann er diesen um den Betrag kürzen, in dem er zur Minderung berechtigt war.

6.3.9 Kenntnis von Mängeln, Kaufmännische Untersuchungs- und Rügepflicht

Mängel und Kenntnis des Auftraggebers: Es sind drei Arten von Mängeln zu unterscheiden:

Offene Mängel: Der Lieferant haftet nicht für Mängel, die der Anwender bei Vertragsabschluss kennt (evtl. die er erst bei Lieferung erkennt) und deren Beseitigung er sich nicht vorbehält.

Erkennbare Mängel: *Wenn* eine Prüfungspflicht besteht *[siehe im Folgenden]*, entfällt die Haftung für solche Mängel, die der Anwender nach der Lieferung bei ordentlicher Prüfung hätte erkennen (und melden) müssen.

Versteckte Mängel: Sie unterliegen der normalen Haftung.

Das Kaufrecht des BGB sieht grundsätzlich keine Pflicht des Käufers vor, die Sache bei Entgegennahme zu untersuchen (Abbildung „Kenntnis von Mängeln und Haftung wegen Sachmängeln); erkennt der Käufer bei der Entgegennahme einen Mangel und rügt diesen nicht, kann das u. U. dahingehend auszulegen sein, dass er die Beschaffenheit so wie gegeben akzeptiert, d. h. auf Ansprüche wegen Sachmängeln verzichtet.

<table>
<tr><th colspan="3">Kenntnis von Mängeln und Haftung für Sachmängel</th></tr>
<tr><th></th><th>§§ 442 BGB</th><th>§ 377 HGB</th></tr>
<tr><td>keine Haftung</td><td>für bei Vertragsabschluss bekannte Mängel
(u. U. auch bei grob fahrlässig nicht erkannten)</td><td rowspan="2">darüber hinaus
– für erkennbare Mängel, wenn nicht unverzüglich untersucht und gerügt.
– für versteckte Mängel, wenn nicht nach Entdeckung unverzüglich gerügt.</td></tr>
<tr><td rowspan="2">Haftung</td><td rowspan="2">für alle übrigen Mängel</td></tr>
<tr><td>für alle übrigen Mängel</td></tr>
</table>

(1) Pflicht zur unverzüglichen Untersuchung und unverzüglichen Rüge

Gemäß § 377 HGB hat der Käufer beim Handelskauf hingegen die Ware unverzüglich nach der Ablieferung durch den Verkäufer zu *untersuchen*, soweit dies im ordnungsgemäßen

Geschäftsgang tunlich ist. Zeigt sich bei dieser Untersuchung ein Mangel, hat der Käufer diesen dem Verkäufer unverzüglich *anzuzeigen*. Geschieht dies nicht, gilt die Ware als genehmigt. Das hat zur Folge, dass die Ansprüche des Käufers nicht nur für erkannte, sondern auch für *erkennbare* Mängel entfallen. Wird ein Mangel ordnungsgemäß gerügt, unterliegen die auf ihn bezogenen Ansprüche ganz normal der Verjährung.

In der Praxis spitzt sich die Auseinandersetzung darüber, ob eine Mängelrüge rechtzeitig oder verspätet erfolgt sei, auf die Frage zu, welche Anforderungen an eine Untersuchung im ordnungsgemäßen Geschäftsgang zu stellen sind. Die Frage ist nach den Verhältnissen des Einzelfalls zu beantworten, wobei zwischen den Interessen des Verkäufers und des Käufers abzuwägen ist.

Jeder Mangel ist einzeln zu rügen *[siehe Kapitel 6.3.6 (1)]*.

Ist eine Haltbarkeitsgarantie vereinbart *[siehe Kapitel 6.3.12]*, ändert das an der Rügepflicht in der Regel nichts. Zeigt sich innerhalb der Garantiefrist ein Mangel, ist er gemäß § 377 HGB unverzüglich zu rügen.

Umfang der Untersuchung: Der Anwender hat nur beschränkte Möglichkeiten, die Kaufsache besser als der Lieferant zu untersuchen, so dass keine hohen Anforderungen gestellt werden dürfen. Wichtiger Gegenstand der Untersuchung ist das Aufdecken von Mängeln, die durch die Installation oder das Einrichten verursacht worden sind.

In der Rechtsprechung geht es hauptsächlich um Fälle, in denen der Anwender sich darauf beruft, dass größere Teile (z. B. der Drucker) funktionsunfähig gewesen seien. Solche Mängel, heißt es oft in Urteilen, hätten von vornherein auffallen müssen.

Unverzüglichkeit der Untersuchung: Der Anwender ist zu einer vernünftigen Untersuchung erst nach der Phase der Einsatzvorbereitung in der Lage. Deswegen beginnt die Verjährungsfrist erst gegen Ende dieser Phase *[Kapitel 6.3.8 (2)]*. Dann braucht der Anwender die Leistung auch nicht vor Ablauf dieser Phase zu überprüfen. Aus der Untersuchungspflicht ist aber abzuleiten, dass er die Einsatzvorbereitung unverzüglich durchzuführen hat.

(2) Unverzügliche Meldung versteckter Mängel

Ein Mangel, der bei einer Untersuchung in ordnungsgemäßem Geschäftsgang nicht festgestellt werden kann, ist „versteckt" („verdeckt" oder „verborgen"). Er muss erst gerügt werden, wenn er sich zeigt, beim Handelskauf dann aber unverzüglich, damit die Ansprüche wegen Mängeln nicht verloren gehen. Die Beweislast dafür, dass der Mangel verborgen war, liegt beim Käufer.

Wenn der Käufer bei einem Nicht-Handelskauf einen Mangel nicht unverzüglich rügt, muss er den Schaden selbst tragen, der durch die Verspätung zusätzlich entsteht.

6.3.10 Minderung und Rücktritt

(1) Minderung

Die Minderung der Vergütung spielt nur eine geringe Rolle. Der Anwender muss vorher wie beim Rücktritt eine Nachfrist setzen *[siehe (2)]*.

(2) Rücktritt

Angemessene Nachfrist: Der Käufer kann – wie bei Verzug *[siehe Kapitel 3.3.2 (2)]* – eine Frist für die Nacherfüllung setzen und bei erfolglosem Fristablauf vom Vertrag zurücktreten.

Die Beseitigung von Mängeln in Software-Produkten ist oft sachgerecht und damit zulässig so organisiert, dass Mängel, die nicht schwerwiegend sind, erst im Rahmen der Lieferung einer weiterentwickelten Version beseitigt werden *[siehe Kapitel 8.5.4 (2)]*. Das gilt insbesondere bei Software-Produkten von Vorlieferanten.

Rücktritt ohne Nachfristsetzung, insbesondere endgültiges Fehlschlagen der Mängelbeseitigung: Der Anwender kann vom Vertrag gemäß § 440 BGB insbesondere dann zurücktreten,

- wenn der Lieferant die Nacherfüllung ernsthaft und endgültig verweigert oder
- die dem Anwender zustehende Art der Nacherfüllung fehlgeschlagen ist oder ihm unzumutbar ist.

Das Gesetz definiert den Fehlschlag wie folgt:

> „Eine Nachbesserung gilt nach dem erfolglosen zweiten Versuch als fehlgeschlagen, wenn sich nicht insbesondere aus der Art der Sache oder des Mangels oder den sonstigen Umständen etwas anderes ergibt."

Der Versuch dürfte sich auf den einzelnen Mangel beziehen[3]. Etwas anderes kann sich zu Gunsten oder zu Lasten eines jeden Vertragspartners ergeben. Hier ist zu berücksichtigen, dass der Anwender in der Anlaufphase eine gewisse Beeinträchtigung der Gebrauchsfähigkeit hinnehmen muss *[Kapitel 6.3.5.1 (2)]*. – Die Menge der Mängel unter Berücksichtigung der zeitlichen Verteilung ihres Auftretens kann zum Fehlschlagen führen.

Der Verweis auf die Variante Fixgeschäft bei Verzug ist hier so zu verstehen, dass der Auftraggeber ohne Fristsetzung zurücktreten kann, wenn die Nacherfüllung nur bis zu einem bestimmten Termin Sinn hat.

Abwarten mit dem Rücktritt: Einerseits muss der Anwender erst einmal die Vorbereitungen zum Umstieg auf ein anderes System treffen können. Er kann nach Treu und Glauben eine angemessene Auslauffrist setzen. Allerdings ist zu berücksichtigen, dass es sich bei Hardware um Wirtschaftsgüter handelt, die einem schnellen Überalterungsprozess unterliegen.

Anerkennt der Lieferant den Anspruch des Anwenders nicht, darf dieser weiternutzen und zahlt eine am Nutzungsumfang ausgerichtete Entschädigung *[zu deren Höhe siehe Kapitel 6.3.10 (3)]*.

Wenn der Lieferant den Rücktritt akzeptiert, kann der Anspruch des Anwenders auf weitere Nutzung nur aus Treu und Glauben abgeleitet werden. Dann hat er dem Lieferanten die

3 Das Gesetz spricht nicht von der Nacherfüllung, sondern von „einer Nachbesserung". Das legt nahe, dass es nicht um die Nacherfüllung wegen aller auftretenden Mängel insgesamt geht, sondern um die Beseitigung eines bestimmten Mangels (durch Nachbesserung oder durch Ersatzlieferung). Die Rechtsprechung kann die Nachbesserung aber auch auf alle gemeldeten Mängel oder auf eine solche einzelne Mängelrüge, die mehrere Einzelpunkte umfasst, beziehen. Dann wird sie hoffentlich auch die Besonderheiten von IT-Verträgen berücksichtigen, nämlich dass Software nicht fehlerfrei sein kann.

Nachteile zu ersetzen, soweit dieser die Hardware und die Software-Produkte seines Vorlieferanten mit Originaldatenträger anderweitig hätte verwerten können.

Umfang des Rücktritts: Der Rücktritt ist wahrscheinlich für alle Lieferungen und Unterstützungsleistungen sowie für zusätzliche Aufträge zulässig *[zur Erstreckung auf Hardware und Software siehe Kapitel 6.4]*.

Nutzungsentschädigung: Der Anwender hat im Falle des Rücktritts eine Nutzungsentschädigung für die Gebrauchsvorteile, die er tatsächlich gehabt hat, zu zahlen (§ 347 BGB). Es gibt eine Tendenz in der Praxis, die Höhe der Nutzungsentschädigung auf der Basis eines Abschreibungszeitraums von 5 Jahren zu berechnen (bei PCs von 4 Jahren).

6.3.11 Schadensersatzansprüche

Die Rechtsprechung ist zurückhaltend, nutzlos aufgewendete Arbeitszeit von Mitarbeitern als Schaden anzuerkennen, da deren Gehälter ohnehin gezahlt werden würden.

6.3.12 Garantien

§ 443 BGB kennt Beschaffenheits- und Haltbarkeitsgarantien.

(1) Beschaffenheitsgarantie

Übernimmt der Verkäufer eine Garantie dafür, dass eine bestimmte Eigenschaft vorliegt (= sichert er sie zu), haftet er unabhängig von Verschulden auf Schadensersatz. § 443 BGB regelt zu den Rechtsfolgen einer solchen Garantie, dass dem Käufer im Garantiefall – unbeschadet der gesetzlichen Ansprüche – diejenigen Rechte zustehen sollen, die sich aus der Garantieerklärung (einschließlich der einschlägigen Werbung) ergeben. Solche spezifischen Regelungen finden sich beispielsweise in Vereinbarungen über das garantierte Leistungsverhalten einer IT-Anlage *[vgl. Kapitel 6.3.4 (1)]*, z B. dahingehend, dass jeder Vertragspartner die Hälfte der Kosten für die Aufrüstung der IT-Anlage tragen muss, wenn das angestrebte Leistungsverhalten des Gesamtsystems nicht erreicht wird.

Oft vereinbaren die Vertragspartner nichts über die Rechtsfolgen. Dann hat der Anwender Anspruch auf Ersatz des Schadens, der durch das Vorhandensein der garantierten/zugesicherten Eigenschaft vermieden werden sollte *[siehe Kapitel 6.3.1 (2.4)]*.

Die Formulierung der Vorschrift ist auf den Fall abgestellt, dass ein Dritter, insbesondere der Hersteller eines Produkts, eine Garantieerklärung für dieses abgibt. Er will durch diese zusätzliche Erklärung den Absatz seines Produkts fördern.

(2) Haltbarkeitsgarantie

Bei einer Haltbarkeitsgarantie geht es um die Zusicherung, dass die Sache für eine bestimmte Dauer die vereinbarte Beschaffenheit behält. In der Praxis wird das oft als „Garantiefrist“ bezeichnet. Die Konsequenz ist folgende: Wenn während der Geltungsdauer der

Haltbarkeitsgarantie ein Sachmangel auftritt, wird vermutet, dass dieser die Rechte aus der Garantie „begründet“.

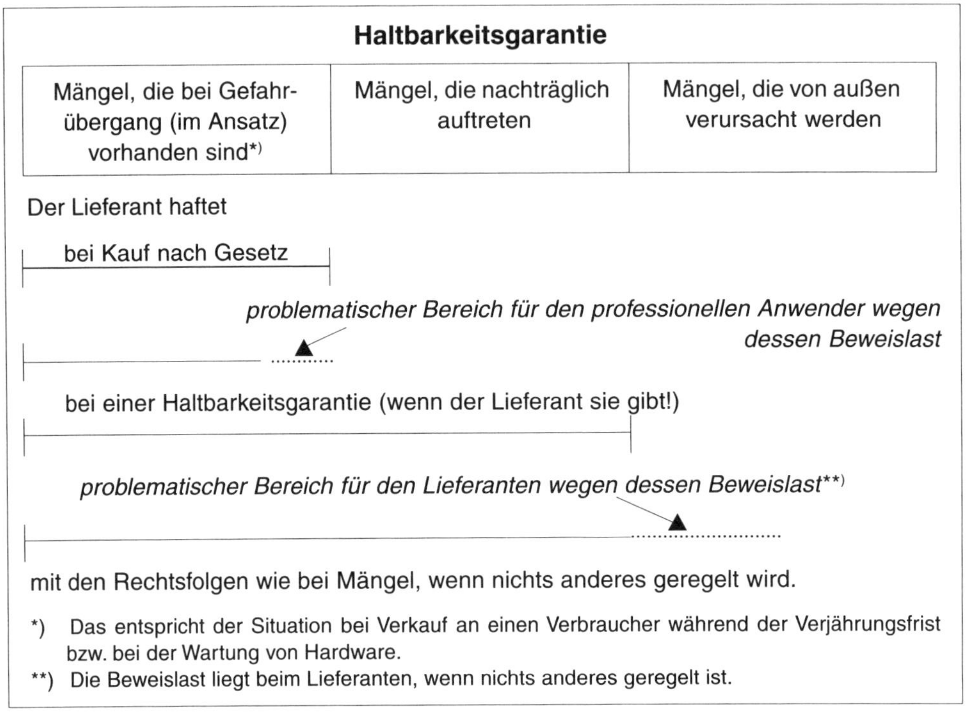

Haltbarkeitsgarantie seitens des Lieferanten: Es kommt also nicht darauf an, dass der Mangel schon bei Gefahrübergang zumindest im Ansatz vorhanden war *[vgl. Kapitel 6.3 (1.2)]*; der Lieferant hat für alle Mängel einzustehen, die sich während der Garantiefrist zeigen. Dies gilt für Material- und Fertigungsfehler, nur ausnahmsweise auch für Konstruktionsfehler.

Die Beweislast dafür, dass kein Garantiefall vorliegt (die Störung beispielsweise durch unsachgemäßes Verhalten des Anwenders verursacht worden ist), liegt beim Garantiegeber. Da er die Garantie freiwillig gibt, kann er die Beweislast auch anders regeln.

Die Ansprüche des Käufers aus der Garantie stehen neben seinen gesetzlichen Ansprüchen wegen Mängeln; die Letzteren werden also durch eine Garantie nur erweitert, aber nicht in anderen Punkten eingeschränkt (Einschränkungen können allerdings unabhängig von der Garantie vereinbart werden).

Die Rechtsprechung nach altem (ungeschriebenem Recht) hat den Beginn der Verjährungsfrist auf den Zeitpunkt hinausgeschoben, zu dem der Fehler auftritt.

Haltbarkeitsgarantie durch den Hersteller: Diese ist im Interesse der Absatzförderung bei Hardware verbreitet. Die Hersteller definieren dabei typischerweise den Umfang der Garantieleistung.

Falls der Hersteller die Rechte aus der Garantie nicht definiert, dürften diese auf Nacherfüllung gehen.

§ 443 BGB spricht davon, dass die Rechte „dem Käufer zustehen“. Bei einer Vertriebskette ist das wahrscheinlich nicht der Vorlieferant oder Lieferant, der beim Hersteller kauft, sondern derjenige, der die Herrschaft über das Produkt hat.

Rechtslage beim Verbrauchsgüterkauf: Der Garantiegeber soll bestimmte Formalien einhalten. Wenn er das nicht tut, bleibt die Garantie, wie sie erklärt worden ist, trotzdem wirksam. Die Garantieerklärung

„muss einfach und verständlich abgefasst ein. Sie muss enthalten:

1. den Hinweis auf die gesetzlichen Rechte des Verbrauchers sowie darauf, dass sie durch die Garantie nicht eingeschränkt werden und
2. den Inhalt der Garantie und alle wesentlichen Angaben, die für die Geltendmachung der Garantie erforderlich sind, insbesondere die Dauer und den räumlichen Geltungsbereich des Garantieschutzes sowie Namen und Anschrift des Garantiegebers.“

Der Verbraucher kann verlangen, dass ihm die Garantieerklärung in Textform *[siehe Kapitel 2.1.4 (2)]* mitgeteilt wird.

6.3.13 Verbrauchsgüterkauf

Ob ein Verbrauchsgüterkauf vorliegt, hängt nicht vom Willen oder wenigstens vom Wissen des Verkäufers ab, sondern nur von der objektiven Situation, wofür der Käufer die Sache erwirbt.

Zum Widerrufsrecht bei Verbrauchsgüterkauf im Fernabsatz siehe Kapitel 4.2.2 (1).

(1) Ansprüche des Verbrauchers beim Verbrauchsgüterkauf

§ 475 BGB bestimmt, dass der Verkäufer dem Käufer bestimmte Rechte vor dem Zeitpunkt, zu dem dieser einen Mangel mitteilt, nicht durch vertragliche Regelungen nehmen kann. Das gilt nicht nur für Abweichungen in AGB, sondern auch für Abweichungen in Individualverträgen. Es geht um folgende Vorschriften:

- § 433 BGB über vertragstypische Pflichten beim Kaufvertrag: Das dient nur der Einleitung.
- § 434 BGB über Sachmängel: Das schränkt nicht die Möglichkeit ein, die Beschaffenheit zu vereinbaren. Der Verkäufer dürfte auch die Möglichkeit haben zu vereinbaren, dass bestimmte Äußerungen des Herstellers (oder von ihm) nicht zutreffen. Eine allgemeine Regelung, dass öffentliche Äußerungen wirkungslos sein sollen, dürfte unzulässig sein.
- § 435 BGB über Rechtsmängel.
- § 437 BGB über die Rechte des Käufers *[siehe Kapitel 6.3 (2)]*.
- § 439 BGB über Nacherfüllung *[siehe Kapitel 6.3 (2.1)]*.
- § 440 BGB über das Fehlschlagen der Nacherfüllung/Nachbesserung *[siehe Kapitel 6.3.10 (2)]*.
- § 441 BGB über Minderung *[siehe Kapitel 6.3.10 (1)]*.
- § 442 BGB über die Kenntnis des Käufers von Mängeln *[siehe Kapitel 6.3.9]*.

– § 443 BGB über Beschaffenheits- und Haltbarkeitsgarantie *[zur Beschaffenheitsgarantie siehe Kapitel 6.3 (2.4), zur Haltbarkeitsgarantie siehe Kapitel 6.3.12]*.

Schadensersatzansprüche können allerdings beschränkt werden.

Außerdem kann von den folgenden Vorschriften zum Verbrauchsgüterkauf nicht zu Lasten des Verbrauchers abgewichen werden:

– § 476 BGB über die Umkehr der Beweislast *[siehe Kapitel 6.3.6 (1)]*.

– § 475 Abs. 2 BGB in Verbindung mit § 438 BGB über die Verjährung der Mängelansprüche: Die Verjährungsfrist von 2 Jahren kann vor Mitteilung eines Mangels nicht abgekürzt werden, wenn sie bei neuen Sachen dadurch weniger als 2 Jahre dauern würde (bei gebrauchten Sachen weniger als 1 Jahr). Dem Verbraucher kann einzelvertraglich (!) die Pflicht auferlegt werden (wie sie für Kaufleute nach § 377 HGB besteht), die Sachen nach Lieferung auf Mängel zu untersuchen und erkannte Mängel unverzüglich anzuzeigen sowie später aufgetretene Mängel unverzüglich zu melden.

– § 477 BGB enthält Sonderbestimmungen für das Abfassen von Garantien nach § 443 BGB, also für Beschaffenheits- oder Haltbarkeitsgarantien *[siehe Kapitel 6.3.12]*.

Schließlich findet § 447 BGB über den Gefahrübergang beim Versendungskauf gemäß § 474 Abs. 2 BGB keine Anwendung. Das bedeutet, dass die Gefahr des zufälligen Untergangs bei einem Versendungskauf erst mit dem Zugang beim Käufer gemäß § 446 BGB auf diesen übergeht. Es liegt also im eigenen Interesse des Verkäufers, den Transport zu versichern.

(2) Rückgriff des Verkäufers auf den Vorlieferanten

§ 478 BGB regelt den Rückgriff des Verkäufers auf seinen Vorlieferanten bei Verbrauchsgüterkauf (der Verkauf an einen Unternehmer hat also keine Rückwirkung auf den Beschaffungsvertrag zwischen dem Verkäufer und seinem Vorlieferanten).

Wenn der Verbraucher vom Vertrag zurücktritt oder den Kaufpreis mindert, kann der Lieferant Schwierigkeiten haben, die formalen Voraussetzungen (Fristsetzung) gegenüber seinem Vorlieferanten einzuhalten (Achtung: Das Gesetz spricht nicht von Verkäufer und Vorlieferant, sondern von Unternehmer und Lieferant). Deswegen regelt § 478 Abs. 1 BGB, dass die normalerweise erforderliche Fristsetzung entfällt.

Wenn der Verkäufer Aufwendungen zur Nacherfüllung hat, muss der Vorlieferant diesen Aufwand erstatten (§ 478 Abs. 2 BGB).

Soweit es hinsichtlich des Vorliegens eines Mangels auf den Zeitpunkt der Lieferung/des Gefahrübergangs ankommt, ist auch im Verhältnis zwischen Verkäufer und Vorlieferant der Zeitpunkt der Ablieferung an den Verbraucher maßgeblich.

Auch die Umkehr der Beweislast in den ersten 6 Monaten nach Ablieferung an den Verbraucher *[siehe Kapitel 6.3.6 (1)]* gilt zugunsten des Verkäufers gegenüber seinem Vorlieferanten. Wenn droht, dass die Sachen durch lange Lagerung mangelhaft werden, dürfte im Falle langer Lagerung allerdings die Vermutung in § 476 BGB entkräftet sein.

Zum Schutz des Verkäufers bestimmt § 479 BGB, dass die Verjährungsfrist für seine Mängelansprüche gegenüber dem Vorlieferanten zwar mit Ablieferung beginnt, aber frühestens 2 Monate nach dem Zeitpunkt endet, in dem der Verkäufer die Ansprüche des Verbrauchers erfüllt hat. Da zwischen dem Verjährungsbeginn zugunsten des Verkäufers und dem Verjährungsbeginn zugunsten des Verbrauchers eine erhebliche Frist liegen kann, bestimmt § 479 BGB weiterhin, dass diese Ablaufhemmung der Verjährungsfrist zu Lasten des Vorlieferanten spätestens 5 Jahre nach der Lieferung durch diesen endet.

Wenn der Verkäufer in seinem Vertrag mit dem Verbraucher die Verjährungsfrist verlängert, geht das zu seinen Lasten. Dasselbe gilt, wenn der Verkäufer nach Ablauf der Verjährungsfrist die Mängelansprüche freiwillig, also ohne sich auf Verjährung zu berufen, erfüllt.

Falls es noch einen Vor-Vorlieferanten gibt, wird auch der Vertrag zwischen dem Vorlieferanten und dem Vor-Vorlieferanten in die Synchronisation einbezogen. Denn letztlich will das Gesetz den Hersteller dazu bringen, mehr für die Qualität seiner Produkte zu tun. Am Importeur (zumindest bei Produkten aus einem Nicht-EG-Land) bleibt das Risiko allerdings hängen.

Wie in (1) dargestellt, kann der Verkäufer seine Pflichten und seine Haftung gegenüber dem Verbraucher vor Mitteilung eines Mangels kaum einschränken. Dementsprechend regelt § 478 Abs. 4 BGB, dass auch der Vorlieferant seine Pflichten und seine Haftung vor diesem Zeitpunkt nicht einschränken kann; er kann mit dem Verkäufer aber einen gleichwertigen Ausgleich vereinbaren. In Betracht kommt vor allem eine „Gewährleistungspauschale“ (ein Abzug vom Kaufpreis dafür, dass der Verkäufer die Aufwendungen für die Nacherfüllung übernimmt). Hier ist unklar, wie ein angemessener Ausgleich aussehen soll, wenn der Hersteller nur die Variante Einschränkungen gegen einen von ihm vorgesehenen Ausgleich anbietet. Da der Hersteller aber für das Vorliegen eines angemessenen Ausgleichs beweispflichtig ist, wird ihm kaum etwas übrig bleiben, als auch die Variante ohne Einschränkungen anzubieten.

So wie der Verkäufer die Möglichkeit hat, seine Haftung auf Schadensersatz einzuschränken *[siehe (1)]*, hat auch der Vorlieferant diese Möglichkeit gegenüber dem Verkäufer.

Achtung: Die Vorschriften über die kaufmännische Untersuchungs- und Rügepflicht zu Lasten des Lieferanten gegenüber seinem Vorlieferanten gemäß § 377 Handelsgesetzbuch bleiben unberührt (§ 478 Abs. 6 BGB) *[siehe Kapitel 6.3.9]*.

6.4 Zusammenhang von Leistungen im Hinblick auf Pflichtverletzungen

(1) Problemstellung

Der Anwender kann die Teile eines IT-Systems relativ unabhängig voneinander beschaffen, er kann (Systemsoftware oder) Anwendungssoftware auch selbst erstellen. Der Anwender kann aber die von ihm benötigten Leistungen auch in einem engen zeitlichen und sachlichen Zusammenhang beschaffen. Er hat dann die Gesamtlösung vor Augen und denkt nur beschränkt an deren Teile, an die Hardware meist nur in ihrer dienenden Funktion.

Rechtlich gesehen geht es im Wesentlichen um die Frage, inwieweit Pflichtverletzungen in einem Teil sich auf alle Teile auswirken, der Käufer also vom Vertrag insgesamt zurücktreten kann *[Kapitel 3.3.2 (2)]*. Die Frage des Gesamtrücktritts stellt sich auch hinsichtlich weiterer Leistungen wie z. B. der Einsatzvorbereitung oder Anpassungsprogrammierung *[Kapitel 8.4]* oder hinsichtlich Zusatzaufträgen.

(2) PC: Mehrere Hardwarekomponenten oder ein Produkt?

Ein PC hat keinen genau definierten Umfang. Grundsätzlich darf der Anwender, wenn bei der Beschaffung eines Systems ein PC wegen einer Komponente mangelhaft ist und der Mangel nicht beseitigt wird, den gesamten PC zurückgeben. Steht hingegen der PC als Kaufsache im Vordergrund, darf der Anwender eher nur die betroffene Komponente zurückgeben; das gilt insbesondere, wenn der PC nach seinen Wünschen zusammengesetzt worden ist.

Eine andere Frage ist die, ob der Anwender einzelne Komponenten eines PCs behalten darf. Dies ist bei einer einheitlichen Sache eigentlich abzulehnen. M. E. ist das aber bei einem PC zu bejahen, *wenn* der Lieferant seinerseits sowieso die Komponenten getrennt beschafft und die nicht zurückgegebenen problemlos nachbeschaffen kann (§ 437 i.V.m. § 323 Abs. 5 Satz 2 BGB sinngemäß).

(3) Rechtsmängelhaftung bei Software-Produkten

Bei Lieferung einer echten Raubkopie (die dem Original entspricht, aber kein Benutzungsrecht verschaffen kann *[siehe Kapitel 8.2.6]*) ist nur eine Legalisierung der eingesetzten Kopie nötig; es sei denn, dass Programmschutzmaßnahmen den Einsatz gefährden oder sogar beeinträchtigen. Selbst wenn eine technisch unteilbare Einheit vorliegt, ist kein Fortfall des Gesamtinteresses anzunehmen. Der Anwender kann also nur Teilrückgängigmachung verlangen.

6.4.1 Ein Lieferant liefert alles

(1) Rechtliche Situationen im Einzelnen, insbesondere bei Standardeinheiten

Im Folgenden wird vorrangig von Mängeln in der Software ausgegangen. Gesamtrücktritt ist nach § 437 i.V.m. § 323 Abs. 5 BGB dann zulässig, wenn

- bei Verzug der Anwender (Gläubiger) wegen des fehlenden Teils kein Interesse an der erhaltenen Teilleistung hat bzw.
- bei mangelhafter Lieferung der Anwender wegen des Mangels kein Interesse am funktionierenden Teil hat.

Das kann sich aus der Bewertung der jeweiligen Konstellation ergeben. Die Vertragspartner können aber auch spezielle Vereinbarungen treffen, die Vorrang haben. Typische Konstellationen sind, unabhängig von IT-Systemen:

Unteilbare Leistungen: Es gibt Einheiten, die auf dem Markt als ein Produkt angesehen werden, wie PKWs (auch bei einer gewissen Variabilität vieler Bestandteile = Komponenten) oder Schachcomputer. Der Anwender braucht nicht zu begründen, dass er insgesamt zurücktreten kann (es kommt in Betracht, dass er *nur* insgesamt zurücktreten darf, weil der Lieferant an Teilen kein Interesse hat). Auch IT-Systeme mit proprietärem Betriebssystem fallen nach der Rechtsprechung als „objektiv technisch unteilbare Gesamtleistung“ hierunter.

Eine Gesamtleistung kann auch vereinbart werden, z. B. indem die Vertragspartner Begriffe wie „Lösung“ oder „IT-System“ verwenden.

Eine andere Frage als die nach der Zulässigkeit des Rücktritts insgesamt überhaupt ist die, ob nicht ausnahmsweise wegen der Geringfügigkeit des von der Pflichtverletzung betroffenen Teils der Rücktritt ausgeschlossen ist.

Sets/Baukästen: Die Variabilität der Teile (= Einheiten) ist so hoch, dass diese einzeln als Lieferpositionen angesehen werden. Der Anwender benötigt mehrere Lieferpositionen, um ein funktionsfähiges System zu haben. Einzelne Teile sind mehr oder weniger wertlos. – Die einzelnen Teile eines Sets sind häufig über Schnittstellen miteinander verbunden. Diese Schnittstellen können offiziell genormt sein oder sich als „Industriestandard“ durchgesetzt haben. Das braucht aber nicht der Fall zu sein. Der Anwender kann zurücktreten, wenn die in diesen Fällen erforderliche Ersatzbeschaffung des fehlenden/mangelhaften Teils ihm erhebliche Nachteile schafft.

Je stärker die Schnittstellen offiziell oder inoffiziell genormt sind, desto wahrscheinlicher ist es, dass es für die einzelnen Einheiten mehrere Anbieter gibt. Je mehr es sind, desto eher kann der Anwender angemessenen Ersatz finden. Desto näher liegt es, dass der Anwender nur die durch die Pflichtverletzung betroffenen Einheiten zurückgeben darf.

Ein Teil der Rechtsprechung sieht einen erheblichen Nachteil darin, dass der Anwender es im Falle der Ersatzbeschaffung mit zwei Lieferanten zu tun habe, die sich gegenseitig die Schuld an Störungen zuschieben würden. M. E. liegt darin, dass der Anwender einen erneuten Auwahlprozess durchführen muss meist schon ein wesentlicher Nachteil. Dieser kann nur dadurch beseitigt werden, dass der Lieferant alsbald, nachdem der Anwender den Gesamtrücktritt erklärt hat, eine anderweitige Ersatzsoftware (Ersatzhardware) nachweist.

Ausschluss der Gesamtrückgängigmachung durch Kompensation: In manchen Fällen beschränken sich die Nachteile auf gewisse Mehrkosten.

Beispiele: Die erneute Installation der Anwendungssoftware-Produkte auf der neuen IT-Anlage ist zu vergüten, während der erste Lieferant die Erstinstallation ohne gesonderte Vergütung vorgenommen hat. – Der Preis für den isolierten Erwerb der zweiten IT-Anlage ist höher (weil der zweite Lieferant kein lukratives Softwaregeschäft tätigen kann).

M. E. kann der Erstlieferant dann nach Treu und Glauben verlangen, dass der Anwender die mangelfreien Teile behält, wenn er von vornherein Ausgleich der Mehrkosten für den Fall anbietet, dass der Anwender den Prozess über den Rücktritt von den betroffenen Teilen gewinnt.

Insbesondere Rechtsprechung zu PCs: Es geht hier typischerweise um „Set“-Fälle auf der Basis von Microsoft-Betriebssystemen. Dementsprechend gibt es prinzipiell einen günstigen Markt für Ersatzbeschaffungen von Anwendungssoftware und erst recht von Hardware. Die anderen potentiellen Nachteile sind typischerweise schwach ausgeprägt. Die Rechtsprechung hat in diesen Fällen bisher teilweise getrennte Leistungen angenommen.

Teils Kauf – teils Miete: Wird ein Teil gemietet, ist kein Grund zu sehen, einen Unterschied zum Ausgangsfall zu machen, in dem für alle Teile eine einmalige Vergütung gezahlt wird.

Teilleistungen: Sind Teilleistungen vorgesehen, spricht das kaum gegen den Gesamtrücktritt; denn Teillieferungen sind eher deswegen erforderlich, weil die Gesamtleistung wegen ihres Umfangs nicht auf einmal beim Anwender eingeführt werden kann.

(2) Zahl der Vertragsdokumente

Indizwirkung eines einzigen Dokuments: Haben die Parteien mehrere Leistungen in einem Vertragsdokument zusammengefasst, ist zu vermuten, dass diese Leistungen eine Einheit bilden oder zusammengehören sollen.

Mehrere Vertragsdokumente: Manche Lieferanten sehen gesonderte Formulare und AGB für Hardware und Software-Produkte vor. Das darf nicht damit gleichgesetzt werden, dass ein Lieferant zwar getrennte Formulare und AGB verwendet, dann aber alle Bestandteile in einem Deckblatt zusammenfasst und somit ein einziges Vertragsdokument definiert.

Es gibt eine nahezu einheitliche Rechtsprechung, dass die Aufteilung auf zwei Dokumente hinsichtlich der Frage, ob der Anwender insgesamt zurücktreten kann, für unerheblich gehalten wird. Anders ist es nur, wenn die Verträge ausdrücklich als voneinander unabhängig bezeichnet werden.

(3) Einbeziehung von Individualsoftware und Anpassungsprogrammierung

Pflichtverletzungen bezüglich Softwareerstellung: Scheitert die Erstellung von Software, ist deren Abtrennung nicht grundsätzlich ein wesentlicher Nachteil, weil die IT-Anlage als Basis für die erneute Entwicklung der Individualsoftware weiterhin zur Verfügung steht. Technische Untrennbarkeit ist grundsätzlich nicht gegeben, so dass man grundsätzlich nicht von einer Gesamtleistung auszugehen hat. – Selbstverständlich können die Vertragspartner eine Gesamtleistung vereinbaren.

Es liegen aber typischerweise dieselben Nachteile wie bei gescheiterter Überlassung von Software-Produkten vor.

Pflichtverletzungen bezüglich Anpassungsprogrammierung zu einem Software-Produkt: Modifikationen hängen untrennbar, Erweiterungen und Zusatzprogramme eng mit dem Software-Produkt zusammen; sie bilden mit ihr eine Einheit *[Kapitel 8.4.1 (1)]*; zumindest führt die Trennung zu erheblichen Nachteilen. Die Einschaltung eines anderen Lieferanten zwecks Fertigstellung oder Mängelbeseitigung kommt ohnehin nur in Betracht, wenn das Quellprogramm geliefert worden ist (ein Verbot der Kenntnisgabe an Dritte dürfte nicht mehr entgegenstehen *[Kapitel 8.2.2.4 (2)]*).

Das bedeutet hinsichtlich des Gesamtrücktritts, dass es erst einmal darauf ankommt, ob im Verhältnis von Software-Produkt zu IT-Anlage Einheit oder Zusammengehörigkeit vorliegt *[siehe (1)]*.

Pflichtverletzungen bezüglich Standardprodukten: Die Rechtslage dürfte genauso sein wie in dem Fall, dass es nur um Standardprodukte geht *[siehe (1)]*.

(4) Zeitlich auseinanderfallende Vertragsabschlüsse

Je enger die Leistungen zusammengehören, desto größer kann der zeitliche Abstand sein, ohne dass das Recht zum Gesamtrücktritt entfällt. Für Zusammengehörigkeit der Verträge spricht insbesondere, wenn die Leistungen gemäß einheitlichem Zeitplan erbracht werden sollen *[siehe auch Kapitel 8.4.1 (1)]*.

(5) Nachträgliche Änderung des Zusammenhangs

Änderungen im ursprünglich bestellten IT-System können den erst einmal geschaffenen Zusammenhang beeinflussen: Wenn das neue Teil mangelhaft ist, möchte der Lieferant nicht auch die früher gelieferten Teile zurücknehmen müssen. Aufhebung des Zusammenhangs liegt nahe, wenn das neue Teil das Risiko des Lieferanten deutlich erhöht. Andernfalls bleibt es in der Regel dabei, dass ein Set dadurch definiert ist, dass mehrere zusammenwirkende Teile erforderlich sind, wobei diese teilweise austauschbar sind. Der Zusammenhang wird insbesondere dann nicht beeinträchtigt, wenn das neue Teil Defizite des ursprünglichen Teils ausgleichen soll.

Durch die Änderung wird die Verjährungsfrist für die beibehaltenen Teile nicht verlängert.

(6) Zusammenhang von Anwendungssoftware-Produkten untereinander

Die Rechtsprechung hat den Gesamtrücktritt wegen Softwaremängeln weitgehend auf der – unausgesprochenen – Grundlage bejaht, dass eine Softwarefamilie vorliegen würde, deren Teile zusammenhängen würden.

Es kommt vor, dass ein Software-Produkt oder sogar nur ein Teil davon unproblematisch ausgetauscht werden kann, z. B. ein Etikettendruckprogramm (letztlich systemnahe Software als Teil eines Anwendungspakets). Bei beschränkten Nachteilen kommt in Betracht, dass der Lieferant den Gesamtrücktritt durch Zahlung des Mehrpreises für die Integration dieses anderen Programms abwenden kann *[siehe (1)]*.

6.4.2 Zwei Lieferanten

Die Rechtsordnung stellt verschiedene Möglichkeiten zur Verfügung, wie die Leistungen/ Verträge zweier (oder mehrerer) Lieferanten zusammenhängen können.

Dem rechtlichen Zusammenhang der Verträge steht nicht entgegen, dass die Vertragsschließenden nicht an allen einzelnen Geschäften, aus denen sich das einheitliche Geschäft zusammensetzt, in gleicher Weise beteiligt sind. Die Verträge brauchen nicht in einem gemeinsamen Dokument niedergelegt zu werden.

Es gibt immer noch nur wenig Rechtsprechung. Das ist in den letzten Jahren darauf zurückzuführen, dass die Systemhäuser zunehmend als Lieferanten, die alles aus einer Hand liefern, auftreten.

Die Gerichte sind zunehmend, aber immer noch vorsichtig bereit, einen Zusammenhang der beiden Verträge anzunehmen. Die Stärke des rechtlichen Zusammenhangs hängt zum einen davon ab, ob die Leistungen eine Einheit bilden oder nur zusammengehören und zum anderen davon, wie sehr die beiden Lieferanten gemeinsam auftreten, also ihren Willen bekunden, dass der Anwender ein System, wenn auch aus zwei (Paar) Händen, bekommen soll.

Haben die drei Parteien ein Gesamtrechtsgeschäft, bestehend aus zwei Teilverträgen, gewollt, kann der Anwender von beiden Teilverträgen zurücktreten. Wurden die Teile als zusammengehörig verkauft, ist darauf abzustellen, ob der Anwender erhebliche Nachteile erleidet, wenn er nur einen Teil zurückgeben darf. *[Einzelheiten sind in* www.zahrnt.de *dargestellt.]*

6.4.3 Leasing

(1) Leasing bei einem Lieferanten

Die Einschaltung eines Leasinggebers für Hardware und Software ändert grundsätzlich nichts am Zusammenhang der Leistungen, wie er objektiv vorliegt oder zwischen Lieferanten und Leasingnehmer vereinbart worden ist. Man kann m. E. nicht annehmen, dass der Leasinggeber den zwischen Lieferanten und Leasingnehmer vereinbarten Zusammenhang der Leistungen zu Lasten des Leasingnehmers und damit zu eigenen Gunsten einschränken will *[vgl. Kapitel 7.3.1 (1)]*.

Wird die Software im Leasingvertrag nicht ausdrücklich aufgeführt, obwohl der Leasingvertrag sie von der Vergütungsseite her umfasst, ist sie als Teil der Leasingsache anzusehen.

(2) Insbesondere teilweises Leasing

Auch wenn nur die Hardware zum Gegenstand des Leasingvertrags gemacht wird, soll der zwischen dem Lieferanten und dem Anwender vereinbarte Zusammenhang von Hardware und Software durch die Einschaltung eines Leasinggebers nicht eingeschränkt werden. Der Anwender, der diesem gegenüber Anspruch auf eine einheitliche Leistung oder auf zusammengehörende Leistungen hat, behält diesen Anspruch, nämlich hinsichtlich der Software aus eigenem Recht und hinsichtlich der Hardware aus abgetretenem Recht. Der Leasinggeber tritt seine Haftungsansprüche ab, die auf den Zusammenhang abzielen (Abbildung „Teilweises Leasing"). – Dabei spielt es keine Rolle, ob die Lieferung von Hardware und Software mit dem Lieferanten in einem Dokument oder in zwei vereinbart ist, weil die Aufspaltung bei einem Lieferanten unerheblich ist.

Solange der Anwender vom Softwarevertrag zurücktreten kann, kann er damit grundsätzlich auch den Hardwarevertrag (zwischen Lieferanten und Leasinggeber) zu Fall bringen. In Konsequenz dessen entfällt auch der Leasingvertrag *[Kapitel 7.3.1 (2)]*.

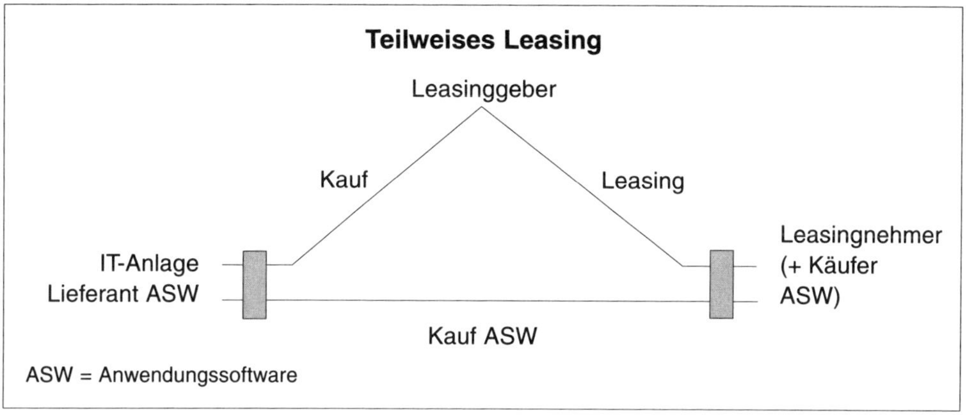

Zeitliche Begrenzung der Abhängigkeit: Der Leasingnehmer kann den Leasingvertrag wegen Pflichtverletzungen hinsichtlich des Softwarevertrags auch noch nach Ablauf der Verjährungsfrist hinsichtlich des Hardwarevertrages zu Fall bringen, wenn die Verjährungsfrist für die Software noch läuft oder die Software noch gar nicht vollständig geliefert ist.

Kenntnis des Leasinggebers: Aus der Sicht des Leasingnehmers, der mit dem Lieferanten einen Vertrag über eine einheitliche Leistung oder über zusammenhängende Leistungen geschlossen hat, kommt es nicht darauf an, ob der Leasinggeber von der Softwarebeschaffung weiss: Dieser soll in den Hardwarevertrag einsteigen. Er hat keinen Auftrag, zu schlechteren Bedingungen zu kaufen *[Kapitel 7.3.1 (1)]*. – Auf jeden Fall muss sich der Leasinggeber den Willen des Lieferanten als eigenen Willen zurechnen lassen, wenn dieser für den Leasinggeber als Verhandlungsgehilfe *[Kapitel 7.3.1 (3)]* auftritt.

Teilweises Leasing bei Individualsoftware: Hier liegt bereits im Verhältnis von Lieferant zu Anwender ein weniger starker Zusammenhang von IT-Anlage und Software vor *[siehe Kapitel 6.4.1 (3)]*.

Ergänzende Direktgeschäfte: Erteilt der Anwender Aufträge über Zubehör oder Anschlussaufträge direkt an den Lieferanten, kann er auch diese rückgängig machen, wenn er den ursprünglichen Kaufvertrag (zwischen Lieferanten und Leasinggeber) rückgängig machen kann *[vgl. dazu Kapitel 6.3.10 (2)]*.

6.5 Leistungsfragen in der Benutzungsphase

Die Leistungen in der Benutzungsphase werden weitestgehend durch Verträge über die Wartung/ Instandhaltung von Hardware *[Kapitel 13]* oder die Pflege von Software *[Kapitel 14]* kanalisiert.

6.5.1 Nebenpflichten des Lieferanten

(1) Sorgfaltspflichten des Lieferanten

Es kommt in Betracht, dass der Lieferant in das System des Anwenders eingreift, insbesondere

- um neue Versionen der Software-Produkte zu überspielen,
- um Mängel zu suchen bzw. Korrekturmaßnahmen in Programme einzufügen oder korrigierte Programmteile einzuspielen.

Die Erfahrung hat gezeigt, dass sich dabei relativ häufig Mängel/mangelhafte Maßnahmen einschleichen (häufiger als Schäden bei gefahrgeneigter Arbeit entstehen). Insbesondere kommt es vor, dass Dateien zerstört werden (sei es sofort oder durch Programmfehler). Deswegen gehören vorbeugende Maßnahmen zum ordnungsgemäßen Vorgehen. In der Regel heißt das, dass eine vollständige Datensicherung vor dem Eingriff durchzuführen ist. Der Lieferant hat also den Anwender zumindest vorher zu fragen, ob eine aktuelle komplette Datensicherung vorgenommen worden ist.

(2) Rücksicherung neuer Versionen

Weiterhin obliegt es dem Lieferanten gegenüber Laien-Anwendern, dafür zu sorgen, dass eine alte Version nach Installation einer neuen nicht im Rahmen der Datensicherung versehentlich „rückgesichert" (= zurückübertragen) wird, d. h. dass die alte Version im Falle des Kopierens einer Datensicherung nicht wieder zu produktiven Zwecken bereitgestellt wird.

Andersherum kann es aber zu den Pflichten des Lieferanten gehören, eine Kopie der alten Version, ggf. samt Daten, auf einem gesonderten Datenträger zu sichern, so dass diese zurückübertragen werden kann, wenn die neue Version zu schweren Mängeln führt, die nicht schnell behoben werden können.

(3) Mitwirkung bei der Lokalisierung von Fehlern in fremden Komponenten

Je komplexer ein System ist, desto schwieriger wird es, Fehler zu lokalisieren, d. h. einer Komponente zuzuordnen. Je mehr Lieferanten Teile zu einem System beigetragen haben, desto schwieriger wird es, den für einen Fehler verantwortlichen Lieferanten zu finden. Es ist deshalb verbreitet, dass von mehreren Lieferanten jeder bereit ist, sich an der Lokalisierung des Fehlers – gegen Vergütung nach Aufwand – zu beteiligen. Probleme können in der Situation entstehen, dass ein Lieferant von (kompatiblen) Ersatzprodukten beteiligt ist und der Vorbild-Lieferant sich an der Fehlersuche nur insoweit beteiligt, dass er im Verhältnis zum Konkurrenzprodukt nur überprüft, dass der Fehler nicht in seinem Teil enthalten ist. Der Vorbild-Lieferant lehnt dann ab, seine Diagnosewerkzeuge (die er im Hinblick auf Schnittstellentests zu seinen Vorbild-Produkten entwickelt hat) für die genaue Lokalisierung des Fehlers im konkurrierenden Produkt einzusetzen.

(4) Ersatzlieferung bei Verlust eines Software-Produkts

Der Anwender soll Datensicherung betreiben, soll also eine Sicherungskopie haben; der Lieferant ist verpflichtet, den Anwender bei der Einweisung zu deren Erstellung anzuhalten, wenn er sie nicht selbst erstellt *[siehe Kapitel 8.3 (2)]*. Wenn der Anwender sie nicht hat, hat er das teils sich selbst, teils dem Lieferanten zuzuschreiben. Dann sollte wenigstens der geschuldete Originaldatenträger (mit der auf jeden Fall vollständigen Fassung) vorhanden sein. Der Vertragspartner, der das Fehlen der einen und/oder der anderen Fassung zu vertreten hat, trägt den Aufwand für deren erneute Schaffung. Hat der Lieferant eine Ersatzkopie zur Verfügung, muss er sie auf jeden Fall liefern. Letzteres ist oberhalb der PC-Ebene ohnehin branchenüblich.

Geht der Originaldatenträger verloren, ist einzusehen, dass nur in den Fällen Ersatz gegen Vergütung des Aufwands verlangt werden kann, in denen die Zerstörung des Originaldatenträgers nachgewiesen werden kann. Denn ist das nicht der Fall, kann der Verlust auch dazu führen, dass nunmehr ein Dritter das Software-Produkt benutzt. Dann ist es dem Lieferanten nicht zuzumuten, billig Ersatz zu liefern. – Bei Diebstahl ist darauf abzustellen, mit welcher Wahrscheinlichkeit der Täter den Originaldatenträger, wenn er ihn mitgenommen hat, nutzen wird. – Stammt der Originaldatenträger von einem Vorlieferanten, ist dieser entsprechend verpflichtet, dem Lieferanten Ersatz zu schaffen.

Bei getrennten Autorisierungsinstrumenten *[Kapitel 8.1 (4)]* ist der Ersatz des Software-Produkts unproblematisch. Bei Beschädigung des Autorisierungsinstruments ist dieses gegen eine auf dessen Wert ausgerichtete Vergütung erneut zu liefern. Bei Verlust des Autorisierungsinstruments sollte es wieder auf den Nachweis der Zerstörung/Vernichtung ankommen. Ein Teil der Rechtsprechung lehnt einen erneuten Lieferanspruch überhaupt ab.

Wird die Pflege des Software-Produkts vereinbart, kann der Lieferant weitergehend zur Vorhaltung verpflichtet sein *[siehe Kapitel 14.3.2 (5)]*.

(5) Telefonische Unterstützung durch den Lieferanten

Bei einem Pflegevertrag gehört telefonische Unterstützung typischerweise zum Leistungsumfang *[Kapitel 14.3.2 (4)]*. Wird Pflege nicht vereinbart, handelt es sich bei telefonischer Unterstützung grundsätzlich um eine vergütungspflichtige Leistung. Es ist aber verbreitet, dass Unterstützung in geringem Umfang nicht berechnet wird.

6.5.2 Aufgaben des Anwenders

Zur Pflicht zum Programmschutz siehe Kapitel 8.2.5.

Es ist Sache des Anwenders, Datensicherung zu betreiben. Dazu gehört auch die Sicherung von Programmen (die auf Datenträger gespeichert auch Daten darstellen). Unterlässt er das, muss er sich das als – dominierendes – Mitverschulden entgegenhalten lassen, wenn Daten durch einen Systemfehler verloren gehen.

6.5.3 Beendigung der Benutzung

Siehe Kapitel 8.5.4 (4) zu Maßnahmen hinsichtlich der Software nach Rücktritt.

Der wichtigste Punkt für den Anwender ist, dass der alte Lieferant ihn bei der Übernahme der Daten unterstützt. Die Rechtsprechung hat wiederholt entschieden, dass ein Rechenzentrum, das Daten für einen Kunden verarbeitet hat, diese am Ende in einer solchen Weise bereitstellen muss, dass der Anwender sie anderweitig nutzen kann. Dieser Fall unterscheidet sich davon insofern, als dass der Lieferant der Software-Produkte die Daten bis dahin nicht verarbeitet hat. Insofern liegt eine geringe Pflicht aus Treu und Glauben vor, bei der weiteren Nutzung zu helfen. Die Pflicht selbst ist aber im Ansatz ebenfalls zu bejahen; denn der Lieferant kann den Anwender sonst zwingen, auf Dauer sein Kunde zu bleiben. Der Weg, die Daten neu zu erfassen, ist äußerst teuer und oft vom Zeitbedarf her gar nicht gangbar.

Allerdings hat der Lieferant Anspruch auf Schutz seines Know-hows. Insofern ist er nicht verpflichtet, seine Datensatzbeschreibungen offenzulegen. Er muss die Daten aber aus seiner Anwendung in eine neutrale Fassung bringen.

7 Beschaffung/Lieferung von IT-Systemen – spezielle Probleme

Inhaltsübersicht

7.1 Verletzung von vorvertraglichen Pflichten

(1) Problemstellung

Nach § 311 Abs. 2 BGB kann ein Schuldverhältnis, das jeden Beteiligten zur Rücksichtnahme auf die Rechtsgüter und Interessen des anderen Teils verpflichtet (§ 241 Abs. 2 BGB), schon vor Abschluss eines Vertrags entstehen, nämlich durch

„1. die Aufnahme von Vertragsverhandlungen,

2. die Anbahnung eines Vertrags, bei welchem der eine Teil im Hinblick auf eine etwaige rechtsgeschäftliche Beziehung dem anderen Teil die Möglichkeit zur Einwirkung auf seine Rechte, Rechtsgüter und Interessen gewährt oder ihm diese anvertraut, oder

3. ähnliche geschäftliche Kontakte."

Verletzt jemand seine Pflichten, macht er sich nach der allgemeinen Haftungsvorschrift *[siehe Kapitel 3.1 (2)]* schadensersatzpflichtig.

Die Pflichten sind insbesondere:

- Aufklärungspflichten,
- Beratungspflichten,
- Fürsorgepflichten,
- Pflichten aus Zusagen, die nicht als solche bereits eine vertragliche Vereinbarung darstellen,
- Verhandlungstreuepflicht.

Beispiel für Verhandlungstreuepflicht siehe Kapitel 2.1.8 (3.2).

Beispiel für Beratungspflicht: Der Auftragnehmer empfiehlt die Beschaffung einer bestimmten IT-Anlage als Basis für einen Vertrag über ein von ihm zu entwickelndes Programm. Die Konfiguration ist nachlässig ausgewählt, so dass sie nachgerüstet werden muss und damit teurer wird als die nicht empfohlene Konfiguration eines anderen Lieferanten.

Beispiel für Aufklärungspflicht: Ein Lehrinstitut, das Programmierer ausbildet, muss die Interessenten eingehend über die Anforderungen und die Berufsaussichten informieren.

(2) Unter welchen Voraussetzungen entstehen vorvertragliche Aufklärungs- oder Beratungspflichten?

Allein durch die Kontaktaufnahme zwischen Lieferant und Interessent entsteht noch kein vorvertragliches Schuldverhältnis, das zur Aufklärung oder sogar zur Beratung verpflichten würde. Die Schaffung eines Vertrauensverhältnisses ist ein Gesichtspunkt, auf den die Rechtsprechung fast stets abstellt. Ein wesentlicher Faktor für die Stärke des Vertrauensverhältnisses ist der Abstand in der Fachkunde zwischen dem Lieferanten und dem Anwender.

Aufklärungspflichten entstehen relativ bald für den Fall, dass der Interessent Gefahr läuft, sich selbst erheblich zu schaden. Die Rechtsprechung verlangt, dass der Lieferant den Laien-Interessenten darüber aufklärt, dass der Projekterfolg sehr gefährdet ist, wenn dessen Anforderungen nicht vor Abschluss des Liefervertrags ermittelt werden. Damit der Anbieter ein sachgerechtes Angebot machen könne, müsse das Ergebnis dieser Arbeit in der Regel schriftlich festgehalten werden (Pflichtenheft). Ob das allerdings regelmäßig Sinn macht, ist fraglich. Bei Einführung von Software-Produkten findet die Arbeit am Detail besser in der Einführungsphase statt!

Beratungsverhältnis: Beratungspflichten bestehen kaum. Sie bestehen insbesondere nicht, wenn der Anwender (sich eventuell bereits anderweitig hat beraten lassen, auf jeden Fall aber) mit festen Vorstellungen über das, was er erwerben will, auftritt. *Wenn* aber der Lieferant die Beratung über das bei einem Verkaufsgespräch Übliche hinaus formlos übernommen hat, schafft er ein vorvertragliches Schuldverhältnis. Dieses verpflichtet ihn, zusammen mit dem Anwender dessen spezifische Anforderungen zu ermitteln. Der Lieferant kann der Haftung aus Beratung entgehen, indem er Beratung entgeltlich anbietet und, wenn dies abgelehnt wird, nicht (unentgeltlich) berät. – Das Ergebnis soll in etwa wie bei einem entgeltlichen Beratungsvertrag aussehen (braucht aber nicht so detailliert zu sein). Der Lieferant soll später im Liefervertrag erklären, dass seine Lieferungen diese Anforderungen abdecken (dafür unterliegt er der Haftung für Sachmängel).

Allgemein wird ein hoher Einsatz des Lieferanten verlangt. Es ist regelmäßig von spezifischen Sorgfaltspflichten des Lieferanten die Rede, insbesondere wegen des Vertrauens des Laien in die Fachkunde des Herstellers.

Begriff des Laien: Die Rechtsprechung stellt maßgeblich darauf ab, dass der Interessent nicht über ausreichendes Wissen verfügt. Hier ist zu differenzieren. Maßgeblich ist

- hinsichtlich Aufklärungspflichten, dass der Interessent wesentliche risikobehaftete Umstände nicht kennt.
- hinsichtlich Beratungspflichten/-verhältnis, dass der Interessent – bei großer Sachkunde des Anbieters – nicht ausreichendes Wissen hat.

Dabei ist wie üblich auf die Art des Interessenten abzustellen: Was darf der Anbieter von einem Interessenten/Anwender dieser Art erwarten? Wenn der Anbieter allerdings konkrete Anhaltspunkte für eine bestimmte Wissenslage beim Interessenten hat (z. B. untypische Unwissenheit), muss er diese berücksichtigen.

Beispiele: Wenn ein Anwender, der seine kommerzielle Basislösung (Finanzbuchhaltung, Fakturierung) beherrscht, diese um den Bereich PPS erweitern will, ist er wieder Laie. Wenn ein Anwender, der einen solchen IT-Mitarbeiter hat, der einfache Anwendungsprogramme erstellen kann, eine Netzwerklösung beschaffen will, ist er insoweit Laie.

Aufgaben des Interessenten: Es wird hier nicht von Mitwirkungspflichten des Interessenten gesprochen, weil es weitgehend erst einmal der Lieferant ist, der den Interessenten/ Anwender bei dessen Aufgaben unterstützt, nämlich dessen Anforderungen festzulegen. Die Rechtsprechung geht davon aus, dass dieser das Seine zu leisten hat, soweit er das kann.

Soweit es um seine Anforderungen (auch um sein Mengengerüst) geht, muss der Interessent diese – unter Anleitung des Lieferanten – darstellen. Der Lieferant muss ihn dabei anleiten.

Eine Pflicht zur Überprüfung der genannten Anforderungen dürfte nur beschränkt bestehen, nämlich dahingehend, ob diese plausibel sind.

(3) Gegenstände von Aufklärungs- und Beratungspflichten

Im Einzelnen ist nach dem Gegenstand der Beratung zu differenzieren. Letztlich geht es um alle Bereiche, in denen das System untauglich sein kann *[vgl. Kapitel 6.3]*. Dabei dürften die Beratungspflichten desto stärker sein, je weniger das Problemfeld dem Interessenten zugänglich ist. Es ist daran zu erinnern, dass der Lieferant besondere Pflichten durch sein Vorgehen übernehmen kann *[siehe (2) zum Beratungsverhältnis]*.

Ermittlung der funktionalen Anforderungen: Diese ist weitgehend eine Aufgabe des Interessenten, soweit von dessen eigener Kompetenz auszugehen ist. Der Lieferant muss den Interessenten sensibilisieren und anleiten.

Leistungsverhalten: Soll der Lieferant eine IT-Anlage anbieten, muss er deren erforderliche Größe auf Grund des Mengengerüsts des Interessenten bestimmen. Dazu gehört auch die Abklärung, welche Auswirkungen spätere Entscheidungen des Interessenten haben, insbesondere ob und inwieweit die IT-Anlage ausgebaut werden kann.

Übernahme von Altdaten: Die Übernahme von Altdaten wird immer wichtiger. Sie kann sehr teuer werden; der Laie kann das nicht abschätzen. Hier dürfte der Anbieter zur Beratung verpflichtet sein: Sein Angebot kann wegen dieser Kosten insgesamt ungünstiger sein, als es allein bezogen auf das IT-System den Anschein hat.

(4) Aufklärungspflichten/Beratungsverhältnis bei zwei Lieferanten

Der Lieferant der Software ist für die Beratung hinsichtlich der von ihm zu liefernden Software grundsätzlich alleine zuständig. Hinsichtlich der Auslegung der Leistungsfähigkeit der IT-Anlage im Hinblick auf die ihm bekannten Anforderungen des Interessenten und auf seine Software ist der Softwarelieferant im Wesentlichen ebenfalls zuständig!

(5) Beratungspflichten/-verhältnis bei Leasing

Hier geht es um den Fall, dass diejenige Leistung, hinsichtlich derer der Lieferant schlecht beraten hat, unter den Leasingvertrag fällt *[zur Frage, ob sich der Leasinggeber des Lieferanten als Beratungsgehilfen bedient, siehe Kapitel 7.3.1 (3)]*. Der Anwender hat unmittelbare Ansprüche auf Aufklärung und auf Beratung.

(6) Vertretenmüssen/Beweislast

Verschulden ist Voraussetzung für Schadensersatzansprüche, wird aber vermutet *[siehe Kapitel 3.1 (3)]*.

Der Anwender ist zur sachgerechten Mitwirkung verpflichtet. Erbringt er diese nicht, muss er sich das anrechnen lassen: Er muss einen seinem Verschulden entsprechenden Anteil am Schaden selbst tragen *[vgl. Kapitel 3.1 (4)]*. Das spielt auch unmittelbar in die Frage des Umfangs der Beratungspflicht hinein *[siehe (3)]*.

(7) Verjährungsfrist

Es gilt wahrscheinlich die normale Verjährungsfrist von drei Jahren ab Kenntniserlangung *[siehe Kapitel 3.10 (2)]*.

(8) Inhalt des Schadensersatzanspruchs

Der Anwender ist so zu stellen, wie er bei ordnungsgemäßer Aufklärung bzw. Beratung gestanden hätte *[siehe Kapitel 3.8 (2)]*. Hätte er dann den Erwerb unterlassen, ist er von der Zahlung der Vergütung freizustellen; nutzlose Aufwendungen sind ihm zu ersetzen. Häufig liegt es so, dass der Anwender bei ordnungsgemäßer Beratung mehr an Leistung beauftragt und also mehr gezahlt hätte.

(9) Empfehlung/Förderung eines (zweiten) Lieferanten

Die Empfehlung kann sich auf die Qualität des anderen Lieferanten oder auf bestimmte Produkte von diesem beziehen *[siehe auch Kapitel 6.4.2, ob die Verträge dadurch verbunden werden]*.

Eine Empfehlung beinhaltet mangels Vorbehalt, dass die Leistung des anderen Lieferanten mit der eigenen voll kompatibel ist. Der Hardwarelieferant kann dabei leicht in die Rolle eines Sachwalters (= einer Vertrauensperson) nach § 311 Abs. 3 BGB gelangen, so dass er bei einer untauglichen Empfehlung auf Schadensersatz haftet.

7.2 Miete

(1) Grundzüge des Mietrechts

Das BGB regelt in den §§ 535 ff. die Vermietung von beweglichen Sachen (bzw. über die Verweisung im Pachtrecht die Überlassung von Gegenständen, z. B. von Rechten, zur Nutzung), neben der von Räumen und von Grundstücken. Miete liegt auch bei Mitnutzung von IT-Systemen vor; Mietrecht findet deswegen bei vielen Verträgen über Leistungen auf der Basis von IT-Systemen, z. B. im Bereich des Internets, Anwendung *[siehe Kapitel 11]*.

Mietverträge begründen sogenannte Dauerschuldverhältnisse, d. h. Verträge, die nicht auf einmal erfüllt werden, sondern gegenseitige Rechte und Pflichten über eine gewisse Dauer hin begründen *[siehe auch Kapitel 13 zur Wartung und Kapitel 14 zur Pflege]*. Als Dauerschuldverhältnis unterliegen sie in verstärktem Maße den Geboten von Treu und Glauben.

(1.1) **Pflichten des Vermieters:** Der Vermieter schuldet die Schaffung sowie die Beibehaltung der Betriebsbereitschaft der Mietsache, sei es durch (vorbeugende) Instandhaltung oder durch Instandsetzung/Mängelbeseitigung. Damit ist die Wartungs- bzw. Pflegepflicht des Lieferanten bereits im Mietvertrag geregelt. Wenn manche Lieferanten eine gesonderte Vergütung dafür vorsehen, hat das meist finanzielle Gründe (Preisvorbehalt beschränkt auf diese Vergütung).

(1.2) **Pflichten des Mieters:** Hauptpflicht ist gemäß § 535 Abs. 2 BGB, dem Vermieter den vereinbarten Mietzins zu bezahlen. Er besteht im Allgemeinen in Geld; Ausnahmen sind aber möglich.

Beispiel: Ein Hausmeister zahlt für die ihm überlassene Hausmeisterwohnung keinen Mietzins, sondern erledigt dafür alle anfallenden Hausmeisterarbeiten.

Die Zahlungspflicht besteht auch dann, wenn der Mieter die Sache aus persönlichen Gründen nicht nutzen kann (§ 537 BGB).

Nach § 579 BGB ist der Mietzins am Ende der Mietzeit zu entrichten. Ist diese nach Zeitabschnitten bemessen, so hat der Mieter den Mietzins nach dem Ablauf der einzelnen Zeitabschnitte zu bezahlen. In der IT-Praxis wird meist vereinbart, dass der Mietzins im Voraus zu entrichten ist.

Anzeigepflichten: Zeigt sich während der Mietzeit ein Mangel der gemieteten Sache oder wird eine Vorkehrung zum Schutze der Mietsache gegen eine nicht vorhergesehene Gefahr erforderlich, muss der Mieter dies dem Vermieter umgehend anzeigen (§ 536c BGB). Unterlässt der Mieter diese Anzeige schuldhaft, ist er zum Ersatz des Schadens verpflichtet, der durch die Unterlassung entstanden ist.

Nach Beendigung der Mietzeit ist der Mieter gemäß § 546 BGB verpflichtet, dem Vermieter die gemietete Sache zurückzugeben. Die Mietsache muss sich bei der Rückgabe in einem ordnungsgemäßen Zustand befinden. Für Veränderungen und Verschlechterungen, die durch den vertragsgemäßen Gebrauch der Sache entstanden sind, hat der Mieter gemäß § 538 BGB nicht einzustehen. Diese Abnutzungen werden durch den Mietzins ausgeglichen.

(1.3) **Untermiete:** Der Mieter ist gemäß § 540 BGB dazu nicht berechtigt; er kann allerdings die Zustimmung des Vermieters verlangen und bei Verweigerung der Zustimmung ziemlich kurzfristig kündigen. Die Zustimmung kann nur aus wichtigem Grund in der Person des Dritten verweigert werden. Die eigene Nutzung für Zwecke Dritter ist keine Untermiete. Untermiete liegt auch bei Überlassung an Dritte zur Mitnutzung online vor.

Für Programme sieht § 69c Nr. 3 UrhG eine spezielle Regelung vor: Deren Vermietung bedarf der Zustimmung *[vgl. Kapitel 5.3.3.2 (3)]*.

(1.4) **Dauer:** Der Mietvertrag kann auf bestimmte Dauer oder auf unbestimmte Zeit abgeschlossen werden. Im zweiten Fall wird er durch eine Kündigung beendet. Dafür sind die Fristen gemäß § 580a BGB einzuhalten. Diese (maximal drei Tage) sind für IT-Leistungen in der Regel – gemessen an sachlichen Erfordernissen – viel zu kurz.

(2) Haftung des Vermieters

(2.1) **Verzug:** Der Mieter kann nach Nachfristsetzung den Vertrag aus wichtigem Grund (= fristlos) kündigen und Schadensersatz wegen Nichterfüllung (= statt der Leistung) verlangen *[vgl. Kapitel 3.3.2]*.

(2.2) **Haftung für Mängel:** Der Anwender hat bei Mängeln Anspruch auf Minderung des Mietzinses. Dieses Recht besteht unabhängig von der Frage, ob der Vermieter den Sachmangel zu vertreten hat. Der Mietzins wird gemäß § 536 BGB entsprechend dem Grad der Nutzungseinschränkung (ggf. auf Null) von dem Zeitpunkt an, zu dem der Mangel auftritt, bis zu dem Zeitpunkt, an dem er beseitigt wird, gemindert. Bei Mängeln, die nach Mietbeginn auftreten, kann der Mietzins erst ab Mängelanzeige gekürzt werden. Das bedeutet: Wer trotz eines bekannten Mangels längere Zeit den vollen Mietzins zahlt, bestätigt seine Zahlungspflicht und kann grundsätzlich nicht mehr rückwirkend und möglicherweise auch nicht mehr für die Zukunft *[vgl. Kapitel 3.10 (4)]* die Kürzung des Mietzinses verlangen.

Ist die Tauglichkeit der Mietsache nur unerheblich gemindert, steht dem Mieter das Recht zur Minderung nur zu, wenn die betroffene Eigenschaft zugesichert ist.

Schadensersatz wegen eines Mangels ist gemäß § 536a BGB zu zahlen, wenn der Sachmangel *bei* Abschluss des Mietvertrags vorhanden war. Der Vermieter haftet unabhängig davon, ob er den Mangel hätte kennen müssen und ob ihn an dessen Vorhandensein ein Verschulden trifft. Das ist für den Vermieter gefährlich.

Wenn ein Sachmangel erst *nach* Vertragsabschluss entsteht, haftet der Vermieter auf Schadensersatz nur, wenn er diesen zu vertreten hat oder wenn er mit der Beseitigung eines (nicht zu vertretenden) Mangels in Verzug kommt. – Bei Bedarf kann der Mieter den Mangel auch selbst auf Kosten des Vermieters beseitigen.

Fristlose Kündigung: Der Mieter kann den Mietvertrag gemäß § 543 BGB kündigen, wenn der Vermieter ihm den vertragsmäßigen Gebrauch der Mietsache nicht rechtzeitig gewährt oder ihn wieder entzieht. Allerdings muss er dem Vermieter grundsätzlich zunächst unter Ausspruch der Kündigung eine angemessene Nachfrist setzen, in der der Vermieter Abhilfe schaffen kann. Ein Entziehen des Gebrauchs liegt auch vor, wenn die Mietsache wegen Mängeln nicht oder nur wesentlich eingeschränkt genutzt werden kann.

(3) Zahlungspflicht

Wenn der Mieter die Mietsache nicht entgegennimmt, kommt er bei Standardleistungen kaum mit der Begründung, dass der Vermieter sie anderweitig vermietet habe, von der Zahlungspflicht frei.

§ 543 BGB regelt auch, unter welchen Bedingungen der Vermieter wegen Zahlungsverzugs des Mieters kündigen kann, nämlich wenn der Mieter

„a) für zwei aufeinanderfolgende Termine mit der Entrichtung der Miete oder eines nicht unerheblichen Teils der Miete in Verzug ist oder

b) in einem Zeitraum, der sich über mehr als zwei Termine erstreckt, mit der Entrichtung der Miete in Höhe eines Betrags in Verzug ist, der die Miete für zwei Monate erreicht.“

(4) Mindestlaufzeit

Ausgangspunkt ist, dass die Vertragspartner keine oder nur eine Mindestlaufzeit deutlich unterhalb der Lebensdauer der Mietsache geschlossen haben.

Zugunsten des Vermieters: Bei Produkten, die der Vermieter von Vorlieferanten erworben hat, ist die Chance bisher wegen der schnellen technischen Entwicklung gering, dass der Vermieter sie nach Beendigung des ersten Vertrags an einen weiteren Mieter zu angemessenen Bedingungen erneut vermieten kann. Der Mieter, der keine oder eine relativ kurze Mindestlaufzeit vereinbart, will aber gerade die Möglichkeit haben, die Nutzung der Mietsache vor Ablauf von deren technischer oder wirtschaftlicher Lebensdauer einzustellen. Das Risiko der Nutzungseinstellung soll also beim Vermieter bleiben.

Zugunsten des Mieters: Gerade weil die erneute Vermietung eher unwahrscheinlich ist, liegt es nahe, dass der Vermieter wünscht, dass der Mietvertrag möglichst lange bestehen wird: Warum sollte der Vermieter berechtigt sein, den Vertrag zu kündigen? Der Mieter kann erhebliche Ausgaben für die Inbetriebnahme der Mietsache gehabt haben (über das hinaus, was der Kaufpreis für die Mietsache gewesen wäre). Diese will er im Laufe der

Jahre amortisieren. M. E. darf der Mieter bei hohen Ausgaben davon ausgehen, dass der Vermieter zur Kündigung nicht berechtigt ist, solange er als Verkäufer zur Wartung der Hardware bzw. zur Pflege der Software verpflichtet wäre *[siehe Kapitel 13.2 (2) bzw. 14.2.3]*.

Der Mieter hat aber nicht die Investition wie ein Käufer getätigt, und er verzichtet darauf, eine klare Absicherung zu vereinbaren. Er muss sich eine Kündigung u. U. gefallen lassen, insbesondere wenn er die Mietsache ohne massiven Aufwand ersetzen kann.

(5) Verlängerung der Laufzeit bei Nachbestellungen

Es geht um zwei Situationen, dass ein Anwender ein IT-System in Miete (oder die Hardware in Wartung bzw. die Software in Pflege) hat und eine Erweiterung oder im Laufe der Zeit mehrere Erweiterungen bestellt:

- Die Laufzeit für die Erweiterung und deren mögliche Auswirkungen auf den ersten Vertrag werden nicht ausdrücklich vereinbart.
- Die Parteien vereinbaren (routinemäßig nach den Angebotsvorlagen des Lieferanten) für den neuen Vertrag dieselbe Laufzeit wie für den ersten Vertrag.

Die Rechtslage hängt von einer Reihe von Umständen ab, die nur eine vorsichtige Aussage erlauben *[siehe* www.zahrnt.de *Kapitel 7.2 (5) Verlängerung]*.

7.3 Leasing

§ 500 BGB spricht den „Finanzierungsleasingvertrag" im Zusammenhang mit den Finanzierungshilfen zugunsten von Verbrauchern zwar an, regelt aber dessen Inhalt nicht.

(1) Rechtliche Einordnung

Der Leasingvertrag ist nach der Rechtsprechung ein dahingehend modifizierter Mietvertrag,

- dass der Vermieter seine Haftung für Sachmängel, meist auch für Verzug, weitgehend abbedingt,
- dass der Mieter die Gefahr für den zufälligen Untergang und die Beschädigung der Mietsache trägt,
- dass der Mieter (abweichend von § 535 BGB) die Mietsache zu warten/pflegen hat. Er wird bei IT-Systemen in der Regel verpflichtet, zu diesem Zwecke entsprechende Verträge abzuschließen, typischerweise mit dem Lieferanten.

Der Leasingnehmer hat von der Unterzeichnung der Übernahmeerklärung an den Mietzins (= die Leasingraten) zu zahlen.

(2) Einschaltung einer Leasinggesellschaft

Der häufigste Fall des Leasings ist das indirekte Leasing (Abbildung „Finanzierungsleasing"): Der Lieferant schließt mit dem Leasinggeber einen Liefervertrag; dieser vermietet an den Leasingnehmer. Dazu gibt es zwei Vorgehensweisen. Entweder bestellt der Leasinggeber die zwischen Lieferanten und Leasingnehmer festgelegte Konfiguration ohne Bezugnahme auf deren Vereinbarung über einen eigenen Vertrag mit eigenen AGB. Oder er tritt in den Vertrag, der zwischen den beiden anderen Vertragspartnern ausgehandelt oder sogar schon geschlossen worden ist, ein. Letztlich sind die Unterschiede nicht so groß, weil der Leasinggeber sich auch im ersten Fall vieles entgegenhalten lassen muss, was die anderen beiden vereinbart haben *[siehe Kapitel 7.3.1 (1)]*.

Der Leasinggeber will nur finanzieren und will mit der Leasingsache nichts zu tun haben: Der Leasinggeber zeichnet sich von seiner Haftung für Sachmängel und meist auch für Verzug frei und tritt seine diesbezüglichen Ansprüche wegen Sachmängeln und Verzug aus seinem Liefervertrag an den Leasingnehmer ab. Der Leasingnehmer hat also grundsätzlich kein Recht gegenüber dem Leasinggeber, die Zahlung der Leasingraten einzustellen, wenn die Sache mangelhaft ist, solange er nicht vom Kaufvertrag zurückgetreten ist und damit dem Leasingvertrag die Grundlage entzogen hat.

Der Leasingvertrag kann langfristig (Finanzierungsleasing) oder kurzfristig (Operating-Leasing) geschlossen werden. Die in Deutschland üblichen Teilamortisationsverträge (i.d.R. kündbare Verträge mit Abschlusszahlung) laufen letztlich wegen der Abschlusszahlung auch auf volle Deckung der Kosten des Leasinggebers hinaus, so dass rechtlich von Finanzierungsleasing auszugehen ist.

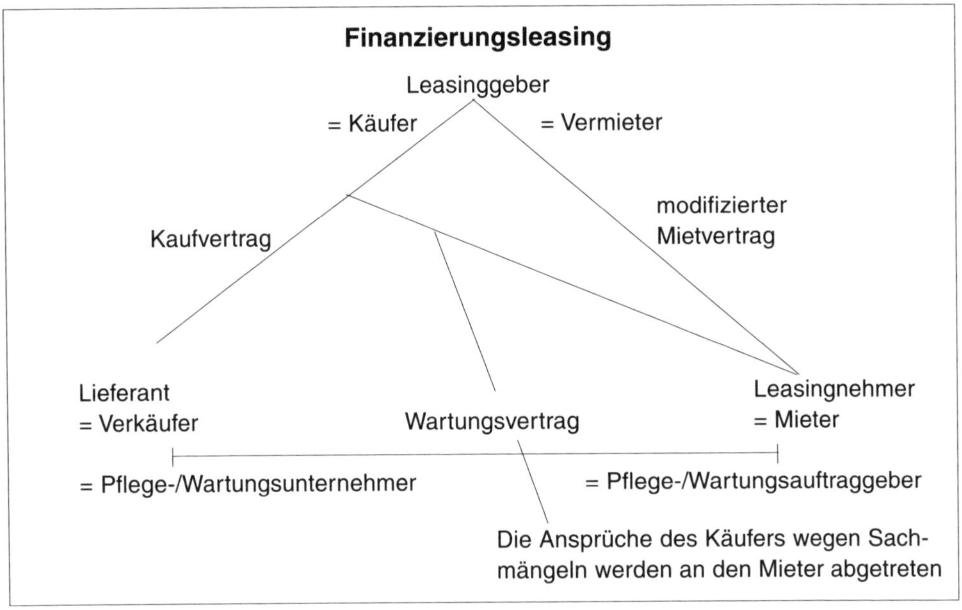

(3) Steuerrechtliche Konsequenzen

Leasingverträge sollen und können sich steuerrechtlich als vorteilhaft für den Leasingnehmer auswirken. Der Leasingnehmer kann insbesondere die Leasingraten in voller Höhe als Betriebsausgaben ansetzen und braucht das Leasinggut nicht zu aktivieren. Die sog. Leasingerlasse setzen dem aber Grenzen: Sie definieren, in welchen Fällen der Leasingnehmer als wirtschaftlicher Eigentümer und damit als Eigentümer im steuerrechtlichen

Sinn anzusehen ist. Ist er das, muss er das Leasinggut aktivieren (Erlasse vom 21.7.70 und vom 22.12.75). Er darf dann nur noch die Abschreibungsrate als Betriebsausgabe ansetzen *[siehe www.zahrnt.de]*.

7.3.1 Rechtsfragen

Zum Zusammenhang von Hardware und Software bei Leasing siehe Kapitel 6.4.3.

(1) Rechtliche Behandlung im Dreiecksverhältnis

Geschuldete Leistung: Unabhängig davon, ob bereits ein Liefervertrag zwischen Lieferanten und Leasingnehmer geschlossen worden ist oder noch nicht, und ebenfalls unabhängig davon, ob im ersten Fall der Vertrag durch den zwischen Lieferanten und Leasinggeber geschlossenen ersetzt wird oder ob der Leasinggeber in ihn eintritt: Stets soll der Leasingnehmer Erfüllungsansprüche haben, wie er sie mit dem Lieferanten vereinbart hat. Die Erfüllungsansprüche richten sich nicht nach der Situation des Leasinggebers, sondern nach der des Leasingnehmers/Anwenders: Dieser soll nutzen. Dementsprechend schuldet auch der Leasinggeber diejenige vertraglich vorausgesetzte Verwendung, die zwischen dem Lieferanten und dem Anwender vereinbart worden ist. Ebenso muss der Leasinggeber sich bei teilweisem Leasing den vertraglichen Zusammenhang der geleasten IT-Anlage mit der vom Lieferanten direkt bezogenen Anwendungssoftware zurechnen lassen *[Kapitel 6.4.3]*.

Andere Vereinbarungen des Lieferanten mit dem Leasingnehmer als solche über die geschuldete Leistung binden den Leasinggeber nicht. Allerdings kommt in Betracht, dass sich der Leasinggeber solche Vereinbarungen zurechnen lassen muss, weil der Lieferant als sein Erfüllungsgehilfe für den Abschluss des Leasingvertrags *[Kapitel 3.2 (1)]* nicht dafür gesorgt hat, dass diese in den Leasingvertrag aufgenommen worden sind *[siehe auch (3) dazu, inwieweit der Leasinggeber sich eine Täuschung des Lieferanten zurechnen lassen muss]*.

Verzug des Lieferanten: Hier kommt es auf die Fallgestaltung an. Schließt der Anwender erst einmal einen vorläufigen Liefervertrag mit dem Lieferanten, hat er erst einmal eigene Verzugsansprüche. Im Ergebnis werden sie ihm nach dem Eintritt des Leasinggebers in den Vertrag oder nach Abschluss eines neuen Liefervertrags wieder abgetreten. Im Falle des Verzugs ist dann auf den Schaden des Leasingnehmers abzustellen.

Zahlung der Leasingrate bis zur Lösung vom Liefervertrag: Die Pflicht zur Zahlung der Leasingraten entfällt, wenn der Leasingnehmer in Ausübung der abgetretenen Ansprüche wegen (Verzugs oder) Sachmängeln vom Liefervertrag zwischen dem Leasinggeber und dem Lieferanten zurücktritt. Der Leasingnehmer hat Anspruch auf Rückzahlung der Leasingraten (unter Abzug einer Nutzungsentschädigung).

(2) Leasing von Software-Produkten

Es ist den Vertragspartnern gemäß dem Grundsatz der Vertragsfreiheit *[Kapitel 1.1.3]* unbenommen, schuldrechtliche Verträge über das Leasing von Software-Produkten (oder von Individualprogrammen) zu schließen. Folgt der Lieferant dem gesetzlichen Leitbild und händigt einen Originaldatenträger aus *[siehe Kapitel 5.3.3 (6)]*, bestehen keine Schwierigkeiten, dass der Leasinggeber dem Leasingnehmer das Recht zum Benutzen der Software-Produkte verschaffen und es bei Leasingende zurückerhalten kann.

Zur steuerrechtlichen Seite siehe www.zahrnt.de.

(3) Lieferant als Verhandlungsgehilfe des Leasinggebers

Der Lieferant, der für den Leasinggeber die Verhandlungen bezüglich des Leasingvertrags führt, wird von der Rechtsprechung entsprechend § 166 BGB (Vertretung) oder § 278 BGB (Erfüllungsgehilfe) als Verhandlungsgehilfe des Leasinggebers behandelt. Dafür reicht das erstmalige Überlassen von Leasingformularen aus. Der Leasinggeber muss sich deswegen das Wissen und Tun des Lieferanten in demjenigen Bereich zurechnen lassen, in dem der Lieferant dem Leasinggeber „eigenes Handeln erspart“. Dazu gehört, „den Gegenstand des Leasingvertrags zu bestimmen und die Höhe der Leasingrate festzulegen“ und was damit „nicht nur in äußerlichem, sondern in engem inneren Zusammenhang“ steht (BGH[1]). Dazu gehört die Erfüllung der den Leasingvertrag betreffenden Aufklärungs- und Hinweispflichten. Der Leasinggeber will m. E. Beratung bei der Auswahl der Leasingsache nicht erbringen; damit überträgt er sie auch nicht an den Lieferanten (dieser haftet selbst bei Beratungsverschulden *[Kapitel 7.1]*).

(4) Abrede „Finanzierung durch Leasing“

Häufig schließen Lieferant und Leasingnehmer erst einmal einen Kaufvertrag mit der Klausel: „Finanzierung durch Leasing“. Das kann, muss aber nicht bedeuten, dass der Kaufvertrag verbindlich geschlossen ist, dass er also nicht entfällt, wenn keine Leasinggesellschaft gefunden wird, die das Leasingrisiko übernimmt.

(5) Übernahmebestätigung

Die Übernahmebestätigung ist eine Quittung, die die Beweislast umkehrt. Damit trägt der Anwender die Beweislast, wenn er später die Unrichtigkeit der Erklärung geltend macht. Der Leasinggeber muss sich Mitverschulden des Lieferanten – außer bei arglistigem Zusammenwirken zwischen Lieferanten und Leasingnehmer – als das seines Erfüllungsgehilfen zurechnen lassen.

Die Bestätigung bezieht sich auf die Vollständigkeit bzw. die Abwesenheit von Mängeln, die bei einer kurzen Überprüfung, nicht aber erst bei oder nach der Inbetriebnahme durch den Leasingnehmer, feststellbar sind.

Wenn der Lieferant die Übernahmebestätigung formuliert, handelt er als Erfüllungsgehilfe des Leasinggebers. Dann muss dieser sich dessen unklare oder nicht korrekte Fomulierung (Unterlassen einer einschränkenden Formulierung) zurechnen lassen (außer wenn Lieferant und Leasingnehmer arglistig zusammenwirken).

1 BGH VIII ZR 284/82 vom 14.3.84, DB 84, 1341; BGH VIII ZR 313/86 vom 4.11.87, CR 88, 120, 123 wiederholt die enge Formulierung im Urteil VIII ZR 102/84 vom 3.7.85, Band 3-3 = WM 85, 906 = ZIP 85, 935 („Hinweis- oder Aufklärungspflichten“).

(6) Lieferant als Erfüllungsgehilfe in der Nutzungsphase

Ist der Lieferant in der anschließenden Nutzungsphase als Wartungs- oder Pflegeunternehmer tätig, ist er grundsätzlich nicht mehr Erfüllungsgehilfe des Leasinggebers.

(7) Erklärungen des Leasingnehmers an den Lieferanten: Wirkung für den Leasinggeber?

Erklärungen des Leasingnehmers an den Lieferanten wirken zu Lasten des Leasinggebers (nur), soweit sich dieser des Lieferanten als Erfüllungsgehilfen bedient *[siehe (6)]* und dieser damit der Ansprechpartner anstelle des Leasinggebers ist.

(8) Erklärungen an den Leasinggeber: Wirkung für den Lieferanten?

Die Übernahmebestätigung wirkt nach der Rechtsprechung nur gegenüber dem Leasinggeber, selbst wenn sie dem Lieferanten ausgehändigt wird.

(9) Verwertungspflicht des Leasinggebers

Bei vorzeitiger Beendigung des Leasingvertrages ist der Leasinggeber zur günstigen Verwertung der Leasingsache verpflichtet, soweit er das innerhalb seiner beschränkten Möglichkeiten kann.

7.3.2 Mietkauf

Beim Mietkauf handelt es sich um einen Mietvertrag mit der Besonderheit, dass das Eigentum an der Sache nach Ablauf einer bestimmten Mietdauer an den Mieter übergeht. Der Mietvertrag wird allerdings nicht auf bestimmte Zeit geschlossen, so dass die Sache nach Kündigung auch vor Eigentumsübergang zurückgegeben werden kann. Darin unterscheidet sich der Mietkauf vom Teilzahlungskauf.

Die Mietraten sind üblicherweise im Verhältnis zur normalen Miete relativ hoch. Das soll dem Mieter einen Anreiz geben, den Vertrag nicht zu kündigen, sondern ihn solange durchzuhalten, bis er Eigentum erwirbt.

Wegen seines Rechts zum Erwerb der Mietsache ist der Mieter als wirtschaftlicher Eigentümer im Sinne des Steuerrechts zu verstehen.

7.4 Kauf/Verkauf gebrauchter Systeme

Der Verkäufer darf die Software, insbesondere die Systemsoftware, weitergeben *[Kapitel 8.2.2.3]*, so dass kein Problem besteht, IT-Systeme weiterzuveräußern. Auch bei gebrauchter Hardware haftet der Verkäufer wegen Sachmängeln. Das Gesetz unterscheidet grundsätzlich nicht zwischen neuen und gebrauchten Sachen. Der Lieferant kann die Haftung – auch in AGB – gegenüber Unternehmern ausschließen; bei Verbrauchsgüterkauf kann er sie (nur) auf ein Jahr abkürzen. Die Vorschriften über den Rückgriff des Verkäufers auf seinen Vorlieferanten *[siehe Kapitel 6.3.13 (2)]* finden keine Anwendung.

7.5 Leihe

Gegenstand der Leihe ist die *unentgeltliche* Überlassung einer Sache zum Gebrauch. Es gibt also im Geschäftsverkehr keinen „Leihwagen", sondern nur einen „Mietwagen".

Beispiel: Ein IT-System oder ein Programm wird zum Ausprobieren geliefert.

Während beim Mietvertrag den Vermieter die Pflicht zur Erhaltung und Instandsetzung des Mietgegenstandes trifft, ist es bei Leihe Sache des Entleihers, die Kosten für die Erhaltung der geliehenen Sache zu tragen. Dementsprechend wird oft vereinbart, dass der Anwender, der das IT-System erst einmal als Entwicklungssystem gestellt bekommt, (wenigstens) die Wartung zu vergüten hat.

Der Entleiher darf die geliehenen Sachen nur vertragsgemäß gebrauchen und sie nicht zu anderen Zwecken verwenden.

Nach Beendigung der für die Leihe bestimmten Zeit ist der Entleiher verpflichtet, dem Verleiher die geliehene Sache zurückzugeben. Ist eine Dauer für die Leihe nicht bestimmt und auch aus dem Zweck des Vertrages nicht zu entnehmen, kann der Verleiher die Sache jederzeit zurückfordern.

Da die Leihe ein unentgeltlicher Gefälligkeitsvertrag ist, hat der Verleiher nur Vorsatz und grobe Fahrlässigkeit zu vertreten. Hat die verliehene Sache einen Mangel und entsteht dem Entleiher dadurch einen Schaden, haftet der Verleiher auf Schadensersatz nur, wenn er den Mangel arglistig verschwiegen hat.

Der Entleiher hat für jedes Verschulden, also auch für leichte Fahrlässigkeit, einzustehen. Wird die verliehene Sache beim Entleiher vernichtet oder beschädigt, ohne dass ihn ein Verschulden trifft, hat der Verleiher keinen Ersatzanspruch; er trägt also das Risiko des zufälligen Untergangs oder der zufälligen Beschädigung.

Für Veränderungen oder Verschlechterungen der geliehenen Sache, die durch den vertragsgemäßen Gebrauch herbeigeführt werden, hat der Entleiher nicht einzustehen.

8 Beschaffung/Lieferung von Software-Produkten – spezielle Probleme

Inhaltsübersicht

8.1 Einleitung

Viele Fragen zur Lieferung von IT-Systemen beziehen sich auch auf Software-Produkte und sind deshalb bereits in den Kapiteln 6 und 7 behandelt worden. In diesem Kapitel geht es also nur noch um spezielle Fragen, insbesondere um Fragen, die sich bei isolierter Lieferung von Software-Produkten (also ohne IT-Anlage) stellen. – Kauf von Software-Produkten wird in diesem Kapitel verstanden als Kauf seitens eines Anwenders und nicht seitens eines Wiederverkäufers.

(1) Begriff des Software-Produkts/Standardprogramms und Einordnung

Herkömmlich ist der Begriff „Standardprogramm" (bzw. „Standardsoftware" als Sammelbegriff) weit verbreitet. Er verursacht aber immer wieder Schwierigkeiten, weil IT-Fachleute mit „Standard" vielfach gehobene Qualitätserwartungen verbinden *[siehe weiter unten]*. Nachdem in DIN 66285 der Begriff „Software-Produkt" verwendet wurde, erschien es angebracht, diesen Begriff zu übernehmen.

Juristischer Begriff: Einen solchen gibt es nicht, weil kein Bedürfnis dafür besteht.[1] Für Juristen sind Software-Produkte solche Programme, die unverändert oder mit Anpassungen an (möglichst) viele Anwender geliefert werden sollen (vertretbare Sache). Beide Vertragspartner gehen bei der Preisstellung davon aus, dass der einzelne Anwender nur einen Teil der Entwicklungskosten tragen soll.

Entscheidend ist, wie die Vertragspartner den Liefergegenstand im Vertrag behandeln: Ein Programm, das der Lieferant für einen Anwender gerade erstellt hat, kann er einem nächsten als Produkt (billig) verkaufen; möglicherweise kann er aber auch einen Erstellungsvertrag abschließen und das Programm wesentlich teurer liefern, wobei er sehr wahrscheinlich Anpassungen für diesen Anwender vornehmen muss. Ebenso kommt andersherum die Lieferung eines erst noch zu erstellenden Programms als Software-Produkt vor, wobei der Anwender möglichst noch Anregungen in die Programmentwicklung einbringen soll *[siehe Kapitel 8.5.2 (3)]*.

Das Urheberrecht stellt beim Kauf von Software-Produkten das Vervielfältigungsstück mit der Vorstellung, dass dieses durch einen Datenträger repräsentiert wird, in den Vordergrund. Die Praxis folgt dieser Vorstellung nur beschränkt *[vgl. Kapitel 5.3 am Anfang und 5.3.3 (6)]*.

IT-technischer Begriff: IT-Fachleute verbinden mit dem Begriff Standardprogramm oft gehobene Qualitätserwartungen, insbesondere wenn das Programm von vornherein als solches konstruiert worden ist: Es sei einem Individualprogramm überlegen, insbesondere hinsichtlich des Anwendungsvorrats (Parametrierbarkeit). Schließlich wird von der Lieferantenseite häufig damit geworben, dass der Anwender bei Änderungen seiner betrieblichen Anforderungen ein Standardprogramm nicht gleich ändern müsse, sondern es durch Neueinstellen von Parametern anpassen könne.

---

1 Nach früherem Recht kam es darauf an, ob der Vertragsgegenstand unter Kaufrecht oder unter Werkvertragsrecht fiel.

Software-Produkte als Ware: Software-Produkte werden im Verkehr weitgehend als Ware angesehen und in der Rechtsordnung zunehmend als Ware behandelt. Das legt es nahe, sie zivilrechtlich wie eine Sache zu behandeln.

Software-Produkt als Sache: Ein Programm ist vom Ansatz her keine Sache im Sinne von § 90 BGB, weil es nicht greifbar ist. Es kann bei Datenträgergebundenheit (d. h. dass während des Einsatzes des Programms auf den Datenträger zugegriffen werden muss) oder bei Speicherung in einem Speicherbaustein zu einer Sache im Rechtssinne werden. Eine andere Frage ist, ob man ein Software-Produkt rechtlich wie eine Sache *behandelt*. Das tut die Rechtsprechung weitgehend *[siehe Kapitel 8.2.1]*.

Existenz des Software-Produkts: Software-Produkte sind in der Regel, aber nicht zwingend bei Vertragsabschluss bereits vorhanden. Ist das nicht der Fall, ist der Anbieter gegenüber dem Interessenten zur Aufklärung darüber verpflichtet, wenn nicht besondere Umstände vorliegen *[siehe auch Kapitel 6.3.5.1 (2)]*.

Geschuldete Version: Bei Software-Produkten *mit* Pflege ist zu berücksichtigen, dass die Pflege schwerpunktmäßig auf dessen neueste Version beschränkt wird *[siehe Kapitel 14.2.2]* und neue Versionen in der Regel Korrekturmaßnahmen hinsichtlich der in der letzten Version erkannten Fehler enthalten. Deswegen hat der Anwender sehr häufig ein erhebliches Interesse daran, dass ihm die neueste verfügbare Version überlassen wird. Hier ist eine Aufklärungspflicht zu bejahen, wenn der Lieferant nicht die neueste Version liefern will.

Will der Lieferant eine erst nach Vertragsabschluss freigegebene Version ausliefern, ist er zur Aufklärung darüber verpflichtet, damit der Anwender entscheiden kann, ob er nicht sicherheitshalber mit deren Einsatz abwartet, bis diese sich stabilisiert hat.

Die Frage nach der geschuldeten Version stellt sich innerhalb von Projekten anders, weil der Einsatz neuer Versionen deren Aufwand erheblich beeinflussen kann. Dabei ist zwischen eigenen und fremden Produkten zu unterscheiden *[siehe Kapitel 8.4.2]*.

Bei Software-Produkten *ohne* Pflege kommt in Betracht, dass verschiedene Generationen nebeneinander vertrieben werden. Hier dürfte eine Aufklärungspflicht bestehen, wenn der Einsatz der neuesten Generation nahe liegt, diese aber nicht geliefert werden soll oder wenn der Anwender sonst ein erhebliches Interesse hat, selbst zu entscheiden.

„Prototyp“: Gemeint ist im Zusammenhang mit Software-Produkten deren vorläufige (typisierte) Einrichtung *[siehe Kapitel 8.3 (4)]*.

(2) Vertragsgestaltung in der Praxis

Das wichtigste Thema ist, in welchem Umfang der Anwender das Software-Produkt benutzen darf *[siehe Kapitel 8.2]*. Außerdem wird mehr oder weniger die schutzrechtliche Komponente (Programmschutz gegen missbräuchliche Verwendung) betont. Der Kaufvertrag wird zwar bei höherpreisigen Programmen durch die anschließende Pflege und damit durch deren Ausgestaltung wirtschaftlich stark mitbestimmt *[Kapitel 14]*. Das wirkt sich aber nur beschränkt auf seine rechtliche Behandlung aus.

(3) Rechtliche Einordnung des Vertrags

Die Einordnung ist für zwei Bereiche von Bedeutung, nämlich für

- den Umfang des Benutzungsrechts des Anwenders und dessen Pflicht zum Programmschutz,
- die Ansprüche des Anwenders bei Mängeln.

Angesichts dessen, dass die Rechtsprechung Software-Produkte wie eine Sache behandelt, fallen die Verträge unter Kauf- bzw. unter Mietrecht *[siehe Kapitel 8.5.1]*. Der Vertragstyp wird, wenn weitere Leistungen wie Installation oder Anpassung hinzukommen, zum Werklieferungsvertrag als einer Variante des Kaufvertrags verschoben *[siehe Kapitel 6.1 (2)]*.

Nach dem Urheberrechtsgesetz sind die beiden genannten Bereiche voneinander unabhängig zu behandeln. Es behandelt das Recht auf Benutzung in einer Weise, die die Anwendung von Kaufrecht (bzw. Mietrecht) auch für diesen Bereich vorgibt *[siehe Kapitel 5.3 am Anfang und 5.3.3 (6)]*.

Die Sprachform des Software-Produkts spielt für die rechtliche Einordnung keine entscheidende Rolle *[siehe zur geschuldeten Sprachform Kapitel 8.3 (1)]*. Die Lieferung von Quellprogrammen erhöht tendenziell die Pflicht zum Programmschutz erheblich.

(4) Relevanz der Lieferung eines Datenträgers/ Autorisierungsinstruments

Der Datenträger spielt im Urheberrecht eine erhebliche Rolle für die Repräsentation des Benutzungsrechts *[siehe Kapitel 5.3 am Anfang und 5.3.3 (6) sowie Kapitel 8.3.1 (2)]*: Durch den auf dem Datenträger aufgebrachten Vermerk wird die Kopie als ordentlich erworben ausgewiesen (Legitimationsfunktion). Das neue Urheberrecht verlangt zwar nicht einen solchen Originaldatenträger, geht aber von dessen Lieferung aus.

Der Datenträger kann als Autorisierungsinstrument genutzt werden (das das Programm zum Einsatz freigibt). Diese Funktion kann auch durch ein zusätzliches Autorisierungsinstrument (hardlock/Dongle) realisiert werden *[Kapitel 8.2.5 (2)]*. Die Autorisierung enthält automatisch die Legitimation. Wenn in diesem Buch von autorisierendem Datenträger gesprochen wird, ist stets auch die Variante gemeint, dass die Autorisierung durch ein gesondertes Instrument realisiert wird.

(5) Fragen zur Erfüllung seitens des Lieferanten

Was gehört zur Erfüllung seitens des Lieferanten? Überspielt der Lieferant am Anfang eines Projekts alle Software-Produkte auf eine Programmbibliothek des Anwenders, kann dieser mit den Software-Produkten noch nichts anfangen, sie auch nicht auf Mängel untersuchen. Erfüllung kann das noch nicht genannt werden.

Eignung für Pflege durch Lieferanten: Es geht um den Fall, dass der Lieferant erklärt, sein Software-Produkt decke bestimmte Anforderungen des Anwenders ab, dass das Software-Produkt das aber tatsächlich nicht tut. Der Lieferant muss dann das Software-Produkt durch Programmierung anpassen. Diese Anpassungen müssen bei Pflege jeweils bei Einsatz einer neuen Version auf diese übertragen werden. Das verursacht jeweils Aufwand *[vgl.*

Kapitel 14.2.6 und 14.4.1] und stellt damit keine vertragsgemäße Erfüllung dar. Der Lieferant kann aber die Erklärung abgeben, dass er diese Anpassungen in den Standard übernehme oder das Programm wie ein Software-Produkt pflegen werde, den Aufwand also selbst trage.

Lieferung einer Beta-Version: Das ist keine ordnungsgemäße Erfüllung.

(6) Erfüllung seitens des Anwenders: Erklärungen zum Benutzungsrecht

Der Anwender braucht nach Vertragsabschluss keine Erklärung abzugeben, die die Benutzung irgendwie einschränkt.

8.2 Das Benutzungsrecht des Anwenders und Programmschutz

8.2.1 Rechtliche Einordnung des Benutzungsrechts

Das Recht des Anwenders, die erworbene Programmkopie zu „benutzen“ (§ 69d I UrhG), steht dafür, inwieweit der Anwender das Programm vervielfältigen, umgestalten und verbreiten darf *[siehe Kapitel 5.3.3 (6)]*.

(1) Rechtliche Einordnung des Vertragsgegenstandes

Benutzungskopie: M. E. ist das Vertragsverhältnis dahingehend charakterisiert, dass der Anwender eine Kopie zur Benutzung erhält. Die physische Kopie, die der Anwender erhält, spielt außer bei Verwendung autorisierender oder legitimierender Datenträger meist nur eine geringe Rolle.

Die Vertragspartner sprechen von der Kopie wohl wissend, dass sich deren physische Realisierung laufend ändern kann; sie sprechen oft auch von der „Installation“ im Sinne der installierten Benutzerkopie (z. B. „für die zweite Installation ist ein Aufpreis von ... zu zahlen). Sie sprechen auch von der einen Lizenz oder von den mehreren Lizenzen, die der Anwender gekauft (!) hat, als von der geistigen Leistung, die der Anwender auf einer IT-Anlage/Konfiguration oder auf mehreren einsetzen darf; dabei bekommt der Anwender auch dann, wenn er das Software-Produkt auf mehreren IT-Anlagen benutzen darf, oft nur einen Datenträger. Das zeigt, dass es keine 1 : 1-Beziehung zwischen der Benutzungskopie und der Zahl der IT-Anlagen/Konfigurationen oder Arbeitsplätze gibt, auf denen das Software-Produkt eingesetzt werden darf.

Legitimierende Datenträger können und sollen den Benutzungsumfang exakt festlegen *[siehe Kapitel 5.3.3 (7) und 8.6.2]*.

Die Vertragspartner können spezifische Regelungen (Einschränkungen) zum Nutzungsrecht treffen. Die Rechtsposition des Benutzungsberechtigten ist also nicht voll mit der eines Eigentümers einer Sache vergleichbar. Vielmehr kann sein Benutzungsrecht – in den Grenzen der Rechtsordnung beliebig definiert werden.

Das Unwort „Lizenz“: Es ist nicht nur rechtsdogmatisch falsch, das Wort „Lizenz“ für das Recht zu verwenden, dass jemand ein Software-Produkt benutzen darf, sondern es ist in der Praxis oft auch schädlich. Denn das dient vielfach dazu, sich den Aufwand für präzise Ausdrucksweisen zu ersparen. Beliebt sind Sätze wie: „Der Lizenzgeber räumt dem Lizenznehmer das Recht ein, die Lizenz auf einer IT-Anlage zu installieren.“ In diesem Beispiel kann man das Gewollte noch ermitteln. Schwieriger ist es herauszufinden, ob eine „Hunderterlizenz“ das Recht beinhaltet, das Programm in einer Konfiguration mit 100 Benutzern/Arbeitsplätzen einzusetzen, oder ob sie hundert (einzelne) Rechte beinhaltet, das Programm auf einem PC einzusetzen. Kein Lieferant würde von 100 Benutzungs-„rechten“ sprechen, wenn er eines für 100 Arbeitsplätze einräumen wollte.

Das Wort „Unterlizenz“ wird sowohl für das Recht, das Software-Produkt zu vertreiben, als auch für das Recht, das Software-Produkt zu benutzen, verwendet.

(2) Lizenzvertrag neben/statt Kaufvertrag?

In den USA (und in Kanada) werden die beiden Formen Kauf als endgültige Veräußerung mit Weitergaberecht (unter Verzicht auf die eigene Benutzung) und Lizenz ohne Weitergaberecht unterschieden. Das deutsche Urheberrecht sieht nur einen Typ vor *[siehe Kapitel 5.3.3 (6) zur Auslegung von § 69d I UrhG]*. Unabhängig davon liegt ein beschränktes Dauerschuldverhältnis vor (Programmschutz, Anspruch auf Erweiterung des Benutzungsrechts, u. U. Pflicht zur Pflege).

(3) Anspruch auf neue Version/Generation des Software-Produkts

Wenn der Anbieter eine neue Version oder eine neue Generation des Software-Produkts freigibt, möchten viele Anwender diese gegen einen Vorzugspreis erwerben. Es gibt eine starke Bereitschaft der Lieferantenseite, darauf einzugehen. Ein diesbezüglicher Anspruch des Anwenders ist aber nicht zu erkennen. Das Thema ist innerhalb der Pflege abzuhandeln *[Kapitel 14.1 (2) und 14.2.3 (4)]. Zum Anspruch auf eine andere Variante wegen Änderungen der eingesetzten IT-Anlage siehe Kapitel 8.2.3 (4).*

(4) Mehr Software-Produkte auf geliefertem Datenträger als erworben

Es kommt vor, dass Lieferanten dank der Speicherkapazität von CD-ROMs mehr Software-Produkte ausliefern, als der Anwender gekauft (gemietet) hat. Das Eigentum am Datenträger geht über. Das Verbot, die nicht gekauften Software-Produkte zu benutzen, gilt nur schuldrechtlich, wenn es nur im Vertrag enthalten ist. Wenn der Lieferant diese Software-Produkte aber (z. B. durch einen Freischaltschlüssel) gesperrt hat, hat er die Einschränkung des Benutzungsrechts deutlich genug im Vervielfältigungsstück kenntlich gemacht. Sie wirkt dann auch urheberrechtlich, also auch gegenüber dem Zweiterwerber. Wenn der Ersterwerber die Sperre allerdings beseitigt hat, dürfte der Zweiterwerber das Benutzungsrecht bei Gutgläubigkeit für alle Software-Produkte erwerben.

8.2.2 Welche urheberrechtlich relevanten Handlungen werden erlaubt?

Das Urheberrecht kennt als relevante Handlungen *[siehe Kapitel 5.3.3 (2)]*

- das Vervielfältigen,
- das Ändern,
- das Verbreiten, im Minimum die Übertragung des Benutzungsrechts.

Das Urheberrecht für Programme stellt zusätzlich die Frage nach der Geheimhaltung.

Programme in Speicherbausteinen: Was bei solchen Programmen erlaubt ist, beantwortet sich weitestgehend nach der realisierten Technik:

- Die Übertragung an Dritte kann nicht ausgeschlossen werden.
- Die legale Herstellung von Kopien scheidet aus.
- Das Software-Produkt kann wie die Hardware zugunsten Dritter genutzt werden.
- Die Bekanntgabe ist kaum möglich.
- Der Einsatz innerhalb eines neuen Geräts *[siehe Kapitel 8.2.3 (4)]* mag bei fest eingefügten Speicherbausteinen im Einzelfall technisch nur beschränkt möglich sein. Bei auswechselbaren Speicherbausteinen ist sie weitgehend möglich. Sie ist dann wie bei einem Vervielfältigungsstück erlaubt.

8.2.2.1 Vervielfältigung durch den Anwender

(1) Problemstellung

Das Thema Vervielfältigung stellt sich auf drei Ebenen:

- Herstellen von Vervielfältigungsstücken im Sinne von greifbaren Datenträgern, auf denen das Software-Produkt gespeichert ist.
- Herstellen von Benutzungskopien *[Kapitel 8.2.1 (1)]*.
- Vervielfältigungshandlungen beim Einsatz des Software-Produkts.

In der Praxis geht es vorrangig um den Benutzungsumfang. Wenn dazu nichts Spezielles vereinbart wird, ist der (objektiv) bestimmungsgemäße Einsatz (§ 69d I UrhG: „Benutzung“) zulässig. Der Anwender darf das Software-Produkt zumindest auf einer beliebigen Konfiguration einsetzen, es also auch von Konfiguration zu Konfiguration wandern lassen. Es gibt nur beschränkt eine objektiv vorgegebene Größe der Konfiguration.

Das Speichern des Software-Produkts auf einer Plattenbibliothek zur Schaffung einer Benutzungskopie und das anschließende Laden in den Hauptspeicher zum Zwecke des Ausführens stellen Vervielfältigungsschritte dar, und zwar bestimmungsgemäße, so dass sie rechtlich unproblematisch sind *[weitere Handlungen der bestimmungsgemäßen Benutzung sind in Kapitel 5.3.3.1 aufgeführt]*.

(2) Wechsel der Konfiguration

Urheberrechtlich ist es unerheblich, auf was für einer Konfiguration der Anwender das Software-Produkt einsetzt. Deswegen darf er diese im Hinblick auf die Frage zulässiger Vervielfältigung (neue Installation) wechseln. Die Frage spielt innerhalb des Themas der Vergütung nach Benutzungsumfang eine erhebliche Rolle *[siehe Kapitel 8.2.3 (4)]*. Während des Wechsels darf der Anwender das Software-Produkt vorübergehend auf einer weiteren Konfiguration einsetzen *[siehe Kapitel 8.2.3 (1)]*.

(3) Sicherungskopie

Der Benutzungsberechtigte hat das Recht, Sicherungskopien herzustellen, wenn diese für die Sicherung der künftigen Benutzung erforderlich sind (§ 69d II UrhG) *[siehe zur praktischen Seite Kapitel 8.3 (2)]*. Dieses Recht kann nicht eingeschränkt werden (§ 69g II UrhG). Dazu gehören auch Sicherungskopien im Rahmen der laufenden Datensicherung von Plattenbibliotheken.

(4) Kopieren der Benutzerdokumentation

Wenn nicht für jedes erworbene Vervielfältigungsstück ein Exemplar der Benutzerdokumentation mitgeliefert wird *[zur Lieferpflicht siehe Kapitel 6.2.1 (1)]*, darf der Anwender zumindest so viele Kopien erstellen, wie er Vervielfältigungsstücke des Software-Produkts erworben hat. Für diejenige Benutzerdokumentation, die pro Arbeitsplatz benötigt wird, gilt: Wenn sie nur in einem Exemplar (überhaupt oder je Vervielfältigungsstück) geliefert wird, wird dem Anwender stillschweigend das Recht zur Herstellung weiterer Kopien erteilt. Das entspricht in der Praxis dem Willen der weit überwiegenden Zahl der Anbieter.

Wenn die Benutzerdokumentation auf Datenträger gespeichert ausgeliefert wird, steht es dem Anwender frei, wie viele ausgedruckte Kopien er für eigene Zwecke herstellt.

8.2.2.2 Änderungen durch den Anwender

(1) Problemstellung

§ 69c Nr. 2 UrhG spricht von „Umarbeitungen“. Zu unterscheiden davon sind Eingriffe in die Verarbeitungsweise des Programms mittels Erweiterungen: Der Anwender kann über Schnittstellen in die Verarbeitung eingreifen. Urheberrechtlich sind solche Eingriffe in die Verarbeitung keine Umgestaltungen des Programms.

Der Lieferantenseite geht es im Wesentlichen um die folgenden sechs Probleme:

- Der Anwender soll keine Fehler ins Software-Produkt einbauen *[vgl. Kapitel 8.5.2 (6)]*.
- Dem Anbieter droht, durch Änderungen seitens seiner Anwender urheberrechtlich in der Weiterentwicklung seines Produkts eingeschränkt zu werden: So leicht, wie an Programmierung, also auch an Erweiterungen als Bearbeitungen des Werks, eigene Urheberrechte entstehen können, läuft er Gefahr, dass ein Anwender eine geplante oder sich später anbietende Weiterentwicklung bereits strukturell ähnlich vorgenommen und daran ausschließliche Nutzungsrechte erworben hat.

- Bei der Pflege müssen Änderungen jeweils in neue Versionen des Software-Produkts kosten- und fehlerträchtig übernommen werden. Das schafft Verärgerung auf beiden Seiten *[vgl. Kapitel 8.1 (5), 14.1 (1) und 14.4]*.
- Der Anwender selbst ist oft nicht in der Lage, Änderungen durchzuführen. Es besteht das Risiko, dass der Anwender Konkurrenten einschaltet und damit die Investition in das Software-Produkt gefährdet.
- Schaltet der Anwender einen anderen Auftragnehmer ein, muss sich dieser erheblich einarbeiten, also letztlich ein Tätigkeitsfeld, d. h. ein Geschäftsfeld in erheblichem Umfang, schaffen, damit er konkurrenzfähig ist. Der Lieferant verliert einen entsprechenden Teil seines Geschäftsfelds. Der Lieferant möchte insbesondere solche potentiellen Konkurrenten vom Markt halten, die die besten Kenntnisse über das Software-Produkt haben, nämlich seine eigenen ehemaligen Mitarbeiter.
- Der Lieferant möchte Portierungen verhindern, die dazu führen, dass der Anwender Ersatzbeschaffungen von Hardware anderswo vornimmt.

(2) Zulässigkeit von Änderungen des Quellprogramms

Nach § 69d I UrhG bedarf der Benutzungsberechtigte keiner Zustimmung, soweit Änderungen für die bestimmungsgemäße Benutzung notwendig sind. Damit ist auch das Erstellen eines weiteren Vervielfältigungsstücks als sachgerechte Voraussetzung für Änderungen zulässig.

Bekommt der Anwender nur das Objektprogramm, soll er dieses nicht ändern (und kann es auch kaum *[siehe Kapitel 8.5.2 (6)]*). Änderungen gehören also nicht zur bestimmungsgemäßen Benutzung.

Bekommt der Anwender auch das Quellprogramm, soll ihm das eigentlich die Möglichkeit zu Änderungen eröffnen. Je änderungs-/ergänzungsbedürftiger ein Software-Produkt ist, desto mehr gilt dies. Der Lieferant trägt die Beweislast für eine gegenteilige Vereinbarung, z. B. dass die Lieferung des Quellprogramms nur der Vereinfachung der Mängelbeseitigung durch ihn dienen sollte. – Die Wahl einer Sprache in interpretativer Technik kann dazu dienen, den erwarteten Änderungsbedarf einfach befriedigen zu können; dann sollen Änderungen zulässig sein.

Zulässiger Umfang von Änderungen im Einzelnen: § 69d I UrhG erlaubt nicht nur solche Änderungen, die notwendig sind, damit das Software-Produkt überhaupt weitergenutzt werden kann, sondern alle, die der Weiterentwicklung dienen. – Es gibt aber Grenzen der bestimmungsgemäßen Benutzung. Der Benutzungsberechtigte darf insbesondere nicht solche Maßnahmen beseitigen, die der zulässigen Absicherung der Einschränkungen des Benutzungsrechts oder sonst dem Programmschutz dienen. *Zur Portierung auf einen anderen Typ von IT-Anlage siehe Kapitel 8.2.4.*

Wirkung eines Pflegevertrags auf das Änderungsrecht: Wenn die Vertragspartner Pflege vereinbart haben, liegt es nahe, dass der Anwender von sich aus Änderungen möglichst unterlässt. Das liegt aber nicht so nahe, dass aus der Vereinbarung der Pflege bereits ein Verzicht auf eigene (u. U. punktuelle) Änderungen abzuleiten wäre.

(3) Übersetzen des Programms

§ 69c Nr. 2 UrhG behandelt das Übersetzen des Quellprogramms in ein Objektprogramm unter dem Oberbegriff Umarbeitungen *[Kapitel 5.3.3.3 am Anfang]*. Dieses wird dem Anwender erlaubt, wenn er ein zu kompilierendes Software-Produkt nur als Quellprogramm erhält, weil das dann für den Einsatz erforderlich ist.

Migrieren durch Übersetzen: Der Anbieter geht vom Ansatz her davon aus, dass der Anwender denselben Compiler wie er selbst einsetzt und dass damit die Zielanlage definiert ist. Hat der Anbieter einen normierten Compiler verwendet, gehört es zur bestimmungsgemäßen Benutzung, dass der Anwender einen beliebigen Compiler, der die Norm erfüllt, einsetzen darf (sofern nichts anderes vereinbart ist). Der Anwender kann sich seine Zielanlage dann aussuchen. Dasselbe gilt, wenn der Anbieter des Software-Produkts eine Variante einer Compiler-Familie verwendet hat. Der Anwender darf also auch durch erneutes Übersetzen des Software-Produkts dieses auf eine andere Zielanlage migrieren, die von der Compiler-Familie unterstützt wird.

(4) Mängelbeseitigung

§ 69d I UrhG erwähnt ausdrücklich, dass das Recht zur Mängelbeseitigung zur bestimmungsgemäßen Benutzung gehört. Das gilt auch dann, wenn der Lieferant zur Mängelbeseitigung bereit ist.

Sachliche Voraussetzung bleibt, dass der Anwender dank der Lieferung des Quellprogramms zur Beseitigung von Mängeln in der Lage ist. Ein Anspruch auf dessen Lieferung lässt sich aus § 69d I UrhG nicht ableiten. Denn § 69d I UrhG dient nur dazu, die Macht des Rechtsinhabers hinsichtlich verkaufter Kopien einzuschränken.

Erhält der Anwender nur das Objektprogramm, dürfen bekannte Korrekturmaßnahmen auch direkt in diesem vorgenommen werden.

8.2.2.3 Verbreitung durch den Anwender

(1) Urheberrechtliche Zulässigkeit

Ausgangspunkt ist, dass das Verbreitungsrecht des Urhebers am gelieferten Vervielfältigungsstück nach § 69c Nr. 3 UrhG erschöpft ist *[siehe Kapitel 5.3.3.2 (2)]*. Die Weiterveräußerung des Vervielfältigungsstücks ist also zulässig. Da das Benutzungsrecht an das Eigentum am Originaldatenträger gebunden ist, darf der alte Anwender die Kopie, die er noch auf der Plattenbibliothek gespeichert hat, nicht mehr benutzen. Er ist vielmehr verpflichtet, alle Kopien zu löschen, soweit er sie nicht ausnahmsweise zu Archivierungszwecken benötigt *[vgl. Kapitel 8.5.4 (4)]*.

Vom Ansatz her kann der bisherige Benutzungsberechtigte sein Benutzungsrecht nur in dem Umfang übertragen, in dem er es hatte *[siehe Kapitel 5.3.3.2 (2)]*. Wenn dieser die spezifischen Einschränkungen seines Benutzungsrechts im Vertrag mit dem neuen Anwender nicht aufführt, darf der neue Anwender das Software-Produkt allerdings weitergehend, nämlich im Rahmen von dessen bestimmungsgemäßer Benutzung einsetzen *[Kapitel 5.3.3 (7)]*. Der bisherige Benutzungsberechtigte macht sich gegenüber seinem Lieferanten schadensersatzpflichtig, wenn er zur Weiterleitung der Einschränkungen verpflichtet ist. Es spricht einiges dafür, dass er dazu automatisch verpflichtet ist.

Veräußerung von Quellprogrammen: Für das Urheberrecht ist es gleich, ob das Software-Produkt als Objektprogramm oder als Quellprogramm weitergegeben wird. Aus dem Gesichtspunkt der Geheimhaltung heraus bestehen teilweise erhebliche Bedenken gegen die Weitergabe von Quellprogrammen *[siehe Kapitel 8.2.2.4 (2)]*. Mangels Allgemeingültigkeit dieser Bedenken dürfte allerdings kein automatisches Verbot der Weitergabe bestehen.

Veräußerung eines Teils des Benutzungsrechts: Der Anwender dürfte nicht berechtigt sein, einen Teil seines Benutzungsrechts abzuspalten, und zwar auch dann nicht, wenn er das Software-Produkt für den Einsatz auf mehreren Konfigurationen erworben hat. Das leuchtet insbesondere in dem Grenzfall ein, dass die Konfigurationen aus miteinander vernetzten Arbeitsplätzen (PCs) bestehen. Es stellt sich aber die Frage, ob der Anwender ein einheitliches Benutzungsrecht oder ein Bündel erworben hat. Wichtigstes Indiz für den Parteiwillen ist die Höhe des Rabatts. Je höher dieser ist, desto eher ist ein einheitliches Benutzungsrecht gewollt *[siehe auch Kapitel 8.2.1 (1) am Ende]*. – Ein einheitliches Benutzungsrecht liegt beispielsweise vor, wenn von der „Hauptlizenz" und den „Nebenlizenzen" gesprochen wird.

Wenn der Lieferant Originaldatenträger liefert, liegt ein gewisses Indiz in der Zahl, die er liefert. Wenn er nur einen einzigen liefert, ist eine Abspaltung (urheberrechtlich ausgeschlossen und schuldrechtlich) eher nicht gewollt.

Werden der Zahl der Konfigurationen entsprechend gleichartige Originaldatenträger geliefert, dürfte eher ein Bündel vorliegen. Nimmt man den Ansatz ernst, dass ein Originaldatenträger das Benutzungsrecht repräsentiert, liegt urheberrechtlich gesehen zwingend ein Bündel vor (schuldrechtlich nicht).

Veräußerung bei firmenbezogenem Benutzungsrecht: Wenn der Anwender das Software-Produkt auf beliebig vielen Konfigurationen einsetzen darf, hängt die Höhe des Kaufpreises meist stark von dem geschätzten Einsatzumfang ab. Deswegen bestehen erhebliche Zweifel daran, dass der Anwender das Software-Produkt überhaupt an einen Dritten weiterveräußern darf; denn der Dritte könnte einen viel größeren Einsatzumfang haben.

Wird die Firma als Unternehmensgruppe definiert *[siehe auch Kapitel 8.2.3 (6)]*, liegt erst recht nahe, dass das Benutzungsrecht nicht übertragen werden darf.

Wenn eine Unternehmensgruppe von einer anderen übernommen wird, würde die Benutzung zusätzlich innerhalb der neuen Unternehmensgruppe auf eine (Teil-)Übertragung des Benutzungsrechts hinauslaufen. Sie ist deswegen wie eine Übertragung zu behandeln. Eine Verschmelzung der Muttergesellschaft mit einer Gesellschaft einer anderen Unternehmensgruppe darf ebenso nicht zu einer Ausdehnung der Benutzung führen (wobei letztlich eine Einigung über den künftigen Einsatzumfang nötig ist).

Veräußerung einzelner von mehreren Software-Produkten auf einem Originaldatenträger: Sind mehrere Software-Produkte auf einem Originaldatenträger gespeichert, können sie einzeln nicht (oder nur mit erschwertem Nachweis des Benutzungsrechts) mit urheberrechtlicher Wirkung veräußert werden. Diese mehreren Software-Produkte können durch einen Paketpreis zusammengefasst sein. Dann dürfte die Teilveräußerung ausgeschlossen sein *[vgl. vorstehend]*.

Sind die Software-Produkte aber nur aus Gründen der Praktikabilität auf einem Datenträger zusammengefasst, fragt sich, ob der Lieferant überhaupt ordnungsgemäß erfüllt hat.

(2) Benutzung zugunsten Dritter/Vermieten/Leasing

Problemstellung: Hier sind vier Fälle zu unterscheiden, wie ein Dienstleistungsunternehmen Dritte an der Benutzung beteiligen kann:

- Benutzung ohne Zugriff der Dritten auf das Programm.
- Benutzung zugunsten Dritter durch gemeinsame Benutzung einer Benutzungskopie, ohne dass Teile des Software-Produkts an den Dritten übertragen werden,
- Gemeinsame Benutzung, aber Teile werden den Dritten jeweils bei Benutzung oder dauerhaft übertragen (in der zweiten Alternative also installiert).
- Benutzung mit Übergabe des Originaldatenträgers, also unter Aufhebung der eigenen Benutzungsmöglichkeit des Rechenzentrums (herkömmliche Miete).

Die Einordnung ist wichtig, weil § 69c Nr. 3 UrhG die Vermietung auch nach der Erschöpfung des Verbreitungsrechts von der Zustimmung des Rechtsinhabers abhängig macht *[siehe Kapitel 5.3.3.2 (4)]*. Kritisch ist der zweite Fall.

Abgrenzung zu anderen Formen: Die Benutzung *durch* einen Dritten braucht nicht Benutzung *für* diesen Dritten zu bedeuten. Das gilt insbesondere für folgende Fälle:

- Ein Auftragnehmer erhält eine Kopie, um diese für den Anwender zu bearbeiten oder mit dieser (Entwicklungswerkzeug) für den Anwender ein Programm zu entwickeln. Ob diese Kopie erstellt werden darf, ist eine Frage, inwieweit Vervielfältigungen zulässig sind *[siehe Kapitel 8.2.2.2 (2)]*.
- Ein Geschäftspartner des Anwenders erhält die Teile eines Software-Produkts, die erforderlich sind, um die Zusammenarbeit mit dem Anwender zu vereinfachen. Beispiel: Kunden des Anwenders können direkt Auskünfte aus Dateien einholen, z. B. Artikeldateien über die Verfügbarkeit von Artikeln. – Wenn man das als zustimmungspflichtig ansieht, liegt die Zustimmung im Verkauf eines Software-Produkts mit dieser Möglichkeit *[siehe im Folgenden]*.

Ein anderes Unternehmen, das zu derselben Unternehmensgruppe gehört, wird in der Regel nicht als Dritter angesehen.

Benutzung ohne Zugriff: Aus der Sicht des Urheberrechts ist es unerheblich, wem urheberrechtlich erlaubte Handlungen dienen. Der Anwender darf das Software-Produkt also auch für Zwecke Dritter einsetzen *[erster Fall]*.

Gemeinsame Benutzung: Hier ist zuerst zu fragen, ob die Mitbenutzung zustimmungspflichtig ist. Das ist bestimmt für die Fälle zu bejahen, dass der Rechenzentrums-Kunde Teile als eigene Benutzerkopie erhält. Das dürfte auch zu bejahen sein, wenn der Rechenzentrums-Kunde jeweils Teile des Software-Produkts oder das ganze von der Plattenbibliothek des Dienstleistungsunternehmens in den Hauptspeicher seiner Arbeitsplätze lädt. Denn insofern wird die Plattenbibliothek des Dienstleistungsunternehmens wie ein Vorrat an Benutzerkopien eingesetzt.

Damit liegt Miete vor. Deswegen fragt sich, ob der Lieferant die Zustimmung auf Grund bestimmter Umstände, insbesondere durch seine Preisgestaltung, automatisch erteilt. Das liegt nahe, wenn der Kaufpreis auf den Benutzungsumfang (Zahl der Benutzer/Arbeitsplätze) ausgerichtet ist. Denn dann soll der damit eröffnete Benutzungsumfang zulässig sein.

Die Tatsache, dass das Software-Produkt mandantenfähig ist, bedeutet nicht, dass beliebige Dritte dieses nutzen dürfen; die Mandantenfähigkeit dient primär seinem Einsatz innerhalb von Unternehmensgruppen (oder einem Unternehmen mit mehreren Werken/Profitcentern).

Der zweite Fall (reine Mitbenutzung, z. B. über das Internet mittels eines Browsers) dürfte auch als Miete einzustufen sein.

Leasing: Wer ein Software-Produkt an eine Leasinggesellschaft verkauft, erteilt dieser automatisch die Zustimmung, dieses im normalen Geschäftsgang zu vermieten. Wer als Vorlieferant sein Software-Produkt einem Lieferanten verkauft, erteilt ebenfalls die Erlaubnis zum späteren Leasen.

8.2.2.4 Kenntnisgabe an Dritte

(1) Problemstellung

Der Rechtsinhaber kann Interesse daran haben, dass Dritte vom Software-Produkt nichts zur Kenntnis bekommen, hinsichtlich

- der Benutzeroberfläche einschließlich Benutzerdokumentation,
- der Schnittstellen des Software-Produkts zu anderen Programmen,
- des Quellprogramms einschließlich der zu dessen Erstellung verwendeten und mitgelieferten Entwicklungswerkzeuge des Lieferanten.

Als Dritte kommen in Betracht:

- andere Anwender,
- andere Lieferanten und damit potentielle Konkurrenten dieses Lieferanten, insbesondere für das Installieren und Betreuen der Software-Produkte, für die Schaffung des Zusammenwirkens (= der Interoperabilität) mit anderen Programmen oder für Anpassungsprogrammierung,
- Dienstleistungsunternehmen *[siehe (3)]*.

(2) Zulässigkeit

Soweit der Anwender das Software-Produkt zugunsten anderer Anwender einsetzen darf *[Kapitel 8.2.2.3 (2)]*, darf er es in dem dafür erforderlichen Umfang diesen auch zur Kenntnis geben (Benutzeroberfläche einschließlich Benutzerdokumentation; bei Bedarf auch Informationen über Schnittstellen. – Das Quellprogramm sollte den dritten Benutzer gar nicht interessieren).

Hinsichtlich der Kenntnisgabe, insbesondere des Quellprogramms an andere Lieferanten, ist Ausgangspunkt, dass die Frage vom Urheberrecht her *eigentlich* irrelevant ist, weil es um den Schutz von Know-how und nicht um den der Darstellung geht. Die Kenntnisnahme erleichtert aber die Übernahme des Know-hows. § 69d III UrhG erlaubt das Ermitteln von Programminhalt und -aufbau durch Benutzen des Objektprogramms mit solchen Maßnahmen, die sonst zur bestimmungsgemäßen Benutzung gehören *[siehe Kapitel 5.3.3.4]*. Dafür kann er sich eines Gehilfen bedienen. Das Quellprogramm soll aber wohl geheim bleiben.

Hinsichtlich der Kenntnisgabe der Schnittstellen kann es für den anderen Lieferanten um den Anschluss eigener Software-Produkte gehen. Dabei benötigt der andere Lieferant auch gewisse Informationen über die Benutzeroberfläche oder über die Funktionen. Da der andere Lieferant für die Ermittlung der Schnittstellen das Objektprogramm dekompilieren darf, liegt nahe, dass er dann auch direkt auf das Quellprogramm zugreifen darf. Das gilt aber nicht, wenn der erste Lieferant die Schnittstellen-Informationen von sich aus zugänglich macht *[vgl. Kapitel 5.3.3.1]*. Es liegt sogar nahe, dass der Anwender einen Anspruch auf Lieferung dieser Informationen hat *[siehe Kapitel 8.3 (1)]*; das bedeutet andersherum, dass er auf das Dekompilieren verzichten soll.

(3) Einsatz eines Software-Produkts durch den Anwender bei einem Dienstleistungsunternehmen

Der Anwender darf ein Objektprogramm durch ein Dienstleistungsunternehmen – ausschließlich für seine Zwecke – einsetzen lassen. Bei einem Quellprogramm ist zu bedenken, dass das Dienstleistungsunternehmen dieses nicht inhaltlich zur Kenntnis zu nehmen braucht, es aber für bestimmte Fälle haben muss (z. B. damit das Programm nach Änderungen der Systemsoftware erneut übersetzt werden kann). Es ist branchenüblich, dass der Lieferant dieser Art des Einsatzes zustimmt, wenn das Dienstleistungsunternehmen sich zur Geheimhaltung verpflichtet; es sei denn, dass es mit dem Lieferanten im Angebot von Software-Produkten der vorliegenden Art konkurriert.

8.2.3 (Insbesondere der) Umfang des Benutzungsrechts

In der Praxis steht die Frage im Vordergrund, in welchem Umfang der Anwender das Software-Produkt einsetzen darf.

Wenn im Folgenden von IT-Anlage oder Zentraleinheit gesprochen wird, sind damit vorrangig große Einheiten gemeint (Universalrechner oder ein Programmserver). Wenn es um den Einsatz von Software-Produkten auf einzelnen PCs geht (auch wenn diese vernetzt sind), wird in der Praxis (und auch hier) ausdrücklich von (lokalen) PCs gesprochen. Dann entfällt ein Teil der Probleme.

(1) Beschränkung auf eine Konfiguration

Beschränkungen – Auslegung: Wenn die Benutzung auf eine (bestimmte) *Zentraleinheit* (oder auf ein – bestimmtes – Gerät) bezogen wird, dürften kaum Auslegungsschwierigkeiten auftreten. Setzt sich eine Zentraleinheit aus mehreren Prozessoren zusammen, so liegt immer noch eine Zentraleinheit vor. Das gilt auch, wenn auf einer Zentraleinheit mehrere Betriebssysteme eingesetzt werden. Es macht rechtlich nichts aus, wenn das Software-Produkt mehrfach in den Hauptspeicher, der der Zentraleinheit zugeordnet ist, zum Zwecke des Einsatzes geladen werden muss *[vgl. Kapitel 8.2.1 (1)]*.

Wird das Benutzungsrecht auf eine *IT-Anlage* bezogen, ist alles, was bei Bezogenheit auf eine Zentraleinheit zulässig ist, erst recht zulässig. Wird eine ausfalltolerante IT-Anlage eingesetzt, dürfte es sich immer noch um eine IT-Anlage handeln, weil das Programm nur einmal benutzt wird, wenn auch auf beiden Teilanlagen identisch. Die Grenze dürfte aber überschritten sein, wenn die zweite IT-Anlage als Stand-by-Anlage dient und also im Normalfall andere Aufgaben wahrnimmt.

Verhältnis von Benutzung zu Installation: Ist die Benutzung auf einer IT-Anlage/ einem PC zulässig, besagt das nur wenig dazu, auf wie vielen IT-Anlagen/PCs (Plattenbibliotheken) das Software-Produkt zur Vorbereitung der Benutzung installiert werden darf (das Benutzungsrecht kann aber auf die Installation auf einer IT-Anlage/einem PC beschränkt werden). Mehrfache Installation mag Mehrfacheinsatz erleichtern, kann aber nicht mit ihm gleichgesetzt werden. Mehrfachinstallation kann vom Lieferanten gewollt sein, z. B. bei einem Software-Produkt, das der Benutzer entweder auf seinem PC am Arbeitsplatz oder auf seinem Laptop auf Reisen einsetzt. Sie kann auch der organisatorischen Freiheit des Anwenders dienen, auf welcher IT-Anlage/welchem PC er das Software-Produkt jeweils einsetzen will. Das gilt insbesondere, wenn der Lieferant ein Autorisierungsinstrument *[Kapitel 8.1 (5)]* vorsieht. – Die Zahl der Installationen darf aber nicht so groß sein, dass die Kontrolle über den zulässigen Benutzungsumfang verloren zu gehen droht (wenn nicht ein Autorisierungsinstrument vorgesehen ist).

Ausweichkonfiguration: Wenn der Anwender das Software-Produkt nur auf einer Konfiguration einsetzen darf, darf er es bei Nichteinsetzbarkeit der normalerweise genutzten Konfiguration auf einer Ausweichkonfiguration einsetzen; denn die Einschränkung (Benutzung auf einer Konfiguration) bleibt erfüllt. Dabei dürfte es, wenn sich der Preis nach der Größe der Zentraleinheit u. a. m. richtet, wegen der Notlage keine Rolle spielen, wenn die Ausweichkonfiguration in eine höhere Größenklasse fällt.

Ausnahmsweise Benutzung über den vereinbarten Umfang hinaus: In Betracht kommen einzelne Situationen, in denen der Anwender das Software-Produkt auf mehreren IT-Anlagen gleichzeitig einsetzen/installieren darf, auch wenn die Benutzung/Installation auf eine IT-Anlage beschränkt ist (bzw. auf verschiedenen, auch wenn die Benutzung auf eine bestimmte bezogen ist). Grund dafür ist, dass unter Benutzung grundsätzlich produktive Benutzung verstanden wird und nur die Juristen den formalen Aspekt der Vervielfältigung in den Vordergrund stellen.

Wenn die Benutzung eines PC-Programms, das von mehreren Benutzern nur jeweils gelegentlich genutzt wird (z. B. Projektplanungssystem), geschult werden soll, darf dieses für die Dauer der Schulung auf mehreren PCs gespeichert werden.

Wenn ein Software-Produkt aus der Quellsprache in die Objektsprache umgewandelt werden muss, darf die Umwandlung (= Übersetzung) auf einer gesonderten Entwicklungsanlage erfolgen. Das gilt für Änderungen entsprechend.

Soll das Software-Produkt eingerichtet *[Kapitel 8.3 (4)]* werden, darf es auch – ggf. gleichzeitig – auf einer anderen IT-Anlage zu diesem Zwecke benutzt werden, z. B. auf der eines Auftragnehmers in dessen Softwarewerkstatt.

Wenn der Anwender den Einsatzort verlagert, kann es erforderlich sein, während der Übergangsphase die Software an beiden Orten zu benutzen. Aber auch sonst kann der Wechsel der Konfiguration den Anwender berechtigen, das Software-Produkt vorübergehend auf einer weiteren Konfiguration einzusetzen.

Wenn eine weiterentwickelte Version eines Anwendungsprogramms eingesetzt werden soll, darf diese während einer angemessenen Übergangsphase neben der alten eingesetzt werden.

Entwicklungswerkzeuge: Wenn eine neue Version eines Entwicklungswerkzeugs nicht abwärtskompatibel ist, kann der Anwender mit Hilfe (der alten Version) des Werkzeugs erstellte Anwendungsprogramme oft nicht gleich mit Hilfe der neuen Version pflegen; zumindest ist das für viele Anwender oft sehr unwirtschaftlich *[vgl. Kapitel 14.2.2 (5)]*. Der Anwender dürfte dann berechtigt sein, zwei Versionen des Entwicklungswerkzeugs sogar mittelfristig parallel einzusetzen (auch auf getrennten Entwicklungssystemen, um Verwirrung zu vermeiden).

Insoweit ist ein Anbieter, der eigene Software-Produkte mit Hilfe der Entwicklungswerkzeuge erstellt hat, einem Anwender gleichzusetzen.

(2) Beschränkungen innerhalb einer Konfiguration

Ausgangspunkt ist, dass eine Beschränkung des Benutzungsrechts innerhalb einer Konfiguration nicht zur „bestimmungsgemäßen Benutzung" (§ 69d I UrhG) gehört und also nur bei einer entsprechenden Vereinbarung wirksam ist. Da alles im Fluss ist, besteht teilweise wenig Einvernehmen über die Bedeutung von Begriffen in solchen Vereinbarungen.

Benutzer: Benutzer ist erst einmal ein Mensch. Manche Anbieter verstehen darunter fälschlich Arbeitsplätze. Andere behandeln Prozesse stillschweigend als Benutzer, z. B. den Druckbetrieb, die Telekommunikationsverbindung. Auch das ist unberechtigt. – Es geht um die Zahl derjenigen Benutzer, die zu einem beliebigen Zeitpunkt aktiv sind, d. h. die Benutzung des Software-Produkts gestartet und noch nicht beendet haben („concurrent user"). Sie zählen also auch mit, wenn sie eine Pause machen, sich aber nicht abgemeldet haben. Das kollidiert damit, dass ein Benutzer (Mensch) gerne mehrere Prozesse nacheinander startet, z. B. beim morgendlichen Arbeitsbeginn erst einmal mehrere Programme hochfährt, damit er während seiner Arbeit schneller zwischen ihnen wechseln kann (am gleichen Arbeitsplatz). Dann zählt er den ganzen Tag über mehrfach.

Manche Lieferanten verstehen – unberechtigt – ohne nähere Definition als Benutzer jeden, der dem Software-Produkt gegenüber als solcher benannt worden ist („named user").

Arbeitsplatz: Hier finden sich analog zum Begriff des Benutzers zwei unterschiedliche Interpretationen, nämlich dass es um die Menge der aktiven Arbeitsplätze bzw. um bestimmte Arbeitsplätze („named PCs") geht. Die zweite Interpretation geht ohne entsprechende Definition noch stärker fehl als die bei „Benutzer". Denn Arbeitsplätzen wird keine Identität wie Menschen zugesprochen.

Mehrere Software-Produkte einer Familie: Werden mehrere Software-Produkte (zugleich) verkauft, liegt es formal nahe, dass die Zahl der Benutzer für jedes gesondert gilt, die Zahlen für alle Software-Produkte zusammen also addiert werden dürfen. Wenn die Zahl der zulässigen Benutzer für das von allen Software-Produkten gemeinsam genutzte Datenbankverwaltungssystem nicht dieser Summe nahe kommt, müsste das dem Anwender auffallen, nämlich dass es bei den einzelnen Software-Produkten nur um einzelne Obergrenzen geht. Hier kommt es darauf an, ob dieser Wille des Lieferanten zum Zeitpunkt des Vertragsabschlusses im Einzelfall ausreichend deutlich geworden ist.

(3) Ausrichtung auf mehrere Konfigurationen/PCs

Wenn bei Software-Produkten, die auf solchen Arbeitsplätzen genutzt werden, die wahlweise aus einem Netz mit zentralen Komponenten bestehen oder lokale PCs sind, die Vergütung sich nach der Zahl der aktiven Arbeitsplätze richtet: Wie werden Installationen auf lokalen PCs dann behandelt? Formal würden sie nur zählen, wenn sie auch aktiv sind. Das kann nur geschätzt werden. Es liegt nahe, sie bei Installation auf einem lokalen PC als dauernd genutzt einzustufen.

(4) Einsatz auf einer anderen Konfiguration

Für die bestimmungsgemäße Benutzung kommt es kaum auf die ursprüngliche IT-Anlage an. Das bedeutet, dass der *bloße* Wechsel der IT-Anlage nicht eingeschränkt werden oder zu einer zusätzlichen Vergütung führen darf. Im Hinblick auf größenabhängige Vergütung kann der Wechsel den Benutzungsumfang erweitern und damit die Pflicht zur Zahlung eines Zuschlags auslösen.

Andere Variante erforderlich: Braucht der Anwender eine andere beim Lieferanten vorhandene Variante des Software-Produkts, um dieses auf der neuen Konfiguration einzusetzen (weil die alte Variante nicht entsprechend portabel ist), kann die Frage, gegen welche Vergütung der Anwender im Wege der ergänzenden Vertragsauslegung einen Anspruch darauf hat, unterschiedlich beantwortet werden:

- Die neue Variante kann als ein anderes Produkt angesehen werden. Das soll der Anwender voll bezahlen.
- Der Anwender zahlt für die Amortisierung der Investition des Lieferanten in das Software-Produkt. Wenn dieser das Software-Produkt in unterschiedlichen Varianten realisiert hat, macht das (typischerweise) nur eine geringe zusätzliche Investition für jede weitere Variante aus.

Es widerspricht im zweiten Fall Treu und Glauben, wenn der Lieferant diese Teile mit dem großen identischen Rest in ein Paket schnürt, um erneut den gesamten Kaufpreis verlangen zu können. Dementsprechend braucht der Anwender nur eine zusätzliche Zahlung zu leisten, die an den auszutauschenden Teilen und daran ausgerichtet ist, dass dem Anwender der Übergang ermöglicht wird (abgesehen von der Berechtigung eines Zuschlages bei größenabhängiger Vergütung).

(5) Anwendungsbezogene Einschränkungen der Benutzung

Manche Anbieter wollen die Benutzung ihrer Software für bestimmte Anwendungsbereiche ausschließen, insbesondere weil in diesen Produkthaftung droht. Die Einschränkung ist vom Preis unabhängig. Der Ausschluss dient der Vermeidung von Haftungsansprüchen wegen Fehlern. Eine urheberrechtliche Wirkung (= eine Wirkung gegenüber anderen als dem ersten Vertragspartner) dürfte nicht bestehen.

Häufig benötigt ein Anbieter fremde Software als Betriebsmittel für seine Anwendungssoftware, z. B. ein Datenbankverwaltungssystem. Dieses wird zu einem Bruchteil des normalen Preises von dessen Anbieter geliefert, wenn es nur „innerhalb" dieser Anwendungssoftware eingesetzt wird („embedded software"). Der Anwender kann gegen Nachzahlung des Preisnachlasses das Recht zur unbeschränkten Benutzung erwerben (Achtung: Es geht nicht um den Unterschied zwischen „Vollprodukt" und Runtime-Komponente). Die Beschränkung der Benutzung von solcher Software innerhalb einer Anwendung gehört zu dem, was das UrhG regeln will. Man kann die Software der beiden Anbieter als Gesamtheit ansehen („die Anwendung"). Urheberrechtliche Wirkung ist also erreichbar.

(6) Firmen-/Konzernlizenz

Bei einer Firmen-/Konzernlizenz *[siehe Kapitel 8.2.2.3 (1)]* stellt sich die Frage, welche Gesellschaften unter die Lizenz fallen, wenn nichts ausdrücklich vereinbart ist. Bei ausdrücklicher Regelung wird meist auf § 15 AktG abgestellt oder entsprechend formuliert. Das dürfte auch bei Schweigen gelten. Allerdings kann die Zielsetzung, deretwegen die Firmengruppe das Software-Produkt erwirbt, etwas über den geplanten Einsatzumfang aussagen.

(7) Vergrößerung des Einsatzumfangs

Der Aufpreis, den der Anwender bei Vergrößerung des Einsatzumfangs zahlen muss, ist oft nicht ausreichend deutlich im ursprünglichen Kauf-/Mietvertrag geregelt.

Bildung des Aufpreises nach alter oder neuer Preispolitik: Es fragt sich, ob sich der Preis/Aufpreis nach dem richtet, was der Lieferant bei Abschluss des ursprünglichen Vertrags vorgesehen hatte, oder nach seinen aktuellen Bedingungen. Beide Marktseiten gehen überwiegend davon aus, dass sich der Preis für den neuen Umfang nach den neuen Bedingungen richtet.

Berechnung des Aufpreises: Auch wenn der Aufpreis nach der neuen Preispolitik berechnet wird, fragt sich, was als Preis für den bisherigen Benutzungsumfang anzusetzen (= abzuziehen) ist, nämlich was der Anwender gezahlt hat oder was er nach neuer Preisbildung dafür zu zahlen gehabt hätte. Auszugehen ist von Ersterem. Wenn aber Pflege vereinbart ist, soll nach überwiegendem Verständnis der Anbieterseite zugunsten des Anwenders berücksichtigt werden, dass er mit der Pflegepauschale die Weiterentwicklung bereits mitfinanziert hat.

Zulässiger Umfang der Erhöhung von Preisen: Die Anwenderseite verzichtet häufig darauf, im ursprünglichen Kaufvertrag die Bedingungen für die Vergrößerung des Benutzungsumfangs festzulegen, in der Erwartung, dass der Lieferant mit Preiserhöhungen auf dem Boden des bisherigen Preisniveaus bleiben werde. Wird der Lieferant bei diesen

Verhandlungen auf das Thema angesprochen, erklärt er typischerweise, dass eine definitive Regelung wegen der schnellen Entwicklung des IT-Markts schwierig sei, er aber sowieso wegen der Konkurrenz kaum einen Spielraum nach oben habe. Eine gewisse Pflicht des Lieferanten zur Selbstbeschränkung ist also anzunehmen.

(8) Einsatzort

Der Einsatzort kann für die Bestimmung des Einsatzumfangs in Abhängigkeit vom Preis erheblich sein (Preis für Einsatz in einem Rechenzentrum, in einem Gebäude). Die Angabe eines Installationsorts im Vertrag, dass die Software an einem bestimmten Ort eingesetzt werden darf, sind wie Regelungen über eine bestimmte IT-Anlage zu behandeln: Sie hindert nicht daran, den Ort zu wechseln, können aber u. U. zu einem Aufpreis führen.

8.2.4 Bindung des Einsatzes an bestimmte Typen von IT-Anlagen

Der Gesichtspunkt der technischen Zuverlässigkeit bringt manche Anbieter dazu, den Einsatz ihrer Software auf bestimmte Systemplattformen zu beschränken. Der Gesichtspunkt, den Absatz der eigenen Hardware zu fördern, brachte manche Hersteller dazu, den Einsatz ihrer Software an ihre Hardware zu binden; letzteres wirkte sich hauptsächlich bei Ersatzbeschaffungen aus. Dieser Gesichtspunkt ist in den Hintergrund getreten.

Hier geht es darum, inwieweit der Anbieter über den Vertrag (typischerweise: über seine AGB) solche Bindungen absichern kann.

Nach § 69d I UrhG können die Vertragspartner – im Rahmen der Rechtsordnung – frei bestimmen, in welcher Weise der Benutzungsberechtigte das Software-Produkt benutzen darf. Es ist kein Grund zu sehen, den Aspekt, auf welchem Typ von IT-Anlage das Software-Produkt genutzt werden darf, aus dem Begriff des Benutzens herauszunehmen. Mit dem Typ der IT-Anlage kann auch die Größenordnung und damit der Benutzungsumfang bestimmt werden *[siehe Kapitel 8.2.3]*.

Für die Beantwortung der Fragen, inwieweit Schranken bestehen, können drei Fallgruppen unterschieden werden:

- Der Anbieter bindet den Einsatz von Anwendungssoftware aus technischen Gründen an solche IT-Anlagen, für die er diese freigegeben hat.
- Der Anbieter bindet den Einsatz von Anwendungssoftware an bestimmte IT-Anlagen oder an bestimmte Hardware, um deren Absatz zu fördern.
- Der Anbieter bindet den Einsatz des Betriebssystems und weiterer Systemsoftware an bestimmte Hardware, sei es aus technischen Gründen oder zwecks Absatzförderung.

Einzelvertraglich sind weitgehende Einschränkungen möglich. Einschränkungen werden aber typischerweise in AGB aufgenommen, so dass engere Grenzen für ihre Zulässigkeit bestehen. Regelungen, die den Einsatz von Betriebsmitteln auf solche Betriebsmittel beschränken, auf die hin sie entwickelt worden sind und von deren problemloser Kompatibilität ihr Einsatz abhängt (erste Fallgruppe), sind verständlich und berechtigt. Regelungen, die den Einsatz bestimmter Hardware praktisch nur vorschreiben, um deren Absatz zu fördern, sind bedenklich. Insofern kann auch das Gesetz gegen Wettbewerbsbeschränkungen kontrollierend eingreifen, wenn nämlich die Bezugsbindung den Wettbewerb unangemessen stark einschränkt.

8.2.5 Programmschutz

(1) Problemstellung

Der Anbieterseite geht es darum, dass Software-Produkte und das in ihnen enthaltene Know-how nicht weitergehend genutzt werden, als es der Zielsetzung des Vertrags entspricht. Das kann erreicht werden

- durch eine genaue Beschreibung des Benutzungsrechts *[siehe Kapitel 8.2.2 und 8.2.3]*;
- durch Know-how-Schutz, z. B. durch das Verbot, das Quellprogramm Dritten zur Kenntnis zu geben *[siehe Kapitel 8.2.2.4 (2)]*;
- durch Maßnahmen organisatorischer und technischer Art.

Nicht zum Programmschutz gehören Maßnahmen zur Durchsetzung von Zahlungsansprüchen, die im Vertrag bereits konkretisiert sind *[siehe Kapitel 8.2.8]*.

(2) Zulässigkeit technischer Maßnahmen des Lieferanten

Da Software-Produkte einem hohen Missbrauchsrisiko ausgesetzt sind, ist der Lieferant nach Treu und Glauben berechtigt, die ausgelieferten Kopien mit angemessenen Schutzmaßnahmen gegen missbräuchliche Verwendung zu versehen *[zur technischen Seite siehe Kapitel 5.6]*. Maßnahmen, die die Gebrauchsfähigkeit erheblich einschränken können, bedürfen der Zustimmung. Soweit keine Zustimmung des Anwenders (ausdrücklich im Vertrag oder wenigstens nach Treu und Glauben) vorliegt, verletzt der Lieferant den Vertrag. Auch unabhängig vom Verschulden des Lieferanten hat der Anwender einen Beseitigungsanspruch.

Der Lieferant kann durch den Einbau technischer Schutzmaßnahmen eine unerlaubte Handlung oder sogar eine Straftat nach § 303a und/oder § 303b StGB begehen.

Der Versuch ist in beiden Fällen strafbar. Nach § 303a StGB ist das Löschen oder Unbrauchbarmachen von Daten strafbar. Programme können als Daten angesehen werden *[vgl. Kapitel 5.7 (3)]*. Nach § 303b StGB wird – strenger – bestraft, wer erstens durch eine Tat nach § 303a StGB oder zweitens durch Unbrauchbarmachen oder Verändern einer Datenverarbeitungsanlage oder eines Datenträgers eine Datenverarbeitung stört, die für deren Betreiber von wesentlicher Bedeutung ist. Die IT-Anlage muss von einem Betrieb, einem Unternehmen oder einer Behörde eingesetzt werden (also fällt die IT-Anlage eines jugendlichen Spiele-Raubkopierers nicht in den Anwendungsbereich).

Schutz durch Dongles: Dieser ist in der Rechtsprechung für berechtigt gehalten worden, auch wenn deren Einsatz zu technischen Problemen führt.

(3) Pflichten des Anwenders

Der Anwender ist grundsätzlich nicht verpflichtet, im Zusammenhang mit der Lieferung irgendeine Erklärung zum Programmschutz zu unterschreiben *[vgl. Kapitel 8.1 (6)]*.

(3.1) **Unterlassen der missbräuchlichen Benutzung. Missbrauch durch Mitarbeiter:** Es stellt sich die Frage, inwieweit der Anwender für missbräuchliche Benutzung durch seine Mitarbeiter haftet, die diese im eigenen Interesse begehen. Die Haftung über § 831 BGB für Verrichtungsgehilfen *[Kapitel 3.2 (2)]* dürfte dem geschädigten Lieferanten kaum helfen. Also fragt sich, inwieweit Mitarbeiter Erfüllungsgehilfen *[Kapitel 3.2 (1)]* für das Unterlassen missbräuchlicher Benutzung sind, so dass der Anwender für deren Tun haftet *[zur urheberrechtlichen Haftung auf Schadensersatz siehe Kapitel 5.3.4]*.

M. E. hängt das Unterlassen missbräuchlicher Benutzung als Ergänzung an der Pflicht zum Programmschutz. Deswegen sollten diejenigen Mitarbeiter als Erfüllungsgehilfen angesehen werden, denen diese Pflicht übertragen ist. Das sind bestimmte Mitarbeiter der RZ-Organisation, die für diese Aufgaben zuständig sind, aber nicht alle Mitarbeiter der IT-Abteilung, auch wenn sie mit dem Programm in Kontakt kommen.

Fraglich ist, inwieweit auch Benutzer solche zuständigen Mitarbeiter sind, wenn sie Herr über ihren „eigenen" PC sind. Sie sind dann sozusagen für ein Mini-Rechenzentrum verantwortlich. Manche Hersteller behaupten, dass der einzelne Benutzer Erfüllungsgehilfe sei, so dass die Anwenderorganisation für seinen Missbrauch hafte. Rechtsprechung dazu ist nicht bekannt *[siehe Kapitel 5.3.4]*.

Missbrauch zugunsten des Anwenders: Missbrauch, insbesondere der Einsatz illegaler weiterer Kopien, kann auch vom Anwender zu eigenen Gunsten begangen werden. Es kann davon ausgegangen werden, dass bei Software-Produkten, die auf für den Anwender zentralen Systemen eingesetzt werden, ein Systemverantwortlicher eingeschaltet ist. Wenn dieser das Software-Produkt missbräuchlich nutzt, muss der Anwender sich das als Handeln eines Erfüllungsgehilfen zurechnen lassen. Der Lieferant hat einen Schadensersatzanspruch auf Zahlung gegen den Anwender.

(3.2) **Sicherungsmaßnahmen des Anwenders:** In Betracht kommen automatisch einige Pflichten des Anwenders, weil Software-Produkte regelmäßig als Betriebsgeheimnisse *[Kapitel 5.4.1]* anzusehen sind und weil missbräuchliche Nutzung so einfach ist. Zu den geschuldeten Organisationsmaßnahmen gehören zumindest:

- Belehrung der Mitarbeiter,
- Behandlung von Quellprogrammen und dazugehöriger Dokumentation wie eigene Betriebsgeheimnisse. Die Branche spricht häufig davon, dass Zugang nur auf der Basis „need to know" zulässig sein soll.

(4) Kontrollpflichten des Anwenders/„Lizenzmanagement"

Beispielhaft für das „Lizenzmanagement" ist die AGB-Klausel von Microsoft, dass der Anwender, wenn die voraussichtliche Zahl der Benutzer der Software die Zahl der erworbenen „Lizenzen"[2] übersteigt, angemessene (!) Mechanismen oder Verfahren bereithalten müsse, um sicherzustellen, dass die Zahl der Personen, die die Software gleichzeitig benutzen, nicht die Zahl der „Lizenzen" übersteigt.

2 Mit dem schwammigen Begriff „Lizenzen" ist die Zahl der Benutzer (oder Arbeitsplätze) gemeint, die das Programm einsetzen dürfen (auf denen ...).

Ausgangspunkt ist, dass der Anwender die Software nicht missbräuchlich benutzen darf; einiges an Kontrollaufwand ist ihm also zuzumuten. So hat er über Installationen (!) auf lokalen PCs Buch zu führen. Bei Einsatz eines Software-Produkts in einem Netz stellt sich die Frage, warum der Lieferant nicht die Kontrollmechanismen bereits einbaut. Wenn die Antwort lautet, dass das technisch zu schwierig ist, braucht der Anwender solche Maßnahmen grundsätzlich nicht zu treffen. Er müsste schon einfache Maßnahmen zur Hand haben. Bei großen Installationen mit mehreren Software-Produkten kann die Pflicht bestehen, ein allgemein einsetzbares Metering-Werkzeug einzuführen.

(5) Dekompilieren

§ 69e UrhG erlaubt, Programme zu dekompilieren, um Schnittstellen zu ermitteln *[siehe Kapitel 5.3.3.1]*. Zu anderen Zwecken wäre Dekompilieren nach § 69d I UrhG nur erlaubt, wenn das zur bestimmungsgemäßen Benutzung gehören würde. Das dürfte m. E. grundsätzlich zu verneinen sein. Der Anwender soll das Betriebsgeheimnis respektieren, solange es eines ist. Der Anwender hat mit dem Erwerb des Software-Produkts als Objektprogramm darauf verzichtet, selbst Mängel im Software-Produkt beseitigen oder es ändern zu können. Jetzt soll er sich diese Möglichkeit – falls es sie technisch wirklich gibt – nicht durch die Hintertür schaffen dürfen.

8.2.6 Rechtsmängelhaftung

Die Haftung für Rechtsmängel deckt sich mit der für Sachmängel *[vgl. Kapitel 6.3 am Anfang]*.

8.2.7 „Eigentumsvorbehalt“

Ein Eigentumsvorbehalt ist nach dem Urheberrecht auf der Grundlage nützlich, dass ein Originaldatenträger geliefert wird, der das Benutzungsrecht repräsentiert. Der Übergang des Eigentums am Datenträger kann an die vollständige Bezahlung geknüpft werden. Der Anwender erhält bis dahin nur ein vorläufiges (schuldrechtliches) Benutzungsrecht.

8.2.8 Stoppbefehl/Programmsperren und Ähnliches

Es kommt vor, dass ein Lieferant Zahlungsansprüche oder den Abschluss eines für ihn günstigen Pflegevertrags dadurch durchzusetzen trachtet, dass er von vornherein oder nachträglich etwas ins Programm einbaut, was dessen Einsatz beeinträchtigt, sei es eine Sperre beim Aufrufen, sei es ein plötzlicher Abbruch *[zu Sperren im Interesse des Programmschutzes siehe Kapitel 8.2.5 (2)]*.

Sperren: Der nicht vereinbarte Einbau einer solchen Sperre in das Software-Produkt ist eine Vertragsverletzung. Fraglich ist,

- ob angesichts der Schwere des Vertrauensbruchs eine Nachfristsetzung zum Entfernen der Sperre überhaupt noch erforderlich ist,
- in welchem Umfang der Anwender Schadensersatz verlangen kann.

Der Einbau einer Programmsperre kann auch eine Straftat nach § 303a oder § 303b StGB sein *[siehe Kapitel 8.2.5 (2)]*.

Weniger einschneidende Maßnahmen: Sie sind nach Treu und Glauben vertretbar. Stärker beeinträchtigende Maßnahmen müssen durch entsprechende Vereinbarungen abgesichert werden.

8.2.9 Besonderheiten bei Miete

Da § 69d I UrhG auf die bestimmungsgemäße Benutzung bzw. auf Vereinbarungen der Vertragspartner zum Benutzungsumfang abstellt, dürften bei Miete von Software-Produkten nur geringe Unterschiede zum Kauf bestehen.

Benutzung zugunsten Dritter: Bei Mitbenutzung *[siehe Kapitel 8.2.2.3 (2)]* ist kein Unterschied zu sehen. Bei Weitergabe an den Untermieter greift allerdings § 540 BGB ein *[siehe Kapitel 7.2 (1)]*. Hierin liegt ein formal wesentlicher Unterschied zum Kauf.

Kenntnisgabe an Dritte: Es ist zu erwägen, die Kenntnisgabe des Quellprogramms aus schuldrechtlichen Gründen von vornherein für unzulässig zu halten.

Änderungen berühren (sinnvollerweise) nicht das Quellprogramm auf dem – vom Gesetzgeber erwarteten – Originaldatenträger. Dieser kann nach Mietende unverändert zurückgegeben werden, so dass kein Unterschied zu Kauf mit Pflege zu sehen ist *[vgl. Kapitel 8.2.2.2]*.

Einsatz auf anderen IT-Anlagen: Angesichts der gesetzlichen Pflicht des Vermieters, die Mietsache einsatzfähig zu halten, dürfte es noch stärker zur bestimmungsgemäßen Benutzung gehören, dass gemietete Software-Produkte nur auf IT-Anlagen eingesetzt werden dürfen, für die sie freigegeben sind *[vgl. Kapitel 8.2.4]*.

8.3 Leistungsumfang und Einsatzvorbereitung

Zur geschuldeten Version siehe Kapitel 8.1 (1). Zur Zuständigkeit für die Einsatzvorbereitung siehe Kapitel 6.2 (1) und (2). Zur Pflicht, Aufträge über Anpassungsprogrammierung zu übernehmen, siehe Kapitel 8.4.1 (10) und 14.4.1 (4).

Für die im Folgenden angesprochenen Fragen kommen andere Antworten in Betracht, wenn die Software-Produkte zusammen mit IT-Anlagen geliefert werden *[siehe Kapitel 6.2]*.

Unterstützungsleistungen sind grundsätzlich gesondert zu vergüten *[siehe Kapitel 6.2.1]*.

(1) Geschuldete Sprachform

Es gibt keine Verkehrssitte dahingehend, dass der Lieferant ein Software-Produkt auch als Quellprogramm zu liefern hat. Ausnahmsweise kann sich eine Pflicht zur Lieferung des

Quellprogramms daraus ergeben, dass der Anwender das Software-Produkt zwingend als Quellprogramm benötigt.

Zur Situation bei Modifikationen durch den Lieferanten siehe Kapitel 8.4.1 (4); zur Situation, dass der Lieferant die Pflege innerhalb derjenigen Frist einstellt, während der er zur Pflege verpflichtet ist, siehe Kapitel 14.2.3; zur Situation bei Verletzung der Pflicht zur Mängelbeseitigung siehe Kapitel 8.5.4 (3).

Bekanntgabe von Schnittstellen: Ungeklärt ist die Frage, ob der Anwender, wenn er das Software-Produkt als Objektprogramm erhält, Anspruch auf Bekanntgabe von Schnittstellen hat, um das Software-Produkt mit anderen Programmen zusammenwirken zu lassen. Das Urheberrecht (§ 69e UrhG) überlässt es dem Rechtsinhaber, ob er die Informationen offen legen oder den Anwender bzw. den anderen Lieferanten auf den meist mühseligen Weg des Dekompilierens oder anderer Methoden verweisen will *[siehe Kapitel 5.3.3.1]*.

Systemtechnische Dokumentation: Auch wenn das Quellprogramm geliefert wird, kann (ohne entsprechende Vereinbarung) nicht angenommen werden, dass der Lieferant die darauf bezogene systemtechnische Dokumentation außerhalb des Quellprogramms ebenfalls schuldet. Denn das würde zu einer zusätzlichen erheblichen Gefährdung des Know-hows des Lieferanten führen.

(2) Datenträger/Sicherungskopie

Datenträger: Der Anwender hat – außer bei vereinbarter Lieferung per Telekommunikation – Anspruch auf einen als Original gekennzeichneten Datenträger, der sein Benutzungsrecht repräsentiert *[siehe Kapitel 5.3 am Anfang und 5.3.3 (6)]*. Der Anwender, der das Software-Produkt ohne einen solchen Datenträger von einem Händler erhält, ist Unterlassungsansprüchen des Rechtsinhabers ausgesetzt (zumindest wenn der Rechtsinhaber die Lieferung solcher Datenträger vorsieht).

Wird ein einheitliches Benutzungsrecht für Mehrfacheinsatz an einem Software-Produkt erworben, braucht der Lieferant nur einen Originaldatenträger zu liefern, wenn dieser so ausgestaltet ist, dass er den Mehrfacheinsatz legitimiert *[siehe Kapitel 8.2.2.3 (1.2)]*. Anderenfalls sind mehrere zu liefern (die weiteren können als „Nebenlizenzen" gekennzeichnet sein).

Aufbewahrung der Originaldatenträger beim Lieferanten: Manche Lieferanten liefern Originaldatenträger nicht aus, sondern bewahren diese für ihre Kunden auf, weil sie diese bei Bezug weiterentwickelter Versionen an ihre Vorlieferanten zurückgeben müssen. Die Aufbewahrung vereinfacht das häufig nicht nur, sondern sichert ab, dass der Datenträger nicht verloren geht. Gegen die Nichtauslieferung dürfte unter dem Gesichtspunkt der Vertragserfüllung nichts einzuwenden sein. Fraglich ist allerdings, ob nicht Voraussetzung ist, dass die Verwahrung vereinbart worden ist.

Sicherungskopie: Der Anwender braucht je eine Kopie von der vollständigen Programmfassung vor und nach dem Einrichten (was sich decken kann) *[zum Recht des Anwenders zur Erstellung von Sicherungskopien siehe Kapitel 8.2.2.1 (3)]*. Er hat Anspruch auf die Lieferung der vollständigen Fassung auf einem Originaldatenträger; dieser kann als Sicherungskopie genommen werden. Der Profi-Anwender kann sich die Sicherungskopie der eingerichteten Fassung selbst erstellen. Der Laien-Anwender kann das auch tun, braucht aber am Anfang eine Einweisung *[siehe Kapitel 6.2.1 (2)]*.

Bei Autorisierungsinstrumenten kommt es darauf an, wie robust diese sind. Der Anwender hat Anspruch auf Lieferung eines Ersatzstücks von vornherein (versiegelt), wenn die Zeitverzögerung bis zu dessen Übersendung für ihn bei einer Störung nicht zumutbar ist.

(3) Installation

Installationspflicht des Lieferanten: Welche Seite das (isoliert beschaffte) Software-Produkt zu installieren hat, ist bisher kaum Streitgegenstand gewesen. Auch ohne gesonderte Vereinbarung ist davon auszugehen, dass die Installation eines Software-Produkts gesondert zu vergüten ist.

Installierbarkeit: Wenn der Anwender die Installation übernimmt, kann der Lieferant diesem heute kaum noch zumuten, dass dieser Vorbereitungsmaßnahmen übernimmt, die nicht zum glatten Ablauf der Installation gehören.

Umfang der Installation: Der Begriff wird in keiner DIN-Norm definiert. Bei einem *Betriebssystem* gehören grundsätzlich alle Maßnahmen zur Installation, die erforderlich sind, damit es ohne weitere Maßnahmen des Anwenders einsatzfähig ist (so dass der Anwender Anwendungssoftware in Betrieb nehmen kann).

Bei *Anwendungssoftware* ist die Abgrenzung von Installation zum Einrichten fließend: Sind nur wenige Maßnahmen zum Einrichten erforderlich (überhaupt oder weil der Lieferant eine standardmäßige Parametrierung mitliefert), wird das Einrichten in der Praxis oft nicht von der Installation unterschieden. Je weniger Maßnahmen erforderlich sind, desto eher werden diese innerhalb der Installation geschuldet *[siehe (4)]*.

In der Praxis gilt folgender Grundsatz: Was nur einmal gemacht wird (oder nur nach langer Zeit wiederholt zu werden braucht), soll der Anwender gar nicht erst lernen müssen, soll also der Lieferant machen.

Mitwirkung des Anwenders: Bei Installation durch den Lieferanten muss der Anwender die IT-Anlage zur Verfügung stellen, auf der das Software-Produkt installiert werden soll. Es können sich dann Aufgaben hinsichtlich der systemtechnischen Betreuung der Systemsoftware (der IT-Anlage) wie bei Verträgen über die Erstellung von Programmen ergeben *[siehe Kapitel 9.2.3.1 (3)]*. Angesichts der kurzen Installationsphase sind diese Aufgaben geringer als bei der Erstellung. Kommen Anpassungen hinzu, gewinnt die Mitwirkung an Bedeutung.

Dokumentation der Installation: Die Rechtsprechung hat teilweise die Pflicht des Lieferanten bejaht, die Installation zu dokumentieren, nämlich ein Verzeichnis der installierten Programme und der eingerichteten Dateien zu erstellen; dabei soll das Dateiverzeichnis die Datensicherung unterstützen. Dagegen kann eingewendet werden, dass diese Verzeichnisse im System gespeichert sind. Das reicht aber nur, wenn sie für den Anwender oder für einen anderen Auftragnehmer auch leicht zugänglich sind. Es können also Hinweise (in der Benutzerdokumentation) ausreichen, wie diese Verzeichnisse zu finden sind.

(4) Einrichten

Begriff: Einrichten ist das, was in der Praxis als Parametrieren oder als Customizing bezeichnet wird. Dazu gehört Programmieren in einem routinemäßigen, leicht nachvollziehbaren Umfang wie Erstellen von Listen mit Hilfe eines Werkzeugs (Listgenerator, Reportgenerator) und von Scripts/Makros.

Lieferung einer Standardparametrierung: Es liegt – allerdings nur teilweise – nahe, dass der Lieferant eine standardmäßig ausgelegte Parametrierung bzw. standardmäßig gefüllte Tabellen mitliefert. Derzeit kann aber nicht von einer entsprechenden Verkehrssitte gesprochen werden.

Einrichten als Teil einer Gesamtleistung: Je komplexer das Software-Produkt ist, desto stärker wird der Lieferant am Einrichten beteiligt, und zwar sowohl bei der Planung als auch bei der Durchführung. Das ist den Vertragspartnern klar, auch wenn das im Vertrag oft nicht weitergehend als in der Weise behandelt wird, dass nach den AGB des Lieferanten Unterstützung nach Aufwand zu vergüten ist oder im Vertragsdokument der zu zahlende Stundensatz aufgeführt ist. Eine Gesamtleistung dürfte aber nur insoweit anzunehmen sein, wie der Lieferant seine Mitwirkung konzentriert nach der Installation leistet und nicht nur dann vom Anwender zu dessen Unterstützung hinzugezogen werden soll, wenn dieser wieder einmal beim Einrichten einen Schritt vorangekommen ist.

Rechtliche Einordnung: Erbringt der Lieferant Tätigkeiten beim Einrichten, sind für deren rechtliche Einordnung zwei Schritte zu unterscheiden, nämlich das Ermitteln der Maßnahmen und deren Vollzug. Beim Ermitteln der Maßnahmen geht es um organisatorische Entscheidungen, die letztlich der Anwender treffen muss; hier kann der Lieferant beraten. Der Lieferant ist hinsichtlich des Ergebnisses (nach der technischen Umsetzung) nur dafür verantwortlich, dass er den Anwender zur – gemeinsamen – Ermittlung der Anforderungen sachgerecht angehalten und beraten hat. Wenn der Lieferant sodann den technischen Vollzug der Maßnahmen übernimmt, fällt das unter das Kaufrecht in dessen Variante Werklieferungsvertrag *[siehe Kapitel 6.1 (2)]*.

Dokumentation des Einrichtens: Eine geschlossene Dokumentation der Maßnahmen zum Einrichten ist bisher nicht üblich *[vgl. Kapitel 8.3 (3) am Ende]*.

Tabellen können ausgedruckt werden. Sie sind aber kaum so mit den erläuternden Texten der Benutzerdokumentation verbunden, dass sie eine Übersicht geben. Für manche organisatorischen Entscheidungen, die getroffen werden, ist nirgends Platz für deren Dokumentation vorgesehen.

Organisationshandbuch: Das, was in ein Organisationshandbuch für die Benutzung des Software-Produkts gehört, reicht weit in den Betrieb des Anwenders als Ergänzung zu dessen Organisationshandbuch hinein; Letzteres ist typischerweise weitgehend ungeschrieben. Des Weiteren kann vom Lieferanten unentgeltlich nicht mehr als rudimentäre Unterstützung hinsichtlich des Erstellens des Organisationshandbuchs durch den Anwender erwartet werden.

(5) Einsatzvorbereitung zu einem Festpreis

Ausgangspunkt ist, dass der (große) Anwender vorab seine Anforderungen mehr oder weniger ordentlich beschrieben hat. Der Lieferant hat seinerseits ein Angebot erstellt, was er an Software liefert, inwieweit er damit die Anforderungen erfüllt und mit welchem Aufwand für die Einführung er „erfahrungsgemäß“ rechnet. Der Lieferant hat den wahrscheinlichen Aufwand zum Zeitpunkt des Vertragsabschlusses oft nicht plausibel als Grundlage für einen

Festpreis abschätzen können. Denn es kommt oft entscheidend auf das Vorgehen des Anwenders an, nämlich inwieweit er zugleich seine Abläufe reorganisieren will und wie die einzelnen Benutzer(-gruppen) dazu kommen, ihre Anforderungen im Detail festzulegen. Was ist, wenn dennoch ein Festpreis vereinbart wird, an Leistungsumfang geschuldet?

Ähnlich wie bei der Erstellung von Programmen *[siehe Kapitel 9.1]* muss der Lieferant erst einmal zusammen mit dem Anwender oder mit dessen Unterstützung ein Fachkonzept erarbeiten: Was soll wirklich für den Einsatz implementiert werden und in welcher Funktionsweise?

Ist eine Funktion in der Aufgabenstellung gemäß Vertrag aufgeführt, soll sie innerhalb des Festpreises implementiert, im Fachkonzept also abgehandelt werden. Sind im Software-Produkt vorhandene Funktionen nicht angesprochen, liegt das Gegenteil nahe.

Das erarbeitete Fachkonzept soll Aufschluss darüber geben, was implementiert werden soll. Wenn es bestimmte Möglichkeiten eines Funktionsbereiches anspricht, ist davon auszugehen, dass die anderen nicht implementiert werden sollen.

Im Übrigen kommt es darauf an, ob die Aufgabenstellung bei Vertragsabschluss aussagekräftig ist, d. h. den Funktionsumfang, der zu implementieren ist, abgrenzt oder nicht. Ist die Aufgabenstellung aussagekräftig und nennt eine zu implementierende Funktion, die im Fachkonzept nicht mehr angesprochen wird, muss der Lieferant beweisen, dass der Anwender auf diese verzichtet hat. Enthält die aussagekräftige Aufgabenstellung die Funktion nicht, ist sie bei Schweigen des Fachkonzepts nur geschuldet, wenn sie zwingend benötigt wird. Allerdings wird dann nur eine einfache Implementierung geschuldet.

Ist die Aufgabenstellung nicht aussagekräftig, will der Lieferant mit seinem Festpreis nur einen mittleren Umfang an Implementierung leisten. Davon darf der Lieferant bei der Erarbeitung des Fachkonzepts ausgehen. – Schweigt dann das Fachkonzept, ist darüber hinaus nur zu implementieren, was der Anwender zwingend benötigt.

(6) Besonderheiten bei Miete

Der Vermieter hat die Mietsache gemäß § 535 BGB in einem „zu dem vertragsmäßigen Gebrauche geeigneten Zustand zu überlassen". Dazu gehören zugunsten eines Laien-Anwenders die Installation und üblicherweise die Einweisung, möglicherweise auch das Einrichten. Diese Leistungen sind also nur dann gesondert zu vergüten, wenn das vereinbart ist.

Die Pflicht zur Zahlung des Mietzinses beginnt im Zweifel erst nach Erbringung dieser Leistungen, wenn der Beginn nicht ausdrücklich festgelegt ist.

8.4 Anpassungsprogrammierung/Projekte auf der Basis von Software-Produkten

8.4.1 Anpassungsprogrammierung von Software-Produkten

Anpassungsprogrammierung beinhaltet, dass das Software-Produkt in der Quellsprache durch Programmierung modifiziert oder erweitert wird. Dafür ist ein Programmierer zuständig. Hier ist alles fließend:

- der Übergang zur Erstellung eines Individualprogramms, für das das Software-Produkt nur als Ausgangsmaterial verwendet und wesentlich umgearbeitet wird *[zu solchen Projekten siehe Kapitel 9.7]*,
- der Übergang von Modifikationen zu Erweiterungen,
- der Übergang von Erweiterungen zu zusätzlichen Individualprogrammen.

Die unterschiedlichen Begriffe werden vornehmlich aus operativen Gründen verwendet, weil es einige Fragen gibt, die in der Praxis je nach Art der Programmiermaßnahme – und nach Einstellung des Lieferanten – unterschiedlich beantwortet werden.

Wenn der Vertrag nicht schon aufgrund der Unterstützungsleistungen ein Werklieferungsvertrag ist *[siehe Kapitel 6.1 (2)]*, führt Anpassungsprogrammierung endgültig dazu.

(1) Anpassungsprogrammierung als Teil einer Gesamtleistung

Zum Beginn der Verjährungsfrist bei einer Gesamtleistung siehe Kapitel 6.3.8 (2); zu weiteren Rechtsfragen bezüglich der Gesamtleistung siehe Kapitel 6.4.1.

Ansatzpunkt: Anpassungen sind meist von größter Bedeutung; sie bilden dementsprechend in der Regel zusammen mit dem Software-Produkt eine Gesamtleistung, wenn sie bereits im Vertragsdokument benannt sind.

Getrennte Vertragsdokumente: Wenn von vornherein getrennte Vertragsdokumente unterzeichnet werden, dürfte das nichts daran ändern, dass die Leistungen rechtlich zusammenhängen *[vgl. Kapitel 6.4.1 (2)]*.

Unterlassene Aufklärung über Erforderlichkeit von Zusatzaufträgen und Gesamtleistung: Hätte der Lieferant bei Abschluss des Überlassungsvertrags die Anforderungen des Anwenders gründlich untersucht, hätte er – entsprechend der geschuldeten Gründlichkeit – die Erforderlichkeit von Anpassungen (im vorhinein nur zu einem bestimmten Grade!) erkannt und deren Realisierung angeboten. Sie wären dann wahrscheinlich von vornherein als Teil einer einheitlichen Leistung vereinbart worden. Unterlässt der Lieferant die Beratung, muss er hinnehmen, dass solche erst nachträglich erkannten Anpassungen als Teil einer Gesamtleistung anzusehen sind. Die entscheidende Frage ist also, inwieweit eine Beratungspflicht besteht *[siehe Kapitel 7.1]*.

Unentgeltliche Anpassungen: Wenn von vornherein Anpassungen vereinbart werden, ohne dass der Kaufpreis ausdrücklich erhöht wird, werden sie als Teil der Leistung ohne gesonderte Berechnung geschuldet. Unentgeltlich sind sie erst, wenn sie ausdrücklich als solche bezeichnet sind.

Bei echt unentgeltlichen Anpassungen *nach* Vertragsabschluss stellt sich die Frage, inwieweit sie mit der ursprünglichen Leistung eine Gesamtleistung bilden. Die Antworten der Rechtsprechung ergeben noch kein klares Bild.

Anpassungen als Teilleistungen: Wenn der Anwender in dem Fall, dass das Software-Produkt alsbald installiert wird, schon mit der Einsatzvorbereitung beginnen, u. U. das Software-Produkt sogar schon produktiv nutzen kann, bis die Anpassungen realisiert sind, ist stufenweise Lieferung gewollt *[siehe (7)]*. Fraglich ist, ob auch Teilleistungen gewollt sind. Die Rechtsprechung ist zurückhaltend *[siehe Kapitel 6.2.3 (2)]*.

(2) Insbesondere zeitlich auseinanderfallende Vereinbarungen

Anpassungsprogrammierung kann auf verschiedene Weise im Überlassungsvertrag oder erst später in Auftrag gegeben werden.

Häufig definieren die Vertragspartner im Laufe der Einsatzvorbereitung und auch noch in der Benutzungsphase Anpassungen. Dabei können sich Inbetriebnahme und produktiver Betrieb überlappen (Teilbenutzung von Teilprodukten, Benutzung eines Produkts von mehreren, die eine Lösung bilden). Dann stellen sich die Fragen,

- ob das Scheitern eines Zusatzauftrags über weitere Anpassungen den Anwender berechtigt, auch vom Überlassungsvertrag und von bisherigen Zusatzaufträgen zurückzutreten;
- inwieweit sich Aufträge über weitere Anpassungen auf den Ablauf der Verjährungsfrist für Ansprüche wegen Sachmängeln in den Software-Produkten und in früher beauftragten Anpassungen auswirken.

Zusatzaufträge von vornherein ausdrücklich einbezogen: Im Überlassungsvertrag kann vereinbart werden, dass die Anpassungen erst im Rahmen der Projektdurchführung ermittelt werden sollen. Die dann ermittelten und nachträglich beauftragten Anpassungen bilden eine Gesamtleistung mit dem Software-Produkt, zu dem sie gehören. Auf der Basis ordnungsgemäßer Projektabwicklung sollte das nur für solche Anpassungen gelten, die die Vertragspartner alsbald in einer grundlegenden Phase der Definition des Bedarfs an Anpassungen ermittelt haben. Die Rechtsprechung bezieht tendenziell alle ein, die vor Beginn der produktiven Nutzung beauftragt worden sind.

Zusatzaufträge von vornherein erwartet: Wenn Zusatzaufträge im Überlassungsvertrag noch nicht angesprochen worden sind, stellen sich die Fragen, inwieweit solche Fälle dennoch zur Gesamtleistung gehören.

Eine stillschweigende Einbeziehung in den Hauptvertrag liegt umso näher, für je wahrscheinlicher die Vertragspartner Anpassungen gehalten haben. Anpassungen werden sinnvollerweise oft erst in der Einführungsphase definiert (nachdem die generelle Tauglichkeit der Software-Produkte für diesen Anwender im Rahmen einer Voruntersuchung festgestellt worden ist). Voraussetzung ist, dass die Vertragspartner über den Anpassungsbedarf als solchen gesprochen haben.

(3) Benutzerdokumentation

Die Benutzerdokumentation muss auch die Anpassungen beschreiben. Ungeklärt ist, ob diese Beschreibungen in die Benutzerdokumentation integriert werden müssen. Die Benutzerdokumentation für die Anpassungen ist spätestens zu liefern, wenn die Phase der Anpassungen abgeschlossen ist.

(4) Lieferung des Quellprogramms und der systemtechnischen Dokumentation

Software-Produkte brauchen wegen des Know-how-Schutzes nicht als Quellprogramme geliefert zu werden *[siehe Kapitel 8.3.1 (1)]*; Individualprogramme sind als Quellprogramme zu liefern *[siehe Kapitel 9.3.1 (1)]*. Es ist kein prinzipieller Grund zu sehen, warum für den

Anwender erstellte Teile nicht wie Individualprogramme auch in ihrer Quellsprache geliefert werden müssen.

Soweit Anpassungen in den Standard aufgenommen werden sollen, brauchen sie hingegen in keinem Fall in Quellsprache geliefert zu werden (wenn das Software-Produkt selbst als Objektprogramm geliefert wird).

Erweiterungen und zusätzliche Individualprogramme sind dementsprechend auf jeden Fall dann als Quellprogramme zu liefern, wenn sie eigene Dateien verwenden. Nutzen sie die Datenstrukturen des Software-Produkts, kommt wegen des Geheimhaltungsinteresses daran in Betracht, sie wie Modifikationen zu behandeln.

Modifikationen: Die Lieferung der einzelnen modifizierten Befehle oder Blöcke in der Quellsprache macht keinen Sinn. Hier muss gefragt werden, ob wegen des Umfangs der Modifikationen solche Teile des Software-Produkts in Quellsprache geliefert werden müssen, die vom Anwender gepflegt werden können.

M. E. gibt es ein wichtiges Abgrenzungskriterium für den Fall, dass der Lieferant üblicherweise Vollpflege für das nicht modifizierte Software-Produkt anbietet. Das Kriterium ist, ob das modifizierte Programm noch sinnvollerweise der Vollpflege unterliegen soll, d. h. ob die Anpassungen auf weiterentwickelte Versionen des Software-Produkts übertragen werden sollen *[siehe Kapitel 14.4.1]*. Ist das der Fall oder vereinbaren die Parteien sogar die Übertragung, braucht das Quellprogramm nicht geliefert zu werden. Ist die Übertragung hingegen wirtschaftlich sinnlos oder vereinbarungsgemäß nicht vorgesehen, ist das ein Argument dafür, die Lieferpflicht zu bejahen.

Verwendung von Standardbausteinen: Wenn Anpassungen in Quellsprache geliefert werden müssen, liegt es weniger als bei Individualprogrammen nahe, dass auch die darin verwendeten Bausteine in Quellsprache geliefert werden müssen *[vgl. Kapitel 9.3.1 (1)]*. Denn der Anwender muss hier von vornherein mit der Verwendung von Standardbausteinen rechnen, die der Lieferant typischerweise nicht in Quellsprache liefern will (oft auch nicht gegen zusätzliche Vergütung).

Geheimhaltung bei Lieferpflicht: Muss der Lieferant das Quellprogramm liefern, kann er seinerseits Geheimhaltung verlangen. Insbesondere geht es darum, dass der Anwender modifizierte Teile des Programms Konkurrenten des Lieferanten nicht zugänglich machen darf (fraglich bei Erweiterungen).

(5) Rechte an Anpassungen

Bei der Verteilung der Nutzungsrechte an Anpassungen steht das Interesse des Lieferanten an seinem Software-Produkt im Vordergrund, dass er an Anpassungen ausschließliche Nutzungsrechte behält. Die Gesichtspunkte, die bei reiner Individualprogrammierung maßgeblich sind *[siehe Kapitel 9.3.4]*, können hier ausnahmsweise bei zusätzlichen Individualprogrammen greifen. In allen anderen Fällen dominiert der Aspekt, dass der Lieferant sich durch Anpassungen nicht in der Weiterentwicklung einschränken lassen will und auch nicht eingeschränkt werden soll. Branchenüblich geht das Verständnis dahin, dass der Anwender die Anpassungen für eigene Zwecke auf beliebig vielen IT-Anlagen einsetzen darf, wobei das kein Freibrief dafür ist, auch die zugrundeliegenden Software-Produkte selbst mehrfach einzusetzen.

(6) Behandlung von Anforderungen an Anpassungen

Auslegung solcher Anforderungen: Es besteht dasselbe Spektrum an Ungenauigkeit der Vorgaben im Vertragsdokument wie bei der Erstellung von Programmen *[siehe Kapitel 9.1; zu mündlichen Vereinbarungen siehe Kapitel 6.3.1 (3.3)]*.

Zu dem Fall, dass die Vertragspartner kleinere Anpassungen ziemlich genau durchgesprochen haben, der Lieferant gerade wegen dieses gemeinsamen Verständnisses die Anforderungen nur schlagwortartig aufgeführt hat: Streiten sich die Vertragspartner in diesem Fall später über Details, ist zu Lasten des Lieferanten zu berücksichtigen, dass er seiner Verantwortung nicht gerecht geworden ist, die Details schriftlich niederzulegen.

Zuständigkeit für die Spezifikation der Anpassungen: Der Lieferant ist hier noch deutlicher als bei der Erstellung von Individualprogrammen dafür zuständig *[vgl. Kapitel 9.1.2 (3)]*, weil er seine Produkte als Basis kennt und weil er die Anpassungen in deren Funktionalität einfügen muss.

Maßstab: Bei der Spezifikation darf (und soll) der Lieferant darauf achten, dass die Lösung in den Standard hineinpasst. Er darf aber nicht darauf abstellen, welche Ausgestaltung am besten allgemein (und damit als Teil eines erweiterten Standards) verwendbar (= vermarktbar) ist. Letzteres ist allerdings der Fall, wenn vereinbart wird, dass der Lieferant die Anpassungen in seinen Standard aufnehmen darf oder sogar soll (damit sie als Teil des Standards gepflegt werden). Das kann insbesondere darin zum Ausdruck kommen, dass vereinbart wird, dass der Anwender nur einen Teil der Kosten für die Anpassungen übernimmt.

Standardsoftware bietet häufig (wenn auch nicht zwingend) mehr Funktionalität im Detail und höhere benutzerbezogene Qualität als Individualsoftware *[vgl. Kapitel 8.1 (1)]*. Individualsoftware kommt den Anwender sehr viel teurer als Standardsoftware, bezogen auf die Menge an Programmcode. Würde der Lieferant Anpassungen genauso aufwendig wie Standardsoftware programmieren, müsste der Anwender sehr viel zahlen. Da nicht anzunehmen ist, dass er dazu bereit ist, darf er nachträglich die Qualität von Standardsoftware nicht als Maßstab für die der Anpassungen nehmen. Allerdings müssen die Anpassungen den Konventionen für die Benutzerschnittstelle voll entsprechen (Belegung von Funktionstasten usw.); das ergonomische Niveau muss im Wesentlichen das der gelieferten Software-Produkte haben.

(7) Liefertermin

Ist kein Liefertermin vereinbart, muss der Lieferant die Anpassungen nach § 271 BGB so schnell wie den Umständen nach angemessen liefern. Dabei dürfte zwischen solchen Anpassungen zu unterscheiden sein, die der Anwender unbedingt oder wenigstens dringend braucht, um mit dem Software-Produkt überhaupt arbeiten zu können, und den anderen, weniger dringlichen *[vgl. Kapitel 9.2.4 (1)]*.

Bei den anderen ist wiederum zwischen solchen zu unterscheiden, die zu einem bestimmten späteren Zeitpunkt dringend benötigt werden, z. B. zum Jahresschluss, und solchen, die

die Einsatzweise nur verbessern. Bei ersteren dürfte der Lieferant zur Lieferung rechtzeitig vor Bedarf verpflichtet sein. Bei letzteren kommt in Betracht, dass der Lieferant seine Kapazitätssituation berücksichtigen darf.

(8) Anspruch auf Lieferung des ungeänderten Software-Produkts

Der Anwender benötigt vorrangig das geänderte Software-Produkt. Er hat aber auch Interesse am ungeänderten (wenn es nicht sowieso auf einem Originaldatenträger oder von vornherein mitgeliefert wird): Das generalisierte Software-Produkt soll als künftiger Anwendungsvorrat zur Verfügung stehen *[siehe Kapitel 8.3.1 (2)]*. Das ist ohnehin Voraussetzung für die Weitergabe des Software-Produkts. Die Lieferpflicht ist zu bejahen *[zur Aufbewahrung beim Lieferanten siehe Kapitel 8.3.1 (2)]*.

(9) Grenzen einer Pauschalpreisvereinbarung

Der Lieferant kann sich auf die Störung der Geschäftsgrundlage *[siehe Kapitel 3.6]* berufen, wenn der Aufwand den Festpreis in unzumutbarer Weise übersteigt *[vgl. Kapitel 9.3.3 bei der Erstellung von Programmen]*. Ursache kann neben der Fehleinschätzung des Umfangs der Programmierarbeiten auch ein Irrtum darüber sein, inwieweit der vorhandene Standard als Grundlage verwendet werden kann. An dieser Einschätzung ist der Anwender grundsätzlich nicht beteiligt; dieses Risiko geht also weitestgehend zu Lasten des Lieferanten.

Die Frage ist, wann die Grenze des zumutbaren Mehraufwands überschritten ist. Hier dürfte die Grenze erst bei einem größeren Missverhältnis als bei der Erstellung von Programmen liegen (der Kaufpreis für die Software-Produkte ist auf der Einnahmenseite teilweise zu berücksichtigen).

Wird das Projekt abgebrochen, spricht weniger als bei der Erstellung von Programmen dafür, dass der Lieferant Anspruch auf Vergütung der geleisteten Arbeit hat. Denn diese bezog sich wesentlich auf die Einfügung von Anpassungen in seine Software-Produkte und ist daher für den Anwender (als weiterhin verwertbare Information) weniger wert.

(10) Pflicht zur Vornahme von Anpassungen

Wenn im Zusammenhang mit dem Abschluss des Überlassungsvertrags nicht über Anpassungen gesprochen worden ist, diese auch nicht erwartet wurden *[siehe (2)]*, dürfte nur eine sehr begrenzte Pflicht des Lieferanten bestehen, Aufträge über Anpassungen in der Installationsphase zu übernehmen *[zur Pflegephase siehe Kapitel 14.4.1 (4)]*. Sie dürfte um so eher bestehen, je dringender die Anpassungen für die Einsetzbarkeit des Software-Produkts sind und je weniger die Pflege des Standards beeinträchtigt wird.

Die Lieferung des Quellprogramms dürfte die Pflicht dann ausschließen, wenn die Lieferung dem Anwender dazu gedient hat, selbst Anpassungen vornehmen zu können.

8.4.2 Projekte auf der Basis von Software-Produkten

Es geht um Projekte, bei denen mit Hilfe von Software-Produkten, die Werkzeugfunktionen enthalten (z. B. Datenbankverwaltungssysteme, Bürokommunikationssoftware) und weiteren Software-Produkten durch die Definition von Datenstrukturen und Abläufen schnell kundenspezifische Anwendungen geschaffen werden. Im Verhältnis zu Projekten, bei denen schwerpunktmäßig Software erstellt wird, wird hier viel Programm/Funktionalität in kurzer Zeit geschaffen. Das führt im Verhältnis zu Erstellungsprojekten zu folgenden Konsequenzen:

- Der Anwender muss schnell Entscheidungen treffen und Informationen liefern (es sei denn, dass der Terminplan Zeit lässt).
- Der Anwender muss intensiv testen.

  Istbeschaffenheit: Die Mitarbeiter des Lieferanten machen Fehler. Vor allem aber haben die Vorprodukte Mängel und sind vielfach nicht auf ihr Zusammenwirken hin getestet; es kommen Inkompatibilitäten bei neuen Versionen dazu. Der Lieferant könnte umfangreich testen; der Anwender will das aber nicht bezahlen. Außerdem ist es wegen des folgenden Punkts wichtig, dass die künftigen Benutzer testen.

  Zielbeschaffenheit: Es wird nicht von Sollbeschaffenheit gesprochen, weil häufig plausiblerweise nicht alle Details im vorhinein festgelegt werden. Das heißt, dass erst einmal eine Lösung geschaffen wird, die dem Anwender die Möglichkeit gibt, seine Anforderungen nach zu spezifizieren. Diese Details können die künftigen Benutzer durch Testen der Lösung am besten ermitteln.
- Bei Software-Produkten von Vorlieferanten kann die Haftung für Sachmängel des Lieferanten eingeschränkt sein *[siehe Kapitel 8.5.2 (2)]*.

Einsatz neuer Versionen: Trotz des schnellen Projektfortschritts können auch solche Projekte solange dauern, dass neue Versionen von eigenen oder von fremden Software-Produkten während des Projekts freigegeben werden. Grundsätzlich gehört es bei Vereinbarung eines Festpreises bzw. festen Termins nicht zur Pflicht des Lieferanten, neue Versionen zu integrieren.

8.4.3 Insbesondere Gestaltung von Websites

Verträge über die Erstellung einer Website werden in Büchern über Internetrecht gerne ausführlich dargestellt. Im Grunde sind es Verträge über Projekte auf der Basis von Software-Produkten. Die Konzeptionsphase hat ein höheres Gewicht; es gibt mehr Teilphasen.

Festpreise: Da es stark auf die Entscheidungsfindung des Anwenders ankommt, bis er mit dem Design einverstanden ist, fehlt es eigentlich an den sachlichen Voraussetzungen für einen Festpreis. In der Praxis wird deswegen häufig der für den Festpreis zu leistende Aufwand beschränkt, indem die Zahl der alternativen Entwürfe bzw. der Iterationen beschränkt werden.

Besonderheiten: Von der vertraglichen Seite her zeigen solche Projekte keine großen Unterschiede auf:

- Die Konzeptionsphase ist typischerweise länger. Der Anwender hat einen größeren Spielraum zu entscheiden, was er haben will *[vgl. Kapitel 9.1.2 (3)]*.
- Der Anwender kann ein Interesse daran haben, die Ergebnisse auch außerhalb der Anwendung zu nutzen, z. B. ein vom Auftragnehmer geschaffenes Logo.
- Das Testen auf Mängelfreiheit durch den Anwender spielt eine geringere Rolle.
- Die Pflege der der Lösung zugrundeliegenden Standardprogramme kann etwas in den Hintergrund treten.
- Die Bereitstellung der Codierung der Daten/Seiten ist beim Wechsel des Auftragnehmers häufig problematisch.

8.5 Spezielle Fragen zur Haftung für Sachmängel

8.5.1 Einordnung der Überlassung

Die Haftung für Mängel bei Lieferung gegen eine einmalige Vergütung richtet sich nach Kaufrecht, bei laufender Vergütung nach Mietrecht *[zu den Besonderheiten siehe Kapitel 7.2 (2.2)]*.

8.5.2 Spezielle Probleme hinsichtlich der Anspruchsvoraussetzungen

(1) Einschränkungen wegen der Natur von Software bei eigenen Software-Produkten

Ein einziger Mangel reicht für den Rücktritt aus, wenn er nicht unwesentlich ist. Das erscheint problematisch, ist aber akzeptabel, weil es grundsätzlich möglich ist, Mängel zu beseitigen oder zumindest zu entschärfen *[zum gehäuften Auftreten von Mängeln in der Anlaufphase siehe Kapitel 6.3.5.1 (2)]*. Allerdings muss dem Lieferanten angemessen viel Zeit für die Mängelbeseitigung zugestanden werden.

Es ist darauf hinzuweisen, dass „Fehlergeneigtheit" nicht zugleich auch „Schadensgeneigtheit" bedeutet. Das heißt: Fehler – und damit Mängel im Rechtssinn – sind zwar unvermeidbar; die unvermeidbaren Fehler führen aber nicht auch gleich zu erheblichem Schaden, sondern eher zum Abbruch der Verarbeitung. Außerdem werden viele Funktionen nur eingeschränkt genutzt; viele Fehler bleiben auf Dauer unentdeckt. Weiterhin ist darauf hinzuweisen, dass die Fehler, die Gegenstand von Prozessen sind, eher weniger mit der Unvermeidbarkeit von Fehlern als mit Schlamperei zu tun haben.

In der Praxis ist das Rücktrittsrecht manchmal unbefriedigend, weil der Anwender hier über die Nachfristsetzung einen sehr starken Hebel hat, einen Vertrag zu kippen, den er aus irgendwelchen anderen Gründen nicht mehr haben will. Er sollte dazu nur berechtigt sein, wenn ein vernünftiger Anwender vom Vertrag zurücktreten würde.

(2) Insbesondere Mängel in fremden Software-Produkten

Es sind zwei Fälle zu unterscheiden:

- Der Lieferant (Händler) bietet Software-Produkte als solche von Vorlieferanten an, die der Anwender ohne Kombination mit solchen des Lieferanten nutzen soll.
- Der Lieferant verwendet Fremdprodukte als Betriebsmittel (Systemsoftware) oder Ergänzungen für seine eigenen Software-Produkte. Dann könnte der Anwender diese meist auch selbst beschaffen *[siehe auch Kapitel 8.2.3 (5)]*. Entsprechend dürfte der Fall zu behandeln sein, dass der Lieferant fremde Software-Produkte als Entwicklungsumgebung nutzt (deren Fehler auf die mit deren Hilfe erstellten eigenen Software-Produkte durchschlagen können).

(2.1) **Nutzung ohne Kombination mit eigenen Software-Produkten:** Derzeit ist es üblich und für Lieferanten (Händler) unvermeidbar, dass Software-Produkte Mängel haben (weniger aus technischen Gründen wie zu (1) dargelegt) und der (US-)Hersteller die Beseitigung von Mängeln nicht oder nur schleppend anbietet. Das Recht muss auf diesen Ausnahmezustand antworten, wenn der Lieferant weitergehende Leistungen erbracht hat und der Anwender vom Vertrag insgesamt zurücktreten will.

Dieses Recht des Anwenders kann nicht ausgeschlossen, wohl aber als eingeschränkt angesehen werden: Würde ein verständiger Anwender, der weiß, dass andere fremde Software-Produkte ebenfalls Mängel haben, die ebenso langsam beseitigt werden, vom Vertrag insgesamt zurücktreten (weil er mit diesem schwerwiegenden Mangel – mangels Umgehbarkeit – nicht leben kann)? Der in (1) angesprochene Lösungsweg drängt sich hier auf: Der Rücktritt ist nur zulässig, wenn er vernünftig ist.

(2.2) **Kombination von eigenen und fremden Software-Produkten:** Hier geht es überwiegend um Software von solchen Vorlieferanten, die keinen oder nur einen beschränkten Anspruch auf Beseitigung von Mängeln einräumen. Der Lieferant kann seine Software mehr oder weniger mit der fremden integrieren.

Wie zuvor stellt sich die Frage, inwieweit Ansprüche wegen Mängeln als eingeschränkt anzusehen sind. Für eine weitergehende Beschränkung als zuvor spricht, dass der Lieferant bei Gesamtrücktritt einen größeren Verlust erleidet (Umsatz für die eigene Software und für die – in dieser Konstellation meist umfangreichen – Unterstützungsleistungen). Für eine geringere Beschränkung spricht, dass der Lieferant sich für das Zusammenwirken und damit für die fremde Software – unterschiedlich – stark macht, vor allem aber, dass er selbst teilweise die Möglichkeit hat, das Zusammenwirken aller Programme zu testen die Auswirkungen von Mängeln des fremden Produkts durch Maßnahmen in seiner Software zu vermeiden.

Soweit Funktionen der Fremdprodukte, die der Anwender direkt nutzt, mangelhaft sind, hat der Lieferant kaum die Möglichkeit, deren Mängel auszugleichen; es gilt ansatzweise dasselbe wie bei (2.1).

Soweit die Anwendungssoftware aber mit dem Fremdprodukt integriert ist, erklärt der Lieferant, dass seine Software zusammen mit dem Fremdprodukt funktioniert (und nicht nur, dass seine Software ordnungsgemäße Schnittstellen zu dem Fremdprodukt hat). Damit erklärt der Lieferant implizit, dass er das Zusammenwirken der Programme einigermaßen gründlich getestet habe. Dann sollten solche schwerwiegenden Mängel, die am ehesten auftreten, entdeckt worden sein. Vom Lieferanten kann – anders als bei (2.1) – erwartet werden, dass er erhebliche Gebrauchsbeeinträchtigungen, die sich beim Zusammenwirken ergeben, in seiner Software soweit mit zumutbarem Aufwand technisch möglich ausgeglichen, umgangen oder vermieden hat bzw., wenn sie erst später auftreten, ausgleicht oder umgeht.

(3) Pilotprojekte

Bei Pilotprojekten sind zwei Varianten zu unterscheiden.

Pilotentwicklungsprojekte: Das Software-Produkt soll mit fachlicher Unterstützung des (künftigen) Anwenders erst noch entwickelt werden. Der Anwender hat keinen Anspruch darauf, dass alle seine (möglicherweise individuellen) Anforderungen abgedeckt werden.

Piloteinsatzprojekte: Der Anwender ist der Erste oder einer der Ersten, der das Software-Produkt einsetzt und mit dessen Unausgereiftheit konfrontiert wird. Das schränkt die Ansprüche wegen Mängeln nicht ein; der Anwender muss dem Lieferanten aber in größerem Umfang als bei einem normalen Projekt Zeit lassen, Mängel zu beseitigen.

(4) Dem Lieferanten bei Übergabe bekannte Mängel

Typischerweise wird vor Herausgabe einer neuen Version „Redaktionsschluss" gemacht: Danach erkannte Mängel werden nach Redaktionsschluss nicht mehr – in Form von Korrekturmaßnahmen – berücksichtigt. Da das für ordnungsgemäßes Vorgehen nahezu unerlässlich ist, kann man nicht schon deswegen, weil der Lieferant die Mängel verschwiegen hat, davon ausgehen, dass der Lieferant den Mangel zu vertreten hat und also auf Schadensersatz haftet. Maßgeblich ist, mit welcher Wahrscheinlichkeit der Mangel bei dem Neukunden auftreten und welchen Schaden er zu verursachen droht. Bei hohem Risiko liegt Vertretenmüssen nahe.

(5) Viren

Es liegt ein Sachmangel vor, wenn der Virus im Falle seiner Aktivierung die Benutzung wesentlich einschränkt. Die künftige Schädigung ist eine bereits drohende Gefahr. Das eigentliche Praxisproblem liegt in der Beweislast, wer den Virus auf die IT-Anlage gebracht hat.

(6) Änderungen durch den Anwender

Zu unterscheiden sind zwei Fragen:

- Darf der Anwender überhaupt das Software-Produkt ändern, vorausgesetzt dass er das technisch kann (das Quellprogramm hat)? Das hängt von der Situation ab *[siehe Kapitel 8.2.2.2]*.

– Wie wirken sich Änderungen auf die Haftung des Lieferanten aus? Änderungen berühren die Haftung nur dann, wenn sie Einfluss auf die Mängel haben *[siehe auch Kapitel 6.3.7 (6)]*.

Latente Mängel: Liegt es in der vertragsgemäßen Verwendung des Software-Produkts, dass der Anwender es ändert, haftet der Lieferant grundsätzlich auch für solche Mängel, die nur dann auftreten, wenn der Anwender das Programm (korrekt) geändert hat.

8.5.3 Spezielle Fragen zur Sollbeschaffenheit

Ergänzend zu Kapitel 6.3.2 bis 6.3.5 geht es hier um die Konstellation, dass Anwendungssoftware unabhängig von IT-Anlagen (Hardware und Systemsoftware), die sie als Betriebsmittel benötigt, beschafft wird.

8.5.3.1 Funktionalität

Der Anwender hat Anspruch auf Funktionen für die Datensicherung. Ungeklärt ist, inwieweit diese durch die Anwendungssoftware zur Verfügung gestellt werden müssen, wenn die IT-Anlage gewisse Sicherungsfunktionen hat (ausreichend, aber nicht bequem und nicht in die Benutzeroberfläche eingebunden).

8.5.3.2 Leistungsverhalten/-bedarf

Der Anwender darf ein ordentliches Zeitverhalten des Software-Produkts erwarten *[siehe Kapitel 6.3.4 (4)]*. Dazu gehört, dass es daraufhin konstruiert worden ist.

Die Frage lautet auf höherer Ebene, inwieweit Programme, insbesondere Anwendungsprogramme, auf die IT-Anlage, auf der sie eingesetzt werden sollen, abgestimmt sein müssen. Das ist weitgehend anzunehmen, wenn die Programme für den Einsatz auf dieser IT-Anlage hin entwickelt worden sind. Über die Details kann man streiten.

Schwieriger wird die Frage, wenn die Programme dahingehend konzipiert worden sind, dass sie auf unterschiedlichen Systemplattformen und damit in unterschiedlichen Systemsoftware-Umgebungen eingesetzt werden sollen. Für diesen Vorteil der Portabilität (auch wenn sie dem einzelnen Anwender vielleicht nichts bringt) muss in Kauf genommen werden, dass die Programme auf die einzelnen Systemplattformen weniger gut ausgerichtet sind. Es geht aber nicht an, die Programme auf eine Systemplattform auszurichten und sie dann auf andere ohne Rücksicht auf deren Konzeption zu portieren.

Werden Zusicherungen zum Leistungsverhalten des Software-Produkts auf einer bestimmten Konfiguration nicht eingehalten, kann der Anwender grundsätzlich nur die Kosten für die erforderliche Aufrüstung der IT-Anlage verlangen, wenn diese möglich ist, nicht aber die Programme zurückgeben und insgesamt Schadensersatz statt der Leistung verlangen.

8.5.3.3 Zusammenwirken, insbesondere Kompatibilität

Zum Zusammenwirken des Software-Produkts mit den benötigten Betriebsmitteln stellen sich zwei Fragen:

- Welches sind diese Betriebsmittel, wenn diese nicht ganz konkret angegeben sind?
- Inwieweit ist der Lieferant für Fehler in der Systemsoftware, die der Anwender beistellt und einsetzt, haftbar *[vgl. Kapitel 8.5.2 (2.2)]*?

Zu weitgefasste Prospektangaben: Es gibt Industriestandards mit erheblichen Varianten, z. B. bei UNIX als Betriebssystem oder bei SQL-Datenbanksystemen (trotz gewisser Normung). In Prospekten wird manchmal nur angegeben: „läuft auf UNIX", obwohl die verschiedenen UNIX-Produkte verschiedene Dialekte beinhalten und dementsprechend differenzierte Schnittstellen des Software-Produkts erfordern. Der Lieferant wird sich dann wohl erfolgreich auf die Position zurückziehen können, dass er jeweils nur solche Produkte gemeint hat, die der Norm entsprechen (wobei sich das Problem mehrerer genormter Ausbaustufen ergeben kann).

Manchmal wird in den Prospekten auch eine Reihe von Produkten, zu denen Kompatibilität bestehe, aufgeführt. Die erforderlichen Schnittstellen sind aber nur für einen Teil dieser Produkte realisiert. Wenn der Anwender erst einmal eines einsetzt, für das die Schnittstelle im erworbenen Software-Produkt realisiert ist, hat er bei einem Wechsel später trotzdem Anspruch auf die dann benötigte, noch nicht realisierte Schnittstelle. Fraglich ist, welche Verjährungsfrist dafür gilt.

Mängel in der Systemsoftware: Das Thema stellt sich, auch wenn der Anwender die Systemsoftware selbst beschafft (hat). Er hat häufig (bei PC-Programmen) überhaupt keinen Anspruch auf Mängelbeseitigung (weder aus der Haftung für Sachmängel noch aus Pflege) oder nur einen, der nur langsam erfüllt wird *[siehe Kapitel 8.5.4 (2)]*.

Was nutzt es, wenn die Schnittstelle zwischen den Produkten funktioniert, das fremde aber mangelhaft ist und am Ende keine sinnvollen Ergebnisse erzielt werden? Im Folgenden wird zum leichteren Verständnis davon ausgegangen, dass der Lieferant ein Anwendungsprogramm liefert, das mit fremder Systemsoftware zusammenwirken soll.

Wenn das Anwendungsprogramm ausdrücklich von einem Vorlieferanten stammt, gelten die Ausführungen zu Kapitel 8.5.2 (2.1): Das Anwendungsprogramm muss noch vernünftig einsetzbar sein. Dafür ist es unerheblich, ob das von vornherein der Fall ist oder ob der Vorlieferant in seinem Produkt Mängel des anderen Produkts ausgeglichen hat.

Wenn das Anwendungsprogramm aber vom Lieferanten selbst hergestellt worden ist, kann es angemessen sein, den Lieferanten dafür haften zu lassen, auch wenn dieses (einschließlich Schnittstelle) funktioniert *[siehe Kapitel 8.5.2 (2.2)]*: Das bedeutet, dass der Lieferant nicht nur Mängel in der Schnittstelle der Systemsoftware, sondern auch noch einige weitere in der Systemsoftware ausgleichen/umgehen muss. Ist das nicht möglich und ist die Gesamtlösung damit wirtschaftlich nicht einsetzbar, kann der Anwender vom Vertrag zurücktreten.

Wenn der Anwender gegen den Lieferanten der Systemsoftware einen Anspruch auf Mängelbeseitigung hat (aus Haftung für Sachmängel oder aus Pflege), muss er erst einmal versuchen, diesen durchzusetzen. Zu untersuchen bleibt die Frage, ob er auch die Möglichkeit nutzen muss, von jenem Vertrag zurückzutreten (was erst einmal voraussetzt, dass das insgesamt sinnvoll ist – was von verschiedenen Faktoren abhängt).

8.5.4 Spezielle Fragen zu den Rechtsfolgen wegen Mängeln

Zur Pflicht, Mängel mitzuteilen, die bei anderen Anwendern aufgetreten sind, und Korrekturmaßnahmen bereitzustellen, siehe Kapitel 14.3.2 (1).

Ist Vollpflege üblich oder von vornherein konkret in Aussicht genommen worden, muss die Mängelbeseitigung innerhalb des Standards erfolgen, damit die Vollpflege nicht beeinträchtigt wird *[siehe Kapitel 8.1 (5)]*.

(1) Beseitigung von Mängeln durch Lieferung einer neuen Version

Der Lieferant möchte möglichst nur eine Version pflegen *[vgl. Kapitel 14.1 (2) und 14.2.2]*. Wenn er deswegen – außerhalb eines Pflegevertrags – eine weiterentwickelte – teurere – Version liefert, um Mängel zu beseitigen, darf er dafür keine Vergütung verlangen (er kann aber neue Funktionen stillegen).

Weiterentwickelte Versionen sind häufig mit der gelieferten inkompatibel, und zwar kaum wegen der Mängelbeseitigung (was der Anwender sowieso hinnehmen muss), sondern aus Gründen der Weiterentwicklung *[siehe Kapitel 14.2.2]*. Dementsprechend stellt sich die Frage, ob der Lieferant seine Pflicht durch die Lieferung einer solchen Version erfüllen darf. Ist Pflege vorgesehen, ist das in dem Umfang zu bejahen, in dem bei Pflege Inkompatibilität zumutbar ist. Anderenfalls braucht sich der Anwender nicht mehr Inkompatibilität als für die Mängelbeseitigung nötig aufdrängen zu lassen.

Die Kosten des Anwenders für einen Versionswechsel können hoch sein *[siehe Kapitel 14.1 (1)]*. Ist Pflege vereinbart, stellt sich die Frage, ob nicht Kosten vorliegen, die sowieso (etwas später) anfallen und die deswegen der Anwender tragen muss.

(2) Geschwindigkeit bei der Mängelbeseitigung/angemessene Dauer der Nachfrist

Zum endgültigen Fehlschlagen der Mängelbeseitigung bzw. zur angemessenen Dauer der Nachfrist siehe allgemein Kapitel 6.3.10 (2).

Mängel sind unverzüglich zu beseitigen. Was das bei Software-Produkten heißt, ist schwierig zu beantworten. Die Antwort hängt zum einen von der Schwere des Mangels *[vgl. Kapitel 6.3.7 (7) zu Umgehungslösungen]* und vom Zeitbedarf für die Korrektur aus IT-technischer Sicht ab, zum anderen aber auch von der Organisation der Mängelbeseitigung. Mit letzterer ist im Wesentlichen der Prozess der Erarbeitung von Korrekturversionen im Rahmen der Vollpflege gemeint *[Kapitel 14.1 (2)]*: Die Mängelbeseitigung aus der Haftung für Sachmängel gegenüber Neukunden ist nur ein geringer Ausschnitt aus der gesamten Aktivität des Lieferanten zur Mängelbeseitigung. Je mehr Anwender es gibt, desto mehr spricht dafür, die Beseitigung von Mängeln innerhalb von Korrekturversionen durchzuführen. Man stelle sich vor, dass verschiedene Anwender verschiedene Mängel korrigiert haben wollen und korrigiert bekommen. Wenn dann bei einem dieser Anwender ein neuer Mangel auftritt, kann es erforderlich werden, dessen spezifische Version im Labor zu untersuchen. Die Vielfalt der Versionen lässt sich nicht hinreichend überblicken und pflegen.

Es geht – auch aus Anwendersicht – darum, bei schweren Mängeln bereits vorhandene (isolierbare) Korrekturmaßnahmen einzuspielen oder eine Umgehungslösung zu schaffen, in zweiter Linie auch darum, bei einem neuen Mangel unverzüglich eine Korrekturmaßnahme zu erarbeiten. Weniger schwere Mängel sollen in der nächsten Version beseitigt werden *[vgl. Kapitel 14.2.1 (1)]*. – Damit soll nicht überspielt werden, dass dringende Korrekturmaßnahmen oft lange verzögert werden.

(3) Anspruch auf das Quellprogramm als Schadensersatz

Auch wenn die Mängelbeseitigung endgültig fehlschlägt, hat der Anwender häufig ein Interesse, das Software-Produkt zu behalten. Hat er dieses als Quellprogramm erhalten, hat er die technische Basis, Mängel künftig selbst zu beseitigen. Hat er das nicht, fragt sich, ob er Anspruch auf Herausgabe des Quellprogramms als Schadensersatz hat, um die Möglichkeit zur Mängelbeseitigung zu bekommen. In der Praxis spielt dabei häufig eine Rolle, dass der Rücktritt sinnlos ist, weil der Lieferant den Kaufpreis nicht zurückzahlen kann. Die Frage ist m. E. weitgehend zu verneinen *[siehe Kapitel 14.3.3 (5)]*.

(4) Vollzug des Rücktritts

Werden Software-Produkte nicht auf Originaldatenträgern oder mit Autorisierungsinstrumenten geliefert, ist die Rückgabe des Datenträgers, der nur dem Transport des Software-Produkts zum Anwender gedient hatte, ein nahezu bedeutungsloser Akt. Dasselbe gilt für die vom Lieferanten auf eine Bibliothek der IT-Anlage überspielte Kopie. Der ordentliche Anwender hat zumindest noch eine Sicherungskopie und wahrscheinlich auch eine Kopie in den letzten Datensicherungen der Plattenbibliothek (die routinemäßig überspielt und damit gelöscht werden). Um das Software-Produkt im Sinne einer Benutzungskopie *[Kapitel 5.3.3 (6)]* zurückzugeben, muss der Anwender sämtliche Kopien löschen. M. E. gehört deswegen zur Rückgabe des Software-Produkts auch das Löschen aller Kopien und die Erklärung, das getan zu haben. Wer einen Inbegriff (= Gesamtheit) von Gegenständen herauszugeben hat, muss sogar eine eidesstattliche Versicherung abgeben, wenn Grund für die Annahme besteht, dass das Verzeichnis nicht mit der erforderlichen Sorgfalt aufgestellt worden ist. Ein Software-Produkt, das in einer Vielzahl von Kopien beim Anwender verkörpert sein kann, ist einem Inbegriff von Gegenständen gleichzusetzen.

Ein gewisses Interesse an der Rückgabe von Handbüchern kann bestehen, insbesondere bei PC-Programmen, bei denen das Handbuch relativ wertvoll ist.

Wenn ein Originaldatenträger oder ein Autorisierungsinstrument geliefert worden ist, muss dieses zurückgegeben werden.

Zum Anspruch des Anwenders auf Unterstützung beim Umstieg siehe Kapitel 6.5.3.

8.6 Sonstige Rechtsfragen

8.6.1 Beschaffung mittels Datenfernübertragung

(1) Bestellung

Die Bestellung von Software kann über Datenfernübertragung erfolgen. Darin sind keine Besonderheiten im Verhältnis zu anderen Bestellungen über dieses Medium zu sehen.

(2) Lieferung per Datenfernübertragung

Das geschuldete Software-Produkt kann – gleich auf welche Weise es bestellt worden ist – per Datenfernübertragung geliefert werden.

Urheberrechtlich gesehen ist das kein Senden, sondern ein Vervielfältigen über Distanz und zugleich ein Verbreiten. Das Urheberrecht geht zwar von der Vorstellung aus, dass das Benutzungsrecht durch den Datenträger repräsentiert wird und dieser deswegen zu liefern ist *[Kapitel 5.3.3 (6)]*; es muss und kann aber auch angewendet werden, wenn die Vertragspartner dem nicht folgen. Ersatzweise ist zu erwägen, ob nicht zumindest eine legitimierende Urkunde (die mit der Rechnung versandt werden kann) geschuldet wird. – Wenn allerdings die Zahlung ebenfalls über Datenfernübertragung erfolgt, entfällt dieser Ansatz. Allerdings kann auch eine legitimierende Urkunde über Datenfernübertragung versendet werden.

8.6.2 Schutzhüllenverträge

Viele Softwareanbieter üben die Praxis, bei der Lieferung von PC-Programmen der konfektionierten Packung (Datenträger und Benutzerdokumentation) Vertragsbedingungen beizufügen. Diese sind in der Schutzhülle – gut lesbar – eingeschweißt oder außerhalb der Schutzhülle beigefügt. Es findet sich – in welcher Form auch immer – der Vermerk, dass der Anwender die Vertragsbedingungen annehme, wenn er die Schutzhülle öffne. Wolle er das nicht tun, könne er die ungeöffnete Packung gegen Erstattung seiner Zahlung zurückgeben. Festzuhalten ist, dass in der Regel der Softwareanbieter und nicht der Lieferant solche Schutzhüllenverträge verwendet.

Im Normalfall ist davon auszugehen, dass zwischen dem Lieferanten und dem Anwender vor Auslieferung und damit vor Übergabe des Schutzhüllenvertrags ein schuldrechtlicher Vertrag geschlossen worden ist, der durch die Übergabe der Packung bereits erfüllt worden ist. Das bedeutet, dass der Anwender bereits das Benutzungsrecht (nach der Vorstellung des Gesetzgebers über das Eigentum am Originaldatenträger) gemäß deren Vereinbarungen erhalten hat.

Ob in den Kaufvertrag nicht einbezogene, sondern nur der Packung beigefügte Vertragsbedingungen verbindlich werden, richtet sich nach den allgemeinen Rechtsvorschriften. Dabei ist wesentlich darauf abzustellen, wen der Schutzhüllenvertrag als Vertragspartner ausweist.

Endkundenvertrag des Softwareanbieters: Hier ist kaum anzunehmen, dass der Anwender einen weiteren Vertrag schließen will, wenn er die Packung mit dem Software-Produkt, die er in Erfüllung des mit dem Händler geschlossenen Vertrags erhalten hat, öffnet. Warum soll er zustimmen, dass sein bereits erworbenes Benutzungsrecht abgeändert, in der Regel eingeschränkt wird? Eine irgendwie geartete Verkehrssitte, dass der Anwender eine Willenserklärung abgibt, besteht nicht.

Eine Variante liegt vor, wenn der Händler bei seinem Vertragsschluss die Unterzeichnung des zweiten Vertrags oder die Einbeziehung der zusätzlichen Bedingungen des Anbieters verlangt. Das geht in Ordnung. Eine andere Frage ist die, ob es hinreichend klar ist, welche Vertragsbedingungen für welchen Punkt gelten sollen.

Endkundenvertrag des Lieferanten: Hier ist maßgeblich, ob diese Vertragsbedingungen bei Vertragsabschluss einbezogen worden sind (gegenüber Verbrauchern unter Berücksichtigung von § 305 Abs. 2 BGB) *[siehe Kapitel 1.1.4 (2)]*.

8.6.3 Verträge über Public-domain Software

Wenn der Urheber auf den Urheberrechtsschutz verzichtet, wird das Werk Teil der public domain. Das bedeutet, dass jedermann das Programm kopieren darf. Z. T. wird solche Software auch „Freeware“ genannt. Das Verbreitungsrecht braucht nicht vollständig freigegeben zu sein (z. B. kann der entgeltliche Vertrieb verboten werden) *[siehe Kapitel 5.3.3.2 (5)]*.

Die vom Händler geschuldete Leistung ist das Kopieren und das Übereignen eines Datenträgers. Dementsprechend handelt es sich um einen Vertrag, der auf ordentliches Kopieren gerichtet ist. Da der Händler nur das Kopieren schuldet, haftet er nicht für Mängel des Programms.

8.6.4 Verträge über Shareware Software

Bei Shareware Software geht es darum, dass der Rechtsinhaber die Verbreitung freigegeben hat, an der Benutzung durch den Anwender aber doch etwas verdienen möchte. Dieser soll ihm nach einer Probephase etwas zahlen, und zwar ursprünglich eher freiwillig (moralischer Appell), heute aber meist definitiv. Dem Verlangen kann dadurch Nachdruck verliehen werden (wie es z. T. auch geschieht), dass Maßnahmen eingebaut werden, die nach einiger Zeit die Einsetzbarkeit einschränken.

(1) Freiwillige Zahlung

Hier liegt noch deutlicher ein Vertrag über ordentliches Kopieren vor *[Kapitel 8.6.3]*. Denn der Rechtsinhaber will – wenn auch ggf. nur eingeschränkt – für die Mängelbeseitigung in direktem Verhältnis zum Anwender zuständig sein.

Der Vertrag von Händler zu Anwender wird durch die Beziehung Rechtsinhaber-Anwender nicht beeinflusst, wenn der Anwender an den Rechtsinhaber nicht zahlt. Wegen der Freiwilligkeit der Zahlung kommt es auch nicht darauf an, ob der Händler das Programm ausdrücklich als Shareware oder aber ohne Hinweis inkorrekt als Freeware vertreibt.

(2) Zahlungspflicht bei Bezug über einen Händler

Die Einordnung, ob eine Zahlungspflicht besteht oder nicht, ist nicht immer einfach, insbesondere wenn die Formulierung von einem Programmentwickler stammt.

Der Vertrag Händler-Anwender enthält als echter Vertrag zugunsten des Rechtsinhabers als Dritten die Verpflichtung des Anwenders, die Benutzung nach einer Probephase einzustellen (wenn er nicht einen Kaufvertrag mit dem Rechtsinhaber schließt). Der Anwender macht in der Registrierung einen Vertragsantrag (über einen Kaufvertrag). Dessen Annahme braucht vom Rechtsinhaber nicht erklärt zu werden (§ 150 II BGB), wird aber oft erklärt (Rechnung, Übersendung einer endgültigen Fassung).

Der Kaufvertrag weicht von der typischen Ausgestaltung nicht erheblich ab.

8.6.5 Testinstallation/Rücktrittsrecht des Anwenders

Eine Testinstallation bedarf schon im Hinblick auf den Programmschutz eines ordnungsgemäßen Vertrags.

Er kann entweder isoliert *[zur Leihe siehe Kapitel 7.5]* oder als erste Phase eines Kaufvertrags geschlossen werden. Im zweiten Fall wird vereinbart, dass entweder der Vertrag sich fortsetzt, wenn der Anwender nicht innerhalb einer kurzen Frist nach Ablauf der Testphase kündigt (bei Miete), oder dass der Anwender die Leistung missbilligen kann (Kauf auf Probe, § 495 BGB).

Haben die Vertragspartner ein Rücktrittsrecht zugunsten des Anwenders vereinbart, bezieht sich dieses nur auf die Software-Produkte. Es bleibt also dabei, dass vergütungspflichtige Unterstützungsleistungen zu bezahlen sind.

9 Erstellung von Programmen

Inhaltsübersicht

Dieses Kapitel wendet sich an Anwender wie an Anbieter, die ihrerseits als Auftraggeber auftreten. Es wird deswegen weitgehend neutral von Auftraggeber und Auftragnehmer gesprochen.

(1) Gegenstand und rechtliche Einordnung

Wenn ein Software-Produkt wie eine Sache behandelt wird *[siehe Kapitel 6.1 (2)]*, kann man ein Individualprogramm schlecht anders einordnen. Also bleibt nichts übrig, als Verträge über die Erstellung von Programmen als Kaufverträge mit den Besonderheiten des Werklieferungsvertrags einzustufen *[siehe Kapitel 6.1 (2)]*. – Wird ein vorhandenes Programm geändert, liegt ein Werkvertrag vor. Der Unterschied liegt im Wesentlichen nur darin, dass nur der Werkvertrag die Abnahme (bestehend aus Abnahmeprüfung und -erklärung) vorsieht *[siehe Kapitel 9.4 und 10.1.1 (2)]*. Dagegen sieht der Werklieferungsvertrag die kaufmännische Untersuchungspflicht nach der Lieferung vor.

(2) Praxis

Die Auftragnehmerseite spricht bisher häufig von „Dienstleistungsverträgen“ und meint Dienstverträge, fasst die Verträge inhaltlich aber als Werkverträge (nach neuem Recht: Werklieferungsverträge) ab. Die Bezeichnung ist dann wirkungslos. Der Begriff „Dienstleistung“ wird sogar in der gesetzlichen Definition des Werkvertrags in § 631 II BGB verwendet.[1] – Die Auftragnehmerseite stößt sich am Formalismus der Abnahme und am Risiko, dass ein Erfolg geschuldet werde. Darüber hinaus besteht eine verbreitete Furcht vor Werk(lieferungs-)verträgen, nämlich vor dem größeren Haftungsrisiko beim Werk(lieferungs-)vertrag gegenüber dem beim Dienstvertrag. Das zusätzliche Risiko wird allerdings weit überschätzt.

Beispiel: Es wird häufig vermutet, dass der geschuldete Erfolg einer Schulung dahin gehe, dass die Schulungsteilnehmer den Lehrstoff verstehen müssten – wofür der Auftragnehmer doch nicht einstehen könne.

Die Furcht erwächst im Wesentlichen aus der verbreiteten (falschen) Gleichsetzung von „Festpreis = Werk(lieferungs-)vertrag“ und „Vergütung nach Aufwand = Dienstvertrag“. Der Auftragnehmer sieht sich zu einem frühen Zeitpunkt bei wenig geklärter Aufgabenstellung der Forderung nach einem Festpreis ausgesetzt. Die Forderung der Auftraggeberseite nach Festpreisen ist eine Antwort auf die Schwierigkeit, Programme im Rahmen schlecht geplanter Vorgaben zu erstellen, wie sich das in den Begriffen „Softwarekrise“, „Magisches Dreieck“ oder „Teufelsquadrat“ niedergeschlagen hat. Die Forderung nach einem Festpreis und das dahinterstehende Risiko tragen dabei erheblich zu den Schwierigkeiten bei.

(3) Abgrenzung Werk(lieferungs-)vertrag – Dienstvertrag – Arbeitnehmerüberlassung

Neben Werk(lieferungs-)verträgen kommen im Bereich der Programmierung auch Arbeitnehmerüberlassungsverträge *[siehe Kapitel 12.2 zur Abgrenzung]* und Dienstverträge in Betracht *[zu Verträgen über die Erstellung von Vorstufen zu Programmen siehe ergänzend Kapitel 10.3]*.

1 Der Begriff Dienstleistung wird im Vergaberecht im Gegensatz zu Lieferungen verwendet und umfasst dementsprechend viele Leistungen, die dem Recht des Werkvertrags oder des Werklieferungsvertrags unterfallen (Abschnitt 2 Anhänge IA und IB zur VOL/A).

Die Abgrenzung zwischen Werk(lieferungs-)vertrag und Dienstvertrag macht häufig Schwierigkeiten, weil der Unterschied nur begrenzt aus der Vertragsdurchführung ableitbar ist, sondern im Wesentlichen in der Ausgestaltung der Haftung liegt. Für Nichtjuristen ist der Unterschied teilweise künstlich.

Die Abbildung „Haftung und Vertragstyp bei Programmierung" zeigt die wesentlichen Unterschiede der Vertragstypen hinsichtlich

- der finanziellen Seite,
- der terminlichen Seite und
- des Risikos hinsichtlich der Qualität der Ergebnisse

auf.

Haftung und Vertragstyp bei Programmierung Drei (bzw. vier) Vertragstypen für verschiedene Wege zum Ziel			
Weg	**Werkvertrag bzw. Kaufvertrag** „An erstellt Konzept bzw. Programm für ....." (§ 631 bzw. § 433 BGB)	**Dienstvertrag** „AN unterstützt bei folgenden Arbeiten: ....." (§ 611 BGB)	**Arbeitnehmer-überlassung** „AN stellt für ..... zur Verfügung" (AÜG)
Geld gibt es für	das Ergebnis	das (zielgerichtete) Arbeiten	das Überlassen von Mitarbeitern
geschuldet:	Eignung des Ergebnisses (bezogen auf Vorgabe) = Mangelfreiheit	ordentliche Arbeit (geeignete Mitarbeiter)	ordentliche Auswahl (also Bereitstellung geeigneter Mitarbeiter)
Haftung für Qualität	Mängelbeseitigung, bei Vertretenmüssen auch Schadensersatz	bei Vertretenmüssen Schadensersatz, z. B. Mängelbeseitigung	bei Vertretenmüssen Schadensersatz
geschuldet:	termingerechte Übergabe (soweit Termin vereinbart)	termingerechtes Arbeiten	rechtzeitige Bereitstellung
Haftung für Termine	ohne Vertretenmüssen Rücktritt, bei ~ auch Schadensersatz	ohne Vertretenmüssen a.o. Kündigung, bei ~ Schadensersatz	bei Vertretenmüssen Schadensersatz
Vergütungs-form	entsprechend konkreter Vereinbarung (eher Festpreis)	entsprechend konkreter Vereinbarung (meist nach Aufwand)	nach Aufwand

(3.1) **Werk(lieferungs-)verträge:** Bei Werk(lieferungs-)verträgen schuldet der Auftragnehmer ein Ergebnis der Tätigkeit und haftet für Freiheit von Mängeln; er hat also Mängel unabhängig davon zu beseitigen, ob er diese zu vertreten hat. Auf Schadensersatz haftet der Auftragnehmer allerdings nur, wenn er den Mangel zu vertreten hat. – Ist die Aufgabenstellung bei Programmerstellung zum Zeitpunkt des Abschlusses des Vertrags erst vage beschrieben, ändert das grundsätzlich nichts am Vertragstyp; es besteht dann ein vager Maßstab für das geschuldete Ergebnis, so dass unterschiedliche Ergebnisse vertragsgemäß sind. Die Behauptung (seitens IT-Fachleuten), dass ein Werk(lieferungs-)vertrag nur dann vorliege, wenn die Leistungen „genau definiert" worden sind, ist überzogen.

Beispiel: Manche berühmte Persönlichkeit war schon mit dem Portrait, das sie bei einem modernen Künstler in Auftrag gegeben hatte, sehr unzufrieden.

Bei Vergütung nach Aufwand kommt in Betracht, dass ein Dienstvertrag vorliegt *[siehe Kapitel 9.1.8 (2)]*. Wenn die Aufgabenstellung in einer ersten Projektphase im Wesentlichen als Programmiervorgabe detailliert wird, liegt ein Werk(lieferungs-)vertrag vor. Gibt der Auftraggeber hingegen die Vorgaben Stück für Stück vor, dürfte eher gemeinsame Arbeit, also ein Dienstvertrag, vorliegen.

Der Auftragnehmer hat die Verantwortung für die Gestaltung des Ergebnisses, z. B. entscheidet er, wenn nichts vereinbart ist, welche Entwicklungs- und Dokumentationsrichtlinien er anwendet.

(3.2) **Dienstverträge:** Bei Dienstverträgen schuldet der Auftragnehmer „nur" Tätigkeit in Richtung auf ein gewünschtes Ergebnis (§ 611 BGB) – das er meist erreichen wird! Er haftet für Pflichtverletzungen, wenn er diese zu vertreten hat (dann aber genauso weit wie bei Werk(lieferungs-)verträgen). Haftung für Sachmängel gibt es begrifflich nicht, weil kein Ergebnis geschuldet wird (also gibt es keine Pflicht zur Beseitigung von nicht verschuldeten Mängeln).

Der Auftragnehmer hat die Verantwortung für die Gestaltung seiner Tätigkeit, z. B. muss er klären, welche Entwicklungs- und Dokumentationsrichtlinie er anwenden soll.

Die Arbeiten können sich auf eine oder mehrere Stufen des Programmentwicklungsgangs beziehen. Die Vergütung richtet sich meist nach dem Aufwand, kann aber auch als Festpreis vereinbart werden.

Beispiele: Ein Auftragnehmer soll einen Fehler in einer alten IT-Anlage finden. Werkvertrag (LG München ECR LG·101), wenn der Auftragnehmer keine Einschränkung macht; also bekommt er kein Geld, wenn er den Fehler (mangels Reproduzierbarkeit) nicht findet. – Ärzte schließen meist Dienstverträge ab, wenn sie ihre Patienten behandeln: sie werden sich desto stärker einsetzen, den gewünschten Erfolg zu erreichen, je (lebens-)wichtiger dieser für den Patienten ist. Aber desto weniger können sie diesen schulden. Bei einer Operation kann aber im Einzelfall ein Werkvertrag vorliegen, z. B. bei einer Schönheitsoperation. – Forschungsaufträge sind meist Dienstverträge, weil ein Erfolg meist nicht zugesagt werden kann.

Wenn man einen Vertrag in der Praxis einordnen muss, sollte man vom Werk(lieferungs-) vertrag ausgehen und fragen, ob dieser ausscheidet:

- Hat der Auftragnehmer ein Ergebnis abgeliefert, das er (!) erstellt hat? Bei gemeinsamer Arbeit liegt ein Dienstvertrag vor, weil der Auftragnehmer für das Ergebnis nicht alleine verantwortlich sein kann.
- Kann man ausnahmsweise dem Auftragnehmer trotzdem nicht zumuten, für das Erreichen des Ergebnisses zu haften?

(4) Erforderliche Fachkenntnisse des Auftragnehmers

Welche Fachkenntnisse der Auftragnehmer haben muss, hängt vom Vertragsgegenstand ab. Wenn der Auftragnehmer von einer endgültig definierten Aufgabenstellung ausgehen darf, braucht er keine speziellen Fachkenntnisse zu haben.

9.1 Die Erstellungsphase: Konkretisierung der Aufgabenstellung

(1) Problemstellung

Je gröber die Aufgabenstellung abgefasst ist, desto gröber ist der Rahmen für die Lösung und desto größer ist die Zahl möglicher Realisierungen. Manche sind als vertragsgemäß einzustufen, manche als mangelhaft. Dementsprechend ist zu unterscheiden:

- Die Sachmängelproblematik: Was kann der Auftraggeber auf Grund der – grob definierten – Aufgabenstellung als geschuldete Verwendung erwarten? Welche Realisierungen muss er als tauglich hinnehmen, welche kann er also als mangelhaft ablehnen?
- Die Festpreisproblematik: Nach welchen Grundsätzen ist die – grob definierte – Aufgabenstellung in ein Programm umzusetzen? Die Frage stellt sich massiv, wenn von vornherein ein Festpreis vereinbart worden ist. Wie verläuft der Konkretisierungsprozess? Wieviel Leistung muss der Auftragnehmer erbringen? Welche Einflussnahme des Auftraggebers muss er sich gefallen lassen?

(2) Sachmängelproblematik

Wenn nichts Spezifisches vereinbart ist, hat der Auftragnehmer nach der Rechtsprechung ein Programm zu liefern, das einen „mittleren Ausführungsstandard" hat. Ausgangspunkt ist die Verpflichtung des Auftragnehmers, die Anforderungen des Auftraggebers „zu erforschen und bei der Entwicklung zu berücksichtigen", nämlich hinsichtlich der Einsatzanforderungen, so dass sich das Programm in die betrieblichen Abläufe gut einfügt, und der Einsatzumgebung des Programms.

(3) Die Festpreisproblematik in der Praxis

Der Auftraggeber möchte nicht nur irgendeine taugliche Realisierung erhalten, sondern eine, die seinen spezifischen Anforderungen möglichst nahekommt. Bei Vergütung nach Aufwand ist der Auftragnehmer bereit zu liefern, was der Auftraggeber haben will, soweit er die technische Verantwortung dafür tragen kann. Bei Vereinbarung eines Festpreises gibt es allerdings massive Interessengegensätze zwischen den Vertragspartnern.

Es kommen verschiedenartige Konstellationen in der Praxis vor, wie grob die Aufgabenstellung im Vertrag abgefasst worden ist und wie sie konkretisiert werden soll. Den im Folgenden dargestellten ist eigen, dass sie für die Vereinbarung eines Festpreises nur beschränkt bis gar nicht geeignet sind (Abbildung „Programmerstellungsvertrag"):

- **Gemeinsame Konkretisierung:** Die Vertragspartner wollen die Aufgabenstellung ausdrücklich noch gemeinsam verfeinern *[Kapitel 9.1.1]*. Der Auftraggeber geht davon aus, dass die Aufgabenstellung nur grob beschrieben ist.
- **Angeblich definierte Aufgabenstellung:** Der Auftraggeber meint, die Aufgabenstellung bereits ausreichend definiert zu haben, und der Auftragnehmer stimmt dem zu (weil es die Konkurrenz an seiner Stelle auch täte) *[Kapitel 9.1.2]*. Tendenziell denkt der Auftraggeber, dass er nach Vertragsabschluss bei der Konkretisierung durch den Auftragnehmer noch erheblich mitzureden habe.

Programmerstellungsvertrag

1.1 – 1.6 ... (einzelne Funktionen der Programme)

1.7 Die erforderlichen/Diverse/Geeignete Statistiken sind zu programmieren. (Die Adjektive sind verschiedenen Verträgen entnommen.)

2. Die Vergütung ist ein Festpreis in Höhe von DM _____.

Fall: Gemeinsame Definition

Der Auftragnehmer wird in engster Zusammenarbeit mit dem Auftraggeber ein fachliches Feinkonzept erarbeiten und dem Auftraggeber zur Genehmigung vorlegen. Das genehmigte Feinkonzept ersetzt die bisherige Aufgabenstellung.

Fall: Angeblich definierte Aufgabenstellung

------------------ (keine weitere Regelung)

Fall: Erkennbar offene Aufgabenstellung

Der Auftragnehmer wird mit Unterstützung des Auftraggebers ein Pflichtenheft erarbeiten und durch den Auftraggeber genehmigen lassen.

- **Erkennbar offene Aufgabenstellung:** Aus dem geringen Detaillierungsgrad der Aufgabenstellung ergibt sich, dass sie noch konkretisiert werden muss. Häufig wird ergänzt *[was nach dem Stand der Technik ohnehin gilt, Kapitel 9.1.2 (4.2) und 9.1.3 (1)]*, dass der Auftragnehmer eine Konkretisierung der Aufgabenstellung vorlegen und der Auftraggeber diese genehmigen soll. Tendenziell denkt der Auftraggeber noch stärker als bei der vorher dargestellten Konstellation, dass er nach Vertragsabschluss bestimmen könne, wie zu konkretisieren sei.
- **Aufgabenstellung nur angesprochen:** Es heißt im Vertrag, dass die Anforderungen nachträglich festgelegt werden. Das ist dann nicht so riskant, wie es klingt, wenn es darum geht, Rohlingssoftware auf die Anforderungen des Anwenders hin anzupassen *[siehe zu diesem Projekttyp Kapitel 9.6]*.

In der Praxis läuft die Konkretisierung bisher (also nach altem Recht, das die förmliche Abnahme vorsah) auch in den letzten drei Fällen häufig so ab, dass der Auftraggeber noch entscheidend mitredet. Der Auftragnehmer ist zum einen weitgehend davon abhängig, dass der Auftraggeber ihn informiert *[Kapitel 9.1.4]*; zum anderen erklärt der Auftraggeber, das Programm nur dann abzunehmen, wenn es seinen Wünschen entspreche, und der Auftragnehmer beugt sich dem vorsorglich. Auch hier findet in der Praxis meist ein Prozess des Gebens und Nehmens statt.

9.1.1 Gemeinsame Konkretisierung der Aufgabenstellung bei Festpreis

Wie in der Abbildung „Programmerstellungsvertrag" *[Kapitel 9.1 (3)]* formuliert, können die Vertragspartner vereinbaren, die Konkretisierung gemeinsam vorzunehmen.

(1) Rechtliche Analyse

Da die Vertragspartner gemeinsam arbeiten, kann § 315 oder § 316 BGB (= der Auftragnehmer kann seine Leistung nach Treu und Glauben bestimmen) auch nicht analog angewendet werden. Die rechtliche Analyse muss dem gerecht werden, dass es hier nicht nur um die Konkretisierung von etwas geht, was bereits im Vertrag festgelegt ist, sondern dass erhebliche Gestaltungsräume bestehen.

Die Vertragspartner beschließen also, erst einmal zusammenzuarbeiten, um die Aufgabenstellung zu konkretisieren. Wäre der Vertrag nur für die Dauer der Spezifikationsphase geschlossen worden, wäre er wahrscheinlich ein Dienstvertrag. Der Vertrag lässt sich schlecht als Vorvertrag einordnen, weil in Erfüllung dieses Vertrages schon erheblich gearbeitet und dafür gezahlt werden soll. Es liegt ein Werk(lieferungs-)vertrag mit einer dienstvertraglichen Anfangsphase vor.

Die Vertragspartner sind sich zunächst nur über das Ansteuern dieses Zwischenziels sowie über die Vergütung für die Gesamtleistung einig. Sie müssen sich hinsichtlich dieses Zwischenziels zusammenraufen. Insofern nehmen sie von vornherein die Möglichkeit in Kauf, dass sie sich nicht einigen. Dass diese Einordnung richtig ist, zeigt auch die in der Praxis häufig verwendete Formulierung: „Die detaillierte Aufgabenstellung wird gemeinsam erarbeitet und wird dann Vertrags*bestandteil*." Einigen sich die Vertragspartner nicht, entfällt der Vertrag mit Wirkung für die Zukunft *[siehe Kapitel 2.1.8 (4)]*. Dieser Zeitpunkt kann bei enger Zusammenarbeit jederzeit eintreten, nicht erst mit der Vorlage der vollständigen Spezifikation.

Die Vertragspartner sind verpflichtet, sich um Einigung zu bemühen. Die Einhaltung dieser Verpflichtung lässt sich aber nicht voll überprüfen. Maßstab dürfte entsprechend § 162 BGB sein, dass ein Vertragspartner den Vertrag verletzt, wenn er den Eintritt der Einigung gegen Treu und Glauben verhindert, d. h. der Auftraggeber zu viel verlangt bzw. der Auftragnehmer zu wenig Realisierung abliefern will.

(2) Vorlage der Spezifikation als Dokument

Es ergibt sich bereits aus der Zielsetzung der Zusammenarbeit, dass die Spezifikation schriftlich zu erstellen ist. Dabei schuldet der Auftragnehmer dieses Dokument nicht als Erfolg, sondern übernimmt nur die Funktion des Formulierungs- und Schreibdienstes für die gemeinsam erarbeiteten Ergebnisse *[vgl. Kapitel 10.3]*.

(3) Behandlung von zusätzlichen Anforderungen

Wann ist eine Anforderung, die der Auftraggeber bei der gemeinsamen Spezifikation stellt, eine zusätzliche Anforderung, deren Realisierung durch den Festpreis nicht abgedeckt ist? Das ist der Fall, wenn eine Anforderung vom Auftragnehmer als über Treu und Glauben hinausgehend zurückgewiesen werden kann, insbesondere weil sie nicht in der ursprünglichen Zielvorstellung liegt. Daran sind hohe Voraussetzungen in dem Fall zu stellen, dass in der Aufgabenstellung ausdrücklich darauf hingewiesen worden ist, dass ein Punkt in der Aufgabenstellung noch offen sei *[vgl. Kapitel 9.1.2 (5.3)]*. Eine Ablehnung kann aber auch dann berechtigt sein, wenn der Auftraggeber bei jedem Punkt mit seinen Wünschen bis an die Grenze von Treu und Glauben geht und damit kein gegenseitiges Geben und Nehmen mehr vorliegt.

Hier dürften die Parteien *[anders als bei Konkretisierung durch den Auftragnehmer, Kapitel 9.1.2 (4)]* davon ausgehen, dass (gemeinsame) Festlegungen im Prozess des gegenseitigen Gebens und Nehmens endgültig sein sollen. Der Auftragnehmer dürfte jeweils (nur) eine kurze Überlegungsfrist haben, ob er Gegenforderungen geltend machen will *[siehe Kapitel 9.2.2 (2)]*. Wenn er das tut und der Auftraggeber die betreffende Anforderung daraufhin zurückschraubt, dürfte jede Seite ihren Aufwand für die erneute Konkretisierung selbst zu tragen haben. Denn solche Wiederholungen gehören zum Risiko dieser Vorgehensweise.

Auch der Faktor Zeit stellt ein solches Risiko dar: Der Auftragnehmer muss mit solchen Wiederholungen rechnen und muss sie im Rahmen des Üblichen in einen verbindlichen Terminplan einkalkulieren.

(4) Vergütung bei Scheitern der Zusammenarbeit

Wenn die Vertragspartner während der Konkretisierung auseinandergehen, ohne dass eine Seite sich auf treuwidriges Verhalten der anderen berufen kann, steht dem Auftragnehmer m. E. ein dem geleisteten Teil der Arbeit entsprechender Anteil an der Vergütung zu.

9.1.2 Konkretisierung einer groben Aufgabenstellung bei Festpreis

Wie in der Abbildung „Programmerstellungsvertrag" *[Kapitel 9.1 (3)]* im Fall „Erkennbar offene Aufgabenstellung" formuliert, soll der Auftragnehmer die Aufgabenstellung in einem Dokument konkretisieren und soll der Auftraggeber dieses genehmigen. Der Fall „Angeblich definierte Aufgabenstellung" läuft genauso, weil die beiden Schritte genauso durchzuführen sind.

(1) Problemstellung

Es treten vor allem vier Probleme bei der Konkretisierung der Aufgabenstellung auf:

- Die Aufgabenstellung drückt teilweise nicht das aus, was der Auftraggeber formulieren wollte, geschweige denn, was er wirklich benötigt. Teilweise ist das aufwandsneutral und wird später in der Spezifikation korrekt ausgedrückt. Teilweise ist es das nicht *[siehe Kapitel 9.2.2]*.
- Es bestehen auch bei deutlich formulierten generellen Zielsetzungen erhebliche Gestaltungsspielräume; oft ist konzeptionelle Arbeit sogar gewollt: Es geht nicht um eine Übernahme von Aufgaben in die IT-gestützte Erledigung 1 : 1, sondern (erst einmal) um die Erarbeitung eines Soll-Konzepts als Grundlage für die IT-gestützte Erledigung und für die Verbesserung des betrieblichen Informationssystems.
- Die Aufgabenstellung ist vage formuliert. Der Auftraggeber legt sie weit aus: Er wünscht aus der Sicht des Auftragnehmers ein Programm, das alle Anforderungen seines Betriebes vollständig, mit hoher Benutzerfreundlichkeit und mit gutem Leistungsverhal-

ten abdeckt; dabei lernt der Auftraggeber im Laufe der Konkretisierung, was man alles programmgestützt machen kann. Der Auftragnehmer wollte hingegen aus der Sicht des Auftraggebers etwas liefern, was „IT zu Fuß" sei.

- Die Aufgabenstellung hat eine Lücke, die geschlossen werden muss, sei es, damit das Programm überhaupt sachgemäß eingesetzt werden kann, oder sei es, damit es das tut/ unterstützt, was der Auftraggeber sich vorstellt.

Je gröber eine Anforderung im Vertrag angegeben ist, desto mehr Spielraum besteht bei der Auslegung. Wie auslegungsfähig Aufgabenstellungen häufig sind, würde sich schnell zeigen, wenn man den Auftragnehmer und den Auftraggeber jeweils getrennt einen Ausschnitt der Aufgabenstellung ein Stück weit detaillieren lassen würde.

Hat der Auftraggeber die Aufgabenstellung formuliert, nehmen manche Auftragnehmer einen Vorschlag zur Realisierungsweise, also einen Lösungsvorschlag, in ihr Angebot auf (schon um sich als geeignete Auftragnehmer darzustellen). Damit kann das Angebot zu einem wichtigen Hilfsmittel bei der Auslegung werden *[vgl. Kapitel 2.3.2]*.

(2) Maßstab für die Konkretisierung bei Anwendungsprogrammen

Das Programm soll die spezifischen Anforderungen des Auftraggebers abdecken. Diese Anforderungen ergeben sich aus dem spezifischen Betrieb/dem spezifischen technischen Prozess des Auftraggebers. Der Betrieb ist historisch gewachsen und hat ein nur schwer ermittelbares Geflecht formeller und informeller Regeln, die nunmehr alle formalisiert werden sollen. Wäre die Situation nicht so spezifisch, könnte der Auftraggeber sich ja ein preiswertes Software-Produkt beschaffen.

Das bedeutet, dass die spezifische Situation des Auftraggebers ermittelt werden muss, damit sie im Programm abgebildet werden kann. Es bleibt ein erheblicher Spielraum hinsichtlich des Automationsgrades, der zusätzlichen Anforderungen, insbesondere hinsichtlich der Verbesserung des betrieblichen Informationssystems, und der Benutzerfreundlichkeit. Die Spezifikation ist so zu erstellen, dass ihre Umsetzung ein Programm „in einem mittleren Ausführungsstandard" (BGH) ergibt.

(3) Zuständigkeit für die Konkretisierung

Grundsätzlich ist es Sache des Auftragnehmers, das Ergebnis zu gestalten. Er ist also für die Istanalyse und für das Ausfüllen der Gestaltungsspielräume verantwortlich. Dabei muss er von der Formulierung der Aufgabenstellung im Vertrag ausgehen *[siehe (5)]*, die Maßstäbe nach (2) beachten und sich mit dem Auftraggeber abstimmen. Letzteres gilt insbesondere für die Benutzeroberfläche, d. h. die Gestaltung der Bildschirmmasken und der Listbilder für Ausdrucke (das ist relativ aufwandsneutral) *[siehe auch Kapitel 8.4.3]*.

Der Auftraggeber hat die Aufgabe, Informationen zu liefern *[siehe ergänzend Kapitel 9.1.4 (2)]*. Das heißt nicht, dass er bestimmen darf, was der Auftragnehmer zu tun hat. Der Gestaltungsspielraum des Auftragnehmers *kann* allerdings so gering sein, dass Informationen nur die verbindlichen Vorgaben widerspiegeln.

Beispiel: Vorgabe, wie ein rechnungsspezifischer Rabatt zu berechnen ist.

(4) Durchführung und Dokumentation der Konkretisierung

Durchführung: Die Konkretisierung ist entsprechend dem Stand der Technik im Normalfall als in sich geschlossene Phase durchzuführen *[zur Genauigkeit der Spezifikation vgl. Kapitel 9.1.3 (3)]*. Bei großen Projekten kann es sachgerecht sein, erst einmal nur eine mittelfeine Spezifikation insgesamt zu erstellen und diese dann jeweils vor der Realisierung der einzelnen Programmbereiche endgültig zu konkretisieren.

Vorlage einer schriftlichen Spezifikation: Es gehört zum Stand der Technik, jede Phase mit einem Dokument abzuschließen. Legt der Auftragnehmer keine schriftliche Spezifikation vor, kann der Auftraggeber auf der Vorlage eines Dokuments bestehen, insbesondere durch die Weigerung, (Voraus-)Zahlungen zu leisten. Er kann es ablehnen, das Programm vorher installieren zu lassen. – Das Problem spitzt sich zu, wenn der Auftraggeber an die Spezifikation nicht denkt, sich mit dem gelieferten Programm befasst und merkt, dass es seinen Vorstellungen nicht gerecht wird. Wegen der Wichtigkeit der Spezifikation ist davon auszugehen, dass er diese als Maßstab für die Vertragsgemäßheit des Programms immer noch fordern kann. Also sollte man nur dann einen nachträglichen Verzicht auf die Spezifikation annehmen, wenn der Auftraggeber erklärt, was aus seiner Sicht am Programm noch zu ändern und zu ergänzen sei, um ein vertragsgemäßes Programm zu schaffen *[zur Nachfristsetzung siehe Kapitel 9.2.4 (3)]*.

Behandlung von zusätzlichen Anforderungen: Der Auftraggeber kann – in der Regel durch seine Mitarbeiter, die Informationen geben sollen – unbewusst oder bewusst Wünsche äußern, die Änderungen oder Zusätze beinhalten und zu Mehraufwand führen.

Das kann nur dann als Auftrag angesehen werden, wenn sich der entsprechende Wille eindeutig aus dem Zusammenhang ergibt. Typischerweise sind diejenigen Mitarbeiter, die im Rahmen ihrer Befragung durch den Auftragnehmer Anforderungen aus ihrer Sicht schildern, sich des Auftragsumfangs aber nicht bewusst (sie sollen Informationen und aus ihrer Sicht Wünsche liefern) *[vgl. Kapitel 9.1.4 (3)]*.

Konkretisiert der Auftragnehmer die Aufgabenstellung umfangreicher als geschuldet, kann sich später herausstellen, dass die Lösung aufwendiger als geplant wird. Wenn der Auftraggeber dann auf die teurere Variante verzichtet, müssen Teile der Spezifikation wahrscheinlich überarbeitet werden (nämlich wenn die zusätzlichen Anforderungen nicht als Zusatz detailliert worden sind). Es fragt sich, wer diesen Aufwand trägt. Der Auftraggeber ist zwar Auslöser für den Mehraufwand. Der Auftragnehmer ist aber für die Konkretisierung verantwortlich und musste sie lenken. M. E. ist danach zu differenzieren, ob Mitarbeiter des Auftraggebers Informationen darüber geben sollten, was sie brauchen würden, oder ob der Auftraggeber über seinen Projektleiter Anforderungen vorgegeben hat. Solange der Auftragnehmer (im Hinblick auf die geschuldete Leistung) unkritisch Informationen von Mitarbeitern verarbeitet hat, dürfte er das auf sein eigenes Risiko getan haben.

Prototyping: Es gehört zum Stand der Technik, die Konkretisierung zur Genehmigung vorzulegen, wobei sie z. T. im Prototyp verkörpert sein kann. Es kann aber auch vereinbart sein, den Prototyp Stück für Stück zu entwickeln, indem immer wieder ein Stück der Aufgabenstellung konkretisiert und umgesetzt wird. Dann dürfte eher ein Dienstvertrag (und kaum ein Festpreisauftrag!) vorliegen.

(5) Auslegung der Aufgabenstellung im Einzelnen

Es geht um die unter (1) aufgeworfenen Probleme, dass die Aufgabenstellung in kostenträchtiger Weise falsch, vage oder lückenhaft formuliert sein kann. Die Frage lautet, inwieweit der Festpreis den sich daraus ergebenden Mehraufwand abdeckt. Wovon muss und darf der Auftragnehmer bei der Preisfindung ausgehen?

Beispiel zur Fakturierung: Wird über den Zeitpunkt der Rechnungsstellung nichts angegeben, muss Fakturierung zu jedem Zeitpunkt möglich sein, also vor, bei und nach Lieferung. – Dafür, ob bei Fakturierung bei Lieferung der Lieferschein entfallen soll, gibt es keine Regel.

(5.1) **Formulierung der Aufgabenstellung durch den Auftraggeber:** In diesem Fall rechnet der Auftragnehmer damit, dass der Auftraggeber die eigene Situation unvollständig und in seiner betrieblichen Begriffskultur beschrieben hat. Der Auftragnehmer weiß, dass er *nach* Vertragsabschluss die wirklichen Anforderungen ermitteln und im Programm realisieren muss. *Bei* Vertragsabschluss fragt sich aber, was der Auftragnehmer der Findung des Festpreises zugrundelegen soll. Wenn der Auftraggeber seine Formulierung zum Vertragsgegenstand machen will, muss sie auch für die Preisfindung maßgeblich sein. Der Auftragnehmer müsste sonst vor Vertragsabschluss beim Auftraggeber detailliert ermitteln, was dieser wirklich meinen würde. Er müsste vor Vertragsabschluss erhebliche Teile der Spezifikation erarbeiten, die doch erst in Ausführung der vertraglichen Pflichten gegen Vergütung erarbeitet werden soll. – Der Auftragnehmer könnte auch einen plausiblen, also sehr hohen, Risikozuschlag einkalkulieren. Wenn darüber verhandelt werden würde, wäre der Auftraggeber darüber meist empört (manche Auftraggeber verzichten dann auf den Festpreis oder gehen stufenweise vor): Der Auftragnehmer solle das realisieren, was in der von ihm erstellten Aufgabenstellung stehe und nicht mehr. – So darf diese dann auch ausgelegt werden!

Andererseits wird der Auftragnehmer als Fachfirma hinzugezogen. Der Auftraggeber erwartet vom Auftragnehmer, dass dieser erkennt, wo er den Aufwand schlecht abschätzen kann. Es liegt nach Treu und Glauben nahe, dass der Auftragnehmer in seinem Angebot entweder grundsätzlich klarstellt, dass er bei der Preisfindung genau vom Wortlaut der Aufgabenstellung ausgegangen ist, oder dass er punktuell Annahmen zu seiner Preisfindung erklärt. Schweigen des Auftragnehmers kann also einen vorweggenommenen Verzicht auf Vergütung des Mehraufwands bedeuten, wenn sich die wirkliche Aufgabenstellung herausschält.

Auftraggeber ist Laie: Einem solchen Auftraggeber ist gar nicht oder nicht ausreichend bewusst, wie schlecht sich seine Formulierung zur Preisfindung eignet. Hier liegt es näher, Schweigen des Auftragnehmers als Verzicht auf Nachforderungen zu behandeln.

Auslegung von Begriffen: Die Aufgabenstellung soll in der Regel Anwenderanforderungen wiedergeben. Dementsprechend sind Begriffe für die Preisfindung so auszulegen, wie Benutzer das üblicherweise tun, nicht aber, wie IT-Fachleute das tun. Bei der Auslegung ist der Gesamtzusammenhang des Vorhabens zu berücksichtigen.

Manche Begriffe verweisen auf die betriebliche Situation des Auftraggebers. Wenn der Auftraggeber formuliert, dass bestimmte Daten „rechtzeitig“ zur Verfügung gestellt werden müssen, heißt das, dass sie entsprechend den betrieblichen Anforderungen zeitgerecht zur Verfügung zu stellen sind. Der Auftragnehmer trägt also das Risiko, wenn er sich die Beschreibung nicht vor Vertragsabschluss präzisieren lässt bzw. nicht seinerseits in seinem Angebot (Lösungsvorschlag) formuliert, was er unter „rechtzeitig" versteht.

Auslegung einer Anforderung unter dem Gesichtspunkt ihres Leistungsbedarfs: Es gibt die Konstellation, dass der Auftraggeber eine Anforderung nachträglich in einer Weise konkretisiert, die einen hohen Leistungsbedarf an das System stellt. Der Umfang bereits vorhandener oder parallel bei einem Dritten bestellter Systemkapazität kann dafür sprechen, dass eine wenig kapazitätsbelastende (und zugleich auch mit geringerem Aufwand zu entwickelnde) Lösung vertragsgemäß ist. Wenn die Hardware parallel beim Auftragnehmer bestellt wird, kann der Auftraggeber hingegen argumentieren, dass sie bei hohem Kapazitätsbedarf ausreichend leistungsfähig sein müsse.

(5.2) **Formulierung der Aufgabenstellung durch den Auftragnehmer:** *Zu dem Fall, dass der Auftragnehmer vorab die Aufgabenstellung auf der Ebene einer Spezifikation erstellt hat, siehe Kapitel 9.1.3 (4).*

Problematisch ist der Fall, dass der Auftragnehmer die Aufgabenstellung vor Vertragsabschluss nur abstecken sollte/wollte, damit er einen Festpreis nennen konnte. Der Auftraggeber teilte seine Anforderungen also nur mündlich, also meist schlechter als bei schriftlicher Darstellung *[siehe (5.1)]*, mit. Der Auftragnehmer wusste, dass die Aufgabenstellung letztlich komplizierter sein würde. Er konnte aber höchstens ansatzweise abschätzen, wo die Aufgabenstellung ihm zu einfach geschildert worden ist. Die Ausführungen zu (5.1) gelten entsprechend. Allerdings darf der Auftraggeber davon ausgehen, dass der Auftragnehmer alle Begriffe so verwendet hat, wie diese in seinem Betrieb verwendet werden.

(5.3) **Lücken in der Aufgabenstellung:** Weitgehend unabhängig davon, wer die Aufgabenstellung formuliert hat, gilt: Ein Festpreis deckt alle Leistungen ab, die zur Herstellung des in der Aufgabenstellung beschriebenen Programms erforderlich sind. Dafür wird ein Preis vereinbart, der von dem Leistungsumfang, der tatsächlich zur Herstellung erforderlich wird, weitgehend unabhängig ist. Der Auftragnehmer übernimmt diejenigen Risiken, die man als Ausführungsrisiko zusammenfassen kann *[zu den Grenzen siehe Kapitel 9.3.3]*.

Zu berücksichtigen ist, dass bei funktionalen Aufgabenbeschreibungen sich manches aus dem Zusammenhang ergeben kann. Außerdem gehört auch zur geschuldeten Leistung, was als gewöhnliche Verwendung selbstverständlich ist *[vgl. Kapitel 6.3.1 (1)]*.

Beispiel: Elementare Plausibilitätskontrollen; Vermeidung eines negativen Lagerbestandes, sofern nicht ausdrücklich vom Auftraggeber vorgesehen.

Ausdrückliche Lücke in der Aufgabenstellung: Weitgehend unabhängig davon, wer die Aufgabenstellung formuliert hat, geht es darum, dass in dieser eine Funktion oder ein Datenbestand angesprochen und dazu darauf hingewiesen wird, dass diese bzw. dieser noch unvollständig sei. Der Sache nach geht es um den Hinweis, dass dieser Teil deutlich weniger als die Aufgabenstellung im Übrigen konkretisiert ist.

Beispiel: „Die erforderlichen Daten müssen noch ermittelt werden."

M. E. bedeutet das vom Ansatz her, dass der Auftragnehmer nicht vom „Normalen" ausgehen darf, sondern mit einer spezifischen Situation rechnen muss (typischerweise mit einer komplexen und unklaren, weil der Auftraggeber sonst seine „Hausaufgaben" wahrscheinlich besser erledigt hätte). Das entspricht m. E. der in (5.1) bzw. (5.2) zur Verwendung von Begriffen dargestellten Rechtslage: Der Auftragnehmer ist selbst schuld, wenn er sich bei einer solch riskanten „Definition" auf einen Festpreis einlässt, ohne den Umfang der zu füllenden Lücke einzugrenzen.

Erkennbar unvollständig definierte Einzelforderung: Die Aufgabenstellung kann in dem Sinne lückenhaft sein, dass Selbstverständlichkeiten bezüglich der gewöhnlichen Ausgestaltung fortgelassen worden sind *[siehe (5.3) am Anfang]*. Es gibt aber auch die Fallgruppe, dass etwas Wichtiges nicht aufgeführt worden ist, auf das es nach der erkennbaren Absicht des Auftraggebers im Hinblick auf dessen Situation ankommt.

Beispiel für unvollständige Anforderung: Bei einem Projekt über Prozessdatenverarbeitung heißt es: „Zulässiger Ausschuss: 5 Stück." Bezogen auf welche Losgröße: die Gutmenge oder die Gutmenge plus dem Ausschuss? – *Siehe auch Kapitel 6.3.4 (1).*

Ansatzweise kann man die Anforderung im Wege der ergänzenden Vertragsauslegung erschließen: Auftraggeber haben in der Regel hohe Anforderungen (auch wenn sie bei einem Festpreis nur Anspruch auf einen mittleren Ausführungsstandard haben). Es bleibt aber häufig eine Spanne sachgerechter Konkretisierungen. Dann dürfte vom Ansatz her gelten, dass derjenige, der die Formulierung abgefasst hat, Unklarheiten zu seinen Lasten hinnehmen muss. Der Auftragnehmer dürfte aber, wenn er als Fachmann das Problem erkennt, weitgehend zu einem Hinweis vor Vertragsabschluss verpflichtet sein.

(5.4) **Änderungen in vorhandenen Programmen:** Damit das zu erstellende Programm in das Gesamtsystem des Auftraggebers integriert werden kann, kann es erforderlich sein, beim Auftraggeber vorhandene Programme zu ändern. Das kann sich auf die Übergabe von Daten an das zu erstellende Programm oder auf die Übernahme von Daten aus diesem beziehen. Das kann aber auch Eingriffe in die Verarbeitungslogik anderer Programme verursachen.

Die anderen Programme können von demselben Auftragnehmer erstellt worden sein, aber auch vom Auftraggeber selbst oder von Dritten. Der Auftraggeber kann selbst über IT-Fachleute verfügen, die die anderen Programme abändern könnten; der Auftraggeber kann aber auch Laie sein. Weiterhin: Die Entwicklungsumgebung kann mit derjenigen identisch sein, mit der der Auftragnehmer arbeiten muss. Sie kann sich von dieser unterscheiden, der Auftragnehmer kann sie aber dennoch beherrschen. Schließlich kommt in Betracht, dass der Auftragnehmer sie nicht kennt.

Wenn das Thema im Vertrag nicht angesprochen worden ist, gilt: Je besser der Auftragnehmer in der Lage ist, die Änderungen vorzunehmen und je weniger es der Auftraggeber ist und je geringer die Änderungen sind, desto eher dürfte der Auftragnehmer zu deren Durchführung im Rahmen eines Festpreises verpflichtet sein.

Es stellt sich die Vorfrage, ob der Auftragnehmer überhaupt verlangen kann, dass Änderungen (gleich von wem) durchgeführt werden, wenn sie durch (aufwendige) Maßnahmen in den zu erstellenden Programmen vermieden werden können. Das ist nur der Fall, wenn sie für den Auftraggeber zumutbar sind. Das setzt voraus, dass sie bei vernünftiger Vorgehensweise in den Programmen des Auftraggebers vorgenommen werden. Änderungen in fremden Software-Produkten, für die Vollpflege vereinbart ist, dürften kaum zumutbar sein.

(6) Beweislast

Der Auftragnehmer trägt die Beweislast dafür, dass die Lösung innerhalb der Aufgabenstellung liegt (Sachmängelproblematik) *[siehe Kapitel 9.1 (2)]*. Innerhalb dieses Rahmens kann der Auftraggeber die Genehmigung ablehnen, wenn die Konkretisierung nicht angemessen mit ihm abgestimmt worden ist. Also trägt der Auftragnehmer die Beweislast dafür, dass die Abstimmung erfolgt ist.

Der Auftragnehmer, der für die Schließung einer Lücke eine zusätzliche Vergütung verlangt, trägt die Beweislast, dass das fertiggestellte Programm umfangreicher als das ursprünglich beschriebene ist, also auch dafür, dass er eine nicht bereits in der Aufgabenstellung vorgesehene Leistung erbracht hat. Der Auftraggeber trägt dann die Beweislast, dass diese Leistung dennoch nicht gesondert vergütet werden muss.

(7) Fortschreiben der Aufgabenstellung wie im Vertrag definiert

Ohne konkrete Vereinbarung braucht die Aufgabenstellung auf dem Niveau, auf dem sie im Vertrag beschrieben worden ist, nicht fortgeschrieben zu werden *[Kapitel 9.1.3 (2)]*. Ist das vereinbart worden, fragt sich, welcher Vertragspartner dafür zuständig ist und wie er das zu tun hat.

Wenn das Dokument vom Auftragnehmer stammt, ist die Fortschreibung dessen Aufgabe; er hat Änderungen in „sein" Dokument einzuarbeiten.

Wenn das Dokument vom Auftraggeber eingebracht worden ist, kommt es auf die Umstände an. Handelt es sich um einen Änderungs-/Zusatzwunsch, muss der Auftraggeber diesen konkretisieren, und zwar auf dem Niveau der von ihm abgefassten Aufgabenstellung *[vgl. Kapitel 9.2.2 (2)]*. Dann entscheidet er erst einmal durch die Art der Darstellung, ob er ein zusätzliches Dokument erstellt oder das ursprüngliche Dokument fortschreibt. Wenn es droht, dass die Aufgabenstellung wegen mehrerer Änderungen/Erweiterungen unklar wird, kann der Auftragnehmer aber eine integrierte Fortschreibung verlangen.

Überlässt der Auftraggeber dem Auftragnehmer die Konkretisierung vereinbarungsgemäß überhaupt, kann er die integrierte Fortschreibung nur verlangen, wenn er den Auftragnehmer dazu technisch in die Lage versetzt, d. h. das von ihm erstellte Vertragsdokument in einer solchen technischen Fassung auf Datenträger zur Verfügung stellt, dass dieser die erforderlichen Hilfsmittel und Kenntnisse zu dessen Änderung hat.

9.1.3 Die Genehmigung der Spezifikation

Die Parteien können die Abnahme von Teilendergebnissen, also Teilabnahmen, vereinbaren. Davon ist die Genehmigung der Spezifikation zu unterscheiden. Bei der Konkretisierung der Aufgabenstellung bestehen oft unvermeidbar oder gewollt Entscheidungsräume, die in Abstimmung oder zusammen mit dem Auftraggeber gefüllt werden müssen *[Kapitel 9.1.1 und 9.1.2]*. Es geht weniger um die Bildung von Ergebnissen als um die Ermittlung und die Festlegung dessen, was eigentlich bei Vertragsabschluss schon hätte festliegen sollen, also um die Erledigung einer Aufgabe auch des Auftraggebers. Insoweit kann der Auftraggeber ein erhebliches Interesse daran haben, die Spezifikation zu überprüfen. Es geht aber auch darum, den Prozess des gegenseitigen Gebens und Nehmens, der in der Regel stattgefunden hat, zu „besiegeln".

Wegen dieser unterschiedlichen Zielsetzung wird hier von der Genehmigung der Spezifikation und nicht von deren Abnahme gesprochen.

(1) Genehmigungspflicht

Zum Stand der Projekttechnik gehört nicht nur der formale Abschluss einer jeden Phase, sondern auch die Überprüfung und Freigabe von deren Ergebnissen durch die Auftraggeberinstanz (im Sinne des Projektmanagements) *[zur Überprüfbarkeit siehe (3)]*. Wenn diese Instanz keine interne, sondern bei einem Vertrag eine externe Stelle ist, schränkt das nach dem Stand der Projekttechnik den Grundsatz (Überprüfung und Freigabe) nicht ein. Also besteht kein Grund, den Auftraggeber bei einem Erstellungsvertrag von der Überprüfung und im positiven Falle von der Genehmigung zu befreien. Für die Genehmigungspflicht spricht entscheidend, dass der Prozess des gegenseitigen Gebens und Nehmens eine „Besiegelung" verlangt *[siehe Kapitel 9.1.1 (3) und 9.1.2 (3)]*. Daran ändert auch nichts, dass das Recht des Werklieferungsvertrags keine Abnahme vorsieht.

(2) Wirkung der Genehmigung

(2.1) **Inwieweit ersetzt die Spezifikation die Aufgabenstellung laut Vertrag?:** Hier sind zwei Fälle zu unterscheiden:

a) Ist nicht vereinbart worden, dass die im Vertrag formulierte Aufgabenstellung selbst fortgeschrieben werden soll, wird die Spezifikation durch deren Genehmigung die neue verbindliche Aufgabenstellung, soweit sie die ursprüngliche Aufgabenstellung behandelt:

- Die Wirklichkeit des Auftraggebers ist im Hinblick auf das zu erstellende Programm umfassend und richtig dargestellt.
- Die gewählte Zielsituation entspricht den Wünschen des Auftraggebers.
- Entscheidungsräume des Auftraggebers sind wunschgemäß gefüllt worden.
- Kürzungen werden genehmigt (wie der Auftragnehmer Erweiterungen durch deren Aufnahme in die Spezifikation akzeptiert).

Beispiel: In der Aufgabenstellung zum Zeitpunkt des Vertragsschlusses steht „Antwortzeit im Dialog maximal 3 sec". In der Spezifikation sei das von „maximal 2 sec" bis „maximal 5 sec" fallgruppenspezifisch differenziert worden. Der Auftraggeber muss die Überschreitung von 3 sec hinnehmen, insbesondere da die Differenzierung ja auch Vorteile für ihn hat.

Die Genehmigung bezieht sich nur auf die Teile der Aufgabenstellung laut Vertrag, die in der Spezifikation angesprochen werden.

Beispiel: Anforderungen im Vertrag an die Dokumentation oder an das Zeitverhalten brauchen nicht angesprochen zu werden, wenn sich kein Konkretisierungsbedarf ergibt.

Der Auftraggeber sagt sinngemäß: „Das will ich!" und, wenn der Auftragnehmer eine Verbesserung der Vertragsbedingungen, insbesondere eine Erhöhung des Festpreises, verlangt: „Nein, denn auf das (definierte Programm) habe ich Anspruch." Er sagt nicht vorrangig: „Das habe ich geprüft, das ist fehlerfrei (im Verhältnis zur Vorgabe)."

b) Ist vereinbart worden, dass die Aufgabenstellung maßgeblich bleiben soll, heißt das, dass die Spezifikation ihre Detaillierung sein soll, soweit die Spezifikation reicht. Wenn die ursprüngliche Aufgabenstellung auf ihrem Niveau geändert wird, muss sie auch fortgeschrieben werden *[siehe Kapitel 9.1.2 (7)]*, damit sie maßgeblich bleiben kann. Ein grundsätzlicher Unterschied zum ersten Fall ist *dann* nicht zu sehen. Allerdings dient die fortgeschriebene Aufgabenstellung stärker der Interpretation der Spezifikation (weil sie extra fortgeschrieben worden ist).

(2.2) **Umfasst die Genehmigung auch systemtechnische Festlegungen?:** Die Genehmigung bezieht sich grundsätzlich nur auf die Aufgabenstellung, nicht auch auf implizite Festlegungen zum technischen Entwurf (Beispiel: Die Daten sind bereits in IT-technischer Satzstruktur dargestellt). Hat der Auftragnehmer ausdrücklich Festlegungen IT-technischer Art getroffen, wünscht er, dass diese wie Weisungen genehmigt werden *[siehe unter (6)]*. Der Auftraggeber kann das ablehnen. Sein Schweigen – innerhalb der Genehmigung insgesamt – dürfte aber, wenn er ein Profi-Auftraggeber ist, als Zustimmung anzusehen sein; denn ein solcher kann Weisungen sehr wohl wollen. Insbesondere aus den Entwicklungs- und Dokumentationsrichtlinien kann sich ergeben, dass die Spezifikation bereits für bestimmte Punkte IT-technische Festlegungen, also Weisungen, enthalten soll.

Ist der Auftraggeber IT-Laie, kann grundsätzlich nicht angenommen werden, dass er IT-technische Weisungen erteilen will.

(3) Anforderungen an die Spezifikation

Konkretisierungsgrad: Die Spezifikation soll als Vorlage für den Entwurf und für die Programmierung dienen. Ideal wäre es, wenn der Entwickler sie in seine Softwarewerkstatt (die auch beim Auftraggeber eingerichtet sein kann) mitnehmen und dort mit einzelnen Rückfragen umsetzen könnte. In diese Richtung soll die Spezifikation zielen. Bei einer auch nur etwas umfangreichen Aufgabenstellung lässt sich das Ziel aber nicht erreichen. Das heißt, dass die Spezifikation tendenziell eine im Detail noch nicht ausreichende Lösung beschreibt. Der Auftraggeber kann noch etwas mehr verlangen *[Kapitel 9.1.6 (1)]*. Das befreit den Auftragnehmer aber nicht davon, eine möglichst detaillierte Spezifikation zu erstellen.

Darstellung: Die Spezifikation muss so abgefasst sein, dass sie den Besteller befähigt, sie zu verstehen und hinsichtlich der Auswirkungen auf den eigenen Betrieb zu beurteilen *[vgl. (1)]*. Sie soll in der Regel der Benutzerschaft die künftige Lösung vorstellen. Dementsprechend muss sie für diese verständlich sein, bei Anwendungssoftware also in der Regel für IT-Laien. Das bedeutet, dass sie näher an der Benutzerdokumentation sein soll als am (IT-)Entwurf.

Entwicklungswerkzeuge für die Erstellung des Dokuments können die Verständlichkeit fördern (z. B. solche für beschränktes Prototyping), sie können sie aber auch behindern (u. U. solche, die Bestandteile eines Data Dictionary sind). Der Auftragnehmer darf bei der Erstellung von Anwendungssoftware letztere nur einsetzen, wenn das vereinbart worden ist. Ist das der Fall, kann der Auftraggeber aber auch nur noch eine entsprechend dem Werkzeug verständliche Darstellung verlangen.

Auftraggeber tun sich oft mit der Überprüfung der Spezifikation schwer. Der Abgleich mit der bisherigen Vorgabe/Aufgabenstellung wird erleichtert, wenn sie wie jene gegliedert wird. Die Spezifikation soll aber die Geschäftsprozess- oder Funktionsstruktur (und Datenstruktur) darstellen, die später in der Programmstruktur aufgenommen wird. Der Auftraggeber hat also keinen Anspruch auf diese Erleichterung.

(4) Auslegung der Spezifikation

Die Spezifikation ist gegen den Auftragnehmer auszulegen: Soweit er Begriffe verwendet, die in der Praxis des Auftraggebers in einem bestimmten Sinne verwendet werden, darf der Auftraggeber diese Begriffe in seinem Sinne verstehen.

Soweit die Spezifikation teilweise erkennbar pauschal gehalten ist, kann das verschiedenes bedeuten, insbesondere

- dass – stillschweigend – auf ein anderes, insbesondere früheres Dokument zur Ausfüllung dieses Punktes Bezug genommen/verwiesen werden soll oder
- dass sich die Realisierung (praktisch) nach den bekannten betrieblichen Anforderungen des Auftraggebers richten soll. Das ist dann anzunehmen, wenn es nur um die Umsetzung bereits bestehender Anforderungen geht und das künftige Verfahren nicht erst noch gestaltet werden muss (Stichwort: Soll-Konzept insoweit nicht nötig). Das dürfte weitgehend in dem Fall einschlägig sein, dass Statistiken aufgezählt werden. Soweit die Statistiken deswegen verbessert werden können, weil zusätzliche Daten zur Verfügung stehen, wird eine angemessene Verbesserung geschuldet.
- dass die Konkretisierung später nachgeholt werden soll. Dann bedarf die spätere Konkretisierung der Genehmigung. Dabei ist zu berücksichtigen, dass die Beschreibungsebene inzwischen die des konkreten Bedarfs des Auftraggebers ist. Der Auftraggeber darf dann m. E. davon ausgehen, dass er eine Lösung auf hohem Niveau bekommen soll (wenn der Auftragnehmer ihn ordnungsgemäß fragt und er seinen Lernprozess fortsetzt). Aus der „Abstimmung" wird „Zustimmung" *[siehe auch Kapitel 9.1.6 (1)]*.

(5) Verzögerung der Genehmigung der Spezifikation

Wie ist die Rechtslage, wenn die Genehmigung ausbleibt? Die Genehmigung ist ein wichtiger Schritt. Es ist für den Auftragnehmer nicht zumutbar, dass er nach seiner Entscheidung auf ungesicherter Basis weiterarbeitet. Denn wenn der Auftraggeber später – innerhalb seines zulässigen Spielraums – nicht zustimmt, sondern Änderungen verlangt, entsteht Mehraufwand. Würde der Auftragnehmer weiterarbeiten, könnte der Auftraggeber seinen Lernprozess während der weiteren Realisierung als zusätzliche Anforderungen einbringen, die er in die ursprüngliche Aufgabenstellung hineininterpretiert. Der Auftragnehmer wäre dem Auftraggeber dann bis zur Fertigstellung des Programms ausgeliefert *[vgl. 9.1.4 (3)]*.

Der Auftragnehmer muss aber im Rahmen seiner Schadensminderungspflicht dafür sorgen, dass die Leerzeiten seiner Mitarbeiter und damit der Mehraufwand gering bleiben. Also hat er unverzüglich die Weisung des Auftraggebers einzuholen,

- ob er das Projektteam zusammenhalten (und Leerzeiten schaffen) soll oder nicht. Das kann nur der Auftraggeber entscheiden, weil nur dieser überblicken kann, wie lange die Verzögerung voraussichtlich dauern wird,
- und für den Fall, dass das Team zusammengehalten werden soll, mit welchen Arbeiten er das Team beschäftigen soll (wo sind Änderungen am wenigsten zu erwarten?).

Wenn der Auftraggeber am Projekt mitarbeitet, könnte daraus eine stillschweigende Genehmigung abgeleitet werden. Dabei ist anfangs Vorsicht geboten; denn der Auftraggeber kann ja die Genehmigung berechtigterweise zurückhalten und mitarbeiten, um dem Auftragnehmer von diesem zu tragende Leerzeiten zu verringern.

9.1.4 Information durch den Auftraggeber über seine Anforderungen

Zur Mitwirkung des Auftraggebers insgesamt siehe Kapitel 9.2.3.1; zur Pflicht des Auftragnehmers, den Auftraggeber bei Verletzung der Mitwirkungspflicht zu warnen, siehe Kapitel 6.2 (2) und 9.2.3.2 (2).

(1) Problemstellung

Da der Auftragnehmer in weiten Bereichen der kommerziell/administrativen IT nur wenige von den Anforderungen des Auftraggebers durch Beobachtung erfahren kann, ist er auf Information angewiesen.

Das, was der Auftraggeber an Anforderungen nicht mitteilt, kann vom Auftragnehmer nicht berücksichtigt werden und braucht deshalb auch nicht berücksichtigt zu werden. Das eigentliche Problem liegt also darin, inwieweit der Auftragnehmer zu Fragen verpflichtet ist. Die Branche ist oft der Meinung, dass der Auftragnehmer das Fachgebiet nicht zu kennen brauche; also brauche er auch nicht nachfragen zu können. Diese Auffassung ist falsch, wenn auch die Erarbeitung der Spezifikation zum Auftrag gehört *[siehe Kapitel 9 (4)]*.

(2) Art und Weise, die Informationspflicht zu erfüllen

Informationen sind Holschulden, aber nicht „Suchschulden". Der Anwender hat sie zur Abholung bereitzustellen; der Auftragnehmer muss den Auftraggeber darin einweisen, wie dieser das zu tun hat. Die Frage stellt sich, inwieweit der Auftragnehmer den Auftraggeber einspannen darf, die geschuldeten Informationen selbst zu erarbeiten und geordnet (schriftlich) zu liefern. Sie wird in der Praxis wegen des Eigeninteresses des Auftraggebers und wegen des Interesses des Auftragnehmers, das Projekt voranzubringen, nur selten zugespitzt gestellt.

Je nach Aufgabenstellung, Wissen und Vorgehenskompetenz des Auftraggebers kann dieser dazu verpflichtet sein, seine Detailinformationen schriftlich in geordneter Form zu liefern. Im Extremfall kann das schon die erste Fassung der Spezifikation sein *[vgl. Kapitel 9.1.2 (3)]*.

(3) Verbindlichkeit von Informationen

Es geht darum, ob Informationen (betriebliche Regeln/Anforderungen an die Benutzeroberfläche usw.) unabhängig davon verbindlich sind, von wem sie mitgeteilt werden. Sehr häufig hat der Auftragnehmer es nicht nur mit einem Ansprechpartner (ggf. pro Aufgabengebiet) zu tun, sondern soll sich die benötigten Informationen bei verschiedenen Mitarbeitern des Auftraggebers sammeln: Da es um die Konkretisierung der Aufgabenstellung geht, sind diese weiteren Mitarbeiter nicht für Änderungen einschließlich Mehrungen/Minderungen zuständig *[vgl. Kapitel 9.1.2 (4)]*. Der Auftragnehmer muss sich insofern im eigenen Interesse beim Projektleiter des Auftraggebers rückversichern, ob Änderungen/Erweiterungen auch wirklich gewollt sind.

Wenn der Auftragnehmer die Informationen, die er von einem Mitarbeiter des Auftraggebers erhalten hat, diesem schriftlich mitteilt, darf er nur eine Stellungnahme erwarten, ob seine Darstellung die Informationen korrekt wiedergibt.

Wenn der Auftragnehmer diese Informationen dem Projektleiter des Auftraggebers mitteilt, darf er eine Stellungnahme erwarten, ob deren Darstellung den vertraglichen Anforderungen entspricht. Das gilt allerdings erst einmal nur isoliert, d. h. dass der Projektleiter noch nicht entscheidet, ob diese Anforderungen mit anderen (bereits konkretisierten oder noch zu konkretisierenden) verträglich sind. Denn die Abstimmung ist erst Sache der Stellungnahme zur Spezifikation insgesamt. Diese Einschränkung gilt nicht, insoweit der Auftragnehmer in seiner Darstellung bereits auf die Frage der Verträglichkeit eingeht. Außerdem ist der Auftraggeber von vornherein nach Treu und Glauben verpflichtet, den Auftragnehmer auf mögliche künftige Konflikte, soweit sie bereits zu erkennen sind, hinzuweisen (was der Auftragnehmer zu beweisen hätte).

9.1.5 Richtlinien zu Entwicklung, Dokumentation und Qualitätssicherung

(1) Maßgebliche Richtlinien

Wenn beide Vertragspartner Richtlinien haben und nicht vereinbart worden ist, wessen Richtlinien gelten sollen, kommt es vor allem auf die folgenden zwei Punkte an:

- Je stärker der Auftraggeber mit der Pflege befasst sein wird, desto wichtiger ist es, dass seine Richtlinien verwendet werden. Desto eher hat er also Anspruch auf deren Einhaltung. Besonders deutlich wird dies bei einem IT-Hersteller als Auftraggeber, der das Programm später über viele Geschäftsstellen gegenüber vielen Anwendern betreuen muss.
- Wird nichts geregelt, spricht das dafür, dass der Auftragnehmer diejenigen Richtlinien einhalten soll, die für diejenige Entwicklungsumgebung gelten, die er benutzen soll. Denn diese Umgebung (Werkzeuge!) ist auf diese Richtlinien – ansatzweise – abgestimmt.

Die Frage, welche Richtlinien verwendet werden, stellt sich gleich zu Beginn der Arbeit. Wenn der Auftragnehmer nach seinen Richtlinien gegenüber dem Auftraggeber vorgeht, gibt der Auftraggeber sich erkennbar damit zufrieden, wenn er dem nicht widerspricht.

(2) Einbeziehung des Auftraggebers

Auch bei interner Durchführung eines Projekts gibt es eine Auftraggeberinstanz *[vgl. Kapitel 9.1.3 (1)]*. Die Richtlinien – gleich von welchem Vertragspartner sie eingeführt werden – sprechen an, wie diese am Entwicklungsprozess zu beteiligen ist.

Bei externer Durchführung wird die Auftraggeberinstanz verselbständigt. Sie muss aber trotzdem mitwirken. Das bedeutet, dass dem Auftraggeber Pflichten zur

- Mitwirkung
- Stellungnahme
- Genehmigung

entstehen.

Wenn der Auftragnehmer seine Richtlinien aber vor Vertragsabschluss nicht zur Kenntnis gibt, braucht der Auftraggeber – entsprechend (2) – nicht mit außergewöhnlichen Pflichten zu rechnen.

(3) Zertifizierung des Auftragnehmers nach DIN EN ISO 9001

Erklärt der Auftragnehmer, nach DIN EN ISO 9001 oder schon 9001:2000 zertifiziert zu sein, heißt das, dass er ein System an Richtlinien für die Entwicklung und die Dokumentation hat, das durch ein umfangreiches QS-System ergänzt und abgesichert ist. Selbst wenn ein solcher Auftragnehmer nicht dafür sorgen sollte, dass diese Richtlinien im Vertrag vereinbart werden, drückt er damit aus, dass diese für die Zusammenarbeit verbindlich sein sollen.

Wenn ein Auftragnehmer Qualitätssicherung nach diesen Normen betreiben soll, muss der Auftraggeber – entsprechend (2) – im Interesse der Qualitätssicherung von hohen Pflichten für ihn selbst ausgehen.

9.1.6 Die Behandlung der Aufgabenstellung nach der Genehmigung der Spezifikation

(1) Anspruch des Auftraggebers auf Feinanpassung

Die Spezifikation enthält tendenziell eine im Detail noch nicht ausreichende Lösung *[vgl. Kapitel 9.1.3 (3)]*. Der Auftraggeber hat hingegen auf einen mittleren Ausführungsstandard Anspruch *[Kapitel 9.1.2 (3)]*. Die Differenz kann er also nach Genehmigung der Spezifikation noch geltendmachen.

Diese lässt sich nur abstrakt und eher durch Ausgrenzung bestimmen. Das heißt erst einmal, dass der Auftraggeber nicht vorbringen darf, was er in der Spezifikationsphase auch nicht hätte vorbringen dürfen. Das ist der Lernprozess des Auftraggebers (der Anwender ist) während der Realisierung. Das dürfte dadurch abgemildert werden, dass der Auftragnehmer die Beweislast dafür trägt, dass er die Anforderungen des Auftraggebers ordnungsgemäß erfragt hat *[siehe Kapitel 9.1.2 (6)]*.

Forderungen nach funktioneller Feinanpassung, die nicht in die Programmkonstruktion eingefügt werden können, sondern verlangen, dass Teile noch einmal programmiert werden müssen, sind grundsätzlich ausgeschlossen.

Insoweit den Auftragnehmer ein Verschulden trifft, insbesondere er seiner Fragepflicht nicht ausreichend nachgekommen ist, darf der Auftraggeber nachträglich Anforderungen liefern. Dann muss der Auftragnehmer auch die Nachteile von Strukturänderungen tragen.

Andersherum braucht sich der Auftraggeber geringes Verschulden nicht entgegenhalten zu lassen. Dieses dürfte allerdings meist nur zu echter Feinanpassung führen, also keine erheblichen Meinungsverschiedenheiten verursachen.

Soweit die Spezifikation noch offen ist, ist diese auf hohem Niveau nachzukonkretisieren *[Kapitel 9.1.3 (4)]*.

Damit stellt sich die Frage, wie und wann der Auftragnehmer dem Auftraggeber die Möglichkeit geben muss, seine Detailanforderungen nachzubenennen. Wenn sich das nicht aus den Richtlinien ergibt *[Kapitel 9.1.5]*, dürfte gelten: Je früher die künftigen Benutzer zum Programm Stellung nehmen können, desto kostengünstiger lassen sich Änderungen und Ergänzungen realisieren. Dafür steht ein bestimmtes Budget innerhalb des Festpreises zur Verfügung, das wirtschaftlich verwendet werden soll. Wenn der Auftragnehmer den Abstimmungsprozess am Objekt (Programm) verzögert, muss er den Mehraufwand tragen.

(2) Vorlage weiterer Zwischenergebnisse

Im Laufe der Projektdurchführung geht es zunehmend darum, dass der Auftragnehmer Zwischenergebnisse von sich aus vorlegt und der Auftraggeber die Richtigkeit der Ergebnisbildung prüfen und u. U. auch bestätigen soll (damit der Auftragnehmer auf spätere Kritik antworten kann, dass der Auftraggeber das hätte monieren müssen). Daneben kann es auch um die Fortschreibung der Spezifikation gehen.

An der Überprüfung hat der Auftraggeber im Zweifel ein eigenes Interesse (IT-technische Qualitätssicherung, aber auch interne Rückkoppelung: Lernprozess!); die Prüfungspflicht und die Billigung fallen ihm hingegen schwer, insbesondere weil er u. U. nicht alles überschauen kann und weil er keine Verantwortung für den Lösungsweg des Auftragnehmers übernehmen will.

Auch wenn der Auftraggeber ein Zwischenergebnis gebilligt hat, hat er, wenn sich später Lücken oder sonst sachliche Mängel zeigen, Anspruch auf Lückenfüllung oder sonstige Mängelbeseitigung. Entsprechend § 442 BGB verliert er diesen Anspruch nur, wenn er den Mangel zum Zeitpunkt der Billigung gekannt hat. Hat der Auftraggeber im Vertrag aber eine Prüfungspflicht übernommen, hat er bei deren schuldhafter Verletzung, also schon bei Fahrlässigkeit, dem Auftragnehmer den Schaden (= den Mehraufwand bei späterer Mängelbeseitigung) zu ersetzen; Mitverschulden des Auftragnehmers ist zu berücksichtigen.

(3) Weisungen des Auftraggebers

Außerdem kann der Auftraggeber im Laufe der Projektdurchführung Weisungen erteilen. Dazu kann der Auftragnehmer Vorschläge machen. Weisungen sind rechtlich wie Genehmigungen zu behandeln.

(4) Fortschreibung der Spezifikation und weiterer Zwischenergebnisse

Jedes Dokument, das später noch gebraucht wird, sei es als Maßstab für das geschuldete Ergebnis oder als Teil der Dokumentation, ist fortzuschreiben, wenn sein Inhalt geändert wird *[vgl. Kapitel 9.1.2 (7) zur Aufgabenstellung gemäß Vertrag sowie Kapitel 9.2.2 (2)]*.

Diese Menge deckt sich nicht mit derjenigen Menge an Dokumenten, die dem Auftraggeber ausgehändigt wird *[vgl. dazu (2)]*. So kann vereinbart werden, dass der Auftraggeber den systemtechnischen Entwurf zur Stellungnahme bekommt. Dieser geht kaum als Dokument direkt in die Schlussdokumentation ein. Es fragt sich dann, ob dessen formale Fortschreibung durch Einarbeitung von Änderungen überhaupt lohnt.

Art der Fortschreibung: Einzelheiten dazu, insbesondere ob die Fortschreibung über Zusätze zum jeweiligen Dokument oder durch Einarbeiten in das Dokument geschieht, ergeben sich aus den Richtlinien für Entwicklung und Dokumentation und aus den gemäß diesen einzusetzenden Entwicklungswerkzeugen. Der Werkzeugeinsatz soll das Einarbeiten ermöglichen und verlangt es weitgehend, damit Ergebnisse einer Entwicklungsphase wenn möglich direkt, zumindest aber einfach (übersichtlich) in die nächste übernommen werden können. Einzelheiten ergeben sich weiterhin aus den Richtlinien für Qualitätssicherung; bei diesen spielt das Konfigurationsmanagement, also das Buchführen über die Zustände von Dokumenten im Zeitablauf, eine wichtige Rolle *[siehe Kapitel 9.2.1 (4)]*. Vieles kann sich aus dem Vorgehen der Vertragspartner mittelbar ergeben. – Wenn nichts vereinbart ist, dürfte das Prinzip Fortschreibung durch Einarbeitung für diejenigen Dokumente gelten, die in die Schlussdokumentation überführt werden sollen.

Einarbeitung der Feinanpassung der Spezifikation gemäß (1): Letztere braucht (auf ihrem Niveau) durch die Feinanpassung nicht unrichtig zu werden. Sie repräsentiert nur nicht mehr die gesamte Konkretisierung. In der Schlussdokumentation wird diese Detaillierung oft nur innerhalb des Quellprogramms selbst dokumentiert (was für Pflegezwecke ausreichen kann). Der Auftragnehmer dürfte nur ausnahmsweise zur Fortschreibung durch Einarbeitung verpflichtet sein.

9.1.7 Spezifikation liegt bereits vor

Liegt die Spezifikation bei Vertragsabschluss bereits vor, darf der Auftragnehmer grundsätzlich von deren Richtigkeit ausgehen. Da er im Rahmen der folgenden Entwurfsphase und später auch in der Realisierungsphase die Vorgabe auf Vollständigkeit (innerhalb des erkennbaren Rahmens) und Konsistenz intensiv überprüft, dürfte er eine vorweggenommene Prüfung am Anfang nicht schulden.

Hinsichtlich der Auslegung der Spezifikation darf der Auftragnehmer davon ausgehen, dass der Auftraggeber die Phase der subjektiven Beschreibung der Aufgabenstellung überwunden hat *[vgl. Kapitel 9.1.2 (5.1)]*. Der Auftragnehmer darf also davon ausgehen, dass er die Spezifikation ganz normal verstehen darf.

Auch hier gilt, dass die Spezifikation tendenziell eine im Detail noch nicht ausreichende Lösung beinhaltet *[vgl. Kapitel 9.1.3 (4)]*.

Die Spezifikation soll wahrscheinlich fortgeschrieben werden *[vgl. Kapitel 9.1.6 (4)]*. Das ist im Zweifel Sache des Auftragnehmers. Er braucht die Fortschreibung formal aber nur dann in die Spezifikation einzuarbeiten, wenn der Auftraggeber ihm die Spezifikation in maschinenlesbarer Form zur Verfügung stellt, und zwar mit der Entwicklungsumgebung, sofern er letztere nicht ebenfalls zur Verfügung hat.

9.1.8 Erstellung gegen Vergütung nach Aufwand

(1) Ausgangssituation

Nach dem Stand der Technik besteht kein erheblicher Unterschied zwischen Projekten gegen Vergütung nach Aufwand und solchen gegen Festpreis. Auch bei Vergütung nach Aufwand sind Phasen zu bilden und ist die endgültige Konkretisierung der Aufgabenstellung zu dokumentieren. Der rechtliche Unterschied liegt darin, dass der Auftraggeber bei einem Festpreis die Konkretisierung teilweise nur über Änderungswünsche beeinflussen kann *[Kapitel 9.2.2]*. Bei Vergütung nach Aufwand braucht er nicht mit dem Auftragnehmer zu diskutieren, ob sein Wunsch zusätzlichen Aufwand verursacht oder nicht. Denn er bezahlt diesen sowieso. Entsprechendes gilt für den Zeitbedarf.

(2) Mitverantwortung des Auftragnehmers für das Budget

Vergütung nach Aufwand heißt nicht, dass beliebig viel Geld für die Entwicklung zur Verfügung steht. Es ist bereits dargelegt worden, dass die Mitarbeiter des Auftraggebers, die den Auftragnehmer über ihre Situation (Ist-Zustand, Wünsche) informieren sollen, dabei nicht an den Realisierungsaufwand zu denken brauchen *[Kapitel 9.1.2 (4)]*. Es ist bei Vergütung nach Aufwand Sache des Auftragnehmers, gegenüber dem Projektleiter des Auftraggebers auf den Realisierungsaufwand hinzuweisen, wenn von einem Mitarbeiter hohe Anforderungen gestellt wurden.

Offen ist, ob der Zeit- und Arbeitsplan, den der Auftragnehmer zu Beginn der Arbeit aufstellen muss *[siehe Kapitel 9.2.1 (1)]*, auch den – unverbindlich – zu schätzenden Aufwand beinhalten muss.

9.2 Die Erstellungsphase im Übrigen

9.2.1 Vorgehen bei der Realisierung

(1) Projektleitung

Der Auftragnehmer ist zur Projektleitung für seine Leistungen und zur Planung und Kontrolle der Mitwirkung des Auftraggebers verpflichtet. Das gilt auch bei Vergütung nach Aufwand. Die Organisation und das Vorgehen können weitgehend durch die Richtlinien zu Entwicklung, Dokumentation und Qualitätssicherung bestimmt sein *[Kapitel 9.1.5]*. Zum Stand der Technik gehört, dass der Auftragnehmer – innerhalb der vereinbarten Termine – einen Zeit- und Arbeitsplan aufstellt.

(2) Pflicht des Auftragnehmers, die Anforderungen zu überprüfen

Zur Pflicht zur Überprüfung der Anforderungen des Auftraggebers vor Vertragsabschluss siehe Kapitel 9.7.

Funktionen: Wenn bei Vertragsabschluss noch keine endgültige Spezifikation vorliegt, überprüft der Auftragnehmer die Aufgabenstellung zwangsläufig innerhalb von deren Konkretisierung. Wegen des Umfangs der Überprüfung soll er das erst dann tun *[siehe auch Kapitel 9.1.7]*. Hat der Auftragnehmer von vornherein Zweifel an der Richtigkeit, muss er diese mitteilen (Fürsorgepflicht). Erkennt der Auftragnehmer nachträglich Fehler in der Vorgabe, muss er diese dem Auftraggeber mitteilen, wenn er Haftungsrisiken vermeiden will *[Kapitel 9.5.1 (2)]*.

Systemtechnische Vorgaben: Es geht um die künftige systemtechnische Zielumgebung (=Einsatzumgebung), um Entwicklungs- und Dokumentationsrichtlinien *[Kapitel 9.1.5]* und um die Entwicklungsumgebung. Hier liegt es fachlich nahe, dass der Auftragnehmer die systemtechnische Zielumgebung auf Tauglichkeit als Grundlage für die Nutzung des Programms überprüft, abgeschwächt auch die Entwicklungsumgebung für die Entwicklung. Die Fortschreibung der systemtechnischen Zielumgebung gehört zum IT-technischen Entwurf. Es liegt nahe, dass der Auftragnehmer die Überprüfung als erste Stufe der Erstellung des Entwurfs vornimmt.

Dementsprechend ist grundsätzlich eine Pflicht zur Überprüfung dieser Vorgaben zu bejahen. Hinsichtlich ihres Umfangs kommt es darauf an, welche Möglichkeiten der Auftragnehmer bei Wahrung des Grundsatzes der Verhältnismäßigkeit des Aufwands hat. Das hängt zum einen von den möglichen Maßnahmen ab. Wahrscheinlich sind sie beschränkt, so dass es im Wesentlichen bei einer Plausibilitätsprüfung bleiben darf. Das hängt weiterhin davon ab, inwieweit der Auftraggeber Fachmann ist, so dass sich der Auftragnehmer auf die Richtigkeit der Vorgaben verlassen darf.

Hinsichtlich der Entwicklungsumgebung dürfte die Überprüfungspflicht gering sein: Wenn der Auftraggeber eine solche Umgebung definiert, darf der Auftragnehmer sich grundsätzlich darauf verlassen, dass jener das als Fachmann sachgerecht und genau getan hat. – Dabei kann der Auftraggeber seine Entscheidung nach übergeordneten Gesichtspunkten getroffen haben. Die Entwicklungsumgebung kann also für das konkrete Projekt suboptimal sein.

(3) Pflicht des Auftragnehmers zum Testen

Grundsätzlich ist es Sache des Auftragnehmers zu testen. Er muss die nötige Testumgebung (das Testbett) und die Testdaten schaffen. Der Auftraggeber ist dazu nach der Rechtsprechung kaum verpflichtet *[siehe Kapitel 9.2.3.1 (2)]*.

(4) Konfigurationsmanagement

Qualitätssicherung nach DIN EN ISO 9001 bzw. 9001:2000 verlangt ein sehr weitgehendes Konfigurationsmanagement. Wenn im Vertrag nichts geregelt ist, dürfte keine Pflicht zu einem solch umfangreichen Konfigurationsmanagement bestehen.

(5) Systemtechnische Betreuung der zu erstellenden Programme

Während der Programmentwicklung stellen sich hinsichtlich der Systemsoftware einige Aufgaben. Der Auftragnehmer ist für diese zuständig, wenn der Auftragnehmer auch die Systemsoftware liefert oder eine eigene Entwicklungsumgebung einsetzt. *Zu den Fällen, dass der Auftraggeber die Systemsoftware zur Verfügung stellt, siehe* www.zahrnt.de *zu Kapitel 9.2.1 (5)*.

9.2.2 Änderungs- und Zusatzwünsche, Zusatzleistungen

(1) Problemstellung

Jeder Änderungswunsch bzw. jeder Zusatzwunsch (Sonderfall des Änderungswunsches) zur Aufgabenstellung ist eine Vertragsänderung und bedarf der Vereinbarung. Der Auftragnehmer ist auf jeden Fall insoweit nach Treu und Glauben zur Zustimmung zu einem Änderungswunsch des Anwenders verpflichtet, als dieser Wunsch aufwands- und terminneutral ist oder – während der Spezifikationsphase – durch Verzicht bei anderen Leistungen kompensiert wird. Bei Programmerstellung dürfte der Lieferant auch bei weitergehenden Wünschen eingeschränkt zur Zustimmung verpflichtet sein, weil die Art des Vertrages (insbesondere noch nicht endgültige Konkretisierung der Aufgabenstellung, Lerneffekt des Anwenders) solche Änderungswünsche fast zwingend mit sich bringt. Das dürfte in der Spezifikationsphase stärker gelten als danach; denn der Auftragnehmer muss auch einmal die Möglichkeit haben, das Projekt abzuschließen (z. B. durch Verweis von nicht unbedingt erforderlichen Zusätzen auf die Phase nach Abschluss des Auftrags). Die Grenze bildet auf jeden Fall die Leistungsfähigkeit des Auftragnehmers (fachlich und von der Verfügbarkeit seines Personals her).

Detaillierungen seitens des Auftraggebers enthalten der Definition nach keine Änderung; sie können aber tatsächlich eine Erweiterung beinhalten. Dann gilt das Folgende auch für sie.

Zusatzleistungen: Darunter sollen insbesondere die Übernahme von Aufgaben des Auftraggebers abweichend von der vereinbarten Aufgabenteilung (z. B. Erstellung von Testdaten) und zusätzliche Unterstützung (z. B. Schulung) verstanden werden, soweit nicht deren Erbringung gegen Vergütung nach Aufwand von vornherein vorgesehen ist. Die Ausführungen unter (2) bis (4) gelten weitgehend auch für sie.

(2) Ansprüche des Auftragnehmers

Der Auftragnehmer kann seine Zustimmung von einer Anpassung aller Vertragsbedingungen abhängig machen. Im Vordergrund stehen zwar Termine und Preise; es geht aber auch um Zahlungsbedingungen, möglicherweise auch um andere Punkte (z. B. Übernahme von Testaufgaben oder Dokumentationsaufgaben durch den Auftraggeber, weil die Kapazität des Auftragnehmers nach dem vorgesehenen Projektende schon belegt ist).

„Bagatellgrenze“: Ein rechtlicher Grund, kleinere Änderungswünsche als durch einen Festpreis abgegolten anzusehen, ist über die Feinanpassung der Spezifikation hinaus *[siehe Kapitel 9.1.6 (1)]* nicht zu erkennen. Der Auftragnehmer muss mit diesen rechnen. Sie lassen sich aber nicht kalkulieren.

Ermittlung des genauen Wunsches: Der Auftragnehmer hat Anspruch darauf, dass ihm der Wunsch auf derjenigen Detaillierungsebene mitgeteilt wird, auf der die Aufgabenstellung bei Vertragsabschluss definiert war. Wenn er es übernimmt, den groben Wunsch bis auf diese Ebene zu konkretisieren, hat er Anspruch auf Vergütung (§ 632 BGB). Denn es geht hier noch nicht um den Aufwand, ein Angebot für die Übernahme eines Auftrags zu erstellen.

Zum ordnungsgemäßen Vorgehen gehört nach Beauftragung die Fortschreibung aller bis zu dem Zeitpunkt der Geltendmachung des Änderungswunsches erstellten Dokumente, die durch den Änderungswunsch berührt und noch gebraucht werden *[siehe Kapitel 9.1.2 (7) und 9.1.6 (4)]*.

Bestimmung des angemessenen Ausgleichs: Der Auftragnehmer hat Anspruch auf fairen Ausgleich. Dabei ist zu berücksichtigen, dass der erforderliche Aufwand schwer zu ermitteln ist. Das gilt sowohl im vorhinein für die Preisfindung, insbesondere wenn bei der Änderung von Anforderungen, die noch nicht abgearbeitet worden sind, der *Aufwand* für die Anforderungen *nicht gesondert geschätzt* worden war. Vergütung nach Aufwand ist dann kaum die angemessene Vergütungsform. Das gilt auch im nachhinein: Der Mehraufwand lässt sich während der Durchführung aus demselben Grund nur selten gesondert erfassen. – Hat der Auftragnehmer auf der Basis der ursprünglichen Aufgabenstellung einen Festpreis akzeptiert, ist ihm auch jetzt grundsätzlich zuzumuten, einen Festpreis für die Änderung anzubieten. Denn er hat ja von vornherein „Kalkulierbarkeit“ des Auftrags behauptet. (Er trägt also den Aufwand für die Kalkulation des neuen Festpreises.) Ist die Konkretisierung nicht innerhalb eines Gesamtfestpreises erfolgt, sondern wurde dieser erst für die folgenden Phasen vereinbart, kann der Auftragnehmer verlangen, die Konkretisierung nach Aufwand durchzuführen. Für die weiteren Phasen muss er im Normalfall einen Festpreis anbieten. – Wenn der Auftragnehmer einen Festpreis anbieten muss, hat er auch Anspruch darauf, dass ein solcher vereinbart wird.

Bei Zusatzwünschen (einschließlich Änderungen von bereits realisierten Anforderungen) ist die „Kalkulierbarkeit“ ebenfalls niedrig. Hier ist der tatsächlich anfallende Aufwand hingegen ein einigermaßen guter Ansatzpunkt für die Bestimmung des erforderlichen Mehraufwands. Das gilt abgeschwächt auch für Änderungen, deren Bezugspunkt (die Anforderung) *gesondert kalkuliert* aber noch nicht umgesetzt worden ist. – Bei Zusatzwünschen kann der Auftraggeber zwar auch das Argument anführen, dass der Auftragnehmer einen Festpreis für die ursprüngliche Aufgabenstellung akzeptiert hat (von vornherein oder nach Konkretisierung). Hier kann der Auftragnehmer aber eher dagegenhalten, dass der Zusatzwunsch nicht so gut kalkulierbar sei. Außerdem kann er – wie ausgeführt – darauf verweisen, dass Vergütung nach Aufwand durchaus sachgerecht sei. – Fraglich ist, ob der Auftraggeber auf einen Festpreis verzichten und Vergütung nach Aufwand verlangen kann.

Bestimmungsrecht des Auftragnehmers: Können sich die Parteien über die Auswirkungen eines Änderungswunsches auf die Vertragsbedingungen nicht einigen, haben sie aber vereinbart, dass der Änderungswunsch auf jeden Fall realisiert werden soll, steht es gemäß § 316 BGB dem Auftragnehmer zu, die Auswirkungen nach Treu und Glauben zu bestimmen.

(3) Beauftragung, insbesondere bei Schweigen des Auftragnehmers

Unklar ist, ob der Auftragnehmer, der Änderungswünschen (gleich ob ausdrücklich erteilt oder bei Schweigen unterstellt) zustimmt, später noch Gegenforderungen geltend machen kann. Einerseits spricht das Schweigen des Auftragnehmers zu diesen Punkten dafür, dass es bei den bisherigen Abmachungen bleiben soll. Andererseits gilt eine Vergütung nach § 632 BGB als stillschweigend vereinbart, wenn die Herstellung des zusätzlichen oder unter Mehraufwand geänderten Teils des Werkes den Umständen nach nur gegen eine (zusätzliche) Vergütung zu erwarten ist. Es macht auch durchaus Sinn, sich erst einmal über die technische Seite zu einigen *[siehe (2) am Ende]* (Gedankenhilfe: Den Projektleitern auf beiden Seiten kann Vollmacht nur in technischer Hinsicht, nicht auch in finanzieller Hinsicht erteilt worden sein). Besonders kritisch ist die Situation bei Änderungswünschen, bei denen der Auftraggeber keinen Mehraufwand sieht. Außerdem nimmt der Auftragnehmer durch sein Schweigen dem Auftraggeber die Möglichkeit, die ohnehin schwierige Feststellung des Mehraufwands *[siehe (2)]* zu kontrollieren. Deswegen liegt es nahe, im Schweigen einen Verzicht zu sehen; es sei denn, dass die Änderungen einen erheblichen Umfang haben.

Mangelt es an der Beauftragung, hat der Auftragnehmer Ansprüche auf Vergütung aus ungerechtfertigter Bereicherung (§§ 812 ff. BGB), wenn die zusätzlichen Leistungen notwendig waren und der Auftraggeber sie anderenfalls selbst oder durch einen Dritten hätte erbringen müssen.

Schriftformklausel: Sie gilt auch zu Lasten des Auftragnehmers, der eine zusätzliche Vergütung fordert. Mündliche Aufträge sind möglich; ihre Erteilung muss aber bewiesen werden *[siehe Kapitel 2.1.6 (2)]*.

9.2.3 Mitwirkung des Auftraggebers

9.2.3.1 Umfang

Der Umfang der Mitwirkungspflichten des Auftraggebers ist schwer zu bestimmen. Sie können sich weitgehend aus den Richtlinien zu Entwicklung und Qualitätssicherung (weniger aus denen zur Dokumentation) ergeben *[Kapitel 9.1.5]*. Soweit sie bestehen, trägt der Auftraggeber die Kosten für seine Mitwirkung.

Zur Information über Anforderungen des Anwenders siehe Kapitel 9.1.4; zur Kontrolle der Spezifikation siehe Kapitel 9.1.3 (1), zu der weiterer Zwischenergebnisse Kapitel 9.1.6 (2).

(1) Bereitstellung von Unterlagen über Entwicklungs- und Zielumgebung

Der Auftraggeber muss bei Bedarf eine systemtechnische Dokumentation der Entwicklungs- bzw. der Zielumgebung, die er beistellt, mitliefern.

(2) Testen

Es geht um die Frage, inwieweit der Auftraggeber verpflichtet ist,

- Testfälle zu stellen,
- das Programm selbst (vor der Abnahmeprüfung, wenn eine solche vereinbart ist) zu testen.

Je mehr die (ggf. vereinbarte) Abnahmeprüfung nur noch der Bestätigung der Vertragsgemäßheit, nicht aber dem Testen dienen soll, desto stärker kommt in Betracht, den Auftraggeber zur Lieferung von Testfällen in der Entwicklungsphase für verpflichtet zu halten. Stellt der Auftraggeber Testfälle, spart das Kosten und erhöht die Zuverlässigkeit des Programms. Bei einem Festpreis ist das zu diesem Zeitpunkt nicht mehr Aufgabe des Auftraggebers. Es fragt sich aber, ob der Auftragnehmer nicht von dieser Pflicht ausgehen und bei Abschluss des Vertrags diese Entlastung im Festpreis berücksichtigen sollte und dementsprechend jetzt die Stellung von Testfällen verlangen kann. – Bei Vergütung nach Aufwand ist es Sache des Auftraggebers, den Aufwand zu steuern, also auch zu entscheiden, ob er Testfälle bereitstellt *[wenn der Auftraggeber nicht auf Grund der Besonderheit der Situation zum Testen verpflichtet ist, siehe www.zahrnt.de Kapitel 9.2.1 (3)]*.

Wenn der Auftraggeber bereits maschinenlesbare Datenbestände hat, dürfte er – unter Berücksichtigung des Datenschutzes – verpflichtet sein, dem Auftragnehmer deren Benutzung zu erlauben.

Bei Verträgen über die Weiterentwicklung eines vorhandenen Programms darf der Auftragnehmer nach dem Stand der Technik davon ausgehen, dass ein Testdatenbestand vorliegt *[Kapitel 9.3.1 (2)]*. Bei solchen Verträgen kann der Auftraggeber zu Tests auf höherer Systemebene verpflichtet sein.

Dass der Auftraggeber selbst testet, insbesondere bei dialogorientierter Datenverarbeitung, kann eine Form der Bereitstellung von Testfällen sein. Massentests mit Echtdaten sind zwar sinnvoll; daraus kann aber keine Testpflicht abgeleitet werden, weil ja auch der Auftragnehmer diese Daten nutzen kann. – In dem Fall, dass der Auftragnehmer nicht triviale Voraussetzungen dafür schaffen muss, damit der Auftraggeber sinnvoll testen kann, spricht das gegen eine Testpflicht.

Es liegt nahe, beide Themen im Vertrag zu regeln, insbesondere in den Richtlinien zu Entwicklung und Qualitätssicherung. Ist das nicht geschehen, kann eine Pflicht zur Stellung von Testdaten nach bisheriger Rechtsprechung nur vorsichtig bejaht werden.

M. E. erfordert die Feinanpassung der Spezifiaktion *[siehe Kapitel 9.1.6]*, dass der Auftraggeber je nach Art des Programms bereits vor Übergabe des Programms mehr oder weniger intensiv mittestet. Denn nur so kann die Aufgabenstellung richtig konkretisiert werden. Der Auftraggeber kann seine Informationspflicht u. U. nur so sachgerecht erfüllen.

(3) Beistellung der Entwicklungsumgebung

Es gibt ein breites Spektrum von Möglichkeiten, ob und was der Auftraggeber an Entwicklungsumgebung beizustellen hat. Dementsprechend regelungsbedürftig ist der Punkt im Einzelfall.

Mängel in der beigestellten Entwicklungsumgebung: Auch wenn Programme praktisch nicht mängelfrei sein können, heißt das nicht, dass der Auftragnehmer nicht wenigstens Anspruch auf normale Mängelfreiheit der ihm beigestellten Entwicklungsumgebung und ansatzweise Anspruch auf so schnelle Mängelbeseitigung hat, wie sie von ihm erwartet wird. Bei der Systemsoftware muss allerdings berücksichtigt werden, dass die Mängelbeseitigung seitens des Softwareanbieters relativ lange dauert, falls nicht schon eine Korrekturmaßnahme bekannt ist *[vgl. Kapitel 8.5.4 (2)]*.

Zur Frage, wer für die Beseitigung solcher Mängel zu sorgen hat, siehe www.zahrnt.de Kapitel 9.2.1 (5). Die Ausführungen dort gelten entsprechend auch für Hardware und sonstige Anwendungsprogramme, die der Auftraggeber beistellt.

Der Auftragnehmer hat Anspruch auf Erstattung seines sich aus den Mängeln ergebenden Mehraufwands *[Kapitel 9.2.3.2]*. In Betracht kommt, dass der Auftraggeber nicht für die Beseitigung der Mängel sorgt (u. U. nicht sorgen kann), dass der Auftragnehmer sie aber organisatorisch umgehen oder einfach in der Entwicklungsumgebung hinnehmen kann. – Manche Mängel wirken sich auch im zu erstellenden Programm aus. Dann muss der Auftragnehmer diese Mängel erforderlichenfalls durch Maßnahmen in seinem Programm ausgleichen. Insgesamt geht es um weiteren schlecht abschätzbaren Mehraufwand.

Beispiele: Die lange Erledigungszeit für Übersetzungsläufe kann hingenommen werden. Wenn der Compiler nur relativ kleine Programme übersetzen kann, muss der Auftragnehmer das Programmsystem in mehr Einzelteile als technisch sinnvoll zerlegen.

Schließlich gibt es Mängel, die zwar nicht beseitigt, aber durch Maßnahmen ausgeglichen werden können und müssen, damit der Auftragnehmer die Entwicklung überhaupt durchführen kann. Dann muss der Auftraggeber diese Maßnahmen treffen *[zu Mängeln, die zugleich Mängel in der Zielumgebung sind, siehe ergänzend Kapitel 9.5.1 (3)]*.

9.2.3.2 Verletzung von Mitwirkungspflichten

(1) Rechtliche Einordnung

Wenn der Auftraggeber eine *Leistungspflicht* *[Kapitel 10.1.1 (1): z. B. Zahlung]* nicht erfüllt, kommt er in Schuldnerverzug *[Kapitel 3.3.1]*.

Die *Mitwirkung* des Auftraggebers richtet sich bei den – hier vorliegenden – Werklieferungsverträgen nach Werkvertragsrecht. In diesem ist sie nicht als Leistungspflicht ausgestaltet: Es ist also Sache des Auftraggebers, ob er mitwirken will oder nicht. Tut er es nicht, muss er die Nachteile tragen, dass der Auftragnehmer das Programm nicht (oder nicht entsprechend den Interessen des Auftraggebers) fertigstellen kann. Das wird *Obliegenheit* genannt.

Unterlässt der Auftraggeber die ihm obliegende Mitwirkung oder erbringt er sie fehlerhaft, kann der Auftragnehmer den Auftraggeber gemäß § 642 BGB durch Mahnung in Annahmeverzug *[Kapitel 3.11]* setzen. Der Auftragnehmer kann dann eine angemessene Entschädigung fordern, die ihm dafür zusteht, dass er Arbeitskraft und -mittel unproduktiv bereithält. Verschulden des Auftraggebers ist nicht Anspruchsvoraussetzung *[Kapitel 3.11 (1)]*. Dieser

Anspruch besteht neben dem Anspruch auf Vergütung, wenn das Programm doch noch hergestellt wird; er besteht auch dann, wenn der Auftragnehmer den Vertrag wegen der unterlassenen Mitwirkung kündigt. Außerdem kommt der Auftragnehmer nicht in Verzug mit der Lieferung des Programms, weil er die Verzögerung nicht zu vertreten hat *[siehe Kapitel 3.3.2 und 9.2.4 (2)]*.

Der Auftragnehmer kann auch nach § 643 BGB eine angemessene Nachfrist mit Kündigungsandrohung setzen; nach deren nutzlosem Ablauf gilt der Vertrag als aufgehoben; der Auftragnehmer kann unabhängig von Verschulden des Auftraggebers (nur noch) Vergütung des geleisteten Teils gemäß § 645 BGB verlangen, nicht auch Ersatz des entgangenen Gewinns und der Leerzeiten seiner Mitarbeiter. Bei Verschulden des Auftraggebers kann der Auftragnehmer aber vollen Ausgleich als Schadensersatz verlangen.

Die Parteien können die Mitwirkung auch als Pflicht des Auftraggebers vereinbaren, so dass dieser bei Pflichtverletzung normal haftet *[siehe Kapitel 3.1]*.

Beispiel: Der Auftragnehmer eines Auftrags über die Erstellung eines Konzeptes benötigt bestimmte Prognosen seitens des Auftraggebers, z. B. über die Belastung des geplanten Systems. Ist nur vereinbart, dass der Auftraggeber solche Aussagen treffen wird (Obliegenheit), kann der Auftragnehmer in dem Fall, dass der Auftraggeber die Informationen nicht gibt, entweder die Prognosen alleine aus eigener Sachkunde machen und läuft – in erster Linie tatsächlich – Gefahr, dass der Auftraggeber später die Richtigkeit der Prognosen anzweifelt. Oder der Auftragnehmer kann nach entsprechender Nachfristsetzung aus dem Projekt aussteigen.

Ist die Lieferung solcher Informationen als Pflicht des Auftraggebers vereinbart, kann der Auftragnehmer die Erfüllung dieser Pflicht verlangen. Er kann also abwarten, bis der Auftraggeber die Informationen liefert und seinen Mehraufwand (Wartezeit) als Verzugsschaden geltend machen. Er braucht sich also nicht darauf einzulassen, die Prognosen nur aufgrund eigener Annahmen zu bilden. Steigt er aus dem Vertrag hingegen aus, hat der Auftragnehmer Schadensersatzansprüche, die auch dahin gehen können, dass dem Auftragnehmer Einnahmen aus der anderweitigen Verwertung der Programme entgehen.

(2) Pflicht des Auftragnehmers, den Auftraggeber zu warnen

Die Rechtsprechung hält den Auftragnehmer weitgehend für verpflichtet, den Auftraggeber zu warnen, wenn dieser mit der Durchführung der eigenen Aufgaben nicht klarkommt, und (entgeltliche) Unterstützung zur Erfüllung der Mitwirkung anzubieten *[vgl. auch Kapitel 6.2 (2)]*.

(3) Höhe der Entschädigung für Mehraufwand

Aus § 645 II BGB ist zu schließen, dass der Auftragnehmer Anspruch auf den vollen Stundensatz als Entschädigung hat (und nicht nur auf die Personal- und sonstigen Kosten).

Die Frage, inwieweit der Auftragnehmer mit kleineren Verletzungen vertragstypisch rechnen muss und diese durch einen Pauschalpreis abgegolten sind, ist bisher nicht geklärt. Die Auftragnehmerseite nimmt im Interesse der Zusammenarbeit viel hin.

Es geht in der Praxis eher darum, ob Mehraufwand entstanden ist und ggf. in welcher Höhe. Der Auftragnehmer hat nicht nur gewisse Möglichkeiten, Mitwirkungsverletzungen abzufangen. Er dürfte wegen deren Üblichkeit sogar verpflichtet sein, das Projekt so zu planen, dass kleinere Mitwirkungsverletzungen möglichst ohne Mehraufwand abgefangen werden können.

9.2.4 Terminvereinbarungen und Verzug

(1) Terminvereinbarungen

Siehe Kapitel 6.2.2 zu Terminvereinbarungen bei der Lieferung von IT-Systemen.

Ist kein Liefertermin vereinbart, bestimmt er sich gemäß § 271 BGB nach dem Zeitbedarf für die Programmerstellung unter Berücksichtigung der Umstände des Einzelfalls *[vgl. Kapitel 8.4.1 (7)]*. Das lässt einen Spielraum für die Intensität des Einsatzes von Mitarbeitern. Schon von einer geringen Teamgröße an nimmt die Effizienz des Einsatzes eines jeden weiteren Mitarbeiters – zunehmend – ab. Ein Hinweis im Vertrag auf die Größe des Teams gibt also wesentlichen Aufschluss.

Der Auftraggeber hat auf jeden Fall Anspruch auf Nennung eines Plantermins, nachdem die Spezifikation erstellt worden ist. Im Rahmen des für den Auftragnehmer Zumutbaren *[vgl. Kapitel 9.2.2 (1)]* kann der Auftraggeber gegen gesonderte Vergütung eine Beschleunigung durch verstärkten Einsatz von Mitarbeitern verlangen.

Der Auftraggeber muss auch die Möglichkeit haben, den Auftragnehmer in Verzug zu setzen, um Druck ausüben zu können. Er hat Anspruch darauf, dass der Auftragnehmer einen Liefertermin gemäß den Umständen berechnet, sobald dieser dazu in der Lage ist. Wenn der Auftragnehmer auf sein Verlangen nach Berechnung eines Termins nicht eingeht, darf er den Liefertermin einseitig bestimmen.

Vereinbarung von Teilleistungen: Sind mehrere einzeln einsetzbare Programme Vertragsgegenstand, liegt es „nach den Umständen“ gemäß § 271 BGB nahe, dass ein Programm nach dem anderen erstellt wird. Sind keine Termine vereinbart, kann der Auftraggeber Teilleistungen verlangen, wenn der Auftragnehmer die Programme nacheinander erstellt.

Wenn der Auftragnehmer einen Zeit- und Arbeitsplan erstellt und der Auftraggeber dem nicht widerspricht, stimmt er der darin vorgesehenen Lieferreihenfolge zu.

Was heißt „Nichtleistung bei Fälligkeit“? – Abgrenzung zur Haftung wegen Mängeln: Die Unterschiede zwischen Verzug und Mängelhaftung sind gering *[siehe Kapitel 3.1 (2)]*. In der Praxis geht es um die Frage, beispielsweise wenn eine Verzugsstrafe vereinbart ist, ob der Auftraggeber das als Lieferung anerkennen muss, was der Auftragnehmer ihm angeliefert hat.

Auch bei ordnungsgemäßem Testen sind Mängel in Programmen kaum zu vermeiden. Hingegen können einige solcher Mängel alsbald auftreten und damit erkannt werden, wenn der Auftraggeber mit seiner Bedienungsweise und seinen Testdaten das Programm testet *[siehe auch Kapitel 9.2.3.1 (2)]*. Solche Mängel können u. U. sehr schnell beseitigt werden. In diesem Umfang braucht die „Abnahmereife“ zum Zeitpunkt der Lieferung noch nicht erreicht zu sein. Das Testen des Auftraggebers soll im Übrigen aber nicht der Mängelsuche dienen, sondern die „Abnahmereife“ bestätigen. Es ist Sache des Auftragnehmers, den Auftraggeber vor der Bereitstellung zur Abnahme in den Testbetrieb einzubinden.

Treten also zu Beginn der Testphase beim Auftraggeber Mängel auf, die nicht mehr auftreten sollten oder die die sinnvolle Durchführung des Testens wesentlich behindern, kann der Auftraggeber die Erklärung des Auftragnehmers, dass das Programm zum Testen (zur vereinbarten Abnahmeprüfung) bereit sei, zurückweisen.

(2) Anspruch des Auftragnehmers auf Terminverschiebung

Insoweit der Auftragnehmer wegen Änderungswünschen *[siehe Kapitel 9.2.2]* oder wegen mangelnder Mitwirkung seitens des Auftraggebers *[siehe Kapitel 9.2.3]* Gegenansprüche hat, können sich diese auch auf die Verschiebung von Terminen beziehen. Dogmatisch wird die Lösung des Problems daran festgemacht, ob der Auftragnehmer die Nichteinhaltung von Terminen wegen Einwirkungen aus der Auftraggebersphäre nicht vertreten muss (§ 286 Abs. 4 BGB).

Soweit der Auftragnehmer wegen Verletzung von Mitwirkungspflichten/-obliegenheiten *[Kapitel 9.2.3.2]* Anspruch auf zusätzliche Vergütung und auf angemessene zusätzliche Lieferzeit hat, muss er den Mehraufwand und den Zeitbedarf konkret vortragen.

(3) Nachfristsetzung bei Verzug

Bei Teilverzug können sich zwei Probleme stellen.

Nach-Nachfrist: Wenn der Auftraggeber die Lieferung wegen vieler Mängel zurückweist und eine Nachfrist für die ordnungsgemäße Lieferung setzt, kann es dem Auftragnehmer unterlaufen, dass er einige dieser Mängel nicht vollständig beseitigt. Er hat dann u. U. Anspruch auf eine Nach-Nachfrist *[siehe Kapitel 9.5.2]*.

Bezeichnung von ausstehenden Teilen: Die Frage, wie genau ausstehende Teile bezeichnet werden müssen, ist im Ansatz zugunsten des Auftraggebers dahingehend zu beantworten, dass der Auftragnehmer wissen muss, was er nach dem Vertrag schuldet. Es gibt aber durchaus Fälle, in denen die Vertragspartner unterschiedlicher Meinung sind, so dass der Auftragnehmer Klarheit braucht, worauf der Auftraggeber besteht. Der Auftragnehmer muss die Chance haben, das zu realisieren, auch wenn der Vertrag diese Leistung nach seinem Verständnis nicht enthält (was er später ggf. als Mehrleistung vergütet verlangen kann).

Rechtsfolgen bei Lösung vom Vertrag: Bei Teilverzug stellt sich die Frage, ob der Auftraggeber insgesamt vom Vertrag zurücktreten darf *[Kapitel 3.3.2 (2)]*. Es ist für ein anderes Entwicklungsteam aufwendig, sich in eine fremde Programmentwicklung einzuarbeiten, um diese fertigzustellen; und es ist riskant: Man kann vorhandene Mängel beim Testen leicht übersehen; man kann eigene machen, weil der eigene Programmierstil nicht voll zu dem des ersten Teams passt. Es kommt also nur ausnahmsweise in Betracht, dass der Auftraggeber nicht insgesamt vom Vertrag zurücktreten darf, so wenn ein Teilprogramm bereits produktiv eingesetzt wird, dieses ordentlich dokumentiert und eine gut eingeführte Entwicklungsumgebung verwendet worden ist.

(4) Nachfristsetzung vor dem Liefertermin wegen drohenden Scheiterns

Gemäß § 323 Abs. 4 BGB kann der Auftraggeber vor dem Liefertermin zurücktreten, wenn schon während der Projektdurchführung „offensichtlich" ist, dass der Lieferant nicht in der Lage ist, etwas Vernünftiges zustande zu bringen, in der Sprache des Gesetzes: dass die Voraussetzungen für den Rücktritt (nach Fristsetzung) eintreten werden.

9.2.5 Freies Kündigungsrecht des Auftraggebers

Der Auftraggeber braucht sich – nach den Vorstellungen des Gesetzgebers – ein Werk nicht aufdrängen zu lassen, wenn er sein Interesse daran verliert. Deswegen kann er nach § 649 BGB jederzeit den Vertrag kündigen. Diese Vorschrift dürfte einen allgemeinen Rechtsgrundsatz verkörpern und damit bei Programmerstellung entsprechend anwendbar sein. – Der Auftraggeber bleibt allerdings zur Zahlung der vereinbarten Vergütung verpflichtet. Er kann nur das abziehen, was der Auftragnehmer an Kosten tatsächlich erspart (der Auftragnehmer muss seine Mitarbeiter weiterhin bezahlen) bzw. was der Auftragnehmer anderweitig durch seinen Einsatz/den Einsatz seiner Mitarbeiter erwirbt bzw. zu erwerben böswillig unterlässt. Der Auftraggeber trägt die Beweislast *[siehe aber Kapitel 1.2 (6)]*. Soweit der Vergütung keine Leistung gegenübersteht, ist diese nicht mehrwertsteuerpflichtig.

Der Anspruch des Auftragnehmers auf die Vergütung des noch nicht erbrachten Teils der Leistung entfällt allerdings, wenn der Auftraggeber den Vertrag wegen eines Verhaltens des Auftragnehmers gekündigt hat, das den Vertragszweck gefährdet hat.

9.3 Sonstige Leistungsfragen

9.3.1 Leistungsumfang

Ein Festpreis gilt alle Leistungen ab, die notwendig sind, auch wenn diese Leistungen im Angebot nicht enthalten sind.

(1) Geschuldete Formen des Programms und Erstellungshilfsmittel

Die Frage nach der geschuldeten Sprachform des Programms stellt sich unabhängig von der Frage, in welchem Umfang urheberrechtliche Nutzungsrechte eingeräumt werden:

- Was schuldet der Auftragnehmer sachlich?
- Inwieweit darf der Auftraggeber das nutzen?

Umfang: Das Programm ist vollständig als Quellprogramm zu liefern, so dass der Auftraggeber es selbst pflegen kann. Das gilt auch für Standardbausteine, die der Auftragnehmer – ohne einschränkende Vereinbarung – einfügt.

Hinsichtlich der Entwicklungsumgebung heißt das, dass solche Programme (Werkzeuge) nicht geliefert werden müssen, die *üblicherweise* von demjenigen auf dem Markt beschafft werden, der ein Programm erstellen und ändern will (insbesondere Compiler), die also üblicherweise vorhanden sind.

Hauptpflicht: Wenn schon die Lieferung der Benutzerdokumentation als Hauptpflicht angesehen wird *[Kapitel 6.2.1 (1)]*, muss die des Quellprogramms erst recht als solche angesehen werden.

In der Praxis kommt es häufig vor, dass das Quellprogramm an Laien-Anwender nicht ausgeliefert wird, weil der Auftragnehmer die Pflege übernimmt; der Laien-Anwender merkt gar nicht, dass ihm etwas fehlt. Es ist auch durchaus sinnvoll, dass er nur das Objektprogramm hat und nicht nach jeder kleinen Änderung (nach jeder Mängelbeseitigung) eine neue Version des Quellprogramms erhält. Außerdem hat der Laien-Anwender aus Kostengründen meist nicht den erforderlichen Compiler erworben, so dass er selbst mit dem Quellprogramm gar nichts anfangen könnte. Deswegen kann grundsätzlich nicht Verwirkung *[Kapitel 3.10 (4)]* angenommen werden, wenn der Auftraggeber das Quellprogramm nicht anfordert, solange der Auftragnehmer das Programm für den Auftraggeber pflegt.

Zeitpunkt: Der Auftraggeber hat Anspruch auf Lieferung spätestens zum Beginn einer vereinbarten Abnahmeprüfung (denn die IT-technische Qualität des Quellprogramms und erst recht die der systemtechnischen Dokumentation sind Gegenstand der Abnahmeprüfung), sonst vor Zahlung.

(2) Dokumentation

Zur rechtlichen Einordnung des Fehlens der Dokumentation siehe Kapitel 6.2.1 (1).

Benutzerdokumentation: Diese ist im Ansatz wie bei Software-Produkten *[Kapitel 6.2.1 (1)]* erforderlich. Hier kommt aber bei Verträgen mit Herstellern oder großen Anwendern in Betracht, dass der Auftragnehmer nur Material für die Benutzerdokumentation zu liefern hat und der Auftraggeber diese selbst fertigstellt. Es kommt auch in Betracht, dass solche Auftraggeber die Dokumentation selbst – als Teil einer Gesamtdokumentation – erstellen.

Bei Vergütung nach Aufwand wird häufig keine Benutzerdokumentation erstellt. Hier dürfte sie bei kleineren Programmen eher nur geschuldet sein, wenn der Auftraggeber sie ausdrücklich beauftragt.

Systemtechnische Dokumentation: Diese wird stets geschuldet. Umfang und Inhalt werden in erster Linie durch die vereinbarten Richtlinien zur Entwicklung und vor allem zur Dokumentation bestimmt *[Kapitel 9.1.5 (2)]*, kaum durch die zur Qualitätssicherung.

Deswegen macht die Formulierung, dass die Dokumentation DIN EN ISO 9001 zu entsprechen habe, wenig Sinn. Diese Norm behandelt u. a. die Dokumentation des Entwicklungsganges, aber nicht die des Entwicklungsergebnisses; im Übrigen ist sie zu allgemein.

Eine Testdokumentation ist zu erstellen und zu übergeben. Das folgt zum einen aus dem Grundsatz „Kein Test ohne Protokoll" und zum anderen daraus, dass die Testfälle bei der Weiterentwicklung des Programms benötigt werden. Es geht nicht an, dass, wenn das Programm später etwas geändert werden soll, dafür unverhältnismäßig viele Testfälle erstellt werden müssen, um durch die Änderung möglicherweise verursachte Fernwirkungen auszuschließen. Einzelheiten können sich aus den vereinbarten Entwicklungs- und Dokumentationsrichtlinien ergeben.

(3) Einweisung

Im Ansatz gilt für die Einweisung dasselbe wie bei Software-Produkten *[Kapitel 6.2.1 (3)]*. Die Umstände des Einzelfalls können hier aber noch stärker als bei der Benutzerdokumentation hereinspielen. So braucht der Auftragnehmer in dem Fall, dass es wesentlich mehr Benutzer gibt, als er in einem Durchgang einweisen/schulen kann, nur Instruktoren einzuweisen/zu schulen, die dann ihr Wissen später an die Benutzer weitergeben sollen.

9.3.2 Preisvereinbarungen

(1) Überblick

Fälligkeit der Vergütung: Die Vergütung wird mit der Abnahme fällig, wenn diese vereinbart ist (§ 641 BGB), sonst schon mit der vollständigen Erbringung der Leistung. Das gilt auch bei Vergütung nach Aufwand.

Es kann vereinbart werden, dass die Vergütung teilweise vor der Abnahme fällig wird, d. h. dass Vorauszahlungen vereinbart werden. Werden diese an bestimmte sachliche Voraussetzungen des Arbeitsfortschritts geknüpft, spricht man von Abschlagszahlungen. Teilvergütungen im strengen Sinne gibt es nur als Vergütung für Teilleistungen, die dann jeweils für sich abgenommen werden (Teilabnahmen).

Leistungsabdeckungsklausel: Sie beinhaltet, dass der Auftragnehmer alle erforderlichen Leistungen zu erbringen hat, um den Vertragszweck zu erreichen, auch wenn diese im Vertragsdokument nicht aufgeführt sind. Das gilt sowieso *[vgl. Kapitel 9.3.1 am Anfang]*.

Preisabdeckungsklausel: Es wird ergänzend vereinbart, dass nur diejenigen Leistungen zu vergüten sind, für die das ausdrücklich im Vertrag vorgesehen ist, und zwar in der im Vertrag vorgesehenen Weise.

(2) Vergütung nach Aufwand

Der Aufwand für das Testen und die anschließende Beseitigung von Mängeln ist grundsätzlich zu vergüten *[Kapitel 9.2.1 (3) und 9.5.2]. Zur Vergütung von Unterstützungsleistungen siehe ergänzend Kapitel 6.2.3 (1) und (3). Zur Höhe bei Änderungswünschen siehe Kapitel 9.2.2 (2).* – Monatliche Abrechnung ist in der Praxis üblich.

(3) Beschränkungen der Vergütungspflicht bei Vergütung nach Aufwand

Der Kostenanschlag (auch: Kostenvoranschlag) bindet den Auftragnehmer nicht an eine bestimmte Höhe der Vergütung, sondern gibt dem Auftraggeber nur einen Kündigungsanspruch für den Fall, dass der Kostenanschlag wesentlich überschritten wird. Das gilt auch, wenn die Überschreitung durch (zwingende) Zusatzwünsche des Auftraggebers verursacht wird.

Der Auftragnehmer ist zur Information verpflichtet, sobald eine wesentliche Überschreitung des Kostenanschlags droht. Verletzt er diese Pflicht schuldhaft, ist er schadensersatzpflichtig: Er hat den Auftraggeber so zu stellen, wie dieser gestanden hätte, wenn dieser rechtzeitig informiert worden wäre und dann gekündigt hätte.

Schon die schuldhafte Falschschätzung bei Abgabe des Kostenanschlags führt zur Schadensersatzpflicht wegen Verletzung von Pflichten bei Vertragsverhandlungen, wenn bereits ein Vertrauensverhältnis besteht *[Kapitel 7.1]*. Das ist kaum der Fall, wenn ein Bieter nur ein Angebot abgibt.

Obergrenze und Zirkapreis: Der Zirkapreis, auch „Schätzpreis“ genannt, ist eine Vereinbarung über Vergütung nach Aufwand nicht nur mit Obergrenze, sondern auch mit Untergrenze. Ungeklärt ist, wie groß das Intervall (in beide Richtungen) ist, wenn keine Vereinbarung darüber getroffen worden ist. – Achtung: IT-Fachleute verstehen darunter häufig so etwas wie einen Festpreis, den sie in bestimmtem Umfang anpassen dürfen. Dabei ist meist nicht klar, in welchem Umfang und auf welcher Grundlage sie den Preis anpassen dürfen (es wird typischerweise nach Aufwand abgerechtnet).

Obergrenze und Schätzpreis stehen unter dem Vorbehalt, dass sich die Aufgabenstellung nicht ändert/erweitert (soweit die Obergrenze dieses Risiko nicht ausnahmsweise abdecken soll). Der Auftraggeber wird also nicht vor sich selbst geschützt. Der Auftragnehmer ist allerdings für die von ihm behauptete Leistungsmehrung beweispflichtig. Außerdem dürfte er wie beim Kostenanschlag informationspflichtig sein.

Der Budgetpreis ist kein offizieller Begriff. Gemeint ist die Vereinbarung, dass der Auftragnehmer das vereinbarte Budget nicht überschreiten darf, aber bei dessen Erschöpfung nicht mehr weiterzuarbeiten braucht. Er muss den Auftraggeber (wie beim Kostenanschlag) frühzeitig warnen, wenn droht, dass das Budget nicht ausreicht. Der Auftraggeber ist zu Planungsänderungen berechtigt, um doch ein einsatzfähiges – abgemagertes – Programm zu erhalten. Die Belastung des Auftragnehmers liegt vor allem darin, dass es geschäftspolitisch peinlich ist, eine unfertige „Baustelle" wegen Erschöpfung des Budgets zu verlassen.

(4) Vergütung von Nebenkosten

Unter Nebenkosten sollen verstanden werden: Reisekosten (Fahrtkosten, Spesen, Übernachtungskosten), Kosten für Reisezeiten, Maschinenkosten, Leitungskosten für Datenfernübertragung.

Auch bei Festpreisen werden bestimmte Nebenkosten manchmal gesondert vergütet. Das setzt eine entsprechende Vereinbarung voraus.

Bei Vergütung nach Aufwand ist die Vergütung von Reisezeiten und Reisekosten zumindest weit verbreitet, wenn nicht sogar üblich. Für Reisezeiten werden zunehmend reduzierte Vergütungssätze vereinbart.

(5) Leistungsverweigerungsrecht

Zu dem schwierigen Thema des Leistungsverweigerungsrechts *[vgl. Kapitel 3.12]* eines jeden Vertragspartners soll nur auf IT-spezifische Besonderheiten eingegangen werden. Auch wenn die Leistung des Auftragnehmers mangelhaft ist, besteht kein Leistungsverweigerungsrecht des Auftraggebers für Voraus- oder Abschlagszahlungen, wenn die Mängel sich im üblichen Rahmen halten.

Der Auftragnehmer ist zwar vorleistungspflichtig. Wenn Abschlagszahlungen vereinbart sind, wird die Vorleistungspflicht aber in der Regel insoweit aufgehoben, so dass der Auftragnehmer bei Zahlungsverzug in der Regel ein Leistungsverweigerungsrecht hat.

9.3.3 Störung der Geschäftsgrundlage bei Programmerstellung zum Festpreis

Grundsätzlich übernimmt der Auftragnehmer beim Festpreis das Risiko, dass die Erstellung des Programms einen höheren Aufwand als geplant und dem Vertrag zugrundegelegt erfordert (Realisierungsrisiko). Diese Risikoübernahme hat nach Treu und Glauben aber eine Grenze: Wenn eine wesentliche Vorstellung der Vertragspartner, die zur Grundlage des Vertrags geworden ist, sich als falsch herausstellt, ist die Geschäftsgrundlage des Vertrags gestört *[siehe Kapitel 3.6]*.

Es kommt also darauf an, ob die Angemessenheit des Preises bei Abschluss des Vertrags eine wesentliche Vorstellung beider Vertragspartner war. Dies ist desto eher der Fall, je unmittelbarer die Aufwandsschätzung in den Festpreis eingegangen ist und je stärker der Auftraggeber zu dieser beigetragen hat. Rechtlicher Ausgangspunkt ist, dass gegenseitige Verträge auf der Grundlage abgeschlossen werden, dass der Sachleistung ansatzweise eine gleichwertige Vergütung gegenübersteht. Dabei können die Vertragspartner von der normalen Risikoverteilung ausgegangen sein; sie können das Risiko aber auch besonders verteilt haben.

Wenn sich im Laufe der Vertragsabwicklung herausstellt, dass ein krasses Missverhältnis zwischen Leistung und Gegenleistung besteht, ist die Vertragsgrundlage gestört und verlangt nach Anpassung. Der belastete Auftragnehmer kann vom Auftraggeber die Anpassung des Vertrages verlangen. Das kann in Richtung Erfüllung unter Erhöhung der Vergütung (und unter Verlängerung der Fristen) gehen, aber auch in Richtung Verringerung des Umfangs oder Rücktritt.

Im Falle der üblichen Fehleinschätzung bei IT-Projekten muss man davon ausgehen, dass der Auftragnehmer ein erhebliches Risiko tragen soll. Die Grenze dürfte dort zu ziehen sein, wo sie auch sonst gezogen wird, wenn ein Vertragspartner das Risiko *weitgehend* tragen soll. Für den Bereich der Programmerstellung muss man davon ausgehen, dass das Risiko von Fehleinschätzungen erheblich höher ist als bei Bauverträgen, dass der Auftragnehmer also ein höheres Risiko übernehmen soll.

Liegt eine Schätzung nicht offen zugrunde, sollte der Auftragnehmer vorsichtshalber davon ausgehen, dass die Grenze des Zumutbaren erst bei einer Mehrbelastung in Höhe des Doppelten von dem überschritten wird, was in anderen Branchen als zu tragendes Risiko angesehen wird. Damit ist auch der Schaden berücksichtigt, der dem Auftraggeber bei Abbruch des Projekts droht.

Bei der Höhe ist zu berücksichtigen, in welchem Umfang man dem Auftragnehmer einen Anspruch auf Erhöhung der Vergütung einräumt: Je mehr der Auftragnehmer vom Mehraufwand tragen muss, desto niedriger muss man seine „Schmerzgrenze" ansetzen.

9.3.4 Verteilung der Rechte an den Arbeitsergebnissen und Geheimhaltungspflichten

(1) Problemstellung

Bei der Verteilung der Rechte an dem zu erstellenden Programm stellen sich grundsätzlich dieselben Fragen wie beim Kauf von Software-Produkten *[Kapitel 8.2.1]*. Allerdings sind diese Fragen hier nicht auf der Grundlage der Überlassung von Vervielfältigungsstücken zu beantworten, sondern auf der der Einräumung urheberrechtlicher Nutzungsrechte. – Die Zusammenarbeit von Auftraggeber und Auftragnehmer kann dazu führen, dass eine Urheberrechtsgemeinschaft entsteht *[siehe Kapitel 5.3.2 (3)]*. Selbst wenn Mitarbeiter des Auftraggebers in erheblichem Umfang Miturheber werden, dürfte das letztlich unerheblich sein: Die Vertragspartner messen der rein juristisch konstruierten Urhebergemeinschaft bei der Verteilung der Rechte keine Bedeutung zu *[Kapitel 5.3.2 (3)]*.

Die Fragen stellen sich dahingehend, was der Auftraggeber mit dem erstellten Code (der urheberrechtlich geschützten Darstellung) darf bzw. was der Auftragnehmer nicht darf, damit der Auftraggeber die beabsichtigten Vorteile hat (es ist möglich, dass bestimmte Nutzungsmöglichkeiten stillgelegt werden sollen). Ergänzend stellt sich der Fragenkomplex, inwieweit schuldrechtliche Pflichten hinsichtlich des Know-hows, das neu entwickelt worden ist oder das der Auftragnehmer beim Auftraggeber kennengelernt hat, sowie hinsichtlich sonstiger Geheimhaltungsgebote oder Wettbewerbsverbote bestehen. Insoweit geht es mehr um den Schutz des Auftraggebers und weniger um den des Auftragnehmers.

Ermittelt man die Rechte und Pflichten der Vertragspartner für den *konkreten* Vertrag nach dem 4-Stufen-Schema *[Kapitel 1.3]*, hat man auf der ersten Stufe (Auslegung des Dokuments) oft die Schwierigkeit, dass sich Vereinbarungen ausdrücklich nur auf eine der beiden angeführten Fragenkomplexe beziehen, aber Anhaltspunkte für die Beantwortung des anderen beinhalten können.

Bei der dritten Stufe (Gesetz) ist hinsichtlich der urheberrechtlichen Nutzungsrechte gemäß § 31 V UrhG die Zweckübertragungstheorie des Urheberrechts zu berücksichtigen *[siehe Kapitel 5.1 (2)]*: Es ist davon auszugehen, dass dem Auftraggeber nur die für die Erreichung des Vertragszwecks erforderlichen Rechte eingeräumt werden sollen. Was der Vertragszweck ist, ist nach Treu und Glauben zu ermitteln. Die Antworten hängen von mehreren Faktoren ab.

(2) Schutz des Auftraggebers im Einzelnen

(2.1) **Anwender als Auftraggeber:** Die Interessen des Auftraggebers können sein:

- Sein spezielles fachliches Know-how, das in die Programme eingeflossen ist, soll geheimgehalten werden.
- Der Auftraggeber erstrebt durch die Investition einen Wettbewerbsvorsprung (unabhängig vom Know-how).

Beispiel für Wettbewerbsvorsprung: Ein regional tätiger Versicherungsmakler lässt sämtliche – in Unterlagen der Versicherer dokumentierten – Bedingungen für die Berechnung von Prämien in ein Programmsystem bringen, das auf einem Labtop eingesetzt werden kann.

– Der Auftraggeber möchte an den durch anderweitige Nutzung erzielten Einnahmen beteiligt werden: Dem Auftragnehmer sollen zwar weitestgehende Nutzungsmöglichkeiten verbleiben, er soll aber dafür den Auftraggeber an den Einnahmen beteiligen. Ist das im Vertrag nicht angesprochen, besteht kein ausreichender Ansatzpunkt, eine solche Beteiligung auf der Grundlage der ergänzenden Vertragsauslegung zu bejahen.

Urheberrechtliche Seite: Der Umfang, in dem der Auftraggeber die Programme einsetzen darf, ist normalerweise nicht beschränkt *[siehe aber auch (4)]*. Ausnahmsweise kann sich bei sehr genauer Definition des Anwendungszwecks gemäß der Zweckübertragungstheorie ergeben, dass der Auftraggeber die Programme nur für den definierten Einsatzfall einsetzen darf.

Die Begründung dafür, dass der Auftraggeber Anspruch auf das Quellprogramm (zur Ermöglichung von Änderungen) hat *[Kapitel 9.3.1 (1)]*, spricht zwingend dafür, dass er das Programm ändern darf *[siehe Kapitel 5.3.3.3]*.

Der Auftraggeber dürfte im Normalfall auch ohne Übertragung ausschließlicher Nutzungsrechte berechtigt sein, die Programme an andere Unternehmen der eigenen Unternehmensgruppe weiterzugeben. Problematisch ist, ob der Auftraggeber die Programme auch an andere Dritte weitergeben darf, etwa an befreundete Unternehmen. M. E. spricht die Zweckübertragungstheorie in der Regel dagegen.

Angesichts dessen, dass die Beteiligten weniger urheberrechtlich an die Herrschaft über die Darstellung als wirtschaftlich an die Herrschaft über die Lösung denken, ist von Folgendem auszugehen: Auch wenn der Auftraggeber ausschließliche Nutzungsrechte erhält, darf der Auftragnehmer Teile des Werks, insbesondere neu erstellte Standardbausteine anderweitig nutzen, solange das die Interessen des Auftraggebers an der Verwertung der Lösung nicht beeinträchtigt *[zu Anpassungsprogrammierung siehe Kapitel 8.4.1 (5)]*.

Ergänzende schuldrechtliche Pflichten: Soweit Know-how des Auftraggebers in die Programme eingeflossen ist, stellt sich die Frage, inwieweit der Auftragnehmer zu dessen Geheimhaltung verpflichtet ist. Er kann schuldrechtlich darin gehindert sein, ein ähnliches Programm (freie Bearbeitung/Umgestaltung) zu erstellen *[Kapitel 5.3.3.3: Im Urheberrecht stellt sich diese Frage nicht]*. Das Geheimhaltungsinteresse braucht die anderweitige Verwendung der Programme nur für bestimmte Zwecke auszuschließen.

Beispiel: Eine Erdölraffinerie hat sich ein Programm für die Trennung von Ölen erstellen lassen. Der Auftragnehmer darf das Programm nicht der Konkurrenz anbieten, wohl aber es in eine Lösung für die Trennung von Fetten in der Molkereiwirtschaft einbringen.

Wenn der Auftragnehmer fachliches Know-how entwickelt, sollen nach den Branchenvorstellungen beide Vertragspartner berechtigt sein, das zu nutzen; es sei denn, dass besondere Geheimhaltungsinteressen des Auftraggebers entgegenstehen. Der Schutzbedarf des Auftragnehmers liegt vor allem darin, dass er nicht durch einen Auftrag daran gehindert wird, weitere ähnliche Aufträge durchzuführen. Es liegt für ihn nahe, für die Durchführung weiterer Aufträge das dank des letzten Auftrags angereicherte Know-how und Teile der erstellten Programmkonstruktionen einzusetzen.

Daneben kann es erhebliche Geheimhaltungsinteressen des Auftraggebers bezüglich Informationen geben, die dem Auftragnehmer anlässlich der Vertragsdurchführung bekannt geworden sind.

Beispiel für Know-how über das Unternehmen: Informationen, die der Auftragnehmer für die weitere Nutzung des Know-hows oder des Werks nicht braucht. Z. B.: Umsatzzahlen, Geschäftsverbindungen, die Planung eines neuen Produkts bei der Entwicklung eines Systemprogramms für eine neue Anlage.

(2.2) **IT-Anbieter als Auftraggeber: Der Auftraggeber will das Programm als Software-Produkt vertreiben:** Dann geht es insbesondere um die schuldrechtliche Pflicht des Auftragnehmers, dass er nicht selbst mit einem ähnlichen Software-Produkt (mit anderer Programmkonstruktion) als Anbieter auftritt, geschweige denn mit demselben, oder dass er einen Konkurrenten schnell damit versorgt.

Wenn ein bereits vorhandenes Software-Produkt des Auftraggebers weiterentwickelt werden soll, ist anzunehmen, dass der Auftraggeber alle Rechte ausschließlich haben soll, weil (= wenn) eine gemeinsame oder gespaltene Zuständigkeit sinnlos ist *[vgl. Kapitel 5.3.2 (3)]*.

Auftraggeber lässt ein Programm für einen Anwender-Endkunden erstellen: Hier kommt es erst einmal darauf an, wie weit die Nutzungsrechte dem Endkunden nach den Informationen, die der Auftragnehmer von seinem Auftraggeber (dem Haupt-Auftragnehmer), erhält, zustehen sollen. Hinsichtlich des verbleibenden Rests an Nutzungsrechten kommt es darauf an, inwieweit der eine oder der andere Vertragspartner von seiner weiteren betrieblichen und unternehmerischen Situation her Interesse an der Verwertung hat.

Wenn der Auftragnehmer einen Teil eines Gesamtauftrags übernimmt, hat er dem Haupt-Auftragnehmer zumindest nicht ausschließliche Rechte zur anderweitigen Verwertung einzuräumen. Auch wenn der Auftragnehmer den gesamten Auftrag übernimmt, gilt dasselbe dann, wenn der Haupt-Auftragnehmer einen Tätigkeitsschwerpunkt in dem Bereich hat, zu dem das Programm gehört.

Wenn der konkrete Verwendungszweck sehr genau definiert ist, liegt es bei eigenen anderweitigen Verwertungsinteressen des Auftragnehmers nahe, dass er gemäß der Zweckübertragungstheorie nur die Nutzungsrechte für den konkreten Einsatzfall überträgt.

(3) Rechte an Vorstufen

Hinsichtlich der Verteilung der Rechte an den Vorstufen und den diesbezüglichen Geheimhaltungspflichten dürfte dasselbe wie hinsichtlich der Endergebnisse gelten.

Der Auftraggeber ist berechtigt, (später) auf der Grundlage dieser Dokumente eine neue Realisierung zu erstellen. Er darf diese in dem Umfang nutzen, wie er das vom Auftragnehmer erstellte Programm nutzen durfte. Fraglich ist für einen Anwender bzw. einen Auftraggeber, der für einen Endkunden arbeiten ließ, ob er die Dokumente auch für die Erstellung eines Programms nutzen darf, das darüber hinaus verwendet (= vertrieben) werden soll.

Beispiel: Ein IT-Anbieter hat ein Programm für einen Endkunden erstellen lassen und möchte jetzt ein solches Programm als Software-Produkt auf den Markt bringen. – Ein Anwender möchte jetzt mit befreundeten Firmen eine neue, modernere Lösung erarbeiten lassen.

Soweit im Wesentlichen Know-how des Auftraggebers (bzw. des Endkunden) in die Dokumente eingeflossen ist, wird man kaum etwas dagegen sagen können. Das gilt erst recht, wenn ein IT-Anbieter die Erstellung eines Programms beauftragt hat, das er nun moderner gestalten will.

Zur Rechtslage bei Verträgen über die Erstellung von Vorstufen siehe Kapitel 10.3 (4).

(4) Einbeziehung von vorhandenen Bausteinen und Software-Produkten

Unter Bausteinen soll alles bereits Vorhandene verstanden werden, was der Auftragnehmer nicht als Software-Produkt gesondert auf dem Markt anbietet.

Bausteine: Es dürfte nicht gewollt sein, dass der Auftraggeber auch an einbezogenen Bausteinen ausschließliche Nutzungsrechte erhält, wenn er solche am Programm insgesamt erwerben soll. Zugunsten des Auftragnehmers dürfte die Klausel „sämtliche Rechte am Programm beim Auftraggeber“ dahingehend zu verstehen sein, dass der Auftraggeber sämtliche Rechte an der Lösung erhalten soll. Der Auftragnehmer darf also diese Lösung nicht anderweitig verwenden, wohl aber die eingebrachten Bausteine. Der Auftraggeber darf sie eher nicht innerhalb anderer Lösungen einsetzen.

Software-Produkte: Werden Software-Produkte einbezogen, kommt es darauf an, ob der Auftragnehmer sie im Vertrag aufführt oder nicht. Tut er das nicht, dürfte dasselbe wie bei Bausteinen gelten. Tut er das (und sorgt nicht – zumindest über eine Angabe des Kaufpreises – für eine Regelung der Nutzungsrechte), ist davon auszugehen, dass der Auftraggeber diese Standardteile nur innerhalb der Lösung, aber insoweit uneingeschränkt, einsetzen darf.

Zu beachten ist, dass die Software-Produkte als Teil der Zielumgebung definiert sein können. In diesem Fall braucht der Auftragnehmer den Einsatz – ohne zusätzliche Vergütung – nur auf denjenigen Anlagen zuzulassen, auf denen die Lösung installiert werden sollte. Das liegt erst recht nahe, wenn die Software-Produkte von Vorlieferanten stammen (entweder ausdrücklich so angegeben oder auf Grund der Bekanntheit des Software-Produkts dem Auftraggeber bekannt).

9.4 Abnahme

(1) Problemstellung

Der Werklieferungsvertrag, unter den die Programmerstellung fällt *[siehe Kapitel 9 (1)]*, kennt nicht die Abnahme im Sinne des Werkvertragsrechts *[siehe Kapitel 10.1.1 (2)]*. Wenn die Vertragspartner allerdings die Abnahme ausdrücklich vereinbaren, meinen sie damit wahrscheinlich nicht die Entgegennahme wie bei einem Werklieferungsvertrag, sondern die Abnahme im Sinne des Werkvertragsrechts. Also soll diese Vereinbarung bei Bedarf durch die Vorschriften zur Abnahme im Werkvertragsrecht ergänzt werden *[zu den wichtigsten Rechtsfolgen siehe Kapitel 10.1.1 (2)]*.

(2) Abnahmevoraussetzungen

Der Auftraggeber ist zur – vereinbarten – Abnahme verpflichtet, wenn das Programm vertragsgemäß hergestellt ist. Alle Leistungen, die Voraussetzung für die Abnahmeprüfung sind, müssen erbracht sein. Das gilt insbesondere für die Einweisung und für die Lieferung der Dokumentation *[vgl. Kapitel 6.3.8 (2)]*.

Hat das Programm mehr als unwesentliche Mängel, braucht der Auftraggeber dieses gemäß § 640 Abs. 1 Satz 2 BGB noch nicht abzunehmen und kann Nacherfüllung verlangen.

Bei gerade erstellten Programmen dürfte kein anderer Maßstab bestehen, auch wenn kaum zu verhindern ist, dass Mängel trotz guten Testens durch den Auftragnehmer nicht entdeckt worden sind und einige davon beim Auftraggeber alsbald auftreten *[vgl. Kapitel 6.3.5.1 (2) zur Massierung von Mängeln in der Anlaufphase]*. Der Auftraggeber muss zwar Anlaufschwierigkeiten hinnehmen. Er braucht m. E. aber erst nach Ablauf dieser Phase die Abnahme zu erklären.

Vereinbarungen zur Abnahmeprüfung und Abnahmepflicht: Es kommt darauf an, was die Vertragspartner vereinbaren *[in* www.zahrnt.de *Kapitel 9.4 werden einige Auslegungprobleme behandelt]*.

Unvollständige Testmöglichkeiten des Auftragnehmers: Werden bereits im Vertrag die Möglichkeiten des Auftragnehmers, seine Lieferung auszutesten, eingeschränkt, ist davon auszugehen, dass der Auftraggeber die Abnahmeprüfung nur auf dieser Basis durchführen muss. Unbeschadet dessen bezieht sich die Haftung wegen Mängeln auf die in die gesamte Zielumgebung integrierte Komponente.

Wenn die Abnahmeverpflichtung allerdings an den späteren Test durch den Auftraggeber innerhalb der gesamten Zielumgebung geknüpft wird, muss der Auftragnehmer die sich daraus ergebende Verschiebung und Erschwerung hinnehmen.

Pflicht des Auftraggebers, seine Testfälle vorab bekanntzugeben: Sie ist zu verneinen. Die Abnahmeprüfung dient auch der Qualitätssicherung. In deren Interesse sind voneinander unabhängige Tests vorzuziehen.

(3) Pflicht des Auftragnehmers zur Unterstützung

Durchführung der Abnahmeprüfung: Die Abnahmeprüfung ist Sache des Auftraggebers. Wenn der Auftraggeber dabei überfordert ist, stellt sich allerdings die Frage, ob der Auftragnehmer auf Grund von Treu und Glauben zur Unterstützung verpflichtet ist und, wenn ja, ob diese gesondert zu vergüten ist. Zu bedenken ist, dass die Vertragspartner die Abnahme ausdrücklich vereinbart haben. Wenn sie die Unterstützung nicht geregelt haben, dürften sie diese eher nicht gewollt haben. Nach Treu und Glauben muss der Auftragnehmer sie bei Bedarf trotzdem soweit wie zumutbar erbringen, dann aber gegen gesonderte Vergütung.

Erstellung einer Abnahmespezifikation: Der Auftragnehmer ist zur Erstellung und Lieferung einer Testdokumentation verpflichtet *[Kapitel 9.3.1 (2)]*. Die Erstellung weiterer Vorgaben für die Abnahmeprüfung ist Sache des Auftraggebers, soweit nichts anderes vereinbart ist. Die Pflicht des Auftragnehmers zur Erstellung dieser Spezifikation kann sich aus den vereinbarten Richtlinien ergeben *[siehe Kapitel 9.1.5]*.

(4) Abnahmeerklärung, insbesondere durch Gebrauch als schlüssiges Handeln

Die Billigung kann insbesondere durch Zahlung des Werklohns erklärt werden. – Wenn der Auftraggeber das Programm produktiv nutzt, kann das die Abnahmeerklärung beinhalten. Da die Abnahme hier auf Grund einer Vereinbarung erfolgt, kommt es besonders stark darauf an, was die Vertragspartner mit ihr bezwecken. Bei Programmen ist zu berücksichtigen, dass das Testen auch in *beschränkter* Form durch produktive Nutzung erfolgen kann und dann normaler Teil der Abnahmeprüfung ist; die Verwendungsfähigkeit der Software zeigt sich erst nach einiger Zeit, so dass die eingeschränkte Nutzung noch nicht auf den Abnahmewillen schließen lässt. Wird die produktive Nutzung uneingeschränkt begonnen, heißt das, dass die Testphase abgeschlossen ist (oder auf sie verzichtet wird). Damit beginnt die Anlaufphase *[siehe (2)]*. Erst wenn an deren Ende gemeldete Mängel korrigiert worden sind, beinhaltet der weitere Gebrauch die Abnahme.

9.5 Haftung für Sachmängel

Da der Vertrag über die Erstellung als Werklieferungsvertrag einzustufen ist, gilt dasselbe wie bei einem Systemvertrag *[siehe Kapitel 6.3]*. Insbesondere unterliegt der kaufmännische Auftraggeber der kaufmännischen Untersuchungs- und Rügepflicht *[siehe Kapitel 6.3.9]*. Im folgenden werden nur einige Besonderheiten angesprochen, die sich aus dem spezifischen Vertragsgegenstand ergeben.

Zur systemtechnischen Betreuung während der Verjährungsfrist siehe www.zahrnt.de Kapitel 9.2.1 (5).

9.5.1 Mängel

Primärer Maßstab für das Vorliegen von Mängeln ist die Spezifikation *[Kapitel 9.1]*, vorausgesetzt, dass sie erstellt und genehmigt worden ist und dass nicht ausnahmsweise vereinbart worden ist, dass die – fortgeschriebene – Aufgabenstellung auf höherer Ebene maßgeblich bleiben soll *[siehe Kapitel 9.1.3 (2.1), zur Ergänzung bei unzulänglicher Konkretisierung siehe Kapitel 9.1.3 (4)]*. – Hat der Auftraggeber auf die Erstellung der Spezifikation verzichtet, muss er beweisen, dass er bestimmte Funktionen oder sonstige Eigenschaften verlangt hat, soweit er nicht Änderungswünsche vorbringt, mit denen ein Auftragnehmer, der die Erstellung einer Spezifikation unterlässt, rechnen muss *[siehe Kapitel 9.1.2 (4)]*.

(1) Gewöhnliche Verwendung

Ergänzend darf der Auftraggeber erwarten, dass das Programm sich für die gewöhnliche Verwendung eignet *[siehe dazu Kapitel 6.3.2 bis 6.3.5]*. Dafür ist bezüglich der Funktionalität aber neben der Spezifikation nur wenig Raum.

Funktionalität *[vgl. Kapitel 6.3.2]*: Alle Fälle, auch Sonderfälle, müssen überhaupt verarbeitet werden können. Bei seltenen Sonderfällen ist dem Anwender manuelle Vorarbeit zuzumuten.

Benutzerbezogene Qualität *[vgl. Kapitel 6.3.3]*: In der Praxis führt die zunehmende Berücksichtigung ergonomischer Anforderungen bei Software-Produkten dazu, dass auch die Erwartungen bei Individualprogrammen steigen. Ein Individualprogramm kann aber zu einem akzeptablen Preis kaum dasselbe bieten. Allerdings wird zunehmend mit Hilfsmitteln gearbeitet, die die Schaffung einer guten Benutzeroberfläche erleichtern.

Hinsichtlich der Aufgabenangemessenheit können sich gegenüber Software-Produkten *[Kapitel 6.3.3]* sogar höhere Anforderungen ergeben.

Die Frage, welche Benutzerfreundlichkeit der Anwender erwarten kann, hängt maßgeblich von dem Umfang des Einsatzes des Programms bzw. von dem Umfang des Mengengerüstes, das von ihm bearbeitet werden soll, ab. Das gilt entsprechend für die einzelnen Funktionen eines Programms.

Beispiel: Sollen z. B. Listen ausgegeben werden, die abgearbeitet werden sollen (z. B. Mahnlisten, Auflistungen von Eingabefehlern), bedarf es keiner Sortierung nach Sachbearbeitern, wenn nur ein Sachbearbeiter zuständig ist. Bei zwei Sachbearbeitern kann man über die Erforderlichkeit einer Sortierung nach Sachbearbeitern streiten. Bei vielen Sachbearbeitern und vielen Fällen ist eine Aufgliederung unverzichtbar.

Sonstige IT-technische Qualität *[vgl. Kapitel 6.3.5]*: Das Problem der Mängelhäufigkeit als Grund für eine Vertragslösung liegt parallel zur Situation bei Software-Produkten *[siehe Kapitel 6.3.10 (2)]*. Bei Individualprogrammen dürfen aber anfangs mehr Mängel als bei einem Software-Produkt vorkommen.

(2) Fehlerhafte Anforderungen

Der Auftragnehmer schuldet ein taugliches Programm und wird erst dann von der Untauglichkeit wegen fehlerhafter Anforderungen seitens des Auftraggebers befreit, wenn dieser nach Rückfrage auf seinen Anforderungen besteht. Der Auftragnehmer darf sich nicht darauf verlassen, dass Anforderungen fehlerfrei sind, selbst wenn sie von einem Fachmann erstellt worden sind (außer wenn er vereinbarungsgemäß kaum fachliche Kenntnisse zu haben braucht).

(3) Nicht ausreichende Zielumgebung des Auftraggebers

Zur Pflicht des Auftragnehmers, die Tauglichkeit der Zielumgebung des Auftraggebers zu Beginn seiner Arbeit zu überprüfen, siehe Kapitel 9.2.1 (2).

Wird die Zielanlage als Entwicklungssystem genutzt oder ist sie mit jener typidentisch, wird in der Regel ein Teil der Defizite in der Zielumgebung während der Erstellungsphase entdeckt *[zu solchen Defizite siehe auch Kapitel 9.2.3.1 (3)]*.

Ausgangspunkt: Beeinträchtigt die vorgegebene Zielumgebung die Realisierung, z. B. die des geschuldeten Zeitverhaltens, oder reicht sie nicht aus oder ist sie fehlerhaft, ist das in Analogie zu einer fehlerhaften Weisung des Auftraggebers zu behandeln *[vgl. unter (2)]*. Das bedeutet, dass der Auftragnehmer den Auftraggeber auf die mangelnde Eignung aufmerksam machen muss, wenn er sie entdeckt. Problematisch sind Defizite in der Sollbeschaffenheit der Zielumgebung, insbesondere fehlende Funktionen. Der Auftragnehmer muss beweisen, dass er eine von ihm benötigte Funktion als zur gewöhnlichen Verwendung der Zielumgebung gehörig betrachten durfte. Der Auftraggeber kann den Gegenbeweis antreten, dass der Auftragnehmer wusste, dass diese Funktion nicht vorhanden war.

Der Auftraggeber muss möglichst Abhilfe schaffen, sei es dadurch, dass der Lieferant der Systemsoftware Fehler beseitigt, sei es, dass er die Zielumgebung ändert/ergänzt oder, dass er den Auftragnehmer beauftragt, das Defizit programmseitig auszugleichen.

Verantwortung des Auftragnehmers für Defizite: Grundsätzlich, aber nicht in jedem Fall, liegt die Verantwortung für die nicht ausreichende Zielumgebung beim Auftraggeber *[zum Beratungsverschulden des Auftragnehmers siehe Kapitel 9.7]*. Der Auftragnehmer kann die Gesamtverantwortung übernehmen. Dann gehen Defizite zu seinen Lasten; er hat insbesondere die sich aus der anwenderseitigen Pflege der Systemsoftware ergebenen Aufgaben *[Kapitel 9.2.1 (5)]* auf eigene Kosten zu übernehmen.

Der Auftragnehmer trägt aber nicht die Folgen, wenn der Lieferant fehlerhafter Systemsoftware gemeldete Fehler (Defizite) nicht beseitigt. Wenn jener Lieferant die Pflicht zur Fehlerbeseitigung allerdings ausgeschlossen hat und der Auftragnehmer das weiß, gehen Fehler wiederum beschränkt zu seinen Lasten: Er muss schwerwiegende Fehler der Systemsoftware in dem von ihm erstellten Programm umgehen.

Wenn der Auftragnehmer im Vertrag zusätzlich erforderliche Software (u. U. auch Hardware) benennt, ist das im Regelfall nur als Hinweis auf die erforderliche Ergänzung der Zielumgebung zu verstehen. Ausnahmsweise kann es aber auch sinngemäß bedeuten: „Das ist ein Teil der Lösung, den der Auftraggeber beschaffen möge.“ Dann übernimmt der Auftragnehmer die Verantwortung für die Eignung.

(4) Vertretenmüssen

Vertretenmüssen heißt im Normalfall Verschulden (§ 276 BGB). Längst nicht jeder Programmmangel ist verschuldet (es lässt sich nicht einmal sagen, dass jeder Mangel auf eine objektive Pflichtverletzung zurückzuführen ist). Denn Mängel sind bei auch nur einigermaßen komplexen Programmen selbst bei äußerster Sorgfalt nicht zu vermeiden. Ebenso können trotz gründlichsten Testens nicht alle Mängel entdeckt werden. Geschuldet wird nur die verkehrsübliche Sorgfalt, bezogen auf das konkrete Programm. Diese wird von den Beteiligten stark nach der Art des drohenden Schadens differenziert, vorrangig danach, ob Personenschäden oder sonstige Schäden drohen. Innerhalb der sonstigen Schäden wird nach der Höhe des drohenden Schadens differenziert.

Verschulden des Auftragnehmers an einem latenten Mangel, den der Auftraggeber durch eine Änderung aktiviert, scheidet nicht schlechthin aus; denn der Mangel kann vermeidbar sein; er kann auch durch andere Maßnahmen der Qualitätssicherung als durch Testen entdeckbar sein. Verschulden liegt aber eher fern.

9.5.2 Rechtsfolgen

Unerhebliche Mängel: Soweit Abweichungen von der Spezifikation vorliegen (z. B. Anordnung der Daten in Listen), dürfte gewollt sein, dass der Auftragnehmer alle Abweichungen zu beseitigen hat. Denn die endgültige Detaillierung soll ganz und gar verbindlich sein. Der Auftragnehmer dürfte ohnehin kaum von seiner Pflicht zur Nacherfüllung befreit sein *[siehe Kapitel 6.3 (2.3)]*.

Kostenerstattung durch den Auftraggeber bei Vergütung nach Aufwand: Ausgangspunkt ist, dass der Auftragnehmer die Kosten für das Finden (Testen) und die Beseitigung von *üblichen* Mängeln in der Erstellungsphase bei Vergütung nach Aufwand nicht zu tragen hat. Die Gründe dafür sind so stark, dass deswegen der Grundsatz eine Ausnahme erfährt, dass der Auftragnehmer die Kosten für die Mängelbeseitigung nach der Lieferung trägt. Der Auftraggeber hat den Aufwand auch dann zu bezahlen, wenn *übliche* Mängel erst nach Ablieferung entdeckt und beseitigt werden.

Ersatzvornahme/Selbstvornahme: Sie ist nur im Werkvertragsrecht vorgesehen *[siehe Kapitel 10.1.1 (3)]*; sie setzt dort Nachfristsetzung voraus, nicht aber dass der Auftragnehmer den Mangel zu vertreten hat. Wenn der Auftragnehmer die Verzögerung zu vertreten hat, kann der Auftraggeber nach Nachfristsetzung seinen Aufwand als Schaden ersetzt verlangen. Damit besteht im Ergebnis nur ein beschränkter Unterschied zum Werkvertrag.

Nach-Nachfrist: Der Auftragnehmer kann Anspruch auf eine Nach-Nachfrist haben (die der Auftraggeber von vornherein – ausdrücklich – in seine Nachfristsetzung einbeziehen kann): Wenn der Auftraggeber wegen aufgetretener Mängel eine Nachfrist setzt, kann dem Auftragnehmer trotz aller Anstrengungen unterlaufen, dass er die Mängel nicht vollständig beseitigt (seine Korrekturmaßnahmen punktuell mangelhaft sind). Beim Testen durch den Auftraggeber können schwerwiegende Störungen auftreten, die der Auftragnehmer in seiner Testumgebung kaum entdecken konnte, die teilweise sogar auf die menschliche Unvollkommenheit zurückzuführen sind, die aber schnell beseitigt werden können. Wenige solcher Mängel sind nach dem Stand der Technik akzeptabel. Je eher sich diese Situation nach der Lieferung ergibt, desto eher muss der Auftraggeber für deren Beseitigung eine kurze Nach-Nachfrist einräumen.

Erneute Nachfristsetzung als Voraussetzung für die Erstattung des Aufwands für die Beseitigung von weiteren Mängeln: In Betracht kommt, dass der Auftraggeber Nachfrist gesetzt und nach erfolglosem Fristablauf die Mängel selbst beseitigt und Schadensersatz verlangt hat. M. E. braucht der Auftraggeber, wenn weitere Mängel auftreten, kaum erneut Nachfrist setzen damit er den Aufwand für die (selbst oder durch einen anderen Auftragnehmer durchgeführte) Mängelbeseitigung als Schadensersatz verlangen kann. Denn m. E. ist es für den Auftraggeber unzumutbar, den Auftragnehmer noch am Programm arbeiten zu lassen. Gründe dafür sind: Der Auftragnehmer hat sich durch die Versäumung der Nachfrist als unzuverlässig erwiesen. Vor allem soll nur eine Stelle (ein Team) für Änderungen zuständig sein, um inkonsistente Korrekturmaßnahmen zu verhindern. Dafür ist auch erforderlich, dass es nur eine Entwicklungs- und Testumgebung für das Programm gibt. Je mehr Änderungen nach der ersten Nachfristsetzung vorgenommen worden sind, desto weniger ist dem Auftraggeber noch zumutbar, den Auftragnehmer noch einmal für die Mängelbeseitigung einzuschalten.

9.6 Besonderheiten bei Erstellung aus Rohlingssoftware

Konkretisierung der Aufgabenstellung: Der Auftragnehmer geht davon aus, dass er die gewünschte Lösung im Wesentlichen bereits erstellt hat *[siehe Kapitel 8.4.2) zur Abgrenzung zu ähnlichen Projekten auf der Basis von Software-Produkten]*. Typischerweise wird vor der Vereinbarung eines Festpreises nur eine grobe Istaufnahme durchgeführt. Der Auftragnehmer geht von einem Basispreis aus, der einen Teil der Vorinvestition für die Rohlingssoftware amortisieren soll, und von einem Zuschlag, der den Anpassungsaufwand in etwa abdecken soll. Gewisse Überschreitungen des tatsächlichen Aufwands sind für ihn nicht schlimm; denn oft führt das zu Erweiterungen der Rohlingssoftware, die er für andere Kunden wiederverwenden kann.

Die Erstellungsphase im Übrigen: Wenn schon bei Projekten, bei denen Software-Produkte erheblich angepasst werden sollen, naheliegt, diese wie Erstellungsprojekte durchzuführen *[siehe Kapitel 8.4.1 (4)]*, gilt dies hier auf jeden Fall. Da die Rohlingssoftware nach den Richtlinien des Auftragnehmers erstellt worden ist, dürften diese auch für die Anpassungsprogrammierung gelten. Allerdings dürfte mit dieser punktuellen Geltung noch nicht viel dazu ausgesagt sein, inwieweit diese Richtlinien im Übrigen, insbesondere hinsichtlich der Mitwirkung des Auftraggebers, gelten sollen.

Sonstige Leistungsfragen: Wie auch sonst hat der Auftragnehmer das Programm auch als Quellprogramm zu liefern *[siehe Kapitel 9.3.1 (1)]*. Es gibt keinen Grund, dass nicht auch eine systemtechnische Dokumentation zu liefern ist. Fraglich ist allerdings, wie umfangreich diese zu sein hat. Denn es ist höchstwahrscheinlich, dass der Auftragnehmer die Pflege übernimmt und der Auftraggeber also eine für andere verständliche Dokumentation nicht brauchen wird.

9.7 Verletzung von Aufklärungs- und Beratungspflichten vor Vertragsabschluss

Die Frage, inwieweit der Auftragnehmer vor Vertragsabschluss zur Aufklärung oder Beratung verpflichtet ist, spielt eine viel geringere Rolle als bei der Lieferung von Systemen *[Kapitel 7.1]*, weil hier IT-Laien nur sehr beschränkt als Auftraggeber auftreten. Zu erwägen ist, in welchem Umfang der Auftragnehmer dem Auftraggeber eine überdimensionierte Lösung anbieten darf oder ob er darauf hinweisen muss, dass es für die gewünschte Lösung ein – evtl. anzupassendes – Standardprogramm gibt.

Gegenüber IT-Laien kommen Aufklärungspflichten dahingehend in Betracht,

- dass sie in erheblichem Umfang am Erstellungsprozess mitwirken müssen,
- dass sinnvollerweise erst einmal ein Auftrag über die Erarbeitung der Spezifikation vorausgeschickt wird, wenn der Auftraggeber einen Festpreis verlangt.

Eine allgemeine Pflicht zur Überprüfung der Aufgabenstellung ist abzulehnen. Eine solche hinsichtlich der Entwicklungs- und Zielumgebung kann auch nur ausnahmsweise angenommen werden, wenn der Auftraggeber über IT-Fachleute verfügt. Denn diese Überprüfung gehört erst an den Beginn der Arbeit *[Kapitel 9.2.1 (2)]*.

Eine Beratungspflicht entsteht, wenn der Auftragnehmer Empfehlungen zur Entwicklungs- /Zielumgebung gibt.

9.8 Vorverträge und vorläufige Verträge

Wenn der Auftragnehmer schon vor Abschluss des geplanten schriftlichen Vertrags mit der Arbeit anfängt, kommt es hinsichtlich der Vergütungspflicht darauf an, ob die Vertragspartner die Arbeit noch als Arbeit des Auftragnehmers an seinem Angebot oder bereits als Projektarbeit sehen *[Kapitel 2.1.8 (3)]*. Angesichts dessen, dass der Entwicklungsprozess ein

Kontinuum mit der Konkretisierung der Aufgabenstellung am Anfang ist, kann man kaum sagen, dass dieses oder jenes noch zur Angebotserstellung gehöre. Im Grunde ist alles bereits Projektarbeit und wird bei Vergütung nach Aufwand selbstverständlich bezahlt. Man denke nur daran, wie intensiv die Fachseite des Auftraggebers bereits mitarbeitet. Wird bei Vergütung nach Aufwand der Vertrag erst nach Arbeitsaufnahme geschlossen, soll er in der Regel rückwirkend mit Arbeitsbeginn in Kraft treten. Bei Festpreisen kalkuliert der Auftragnehmer seinen Aufwand auch ab Arbeitsbeginn mit ein, bekommt ihn im Falle des Vertragsschlusses also auch vergütet.

Der Auftragnehmer arbeitet also nur dann noch an seinem Angebot, wenn er die Aufgabenstellung ermittelt, um sie in seinem Angebot darstellen oder um seinen Aufwand bei einem Festpreis kalkulieren zu können, bzw. nach Vorlage eines Angebots, um es auf Grund von Einwendungen seines Interessenten zu verbessern.

Es liegt also ziemlich nahe, dass der Auftragnehmer anderenfalls nicht auf sein Risiko arbeitet.

9.9 Pflege von Individualprogrammen

(1) Ansatz für den Pflegevertrag

Mit Ablauf der Verjährungsfrist für Ansprüche wegen Mängeln aus dem Erstellungsvertrag erlischt der Mängelbeseitigungsanspruch des Auftraggebers nicht; der Auftragnehmer kann dem Anspruch aber die Einrede der Verjährung entgegenhalten und sich zur Mängelbeseitigung nur gegen Vergütung bereiterklären *[Kapitel 6.3.8 (1)]*.

Der Auftragnehmer, der nach Ablauf der Verjährungsfrist Mängel ohne eine solche Forderung beseitigt, kann dafür *nachträglich* keine Vergütung verlangen; er hat eben auf die Einrede der Verjährung verzichtet und seine Pflicht erfüllt. Besteht kein Pflegevertrag, muss der Auftragnehmer sich also vor Arbeitsaufnahme einen Auftrag zur Mängelbeseitigung (gegen Vergütung des Aufwands) erteilen lassen, wenn er seine Leistung vergütet haben will.

(2) Pflegepflicht

Ob der Auftragnehmer zur Pflege verpflichtet ist, hängt im Wesentlichen davon ab, ob er dem Auftraggeber Programme als Quellprogramm zur Verfügung gestellt hat *[wozu er grundsätzlich verpflichtet ist; siehe Kapitel 9.3.1 (1)]*. Hat er das getan, besteht kein technisches Monopol. Ein Anspruch auf Pflege kommt dann nur beschränkt in Betracht.

Wenn der Auftragnehmer das Quellprogramm vereinbarungsgemäß nicht zur Verfügung stellt, erklärt er damit, dass er die Pflege übernehmen will. Er dürfte dann zumindest für die übliche Einsatzdauer der von ihm erstellten Programme zur Pflege verpflichtet sein. Je länger die Geschäftsbeziehung betreffend der Weiterentwicklung dauert, desto stärker dürfte der Auftraggeber sich auf weitere Betreuung verlassen können. Der Auftragnehmer dürfte auch über die übliche Einsatzdauer von Software-Produkten hinaus dazu verpflichtet bleiben, solange er die personellen und sachlichen Mittel hat, die Pflege fortzuführen.

Im Übrigen dürfte er verpflichtet sein, die Einstellung der Pflege frühzeitig anzukündigen, damit der Auftraggeber sich darauf einstellen kann.

(3) Mängelbeseitigung

Die Mängelbeseitigung ist hier geschuldete Leistung und erfolgt nicht aus Haftung wegen Mängeln *[vgl. Kapitel 14.3.1]*. Erst wenn der Auftragnehmer die Pflicht zur Mängelbeseitigung schlecht erfüllt, haftet er *[siehe Kapitel 14.3.3 (2)]*.

(4) Pflichten des Auftragnehmers bei der Pflege

Die im Folgenden behandelten Pflichten gelten weitgehend unabhängig davon, ob ein formeller Pflegevertrag geschlossen worden ist oder nicht.

Qualitätssicherung: Da die Weiterentwicklung noch fehlerträchtiger als die Erstentwicklung ist, ist der Auftragnehmer gesteigert zur Qualitätssicherung, insbesondere zum Testen, verpflichtet. Der Auftraggeber dürfte eher als bei einem Erstellungsvertrag auch seinerseits zur Überprüfung, insbesondere zum Testen, verpflichtet sein *[siehe Kapitel 9.2.3.2 (2)]*.

Beratungspflichten des Auftragnehmers: Die Weiterentwicklung wird zwar durch Aufträge des Auftraggebers angestoßen. Der Auftragnehmer kann aber verpflichtet sein, den Auftraggeber auf Bedarf an Weiterentwicklung hinzuweisen, damit diese rechtzeitig durchgeführt werden kann. Der Änderungsbedarf kann sich aus Änderungen der Rechtsvorschriften ergeben, die ein Programm zu berücksichtigen hat, oder aus veränderten Pflegebedingungen für die Systemsoftware, die ein Programm benötigt *[vgl. Kapitel 14.2.1]*. Die Beratungspflicht bezieht sich dann auch auf den Zeitbedarf für das Weiterentwickeln und die Verfügbarkeit von Kapazität dafür beim Auftragnehmer.

10 Dienst- und Werkvertragsrecht, Beratungs- und Unterstützungsverträge

Inhaltsübersicht

Auch in diesem Kapitel wird weitgehend von Auftraggeber und Auftragnehmer gesprochen *[vgl. Kapitel 9 am Anfang]*.

10.1 Einleitung

(1) Vertragsgegenstand

Gegenstand von Beratung/Unterstützung kann beispielsweise sein:

- Beratung im engeren Sinne, z. B. bei der Auswahl von Produkten oder Organisationsberatung,
- Mitwirkung bei der Entwicklung von Vorstufen zu Programmen, z. B. der Spezifikation, oder von Programmen *[siehe (2)]*,
- Unterstützung, die auch der Systemlieferant in der Einführungs- oder Nutzungsphase erbringen könnte, die aber günstiger gesondert von einem anderen Auftragnehmer beschafft wird.

(2) Rechtliche Einordnung

Verträge, die auf die genannten Leistungen gerichtet sind, können Dienstverträge oder Werkverträge sein. Die Einordnung ist nicht so wichtig, wie Nicht-Juristen oft annehmen und Juristen oft behaupten.[1] In der Praxis gehen die Vertragspartner auf die Einordnung oft nicht ein.

In allgemeiner Rechtsprechung werden Verträge über die Erstellung von Gutachten und ähnliche Leistungen, deren Ergebnis in einem Papier festgehalten wird, als Werkvertrag eingeordnet, z. B. Gutachten über Kanalisationsschäden, über die Ermittlung des Grundstückwerts oder über die steuerrechtlich geeignetste Gesellschaftsform. Beratungsverträge, die eine Auswahl zum Gegenstand haben, dürften gleichermaßen einzuordnen sein.

Insbesondere Mitwirkung bei der Entwicklung von Programmen: Wird nach der Erstellung der Spezifikation in einem (!) Team gearbeitet, kann das bedeuten: Ein freier Mitarbeiter kann auf Dauer seine Unabhängigkeit verlieren *[siehe Kapitel 12.3]*. Bei Einsatz von Mitarbeitern eines Auftragnehmers liegt es nahe, dass Arbeitnehmerüberlassung vorliegt *[siehe Kapitel 12.2]*. Ein Dienstvertrag kann vorliegen, wenn die Mitarbeiter des Auftragnehmers nur einen Teil ihrer Arbeitszeit für die Durchführung des Auftrages einsetzen. Ein Dienstvertrag liegt vor, wenn der Auftragnehmer mit eigener Verantwortung (also bei gemeinsamer Verantwortung) mitwirkt.

---

1 So charakterisiert Strömer in dem in Kapitel 4.1 zitierten Buch in Kapitel 2.3.5 den Werkvertrag gegenüber dem Dienstvertrag wie folgt: „Kein Mensch würde einem Maler Geld dafür bezahlen wollen, dass er zwar drei Tage versucht hat, ein Portrait zu malen, dann aber sein Vorhaben wegen andauernder Unzufriedenheit mit der eigenen Leistung aufgegeben hat.“

10.1.1 Überblick über das Werkvertragsrecht

(1) Grundzüge des Werkvertragsrechts

Gegenstand des Werkvertrages ist die entgeltliche *Wertschöpfung*. Da Verträge über die Erstellung beweglicher Sachen dem Recht des Kaufvertrags in der Variante des Werklieferungsvertrags unterstellt werden *[siehe Kapitel 6.1 (2)]*, bleibt für den Werkvertrag nicht mehr viel Raum: Gegenstand kann z. B. sein,

- eine Sache des Auftraggebers zu verändern.
  Beispiel: Reparatur eines Computers, Änderung eines Programms.
- einen Erfolg durch Arbeit herbeizuführen.
  Beispiel: Erstellung eines Gutachtens.

Hauptpflichten des Auftragnehmers: Der Auftragnehmer ist verpflichtet, das Werk rechtzeitig und vertragsmäßig (im Wesentlichen mängelfrei) zu erstellen; ist es nicht von dieser Beschaffenheit, braucht der Auftraggeber es nicht abzunehmen. Außerdem ist der Auftragnehmer, soweit es wegen der Beschaffenheit des Werks möglich und nötig ist, verpflichtet, dem Auftraggeber auch den Besitz (= die tatsächliche Verfügungsmöglichkeit) und das Herrschaftsrecht an dem Werk zu verschaffen.

Für die Herstellung des Werks dürfen im Zweifel Unterauftragnehmer eingeschaltet werden.

Hauptpflicht des Auftraggebers ist die Zahlung der vereinbarten Vergütung. Die Vergütung kann als Festpreis, ebenso aber auch als Vergütung nach Aufwand vereinbart werden. Feste Liefertermine werden meist nur zusammen mit Festpreisen vereinbart. Wird über die Vergütung nichts ausdrücklich vereinbart, vermutet das Gesetz, dass die Zahlung einer Vergütung immer dann stillschweigend vereinbart ist, wenn die Herstellung des Werkes den Umständen nach nur gegen eine Vergütung zu erwarten ist (§ 632 BGB) *[siehe Kapitel 9.2.2 zu Änderungs- und Zusatzwünschen bzw. Kapitel 9.8 zu Tätigkeiten vor Vertragsabschluss]*. Ist über deren Höhe nichts vereinbart, so gilt die übliche Höhe als vereinbart. Sie ist notfalls durch einen Sachverständigen zu ermitteln.

Zur Mitwirkung des Auftraggebers siehe Kapitel 9.2.3.2 (1).

(2) Abnahme

Hauptpflicht ist auch die (Erklärung der) Abnahme, weil an diese einige Rechtsfolgen zugunsten des Auftragnehmers geknüpft sind. Unter Abnahme ist nach § 640 BGB nicht nur wie im Kaufvertrag die körperliche Entgegennahme zu verstehen. Beim Werkvertrag versteht man darunter die Überprüfung des Werks nach dessen Entgegennahme und die anschließende Erklärung, dass der Auftraggeber die Leistung als im Wesentlichen vertragsgemäß ansieht. Dabei ist davon auszugehen, dass der Anwender das Werk erst einmal ausführlich überprüft, bevor er die Abnahme erklärt; die Entgegennahme kann also nicht als Abnahmeerklärung verstanden werden.

Rechtsfolgen: Das sind im Wesentlichen:

- Fälligkeit der Vergütung;
- Beginn der Verjährungsfrist für Ansprüche wegen Mängeln; die Pflicht zur Mängelbeseitigung beginnt mit der Ablieferung des fertigen Werks; nur die Verjährungsfrist beginnt erst mit Abnahme;
- Umkehr der Beweislast für Mängel;
- Verlust bestimmter Ansprüche wegen Mängeln *[siehe im Folgenden]*.

Wegen dieser wichtigen Rechtsfolgen ist die Abnahme eine Hauptpflicht des Auftraggebers. Bei deren Verletzung kann Schuldnerverzug vorliegen *[siehe im folgenden]*.

Abnahmeerklärung in Kenntnis eines Mangels: Mit einer solchen Erklärung (ohne Vorbehalt) billigt der Auftraggeber den bekannten Stand der Leistung und damit das, was anderenfalls ein Mangel gemäß § 640 Abs. 2 BGB ist. Er hat also keinen Anspruch auf Mängelbeseitigung mehr. Er behält aber seine Ansprüche auf Schadensersatz (§ 640 Abs. 2 BGB)! Will der Auftraggeber den Mangel beseitigt haben, muss er sich dessen Beseitigung in der Abnahmeerklärung vorbehalten.

Der Vorbehalt bezieht sich nicht auf die Abnahme, sondern auf den Anspruch auf Beseitigung des Mangels. Der Vorbehalt ist nur dann nicht nötig, wenn der Auftragnehmer den Mangel vor der Abnahmeerklärung schon anerkannt hat. – Vom Vorbehalt ist die bedingte Abnahme zu unterscheiden: „Die Abnahme erfolgt unter der Bedingung, dass die Fehler bis zum _____ beseitigt werden.“ Wird die Bedingung nicht erfüllt, fällt die Abnahmeerklärung rückwirkend fort.

Sowohl bei der Abnahme unter Vorbehalt als auch bei der bedingten ist der Auftraggeber zur Zahlung des bei Abnahme fälligen Anteils an der Vergütung verpflichtet, kann aber einen angemessenen Bruchteil davon bis zur Beseitigung des Mangels zurückbehalten.

Teilabnahmen haben die Rechtsfolgen wie Abnahmen. Diese entfallen wahrscheinlich, wenn der Auftraggeber die Gesamtabnahme berechtigterweise verweigert.

Vorläufige unberechtigte Verweigerung der Abnahme: Der Auftraggeber gerät dadurch erst einmal in Annahmeverzug; dieser setzt Vertretenmüssen nicht voraus *[Kapitel 3.11]*. Damit hat der Auftragnehmer Anspruch auf Ersatz seiner Mehraufwendungen, aber noch nicht auf Zahlung des Werklohns.

Gemäß § 640 Abs. 1 Satz 3 BGB kann der Auftragnehmer dem Auftraggeber eine angemessene Frist für die Abnahmeerklärung setzen. Mit Ablauf der Frist gilt die Abnahme als erteilt, wenn der Auftraggeber zur Abnahme verpflichtet war. Es kommt dem Wortlaut der Vorschrift nach nicht darauf an, ob der Auftraggeber die Abnahmeprüfung aus bei ihm liegenden Gründen gar nicht durchführen konnte. Es bleibt abzuwarten, ob die Rechtsprechung andersherum entscheidet.

Endgültige unberechtigte Verweigerung der Abnahme: Diese steht der Abnahme nicht gleich; sie hat aber die Wirkung,

- dass die Abnahme nicht mehr Voraussetzung für die Fälligkeit der Vergütung ist. Der Vergütungsanspruch bleibt bestehen, wenn die Mängel beseitigbar sind. Der Auftraggeber kann und muss Gegenansprüche wegen Mängeln vorbringen. Hingegen wird die Beweislast für die Mängelfreiheit nicht umgedreht, und

- dass, wenn die Weigerung auf Mängel gestützt wird, die Verjährungsfrist für Ansprüche wegen Sachmängeln beginnt.

(3) Haftung für Mängel

Der Auftragnehmer haftet wie beim Kaufvertrag *[siehe Kapitel 6.3 am Anfang]*. Die Sollbeschaffenheit kann sich allerdings kaum aus Werbeaussagen ergeben.

Bei der Mängelbeseitigung (Nacherfüllung) liegt das Wahlrecht zwischen Nachbesserung und Neuherstellung beim Auftragnehmer. Außerdem ist der Auftraggeber, wenn der Auftragnehmer mit der Mängelbeseitigung in Verzug ist, berechtigt, den Mangel selbst auf Kosten des Auftragnehmers zu beseitigen (Selbstvornahme) *[siehe im Folgenden]*.

Verjährungsfrist für Ansprüche wegen Mängeln: Sie beginnt im Normalfall mit der Abnahme (§ 634a BGB). Sie beträgt zwei Jahre bei Verträgen, die sich auf die Wartung oder Veränderung einer Sache oder auf Planungs- oder Überwachungsleistungen beziehen. Bei wenigen Verträgen ist vorgesehen, dass Mängel der normalen Verjährungsfrist unterliegen (drei Jahre mit Beginn der Frist ab dem Ende des Kalenderjahres, in dem der Mangel dem Auftraggeber bekannt wird oder ohne grobe Fahrlässigkeit bekannt werden müsste). Das gilt zum Beispiel für Verträge über die Erstellung eines Gutachtens über den Zeitwert einer gebrauchten IT-Anlage.

Selbstvornahme (Ersatzvornahme): Kommt der Auftragnehmer der Fristsetzung für die Mängelbeseitigung (Nacherfüllung) nicht nach, kann der Auftraggeber den Mangel gemäß § 637 Abs. 1 BGB selbst beseitigen und Ersatz der hierfür erforderlichen Aufwendungen verlangen. Dazu gehört auch der eigene Arbeitsaufwand des Auftraggebers. Verzug des Auftragnehmers ist keine Anspruchsvoraussetzung (wird aber meist vorliegen). Die Fristsetzung ist in denselben Fällen wie bei Verzug nicht erforderlich *[siehe Kapitel 3.3.2 (2)]*. – Der Auftraggeber hat einen Anspruch gegen den Auftragnehmer, dass dieser ihm auf die zu erwartenden Aufwendungen einen Vorschuss leistet. Er kann bereits diesen Anspruch auf Vorschuss gegen den Werklohnanspruch des Auftragnehmers verrechnen. – Daneben kann auch ein Schadensersatzanspruch bestehen, der die Erstattung dieser Kosten umfasst.

10.1.2 Überblick über das Dienstvertragsrecht

(1) Grundzüge des Dienstvertrags

Geschuldet werden die Dienste *als solche*. Derjenige, der sie zusagt, muss sie nach seinen besten Kräften und nach seinem bestem Wissen in Richtung auf einen Erfolg leisten; auf den Erfolg kommt es aber rechtlich gesehen nicht an *[vgl. Kapitel 10.1.1 (1)]*. Beim Dienstvertrag bleibt demjenigen, für den die Dienste geleistet werden, nur das Recht, das Dienstverhältnis für die Zukunft zu kündigen, wenn er mit den Fähigkeiten und mit der Einsatzbereitschaft des Vertragspartners nicht zufrieden ist. Eine besondere Frage ist, ob der Auftraggeber, der sich mit einem bestimmten Auftragnehmer eingelassen hat, einen für diesen

Auftragnehmer nicht durchschnittlichen Mitarbeiter (ggf. entsprechend vereinbarter Qualifikationsstufe) zurückweisen darf.

Arbeitsvertrag: Der mit Abstand wichtigste Dienstvertrag ist der Arbeitsvertrag. Seit dem Inkrafttreten des BGB hat sich eine sehr umfangreiche spezielle Arbeitsgesetzgebung entwickelt. Ein Arbeitsvertrag liegt vor, wenn Dienste in persönlicher und wirtschaftlicher Abhängigkeit geleistet werden *[siehe Kapitel 12.3 zur Abgrenzung zum freien Mitarbeiter]*.

Eine „Einführung ins Arbeitsrecht" von Rechtsanwalt Dr. Meinhard Erben findet sich in www.zahrnt.de.

Höchstpersönliche Leistungserbringung: Der Auftragnehmer muss die versprochenen Dienste im Zweifel selbst leisten (§ 613 BGB). Die Heranziehung von Unterauftragnehmern ist also im Zweifel nicht zulässig.

Wird eine GmbH beauftragt, soll diese in aller Regel durch ihre Mitarbeiter und nicht durch Geschäftsführer tätig werden. Fraglich ist, ob sie nur durch festangestellte Mitarbeiter tätig werden darf. Es werden häufig freie Mitarbeiter eingesetzt, ohne dass das üblicherweise gegenüber dem Auftraggeber offengelegt wird. Wendet man § 613 Satz 1 BGB entsprechend auf diese Situation an, darf der Auftragnehmer im Zweifel nur festangestellte Mitarbeiter einsetzen. Andererseits ist zu berücksichtigen, dass Auftraggeber, die in eigenen AGB ein Verbot oder einen Zustimmungsvorbehalt bezüglich des Einsatzes von Unterauftragnehmern vorsehen, häufig solche freie Mitarbeiter davon ausnehmen, die mit dem Auftragnehmer dauernd zusammenarbeiten.

Vergütung: Der Auftraggeber muss die vereinbarte Vergütung bezahlen. Sie besteht in der Regel in Geld.

Beispiel für Ausnahme: Ein Anwender stellt einem Softwarehaus Rechenzeiten dafür bereit, dass dieses die Pflege überlassener Programme übernimmt.

Wird die Frage der Vergütungspflicht nicht ausdrücklich geregelt, wird vermutet, dass die Zahlung einer Vergütung stillschweigend vereinbart ist, wenn die Leistung der Dienste den Umständen nach nur gegen eine Vergütung zu erwarten ist (§ 612 BGB). Ist über die Höhe der Vergütung nichts vereinbart, so gilt die übliche Vergütung als vereinbart. Deren Höhe ist notfalls durch einen Sachverständigen zu ermitteln.

Die Vergütung wird über alle Branchen hinweg gesehen häufig als Pauschale vereinbart. Innerhalb der IT-Branche wird aber weitgehend nach Aufwand vergütet.

Vereinbart werden kann eine Obergrenze für die Vergütung insgesamt. Der Auftragnehmer übernimmt dann ein bestimmtes Risiko. Kommen Aufgaben hinzu, hat er Anspruch darauf, dass die Obergrenze erhöht wird *[ähnlich Kapitel 9.3.2 (3)]*. Wird hingegen eine Aufwandskalkulation dem Vertrag zugrundegelegt, dürfte der Auftragnehmer entsprechend § 650 BGB zur Information über die Entwicklung des Aufwands verpflichtet sein *[vgl. Kapitel 9.3.2 (3)]*.

Fälligkeit der Vergütung: Nach § 614 BGB ist die Vergütung fällig, wenn die Dienste geleistet sind. Ist die Vergütung nach Zeitabschnitten bemessen, ist sie nach dem Ablauf der einzelnen Zeitabschnitte zu entrichten. In der Praxis wird in der Regel nach längeren Zeitabschnitten vergütet (Stundensatz/Tagessatz mit monatlicher Abrechnung).

Vergütung bei Annahmeverzug des Auftraggebers: In diesem Fall kann der Auftragnehmer gemäß § 615 BGB die vereinbarte Vergütung verlangen, ohne die Dienste geleistet zu haben und ohne zur Nachleistung verpflichtet zu sein. Er muss sich aber den Wert desjenigen anrechnen lassen, was er erspart, weil die Leistung unterbleibt, und was er durch anderweitige Verwendung der Arbeitszeit von sich oder von seinen Mitarbeitern erwirbt oder zu erwerben böswillig unterlässt.

(2) Kündigung/Beendigung

Da beim Dienstvertrag die Dienste im Zeitablauf geleistet werden, sieht das Gesetz die Kündigung für die Zukunft vor, nicht den (rückwirkenden) Rücktritt. Die Kündigungsfristen ergeben sich aus § 621 BGB. Sie sind sehr kurz, wenn die Vergütung nach Stunden- oder nach Tagessätzen bestimmt wird.

Kündigung aus wichtigem Grund: Das neue Schuldrecht enthält eine allgemeine Vorschrift über die fristlose Kündigung (= Kündigung aus wichtigem Grund) *[siehe Kapitel 3.1 (5)]*. Die spezielle Vorschrift in § 626 BGB enthält nur noch als Besonderheit des Dienstvertrags eine Ausschlussfrist: Die Kündigung kann nur innerhalb von zwei Wochen von dem Zeitpunkt an erfolgen, in dem der Kündigungsberechtigte von dem wichtigen Grund Kenntnis erhalten hat. – Meist erfüllen die Tatsachen, die zur Kündigung berechtigen, zugleich einen Anspruch auf Schadensersatz.

Besonderes Kündigungsrecht bei Diensten höherer Art: § 627 BGB erlaubt beiden Seiten, einen Vertrag über Dienste höherer Art, die nur aufgrund besonderen Vertrauens übertragen zu werden pflegen, jederzeit zu kündigen. Der Auftragnehmer darf allerdings nur so kündigen, dass sich der Auftraggeber die Dienste auch anderweitig wieder beschaffen kann (es sei denn, dass ein wichtiger Grund für die Kündigung vorliegt).

Wer Beratung im engeren Sinne erbringt *[vgl. Kapitel 10.1 (1)]*, dürfte regelmäßig Dienste höherer Art erbringen. Wer bei der Erstellung von Vorstufen zu Programmen mitwirkt, kann Dienste höherer Art erbringen; es liegt aber näher, dass die ausführende Tätigkeit im Vordergrund steht. – Auch juristische Personen können Auftragnehmer im Sinne von § 627 BGB sein.

Weiterarbeit nach Beendigung: Arbeitet der Auftragnehmer nach Ablauf der kalendermäßig bestimmten Zeit (oder der Kündigungsfrist) weiter, gilt in der Regel, dass der Auftraggeber, wenn er das weiß, das billigt; die Parteien verlängern dann stillschweigend den Vertrag. § 625 BGB sichert den Auftragnehmer dahingehend ab, dass der Auftraggeber sich nicht auf seinen gegenteiligen Willen berufen kann. – Es reicht also aus, wenn die Fachabteilung des Auftraggebers um die Fortsetzung weiß, auch wenn die zuständige Verwaltungsabteilung noch nicht die von der Fachabteilung gewünschte Vertragsverlängerung durchgeführt hat.

(3) Die Haftung des Auftragnehmers

Das Dienstvertragsrecht kennt *keine* Minderung der Vergütung, wenn die Leistung hinter dem Üblichen zurückbleibt. Nur insoweit wie der Auftraggeber durch schuldhafte Schlechterfüllung einen Schaden erleidet, soll der Auftragnehmer schadensersatzpflichtig sein. Es lässt sich nur teilweise vertreten, dass der Schaden darin liegt, dass keine vollwertige Leistung erbracht worden ist.

Verzug: Der Auftragnehmer kommt gemäß §§ 286 f. BGB in Verzug, wenn er nicht zeitgerecht arbeitet. Eine unmittelbare Haftung für die Einhaltung von Endterminen gibt es nicht. Der Auftragnehmer ist nur zur termingerechten Arbeitsleistung verpflichtet sowie dazu, sich um die Einhaltung von Terminplänen zu bemühen. Erkennt er, dass er einen Terminplan nicht einhalten kann, ist er verpflichtet, den Auftraggeber darüber zu informieren (unterlässt er das, macht er sich wegen Schlechterfüllung schadensersatzpflichtig). Möglich sind selbständige Zusagen (Garantien), aus denen der Auftragnehmer dann haftet.

Schlechterfüllung ist die Verletzung der Pflicht zu ordentlicher Arbeit *[siehe Kapitel 3.4]*. Sie führt zur Schadensersatzpflicht, wenn der Auftragnehmer diese zu vertreten hat, das bedeutet im Normalfall: sie verschuldet hat. Eine Pflicht zur Mängelbeseitigung unabhängig von Vertretenmüssen gibt es begrifflich nicht. Manche Anbieter bieten von sich aus im Vertrag die Pflicht an, Mängel zu beseitigen.

(4) Rechte an den Arbeitsergebnissen

§ 69b II UrhG spricht zwar von „Dienstverträgen", bezieht sich aber damit nur auf öffentlich-rechtliche Dienstverhältnisse *[siehe Kapitel 12.1.2 (3)]* und ist also nicht einschlägig.

In der Branche wird durchweg davon ausgegangen, dass – im Gegensatz zu Werk(lieferungs-)verträgen – alle Rechte an den Arbeitsergebnissen als Darstellung im Sinne des Urheberrechts beim Auftraggeber liegen. Die Begründung dafür liegt darin, dass die Mitarbeiter des Auftragnehmers in einem Projekt des Auftraggebers mitarbeiten würden. Eine Ausnahme wird konsequenterweise dann gemacht, wenn der Auftragnehmer Dokumente in das Projekt einbringt, z. B. Untersuchungen, die er früher erarbeitet hat.

Es wird allgemein davon ausgegangen, dass der Auftragnehmer das erworbene Wissen anderweitig verwenden darf, soweit nicht Geheimhaltungsinteressen entgegenstehen. Um dieses Wissen effektiv nutzen zu können, darf der Auftragnehmer nach allgemeiner Vorstellung eine Kopie der von ihm erstellten Unterlagen behalten, wenn nicht *besondere* Geheimhaltungsinteressen entgegenstehen. Ob Letzteres der Fall ist, soll danach entschieden werden, ob der Vertrag eine konkrete Geheimhaltungsklausel vorsieht.

Dass dem Auftraggeber alle Rechte an der Darstellung von Ergebnissen zustehen, ist urheberrechtlich plausibel: Wenn Mitarbeiter beider Vertragspartner Miturheber sind, liegt es in Anbetracht der Zielsetzung des Vertrages nahe, dass die Nutzungsrechte an einen der Vertragspartner übertragen werden sollen. Es liegt nahe, den Auftraggeber als diesen Vertragspartner anzusehen *[vgl. Kapitel 5.3.2 (3)]*. Die Rechtsprechung geht auch davon aus, dass alle Rechte an den Auftraggeber übergehen sollen, wenn ein Auftragnehmer ein Programm in enger Anbindung an den Auftraggeber erstellt *[Kapitel 9.3.4 (2)]*.

10.1.3 Insbesondere Verträge mit freien Mitarbeitern

(1) Vertragstyp

Verträge mit freien Mitarbeitern können Dienst- oder Werkverträge sein. In der IT-Praxis werden typischerweise Rahmenverträge geschlossen, um die Zusammenarbeit zu regeln. Diese werden häufig nur als Werkverträge formuliert, insbesondere

- um den Eindruck zu erwecken, dass Arbeitnehmerüberlassung ganz fern liege *[vgl. Kapitel 12.2 (1)]* und
- um den Auftragnehmer möglichst stark in die Pflicht zu nehmen *[vgl. Kapitel 10.1.1 (3)]*. Eventuell geschieht das zu stark, so dass der Vertrag zu einem Arbeitsvertrag wird *[siehe Kapitel 12.3]*.

(2) Wettbewerbsverbote

Die Kundschaft ist das wichtigste Wirtschaftsgut eines Beratungsunternehmens, das umfangreich mit freien Mitarbeitern arbeitet. Der typische Endkunde (großer Anwender) will keinen Vertrag mit dem freien Mitarbeiter schließen, solange er diesen noch nicht gut kennt. Das Beratungsunternehmen soll ihm die Zuverlässigkeit, Leistungsfähigkeit und Verfügbarkeit (Austausch bei Krankheit, meist auf der Basis, dass das Beratungsunternehmen die Einarbeitungskosten trägt) garantieren. Es besteht also ein hohes Bedürfnis für das Beratungsunternehmen zu verhindern, dass sich die beiden anderen kurzschließen, nachdem der Freie sich bewährt hat. Angesichts der Machtverhältnisse braucht der Kunde sich kaum auf ein Verbot einzulassen, den ursprünglichen Unterauftragnehmer direkt zu engagieren. Das Beratungsunternehmen muss deswegen für eine Vereinbarung sorgen, dass der Freie nicht für diejenigen Kunden tätig werden darf, für die er über das Beratungsunternehmen tätig war. Eine solche Vereinbarung ist wirksam, soweit sie nicht über das Ziel hinausschießt.

(3) Rechte an den Ergebnissen

Der Auftraggeber hat dominante Verwertungsinteressen, soweit die Tätigkeit des freien Mitarbeiters sich auf die Schaffung von Produkten bezieht *[siehe Kapitel 9.3.4]*. Dementsprechend soll er ausschließliche und uneingeschränkte Rechte an den Ergebnissen erhalten. Bei Aufträgen für einzelne Endkunden ist das nicht so sicher.

10.1.4 Besonderheiten bei Verträgen über Leistungen für Endkunden

Im Folgenden werden der Auftraggeber als „Hauptauftragnehmer" und der Auftragnehmer als „Unterauftragnehmer" bezeichnet. Der Auftraggeber erhält den „Hauptauftrag" vom „Endkunden".

Gemeint sind Verträge, bei denen der Unterauftragnehmer nicht nur innerhalb des Teams des Hauptauftragnehmers mitwirkt, sondern wichtige Teile des Auftrags des Endkunden eigenverantwortlich durchführt. Beispielhaft ist der Auftrag eines Endkunden über ein umfangreiches System, bei dem der Hauptauftragnehmer für die Lieferung der Hardware und der Unterauftragnehmer für die Erstellung der projektspezifischen Software zuständig ist.

(1) Problemstellung

Materiellrechtliche Probleme sind weniger als tatsächliche zu sehen. Der Hauptauftragnehmer ist von der Leistungsfähigkeit des Unterauftragnehmers abhängig. Damit der Auftragnehmer im Ernstfall Druck ausüben kann, muss der Unterauftragnehmer (rück-)zahlungsfähig sein.

Der Unterauftragnehmer hat mehr mit kleineren, dafür aber häufiger auftretenden Problemen zu kämpfen, weil er zwar Kontakt, aber keine vertraglichen Beziehungen zum Endkunden hat.

(2) Vertragstypen

Die Vertragstypen Werk(lieferungs)vertrag und Dienstvertrag *[siehe Kapitel 9 (3)]* werden nicht abgeändert. Wird ein freier Mitarbeiter tätig, kommt in Betracht, dass dieser in die Organisation des Endkunden eingegliedert wird, so dass er – parallel zur Arbeitnehmerüberlassung – als normaler Angestellter in der Organisation des Endkunden gilt *[vgl. Kapitel 12.2 (4)]*.

(3) Geschuldete Leistungen, insbesondere geschuldete Verwendungsfähigkeit

Die Leistung des Hauptauftragnehmers muss sich bei identischer schriftlicher Aufgabenstellung nicht mit der Leistung des Unterauftragnehmers decken:

• Jedes Dokument ist vor dem Hintergrund desjenigen auszulegen, der es abgegeben hat. Der Hauptauftragnehmer hat es also vor dem Hintergrund des Endkunden auszulegen. Der Unterauftragnehmer weiß zwar, dass das Dokument vom Endkunden stammt und vor dessen Hintergrund gesehen werden soll. Dieser Hintergrund braucht dem Unterauftragnehmer allerdings nicht vollständig bekannt zu sein. So können z. B. aufgrund früherer Aufträge des Endkunden an den Hauptauftragnehmer bestimmte Konventionen über die Leistungserbringung oder über die Leistung selbst festgelegt sein, die der Unterauftragnehmer nicht kennt.

• Der Hauptauftragnehmer kann mündliche Zusagen gemacht haben, insbesondere zur vertraglich vorausgesetzten Verwendungsfähigkeit.

• Der Hauptauftragnehmer kann in den Vertragsbedingungen Verpflichtungen zu Leistungen übernommen haben, die der Unterauftragnehmer nicht kennt.

• Der Hauptauftragnehmer hat eine Gesamtleistung zu erbringen, die auch die vom Unterauftragnehmer übernommene Leistung gegenüber dem Hauptauftragnehmer prägt, ohne dass der Unterauftragnehmer diese Prägung als Leistungspflicht übernommen hat. Beispielsweise kann das Leistungsverhalten der von ihm zu erstellenden Programme wesentlich von der zur Verfügung stehenden Kapazität der IT-Anlage beeinflusst werden. Hat der Hauptauftragnehmer die Kapazität eng gewählt, mag es möglich sein, dass das gewünschte Ergebnis mit Hilfe von Tuning-Maßnahmen seitens des Unterauftragnehmers erreicht werden kann. Der Unterauftragnehmer schuldet allerdings nicht diese Maßnahmen, sondern schuldet ein Programm, das auf ordentlich bemessener Kapazität der IT-Anlage aufbauend ein ordentliches Leistungsverhalten hat.

(4) Sonstige Auswirkungen des Hauptauftrags auf den Unterauftrag

Abnahme: Wenn die Abnahme vereinbart ist, die Modalitäten für sie im Unterauftrag nicht festgelegt sind, stellt sich die Frage, inwieweit der Hauptauftragnehmer die Leistung erst abzunehmen braucht, wenn der Endkunde sie überprüft hat. Wenn die Leistung erst bei ihm installiert wird und er sie testen kann, liegt es nahe, dass die Weitergabe an den Endkunden die Abnahme beinhaltet. Wenn die Leistung hingegen gleich an den Endkunden geliefert wird oder wenigstens nur dort sinnvoll getestet werden kann, liegt das fern.

Wenn der Endkunde die Abnahme erklärt, muss der Hauptauftragnehmer das grundsätzlich im Verhältnis zum Unterauftragnehmer gelten lassen:

Abnahme erst bei Abnahme durch den Endkunden: Wird vereinbart, dass der Hauptauftragnehmer die Leistung erst mit der Abnahme durch den Endkunden seinerseits abnehmen muss, ist das normalerweise so auszulegen, dass der Hauptauftragnehmer die Abnahmeprüfung gegenüber dem Unterauftragnehmer erst im Zusammenhang mit der Abnahmeprüfung durch den Endkunden durchzuführen braucht (und sich des Endkunden dazu bedienen darf).

Lehnt der Endkunde die Abnahme wegen Mängeln in der Leistung des *Hauptauftragnehmers* ab, muss er die Abnahme gegenüber dem Unterauftragnehmer erklären.

Verweigert der Endkunde die Abnahme grundlos, dürfte das im Risikobereich des Hauptauftragnehmers liegen. Denn er hat gegen den Endkunden wegen dessen Vertragsverletzung Schadensersatzansprüche. Außerdem hätte der Hauptauftragnehmer die Rechtsform des Innenkonsortiums verlangen können. Indem er darauf verzichtet hat, hat er dieses Risiko übernommen und muss abnehmen und zahlen.

(5) Stellung des Hauptauftragnehmers gegenüber dem Unterauftragnehmer

Wenn es Aufgabe des Unterauftragnehmers ist, die Aufgabenstellung mit dem Endkunden zu konkretisieren, kann sich ergeben, dass der Endkunde vom Unterauftragnehmer verlangt, dass dieser etwas realisiert, was der Hauptauftragnehmer vorher zugesagt habe, ohne den Unterauftragnehmer entsprechend verpflichtet zu haben. Der Unterauftragnehmer dürfte dem Hauptauftragnehmer Schwierigkeiten machen, indem er auf einen Ausgleich besteht, bevor er die Änderungen bei seiner Arbeit berücksichtigt. Der Unterauftragnehmer dürfte zu seiner Absicherung berechtigt sein, Änderungen/Ergänzungen erst dann als verbindlich ansehen zu müssen, wenn im Rahmen eines Änderungsverfahrens *[siehe Kapitel 9.2.2]* auch der Ausgleich vereinbart ist. Das Projekt dürfte zwar darunter zu Lasten des Hauptauftragnehmers massiv leiden. Der Hauptauftragnehmer handelt aber auf eigenes Risiko, wenn er Zusagen bezüglich des Leistungsanteils des Unterauftragnehmers und der Projektdurchführung macht, die mit diesem nicht vereinbart sind.

Eine Pflicht des Hauptauftragnehmers, den Unterauftragnehmer darüber zu informieren, was er dem Endkunden zugesagt hat, gibt es formal genau genommen nicht. Denn der Hauptauftragnehmer muss sogar mit dem Unterauftragnehmer *vereinbaren*, was er dem Endkunden zusagt.

Der Hauptauftragnehmer darf nicht Dokumente des Unterauftragnehmers ohne Absprache mit dem Unterauftragnehmer inhaltlich verändert weiterreichen.

Unterlässt der Hauptauftragnehmer die vorherige Abstimmung oder Vereinbarung und gefährdet damit das Projekt, dürfte der Unterauftragnehmer berechtigt sein, den Endkunden über diese Eigenmächtigkeiten des Hauptauftragnehmer zu informieren.

10.2 Beratungsverträge (Konzepterstellung, Auswahl von Systemen)

Verträge über die Erstellung von Konzepten oder die Auswahl eines Systems sind eher als Werkvertrag denn als Dienstvertrag einzuordnen. Bei der Systemauswahl liegt eher ein Dienstvertrag vor, wenn der Auftraggeber eine gewisse Sachkompetenz hat, um die Auswahlentscheidung selbst treffen zu können.

Bei der Auswahl von Systemen muss der Auftragnehmer auf das Leistungsverhalten der untersuchten Systeme eingehen. Bei der Auswahl von Software-Produkten muss er auf deren Leistungsanforderungen an die IT-Anlage eingehen, auf der die Software-Produkte eingesetzt werden sollen.

Substantiierungspflicht bei Mängeln: Der Anwender, der behauptet, dass die auf Grund der Empfehlung erworbene Lösung nichts taugt, muss nicht nur darlegen, dass das so ist, sondern auch, dass der Mangel nicht nur im erworbenen Produkt, sondern bereits in der Empfehlung steckt.

Beispiel: Der Anwender behauptet, dass der Berater eine Anlage mit zu geringem Leistungsverhalten empfohlen habe. Der Berater beruft sich auf einen für ihn nicht erkennbaren Fehler in der Anlage (Ursache für den Mangel kann z. B. die fehlerhafte Generierung/Verteilung der Dateien auf den Platten im Rahmen der Inbetriebnahme sein).

10.3 Erarbeitung von Vorstufen zu Programmen

(1) Rechtliche Einordnung

Für die rechtliche Einordnung kommt es auf die Intensität der Zusammenarbeit der beiden Parteien an: Arbeiten die Parteien eng zusammen (liefern die Mitarbeiter des Anwenders also nicht nur Informationen), liegt ein Dienstvertrag vor. Der Auftragnehmer erstellt in diesem Falle nicht das Dokument im Sinne des Werkvertragsrechts, sondern übernimmt die Funktion des Formulierungs- und Schreibdienstes für die gemeinsam erarbeiteten Ergebnisse. Anderenfalls liegt ein Werkvertrag vor *[vgl. Kapitel 10.1 (2)]*.

(2) Durchführung

Das Vorgehen entspricht weitestgehend dem bei Verträgen über Programmerstellung für die jeweiligen Phasen.

Dass zuerst eine Spezifikation erstellt wird, wird hier von den Vertragspartnern weniger als notwendiges Übel denn als sinnvolle Vorgehensweise angesehen. Liegt ein Werkvertrag vor, ist die Spezifikation abzunehmen (§ 640 BGB). Die Abnahme beinhaltet zugleich deren Genehmigung (Absegnen des Prozesses des Gebens und Nehmens beim Ändern der Aufgabenstellung während der Spezifikation *[vgl. Kapitel 9.1.3]*).

(3) Rechte an den Ergebnissen

Ein Hersteller, der ein Software-Produkt auf den Markt bringen will, hat oft dasselbe Interesse daran, ausschließliche Nutzungsrechte an den Dokumenten der Spezifikationsphase zu erhalten, wie an den fertigen Programmen selbst *[siehe Kapitel 9.3.4 (1) und (2.2)]*. In einem Teil der Fälle will sich der Auftraggeber aber erst einmal Know-how beschaffen; der Auftragnehmer soll also Lieferant von Know-how aus seinem Spezialgebiet sein. Dementsprechend soll er durch diesen Auftrag an der anderweitigen Verwertung seines Know-hows nicht beeinträchtigt werden. Er darf Kopien der Dokumente mit den Ergebnissen für die interne Verwendung behalten.

In anderen Fällen steht für den Auftraggeber sein Know-how und die spezielle Lösung im Vordergrund. Für ihn geht es nicht nur um die weitere Verwendung der – urheberrechtlich allein geschützten – Darstellung. Verwertungsbeschränkungen für den Auftragnehmer können sich vor allem aus Geheimhaltungsinteressen des Auftraggebers ergeben *[vgl. Kapitel 9.3.4 (1) und (2.1) bzw., wenn der Auftraggeber für einen Endkunden arbeiten lässt, (2.2)]*. Der Auftraggeber darf die erarbeiteten Dokumente beliebig zumindest für eigene Zwecke umsetzen. Er darf das im Zeitablauf auch mehrfach tun (für Neuprogrammierung).

(4) Vergütung

Siehe allgemein Kapitel 9.3.2.

Die Vergütung kann bei einem Vertrag mit einem IT-Anbieter, der die Vorstufe in ein Softwareprodukt umsetzt, auch (ganz oder teilweise) darin bestehen, dass der Auftragnehmer einen Anteil am Umsatz mit dem Softwareprodukt erhält. Wenn der Auftraggeber das Softwareprodukt später alleine weiterentwickelt und der Leistungsanteil des Auftragnehmers dadurch immer geringer wird, fragt sich, wann sich auch dessen Vergütungsanteil verringert. Allerdings bleibt zu berücksichtigen, dass der Auftragnehmer zum Markteintritt des Auftraggebers und zum Produkterfolg beigetragen hat. Wenn die Vertragspartner keine Grenze vereinbart haben, spricht das dafür, dass es auch keine Grenze geben soll.

10.4 Installation und Inbetriebnahme von IT-Anlagen, von Hardware oder von Software

(1) Rechtliche Einordnung

Die Installation ist als Werkvertrag einzuordnen.

Die Inbetriebnahme von Software-Produkten, die der Auftraggeber selbst beschafft hat, kann dienstvertraglich oder werkvertraglich ausgestaltet sein *[siehe Kapitel 8.3 (4)]*.

Die Problematik von Festpreisen ist in Kapitel 8.3 (5) dargestellt.

(2) Beratung bei der Einsatzvorbereitung von Software-Produkten durch deren Lieferanten

Es ist nicht nötig, einen eigenen Vertrag über die Dienstleistungen zu schließen, wenn der Auftragnehmer zugleich Lieferant der Software-Produkte ist. Einige Lieferanten streben einen eigenen Vertrag an, um Dienstleistungen von der Überlassung zu trennen, insbesondere um den Zusammenhang der Leistungen beim Scheitern der Einsatzvorbereitung aufzuheben, und um die Vergütung für die Software-Produkte bereits nach der Lieferung als Umsatz buchen zu können. Die Aufspaltung ist nur wirksam, wenn sie eindeutig vereinbart ist *[vgl. Kapitel 6.4.1 (2) und 8.4.1 (1)]*.

11 Outsourcing-Verträge

Inhaltsübersicht

11.1 Vertragsgegenstand und rechtliche Einordnung

Es geht um Verträge, die einem Anwender ermöglichen, sich für die Durchführung seiner Informationsverarbeitung eines IT-Systems und/oder Personals zu bedienen, die nicht unter seiner Herrschaft stehen.

Diese Verträge werden weitgehend, aber nicht stets, im Wege der Telekommunikation erbracht. Der Auftragnehmer erbringt also im Regelfall Teledienste *[siehe Kapitel 4.2.1.1]*.

Der Auftragnehmer kann darüber hinaus auch Telekommunikationsdienste nach dem Telekommunikationsgesetz erbringen.

(1) Vertragsform

Aufgrund der schnellen technischen Entwicklung in den letzten Jahrzehnten und damit auch der der Kosten (sowie der gemachten Erfahrungen) wechseln die Vertragsinhalte ständig.

Wegen der engen Zusammenarbeit der Vertragspartner gibt es fast keine Streitigkeiten außer solchen über die Beendigung der Zusammenarbeit. Damit gibt es fast keine Urteile, und damit gibt es fast keine Literatur *[vgl. Kapitel 4 Fußnote 1]*.

Das Spektrum reicht von der Betreuung eines IT-Systems des Anwenders bei diesem bis zur Übertragung von Aufgaben des Anwenders. Es gibt beliebige Mischungen aus der Bereitstellung von IT-Systemen einerseits und Dienstleistungen andererseits. Das Spektrum ist so breit wie das bei der Beschaffung von IT-Systemen *[siehe Kapitel 6.1 (1)]*, wobei hier noch Pflege und u. U. Wartung hinzukommen. Die benötigten IT-Produkte können selbst dann vom Anwender gestellt werden, wenn sie beim Auftragnehmer installiert werden.

Dementsprechend gibt es keinen Typ von Outsourcing, nicht einmal den Typ eines Rechenzentrums-Vertrags. Auch der jetzt hochgespielte ASP-Vertrag (Application-Service-Providing-Vertrag) beinhaltet mehr ein Marketing- und Geschäftskonzept, das bestimmte technische Möglichkeiten voraussetzt, als ein einigermaßen definiertes Leistungsbündel. In einem Beitrag in der Computerwoche[1] heißt es: „Mittlerweile gibt es mehr als 30 verschiedene ASP-Unterkategorien.“

(2) Rechtliche Einordnung

Soweit es um die Bereitstellung von IT-Systemen, wenn auch nur zur Mitbenutzung durch den Anwender geht, ist weitgehend Mietvertragsrecht anzuwenden. Dieses verpflichtet den Auftragnehmer zur Beseitigung von Mängeln und zur Weiterentwicklung *[siehe Kapitel 7.2 (1.1)]*. Das Mietrecht sieht vor, dass der Anwender das IT-System einen Dritten nur mit Zustimmung des Auftragnehmers mitnutzen lassen darf.

Soweit es um Dienstleistungen geht, fallen diese entweder unter Dienstvertragsrecht oder unter Werkvertragsrecht. Im zweiten Fall muss das Werkvertragsrecht dahingehend abgewandelt werden, dass ein Dauerschuldverhältnis vorliegt *[vgl. Kapitel 13.3.1 (1) + (2)]*. Die

1 NN, Buchstabensalat im xSP-Markt, Computerwoche 34/2001, S. 34.

beschränkten Unterschiede zwischen Dienstverträgen und Werkverträgen, die oft übertrieben werden *[siehe Kapitel 10.1.2]*, nehmen damit noch weiter ab. Selbstverständlich soll der Auftragnehmer nur dafür bezahlt werden, dass er, soweit er Erfolge schaffen soll, diese auch erreicht. Um zu dieser Einsicht zu kommen, bedarf es aber nicht der Anwendung des Werkvertragsrechts, sondern nur der des gesunden Menschenverstands.

Je umfangreicher die Dienstleistungen sind, desto näher liegt es, die Pflichtenstellung des Auftragnehmers zu betonen, sei es durch die ergänzende Anwendung des Auftragsrechts oder die des Konzepts des komplexen Langzeitvertrags *[siehe Kapitel 6.1 (3)]*.

In der Regel hängen alle Leistungen zusammen, so dass der Anwender bei der Verletzung einer Leistungspflicht den Vertrag insgesamt außerordentlich kündigen bzw. bei Lieferverzug insgesamt von diesem zurücktreten kann *[vgl. Kapitel 6.4]*.

Es ist weitgehend nur eine akademische Frage, ob der Anwender ein Benutzungsrecht an der Software benötigt. Es wird ihm ggf. automatisch im Umfang der vereinbarten Nutzung eingeräumt. Die Frage stellt sich nur, wenn der Auftragnehmer nicht berechtigt ist, die eingesetzte Fremdsoftware zu vermieten.

11.2 Durchführung

11.2.1 Allgemeines

(1) Einführungsphase

Am Anfang muss je nach Leistungsbündel eine mehr oder weniger umfangreiche Einführungsphase durchgeführt werden. Bei der Inanspruchnahme von Anwendungssoftware entspricht diese weitgehend der bei der Beschaffung von IT-Systemen *[siehe Kapitel 6.2]* unter besonderer Berücksichtigung der Fragen, die sich hinsichtlich der Anwendungssoftware stellen *[siehe Kapitel 8.3 und 8.4]*.

(2) Nutzungsphase

Je nach Leistungsbündel entspricht die Nutzungsphase mehr oder weniger der bei der Nutzung von IT-Systemen *[siehe Kapitel 6.5 und 7.2 (1.1)]* unter besonderer Berücksichtigung der Ansprüche auf Weiterentwicklung der Anwendungssoftware *[siehe Kapitel 14.2]*. Insoweit Geräte beim Anwender stehen, geht es auch um deren Wartung *[siehe Kapitel 13]*.

(2.1) **Mängelbeseitigung:** Die Mängelbeseitigung gehört zur Leistung; sie wird also nicht wegen einer Pflichtverletzung geschuldet *[siehe Kapitel 7.2 (1.1) und vgl. Kapitel 14.3.1]*. Soweit nichts anderes vereinbart wird, sind die Reisekosten und -zeiten für erforderliche Einsätze beim Anwender durch die pauschale Vergütung abgegolten.

(2.2) **Auftragsverarbeitung:** Eine besondere Bedeutung hat der Datenschutz. Soweit der Auftragnehmer personenbezogene Daten für den Anwender verarbeitet, greift das Bundesdatenschutzgesetz (BDSG) ein. Dann liegt Datenverarbeitung im Auftrag nach § 11 BDSG vor. Der Anwender ist für die Einhaltung der datenschutzrechtlichen Vorschriften verantwortlich. Dementsprechend muss er die datenschutzrechtlichen Anforderungen im Auftrag gegenüber dem Auftragnehmer festlegen. § 11 Abs. 2 Satz 2 BDSG sieht vor, dass der Auftrag schriftlich zu erteilen ist, „wobei die Datenerhebung, -verarbeitung oder -nutzung, die technischen und organisatorischen Maßnahmen und etwaige Unterauftragsverhältnisse festzulegen sind.“ Der Vertrag muss also entsprechend detailliert abgefasst werden. – Weiterhin hat der Anwender sich „von der Einhaltung der beim Auftragnehmer getroffenen technischen und organisatorischen Maßnahmen zu überzeugen.“ Dementsprechend muss er sich im Vertrag ein solches Kontrollrecht einräumen lassen (wobei dieses sich aus der ergänzenden Vertragsauslegung ergibt, wenn der Vertrag schweigt).

Aus dem Vorstehenden ergibt sich, dass der Auftragnehmer die Daten nur gemäß Auftrag verarbeiten darf.

(3) Vergütung

In der Praxis geht es im Wesentlichen darum, diejenigen Leistungen genau zu definieren, die durch eine pauschale Vergütung abgegolten werden sollen.

In dem Fall, dass die pauschale Vergütung zeitabhängig vereinbart wird, stellt sich die Frage nach dem Beginn der Vergütungspflicht, wenn die Einführungsphase längere Zeit dauert. Dafür, dass die Zahlungspflicht mit Beginn der Einführungsphase beginnt, spricht,

- wenn der Auftragnehmer die IT-Anlage schon frühzeitig bereitstellen muss und
- wenn die Einführungsleistungen durch die zeitabhängige Vergütung abgegolten werden sollen.

(4) Beendigung

Der Anwender kann den Vertrag nach herrschender Meinung zwar vorzeitig kündigen *[vgl. Kapitel 9.2.5]*. Er bleibt aber verpflichtet, die Vergütung zu bezahlen. Der Auftragnehmer muss sich nur das abziehen lassen, was er an Kosten tatsächlich erspart bzw. durch den Einsatz seiner Ressourcen anderweitig erwirbt (oder zu erwerben böswillig unterlässt).

Auch wenn der Anwender jahrelang für die Nutzung der Software gezahlt hat, hat er keinen Anspruch auf Überlassung der Software gegen einen Vorzugspreis.

Der Anwender hat Anspruch auf Überlassung seiner Daten in einer solchen Weise, dass er sie anderweitig nutzen kann. Dieser Anspruch besteht nicht erst bei Nutzungsende, sondern bereits dann, wenn der Anwender diese für die Vorbereitung der Umstellung benötigt.

11.2.2 Insbesondere Web-Housing

Zur Vorbereitung des Internet-Auftritts siehe Kapitel 8.4.3.

Beim Web-Housing stellt der Auftragnehmer den Server und in der Regel die Basis-Software, auf deren Grundlage der Web-Auftritt des Anwenders programmiert wird.

Das Thema Haftung des Access-Providers, insbesondere die strafrechtliche Verantwortung seiner Geschäftsführung, ist in den letzten Jahren hochgespielt worden.

§ 11 TDG bestimmt, dass Access-Provider nicht verantwortlich sind, sofern

> „1. sie keine Kenntnis von der rechtswidrigen Handlung oder der Information haben und ihnen im Falle von Schadensersatzansprüchen auch keine Tatsachen oder Umstände bekannt sind, aus denen die rechtswidrige Handlung oder Information offensichtlich wird oder
>
> 2. sie unverzüglich tätig geworden sind, um die Information zu entfernen oder den Zugang zu ihr zu sperren, sobald sie diese Kenntnis erlangt haben."

Im Übrigen bestimmt § 8 Abs. 2 TDG, dass Access-Provider nicht verpflichtet sind,

> „die von ihnen übermittelten oder gespeicherten Informationen zu überwachen oder nach Umständen zu forschen, die auf eine rechtswidrige Tätigkeit hinweisen. Verpflichtungen zur Entfernung oder Sperrung der Nutzung von Informationen nach den allgemeinen Gesetzen bleiben auch im Falle der Nichtverantwortlichkeit ... unberührt."

11.3 Haftung des Auftragnehmers

Soweit die Pflichtverletzung sich auf die Bereitstellung von IT-Systemen bezieht, ist Mietvertragsrecht anzuwenden, soweit sie sich auf die Dienstleistungen bezieht, eher Dienstvertragsrecht oder Werkvertragsrecht unter Berücksichtigung, dass ein Dauerschuldverhältnis vorliegt *[siehe Kapitel 11.1 (2)]*.

Wesentliche Unterschiede sind nicht zu sehen. Bei der Haftung auf Schadensersatz steht der Auftragnehmer bei Miete schlechter, weil er Mängel, die bereits bei Abschluss des Vertrags vorhanden waren, unabhängig von Verschulden zu vertreten hat.

Soweit die Leistung nicht zur Verfügung gestellt wird, kann der Anwender die pauschale Vergütung unabhängig von Verschulden kürzen (mindern). Auch insofern kommt es nicht auf den Vertragstyp an (beim Dienstvertrag gibt es zwar keine Minderung; bei dienstvertraglichen Leistungen dominiert aber, dass die Gesamtleistung während der vereinbarten Dauer zur Verfügung zu stellen ist bzw. zu bestimmten Terminen zu erbringen ist).

Zeiten, während der das IT-System wegen planmäßiger Arbeiten an ihm nicht zur Verfügung steht, gelten nicht als Ausfallzeiten, soweit sie sich im angemessenen Rahmen halten.

Haftung bei Telekommunikationsdienstleistungen: Soweit der Auftragnehmer solche Leistungen erbringt, ist seine Haftung für Vermögensschäden gemäß § 7 Telekommunikationsgesetz (TKG) begrenzt.

Der Auftragnehmer hat nicht zu vertreten, wenn das Telekommunikationsnetz zwischen ihm und dem Anwender nicht verfügbar ist (er hat nur die sorgfältige Auswahl zu vertreten).

12 IT-spezifische Fragen des Arbeitsrechts, insbesondere Arbeitnehmerüberlassung

Inhaltsübersicht

12.1 IT-spezifische Rechte und Pflichten von IT-Mitarbeitern

12.1.1 Allgemeines

(1) Arbeitszeitrecht

Angesichts des knappen Angebots an fähigen IT-Fachleuten wird das Arbeitszeitrecht oft nicht eingehalten. Das gilt insbesondere für Phasen der Tätigkeit beim Kunden. Die häufigste Frage aus diesem Bereich lautet an den Juristen, inwieweit (auch) der Arbeitgeber haftbar ist, wenn der Mitarbeiter nach 12 Stunden Arbeit beim Kunden nach Hause fährt und einen Unfall verursacht.

(2) Haftung auf Schadensersatz

Nach Dienstvertragsrecht haftet der Auftragnehmer weitgehend auf Schadensersatz *[Kapitel 10.1.2 (3)]*. Die Rechtsprechung macht davon beim Arbeitsvertrag eine Ausnahme zugunsten des Mitarbeiters, indem sie seine Haftung bei leichter Fahrlässigkeit weitgehend entfallen lässt.

Datenverlust: Gehen Daten durch fehlerhafte Bedienung verloren, die nicht gesichert sind, aber bei ordnungsgemäßer Organisation seitens des Arbeitgebers gesichert gewesen wären, trägt der Arbeitgeber den Schaden wegen dominierenden Mitverschuldens.

(3) Geheimhaltung

Die allgemeinen Pflichten des Mitarbeiters zur Geheimhaltung sind hier besonders wichtig. IT-spezifische Rechtsprechung ist bisher fast nicht bekannt geworden. *Zur Geheimhaltung der Arbeitsergebnisse siehe Kapitel 12.1.2 (6).*

Zur Geheimhaltung gehört, nicht auf Daten zuzugreifen, für die keine Zugriffsberechtigung besteht. Die Verletzung dieses Verbots kann eine fristlose Kündigung rechtfertigen.

12.1.2 Insbesondere Rechte an Spezifikations- und Programmierleistungen

(1) Problemstellung

Wie bei Verträgen über die Erstellung von Programmen *[Kapitel 9.3.4 und 10.1.2 (4)]* geht es um mehrere Fragen:

- Inwieweit muss der Mitarbeiter die Nutzung seiner Arbeitsergebnisse (seien diese urheberrechtlich geschützt oder nicht) dem Arbeitgeber überlassen?
- Inwieweit darf er erworbenes Know-how anderweitig verwenden? Inwieweit darf er die Arbeitsergebnisse dabei verwenden?
- Welche sonstigen Geheimhaltungspflichten treffen ihn?

(2) Urheberpersönlichkeitsrechte

Der Mitarbeiter erwirbt als Urheber des Werks die Urheberpersönlichkeitsrechte daran *[siehe Kapitel 5.3.3 (1)]*. Das spezifische Urheberrecht für Programme enthält keine spezifische Vorschrift dazu.

(3) Urheberrechtliche Nutzungsrechte an Arbeitsergebnissen

Gemäß § 7 UrhG wachsen die urheberrechtlichen Nutzungsrechte insgesamt erst einmal dem Mitarbeiter als Urheber zu. Dieser kann als Arbeitnehmer aber nach allgemeinem Urheberrecht verpflichtet sein, diese an den Arbeitgeber zu übertragen (vgl. § 43 UrhG) *[vgl. Kapitel 5.3.2 (2)]*. Das spezielle Urheberrecht für Programme sieht in § 69b I UrhG zwar nicht die automatische Übertragung aller Nutzungsrechte an den Arbeitgeber vor, wohl aber, dass dieser ausschließlich zur Ausübung aller vermögensrechtlicher Befugnisse berechtigt ist. Das läuft letztlich auf dasselbe hinaus. § 69b I UrhG steht unter dem Vorbehalt, dass nichts anderes vereinbart ist. Es liegt nahe, dass alle vermögensrechtlichen Positionen an solchen Werken, die ein Mitarbeiter in Erfüllung seiner Arbeitspflicht schafft, stillschweigend auf den Arbeitgeber *übertragen* werden. Der Arbeitgeber ist auf jeden Fall insbesondere berechtigt, die Arbeitsergebnisse abzuändern. Dem Mitarbeiter steht keine über seinen Arbeitslohn hinausgehende Vergütung zu.

Programmanbieter als Arbeitgeber: Es ist anzunehmen, dass die Vertragspartner die Nutzungsrechte stillschweigend übertragen wollen. Für den Sonderfall, dass ein Programm oder ein Teil davon in einem anderen Zusammenhang als ursprünglich vorgesehen genutzt werden kann *[Kapitel 9.3.4 (2.1)]*, ist kein Grund für eine Einschränkung zu sehen. Es liegt näher, dass der Arbeitgeber, dem sich als Teilnehmer am Markt Chancen eher bieten, diese auszunutzen berechtigt sein soll.

Anwender als Arbeitgeber: Auch hier liegt nahe, dass die Nutzungsrechte dem Arbeitgeber nicht nur zur Ausübung zustehen, sondern an ihn übertragen werden sollen. Zu erwägen ist, ob der Arbeitgeber nur ein eingeschränktes Verbreitungsrecht erhält, wenn das Programm zunächst nur im eigenen Unternehmen eingesetzt werden soll. Diese Einschränkung dürfte abzulehnen sein.

In Erfüllung der Arbeitspflicht erstellte Programme: § 69b I UrhG spricht von den „in Wahrnehmung seiner Aufgaben oder nach den Anweisungen des Arbeitgebers" geschaffenen Programmen. Darunter fällt auch, wenn ein Mitarbeiter von sich aus ein Programm zur Unterstützung seiner Aufgaben erstellt.

Zeitpunkt der Rechtsübertragung/des Rechtsübergangs: Nicht nur die Pflicht zur Übertragung, sondern die Übertragung selbst kann von vornherein im Anstellungsvertrag für künftig entstehende (absolute) Nutzungsrechte vereinbart werden. Das Werk entsteht Stück für Stück (besser: Phase für Phase) im Herrschaftsbereich des Arbeitgebers. Dieser soll von vornherein die jeweils entstehenden Rechte erhalten und nicht erst die Rechte am fertigen Programm.

Urheberrechtliche Nutzungsrechte im „Dienstverhältnis": § 69b II UrhG stellt „Dienstverhältnisse" den Arbeitsverhältnissen gleich. Gemeint sind damit öffentlich-rechtliche Dienstverhältnisse von Beamten *[Kapitel 5.3.2 (2)]*. Es liegt fern, dass bei Beamten etwas anderes vereinbart ist, außer dass alle Nutzungsrechte an den Dienstherrn übertragen werden sollen. Ein anderes Thema ist die Rechtsstellung von Professoren wegen der Freiheit der Wissenschaft.

(4) Privat erstellte Programme

Andienungspflicht: Die Pflicht des Mitarbeiters, seinem Arbeitgeber die Übertragung der Nutzungsrechte an in der *Freizeit* erstellten Programmen (entgeltlich) anzubieten, wird bejaht,

- wenn der Mitarbeiter Anregungen des Betriebs verwertet hat,
- wenn der Mitarbeiter Betriebsmittel des Arbeitgebers verwendet hat,
- wenn ein mit Programmierung betrauter Mitarbeiter ein zu seinem derzeitigen Aufgabengebiet gehörendes Programm schreibt (nach dem Motto, dass Programmierer gerne am Wochenende arbeiten würden); dem ist zuzustimmen, *wenn* es um die Situation geht, dass sich jemand Arbeit nach Hause mitnimmt.

Eingebrachte Programme: Es geht um die Rechtslage in dem Fall, dass ein Mitarbeiter privat erstellte Programme in den Betrieb zur Nutzung ohne Absprache einbringt, sei es nur zur Nutzung in seinem Aufgabenbereich, sei es darüber hinaus. Ist der Arbeitgeber ein Anwender, liegt es nahe, dass der Mitarbeiter damit stillschweigend ein einfaches Nutzungsrecht an den Arbeitgeber einräumt, und zwar unentgeltlich und auf Dauer.

Wenn der Arbeitgeber Softwareanbieter ist, sind vor allem zwei Gesichtspunkte zu berücksichtigen: Der Arbeitgeber braucht nicht schlechthin eine gute Absicherung; er braucht sie aber für den Bereich, in dem er die eingebrachten Programme seinerseits vertreiben will. Weiterhin kann sich ergeben, dass die Programme im Betrieb des Arbeitgebers erheblich weiterentwickelt werden. Es entstehen also zusätzliche Urheberrechte (§ 3 UrhG), an denen der Arbeitgeber zumindest die Verwertungsbefugnis hat *[siehe (3)]*. Das legt nahe, dass er an dieser Fassung ausschließliche (Vertriebs-)Rechte haben soll. Der Mitarbeiter mag die eingebrachte Fassung anderweitig verwerten dürfen.

Hinsichtlich der Frage der Vergütung dürfte zu unterscheiden sein, ob der Mitarbeiter die Programme bereits mitbringt oder ob er sie erst während des Bestehens des Arbeitsverhältnisses entwickelt. Wenn die Einbringung bereits Thema beim Abschluss des Arbeitsvertrags ist, liegt bei Schweigen sehr nahe, dass der Mitarbeiter die Programme als „Einstandsgeld“, also ohne gesonderte Vergütung, einbringt. Sonst ist die Frage schwierig zu beantworten (aber auch wenig praxisrelevant).

(5) Nutzung von urheberrechtlich nicht geschützten Programmen

Für urheberrechtlich nicht geschützte Programme kommt der arbeitsrechtliche Grundsatz voll zum Tragen, dass dem Arbeitgeber die Erzeugnisse der Tätigkeit seiner Mitarbeiter gebühren. Die Fragen der Einbringungspflicht und der Vergütung für Einbringung sind in derselben Weise wie bei urheberrechtlich geschützten Programmen zu beantworten.

(6) Anderweitige Nutzung der Arbeitsergebnisse, insbesondere des gewonnenen Know-how durch den Mitarbeiter

Der Mitarbeiter darf die Arbeitsergebnisse als Urheber nur bearbeiten, soweit Rechte seines Arbeitgebers nicht entgegenstehen *[Kapitel 5.3.3.3]*. Außerdem ist davon auszugehen, dass alles vom Mitarbeiter entwickelte Know-how dem Arbeitgeber zusteht. Während des Bestehens des Arbeitsverhältnisses ist von einem allgemeinen Wettbewerbsverbot hinsichtlich der bearbeiteten Aufgabenstellungen auszugehen. *Siehe zum Wettbewerbsverbot ergänzend* www.zahrnt.de *Arbeitsrecht.*

Nach Beendigung des Arbeitsverhältnisses ändert sich die urheberrechtliche Rechtslage hinsichtlich der Arbeitsergebnisse selbst (Darstellung) nicht, weil der Mitarbeiter die Nutzungsrechte zeitlich unbegrenzt übertragen hat bzw. die vermögensrechtlichen Befugnisse dem Arbeitgeber zeitlich unbegrenzt zustehen. Der Mitarbeiter ist in der Nutzung des gewonnenen Know-how grundsätzlich frei, soweit nicht ein Wettbewerbsverbot gegen Karenzentschädigung vereinbart worden ist. Der Mitarbeiter darf allerdings keine Unterlagen über die von ihm erstellten Programme mitnehmen *[Kapitel 5.4.1 (2)]*.

Unter dem Schlagwort nachvertragliche Verschwiegenheitspflicht wird zunehmend die Pflicht zur Geheimhaltung von Betriebsgeheimnissen ohne Karenzentschädigung gemäß § 1 UWG anerkannt. Der Umfang der Ausnahmen kann vertraglich ausgedehnt werden, soweit die Verschwiegenheitspflicht nicht inhaltlich eine solche Tiefe oder Breite entfaltet, dass sie einem vertraglichen Wettbewerbsverbot entspricht, das den Vorschriften über die Karenzentschädigung genügen muss. Betriebsgeheimnisse sind so lange zu wahren, soweit dadurch nicht die berechtigten Interessen des Mitarbeiters unzulässig eingeschränkt werden.

(7) Das Arbeitnehmererfindungsgesetz

Das Gesetz befasst sich mit technischen Erfindungen sowie mit technischen Verbesserungsvorschlägen, die das Niveau der Patentfähigkeit nicht erreichen. Angesichts der Tendenz, das Vorliegen einer Leistung auf dem Gebiet der Technik zu bejahen, dürfte der Anwendungsbereich dieses Gesetzes stark steigen, weil hier die Barriere Erfindungshöhe weniger als im Patentrecht greift. Die Anwendbarkeit des Gesetzes im Bereich Programmentwicklung scheint in der Praxis keine Rolle zu spielen.

12.2 Arbeitnehmerüberlassung

(1) Problemstellung

Arbeitnehmerüberlassung liegt vor, wenn Mitarbeiter des Auftragnehmers nicht als dessen Erfüllungsgehilfen tätig werden, um vom Auftragnehmer geschuldete Leistungen zu erbringen, sondern wenn sich die Leistung des Auftragnehmers darauf beschränkt, die Mitarbeiter mit (fast) ihrer ganzen Arbeitszeit zur Verfügung zu stellen, so dass sie wie Mitarbeiter des Auftraggebers bei diesem tätig werden.

Es stellen sich häufig die Fragen, ob IT-Fachleute, die als freie Mitarbeiter beschäftigt werden, wirklich frei sind *[Kapitel 12.3]* und ob angestellte Programmierer, wenn sie bei einem Dritten eingesetzt werden, an diesen ausgeliehen werden. Die Fragen können auch kombiniert auftreten, wenn freie Mitarbeiter bei einem Dritten eingesetzt werden.

Schließt ein Auftragnehmer Verträge über die Überlassung von Mitarbeitern gewerbsmäßig, sind diese nach dem AÜG erlaubnispflichtig. Auch mit Erlaubnis durfte die Überlassung früher die Dauer erst von 3, dann von 6, dann von 9 und schließlich von 12 Monaten nicht übersteigen. Das deckte – in abnehmendem Maße – die erforderliche Einsatzdauer nicht ab, so dass das AÜG häufig umgangen wurde. Seit dem 1.1.2002 beträgt die Frist 24 Monate. Damit reicht die Frist weitestgehend aus. Es macht Sinn, sich eine solche Erlaubnis zu holen. Es ist nicht mehr nötig, Verträge als Dienstverträge oder sogar als Werkverträge zu bezeichnen, Letzteres, um sie formell noch deutlicher von Arbeitnehmerüberlassungsverträgen abzusetzen. Das ist ohnehin wirkungslos *[siehe unter (2)]*.

Erfolgt die Überlassung nur gelegentlich, ist sie erlaubnisfrei. Die Vermutung, dass bei Überlassung über 24 Monate hinaus Arbeitsvermittlung vorliegt *[vgl. unter (5)]*, kann bei gelegentlicher Arbeitnehmerüberlassung leichter widerlegt werden, gilt aber auch hier. Gelegentliche Überlassung liegt insbesondere vor, wenn der Arbeitnehmer mit der Zielsetzung eingestellt wird, für den Arbeitgeber selbst tätig zu werden. Dann bedarf das ausnahmsweise Ausleihen der Zustimmung des Arbeitnehmers.

Bei gewerbsmäßiger Überlassung ohne Erlaubnis sind die Verträge zwischen Verleiher und Mitarbeiter bzw. Verleiher und Entleiher unwirksam; die Mitarbeiter des Verleihers werden vom AÜG geschützt, indem sie als solche des Entleihers gelten (§ 10 AÜG). Nach dem Willen der Mitarbeiter wird nicht gefragt. – Außerdem hat der Mitarbeiter Schadensersatzansprüche gegen den Verleiher. Jeder der drei Beteiligten kann sich auf die Unwirksamkeit und auf die Fiktion berufen. Der Verleiher kann jederzeit die Beendigung des unwirksamen Verhältnisses erklären.

In beiden Fällen können diejenigen wegen einer Ordnungswidrigkeit mit einer Geldbuße belegt werden, die für das Ausleihen bzw. das Entleihen verantwortlich sind. Weiterhin können auch die jeweiligen Vertragspartner – auch wenn sie juristische Personen sind – in der Weise bestraft werden, dass der Gewinn aus dem Geschäft abgeschöpft wird. Für den Entleiher von Beratern ist kaum anzunehmen, dass diese ihn billiger als fest angestellte Mitarbeiter kommen, dass der Entleiher also einen Gewinn macht. Der Verleiher muss aber damit rechnen, dass ihm die Differenz zwischen Umsatz mit dem Entleiher und Personalkosten, abzüglich einer geringen Verwaltungskostenpauschale, als Gewinn angesetzt wird.

Der Mitarbeiter kann sich in etwa auf die jeweils günstigeren Vertragsbedingungen berufen, die er bei seinem bisherigen (angeblichen) Vertragspartner hatte bzw. die der neue Arbeitgeber üblicherweise einräumt.

(2) Abgrenzung

Ausgangspunkt für die Abgrenzung von Arbeitnehmerüberlassung zu Dienst- oder zu Werkverträgen ist der Vertrag. Maßgeblich ist nicht die Bezeichnung der Leistung, sondern die tatsächlich vereinbarte Leistung. Der Vertrag ist objektiv zu würdigen, da es um die Interessen des tätig werdenden Mitarbeiters geht. Was wirklich gewollt ist, kann insbesondere aus der Art der Durchführung des Vertrags erschlossen werden. Widersprechen sich schriftliche Vereinbarungen und tatsächliche Durchführung, ist die praktische Durchführung maßgeblich.

Arbeitnehmerüberlassung liegt vor, wenn die Mitarbeiter in den Betrieb des Entleihers eingegliedert sind und ihre Arbeiten nach dessen Weisungen ausführen. Um das beurteilen zu können, muss eine Gesamtwürdigung vorgenommen werden. Die Rechtsprechung ist zurückhaltend, Arbeitnehmerüberlassung anzunehmen.[1]

Die Abgrenzung ist in www.Zahrnt.de *ausführlich dargestellt.*

(3) Überlassung in der Kette

Es geht um den Fall, dass ein erster Auftragnehmer einen weiteren Auftragnehmer als Hauptauftragnehmer einschaltet, der den Mitarbeiter des ersten Auftragnehmers an den Auftraggeber ausleiht. Dem Buchstaben des § 1 I AÜG nach stellt der Vertrag zwischen Auftragnehmer und Hauptauftragnehmer keine Arbeitnehmerüberlassung dar, weil der Mitarbeiter dem Hauptauftragnehmer nicht zur „Arbeitsleistung überlassen" wird. Die Vermutung ist aber widerlegt, wenn der Auftragnehmer den Mitarbeiter bezahlt und für ihn Steuern und Sozialabgaben entrichtet. Der Vertrag zwischen Hauptauftragnehmer und Auftraggeber ist dann als – unzulässige – Arbeitsvermittlung nach § 1 II AÜG einzustufen, da der Hauptauftragnehmer nicht die üblichen Arbeitgeberpflichten übernimmt.

Hinsichtlich der Frage, ob Kettenüberlassung eine Ordnungswidrigkeit nach dem AÜG darstellt, kommt es auf den Buchstaben des Gesetzes an. Also liegt keine Ordnungswidrigkeit vor *[zur unerlaubten Arbeitsvermittlung siehe (5)]*.

(4) Überlassung eines freien Mitarbeiters

Vorauszuschicken ist, dass Verträge mit freien Mitarbeitern in der IT-Praxis häufig echte Arbeitsverträge sind, z. B. weil in ihnen häufig das Verbot enthalten ist, für andere Auftraggeber tätig zu werden. Wenn im Folgenden von freien Mitarbeitern gesprochen wird, so wird vorausgesetzt, dass keine Scheinselbständigkeit vorliegt *[vgl. Kapitel 12.3 (2)]*.

Zur Beantwortung der Frage, ob die Überlassung freier Mitarbeiter unter das AÜG fällt, gibt es zwei unterschiedliche Ansätze: Der erste geht dahin, dass der Auftragnehmer anscheinend die Macht hat, die Eingliederung des „freien" Mitarbeiters beim Auftraggeber zu bewirken. Deswegen wirkt die Tatsache, dass der Auftragnehmer den Verliehenen formal als freien Mitarbeiter beschäftigt, nicht dem entgegen, dass Arbeitnehmerüberlassung vorliegen kann.

Die Beschäftigung eines freien Mitarbeiters bedeutet, dass der Auftragnehmer nicht die üblichen Arbeitgeberpflichten übernimmt (weil er nach dem Vertrag nichts zu zahlen braucht, wenn es keine Arbeit gibt). Dann wird gemäß § 1 Abs. 2 AÜG vermutet, dass der Auftragnehmer Arbeitsvermittlung betreibt. Da der Auftragnehmer die üblichen Arbeitgeberpflichten tatsächlich nicht übernimmt, wird die Vermutung nicht widerlegt *[zu den Rechtsfolgen siehe unter (5)]*.

---

1 LAG München 10 (9) Sa 1067/88 vom 17.10.91, ECR LAG·2: „Für die Annahme einer Arbeitnehmerüberlassung reicht allein die tatsächliche Integration ... nicht aus. Denn eine solche erfolgt zwangsläufig aufgrund der Aufgabenstellung *[Modifikation/Erweiterung eines vorhandenen Programms]* und ist für die rechtliche Bewertung des Vertragsverhältnisses für sich allein genommen nicht ausschlaggebend".

Der zweite Ansatz berücksichtigt, dass Auslöser für die Situation ist, dass der freie Mitarbeiter frei sein will. Deswegen sollte er nicht gegen seinen Willen geschützt werden *[vgl. Kapitel 12.3 (1)]*. Wenn er sich in seinem sozialen Status von Mitarbeitern des Auftraggebers unterscheidet, kann er nicht – trotz arbeitsmäßiger Eingliederung in den Betrieb des Auftraggebers – als Arbeitnehmer angesehen werden. Für diesen Ansatz spricht der Wortlaut des AÜG. Dieser Ansatz ist m. E. zumindest dann richtig und als Wille des freien Mitarbeiters zu respektieren, wenn der freie Mitarbeiter finanziell gesehen einen hohen Status hat. Das Recht zur Scheinselbständigkeit dürfte daran nichts unmittelbar ändern. Denn würde es als einschlägig angewendet werden, würde dies zu einem Arbeitsvertrag mit dem Hauptauftragnehmer führen; das aber würde dem AÜG widersprechen. Inwieweit und wie der Grundgedanke des Rechts zur Scheinselbständigkeit zur Auslegung des AÜG herangezogen wird, ist noch unklar.

(5) Arbeitsvermittlung

Bei Überlassung *eines Mitarbeiters* über 24 Monate hinaus wird nach § 1 II AÜG vermutet, dass Arbeitsvermittlung vorliegt. Die Vermutung ist widerlegbar.

Beide Verträge sind nichtig: der zwischen Auftragnehmer und Auftraggeber wegen § 134 BGB i.V.m. § 4 AFG, der zwischen Mitarbeiter und Arbeitgeber (= Auftragnehmer) entsprechend §§ 10 und 13 AÜG. Gewinnabschöpfung droht gemäß § 228 i.V.m. § 13 AFG.

Wird *ein freier Mitarbeiter* „ausgeliehen“, kommt eine Ordnungswidrigkeit wegen Verstoßes gegen das AÜG nicht in Betracht. Zwar mag zivilrechtlich über die Vermutung nach § 1 II AÜG Arbeitsvermittlung mit den eben dargelegten Rechtsfolgen anzunehmen sein. Eine Ordnungswidrigkeit – hier wegen Verstoßes gegen das AFG – scheidet aber m. E. dann aus, wenn der freie Mitarbeiter den sozialen Status eines freien Mitarbeiters behält *[vgl. (4)]*. Er sucht nicht Arbeit. Eine extensive Interpretation des Begriffs Arbeitssuche scheidet im Ordnungswidrigkeitenrecht aus.

12.3 Freie Mitarbeiter

(1) Problemstellung

In diesem Abschnitt geht es nur um die Abgrenzung von freien Mitarbeitern zu Arbeitnehmern *[zu Fragen zu Verträgen mit freien Mitarbeitern siehe Kapitel 10.1.3]*. Für den IT-Bereich ist von folgendem Normalfall auszugehen: Der freie Mitarbeiter arbeitet typischerweise mit einem einzigen Auftraggeber zusammen; er wird nach Aufwand vergütet. Der Einzelauftrag ist ziemlich unbedeutend und wird deswegen entsprechend formlos gehandhabt. Bei Projekten mit Kunden seines Auftraggebers tritt der freie Mitarbeiter diesen gegenüber als dessen Mitarbeiter auf und hat keinen abgegrenzten Aufgabenbereich (sofern er nicht der einzige ist, der an der Aufgabe arbeitet, oder sich das aus der Projektstruktur ergibt).

(2) Abgrenzung freier Mitarbeiter – Arbeitnehmer

Zwischen dem echt freien, nämlich dem persönlich und wirtschaftlich unabhängigen Mitarbeiter und dem Arbeitnehmer gibt es viele Zwischenstufen. Das Sozialgesetzbuch (SGB) unterscheidet nach seiner Änderung durch das Gesetz zur Bekämpfung der Scheinselbständigkeit und zur Einbeziehung arbeitnehmerähnlicher Selbständiger in die Rentenversicherungspflicht zwischen scheinselbständig Beschäftigten, arbeitnehmerähnlichen Selbständigen und echten Selbständigen; diese Unterscheidung dürfte auch für das Arbeitsrecht gelten.

Scheinselbständiger Arbeitnehmer: Ausgangspunkt ist § 7 Abs. 1 Satz 2 SGB IV: „Anhaltspunkte für eine (abhängige) Beschäftigung sind eine Tätigkeit nach Weisungen und eine Eingliederung in die Arbeitsorganisation des Weisungsgebers."

Wer diese Anhaltspunkte erfüllt, ist Arbeitnehmer im Sinne des Sozialrechts. Die Bundesversicherungsanstalt für Angestellte (BfA) hat das von Amts wegen zu überprüfen. Wenn sie allerdings – mangels Mitwirkung des Betroffenen – die Einordnung nicht treffen kann, kann sie (und muss sie letztlich) die Vermutungsregelung nach § 7 Abs. 4 SGB IV anwenden:

> „Bei einer erwerbsmäßig tätigen Person, die ihre Mitwirkungspflichten ... nicht erfüllt, wird vermutet, dass sie beschäftigt ist, wenn mindestens drei der folgenden Merkmale vorliegen:
>
> 1. Die Person beschäftigt im Zusammenhang mit ihrer Tätigkeit regelmäßig keinen versicherungspflichtigen Arbeitnehmer, dessen Arbeitsentgelt aus diesem Beschäftigungsverhältnis regelmäßig im Monat 630 Deutsche Mark übersteigt;
> 2. sie ist auf Dauer und im Wesentlichen nur für einen Auftraggeber tätig;
> 3. ihr Auftraggeber oder ein vergleichbarer Auftraggeber lässt entsprechende Tätigkeiten regelmäßig durch von ihm beschäftigte Arbeitnehmer verrichten;
> 4. ihre Tätigkeit lässt typische Merkmale unternehmerischen Handelns nicht erkennen;
> 5. ihre Tätigkeit entspricht dem äußeren Erscheinungsbild nach der Tätigkeit, die sie für denselben Auftraggeber zuvor auf Grund eines Beschäftigungsverhältnisses ausgeübt hatte."

Der Betroffene kann die Vermutung widerlegen. Wird die Vermutung nicht widerlegt, wird der Betroffene als abhängig Beschäftigter behandelt.

Die Vermutung kann dadurch widerlegt werden, dass der Betroffene trotzdem nicht persönlich und wirtschaftlich abhängig ist. Wirtschaftliche Abhängigkeit bedeutet, dass der Mitarbeiter nach Höhe der Vergütung, Art und Dauer der Tätigkeit vom Auftraggeber abhängig ist.

Da auch die Tätigkeit eines Auftragnehmers für einen anderen als Geschäftsherren erfolgt, muss dieser regelmäßig einen gewissen Einfluss auf Art und Inhalt der Tätigkeit ausüben können. Es kann daher nicht auf die persönliche Abhängigkeit an sich, sondern nur auf deren Grad ankommen. Hierfür gibt es kein einzelnes allgemeingültiges Abgrenzungsmerkmal.

Rechtsfolgen bei Stellung als Arbeitnehmer: Ist der Mitarbeiter in Wirklichkeit ein Arbeitnehmer, ist er als solcher zu behandeln. Für ihn müssen insbesondere die Beiträge zur Rentenversicherung der Angestellten, zur Kranken- und zur Arbeitslosenversicherung abgeführt und ggf. nachgezahlt werden.

(3) Der arbeitnehmerähnliche Selbständige

Wird die Vermutung, dass Scheinselbständigkeit vorliegt, widerlegt, bleiben solche Personen nach § 2 Nr. 9 SGB VI in der Rentenversicherung versicherungspflichtig, die die ersten beiden Merkmale nach § 7 Abs. 4 SGB IV erfüllen, nämlich „die a) im Zusammenhang mit ihrer selbständigen Tätigkeit regelmäßig keinen versicherungspflichtigen Arbeitnehmer beschäftigen, dessen Arbeitsentgelt aus diesem Beschäftigungsverhältnis regelmäßig 325 Euro im Monat übersteigt, und b) auf Dauer und im Wesentlichen nur für einen Auftraggeber tätig sind.“

Es bestehen allerdings einige Möglichkeiten, sich von der Versicherungspflicht befreien zu lassen.

Im IT-Bereich kommt nur ausnahmsweise in Betracht, dass jemand zwar nicht Arbeitnehmer, wohl aber versicherungspflichtiger Selbständiger (mit Befreiungsmöglichkeit) ist. Wenn er nicht Arbeitnehmer ist, ist er hochwahrscheinlich ein echter Selbständiger. In der Praxis ist der Bereich für echte Selbständigkeit breiter, weil die BfA (vernünftigerweise) großzügig darin ist, unternehmerisches Handeln zu bejahen und damit das vierte Merkmal entfallen zu lassen.

Die meisten IT-Freiberufler haben es inzwischen geschafft, ihre Selbständigkeit nach den unter (2) genannten Merkmalen so darzustellen, dass sie als echte Selbständige anerkannt werden.

13 Wartung/Reparatur von Hardware

Inhaltsübersicht

13.1 Vertragsgegenstand und -formen

Zur Rechtslage nach Ablauf der Verjährungsfrist für Mängelansprüche aus dem Beschaffungsvertrag siehe Kapitel 14.1 am Anfang.

(1) Vertragsgegenstand

Objekt: Hardware und Software werden vom Ansatz her getrennt behandelt: Für die Hardware wird – wenn überhaupt – ein Wartungsvertrag geschlossen; für die Software-Produkte wird ein Pflegevertrag geschlossen *[siehe auch* www.zahrnt.de *Kapitel 13.1 (1) Wartung – Pflege]*.

Leistung: Unter Wartung von Hardware wird verstanden

- die Instandhaltung/vorbeugende Wartung,
- die Instandsetzung/Störungsbeseitigung/Reparatur,
- die Übertragung von Änderungen in der Bauweise von Geräten auf die bereits installierten Geräte, die aber nur eine untergeordnete Rolle spielt, und
- die telefonische Beratung bei Schwierigkeiten, die aber nicht so wichtig wie bei Software ist.

Die Begriffe werden anders als in DIN 31051 verwendet, in der Instandhaltung der Oberbegriff ist und Wartung im Sinne von vorbeugender Wartung verstanden wird. Die öffentliche Hand spricht normgerecht von den EVB-IT Instandhaltung.

(2) Vertragsformen

Im Vordergrund stehen Vollwartung und Reparatur nach Einzelauftrag.

Vollwartung beinhaltet die Erbringung aller unter (1) aufgezeigten Leistungen gegen pauschale Vergütung. Je weniger kritisch der Ausfall eines Gerätes hingegen ist, desto eher wird in der Praxis – wenn überhaupt – nur ein Rahmen vereinbart, auf dessen Basis die Wartung von Teilen einer Konfiguration auf der Basis von Zeit und Material (time and material) durchgeführt wird. Berechtigterweise werden Kunden mit Vollwartungsvertrag gegenüber solchen, die Einzelaufträge erteilen, zeitlich vorrangig behandelt. Denn die Pauschale enthält auch einen Kostenansatz für das Vorhalten von Wartungskapazität.

Die Vollwartung beinhaltet auch die Beseitigung von Mängeln, bei denen der Anwender nicht nachweisen kann, dass sie schon bei Gefahrübergang im Ansatz vorhanden waren *[vgl. zur Haltbarkeitsgarantie Kapitel 6.3.12 (2)]*. Insoweit benötigt der Anwender sie zu seiner Absicherung bereits von der Installation der Hardware an. Die Wartungsvereinbarung kann auch von vornherein erforderlich sein, um eine hohe Wartungsbereitschaft und Reaktionszeiten zu erreichen, die kürzer sind, als es die Haftung für Sachmängel verlangt.

Service Level Agreement ist ein Modeausdruck, der den Gesichtspunkt betont, wie schnell der Auftragnehmer auf eine Störungsmeldung hin reagieren soll und wie schnell er, wenn die Störung nicht in der vorgesehenen Frist beseitigt worden ist, diesen Zustand innerhalb seiner Organisation nach oben „eskalieren“ soll.

13.2 Allgemeine Rechtsfragen zum Wartungsvertrag

(1) Die Wartungsverpflichtung des Lieferanten/des Herstellers

Als Rechtsgrund für die Wartungspflicht ist zu unterscheiden *[vgl. Kapitel 14.2 (1)]*

- der Beschaffungsvertrag, insbesondere die Übernahme der Wartungspflicht auf Grund von Treu und Glauben,
- das technische Monopol des Herstellers (mit eigenem Wartungsnetz) oder des Lieferanten.

Der Anwender kann davon ausgehen, dass der Lieferant oder der Hersteller bei technisch hochkomplizierten Leistungen umso eher gemäß § 20 GWB zur Wartung verpflichtet ist, je weniger andere Wartungsunternehmer diese Leistung aus technischen Gründen übernehmen können. Die Pflicht geht auf Wartung gegen angemessene Bedingungen.

Soweit der Lieferant ausnahmsweise – aber für den Anwender nicht offensichtlich – zur Wartung nicht verpflichtet ist, kommt die Verletzung einer Aufklärungspflicht in Betracht.

(2) Dauer der Wartungsverpflichtung

Zur Dauer der Wartungsverpflichtung ist IT-spezifische Rechtsprechung bisher nicht bekannt geworden. Wenn der Lieferant erst einmal Vollwartung anbietet, könnte zu differenzieren sein zwischen

- der Frist, während der der Lieferant Vollwartung akzeptieren muss, und
- der sich anschließenden Frist, während der der Lieferant Wartung wenigstens gegen Zeit und Material erbringen muss.

Die Mindestwartungsdauer dürfte – anders als bei der Pflege *[siehe Kapitel 14.2.3 (1)]* – nicht für alle Anwender erst zu laufen beginnen, wenn sie für den letzten Käufer beginnt. Denn Ersatzteile können knapp werden; das gilt auch für das Personal, das spezielle Kenntnisse über die alten Geräte hat.

Einzelreparatur: Hier weist der Lieferant u. U. schon nach zwei Jahren darauf hin, dass er Ersatzteile nicht mehr beschaffen könne. Der Produktzyklus sei so kurz; Neubeschaffung sei wirtschaftlicher. Allgemein ist ein Hersteller verpflichtet, Ersatzteile während der üblichen Nutzungszeit einer Maschine (oder eines Autos) verfügbar zu machen. Die Pflicht bezieht sich zwar nicht nur auf Verschleißteile, aber andererseits nicht auf Teile, die üblicherweise eine längere Lebensdauer als die Maschine haben. Wirtschaftliche Überlegungen können zu einer kürzeren Dauer führen. Das gilt insbesondere für Billigprodukte.

(3) Übertragung des Vertrags auf einen anderen Wartungsunternehmer

Bei Software bestehen erhebliche Bedenken dagegen, dass der Lieferant den Pflegevertrag während der Mindestpflegedauer auf einen anderen Lieferanten übertragen darf *[siehe Kapitel 14.2.5 (2)]*. Das Argument, dass die spezifischen Kenntnisse der Mitarbeiter des (bisherigen) Vertragspartners sehr wichtig seien, entfällt bei der Wartung weitgehend. Es bleibt aber das Argument, dass der Anwender berechtigtes Interesse daran hat, seinen Vertragspartner zu behalten und dieser sich unschwer des neuen Wartungsunternehmers als Erfüllungsgehilfen bedienen kann.

13.3 Rechtsfragen zur Vollwartung

13.3.1 Allgemeine Fragen

(1) Rechtliche Einordnung

Der Vollwartungsvertrag wird als Werkvertrag mit dauerschuldrechtlichem Charakter eingeordnet. Grundlage dafür ist, dass die einzelne Instandsetzung einen Werkvertrag ausmacht *[Kapitel 13.4]*. Die Instandhaltung allein mag zwar als Dienstvertrag einzuordnen sein *[Kapitel 13.4]*. Verbunden mit der Instandsetzung – und das z. T. untrennbar – dient aber auch diese Leistung dem Erfolg, eine möglichst hohe Verfügbarkeit zu schaffen.

Verhältnis zum Liefervertrag: Der Wartungsvertrag kann mit der Haftung für Sachmängel aus dem Liefervertrag während der Verjährungsfrist parallel laufen *[Kapitel 13.1 (2)]*. Der Anwender kann dann Ansprüche auf Mängelbeseitigung aus dem Liefervertrag und aus Wartung ableiten. Er trägt die Beweislast, wenn er sich auf Haftung für Sachmängel stützt (weil er die Instandsetzung kostenlos haben oder vom Kaufvertrag zurücktreten will).

Nach Ablauf der Verjährungsfrist liegt es noch ferner als beim Pflegevertrag *[Kapitel 14.3.1 (1)]*, den Wartungsvertrag als Fortsetzung der Haftung für Sachmängel anzusehen. Der Lieferant übernimmt die Pflicht, die Hardware betriebsbereit zu halten. Das geht teilweise über die Haftung für Sachmängel hinaus (Beseitigung von Störungen durch Abnutzung), und bleibt teilweise dahinter zurück (kaum Beseitigung von Mängeln in der Sollbeschaffenheit) *[Kapitel 13.3.2 (1)]*.

(2) Anwendbarkeit von Werkvertragsrecht

Im Hinblick auf die Ausgestaltung der Vollwartung als Dauerschuldverhältnis dürften einige werkvertragsrechtliche Regelungen nicht anwendbar sein, z. B. § 641 BGB hinsichtlich der Fälligkeit der Vergütung, § 649 BGB hinsichtlich der vorzeitigen Beendigung/Kündigung.

Wie auch bei anderen Dauerschuldverhältnissen *[Kapitel 7.2 (1) und (2)]* hat der Anwender bei Pflichtverletzungen nicht das Recht auf Rücktritt, sondern das auf außerordentliche Kündigung *[siehe Kapitel 3.1 (5)]*. Dieses kann durch Schadensersatzansprüche ergänzt werden.

(3) Beginn der Zahlungspflicht

Ist Vollwartung vorgesehen, werden die dazu gehörenden Leistungen ab Installation erbracht. Entweder wird ihre Erbringung für die Dauer der Verjährungsfrist für die Mängelhaftung (soweit die Leistungen über die Mängelbeseitigung hinausgehen) innerhalb des Kaufvertrags vereinbart; oder der Wartungsvertrag tritt von vornherein in Kraft. Im ersten Fall wird in der Regel keine, im zweiten Fall eine ermäßigte Wartungspauschale gezahlt.

Voraussetzung für den Beginn dieser Vorzugsperiode ist die vollständige Lieferung, insbesondere also auch die der Software *[Kapitel 6.3.8 (2)]*; es sei denn, dass die Hardware als Teillieferung vereinbart wird. In der Praxis handhabt die Lieferantenseite es so, dass sie stets von einer Teilleistung ausgeht, die Vorzugsfrist also ab Installation berechnet. Wird ein Wartungsvertrag ab Installation geschlossen, wird das ausdrücklich so vereinbart.

Eine Haltbarkeitsgarantie *[siehe Kapitel 6.3.12 (2)]* dürfte stets bereits mit der Installation der Hardware beginnen.

(4) Beendigung

Haben die Parteien nichts vereinbart, dürfte die Kündigung entsprechend § 621 BGB bei monatlicher Pauschale spätestens am fünfzehnten eines Monats für den Schluss des Kalendermonats zulässig sein. Wenn Zahlung in längeren Abschnitten vereinbart ist, dürfte abweichend vom Dienstvertragsrecht innerhalb eines Zahlungsabschnitts nicht gekündigt werden können.

Wird die Hardware zerstört, endet der Wartungsvertrag, wenn keine Seite die Zerstörung zu vertreten hat. Wenn der Anwender die Zerstörung zu vertreten hat, muss er weiterhin zahlen. Hat der Lieferant sie zu vertreten, hat der Anwender einen Schadensersatzanspruch in Geld. Eine Verpflichtung des Anwenders zur Ersatzbeschaffung dürfte nicht bestehen. Beschafft der Anwender keinen Ersatz, endet der Wartungsvertrag. Anderenfalls dürfte der Wartungsvertrag bis zur Inbetriebnahme der neuen Hardware ruhen.

Außerordentliche Kündigung durch den Anwender wegen Nutzungseinstellung: Hier ist zu unterscheiden, ob die Kündigung während einer vereinbarten Mindestwartungsdauer ausgesprochen oder nach deren Ablauf nur die Kündigungsfrist bzw. die Verlängerungsperiode (häufig ein Jahr) abgekürzt werden soll.

Stellt der Anwender die Hardware während der vereinbarten Mindestfrist außer Dienst, dürfte er sich nur ganz ausnahmsweise auf die Störung der Geschäftsgrundlage berufen können *[siehe auch Kapitel 13.3.4]*. Wenn er allerdings nach Ablauf der vereinbarten Mindestfrist nur eine alte Anlage (endgültig) stillegen will, muss ihm die Möglichkeit eingeräumt werden, zum Ende eines beliebigen Monats zu kündigen, weil sich der genaue Umstellungstermin nicht mittelfristig festlegen lässt.

(5) Abhängigkeit vom Liefervertrag

Wird der Liefervertrag zwischen den Vertragspartnern nachträglich wieder aufgehoben, entfällt auch der zwischen denselben Parteien geschlossene Wartungsvertrag rückwirkend.

Der Anwender muss eine Nutzungsentschädigung zahlen. Diese dürfte entsprechend der Gebrauchsfähigkeit des gelieferten Systems aus Hardware und ggf. auch Software anzusetzen sein. Auch wenn die Hardware ordnungsgemäß gewartet worden ist, sie aber wegen verspäteter oder mangelhafter Lieferung der Software nur einen Bruchteil des Nutzens ermöglicht hat, ist nur ein entsprechender Bruchteil der Wartungskosten zu zahlen.

13.3.2 Leistungspflichten des Lieferanten

(1) Störungsbeseitigung und Schaffung hoher Verfügbarkeit

Die Wartung zielt nicht allein auf die Beseitigung von Störungen, sondern – in Verbindung mit der Instandhaltung und der Wartungsbereitschaft – auf die Schaffung einer hohen Verfügbarkeit der Hardware. Deshalb muss die Frage der Haftung des Auftragnehmers daran anknüpfen, ob er die dafür erforderlichen Maßnahmen getroffen hat *[Kapitel 13.3.3 (1)]*. Hohe Verfügbarkeit wird zwar geschuldet, aber nicht garantiert. Haftung setzt also Verschulden des Lieferanten voraus.

Fraglich ist, welche Störungen zu beseitigen sind. Erst einmal sind es alle diejenigen, die zu einer Verschlechterung der Verfügbarkeit im Verhältnis zum Beginn der Wartung führen. Dazu gehören auch Auswirkungen altersbedingter Abnutzung und mangelhafter Qualität. Hinsichtlich der nach Beginn des Wartungsvertrages auftretenden Störungen dürfte die Grenze wie bei einer Haltbarkeitsgarantie *[Kapitel 6.3.12 (2)]* zu ziehen sein: Es sind alle Störungen zu beseitigen, die ihre Ursache in der Hardware haben. Viele Lieferanten betonen, dass die Installations- und Aufstellungsbedingungen beibehalten werden müssen. Das dürfte sich von alleine verstehen. Wenn die vertraglich vorausgesetzte Verwendung aber auf Einsatz unter belastenden Bedingungen gerichtet war, darf diese in der Wartungsphase beibehalten werden.

Die Beseitigung von Mängeln in der Sollbeschaffenheit, die (vorher) der Haftung für Sachmängel unterlegen haben, wird nach dem Verständnis der Anwenderschaft nur dann geschuldet, wenn sie die Verfügbarkeit betreffen *[vgl. Kapitel 14.3.1 (2)]*.

Beseitigung der Auswirkungen von Störungen: Es geht um Schadensersatz, insbesondere wegen der Zerstörung von Datenbeständen. Ein Anspruch auf (Unterstützung bei der) Wiederherstellung ergibt sich nicht automatisch als Leistung aus dem Wartungsvertrag.

Ansprüche setzen eine Pflichtverletzung voraus, die der Wartungsunternehmer zu vertreten hat. Er muss also eine Wartungsleistung mangelhaft erbracht oder schuldhaft unterlassen haben. Dabei wird vermutet, dass der Wartungsunternehmer die Ursache zu vertreten hat *[siehe Kapitel 3.1 (3)]*. – Schadensersatzansprüche wegen Zerstörung von Daten dürften am vollständigen Mitverschulden des Anwenders wegen unterlassener oder fehlerhafter Datensicherung scheitern *[siehe Kapitel 6.5.2]*.

(2) Pflicht zur Übertragung von Verbesserungen der Bauweise von Geräten

Wartung durch den Hersteller: Der Wartungsunternehmer ist verpflichtet, den Zustand der Hardware, wie er bei Beginn der Wartung gewesen ist, möglichst aufrechtzuerhalten. Die Beseitigung von Konstruktionsfehlern fällt grundsätzlich nicht unter die Wartung. Sie fällt auch nicht unter den Begriff der Instandhaltung nach DIN 31051.

Verbessert der Hersteller von sich aus die Bauweise der Gerätetypen, von denen Geräte unter die Vollwartung fallen, fragt sich, ob er zur Übertragung dieser Verbesserungen verpflichtet ist. Das ist stärker für Verbesserungen, die der Erhöhung der Verfügbarkeit der

Geräte oder der Beseitigung von Mängeln in diesen dienen, als für funktionale Verbesserungen zu bejahen.

Allerdings stellt sich die Frage, ob die Wartungspauschale die Kosten für die Verbesserungsmaßnahme und den Arbeitsaufwand für den Einbau abdeckt. Erhebliche Leistungen werden seitens der Anwenderschaft nicht erwartet und sind auch nicht einkalkuliert. Der unentgeltliche Einbau kommt am ehesten in Betracht, wenn das verbesserte Teil gegen das alte Teil anlässlich eines ohnehin erforderlichen Technikerbesuchs ausgetauscht werden kann.

Der Wartungsunternehmer ist nach Treu und Glauben zu einer Warnung verpflichtet, wenn er einen schwerwiegenden Konstruktionsfehler nicht beseitigen will (gleich, ob er Letzteres überhaupt kann oder nicht). Wenn der Wartungsunternehmer einen solchen Mangel nicht beseitigen will, kann der Anwender, der von diesem Mangel betroffen wird, den Wartungsvertrag außerordentlich (= fristlos) kündigen.

Wartung durch den Lieferanten: Soweit der Hersteller auch selbst Anwendern Vollwartung anbietet, erwartet die Anwenderseite, dass sie vom Lieferanten (oder von einem selbständigen Wartungsunternehmer) dieselben Leistungen erhält, wie sie der Hersteller gegenüber den eigenen Kunden erbringt. Das bedeutet, dass auch solche Verbesserungen übertragen werden müssen, die der Hersteller vornimmt.

Problematisch sind die Fälle, in denen der Hersteller auf Grund seines Vertrags mit dem Lieferanten Austauschteile liefert, die Verbesserungen enthalten. Wenn der Vertrag zwischen dem Lieferanten und dem Anwender auch die Übertragung von Verbesserungen, die der Hersteller zur Verfügung stellt, abdeckt, fällt der Arbeitsaufwand unter die Pauschale. – Dann liegt es nahe, dass der Lieferant solche Verbesserungen, die der Hersteller nur gegen gesonderte Vergütung zur Verfügung stellt, gesondert berechnen darf.

Wenn die Übertragung im Vertrag nicht angesprochen ist, liegt es nahe, dass alles gesondert zu vergüten ist. Denn eine Verkehrssitte, dass diese Leistung automatisch unter die Pauschale fällt, dürfte nicht bestehen.

(3) Durch die Pauschale abgedeckter Leistungsumfang

Hier geht es im Wesentlichen um die Frage, inwieweit benötigtes Material als Verbrauchsmaterial bzw. als solches Wartungsmaterial einzustufen ist, das der Anwender selbst zu stellen hat. Es geht also nicht nur um typisches Verbrauchsmaterial wie Farbbänder, sondern auch darum, dass der Anwender einige Teile der Wartungssache selbst ersetzen und auf jeden Fall außerhalb der Pauschale bezahlen soll.

Als Ansatzpunkt für die Beantwortung, was verkehrsüblich ist, eignet sich die Frage, wer das Material üblicherweise einsetzt/installiert. Das hängt maßgeblich von der Konstruktion der Hardware ab. Wenn sie nicht so konstruiert ist, dass der Anwender dieses Material einsetzen kann, liegt es nahe, dass das Material unter die Wartungspauschale fallen soll.

Der Umkehrschluss ist hingegen unzulässig: Es gibt Konstruktionen, bei denen der Anwender sogar Platinen selbst wechseln kann (um das Gerät schneller wieder einsatzfähig zu machen).

Dass etwas dem Verschleiß unterliegt, macht es noch nicht zu solchem Wartungsmaterial. Denn die Pauschalierung soll typischerweise den Austausch von Verschleißteilen abdecken.

(4) Beseitigung von Störungen außerhalb der Pauschale

Der Lieferant ist soweit zumutbar zur Hilfeleistung – gegen gesonderte Vergütung – verpflichtet *[vgl. Kapitel 6.2.4 (4)]*.

13.3.3 Haftung des Lieferanten

(1) Haftung wegen mangelhafter Wartung

Die Problematik, ob der Lieferant Störungen, die auf mangelhafte Wartung zurückzuführen sind, auf eigene Kosten wegen Pflichtverletzung beseitigen muss, spielt in der Praxis häufig keine Rolle, weil er Störungen ohnehin innerhalb der Pauschale zu beseitigen hat, es also hinsichtlich der Kosten nicht darauf ankommt, ob der Lieferant *auch* wegen einer zu vertretenden Pflichtverletzung tätig werden muss. Die Problematik spielt eine Rolle insbesondere bei den Fragen, unter welchen Voraussetzungen der Anwender

- den Vertrag aus wichtigem Grund kündigen,
- die Wartungspauschale mindern,
- unentgeltliche Beseitigung von alsbald nach Vertragsende auftretenden Störungen, die auf mangelhafte Wartung zurückzuführen sind, verlangen oder
- Schadensersatz fordern

kann.

(1.1) **Ansatz Instandsetzung:** Der minimale Ansatz geht dahin, dass die einzelne Instandsetzung werkvertraglichen Charakter hat. Wird sie nicht ordnungsgemäß ausgeführt, hat der Anwender folgende Rechte:

Der Anwender kann eine Nachfrist setzen und nach Fristablauf Minderung der Vergütung für die laufende Periode verlangen. Es ist oft schwierig, die Höhe der Minderung zu bestimmen.

Der Anwender kann Schadensersatz wegen mangelhafter Reparatur (bei Vertretenmüssen) verlangen; der Anspruch auf Reparatur bleibt als Leistungsanspruch erhalten *[siehe Kapitel 14.3.3 (2)]*.

Der Anwender kann das Dauerschuldverhältnis Wartung nach den allgemeinen Vorschriften (§ 314 BGB) außerordentlich kündigen *[siehe Kapitel 3.1 (5)]*.

Der Anwender kann auch nach Vertragsende die Korrektur von mangelhaften Wartungsleistungen verlangen. Die Verjährungsfrist läuft bei diesem Ansatz von der betroffenen Wartungsleistung an.

(1.2) **Ansatz Verfügbarkeit:** Schuldet der Lieferant hohe Verfügbarkeit, macht es wenig Sinn, werkvertragliches Haftungsrecht für Mängel anzuwenden. Der Vorwurf geht dann insbesondere dahin, dass der Lieferant erforderliche Maßnahmen unterlassen hat, um die hohe Verfügbarkeit sicherzustellen *[Kapitel 13.3.2 (1)]*. Man muss für die Lösung dieser Frage auf die allgemeine Anspruchsgrundlage der Pflichtverletzung in der Form der Schlechtleistung zurückgreifen *[siehe Kapitel 3.1 (2)]*.

Die Wartungspflicht ist verletzt, wenn die Hardware durch ungenügende Wartungsarbeiten in einen Zustand geraten ist, in dem Störungen zu erwarten (oder bereits eingetreten) sind. Die auftretende Störung selbst ist nicht Schlechtleistung, sondern deren Folge. Der Anspruch auf die Beseitigung der konkreten Störung bleibt als Leistungsanspruch bestehen *[siehe Kapitel 14.3.3 (2)]*.

Der Anwender dürfte wie bei (1.1) zur Kündigung nach nutzloser Nachfristsetzung berechtigt sein, wenn keine ausreichende Verfügbarkeit erreicht wird.

Die Minderung dürfte der Differenz der tatsächlichen Ausfallzeit wegen Störungen und der üblicherweise unvermeidbaren Ausfallzeit (jeweils einschließlich Instandhaltung) bezogen auf die geplante Nutzungszeit entsprechen.

Hinsichtlich Störungen, die alsbald nach Vertragsende auftreten, liegt die Pflichtverletzung nicht nur in mangelhaften Reparaturen, sondern auch darin, dass der Lieferant eine nicht alterungsbedingt geringe Verfügbarkeit bewirkt hat (weil Komponenten nicht ausreichend ausgetauscht worden sind).

Verjährungsfrist: Da Ausgangspunkt die allgemeine Schlechterfüllung ist, muss auf die allgemeine Verjährungsfrist von drei Jahren *[siehe Kapitel 3.10 (2)]* abgestellt werden. Liegt die Vertragsverletzung in einer Unterlassung des Auftragnehmers, liegt diese nicht nur in der Vergangenheit, sondern setzt sich bis in die Gegenwart fort (oder endet durch die Nachholung der unterlassenen Handlung und – bei Bedarf – dem Ausgleich der Auswirkungen des Unterlassens). Der Fristbeginn wird dann dadurch ausgelöst, dass der Anwender die hohe Ausfallrate erkennt oder erkennen muss (sie beginnt spätestens mit Vertragsende). – Für mangelhafte Reparaturen beträgt die Frist zwei Jahre nach Werkvertragsrecht ab Ende der Reparatur.

(2) Minderung/Fortfall der Vergütungspflicht bei Nichterbringung von Wartungsleistungen

Wenn der Lieferant bestimmte Leistungen wie vorbeugende Wartung unterlässt, kann der Anwender die Wartungspauschale angemessen mindern *[vgl. (1.1); zu Schadensersatzansprüchen siehe (1.2)]*.

(3) Vereinbarte Reaktionszeit

Die Vereinbarung einer (maximalen) Reaktionszeit für den Beginn der Instandsetzung ist dahingehend zu verstehen, dass der Lieferant nach Ablauf der Reaktionsfrist ohne Mahnung und unabhängig von Verschulden Schadensersatz dafür zahlen muss, dass der Anwender die Hardware vom Ablauf der Reaktionszeit bis zum Beginn der Instandsetzung nicht nutzen konnte.

13.3.4 Leistungspflichten des Anwenders

Die Mitwirkungspflichten sind in Kapitel 6.3.7 (1) und (2) beschrieben.

Verjährungsfrist: Für den Anspruch auf Zahlung der Wartungspauschale gilt die normale Verjährungsfrist *[siehe Kapitel 3.10 (2)]*.

Vergütungspflicht bei Nichterforderlichkeit/Nichtinanspruchnahme von Wartungsleistungen: Dass Wartung nicht erforderlich ist, insbesondere weil der Anwender sie nicht in Anspruch nimmt, ist für die Zahlungspflicht unerheblich. Nur wenn Leistungen nicht erbracht werden, die erforderlich sind, mindert sich die Vergütungspflicht *[siehe Kapitel 13.3.3 (2)]*.

Pflichtverletzungen seitens des Anwenders: Angesichts der – typischen – Abhängigkeit des Anwenders von der Wartung sind hohe Anforderungen an ein Leistungsverweigerungsrecht des Lieferanten bei Zahlungsverzug *[siehe Kapitel 3.12]* zu stellen.

13.4 Rechtsfragen zur Wartung nach Zeit und Material/ zu Reparaturaufträgen

Rechtliche Einordnung: Die Einordnung von Aufträgen über Instandhaltung alleine als Dienstverträge oder als Werkverträge ist umstritten.

Aufträge über Reparaturen sind Werkverträge. Wenn es sich um den Austausch eines Teils handelt, dessen Wert den Arbeitsaufwand weit übersteigt, liegt ein Kaufvertrag vor.

Vergütungspflicht: Der Nachweis des Zeitaufwands bei Vergütung nach Aufwand kann schwierig werden, wenn der Auftragnehmer persönlich tätig geworden ist *[siehe dazu Kapitel 9.3.2 (2)]*.

Wirtschaftlichkeit der Maßnahme: Die Lieferant ist grundsätzlich zur Aufklärung verpflichtet, wenn die Reparatur unwirtschaftlich ist.

14 Pflege von Software-Produkten und Betreuung

Inhaltsübersicht

Bei der Pflege kommt es entscheidend auf den Anbieter an, der seine Software-Produkte weiterentwickelt. Dieser braucht nicht zugleich der Lieferant zu sein. Deswegen wird in diesem Kapitel von „Anbieter“ gesprochen, wenn es um dessen Pflichten geht (sei es gegenüber einem Anwender oder einem Vertriebspartner), manchmal von „Lieferant (Anbieter)“. Wenn es um die Stellung des reinen Lieferanten zwischen Anbieter und Anwender geht, wird dieser als „Vertriebspartner“ bezeichnet.

14.1 Vertragsgegenstand und -formen

Mit Ablauf der Verjährungsfrist für Ansprüche wegen Mängeln aus dem Liefervertrag erlöschen diese Ansprüche des Anwenders nicht. Der Lieferant kann dem Anspruch aber die Einrede der Verjährung entgegenhalten *[siehe Kapitel 3.10 (1)]*. Beispielsweise kann er sich bereit erklären, Mängel in der Sollbeschaffenheit, insbesondere zur Ergänzung der Funktionalität, nur gegen Vergütung zu beseitigen oder Mängel in der Istbeschaffenheit nicht unverzüglich, sondern erst in der nächsten Version zu beseitigen; er kann das aber auch von einer gesonderten Vergütung abhängig machen. – Der Lieferant, der nach Ablauf der Verjährungsfrist Mängel ohne eine solche Forderung beseitigt, kann dafür *nachträglich* keine Vergütung verlangen; er hat auf die Einrede der Verjährung verzichtet und seine immer noch bestehende Pflicht erfüllt.

(1) Vertragsgegenstand

Wegen der beträchtlichen Unterschiede der Maßnahmen bei Hardware (auch vorbeugende Wartung, deren Umfang allerdings stark zurückgegangen ist) und bei Software (Weiterentwicklung) hat sich in der Praxis die Verwendung unterschiedlicher Begriffe durchgesetzt, nämlich Wartung von Hardware bzw. Pflege von Software. Häufig sind Lieferanten aber achtlos: Sie verwenden diese Begriffe oder auch andere beliebig abwechselnd oder auch zusammen.

Aufgaben: Unter die Pflege von Programmen fällt eine Reihe von Tätigkeiten (gleich ob sie bei Individualsoftware vom Anwender intern oder bei Software-Produkten vom Lieferanten extern vorgenommen werden). Über deren Benennung und Gliederung besteht bei IT-Fachleuten wenig Übereinstimmung.

Hilfreich ist zu unterscheiden,

- welche Aufgaben gegen eine pauschale Vergütung erbracht werden und
- welche Aufgaben insgesamt erbracht werden.

Das klingt beispielsweise darin an, dass manche Lieferanten Pflegeverträge (mit einer pauschalen Vergütung) und Supportverträge anbieten.

Begriffe zu neuen Fassungen im Zeitablauf: Es besteht Bedarf, das Ausmaß der Änderung in neuen Fassungen zu charakterisieren *[vgl. auch unter (2) zu Upgrade-Pflege]*. Zum einen soll abgegrenzt werden können, was an Weiterentwicklung innerhalb einer Pauschale geliefert wird und was nicht; zum anderen soll dargestellt werden können, in welchem Umfang die bisher eingesetzte Version physisch ersetzt wird.

Korrekturversionen enthalten typischerweise nicht nur die Zusammenfassung bisheriger Korrekturmaßnahmen, sondern auch kleinere Verbesserungen. Die Herstellerseite will sich aber nur ausnahmsweise auf einen definierten Umfang an Verbesserungen festlegen lassen (weder von der Entwicklungspflicht noch von der Abgeltung her).

Generation: Ein Software-Produkt kann kontinuierlich so stark weiterentwickelt werden, dass eines Tages alle Teile ersetzt worden sind. Von einer neuen Generation spricht man hingegen, wenn das Software-Produkt in einem Zug (zumindest im Wesentlichen) neu programmiert wird. Es geht dann darum, neue Entwicklungsmethoden und -werkzeuge einsetzen zu können und/oder das Software-Produkt auf den Einsatz auf neuen Systemplattformen auszurichten. Neue Generationen werden typischerweise durch eine Abänderung (oder Ersetzung) des Produktnamens gekennzeichnet. Bei PC-Programmen ohne Pflege vollzieht sich die Weiterentwicklung typischerweise in großen Sprüngen.

Spezielle Fragen stellen sich bei neuen Generationen von Software-Produkten mit Pflegevertrag, nämlich was der Anwender dafür zu zahlen hat und ob der Lieferant seine Pflegepflicht erfüllt, wenn er den Einsatz einer neuen Generation statt einer neuen Version (die i.d.R. weniger inkompatibel ist) anbietet *[siehe Kapitel 14.2.2]*.

(2) Vertragsformen in der Praxis

Für die Anbieterseite kommt es darauf an, ein Grundpaket an Pflegeleistungen zu definieren, das durch eine Pauschale abgegolten wird. Bei PC-Programmen lässt sich das aus praktischen Gründen nur beschränkt realisieren. Deswegen müssen diejenigen Leistungen, die unvermeidbar und also unentgeltlich erbracht werden sollen, möglichst kostengünstig erbracht werden. Das erfolgt dadurch, dass Leistungen zum Abruf über Datenfernübertragung bereitgestellt werden (Mängelkorrekturen, weiterentwickelte Teile, Behandlung bekannter Probleme).

Vollpflege beinhaltet gegen Zahlung einer laufenden Pauschale die Lieferung aller weiterentwickelten Versionen, die telefonische Unterstützung und die Mängelbeseitigung auf Anforderung, soweit sie außerhalb der Lieferung neuer Versionen übernommen wird. Im Folgenden geht es im Wesentlichen um diese Form der Pflege.

Upgrade-Pflege: Die Pauschale deckt nur die Lieferung von neuen Versionen mit etwas Weiterentwicklung (oft „Updates" genannt), nicht aber die von Versionen mit viel Weiterentwicklung ab. Will der Anwender eine neue Version mit viel Weiterentwicklung haben, soll er sie bestellen (in der Regel gegen Aufpreis/Vorzugspreis). Die Abgrenzung zwischen etwas und viel Weiterentwicklung ist problematisch. Der Lieferant bestimmt die Einordnung. – Die Upgrade-Pflege enthält letztlich nur wenige rechtliche Unterschiede (hauptsächlich hinsichtlich der Vergütung). Diese sind meist gering. Deswegen wird auf deren Darstellung verzichtet.

(3) Miete und Pflege

Der Vermieter schuldet automatisch die Pflege im Sinne der Erhaltung der Einsatzfähigkeit des Software-Produkts. Typischerweise geht der Vermieter einen Schritt weiter und sieht Leistungen wie bei Vollpflege vor. Im Folgenden wird auf die Darstellung der Besonderheiten bei Miete verzichtet.

(4) Beginn der Pflege in der Praxis

Mit Ausnahme der Mängelbeseitigung (auf die der Anwender für die Dauer der Verjährungsfrist aus dem Liefervertrag Anspruch hat) benötigt der Anwender die Pflegeleistungen vom Zeitpunkt der Installation an *[wie beim Wartungsvertrag für die Hardware, Kapitel 13.1 (2)]*. Die Weiterentwicklung und Bereitstellung weiterentwickelter Versionen erfolgen zeitlich unabhängig von der Installation beim einzelnen Anwender. Dafür zahlt die Anwenderschaft eine zeitproportionale Vergütung. Diese ist dementsprechend von der Installation an, zumindest aber vom Abschluss der Einsatzvorbereitung an, berechtigt *[siehe ergänzend Kapitel 14.3.1 (4). Zur späteren Beauftragung der Pflege und zu deren Unterbrechung siehe Kapitel 14.2.4]*.

14.2 Pflegepflicht des Lieferanten

(1) Ansatz

Die Pflicht zur Pflege entsteht meist dadurch, dass der Lieferant seine Bereitschaft zur Pflege in der Akquisitionsphase ankündigt. Je stärker das Bedürfnis nach Weiterentwicklung eines Software-Produkts besteht und je teurer es ist, desto eher enthält das Angebot, dieses zu verkaufen, implizit das Angebot, es auch zu pflegen. Der Softwareanbieter hat nichts dagegen, Leistungen zu erbringen, solange das für ihn ein Geschäft ist. Es kommt ihm auf die Bedingungen an, plausiblerweise insbesondere auf den Umfang der durch die Pflegepauschale abgedeckten Leistungen und die Möglichkeit, die Pflege für ältere Versionen einzustellen oder sonst zu beschränken. Manche Anbieter wollen sich allerdings die Möglichkeit offen halten, die Pflege aus geschäftlichen Gründen nach wenigen Jahren plötzlich überhaupt einzustellen.

Sonst ist auf Treu und Glauben als Ansatzpunkt abzustellen (was die Pflegepflicht nicht automatisch begründet) *[vgl. Kapitel 13.2 (1)]*,

- weil alleine der Lieferant auf Grund seines technischen Monopols (Verfügen über das Quellprogramm) die Leistungen überhaupt erbringen kann, insbesondere die Mängelbeseitigung. Das gilt auch bei Lieferung des Quellprogramms, wenn der Anwender dieses Dritten nicht zur Kenntnis geben darf *[siehe Kapitel 8.2.2.4]*, zumindest dann, wenn der Anwender ein IT-Laie ist.
- weil alleine der Lieferant diese Leistungen, insbesondere die Weiterentwicklung, wirtschaftlich sinnvoll oder sachlich und/oder zeitlich machbar erbringen kann.

Wenn der Lieferant von vornherein keine Pflicht zur Mängelbeseitigung übernommen hat (PC-Programm „as is“ *[Kapitel 8.1 (2)]*), besteht keine Pflegepflicht. Der Lieferant dürfte im Normalfall auch berechtigt sein, die Pflegepflicht bei Abschluss des Kaufvertrags ausdrücklich auszuschließen.

(2) Umfang der Pflegepflicht

Bei Vollpflege zahlt der Anwender den deutlich überwiegenden Anteil an der Pflegepauschale für die Weiterentwicklung. Er darf also einiges an Weiterentwicklung erwarten und muss damit einiges an Inkompatibilität hinnehmen. Entscheidend ist, dass die Weiterentwicklung der Anwenderschaft dienen soll. Die Anwenderschaft ist auch im Interesse der Weiterentwicklung bereit, einiges an Inkompatibilität hinzunehmen – wobei der einzelne Anwender dennoch stöhnt, wenn ihn die Konsequenzen zur Unzeit treffen. Die Anwenderschaft wirft Geld in einen Topf, der die Weiterentwicklung finanzieren soll. Der einzelne Anwender darf nur erwarten, dass ein Minimum seiner spezifischen Interessen geschützt wird.

Die Anwenderschaft zahlt dafür, dass der Anbieter seine Software-Produkte auf dem Stand der Zeit, d. h. „verkaufsfähig" hält. Der einzelne Anwender soll zumindest im überwiegenden Teil des Zeitraums, während dessen der Lieferant zur Pflege verpflichtet ist, wie ein Kunde stehen, der neue Software-Produkte beschafft. Das ist mehr, als die Software-Produkte einsatzfähig zu halten.

Zum Verhältnis von Anbieter zur Anwenderschaft stellen sich Fragen, die bisher nicht einmal ansatzweise geklärt sind (wichtiger ist die Frage, wie groß der Topf ist):

- Darf die Anwenderschaft erwarten, dass der Anbieter Mittel (aus dem Produktverkauf) in den Topf hinzufügt, weil die Weiterentwicklung ihm ermöglicht, seine Software-Produkte verkaufsfähig zu halten?
- Was darf der Anbieter als Gewinn aus dem Topf herausnehmen?

(3) Dauer der Pflegepflicht

Auf Anbieterseite ist bei Vollpflege nach Kauf intern der Grundsatz weit verbreitet, dass jedes teure Software-Produkt (in der jeweils neuesten Version) sechs Jahre ab letztem Verkauf gepflegt wird. Aus rechtlicher Sicht dürften bisher fünf Jahre anzusetzen sein, soweit nichts anderes vereinbart wird. Wenn für PC-Programme Vollpflege vereinbart wird, dürfte die Frist etwas kürzer sein. Es besteht eine starke Wechselwirkung mit der Frage, inwieweit der Anbieter seine Leistungen auf die jeweils neueste Version oder sogar Generation beschränken darf. Je stärker das der Fall ist *[siehe Kapitel 14.2.2]*, desto eher ist ihm eine lange Mindestpflegepflicht zuzumuten *[siehe im einzelnen Kapitel 14.2.3]*.

(4) Nur bei Einsatz auf freigegebenen IT-Anlagen

Der Lieferant kann als Voraussetzung für seine Mängelhaftung aus dem Kauf verlangen, dass das Software-Produkt auf einer dafür freigegebenen IT-Anlage eingesetzt wird *[siehe Kapitel 8.2.4 am Anfang]*. Dieser Gesichtspunkt setzt sich dahingehend fort, dass der Lieferant die Pflege davon abhängig machen darf, dass das Software-Produkt weiterhin auf einer dafür freigegebenen IT-Anlage eingesetzt wird.

(5) Angemessene Bedingungen

Jeder Vertragspartner hat Anspruch auf angemessene Bedingungen. Ungeklärt ist, welche Mindestlaufzeit der Anbieter seinerseits standardmäßig verlangen kann.

Vom Umfang her kann der Anbieter ein erhebliches Interesse daran haben, dass alle eingesetzten Software-Produkte oder zumindest alle, die zu einem Anwendungsbereich gehören, in die Pflege einbezogen werden: Insoweit diese zusammenwirken, können deren Schnittstellen nur im Gleichklang weiterentwickelt werden. Das gilt sowohl für Anwendungsprogramme untereinander als auch für ihre Verträglichkeit mit der Systemsoftware. Außerdem spielt ein gewisser Ausgleich der Kosten eine Rolle: Der Anbieter wird unterschiedlich viel in die Weiterentwicklung der einzelnen Produkte investieren (ohne dass das so gut wie bei einem Lohnprogramm vorhersehbar ist). Er plant über alle Produkte für alle Anwender hinweg.

Recht des Lieferanten, die Bedingungen anzupassen: Auch wenn kein Vorbehalt aufgenommen worden ist, dürfte der Lieferant berechtigt sein, das Leistungsbündel qualitativ abzuändern, um dem Stand der Technik folgen zu können, soweit das für die Anwenderschaft positiv ist und den einzelnen Anwender nicht unzumutbar belastet. Das gibt dem Lieferanten nur beschränkt die Möglichkeit, die beiderseitigen Leistungen abzuändern. Nach Ablauf der Mindestpflegedauer *[siehe (3)]* dürfte der Lieferant aber weitergehend berechtigt sein, die Bedingungen anzupassen, nämlich an das, was er bei neuen Pflegeverträgen allgemein durchsetzt.

Recht des Lieferanten, „Altkunden" schlechter zu behandeln: Der Lieferant dürfte nicht berechtigt sein, sein Kündigungsrecht gegenüber Anwendern, für die die Mindestpflegedauer abgelaufen ist („Altkunden"), dahingehend auszuüben, dass er diesen schlechtere Bedingungen als Neukunden auferlegt (oder der Einfachheit halber das ohne Kündigung tut).

Beispiel: Der Lieferant kann mit Neukunden vereinbaren, dass diese ohne Aufpreis während der Mindestpflegedauer auf eine neue Generation des Software-Produkts umsteigen dürfen, aber auch müssen. Darf der Lieferant von Altkunden einen Aufpreis für die Bereitstellung der neuen Generation verlangen?

Der Lieferant darf Altkunden nicht ungerechtfertigt schlechter behandeln. Eigentlich ist es seine Sache, dass er den Neukunden dafür einen Vorteil gibt, dass diese auf die Mindestpflegedauer für die erworbene Generation verzichten. Die Altkunden müssen nach Ablauf der Mindestpflegedauer damit rechnen, dass sie eine neue Generation erwerben müssen. Sie haben den Kaufpreis über die Mindestpflegedauer hin bereits amortisieren können. Trotzdem besteht ein erhebliches Bedenken auf Grund der Praxis: Der Lieferant (Anbieter) verwendet erfahrungsgemäß in den letzten zwei Jahren, während er die alte Generation vertreibt, die Pflegeeinnahmen kaum noch für deren Weiterentwicklung, sondern für die Entwicklung der neuen Generation. Entsprechend verwendet er nach Freigabe einer neuen Generation die Pflegeeinnahmen aus der alten Generation, während er diese noch pflegt (bevor er den Umstieg auf die neue Generation verlangt), für die Vervollständigung der neuen Generation. Soweit die Altkunden zur Schaffung der neuen Generation beigetragen haben, ist das angemessen zu berücksichtigen.

14.2.1 Umfang hinsichtlich Software-Produkten ohne Anpassungsprogrammierung

(1) Mängelbeseitigung, insbesondere Geschwindigkeit

Voraussetzung ist, dass der Lieferant im Kaufvertrag zumindest die Bereitschaft zur Mängelbeseitigung übernommen hat. Dann kann er die Mängelbeseitigung nicht aus dem Pflegevertrag ausnehmen.

Pflege fremder Software-Produkte: Die Pflicht zur Mängelbeseitigung besteht auch für den Vertriebspartner, der das Quellprogramm selbst nicht zur Verfügung hat, wenn er im Liefervertrag für die Dauer der Verjährungsfrist die Mängelbeseitigung übernommen hat (eine Bemühensklausel reicht zur Begründung einer entsprechenden eingeschränkten Pflegepflicht). Es ist Sache des Vertriebspartners, sich bei seinem Anbieter abzusichern.

Geschwindigkeit: Die entscheidende Frage in der Praxis ist nicht das Ob der Mängelbeseitigung, sondern das Wann: Überspitzt ausgedrückt möchte der Lieferant Mängelkorrekturen am liebsten nur innerhalb neuer Versionen, ggf. Korrekturversionen, ausliefern; Anwender, die komplexe Software-Produkte mehrfach einsetzen, möchten das am liebsten auch so haben, wenn der Lieferant nur alsbald mitteilt, wie aufgetretene Mängel sich in zumutbarer Weise umgehen oder vermeiden lassen. Zumindest bei Mängeln mit niedriger Priorität reicht Mängelbeseitigung im Rahmen der Lieferung einer neuen Version *[vgl. Kapitel 8.5.4 (2)]*. Bei Mängeln mit höherer Priorität ist der Lieferant zur baldigen Abhilfe verpflichtet.

(2) Anpassen an geänderte Rechtsvorschriften

Bei Vollpflege besteht die Pflicht zum Anpassen an geänderte Rechtsvorschriften auf Grund der Zielsetzung, das Software-Produkt verkaufsfähig zu halten, weitestgehend innerhalb der Pauschale *[vergleiche unter (4)]*. Sie ist auch bei nicht als typisch vorhersehbaren Änderungen von Rechtsvorschriften zu bejahen. Zu bedenken ist, dass der Lieferant, will er das Produkt weiterhin anbieten, die Änderungen ohnehin realisieren muss. Interessengegensätze gibt es nur noch hinsichtlich der Geschwindigkeit der Realisierung. Weil die Anwenderschaft von dieser Weiterentwicklung abhängig ist, besteht die Pflicht für die gesamte Mindestpflegedauer.

Ein neues Gesetz kann auch neue Anforderungen in dem Aufgabenbereich bringen, den das Software-Produkt unterstützt, aber außerhalb von dessen bisheriger Funktionalität. Auch dann ist die Pflicht zum Anpassen bis zur Grenze des Zumutbaren zu bejahen. Es fragt sich aber, in welchem Umfang Änderungen innerhalb der Pauschale eingearbeitet werden müssen.

Wenn der Anbieter das Software-Produkt wesentlich ändern oder sogar neu erstellen muss, kommt in Betracht, dass er eine zusätzliche Vergütung verlangen kann. In der Praxis ist von folgendem Korrektiv auszugehen: Wenn der Lieferant für die zusätzliche Funktionalität keine neue Position in seine Preisliste aufnimmt, kann er keine gesonderte Vergütung von seinen Altkunden verlangen.

(3) Anpassen an geänderte Systemsoftware/interoperable Programme (Fremdprodukte)

Anpassen an Änderungen von Fremdprodukten mit Pflege: Ausgangspunkt ist, dass Anbieter von Fremdsoftware, mit der die Software-Produkte des Lieferanten (Anbieters) zusammenwirken sollen – das ist insbesondere die Systemsoftware – ihre Software – im Interesse des Fortschritts – inkompatibel weiterentwickeln. Sie unterstützen nach kurzer Zeit nur noch die neueste Version *[vgl. Kapitel 14.2.2]*.

Die Anwenderschaft erwartet, dass der Lieferant seine Software-Produkte kurzfristig an die geänderten Schnittstellen anpasst, damit sie die neue Version einsetzen kann, und mittelfristig, dass der Lieferant die Möglichkeiten der neuen Version für seine Software-Produkte nutzt. Das kann erfordern, dass der einzelne Anwender zusätzliche/neue Betriebsmittel erwerben muss. Der Lieferant soll also die Balance zwischen Nutzung der neuen Möglichkeiten und zusätzlichen Kosten wahren *[siehe Kapitel 14.2.2]*.

Ein einzelner Anwender mag zwar den Bedarf nach dem Anpassen auslösen, weil er eine neue Version eines Fremdprodukts einsetzen will. Die Anwenderschaft will aber bei Vollpflege gerade dafür Geld in den Pflegetopf tun. Die Anpassung ist erforderlich, um die Pflegeleistungen für die Fremdprodukte nutzen zu können *[siehe Kapitel 14.2 (2)]*. Das gilt insbesondere bei IT-Anlagen, auf denen Software-Produkte verschiedener Anbieter eingesetzt werden. Im Interesse der effizienten Verwendung des Gesamtsystems muß jedes Produkt auf einem Entwicklungsstand stehen, auf dem es mit denen, mit denen es verbunden ist, zusammenwirken kann. Dieser Stand wird durch die Systemsoftware, insbesondere durch das Betriebssystem bestimmt. Der Wille beider Seiten geht dahin, dass die Anbieterseite sich daran ausrichtet – wenn auch u. U. mit etwas Verzögerung.

Die Frage dürfte also dahin gehen, inwieweit das Anpassen durch die Pflegepauschale abgedeckt ist, wenn die Systemsoftware weitreichend geändert wird. An das, was der Fremdanbieter an Weiterentwicklung innerhalb der Pauschale liefert, dürfte der Lieferant sein Software-Produkt ohne gesonderte Vergütung anzupassen haben. An alles, was an Systemsoftware als neue Generation auf den Markt gebracht wird, braucht er sein Software-Produkt nur gegen gesonderte Vergütung anzupassen.

Im Hinblick auf andere interoperable Software-Produkte gilt dasselbe.

Anpassen an neue Generationen von Fremdprodukten ohne Pflege: Bei Fremdprodukten ohne Pflege bringt der Anbieter alle paar Jahre ein ziemlich stark weiterentwickeltes Nachfolgeprodukt auf den Markt *[siehe Kapitel 14.1 (1)]*. Die folgenden Überlegungen gehen von einer Periodizität in der Größenordnung von drei bis vier Jahren aus.

Die Weiterentwicklung der Fremdprodukte erfolgt hier in großen Schritten. Häufig verlangen neue Betriebssysteme neue Hardware (man denke an Microsoft-Produkte). Die Anwenderschaft wünscht deren Einsatz trotzdem, also die Anpassung der zu pflegenden Software-Produkte an die neue Generation und die Nutzung von deren neuen Möglichkeiten – wobei jeder einzelne wünscht, dass deren Einführung in sein Migrationskonzept zeitlich und damit kostengünstig passt. Die Anwenderschaft kann im Normalfall davon ausgehen, dass der Lieferant (Anbieter) eine an die neue Generation angepasste Fassung auf den Markt bringt, um seine Software-Produkte verkaufsfähig zu halten.

Hier ist besonders darauf abzustellen, wieviel Aufwand der Lieferant (Anbieter) hat, um seine Software-Produkte an die neue Generation der Fremdsoftware anzupassen. Weiterhin ist zu bedenken, dass die Anpassung mit dem Recht des Lieferanten korrespondiert, das Zusammenwirken seiner Software-Produkte mit der alten Generation der Fremdsoftware aufzuheben *[siehe Kapitel 14.2.2 (2)]*. Die Anwenderschaft darf erwarten, dass der Lieferant (Anbieter) sich konsequent verhält, das heißt letztlich, dass er seine Software-Produkte stets anpasst. – Dabei dürfte er einen erheblichen Freiheitsraum haben, wie schnell er das macht. Schließlich soll er nach dem Willen der Anwenderschaft das Zusammenwirken nicht so schnell aufheben *[siehe Kapitel 14.2.3 (4.2)]*.

Wenn der Anbieter eines Fremdprodukts verbesserte Stände (z. B. Service Packs) bereitstellt (z. B. im Internet), gilt für diese dasselbe wie für neue Versionen von Fremdprodukten mit Pflege.

(4) Sonstige funktionelle Weiterentwicklung

Bei Vollpflege stellt sich wieder die Frage, was an Weiterentwicklung zwingend ist, damit das Software-Produkt verkaufsfähig bleibt *[siehe Kapitel 14.2 (2)]*. Das ist entsprechend der Änderung von Rechtsvorschriften *[unter (2)]* zumindest dann zu bejahen, wenn Umweltvorgaben, auf die das Software-Produkt ausgerichtet ist, sich ändern. Deutlich wird das, wenn Daten, die ursprünglich als Teil des Software-Produkts oder zusammen mit ihm geliefert worden sind, geändert werden, z. B. die Preisdatei von Großhändlern, Pflegesätze oder Tarife. Die Umweltvorgaben müssen in etwa so zwingend wie Rechtsvorschriften sein, oder das Software-Produkt muss ausdrücklich auf sie eingehen.

Beispiel: Die Erweiterung der Postleitzahlen von vier auf fünf Stellen im Jahre 1993 musste eingebaut werden, und zwar erst einmal in die Dateistruktur. Das wirkte sich auch auf Auswertungsprogramme aus, die auf der Postleitzahl aufbauten, sowie auf Programme, die die Postleitzahl ausgaben (ausdruckten). Eine zusätzliche Routine, um den vorhandenen Datenbestand in das vergrößerte Feld zu überspielen *[zu Umstiegshilfen siehe Kapitel 14.3.2 (3.3)]*, wäre einfach zu erstellen, aber nutzlos gewesen. Denn die alten Postleitzahlen mussten auf die neuen umgestellt werden. Da es sich um Anwenderdaten handelte, konnte vom Lieferanten keine Umstiegshilfe innerhalb der Vollpflege erwartet werden.

Beispiel: Das Kreditgewerbe hat in letzter Zeit wiederholt die Richtlinien für einheitliche Zahlungsträger geändert.

Die Pflicht zur Weiterentwicklung ist weiterhin zu bejahen, wenn eine neue Funktion in konkurrierenden Software-Produkten üblicherweise enthalten ist *[vgl. Kapitel 6.3.2.1 (2)]*.

Gegen Ende der Mindestpflegedauer (für den als letzten hinzugekommenen Anwender) nimmt die Pflicht zur Aufrechterhaltung der Verkaufsfähigkeit ab (weil der Lieferant in seiner Entscheidung frei wird, ob er das Software-Produkt weiterhin verkaufen will, vor allem aber, weil er sinnvollerweise einen Teil der Mittel für die Entwicklung einer neuen Generation verwenden soll).

14.2.2 Maßgebliche Version/Kompatibilität/Zusatzkosten

(1) Problemstellung

Die Anbieterseite verfolgt weitgehend die Geschäftspolitik, die alte Version nach der Freigabe einer neuen Version (oder einer neuen Generation) „einzufrieren", d. h. nicht mehr weiterzuentwickeln und für diese Mängelbeseitigung und telefonische Unterstützung nur noch während einer gewissen Schonfrist zu erbringen. Nach deren Ablauf ist die Anbieterseite nur noch zur *Unterstützung* des Anwenders gegen Vergütung nach Aufwand bereit. – Diese Politik der Herabstufung kann auch anders definiert sein, z. B. sich auf die zwei letzten Versionen beziehen.

Es geht um immanente Schranken der Vollpflege: Es kann nicht deren Sinn sein, dass der Lieferant verschiedene funktionelle Stände, abgestellt auf verschiedene historische Stände der Systemsoftware, betreut und womöglich jede von diesen Ständen an geänderte Rechtsvorschriften anpasst. Erhebliche Einschränkungen liegen also in der Natur der Vollpflege.

Aus Gründen der Weiterentwicklung kann sich ergeben, dass die neue Version zur bisher eingesetzten für die Anwenderschaft inkompatibel ist und also nicht so einfach übernommen werden kann. Die Durchbrechung der Kompatibilität ist in einem gewissen Umfang unvermeidbar, damit die Software-Produkte weiterentwickelt werden können. Das ist hinsichtlich des Anpassens an geänderte Systemsoftware in Kapitel 14.2.1 (3) dargestellt worden. Funktionelle Verbesserungen verlangen noch stärker Inkompatibilität, weil der alte Rahmen nicht beliebig erweitert werden kann.

Das heißt für den einzelnen Anwender, dass Aussagen im Kaufvertrag zu den Eigenschaften der Software-Produkte für den Pflegevertrag u. U. nicht mehr gelten.

(2) Lösungsansatz bei Vereinbarung von Vollpflege

Zumutbare Inkompatibilität: Die Pflege soll der Anwenderschaft dienen. Diese will Weiterentwicklung und damit Inkompatibilität, aber nur eine solche, die sie einigermaßen gut verkraften kann. Der einzelne Anwender schließt einen Vertrag über die Chance, dass die Weiterentwicklung seinen Interessen entspricht. Er geht freiwillig ein Risiko ein. Dementsprechend ist ihm zuzumuten, dass die Inkompatibilität ihn im Einzelfall überdurchschnittlich belastet.

Die Anwenderschaft akzeptiert im Grundsatz, dass der Bedarf an Betriebsmitteln wächst oder sogar andere Betriebsmittel erforderlich werden. Denn sie will mehr Funktionalität mit besserem Leistungsverhalten und besserer Ergonomie.

Fremdsoftware mit Pflege: Da das Anpassen der Software-Produkte an Fremdsoftware zu den wichtigsten Aufgaben des Lieferanten gehört, darf der Lieferant vom einzelnen Anwender erwarten, dass dieser stets die neueste Version der Fremdsoftware einsetzt (und ggf. von dieser den neuesten Korrekturstand, damit die Einsatzsicherheit des Software-Produkts erhöht wird). Abzustellen ist darauf, ob der Mehraufwand für den typischen Anwender zumutbar ist.

Fremdsoftware ohne Pflege: Die Sprünge sind bei der Anpassung an solche Fremdprodukte, für die es alle paar Jahre eine neue Generation gibt, wesentlich größer. Die Anwenderschaft erwartet, dass der Lieferant sein zu pflegendes Software-Produkt im Laufe der Zeit an neue Generationen von Fremdprodukten durch eine neue Version oder eine neue Generation anpasst *[siehe Kapitel 14.2.1 (3)]*. Dann fragt sich, ob der Lieferant in einer neuen Version die Kompatibilität zur alten Generation der Fremdprodukte aufheben darf und ob er das nicht sogar soll *[vgl. Kapitel 14.2.3 (4)]*. Denn der Anwenderschaft liegt daran, dass die Mittel im Pflegetopf bald für die neue Version, die die neue Generation des Fremdprodukts ausnutzt, eingesetzt werden. Das gilt, auch wenn nicht gleich ein technischer Zwang dazu besteht.

Hinsichtlich eines Betriebssystems als Fremdprodukt mit Generationssprüngen, stellt sich die Situation wie folgt dar: Wenn der Lieferant (Anbieter) die neuen Möglichkeiten einer neuen Generation für seine Software-Produkte nutzt, ist es fast nicht möglich, auf jeden Fall sinnlos aufwendig, wenn er seine Software-Produkte in derselben Weise für den Einsatz unter der alten Generation weiterentwickeln würde (er müsste die Möglichkeiten der neuen Generation innerhalb seiner Software-Produkte schaffen!) Der Lieferant (Anbieter) hat seinerseits kaum mehr ein Interesse daran, Mittel für die Aufrechterhaltung der Kompatibilität zur alten Generation aufzuwenden, weil die Variante seines Software-Produkts, die dadurch entstehen würde, kaum verkaufbar wäre.

Der Anwender kann ein sehr unterschiedliches Interesse daran haben, wie lange er die anfangs eingesetzte Generation des Betriebssystems (und der anderen Fremdprodukte) einsetzen kann. Deswegen verbietet sich, eine implizite Aussage des Lieferanten (Anbieters) dazu anzunehmen, es sei denn dass eine Standardaussage erwartet werden kann. Das ist aber kaum der Fall: Der Generationszyklus für das Betriebssystem mag derzeit drei Jahre dauern; der Vermarktungszyklus für eine Generation – und damit der Zeitraum, in dem erhebliche Mängel typischerweise beseitigt werden – ist länger. Der Anwender muss aber damit rechnen, dass er das Software-Produkt nicht gleich erwirbt, nachdem der Lieferant eine Fassung auf den Markt gebracht hat, die auf der aktuellen Generation des Betriebssystems aufbaut. Wie lange diese Generation bereits angeboten wird, kann er selbst leicht ermitteln. Wie lange der Anbieter des Betriebssystems (erhebliche) Mängel beseitigt, kann keiner im Voraus sagen.

Eine Aufklärungspflicht des Lieferanten (Anbieters) kann nur mit Vorsicht angenommen werden. Die Situation ist aber dann prinzipiell anders zu beurteilen, wenn der Anwender zusammen mit den Software-Produkten auch das Betriebssystem oder sogar auch Hardware für den Betrieb der Software-Produkte vom Lieferanten oder mit dessen Wissen von einem Dritten erwirbt. Das dürfte die implizite Zusage enthalten, dass der Anwender diese Fremdprodukte zusammen mit den Anwendungs-Software-Produkten eine angemessene Zeit einsetzen kann. – Außerdem dürfte der Lieferant u. U. verpflichtet sein, danach die Einsatzfähigkeit des Software-Produkts noch eine Zeit lang aufrecht zu erhalten *[siehe (4) am Ende]*.

Lehnt der Anwender es ab, eine neue Version zu übernehmen, kann der Lieferant seinerseits die Pflege der immer noch eingesetzten Version nach Ablauf der Schonfrist *[siehe (4)]* einstellen oder beschränken. Ein Anspruch auf Ruhen der Pflicht zur Zahlung der Pauschale ist nicht anzuerkennen. Denn eines Tages will der Anwender eine neue Version einsetzen; die Pauschale dient im Wesentlichen der – von diesem Anwender verzögert in Anspruch genommenen – Weiterentwicklung.

Wenn die Übernahme unzumutbar oder sogar unmöglich ist, dürfte der Anwender Anspruch auf weitere Unterstützung gegen Vergütung nach Aufwand haben. Das gilt aber nur, soweit das für den Lieferanten zumutbar ist (das dürfte den Anspruch auf Mängelbeseitigung und auf notwendige Weiterentwicklung umfassen; der Anspruch auf echten Hotline-Service dürfte entfallen, ein allgemeiner Anspruch auf Beratung bestehen bleiben). – Außerdem dürfte der Anwender berechtigt sein, den Pflegevertrag außerordentlich zu kündigen *[siehe Kapitel 14.3.1 (7)]*.

(3) Hilfe beim Wechsel auf eine inkompatible neue Version

Viele Inkompatibilitäten lassen sich wesentlich dadurch entschärfen oder beseitigen, dass der Lieferant Hilfen zur Verfügung stellt, die es dem Anwender erleichtern, auf die neue Version überzugehen; im Wesentlichen geht es um die Umsetzung der Daten und die Anpassung der Parametrierung. Insofern ist der Lieferant weitgehend dazu verpflichtet, solche Umstellungshilfen zur Verfügung zu stellen, um die Auswirkungen der Inkompatibilität abzumildern oder auszugleichen *[siehe Kapitel 14.3.2 (3)]*. Er soll dafür Geld aus dem Topf ausgeben.

Hinsichtlich historischer Daten kommt es darauf an, ob für die Anwenderschaft der Zugriff zwecks Kenntnisnahme genügt oder ob die Daten für Statistiken noch ausgewertet werden sollen. Im zweiten Fall muss die neue Version alte und neue Daten integriert auswerten können.

(4) Übergangszeit nach Freigabe einer inkompatiblen neuen Version

In der Übergangszeit geschuldete Leistungen: Angesichts dessen, dass Mängelkorrekturen eher geordnet in neuen Versionen ausgeliefert werden sollen, liegt es nahe, die Pflicht zur Mängelbeseitigung in der bisher eingesetzten Version weitgehend einzuschränken. Es sind nur noch schwerwiegende Mängel zu beseitigen, d. h. solche, die auch dann, wenn sie in der aktuellen Version aufgetreten wären, umgehend und nicht erst in der nächsten zu beseitigen wären. Im Übrigen soll sich der Lieferant um mittelschwere Mängel kümmern, also entweder Umgehungsmaßnahmen aufzeigen oder Korrekturen (die in der neuen Version vollzogen sind) bereitstellen, wenn er das verantworten kann (= nicht damit rechnen muss, dadurch Mängel an anderer Stelle hervorzurufen). Im Übrigen soll er dafür nichts aus dem Topf mit den Pflegeeinnahmen entnehmen.

Telefonische Unterstützung ist auch dann zu gewähren, wenn die neue Version eine andere Einsatzumgebung benötigt. Die alte Einsatzumgebung ist wegen der Pflicht zur Mängelbeseitigung ohnehin aufrechtzuerhalten. Allerdings fragt sich, ob die Hotline-Abteilung die alte im direkten Zugriff haben muss.

Weiterentwicklung wird im Normalfall nicht geschuldet (wohl aber abgeschwächt für die Variante der alten Version, die noch auf die alte Generation eines Fremdprodukts *[wie unter (3) dargestellt]* ausgerichtet ist).

Dauer der Übergangszeit: Die Frage, wie lange die Übergangszeit sein muss, hängt davon ab, wieviel Zeit der Anwender benötigt, um die Umstellung durchzuführen und die Inkompatibilität der neuen Version zu verarbeiten. Das hängt wiederum insbesondere von der Art und dem Ausmaß der Inkompatibilität ab. Gibt der Anbieter eines Betriebssystems eine inkompatible Version frei, muss er den Zeitbedarf dafür einbeziehen, dass die Anbieter von Anwendungssoftware diese an die inkompatible Version anpassen müssen, bevor der Anwender diese Version einsetzen kann. Das kann viel Zeit erfordern *[vgl. Kapitel 14.2.1 (3)]*.

Die Anbieterseite hat sich bei Vollpflege von Systemsoftware auf eine Schonfrist von etwa einem Jahr, bei der von Anwendungssoftware auf eine von etwa einem halben Jahr ausgerichtet.

Insbesondere bei Aufhebung der Kompatibilität zu Betriebssystemen ohne Pflege: Wenn der Lieferant (Anbieter) eine neue Version seines Software-Produkts auf den Markt bringt, die auf eine neue Generation eines Fremdprodukts ohne Pflege ausgerichtet ist, dürfte er berechtigt sein, diese nicht mehr zugleich auf dessen alte Generation auszurichten *[siehe (2)]*. Allerdings dürfte er in bestimmten Fällen noch eine Zeit lang zu einer gewissen Weiterentwicklung verpflichtet sein, so dass die Software-Produkte einsatzfähig bleiben. Es geht um diejenigen Fälle nach (2), in denen der Anwender teure Hardware (und andere Systemsoftware) für den Einsatz der Software-Produkte zusammen mit diesen erworben hat. Die Pflicht besteht insoweit, wie die angemessene Einsatzdauer für die Hardware die

Frist, während der der Anwender das Betriebssystem nutzen kann, übersteigt und der Anwender die Hardware nicht anderweitig sinnvoll nutzen kann. Dann besteht die Pflicht reflexartig auch zugunsten anderer Anwender weiter *[vgl. Kapitel 14.2.3 (1)]*. Gesetzliche Änderungen betreffen meist den vorhandenen Programmcode; sie können meist mit vertretbarem Aufwand auch innerhalb der alten Version realisiert werden.

Grundgedanke ist, dass die Anwenderschaft, die Möglichkeit haben muss, das erworbene IT-System eine im Verhältnis zum Abschreibungszeitraum angemessene Zeit lang einzusetzen. Die Dauer dieser Pflicht hängt wesentlich davon ab, wie lange der Lieferant die Nutzung der alten Generation der Fremdprodukte bei voller Pflege des eigenen Software-Produkts vor der Aufhebung der Kompatibilität bereits ermöglicht hatte.

Die Übertragung von Neuerungen, die dank der neuen Generation der Fremdprodukte möglich ist, scheidet in der Regel aus *[siehe (2)]*.

14.2.3 Dauer der Pflegepflicht im Einzelnen

Das Thema ist in Kapitel 14.2 (3) einleitend behandelt worden. Zur Kündigung unter Verweisung auf einen anderen Auftragnehmer (Anbieter oder anderen Vertriebspartner) siehe Kapitel 14.2.5 (2). Zur Änderung der Bedingungen siehe Kapitel 14.2 (5).

(1) Ausgangspunkt

Die tatsächliche Einsatzzeit eines Software-Produkts mit Pflege oberhalb der PC-Ebene dürfte häufig mehr als fünf Jahre betragen. Das dürfte auch für die Dauer des Vertriebs einer Generation (mit Pflege) gelten. Der Anwender muss aber davon ausgehen, dass er das Software-Produkt kaum gleich nach dessen Freigabe erwirbt. Außerdem dient Treu und Glauben nicht dem maximalen, sondern nur dem angemessenen Schutz. Deswegen dürfte von einer Mindestpflegepflicht von fünf Jahren auszugehen sein. Das gilt auch zugunsten des letzten Käufers, wenn nichts anderes vereinbart wird.

Die tatsächliche Einsatzzeit von PC-Programmen *mit* Pflege dürfte deutlich länger als die für PC-Produkte *ohne* Pflege sein. Auch für PC-Programme mit Pflege stellt sich das Problem, dass der Anbieter des Betriebssystems eine neue Generation freigibt; das kann es für den Anbieter von PC-Programmen erforderlich machen, seinerseits eine neue Generation zu entwickeln.

Der Lieferant bleibt den anderen Anwendern gegenüber zur Pflege verpflichtet, solange er dem letzten Käufer gegenüber dazu verpflichtet ist. Dieser Letzte braucht den Zeitraum von fünf Jahren allerdings nicht auszuschöpfen.

Der Lieferant (Anbieter) könnte die Fragen zur Mindestpflegedauer in seinen Verträgen direkt oder über seine Vertriebspartner mit den Anwendern klären. In der Praxis geschieht das kaum. Typischerweise meint der Lieferant (Anbieter), sich dadurch abgesichert zu haben, dass er sich das Recht zur ordentlichen Kündigung nach Ablauf einer Mindestvertragsdauer vorbehält. Diese Mindestdauer legt der Lieferant danach fest, wie lange er (!) den Anwender binden will *[siehe auch (2)]*.

Beginn der Mindestpflegedauer: Es liegt nahe, die Frist zu dem Zeitpunkt beginnen zu lassen, von dem an die Pflegeleistungen zu vergüten sind *[siehe Kapitel 14.3.1 (4)]*. Wenn diese allerdings während der Verjährungsfrist für Ansprüche wegen Mängeln in den Kaufpreis einkalkuliert sind, dürfte auf deren Beginn abzustellen sein.

(2) Dauer bei Zukauf

Der Zukauf kann sich auf die Erweiterung des Einsatzumfangs bereits erworbener Software-Produkte oder auf zusätzliche Software-Produkte beziehen, die unabhängig von den bereits erworbenen nicht oder nur wesentlich eingeschränkt genutzt werden können. Wie sich der Zukauf auf die Mindestpflegedauer auswirkt, ist ähnlich schwierig wie bei der Erweiterung eines gemieteten IT-Systems zu bestimmen *[siehe Kapitel 7.2 (5)]*; die Rechtslage unterscheidet sich insofern, als es hier nur um die Verpflichtung des einen der beiden Vertragspartner geht.

(3) Einschränkungen der normalen Dauer aus technischen Gründen

Einschränkungen können aus technischen Gründen zulässig sein. Sie können sich auf die Anwenderschaft insgesamt oder auf einen Teil von ihr beziehen. Im zweiten Fall liegen Einschränkungen näher, wenn nämlich die Anwenderschaft wenig bereit ist, die Kosten für Sonderbehandlungen einzelner Anwender zu tragen. Bevor die Frage nach dem Minderheitenschutz gestellt wird, ist allerdings zu prüfen, ob der Lieferant die Sonderbehandlung auf Grund von Zusagen schuldet. Dann muss er den Aufwand selbst finanzieren.

(3.1) **Ablösung durch neue Generation bei Vollpflege:** In Kapitel 14.2.2 wird gefragt, inwieweit der Lieferant die Pflege auf die jeweils neueste Version der verkauften Generation beschränken darf. Hier wird gefragt, ob/inwieweit er den Anwender vor Ablauf der Mindestpflegepflicht auf den Einsatz einer neuen Generation verweisen kann, die er unentgeltlich liefern würde.

Tendenziell ist der Umstieg auf eine neue Generation zwar aufwendiger als der auf eine neue Version. Eines Tages soll er aber (wahrscheinlich) ohnehin erfolgen. Die überwiegende Anwenderschaft wünscht solche Entwicklungssprünge (allerdings ein jeder Anwender nur zu einem für ihn günstigen Zeitpunkt). Sie sind deswegen im Einzelfall zulässig. Kritisch wird es, wenn die neue Generation andere Betriebsmittel benötigt *[vgl. Kapitel 14.2.2 (2)]*, die der Anwender erwerben muss.

(3.2) **Einfluss von Fremdprodukten:** Es geht bei den Fremdprogrammen sowohl um solche Systemsoftware, die Voraussetzung für den Einsatz von Software-Produkten des Lieferanten (Anbieters) ist, als auch um Entwicklungswerkzeuge für dessen Software-Produkte. Die Pflicht zur Pflege für die normale Einsatzdauer mag den Lieferanten (Anbieter) angesichts seiner Abhängigkeit von den Anbietern dieser Fremdprogramme erschrecken. Das Risiko verringert sich aber deutlich, wenn der Lieferant (Anbieter) berücksichtigt, was er alles von der Anwenderschaft verlangen kann *[Wechsel auf neue Versionen u. a. m., siehe Kapitel 14.2.2]*.

Fremdprogramme mit Pflege: Der Lieferant (Anbieter) kann sich nur darauf verlassen, dass deren Anbieter diese – wenn überhaupt – für deren normale Einsatzdauer pflegen.

Diese Frist hat für den Lieferanten (Anbieter) spätestens begonnen, als er die Entwicklung seiner Software-Produkte *aufgenommen* hatte. Damit muss die Anwenderschaft rechnen. Sein Schweigen bedeutet also nicht, dass er die Nutzbarkeit seiner Software-Produkte für deren normale Einsatzdauer für sichergestellt hält. Aber: Wenn der Anwender die Fremdprogramme über den Lieferanten erwirbt, bestimmt sich die Mindestpflegedauer für diese nach dem Überlassungsvertrag. Wird nichts Spezifisches vereinbart, hat diese dieselbe Länge wie für die gleichzeitig erworbene Software des Lieferanten. Wenn der Anwender die Fremdprogramme anderweitig bezieht, braucht der Lieferant sich die mit dem anderen Lieferanten vereinbarte Mindestpflegedauer nicht zurechnen zu lassen.

Fremdprogramme ohne Pflege: Die Anwenderschaft erwartet grundsätzlich nicht, dass der Lieferant den Einsatz solcher Fremdprogramme vermeidet (bei Microsoft-Produkten wäre das weitgehend nicht möglich). Wenn der Anbieter eines Fremdprogramms eine neue Generation von diesem auf den Markt bringt, dürfte der Lieferant zur Anpassung seiner Software-Produkte an diese verpflichtet sein *[siehe Kapitel 14.2.1 (3)]*. Dann liegt es nahe, die Pflicht einzuschränken, bei der Pflege des Software-Produkts auch das Zusammenwirken mit der alten Generation des Fremdprodukts aufrecht zu erhalten *[siehe Kapitel 14.2.2 (3)]*.

Entwicklungswerkzeug: Angesichts der Wichtigkeit des Entwicklungswerkzeugs darf der Anwender davon ausgehen, dass der Lieferant (Anbieter) der zu pflegenden Software-Produkte Vollpflege (oder Upgrade-Pflege) für dieses mit dessen Anbieter vereinbart hat. Letzterer hat sein Entwicklungswerkzeug auf eine Reihe von Systemprogrammen verschiedener Anbieter ausgerichtet (d. h. dass mit dessen Hilfe erstellte Software-Produkte mit einer Reihe von Systemprogrammen als ihre Betriebsmittel zusammenwirken können). Der Anwender kann hinsichtlich der von ihm eingesetzten Systemsoftware mit Vollpflege davon ausgehen, dass der Lieferant der Anwendungssoftware dafür gesorgt hat, dass der Anbieter des Entwicklungswerkzeugs dieses während der Mindestpflegedauer für den Anwender so weiterentwickeln muss, dass letzterer die jeweils aktuellen Versionen dieser Systemprogramme einsetzen kann. Dazu gehört, dass der Anbieter des Entwicklungswerkzeugs die Weiterentwicklung im Hinblick auf ein Systemprogramm, das auf dem Markt nicht erfolgreich ist, nicht einstellen darf, solange der Anbieter dieses Systemprogramms das nicht tut. Der Anwender darf aber nicht erwarten, dass der Anbieter des Entwicklungswerkzeugs die Anbieter der Systemprogramme zur Einhaltung einer Mindestpflegedauer verpflichtet.

(4) Mindestpflegedauer nach Migration oder Portierung innerhalb einer Generation

Nach Migration seitens des Anwenders: Es geht um den Fall, dass der Anwender auf eine andere vorhandene Variante des Software-Produkts umsteigt. Der Anwender benötigt dann mehr oder weniger neue Betriebsmittel. Geht die Initiative zur Migration vom Anwender aus, schafft der Lieferant kaum einen Vertrauenstatbestand, der eine positive Auswirkung auf die Mindestpflegedauer hätte (desto stärker allerdings, je mehr neue Betriebsmittel er liefert).

Sollte der Lieferant den Anwender zur Migration zwingen, indem er die weitere Pflege der bisher eingesetzten Variante einzustellen ankündigt, kommt es darauf an, ob er zu dieser

Kündigung berechtigt ist. Ist er das zwar nicht (verletzt er also den Vertrag), lässt sich aber der Anwender auf den Wechsel ein, so entsteht ein umso größerer Vertrauenstatbestand, dass sich die Kosten für den Wechsel im Hinblick auf eine lange Mindestpflegepflicht lohnen, je höher diese sind.

Nach Portierung: Das bedeutet, dass der Lieferant eine neue Variante des Software-Produkts schafft, um dessen Einsatzdauer zu verlängern. Hier gilt wie zuvor, dass der Lieferant einen um so größeren Vertrauenstatbestand schafft, je höher die Kosten des Anwenders sind. Allerdings ist zu beachten: Eine Portierung bewirkt nicht die Lebensdauer einer neuen Generation, selbst wenn sie teuer ist, führt also nicht zu einer neue Mindestpflegepflicht wie bei der Erstbeschaffung *[vgl. (5)]*. Weiterhin ist nicht auf die Kosten des einzelnen Anwenders, sondern auf die typischen innerhalb der Anwenderschaft abzustellen.

(5) Mindestpflegedauer einer neuen Generation

Die Mindestpflegedauer hängt davon ab, wieviel der normale Anwender investieren muss, um die neue Generation einsetzen zu können (Aufpreis, Kosten für den Umstieg und für neue Systemsoftware und Hardware). Da sachgerecht auf die Anwenderschaft abzustellen ist, ist ein einheitlicher Beginn der Mindestpflegedauer anzunehmen. Dieser kann im Normalfall in dem Termin der Aufforderung zum Einsatz der neuen Generation gesehen werden.

(6) Vorzeitige Einstellung der Pflege und Verweisung auf ein anderes Software-Produkt

In der Praxis stellt der Lieferant die Pflege nicht nur ein, sondern bietet meist zugleich ein anderes Software-Produkt an oder verweist seine Anwender auf ein anderes Software-Produkt, für das er oder der andere Lieferant gewisse Umstellungshilfen zur Verfügung stellt. Die Frage ist, inwieweit die Anwender das hinnehmen müssen. Man darf die Frage nicht so zurückhaltend beantworten wie die, inwieweit der Anwender die Erstlieferung eines anderes Software-Produkts ablehnen darf *[siehe Kapitel 8.1 (5)]*. Denn dem Lieferanten steht ein erheblicher Spielraum bei der Weiterentwicklung zu. Außerdem ist auf die Anwenderschaft abzustellen. Der einzelne Anwender kann das Angebot nur unter den Bedingungen ablehnen, unter denen er die Übernahme einer neuen Generation ablehnen kann *[siehe Kapitel 14.2.2 (2)]*.

(7) Haftung bei vorzeitiger Einstellung der Pflege

Dem Anwender entstehen Kosten für den Erwerb eines neuen Software-Produkts und für den Wechsel auf dieses. Die Anwender, für die die Mindestpflegedauer noch nicht abgelaufen ist, haben Anspruch auf Schadensersatz. Die Altkunden haben keinen; denn sie leiten ihren Anspruch auf Pflege nach Ablauf der Mindestpflegedauer nur als Reflex aus dem Anspruch der Neukunden ab *[siehe (1)]*. Der Lieferant kann mit diesen aber jederzeit die Beendigung seiner Pflegepflicht vereinbaren. Dann fällt der reflexartige Anspruch weg. Die Altkunden können m. E. auch nicht Ansprüche aus dem Fall ableiten, dass der Lieferant seine Pflichten gegenüber den Neukunden verletzt.

Der Lieferant kann die Erforderlichkeit des Wechsels kaum damit bestreiten, dass das Software-Produkt ohne Pflege noch einsatzfähig bleiben würde. Denn die Neukunden haben Anspruch auf Weiterentwicklung gegen Zahlung (in einen Topf, von dem jeder Anwender annehmen darf, dass dieser einigermaßen gefüllt wird).

Die Neukunden erhalten durch den Erwerb eines anderen Software-Produkts den Vorteil, dass sie einen Anspruch gegen den neuen Lieferanten auf eine neue Mindestpflegedauer bekommen (in der Länge wohl wie bei (5)). Dieser Vorteil ist anzurechnen. Im Einzelfall kann sich allerdings ergeben, dass ein Anwender kein Interesse an einer neuen langen Mindestpflegedauer hat. Dann ist der Vorteil entsprechend geringer oder entfällt sogar vollständig. Im Normalfall hat der alte Lieferant denjenigen Anteil an den gesamten Umstiegskosten zu ersetzen, der dem fehlenden Anteil an der Mindestpflegedauer entspricht.

(8) Kündigung seitens des Anwenders und Pflicht, weitere Leistungen zu erbringen

Wenn der Anwender einen Pflegevertrag mit pauschaler Vergütung kündigt, stellt sich die Frage, ob er noch einzelne Leistungen gegen Vergütung nach Aufwand verlangen kann. Der Anspruch auf Mängelbeseitigung und auf Beratung dürfte bestehen bleiben, solange der Lieferant noch die dafür erforderliche Entwicklungsumgebung uneingeschränkt einsatzbereit hat; dabei braucht dieser aber keine hohe Priorität einzuräumen und darf andere Mitarbeiter als die der Entwicklungsabteilung einsetzen.

Zur Wiederaufnahme der Vollpflege siehe Kapitel 14.2.4.

14.2.4 Verschobener Beginn oder Unterbrechung seitens des Anwenders

Wenn der Anwender die Pflege erst zu einem späteren Zeitpunkt als dem normalen *[siehe Kapitel 14.1 (4)]* beauftragen will, ändert das grundsätzlich nichts an der Pflegepflicht. M. E. besteht der Anspruch auf (Wieder-)Aufnahme insoweit, wie der Anwender Anspruch auf Pflege zum normalen Beginn hat. Das bedeutet zugunsten des Lieferanten, dass die Mindestpflegedauer von diesem Zeitpunkt an berechnet wird.

Der Lieferant kann verlangen, dass der Anwender zu Beginn der Pflege die neueste freigegebene Version einsetzt. Der Anwender trägt sämtliche Kosten für den Umstieg. Technische Probleme gehen zu seinen Lasten (der Lieferant braucht sich vorher nicht darauf einzurichten, dass der Anwender die Pflege u. U. wieder aufnehmen will).

Vergütung für die neueste Version: Der Lieferant kann für diese eine angemessene Vergütung verlangen. Für deren Bepreisung wird bei Vollpflege häufig darauf abgestellt, was der Anwender in der Zwischenzeit an Pflegepauschale gespart hat. Die dadurch abgegoltenen Leistungen des Lieferanten werden ihm weitgehend nachgeliefert (Weiterentwicklung, Mängelbeseitigung). Also soll er sie nachzahlen. Der Anwender hat zwar telefonische Unterstützung nicht in Anspruch genommen; der Lieferant musste diese aber insgesamt vorhalten. Es ist also verständlich, wenn ein Lieferant 80 % des ersparten Betrags als Nachzahlung verlangt.

Erneute Beauftragung nach Unterbrechung: Die Ausführungen zum späteren Beginn dürften entsprechend gelten.

14.2.5 Verweisung auf den Anbieter oder einen Dritten

(1) Der Vertriebspartner lehnt die Übernahme ab

Vertreibt ein Vertriebspartner fremde Software-Produkte, für die der Anbieter Pflege leistet, kommt in Betracht, dass er als Vertragspartner auch für den Pflegevertrag auftritt. Wenn das nicht im Zusammenhang mit dem Abschluss des Kaufvertrags geklärt worden ist, fragt sich, ob der Vertriebspartner den Anwender auf den jeweiligen Anbieter verweisen darf *[siehe Kapitel 14.2 (1)]*. Das hängt davon ab, um welche Pflegeleistungen es geht. Neben dem Grundpaket aus Weiterentwicklung und Mängelbeseitigung kann es um die Pflege von Anpassungsprogrammierung, um die Aufrechterhaltung des Zusammenwirkens mit anderen Software-Produkten, die der Vertriebspartner geliefert hat, und um weitere Unterstützungsleistungen gehen.

Wenn es im Wesentlichen nur um das Grundpaket geht, lässt sich die Pflicht des Vertriebspartners nur daraus ableiten, dass er den Anbieter repräsentiert. Letzterer kann dieses Grundpaket erbringen. Allerdings sind mögliche Nachteile zu beachten. Dazu zählt kaum die – durchschnittlich – größere Entfernung zum Anbieter. Denn der Kontakt findet ohnehin weitestgehend auf Distanz statt. Der Anwender braucht allerdings keine Sprachbarriere hinzunehmen. Auch ein anderer Vertriebspartner des Anbieters mit entsprechender Kompetenz kann als Auftragnehmer zumutbar sein.

Je mehr aber weitere der genannten Pflegeleistungen hinzukommen, desto wichtiger wird es, dass der Auftragnehmer die Situation des Anwenders kennt (Organisation und Parametrierung, Anpassungsprogrammierung, Integration mit weiteren Software-Produkten). Es kommt dann darauf an, wer diese Kenntnis im Wesentlichen hat.

Wenn der Vertriebspartner auch Software-Produkte weiterer Anbieter geliefert hat, besteht die Gefahr, dass die anderen Anbieter die Schnittstellen ihrer Software-Produkte ändern. Ist der Vertriebspartner Auftragnehmer für die Pflege, muss er dafür sorgen, dass solche Änderungen zwischen den Anbietern abgestimmt werden *[vgl. Kapitel 14.2.1 (3)]*. Der Verweis auf den Anbieter ist deswegen für den Anwender nur zumutbar, wenn die kompatible Weiterentwicklung sichergestellt ist. – Außerdem hat der Anwender den Nachteil, nunmehr verschiedene Ansprechpartner in dem Fall zu haben, dass eine Störung auftritt *[vgl. Kapitel 6.4.1 (1)]*.

Mindestvoraussetzung für den Verweis auf den Anbieter ist, wenn dieser diejenigen Pflichten zu übernehmen bereit ist, die sonst den Vertriebspartner treffen. Es muss eine Vereinbarung bestehen, dass Schnittstellen zwischen den Software-Produkten anderer Vorlieferanten und denen des Anbieters nur einverständlich geändert werden.

(2) Kündigung des Pflegevertrags und Verweisung auf den Anbieter

Vor Ablauf der Mindestpflegezeit ist die Interessenlage grundsätzlich wie bei der Ablehnung, die Pflege zu übernehmen. Die spezifische Situation des Anwenders kann an Umfang zugenommen haben, so dass deren Kenntnis ggf. noch wichtiger ist. Das Interesse des Anwenders kann also noch wachsen, dass der Vertriebspartner sein Vertragspartner bleibt.

Die Verweisung kommt im Wesentlichen in Betracht, weil der Vertriebsvertrag zwischen dem Anbieter und dem Vertriebspartner beendet wird. Hält man die Verweisung für unzulässig, verpflichtet man damit den Anbieter, noch jahrelang Pflegeleistungen an den Vertriebspartner zu erbringen. Das klingt erst einmal bedenklich. Doch ist zu berücksichtigen, dass der Anbieter von vornherein weiß, dass sich sein Vertriebspartner durch den Verkauf seiner Produkte selbst auf Jahre bindet. Er wirkt an der Schaffung des Vertrauenstatbestands mit, auf den sich der Anwender stützt. Dementsprechend ist dem Anwender die Verweisung nur zuzumuten, wenn sie ihn nur unerheblich belastet.

Erste Voraussetzung dafür ist, dass der andere Auftragnehmer kompetent ist. Wenn der Anbieter einen anderen Vertriebspartner benennt (der die Anwender des Vertriebspartners übernehmen soll), kommt es darauf an, ob er sich Kenntnis von der spezifischen Situation des Anwenders rechtzeitig schaffen kann, z. B. durch Einstellung der zuständigen Mitarbeiter des Vertriebspartners. Zweite Voraussetzung ist, dass der andere Vertriebspartner als Unternehmen ersatzweise zumutbar ist. Denn schließlich kann der alte Pflegeunternehmer ja die Aufgaben im Unterauftrag durch einen kompetenten Dritten durchführen lassen. Der Anwender braucht sich niemanden aufdrängen zu lassen.

Wenn es allerdings um die Pflege eines Software-Produkts geht, das der Vertriebspartner in eine Lösung auf der Grundlage eines eigenen Software-Produkts integriert hat, ist kaum zu sehen, wie ein anderer Auftragnehmer in der Lage sein soll, dessen Aufgabe zu übernehmen.

Nach Ablauf der Mindestpflegezeit *[siehe Kapitel 14.2.3]* ist der Lieferant zur Kündigung berechtigt, außer wenn er einzelne Anwender dadurch diskriminieren würde

14.2.6 Pflegepflicht bei Lieferung des Quellprogramms

Die Lieferung des Quellprogramms macht den Profi-Anwender etwas weniger abhängig vom Lieferanten, den Laien-Anwender fast gar nicht weniger, insbesondere nicht, wenn er das Quellprogramm Dritten nicht zur Kenntnis geben darf *[siehe Kapitel 8.2.2.4]*. Die Lieferung des Quellprogramms kann als Indiz dafür, dass der Lieferant keinen Pflegevertrag anbieten will, höchstens dann angesehen werden, wenn das Software-Produkt typischerweise von Profi-Anwendern erworben wird.

Modifikationen/Erweiterungen durch den Anwender: Hat der Profi-Anwender Modifikationen/Erweiterungen durchgeführt, belastet ihn die Beschränkung der Pflege auf die neueste Version entsprechend der Schwierigkeit, die von ihm durchgeführten Modifikationen/Erweiterungen in die neue Version zu übernehmen. Hier schafft der Anwender von vornherein einen Zielkonflikt, wenn er einerseits – alleine – das Software-Produkt ändern will, aber andererseits weiterentwickelte Standardversionen einsetzen will. Dementsprechend braucht der Anbieter keine Rücksicht auf solche Schwierigkeiten zu nehmen.

14.3 Rechtsfragen zum Pflegevertrag

Bei den folgenden Ausführungen geht es im Wesentlichen um das Grundpaket an Pflegeleistungen bei Vollpflege *[siehe Kapitel 14.1 (2)]*.

14.3.1 Allgemeine Fragen

Wie die Vollpflege nach neuem Schuldrecht einzuordnen ist, ist unklar. Das bezieht sich vor allem auf die Beseitigung von Mängeln: Wird sie als vereinbarte Leistung oder als Nacherfüllung wegen Pflichtverletzung *[zu dem Gegensatz siehe Kapitel 3.1 (1)]* geschuldet? Im zweiten Fall führt das zu Konsequenzen aus der Verjährungsfrist von (wohl) zwei Jahren, die dem Vertragstyp widersprechen. Der Anbieter wäre noch zwei Jahre nach Beendigung des Pflegevertrags verpflichtet, Mängel zu beseitigen (wie anders als auch durch Lieferung von neuen Versionen?).

Wahrscheinlich ist es sinnvoll, Anleihen im Recht des Mietvertrags zu nehmen, also die Pflege ansatzweise wie die Miete der jeweils aktuellen Version anzusehen. Die Mängelbeseitigung ist dann geschuldete Leistung; das gilt auch für Mängel in neuen Versionen; diese Pflicht endet mit dem Pflegevertrag. Schadensersatz ist aber aus Haftung zu zahlen. Die Kosten für die Mängelbeseitigung sind durch die Pflegepauschale abgegolten.

Der Pflegevertrag dient nicht der Verlängerung der Verjährungsfrist für Mängelansprüche aus dem Kaufvertrag.

Die Unterstützung, insbesondere die telefonische Kurzberatung, ist als dienstvertragliche Leistung einzuordnen.

(1) Begriff des Mangels

Anders als bei der Wartung von Hardware *[siehe Kapitel 13.3.2 (1)]* geht es hier fast nur um die Beseitigung von Konstruktionsmängeln. Maßstab ist nicht der Zustand des Software-Produkts zu Beginn der Pflege (der sich grundsätzlich nicht verschlechtern würde). Maßstab ist vielmehr, was das Software-Produkt gemäß aktueller Produktbeschreibung, hilfsweise aus sich heraus erkennbar (insbesondere nach der Benutzerdokumentation), also für die Anwenderschaft, können soll *[vgl. Kapitel 14.2.2 (1) am Ende]*.

Insofern im Kaufvertrag eine bestimmte Verwendbarkeit vertraglich vorausgesetzt worden ist, fallen Abweichungen davon (subjektive Mängel) nicht mehr unter die Pflicht zur Beseitigung von Mängeln. Denn während der Pflege soll jeder Anwender dieselben Standardleistungen erhalten, soll also nur korrigiert werden, was für die Anwenderschaft einen Mangel beinhaltet.

Der Anwender kann die Beseitigung solcher Mängel verlangen, die er unter dem Kaufvertrag nicht rechtzeitig *[siehe Kapitel 6.3.9]* oder überhaupt nicht gerügt hat. Denn insoweit sie die gewöhnliche Verwendbarkeit beeinträchtigen, ist der Lieferant ohnehin gegenüber den anderen Anwendern zu deren Beseitigung verpflichtet *[siehe Kapitel 14.3.2 (1)]*.

(2) Beginn der Pflege

Anders als bei Vollwartung *[siehe Kapitel 13.3.1 (3)]* liegt es hier nahe, dass die Pflege in etwa mit der Installation des Software-Produkts beginnt *[siehe Kapitel 14.1 (4)]*. – Wenn Mängel während der Verjährungsfrist für Mängelansprüche aus dem Kaufvertrag auftreten, liegt es nahe, dass sich dadurch zwar die Verjährungsfrist für Mängelansprüche für einzelne Mängel, nicht aber die Verjährungsfrist für Mängelansprüche insgesamt verlängert. Falls eine Vorzugsperiode vereinbart ist, während der der Anwender keine oder eine verringerte Pflegepauschale zu zahlen hat, wird diese nicht wegen Mängeln verschoben. Dementsprechend liegt es auch weniger nahe, dass eine Vereinbarung über die Verlängerung der Verjährungsfrist aus dem Kaufvertrag zugleich auch die Vorzugsperiode verlängern soll.

Bei Erweiterung des Benutzungsrechts an einem Software-Produkt fragt sich, ob es dann überhaupt eine gesonderte Verjährungsfrist für Mängelansprüche und damit eine besondere Vorzugsperiode geben soll. Formal ist davon zumindest dann auszugehen, wenn ein neuer Originaldatenträger geliefert wird (was typischerweise mit einer eher niedrigen Rabattgewährung verbunden ist). Je stärker die Erweiterung im ursprünglichen Kaufvertrag bereits geregelt ist und je höher der Preisnachlass ist, desto weniger denken die Vertragspartner an die formal getrennte Behandlung der Erweiterung des Benutzungsrechts *[siehe auch Kapitel 14.3.4 (1)]*.

(3) In den Pflegevertrag einbezogene Software-Produkte

In Kapitel 14.2 (5) ist die Frage abgehandelt worden, ob der Anbieter verlangen kann, dass alle von ihm gelieferten Software-Produkte in den Pflegevertrag einbezogen werden. Hier wird die Frage gestellt, ob die Vertragspartner bei nachträglicher Erweiterung des Einsatzrechts oder Überlassung weiterer Software-Produkte stillschweigend von der Einbeziehung ausgehen. Das liegt umso näher, je stärker der Anbieter Einbeziehung verlangen kann. Bei Erweiterung des Einsatzrechts ist davon auszugehen. Bei Erwerb zusätzlicher Software-Produkte liegt das umso näher, je stärker sie mit den bereits Vorhandenen integriert sind oder wenigstens mit diesen zusammenwirken sollen.

(4) Beendigung der Pflege

Zur Kündigungsfrist siehe Kapitel 13.3.1 (4). Zur Abhängigkeit des Pflegevertrags vom Fortbestehen des Kaufvertrags siehe Kapitel 13.3.1 (5).

Der Lieferant darf nicht während der Mindestpflegedauer kündigen *[siehe Kapitel 14.2 (3) und 14.2.3]*.

Der Anwender darf keine Teilkündigung aussprechen, soweit der Lieferant verlangen kann, dass alle Software-Produkte der Pflege unterliegen *[siehe Kapitel 14.2 (5)]*. Die Stillegung der Software-Produkte berechtigt den Anwender kaum, den Pflegevertrag außerordentlich zu kündigen *[siehe Kapitel 13.3.1 (4); siehe aber Kapitel 14.3.4 (2) bei Verringerung des Umfangs des Einsatzes]*. – Setzt der Anwender eine weiterentwickelte Version nicht ein, weil das für ihn unzumutbar ist, kann er den Pflegevertrag außerordentlich kündigen *[siehe Kapitel 14.2.2 (2)]*, wobei er aber bei Wiederaufnahme einen Einstandspreis zahlen muss *[siehe Kapitel 14.2.4]*.

14.3.2 Abwicklung der Leistungen des Lieferanten

In Kapitel 14.2 ist der Umfang der Leistungspflichten abgehandelt worden. Hier geht es ergänzend um die Abwicklung der Leistungen.

(1) Umfang der Mängelbeseitigungspflicht

Zur Geschwindigkeit siehe Kapitel 14.2.1 (1).

Der Lieferant ist nicht verpflichtet, von sich aus nach Mängeln zu suchen.

Mitteilung bekannt gewordener Mängel: Offen ist, inwieweit der Lieferant verpflichtet ist, einen bei einem Anwender aufgetretenen Mangel den anderen Anwendern mitzuteilen, um sie vor Schaden zu bewahren. Bei schwerwiegenden Mängeln ist das anzunehmen. Bei sehr schwerwiegenden dürfte ein Dienst dafür, bei dem der Anwender Informationen abrufen muss, nicht ausreichen.

Weiterleitung von bereits erstellten Korrekurmaßnahmen: Ausgangspunkt ist, dass Korrekturmaßnahmen für die Beseitigung von weniger gewichtigen Mängeln jeweils für eine bestimmte Periode gebündelt mitgeteilt werden dürfen *[vgl. Kapitel 14.2.1 (1)]*. Die Frage ist, ob der Lieferant bei schwerwiegenden Mängeln einzelne Korrekturmaßnahmen vorab mitteilen muss, und zwar insbesondere dann, wenn er sie einem Anwender (der den Mangel gemeldet hat) mitteilt. Auch hier spielt eine wesentliche Rolle, in welcher Form man die Mitteilung verlangt.

Ort für die Mängelbeseitigung: In der Praxis wird die Abwicklung oft dadurch beeinflusst, dass die Vertragspartner Fernpflege vereinbaren.

Eine ordentliche Mängelmeldung wird geschuldet, weil die Anwenderschaft den Topf mit der Pflegevergütung nicht durch Reisen vor Ort belastet haben will. Wenn Reisen vor Ort dennoch erforderlich werden, muss der Lieferant vor Ort kommen *[siehe Kapitel 6.3.7 (2)]*. Ungeklärt ist, wer dann die Kosten tragen muss. Dabei geht es hier nicht um Mängelhaftung. Wenn nichts vereinbart ist, dürften die Vertragspartner davon ausgehen, dass der Lieferant die Kosten tragen muss; denn nur so kann er seine Leistungspflicht erfüllen.

Hinsichtlich der Geschwindigkeit dürfte der Lieferant in Abhängigkeit von der Schwere des Mangels berechtigt sein, Reisezeiten zu optimieren.

Sofern Korrekturmaßnahmen nicht über Fernpflege eingespielt werden, soll der Anwender das Einspielen im Interesse der Kostenminimierung für die Anwenderschaft möglichst selbst vornehmen.

Ende der Pflicht bei Kündigung: Mit dem Vertragsende endet die Pflicht zur Beseitigung von Mängeln. Der Lieferant muss nur noch solche Mängel beseitigen, die vorher mitgeteilt worden sind und die so schwer sind, dass sie nicht nur innerhalb der Lieferung einer neuen Version beseitigt werden mussten. Diese Pflicht gilt nur dann, wenn der Anwender das Software-Produkt weiterhin nutzen will.

(2) Lieferung neuer Versionen

Neue Versionen sind bei Vollpflege automatisch zu liefern. Es bestehen keine Bedenken, wenn der Lieferant erst einmal nur über deren Freigabe informiert und den Anwender auffordert, diese abzurufen. Anwender ziehen den Abruf vielfach vor. – Es reicht aus, die neuen Versionen zum Download bereitzustellen, wenn der Anwender die neue Version einfach installieren kann.

(2.1) **Ausstehende Weiterentwicklung bei Vertragsende:** Das Thema lässt sich am einfachsten anhand der Anpassung an gesetzliche Änderungen erläutern. Kündigungstermin sei der 31.12.; die gesetzlichen Änderungen mögen am 1.1. des nächsten Jahres in Kraft treten. Muss der Lieferant noch im Vorjahr eine neue Version liefern, in die die gesetzlichen Änderungen – soweit möglich – bereits eingearbeitet sind?

Wenn der Lieferant kündigt, tut er das, um die Weiterentwicklung überhaupt einzustellen, tut das also gegenüber allen Anwendern. Die Lieferung macht nur begrenzt Sinn, wenn der Lieferant die neue Version danach nicht mehr zu betreuen braucht. Die Lösung dürfte davon abhängen, ob die Kündigung bereits zum Ende der Mindestpflegedauer oder erst zu einem späteren Zeitpunkt erfolgt.

Bei der Kündigung zu einem späteren Zeitpunkt hat der Lieferant bereits seine Pflicht erfüllt. Die Weiterentwicklung kann nicht mehr verlangt werden. Eine andere Frage ist die, ob die Pflegepauschale deswegen im letzten Pflegejahr herabgesetzt werden muss.

Bei der Kündigung zum Ende der Mindestpflegedauer braucht der Lieferant das Software-Produkt nur dann nicht mehr anzupassen, wenn er eine neue Generation mit angemessenen Umstiegshilfen anbietet. Anderenfalls müssen die betroffenen Anwender schon innerhalb der Mindestpflegedauer ein anderes Software-Produkt erwerben, um den Umstieg vorzubereiten. Der Lieferant haftet dann wie bei vorzeitiger Kündigung *[siehe Kapitel 14.2.3 (7)]*.

Wenn der Anwender kündigt, muss der Lieferant ohnehin das Software-Produkt für die anderen Anwender anpassen. Dann ist kein Grund zu sehen, diesen Anwender von der Lieferung der neuen Version auszuschließen.

(2.2) **Abgrenzung zu gesondert zu vergütenden Leistungen:** Werden Daten als Teil eines Software-Produkts, z. B. Tarife, geliefert, muss auch die fortgeschriebene Fassung dieser Daten innerhalb der Pauschale geliefert werden.

Abgrenzung gegenüber Zusatzprogrammen: Weiterentwickelte Versionen enthalten typischerweise auch zusätzliche oder wesentlich erweiterte Funktionen.

Beispiel: Bis Ende 1992 wurden Lieferungen ins Ausland ohne Mehrwertsteuer abgehandelt. Vom 1.1.93 an war bei Lieferungen in andere EG-Länder Umsatzsteuer in Rechnung zu stellen und diese unter Angabe der Umsatzsteueridentifizierungsnummer einem besonderen Finanzamt gesondert zu melden. Also mussten Programme für Fakturierung bzw. für Einkauf und für Buchhaltung erweitert werden.

Deswegen bedarf es der Abgrenzung, was der Lieferant bei umfangreichen Weiterentwicklungen als Zusatzentwicklungen ansehen darf, für die er eine gesonderte Vergütung neben der Pauschale verlangen kann. Üblicherweise wird alles als Zusatz angesehen, was als zusätzliche Position in die Preisliste aufgenommen wird. Wenn der Lieferant, ohne eine Abgrenzung vereinbart zu haben, innerhalb der Vollpflege nur noch die neue Version mit integrierten Zusatzentwicklungen pflegen will, muss er sie innerhalb der Pauschale liefern.

Abgrenzung gegenüber einer neuen Generation: Formal ist eine neue Generation meist daran zu erkennen, dass das Software-Produkt einen mehr oder weniger neuen Namen bekommt *[siehe Kapitel 14.1 (1)]*.

Tendenziell wird das alte Produkt eine Zeit lang weiterhin angeboten, allerdings kaum, wenn Vollpflege vereinbart ist (wegen der langen Pflegepflicht für die alte Generation). Dann geht es eher darum, wann der Anbieter die Pflege der bisherigen Generation reduzieren oder einstellen darf *[siehe Kapitel 14.2.3 (3)]*.

(2.3) **Datenträger:** Wegen der Legitimationswirkung eines Originaldatenträgers fragt sich, ob der Anwender Anspruch darauf hat, dass eine neue Version auf einem Originaldatenträger geliefert werden muss. Die Legitimationswirkung könnte auch vom ursprünglich gelieferten Originaldatenträger weiterhin erfüllt werden (wenn sie nicht ausdrücklich auf die ursprüngliche Version beschränkt wird). Der Aufwand für den Austausch (Rückgabe des alten Datenträgers) ist – insbesondere hinsichtlich Korrekturversionen – für beide Seiten ziemlich hoch.[1] Der Anspruch dürfte deswegen abzulehnen sein.

Eine andere Frage ist, ob der Anwender aus Praktikabilitätsgründen Anspruch auf eine vollständige Fassung hat. Das ist zu bejahen. Sonst müsste er aus Gründen der Programmsicherung nicht nur den ursprünglich gelieferten Datenträger, sondern auch alle weiteren mit Zusätzen aufbewahren *[vgl. Kapitel 8.3 (2)]*.

(2.4) **Zusammenarbeit mit Anwendervereinigungen:** Weiterentwicklung kann insbesondere hinsichtlich der Funktionalität zu inkompatiblen neuen Versionen führen. Der Anbieter hat darauf Rücksicht zu nehmen, dass die Inkompatibilität für seine Anwenderschaft zumutbar ist *[siehe Kapitel 14.2.2]*. Außerdem soll er seine Software-Produkte auf aktuellem Stand halten. Das führt zur Überlegung, dass er sich mit einer Organisation, die seine Anwenderschaft repräsentiert, abstimmen sollte. Das dürfte angesichts meines Ansatzes, auf die Anwenderschaft (auch zugunsten des Lieferanten!) abzustellen, sogar eine Rechtspflicht sein. Der Anbieter kann diese Organisation selbst beeinflussen (z. B. durch Anwendertagungen).

(3) Einführung neuer Versionen

Information über Änderungen in neuen Versionen: Der Lieferant ist verpflichtet, diejenigen Maßnahmen schriftlich aufzuführen, die der Anwender als Einsatzvorbereitung für die neue Version zu treffen hat. Er dürfte auch im Normalfall verpflichtet sein, diejenigen Punkte mitzuteilen, in denen sich die neue Version für die Benutzer von der alten unterscheidet. Die Fortschreibung der Benutzerdokumentation ist zwar erforderlich, reicht dafür aber nicht aus.

Liegt es im Zielbereich des Vertrages, dass der Anwender das Software-Produkt ändert oder ergänzt, dürfte dieser auch über die programmtechnische Seite der Änderungen zu

---

1 Der neue Datenträger müsste den Umfang des Benutzungsrechts wiederholen oder konkret auf den bisher gelieferten Bezug nehmen (dann würde die Rückgabe entfallen; der Anwender müsste aber zwei Originaldatenträger aufbewahren). Würde eine Urkunde verwendet werden, müsste die Bezugnahme ebenso konkret erfolgen.

informieren sein, um eventuelle Modifikationen/Erweiterungen auf die neue Version übertragen zu können. Ob der Lieferant mitzuteilen hat, welche Teile des Quellprogramms geändert worden sind, oder ob er die Änderungen funktional beschreiben muss oder ob er beides tun muss, ist bisher nicht geklärt. Ist eine neue Version massiv geändert worden, kann diese Informationspflicht hinsichtlich Funktionen und Quellprogramm entfallen: Der Anwender muss dann ohnehin die neue Version testen und sich ein Konzept machen, wie er diese einsetzt und wie er seine Modifikationen/Erweiterungen in diese (funktional) einbringt.

Gegen die Informationspflicht spricht, dass der Anwender seine Modifikationen sowieso „anfassen" muss. Modifikationen können zwar über Weiterentwicklungen an anderen Stellen des Software-Produkts eine andere Bedeutung bekommen, so dass der Anwender an entsprechendem Wissen äußerst interessiert wäre. Da der Lieferant die Modifikationen der verschiedenen Anwender nicht kennt, kann er aber kaum sinnvolle Informationen liefern. Auch Erweiterungen muss der Anwender „anfassen". Soweit er die Dateistruktur ergänzt hat, kann er deren Änderungen im Rahmen der Weiterentwicklung durch Abgleich mit der alten relativ leicht erkennen. Soweit er Masken eingeschoben hat, muss er die neue Einschubstelle ohnehin ermitteln. Wenn allerdings user exits geändert werden, darf er sich darauf verlassen, dass er darüber informiert wird.

Installierbarkeit: Der Anwender dürfte Anspruch darauf haben, dass sich eine neue Version nicht vermeidbar umständlicher als die zuerst gelieferte installieren lässt.

Umstellungshilfen: Die Information über Änderungen in der neuen Version stellt die erste Umstellungshilfe dar. Sodann geht es um die Anleitung zur Änderung/Ergänzung der Parametrierung. Die Umstellung von Daten kann mehr oder weniger algorithmisierbar sein und dementsprechend mehr oder weniger programmgestützt durchgeführt werden.

Beispiel: Die Umrechnung von DM in EURO in der Buchhaltung geht bereits über die reine Umrechnung hinaus. Denn es müssen Rundungsdifferenzen zusätzlich gebucht werden. – Bei Preislisten sollen die neuen Preise stark gerundet werden. Hier kann ein Umstellungsprogramm dem Anwender ermöglichen, eine Umrechnungstabelle zu definieren, die der programmgestützten Umrechnung zugrundegelegt wird.

Je vorteilhafter die programmgestützte Umstellung für die Anwender wirtschaftlich gesehen ist, desto stärker wird sie geschuldet. Zu bedenken ist auch, dass die Anwender oft unter starkem Zeitdruck stehen. Die Anwenderschaft wünscht, dass hierfür Mittel aus dem Topf aufgewendet werden *[siehe Kapitel 14.2.2 (3)]*. – Wirtschaftlichkeit darf nicht so verstanden werden, dass ein Euro Zeitaufwand seitens des Lieferanten einem Euro ersparten Zeitaufwands auf Anwenderseite gleichzusetzen wäre. Das erwartet die Anwenderschaft nicht.

Auf Lieferantenseite wird immer wieder überlegt, inwieweit eine gesonderte Vergütung für komfortable Umstellungshilfen verlangt werden kann.

Beispiel: Die Preise in Preislisten können exakt von DM in EURO umgerechnet werden. Das (vorhandene) Programm zur Pflege der Stammdaten erlaubt, die Beträge in EURO zu korrigieren.

Hier dürfte hereinspielen, wie groß der Topf mit Mitteln für die Pflege insgesamt ist *[siehe Kapitel 14.2 (2)]*: Bei einer großen Zahl von Anwendern spricht die Wirtschaftlichkeit für weitreichendere Hilfen als bei einer kleinen Zahl. Dann stehen auch mehr Mittel zur Verfügung.

Unterstützung ist bei Bedarf zu erbringen. Der Aufwand ist grundsätzlich gesondert zu vergüten *[vgl. Kapitel 8.3 (3)]*.

Die Unterstützung muss – insbesondere bei Anpassung an gesetzliche Änderungen – innerhalb eines kurzen Zeitraums erfolgen. Je mehr Unterstützungsaufwand als erforderlich zu erwarten ist, desto mehr muss sich der Lieferant bemühen, die Unterstützung zeitgerecht erbringen zu können *[vgl. Kapitel 14.4.2 (5)]*. Insbesondere muss er Umstellungstermine möglichst frühzeitig abstimmen. Die Anwender müssen sich ihrerseits frühzeitig auf Umstellungstermine festlegen.

Übergangsphase: Die alte und die neue Version müssen u. U. eine Zeit lang parallel eingesetzt werden. Dann muss der Lieferant beide Versionen innerhalb der Pauschale betreuen.

Wenn ein Anwender sich mit dem Übergang lange Zeit lässt, fragt sich, inwieweit der Lieferant beide Versionen überhaupt betreuen muss und ggf. ob er Anspruch auf gesonderte Vergütung hat. Solange die Übergangsfrist *[siehe Kapitel 14.2.2 (5)]* noch nicht abgelaufen ist, dürften beide Fragen zugunsten des Anwenders zu entscheiden sein. Die Vergütung des Mehraufwands kommt aber hinsichtlich des speziellen Aufwands in Betracht, der sich aus dem Paralleleinsatz ergibt.

(4) Telefonische Unterstützung

Die telefonische Unterstützung kann durch eine gesonderte Organisationseinheit erfolgen, meist „Hotline" genannt; sie kann aber auch durch die Kundenberater des Lieferanten vorgenommen werden (die ihre jeweiligen Anwender kennen).

(4.1) **Problemstellung:** Das Thema ist für beide Seiten in der Praxis hoch problematisch *[siehe auch Kapitel 6.5.1 (5)]*: Welche Leistungen sind durch die pauschale Vergütung abgegolten, und wie schnell muss der Lieferant diese erbringen? Wenn ein Benutzer Hilfe braucht, braucht er sie meist dringend. Die Anwenderschaft klagt häufig darüber, dass die Hotline überhaupt nicht besetzt sei oder dass Rückrufe viel zu spät erfolgen würden.

Die Lieferantenseite sieht sich ihrerseits damit konfrontiert, dass viele Benutzer die Hotline in Anspruch nehmen, um den Blick in die Benutzerdokumentation oder um Schulung zu sparen oder aber um Fragen zu stellen, die sich gar nicht auf das zu pflegende Software-Produkt beziehen, sondern auf andere Produkte, sei es Hardware oder anderweitig bezogene Systemsoftware, für die er oft keinen Wartungs- oder Pflegevertrag hat. Der Anwender richtet seine Fragen an denjenigen seiner Lieferanten, mit dem er einen Pflegevertrag hat: Schließlich habe der Drucker bei Einsatz des zu pflegenden Software-Produkts sinnlose Zeichen gedruckt!

(4.2) **Leistungsumfang:** Der geschuldete Leistungsumfang lässt sich ansatzweise durch die Antwort auf die Frage abgrenzen, wie die Hotline personell besetzt sein soll: mit einem Programmierer, der die Anwendung einigermaßen kennt, oder mit einem Berater (der im Normalfall nicht oder nicht ausreichend programmieren kann)?

Wenn der Leistungsumfang bei pauschaler Vergütung nicht speziell definiert ist, wird die Klärung von Fragen der Handhabung des Software-Produkts geschuldet. Tendenziell sollen Berater eingesetzt werden. Zur geschuldeten Leistung gehört auf keinen Fall organisatorische Beratung, aber auch nicht sonstige Einsatzvorbereitung („Wie kann ich die und die Auswertung bekommen?“). Dazu gehört die Aufklärung von Bedienungsfehlern in dem Umfang, in dem die Hotline-Mitarbeiter helfen können *[siehe auch hier unter (5) am Ende und Kapitel 6.2.4 (4)]*.

Wenn die Hotline als eigene Funktionseinheit organisiert ist, fallen nur Anrufe bei der Hotline unter die Pauschale, nicht auch solche beim (zuständigen) Kundenberater. Wenn die Hotline allerdings den Kundenberater informiert und dieser (ohne Hinweis auf die Vergütungspflicht) zurückruft und über das geschuldete Maß hinaus berät, kann das nicht in Rechnung gestellt werden.

Hotline und Mängelmeldung: Die Hotline soll bei Problemen beraten. Das Problem kann ein Mangel im Programm sein. Dennoch ersetzt ein Gespräch, bei dem sich ergibt, dass ein Mangel im Programm vorliegt, nicht schlechthin die Mängelmeldung, sondern nur dann, wenn die Hotline erklärt, die Mängelmeldung weiterzugeben. Das ergibt sich insbesondere daraus, dass eine Mängelmeldung in der Regel umfangreicher als eine mündliche Meldung sein muss (insbesondere Ausdrucke umfassen kann) *[vgl. Kapitel 6.3.7 (1)]*.

(5) Sonstige Fragen

Einsatzort: Gegen dessen Wechsel bestehen keine grundsätzlichen Bedenken. Soweit Leistungen von ihm abhängen (Reaktionszeiten für das Erscheinen vor Ort, Reisekosten), sind die diesbezüglichen Vereinbarungen anzupassen.

Problematischer ist die teilweise Verlagerung, sei es eines Teils des Einsatzrechts an einem Software-Produkt (ohne dessen Überschreitung) oder sei es eines einzelnen Software-Produkts, weil die von ihm unterstützte Funktion des Betriebs des Anwenders ausgelagert worden ist. Dadurch verursachter Mehraufwand ist wahrscheinlich zu erstatten. Das Problem des Lieferanten dürfte eher darin liegen, dass dieser Mehraufwand meist in kleinen Einheiten anfällt, die sich schlecht in Rechnung stellen lassen.

Erfüllungsort: Dieser richtet sich nach den Vereinbarungen *[bezüglich der Mängelbeseitigung siehe (1)]*. Der Erfüllungsort aus dem Kaufvertrag dürfte nicht mehr maßgeblich sein. Wo der Erfüllungsort für die Lieferung neuer Versionen ist, ergibt sich insbesondere aus den Regelungen, ob Korrekturmaßnahmen oder neue Versionen nur zu übersenden oder auch zu installieren sind. Für die ergänzende Vertragsauslegung dürften dieselben Überlegungen wie bei Mängelhaftung gelten *[siehe Kapitel 6.3.7 (2)]*.

Beseitigung der Auswirkungen von Mängeln: Genau genommen gehört sie nicht zur Mängelbeseitigung. Es fragt sich aber, ob der Lieferant die Leistungspflicht (und nicht „nur“ die Schadensersatzpflicht mit schwierigen Voraussetzungen) hat, dann zur Beseitigung der Auswirkungen beizutragen, wenn er das mit programmtechnischen Mitteln tun kann (Gedanke: Eine – schnell erstellte – Routine kann viele Fälle heilen) *[siehe auch Kapitel 13.3.2 (1)]*.

Aufklärung von Bedienungsfehlern: Diese Leistung wird von Lieferantenseite nur selten im Pflegevertrag angesprochen, aber als selbstverständlich im Rahmen des Zumutbaren erbracht (sie wird notgedrungen/automatisch erbracht, wenn der Anwender fälschlich einen Mangel meldet). Sie wird aber nicht ausdrücklich zugesagt, um sich nicht unfähigen oder faulen Kunden auszuliefern.

Die Leistung ist bei Vereinbarung von telefonischer Unterstützung in einem gewissen Umfang durch die pauschale Vergütung abgegolten *[siehe (4.2)]*. Darüber hinaus dürfte sie auch für die erste Prüfung seitens der Entwicklungsabteilung, ob ein Mangel im Programm vorliegt, abgegolten sein.

Vorhalten des Software-Produkts durch Lieferanten: Wenn der Lieferant die Pflege übernimmt, braucht er eine Kopie des Software-Produkts nahezu unvermeidbar selbst (auch bei fremden Software-Produkten), um seine Pflichten erfüllen zu können (telefonische Unterstützung, Mängelbeseitigung). Dann ist er auch zur Vorhaltung und damit zur Ersatzlieferung gegen Erstattung seines Aufwands verpflichtet *[siehe Kapitel 6.5.1 (4)]*. Zumindest kann er sich bei fremden Software-Produkten eine Ersatzkopie vom Anbieter gegen Vergütung des Aufwands beschaffen. Das gilt ohne Berücksichtigung des Themas Originaldatenträger.

Wenn der Lieferant Modifikationen durchgeführt hat, ist die Vorhaltung zwingend (Mängelbeseitigung).

Ob Quellprogramm oder Objektprogramm ausgeliefert worden ist, dürfte kaum einen Unterschied ausmachen.

(6) Einsatz qualifizierter Mitarbeiter

Der Sinn der Pflege durch den Anbieter liegt ganz wesentlich darin, dass er Mitarbeiter zur Verfügung hat und einsetzt, die das Software-Produkt kennen. Das gilt ganz besonders für die Telefonberatung, die nicht umsonst oft „Hotline" genannt wird. Schnelle Reaktion ist also zu erwarten. Diese kann aber nur jemand erbringen, der gut eingearbeitet ist.

Daraus ist ein a. o. Kündigungsrecht für den Anwender abzuleiten, wenn diejenigen Mitarbeiter des Anbieters, die für die Pflege zuständig waren, nicht mehr zur Verfügung stehen (z. B. sich als Team selbständig machen). Dann kann der Lieferant die geschuldete Leistung nicht mehr erbringen. Die Einarbeitung neuer Mitarbeiter dauert Monate.

(7) Einsatz einer qualifizierten Entwicklungsumgebung

Ein Software-Produkt kann für den Einsatz zusammen mit/unter verschiedenen Betriebssystemen, Datenbankverwaltungssystemen oder anderen Systemsoftware-Produkten ausgelegt sein. Die Frage ist, inwieweit der Anbieter diese in seiner Entwicklungsumgebung zur Verfügung haben muss. Im Prinzip muss er alle haben. Die Frage stellt sich aber in besonderer Weise, wenn die von ihm eingesetzte Entwicklungsumgebung die Schnittstellen zu diesen Fremdprodukten automatisch erzeugt. Sie spitzt sich noch zu, wenn es um Familien von Fremdprodukten geht, z. B. um Unix-Betriebssysteme oder um SQL-Datenbankverwaltungssysteme, die laut Herstellerangaben Standards folgen. Wenn der Lieferant ein Freigabekonzept befolgt *[siehe Kapitel 8.2.4]*, liegt nahe, dass der Anbieter diese Fremdprodukte in normalem Zugriff haben muss. Je besser die Fremdprodukte aber dem Standard (nach eigenen Erfahrungen des Lieferanten) folgen, um so eher reicht es aber aus, wenn der Lieferant nur bei Bedarf Zugriff auf solche Produkte hat.

14.3.3 Haftung des Lieferanten

Haftungsansprüche bauen auf der Einordnung der Vollpflege auf, die bisher nicht geklärt ist *[siehe Kapitel 14.3.1am Anfang]*.

(1) Bezüglich der Weiterentwicklung

(1.1) **Verzug:** Verzug setzt voraus, dass eine Pflicht des Lieferanten (Anbieters) besteht, eine weiterentwickelte Version zu liefern und dass sich ein Termin für die Erfüllung dieser Pflicht bestimmen lässt. Letzteres kann, z. B. bei einem Lohnprogramm wegen gesetzlicher Änderungen, im Wesentlichen mit dem Datum angesetzt werden, zu dem die Anwender die neue Version spätestens brauchen. Dabei ist allerdings zu berücksichtigen, dass die Anpassung des Software-Produkts an geänderte Rechtsvorschriften so kompliziert sein kann und u. U. so kurzfristig erfolgen muss, dass den Anwendern erst einmal zugemutet werden kann, bestimmte behelfsmäßige Maßnahmen zu ergreifen, z. B. bei einem Lohnprogramm, Abschlagszahlungen zu leisten.

Andererseits ist zu berücksichtigen, dass die Einführung einer neuen Version des Software-Produkts Zeit kosten kann. Je stärker der Lieferant mitwirken muss, um so mehr muss er diesen Zeitbedarf – soweit möglich – in die Terminierung des Vorlaufs einkalkulieren *[zur Anpassung von Anpassungsprogrammierung siehe Kapitel 14.4.1 (3)]*.

Schwieriger ist der Zeitpunkt zu bestimmen, zu dem die Anpassung an neue Versionen von interoperablen Produkten oder die sonstige Weiterentwicklung abgeschlossen sein müssen.

Schadensersatz statt der Leistung: Kann die alte Version nicht mehr in zumutbarer Weise genutzt werden, kann der Anwender im Wege der Rückgabe des Software-Produkts Rückzahlung des Kaufpreises (abzüglich einer Nutzungsentschädigung) verlangen. Die Nichtlieferung weiterentwickelter Versionen, für deren Einsatz kein dringendes Bedürfnis besteht, dürfte allerdings nicht zu solchen Schadensersatzansprüchen führen.

(1.2) **Mängelhaftung:** Da ein Vertrag eigener Art vorliegt *[siehe Kapitel 14.3.1 (1)]*, braucht der Pflegevertrag nicht in das Korsett eines Kaufvertrags oder eines Werkvertrags gezwängt zu werden. Die Pflicht zur Beseitigung von Mängeln besteht ausschließlich als geschuldete Leistung.

Die Haftung auf Schadensersatz richtet sich nach der allgemeinen Haftungsvorschrift in § 280 BGB *[siehe Kapitel 3.1 (2)]*.

Verjährungsfrist: Problematisch ist „nur“ die Frage nach der Verjährungsfrist. Vom Ansatz her würde sie drei Jahre ab Ende des Jahres betragen, in dem der Anwender den Mangel entdeckt hat (oder nur wegen grober Fahrlässigkeit nicht entdeckt hat) *[siehe Kapitel 3.10 (2)]*.

Fraglich ist, ob die Vorschriften über die verkürzte Verjährungsfrist bei Mängeln (zwei Jahre ab Lieferung) entsprechend anzuwenden sind; denn es ist nicht recht plausibel, dass die Frist länger als die des Beschaffung-/Liefervertrags ist. – Tut man das, stellt sich die Frage, wann die Frist für einen Mangel beginnt, der schon in einer früheren Version enthalten war: Mit der, in der er erstmals enthalten war oder mit jeder neuen erneut, wenn diese das gesamte Programm umfasste? Im zweiten Falle würde die Verjährungsfrist im Ergebnis verlängert werden. Das stünde im Widerspruch zur entsprechenden Anwendung der verkürzten Frist und scheidet damit aus.

Testpflicht des Anwenders: Bei Upgrade-Pflege ist offensichtlich, dass die kaufmännische Untersuchungs- und Rügepflicht gemäß § 377 HGB eingreift. Bei Vollpflege ist gegenüber der Upgrade-Pflege die Vergütung für die Entwicklung neuer Versionen auf die Zeit umgelegt. Sachlich ist kein Unterschied zur gesonderten Vergütung zu sehen. M. E. ist § 377 HGB deswegen im Ansatz ebenfalls anzuwenden, soweit es um Schadensersatzansprüche und das Recht auf außerordentliche Kündigung geht *[vgl. Kapitel 14.3.1 (1)]*. – Weil die Gefahr besteht, dass eine neue Version neue Mängel enthält, weil der Anwender sich bei Inkompatibilität der neuen Version mit dieser beschäftigen muss *[vgl. Kapitel 14.2.2]* und weil er inzwischen das Software-Produkt kennt und es besser testen kann, dürften hier höhere Anforderungen an die Untersuchungspflicht als zum Zeitpunkt der ersten Lieferung bestehen.

(2) Bezüglich der Mängelbeseitigung

Der Anbieter schuldet die Beseitigung von Mängeln als Leistung innerhalb einer gewissen Zeit *[siehe Kapitel 14.2.1 (1)]*. Der Anwender kann die Erstattung seines Verzugsschadens verlangen.

Mängelhaftung greift ein, wenn der Lieferant schuldhaft eine mangelhafte Korrekturmaßnahme geliefert hat. Die Existenz von Mängeln führt also noch nicht zu Schadensersatzansprüchen. Der Anspruch auf erneute Korrektur besteht weiterhin als Leistungsanspruch. Der Lieferant haftet bei Vertretenmüssen auf Schadensersatz.

Selbstvornahme/Ersatzvornahme: Der Anwender kann nach werkvertragsrechtlicher Mängelhaftung Mängel auf Kosten des Anbieters selbst beseitigen, wenn dieser die Korrektur einer mangelhaften Korrektur verzögert. Ist der Anbieter hingegen wie hier mit der Beseitigung eines Mangels als einer Leistungspflicht in Verzug, kann der Aufwand (nur) nach Fristsetzung als Schadensersatz statt der Leistung wegen Verzugs geltend gemacht werden *[siehe Kapitel 3.3.2 (2)]*.

A. o. Kündigung: Der Anwender kann den Pflegevertrag unter den Voraussetzungen des § 314 BGB aus wichtigem Grund kündigen *[siehe Kapitel 3.1 (5)]*.

Beginn der Verjährungsfrist für Haftungsansprüche: Es gilt dasselbe wie bei der Lieferung von neuen Versionen (ggf. abgestellt auf den Zeitpunkt der Lieferung der mangelhaften Korrekturmaßnahme) *[siehe (1.2)]*.

(3) Bezüglich der Telefonunterstützung

Unzureichende Verfügbarkeit des Hotline-Teams wird vielfach auf Anwenderseite beklagt *[vgl. Kapitel 14.3.2 (4)]*. Sind diesbezüglich keine konkreten Vereinbarungen getroffen worden, dürfte es nur schwer möglich sein, den Lieferanten in Verzug zu setzen. Das Problem kann sonst nur über allgemeine Nichterfüllung *[siehe (4)]* abgehandelt werden.

(4) Allgemeine Nichterfüllung

Die Pflegevergütung dient vor allem der Chance des Anwenders, weiterentwickelte Versionen zu erhalten; er hat nur beschränkt Anspruch auf bestimmte Leistungen *[vgl. Kapitel 14.2]*. Wenn der Anbieter aber das Software-Produkt praktisch nicht weiterentwickelt, stellt sich die Frage, ob – teilweise – Nichterfüllung vorliegt und der Anwender die Pflegepauschale kürzen kann. Es macht keinen Sinn, eine bestimmte Menge an Versionen zu verlangen, weil das nichts über den Umfang der Weiterentwicklung aussagt. Außerdem wünscht die Anwenderschaft im Normalfall eher wenige neue Versionen (manchmal verlangt sie die Begrenzung auf eine Version pro Jahr!), weil jede neue Version Aufwand und Unruhe verursacht.

Bei Telefonunterstützung rechtfertigen permanent unzumutbar lange Reaktionszeiten eine Minderung – was aber schwer zu konkretisieren und zu beweisen ist. Ähnliches gilt für verzögerte Mängelbeseitigung.

(5) Schadensersatzansprüche auf Lieferung des Quellprogramms

Üblicherweise gehen Schadensersatzansprüche zwar auf Geld. Der Anwender braucht allerdings das Quellprogramm zur Selbsthilfe, wenn er nicht auf ein anderes Software-Produkt wechseln will. Ausnahmsweise werden aber auch Schadensersatzansprüche auf eine Ersatzleistung anerkannt.

(5.1) **Bei Einstellen der Pflege:** Wenn der Lieferant während der Zeit, zu der er zur Pflege verpflichtet ist *[Kapitel 14.2.3]*, diese vollständig einstellt, verletzt er den Vertrag. Konsequenz ist, dass der Lieferant zu Schadensersatz verpflichtet ist. Aus der Sicht des Lieferanten hat das Quellprogramm normalerweise einen den Kaufpreis um ein Vielfaches übersteigenden Wert. Das völlige Einstellen der Pflege zeigt aber an, dass der Lieferant kein Interesse mehr an der Investition hat. In diesem Fall ist ihm Schadensersatz durch Lieferung des Quellprogramms zuzumuten.

Beispiel: Ein Anbieter eines Datenbankverwaltungssystems bereinigt seine Palette an Varianten für UNIX-Betriebssysteme, indem er diejenigen nicht mehr pflegt,
- deren Betriebssystemvariante von deren Hersteller eingefroren worden ist oder wird,
- die nur einen geringen Marktanteil haben, weil das entsprechende Betriebssystem marktschwach ist.

Der Anbieter verletzt zwar seine Pflicht, stellt die Pflege des Produkts aber nicht völlig ein.

Der Anwender könnte den Schaden mindern, wenn er ein ähnliches Software-Produkt von einem Dritten erwerben würde, der dieses pflegen würde. Eine solche Pflicht zur Schadensminderung dürfte bei vollständigem Einstellen der Pflege seitens des Lieferanten nicht zumutbar sein.

Insolvenz des Anbieters mit Insolvenzverfahren: Wenn der Insolvenzverwalter das Quellprogramm auf einen anderen Anbieter überträgt, dürfte der Anwenderschaft in der Regel zumutbar sein, mit dem neuen Anbieter Pflegeverträge zu schließen. Stellt der Insolvenzverwalter die Pflege vollständig ein, dürfte jeder Anwender Anspruch auf Herausgabe (einer Kopie) des Quellprogramms haben. Doch wandelt sich dieser Anspruch nach Ablehnung der Erfüllung seitens des Insolvenzverwalters in einen Schadensersatzanspruch in Geld um *[siehe Kapitel 14.5]*.

(5.2) **Bei Verletzung der Pflegepflichten:** Kommt der Lieferant seinen Pflichten nur punktuell nicht nach, ist der Schaden tendenziell geringer. Der Lieferant hat auch weiterhin erhebliches Interesse an der Geheimhaltung. Ein Anspruch auf Lieferung des Quellprogramms ist kaum zu bejahen.

14.3.4 Leistungspflichten des Anwenders

Mitwirkungspflichten bestehen wie beim Liefervertrag hinsichtlich der Unterstützung der Installation (hier: von neuen Versionen) oder hinsichtlich der Mängelbeseitigung. *Zur Pflicht des Anwenders, neue Versionen zu testen, siehe Kapitel 14.3.3 (1.2).*

(1) Vergütungspflicht bei Vollpflege

Zur Zahlungspflicht bei Nichterforderlichkeit/Nichtinanspruchnahme siehe Kapitel 13.3.4.

Pflegepauschale bei verringertem Kaufpreis: Wenn der Anwender einen kundenspezifischen Nachlass auf den Kaufpreis erhalten hat, gilt dieser nicht automatisch auch für die Pflegepauschale. Man denke an den Fall, dass ein Software-Produkt nicht berechnet wird.

Das ist eindeutig, wenn die Pflegepauschale nicht als Prozentsatz des Kaufpreises berechnet wird. Das liegt auch nahe, wenn das der Fall ist, und ist eindeutig so, wenn die Bezugsgröße korrekt benannt wird („X % vom jeweils gültigen Preis"). Allerdings kann die Vereinbarung so formuliert sein, dass sie so auszulegen ist, dass der rabattierte Kaufpreis maßgeblich sein soll. Ist ein Preisvorbehalt vorgesehen, wird dieser aber nicht ausgeschlossen. Dann fragt sich, ob der Vorteil mit der nächsten Erhöhung gänzlich aufgehoben werden soll.

Wenn der Anbieter dem Anwender im Kaufvertrag für die künftige Erweiterung des Einsatzrechts einen Nachlass eingeräumt hat, darf der Anwender nicht automatisch erwarten, dass ihm auch ein entsprechender Nachlass auf die Pflegevergütung eingeräumt wird *[siehe auch Kapitel 14.3.1 (2)]*.

Recht zur Erhöhung der Pflegepauschale: Die Anbieterseite geht weitgehend davon aus, dass sie sowieso praktisch stets zur Kündigung berechtigt sei und damit jederzeit Preiserhöhungen durchsetzen könne. Die Konsequenzen dieses Irrtums muss der Anbieter wohl für die Mindestpflegedauer tragen. Nach deren Ablauf gibt es aber keinen Grund mehr, ihm das Recht auf eine Änderungskündigung zu verweigern. Denn er ist nur noch deswegen zur Pflege verpflichtet, weil er das Neukunden gegenüber ist. Dann sollen die Altkunden aber auch nicht weniger als diese zahlen *[siehe auch Kapitel 14.2 (5)]*.

(2) Ordentliche Kündigung in Bezug auf einen Teil des Einsatzrechts

Es kommt in Betracht, dass der Anwender den Umfang des Einsatzes eines Software-Produkts einschränken will. Hängt die Pflegevergütung vom Umfang des Einsatzrechts ab, dürfte der Anwender berechtigt sein, die Pflege für den nicht mehr benötigten Teil des Einsatzrechts ordentlich zu kündigen.

Der Anwender verliert den Teil des Einsatzrechts an der bisher eingesetzten Version nicht, darf diese also sogar weiternutzen. Das gilt allerdings nur (weil es nur dann für den Lieferanten zumutbar ist), wenn sichergestellt ist, dass keine Pflegeleistungen für diesen Teil verwendet werden. Der Anwender kann die Pflege gemäß Kapitel 14.2.4 wieder beauftragen.

14.4 Pflege von durch den Lieferanten angepassten Software-Produkten

14.4.1 Pflicht des Lieferanten, angepasste Software-Produkte zu pflegen

(1) Pflegepflicht überhaupt

Die Frage nach der Pflicht zur Pflege angepasster Software-Produkte ist grundsätzlich wie bei Software-Produkten zu beantworten *[siehe Kapitel 14.2.1, wenn der Anwender das Quellprogramm nicht erhalten hat, bzw. Kapitel 14.2.6, wenn das der Fall ist]*.

Je umfangreicher die Anpassungen sind, desto weniger kommt Vollpflege in Betracht (Erweiterungen sind weniger problematisch). Hat der Lieferant das Software-Produkt erheblich modifiziert, kann er den Anwender nicht mehr auf Vollpflege verweisen, sondern muss das angepasste Software-Produkt gegen Vergütung nach Aufwand pflegen.

Vereinbaren die Parteien allerdings Vollpflege, sind hinsichtlich der für die Pflege maßgeblichen Version *[siehe Kapitel 14.2.2]* zwei Fälle zu unterscheiden: Soll der Anwender für das Übertragen der Anpassungen verantwortlich sein (ggf. den Lieferanten damit beauftragen), gilt nichts Besonderes.

Soll von vornherein der Lieferant dafür verantwortlich sein, fragt sich, ob der Anwender wegen der Anpassungskosten berechtigt ist, einzelne neue Versionen zu überspringen und zwischendurch auf Mängelbeseitigung gegen Vergütung nach Aufwand überzugehen. M. E. ist das umso eher zu bejahen, je umfangreicher die Anpassungen sind; denn Pflege nach Aufwand ist die naheliegende Pflegeform. Die Parteien versuchen, trotz umfangreicher Anpassungen den anderen Weg zu gehen. Gelingt das nicht, kann der Anwender verlangen, dass auf dem naheliegenden Weg weiterverfahren wird.

Aufklärungspflicht seitens des Lieferanten über den Aufwand: Die Pflege eines angepassten Software-Produkts wird entsprechend dem Umfang der Anpassungen und der eingesetzten Technik für Anpassungen schnell teuer. In der Praxis unterbleibt deswegen häufig der Einsatz weiterentwickelter Versionen, um die hohen Kosten für die Übertragung der Anpassungen zu sparen. M. E. besteht eine Aufklärungspflicht des Lieferanten gegenüber einem Laien-Anwender, wenn er Anpassungen bei – geplanter oder vereinbarter – Vollpflege anbietet, dass die Pflege der Anpassungen teuer werden kann.

(2) Automatische Einbeziehung in die Pflege der Software-Produkte

Häufig bezieht sich der Pflegevertrag des Lieferanten nur auf die Software-Produkte (Standardvertrag!). M. E. umfasst der Pflegevertrag dann automatisch auch die Anpassungsprogrammierung. Es fragt sich dann „nur“ noch, ob deren Pflege gesondert zu vergüten ist (das Verhalten des Lieferanten darf nicht danach ausgelegt werden, ob er die Anpassungsprogrammierung pflegen will, sondern nur danach, ob er dafür eine gesonderte Vergütung verlangen will).

Je geringfügiger die Anpassungsprogrammierung ist und je enger der zeitliche und dokumentmäßige Zusammenhang von Vereinbarung der Anpassungsprogrammierung und der

Pflege ist, desto stärker erweckt der Lieferant den Eindruck, dass die Pflege der Anpassungsprogrammierung durch die Pauschale für die Pflege des Standards abgegolten sein soll. Oft genug werden Anpassungen ohnehin in die nächste Version des Software-Produkts aufgenommen. „Kaufpreis einschließlich Anpassungen" dürfte auch Pflegepauschale einschließlich Anpassungen bedeuten.

(3) Dauer der Pflegepflicht

Wenn der Anwender die Anpassungen zur Nutzung des Software-Produkts braucht, muss der Lieferant sie zumindest solange pflegen, wie die Mindestpflegedauer für das Software-Produkt reicht. Das bedeutet im Ansatz für Anpassungen, die erst nach Lieferung des Software-Produkts beauftragt werden, dass der Anwender mit einer kürzeren Mindestpflegedauer für diese rechnen muss.

Sodann ist zu bedenken, dass der Lieferant die Pflege des Software-Produkts fortsetzen muss, solange er dieses noch für einen anderen Anwender pflegen muss *[siehe Kapitel 14.2.3 (1)]*. Dies wird ihm wegen der geringen Mehrbelastung zugemutet. Bei Anpassungsprogrammierung ist diese größer, auch wenn der Mehraufwand bezahlt wird. Wenn Releasefähigkeit zugesagt ist, heißt das, dass der Lieferant diesen Aufwand erbringen will. Das liegt m. E. auch nahe, wenn der Lieferant die Anpassungen gegen eine Pauschale pflegt (dafür hat er die Einnahmen sicher).

Wenn Anpassungen in eine neue Generation des Software-Produkts übertragen werden müssen, kann das einer Neuprogrammierung nahekommen. Der Lieferant dürfte deswegen nur dann berechtigt sein, den Anwender während der Mindestpflegedauer auf den Einsatz einer neuen Generation zu verweisen, wenn er den Aufwand anteilig für den noch nicht abgelaufenen Teil der Mindestpflegedauer übernimmt *[vgl. Kapitel 14.2.3 (7)]*.

(4) Pflicht zur Vornahme von weiterer Anpassungsprogrammierung

Der Lieferant dürfte nur ausnahmsweise verpflichtet sein, erstmals Aufträge über Anpassungen zu übernehmen, und auch das nur, wenn der Anwender das Quellprogramm nicht zur Verfügung hat (bzw. es zwar hat, aber Laie ist und es Dritten nicht bekannt geben darf): Der Anwender hat nun einmal Standard gekauft. Anpassungen sind fehlerträchtig: Sie müssen u. U. in neue Versionen des Standards übertragen werden. Der Lieferant hat gute Gründe, das vermeiden zu wollen. Insbesondere Anpassungen von Systemsoftware dürften für den Lieferanten kaum zumutbar sein.

Wenn der Lieferant allerdings von vornherein Anpassungen vorgenommen hat, dürfte er auch weiterhin zur Übernahme solcher Aufträge im Rahmen seiner Leistungsfähigkeit verpflichtet sein (ursprüngliche *Erweiterungen* geben aber keinen Anspruch auf *Modifikationen*).

14.4.2 Durchführung

(1) Praxis

Das Praxisproblem liegt darin, ein sachgerechtes Leistungsbündel zu definieren. Der Problempunkt ist bereits angesprochen worden, ob Anpassungen überhaupt auf neue Versionen des Software-Produkts übertragen werden sollen, so dass eine modifizierte Vollpflege vereinbart werden kann, oder ob das angepasste Software-Produkt hinsichtlich der Pflege wie ein Individualprogramm behandelt werden soll *[siehe Kapitel 14.4.1 (1)]*. Wenn Vollpflege die Grundlage sein soll, ist zu klären, wie sie hinsichtlich der Pflege der Anpassungen ergänzt werden soll. Es bieten sich zwei Formen an:

- Vergütung nach Aufwand,
- Pauschale in Anlehnung an die für das betroffene Software-Produkt. Dann ist der Umfang der Pflegeleistungen zu bestimmen, der durch die Pauschale abgedeckt ist.

(2) Rechtliche Behandlung des Pflegevertrags

Hinsichtlich der Pflege der Anpassungen ist auf das konkrete Verhältnis zwischen den Vertragspartnern abzustellen, während sonst bei Vollpflege die Rechtsbeziehungen durch das Verhältnis Lieferant – Anwenderschaft bestimmt werden.

Begriff des Mangels: Hinsichtlich des Standards bleibt es dabei, dass die Pflege des (angepassten) Software-Produkts nicht dazu dient, Funktionen an die Bedürfnisse des Anwenders anzupassen, weil das Software-Produkt sonst für ihn nicht geeignet wäre *[vgl. Kapitel 14.3.1 (2)]*. Der Anwender hat nur Anspruch auf Beseitigung solcher Mängel, die in den Anpassungen enthalten sind, wobei deren vertragliche Definition Maßstab ist.

Rechtliche Einordnung: Bei Vergütung nach Aufwand liegt es nahe, auf die einzelne Leistung und damit auf Werkvertragsrecht abzustellen. Bei Vergütung gegen Pauschale dürfte dieser Teil des Pflegevertrags wie der Hauptteil betreffend die Software-Produkte zu behandeln sein.

Verjährungsfrist: Die Frage, wann diese beginnt, stellt sich bei Vergütung gegen Pauschale in derselben Weise wie bei Vollpflege *[siehe Kapitel 14.3.1 (1)]*.

Bei Vergütung nach Aufwand fragt sich, ob der Lieferant sich auf Verjährung berufen und damit Vergütung für die Beseitigung derjenigen Mängel verlangen kann, die er innerhalb der Pflege der Anpassungen ins Software-Produkt hineingebracht hat *[unter Berücksichtigung der Sowieso-Kosten, siehe Kapitel 9.5.2]*. Das dürfte zu bejahen sein, da die Vertragspartner insgesamt davon ausgehen, dass die Mängelbeseitigung nach Ablauf der Verjährungsfrist aus dem Liefervertrag vergütet werden soll.

(3) Umfang der Zahlungspflicht bei Vergütung nach Aufwand

Wie auch sonst bei Individualprogrammierung ist ein erheblicher Teil des Aufwands für die Beseitigung der vom Lieferanten gemachten Mängel zu vergüten *[siehe Kapitel 9.5.2]*.

(4) Geschuldete Leistungen bei Vereinbarung einer Pauschale

Häufig wird eine Pauschale wie für die Pflege des betroffenen Software-Produkts vereinbart (derselbe Prozentsatz, hier bezogen auf die Erstellungsvergütung). Wenn der Umfang der abgegoltenen Pflegeleistungen nicht festgelegt ist, sollen ansatzweise dieselben Leistungen wie bei Vollpflege erbracht werden:

Mängelbeseitigung: Der Lieferant braucht Korrekturmaßnahmen für weniger schwere Mängel erst mit der nächsten Version des Standards bereitzustellen.

Telefonunterstützung: Vom Ansatz her bleibt es bei dieser Leistung (wenn bei Vollpflege vereinbart). Ein eigenständig organisiertes Hotline-Team braucht aber nicht in der Lage zu sein, zu den Anpassungen Unterstützung zu geben. Also ist die Unterstützung – weniger schnell – durch das Pflegeteam zu erbringen.

Weiterentwicklung: Da die Einsatzfähigkeit der angepassten Lösung aufrechterhalten werden soll, sind die Anpassungen wie bei Vollpflege zu behandeln: Die Anpassungen sind an gesetzliche Änderungen und an Änderungen der Betriebsmittel anzupassen (Modifikationen ohnehin). Notwendige Weiterentwicklung ist durchzuführen. Das gilt aber nur für solche gesetzlichen Änderungen und solche funktionellen Anforderungen, die die Anwenderschaft betreffen (die der Anbieter als Teil einer neuen Version zu realisieren verpflichtet ist). Denn nur für diese wird der Entwicklungsaufwand auf die Anwenderschaft umgelegt. Die Pflegepauschale für die Anpassungen ist im Verhältnis dazu nur ein Tropfen auf den heißen Stein.

Übertragen der Anpassungen auf eine neue Version des betroffenen Software-Produkts: Diese Aufgabe fällt bei Vollpflege nicht an (es sei denn, man zieht eine Parallele zur Anpassung der Schnittstelle zwischen zwei interoperablen Software-Produkten, wenn die Schnittstelle des einen geändert wird und die korrespondierende des anderen angepasst werden muss). Diese Aufgabe ist bei der Pflege von Anpassungen von grundlegender Bedeutung, so dass sie auf jeden Fall innerhalb der Pauschale geschuldet wird. – Es kann hinzukommen, dass auch die Übertragung der Daten spezifische Maßnahmen erfordert, weil sie wegen der Anpassungsprogrammierung von der Standardstruktur abweichen. Auch diese Besonderheiten sind durch die Pauschale abgedeckt. Das bedeutet, dass der Lieferant die Umstellung der Daten so unterstützen muss, wie er die Umstellung der Standardstruktur unterstützt *[siehe Kapitel 14.2.2 (3)]*.

Generationswechsel: Da dieser bis zur Neuprogrammierung führen kann, deckt die Pauschale die Realisierung der Anpassungen innerhalb der neuen Generation (sofern sie noch benötigt werden) nicht ab. Insoweit der Lieferant die Mindestpflegedauer nicht einhält, muss er sich an den Kosten beteiligen *[siehe Kapitel 14.4.1 (2)]*. Nach Ablauf muss er sich einen angemessenen Teil der Pflegeeinnahmen für die Zeit vor dem Wechsel anrechnen lassen, weil er in dieser Zeit wahrscheinlich wenig für die Weiterentwicklung des Standards getan und sich damit den großen Teil für die Übertragung der Anpassungen in eine neue Version des Standards (oder in mehrere) erspart hat *[vgl. Kapitel 14.2 (5)]*.

(5) Einzelheiten zur Weiterentwicklung

Realisierungszeit: Die dem Anbieter zur Verfügung stehende Zeit für das Anpassen des Software-Produkts an gesetzliche Änderungen ist oft sehr kurz; auch andere Maßnahmen stehen oft unter Zeitdruck. Der einzelne Anwender braucht die neue Fassung seines angepassten Software-Produkts zwar meist zu demselben Zeitpunkt wie der Normal-Anwender die neue Standardversion. Pflege für die Normal-Anwender (= die Anwenderschaft) geht aber vor. Es ist für den Anbieter auch nicht zumutbar (weil die Anwender das nicht bezahlen wollen), eine solche Mitarbeiterkapazität vorzuhalten, dass alle Anforderungen in einer Spitzenzeit zeitgerecht abgearbeitet werden können. Das bedeutet aber, dass der Lieferant so früh wie möglich einplanen muss, wie er die Einsatzvorbereitung für seine Anwender insgesamt abarbeiten kann *[vgl. Kapitel 14.3.2 (3)]*. Andersherum ist jeder einzelne Anwender verpflichtet, sich frühzeitig auf einen Umstellungstermin festzulegen.

Hinweispflicht auf Bedarf an Weiterentwicklung: Häufig ist es Sache des Anwenders, auch notwendige Weiterentwicklung gesondert zu beauftragen, insbesondere bei gesetzlichen Änderungen. Zumindest wenn eine entsprechende Weiterentwicklung des betroffenen Software-Produkts ansteht, ist es Sache des Lieferanten, den Anwender auf die Erforderlichkeit der Beauftragung hinzuweisen. Außerdem besteht allgemein eine Hinweispflicht auf den Termindruck, wenn ein solcher – wie zuvor dargestellt – besteht.

14.5 Zugriff auf das Quellprogramm/Hinterlegung

(1) Problemstellung

Es geht dem Anwender darum, den Zugriff auf das Quellprogramm zu sichern, wenn die Pflege durch den Lieferanten nicht mehr sichergestellt ist. Der Anwender kann dann wenigstens die unverzichtbaren Maßnahmen selbst oder durch einen Dritten durchführen.

Schadensersatzansprüche gehen kaum auf Lieferung des Quellprogramms *[siehe Kapitel 14.3.3 (5)]*. Vereinbarungen über die Bereitstellung einer Kopie konkretisieren meist Schadensersatzansprüche, können aber auch darüber hinausgehen, z. B. wenn der Anbieter das Quellprogramm bei Einstellung des Vertriebs des Software-Produkts schlechthin, also auch nach Ablauf der Mindestpflegepflicht, bereitstellen muss. Vertragliche Ansprüche sind nur schwer durchzusetzen. Deswegen wird häufig Hinterlegung in einem Bankschließfach vereinbart, auf das beide Vertragspartner gemeinsam zugreifen dürfen. Im Fall der Insolvenz des Lieferanten, um den es in erster Linie geht, versagt diese Vereinbarung, weil sich Lieferansprüche in Schadensersatzansprüche umwandeln. Dasselbe gilt für die häufig vom Anbieter vorgesehene Hinterlegung bei seinem Notar (oder Rechtsanwalt). Teilweise wird deswegen Hinterlegung bei einem Dritten als Treuhänder für beide Seiten vorgesehen, der das Quellprogramm unter bestimmten Umständen herauszugeben hat. Der Autor ist als Hinterlegungsstelle tätig.

Bei Insolvenz können die Voraussetzungen für den Zugriff schnell – vom Dritten – überprüft werden. Problematisch ist der Zeitbedarf für die Überprüfung der Voraussetzungen bei Verletzung der Pflegepflicht. Regelmäßig hat der Anwender bei einem Anwendungsprogramm einige Zeit zur Verfügung, weil er mit einigen Mängeln leben kann. Die übliche Dauer von Zivilprozessen auch nur bei einer Instanz überschreitet dieses Zeitbudget aber bei weitem.

Auch Hinterlegung beim Anwender kommt vor, insbesondere wenn dieser nur im Falle der Insolvenz auf das Quellprogramm zugreifen darf. Soll der Zugang auch in anderen Fällen eröffnet werden, wird dem Anwender höchst ungern die Möglichkeit eröffnet, selbst über den Zugriff entscheiden zu können (denkbar ist Hinterlegung beim Anwender, aber Zugriff nur nach Freigabe durch eine neutrale Instanz).

(2) Insolvenzfestigkeit der Hinterlegung

(2.1) **Hinterlegung beim Anwender:** Diese kann hochwahrscheinlich insolvenzfest ausgestaltet werden; das bedeutet, dass der Anwender im Insolvenzfall auf das Quellprogramm zugreifen darf.

(2.2) **Hinterlegung bei einem Dritten:** Wird der Dritte als Treuhänder des Anwenders eingesetzt, kann der Insolvenzfall wie bei der Hinterlegung beim Anwender abgewickelt werden. Es ist nicht sicher, ob diese Hinterlegung insolvenzfest ausgestaltet werden kann.

Im Interesse beider Vertragspartner soll der Dritte für beide Seiten treuhänderisch tätig werden. Der Lieferant muss seine Weisungen deswegen unwiderruflich geben (nur mit Zustimmung des Anwenders abänderbar).

(3) Dekompilieren

Der Anwender darf das Software-Produkt grundsätzlich nicht dekompilieren *[siehe Kapitel 8.2.5 (5)]*. Eine Ausnahme ist anzuerkennen, wenn sich der Anspruch des Anwenders auf Lieferung des Quellprogramms wegen Verletzung der Pflegepflicht aktualisiert *[siehe Kapitel 14.3.3 (5)]* und nicht erfüllt wird.

Eine weitere Ausnahme mag bestehen, wenn der Anbieter die Pflege vollständig einstellt. Die normale Einstellung nach Ablauf derjenigen Zeit, während der der Anbieter zur Pflege verpflichtet war, reicht allein nicht aus. Denn der Anbieter kann insbesondere eine weiterentwickelte Fassung auf den Markt gebracht haben, für die er Know-how-Schutz benötigt. Der Lieferant muss schon solche Schritte unternehmen, die zeigen, dass das Programm seinen Charakter als Betriebsgeheimnis verloren hat.

Zu erinnern ist daran, dass das Dekompilieren nicht das Ausgangs-Quellprogramm schafft, so dass es kaum bis gar nichts dazu beiträgt, das Programm pflegen zu können.

14.6 Betreuung, insbesondere Hotline-Service

Die Weiterentwicklung und die – mit ihr zunehmend verbundene – Mängelbeseitigung bilden den Kern von Pflegeverträgen. Sind diese Leistungen nicht Vertragsgegenstand, bleiben Unterstützungsleistungen übrig. Diese haben typischerweise dienstvertraglichen Charakter.

Diese Leistungen können vom Anbieter selbst, der keine Pflegeverträge, sondern höchstens neue Fassungen gegen Vergütung anbietet, oder von auf diese spezialisierten Auftragnehmern angeboten werden.

In der Praxis treten wenig rechtliche Probleme auf. Es sind jeweils die Leistungen (Dienste) zu erbringen, die vereinbart sind.

In der Praxis stellt sich vor allem das Problem, die Leistungen bei Hotline-Service für beide Seiten kalkulierbar zu machen *[vgl. Kapitel 14.3.2 (4)]*. Dabei soll die Abrechnung einfach durchgeführt werden können.

Anhang 1

Eine Kurz-„Einführung in das juristische Denken“

Inhaltsübersicht

Das juristische Denken, also die juristische Methodik, ist so wenig umfangreich und vom Ansatz her so einfach, dass es gewagt werden kann, dem interessierten Leser eine Kurzfassung zu bieten. Den großen Umfang der Rechtswissenschaft machen die Vielzahl der Lebenssachverhalte, die geregelt werden (müssen), und die mangelnde Gedankenstrenge der juristischen Methodik aus. In den letzten Jahren kommt verstärkt hinzu, dass der Gesetzgeber unbewusst oder bewusst nachlässig in der Konzeption und in der Formulierung von Gesetzen ist.

Damit der Leser einen korrekten Eindruck erhält, ist die Darstellung streng an einem Buch eines Rechtswissenschaftlers ausgerichtet. Das Buch „Einführung in das juristische Denken“ von Karl Engisch schien mir dafür besonders geeignet. Manches mag dem Leser nicht so wichtig, manches mag etwas überbetont sein. Ich habe mich bemüht, bei der (drastischen) Kürzung inhaltlich möglichst wenig zu ändern, um zu zeigen, wie ein Rechtswissenschaftler das Denken in seinem Arbeitsgebiet sieht. Die besonderen Fragen des Strafrechts (das Engisch lehrte) und des öffentlichen Rechts werden weitestgehend fortgelassen. Ergänzungen von mir sind kursiv in kleinerer Schrift gedruckt.

Engisch selbst hat das Hauptproblem der Juristerei wohl in dem Satz (aus der römischen Rechtswissenschaft) gesehen, den er dem Buch als Motto vorangestellt hat:

„Die Gesetze zu verstehen bedeutet nicht, sich an ihre Worte zu halten, sondern an ihren Geist“ (Scire leges non hoc est verba earum tenere, sed vim et potestatem).[1]

Als Praktiker in der Konfrontation mit Richtern und Kollegen möchte ich das dahingehend auslegen, dass viele Juristen – aus Unsicherheit oder aus Bequemlichkeit – am Wortlaut der Gesetze kleben. Sie behandeln juristische Konstruktionen, als ob diese der höchste Maßstab wären und vergessen, dass diese (ausgenommen formale Definitionen) nur Modelle für Interessenabwägungen sind *[vgl. Anhang 2.1 (2)]*.

Jeder der folgenden Gliederungspunkte entspricht einem Kapitel des Buchs von Engisch.

1.1 Einleitung

Viele Menschen erwarten, dass juristische Gesetze so abgesichert wie Naturgesetze sind. Sie suchen ein „Naturrecht“, wie es sich ansatzweise in den Grund- und Menschenrechten manifestiert, für weite Gebiete des Rechts – und werden enttäuscht, dass es das nicht gibt (weil es das nicht geben kann). Bei der juristischen Methodenlehre geht es im Wesentlichen um das Finden des richtigen Rechts im Einzelfall auf der Grundlage der Gesetze; dabei ist logische Korrektheit zu fordern, damit das Ergebnis – aus dem Gesetz abgeleitet – möglichst eindeutig ist.

Logische Korrektheit ist allerdings nur eine notwendige und keine hinreichende Bedingung. Konsistenz und Gedankenstrenge der Argumente müssen das Ergebnis tragen.

1.2 Über Sinn und Struktur des Rechtssatzes

Recht ist weitestgehend kulturelle Regelung. Dementsprechend kann ein natürlicher Grundsachverhalt, wie z. B. der der ehelichen oder nichtehelichen Abstammung eines Kindes, unterschiedlich begrifflich eingeordnet werden, weil sich an die jeweilige Einordnung unterschiedliche Rechtsfolgen knüpfen. Z. B. behandelt der Gesetzgeber innerhalb der Ehe geborene Kinder als vom Vater abstammend, solange das Gegenteil nicht erwiesen ist *(er fingiert etwas, stellt eine Fiktion auf)*. Das Gegenteil konnte früher praktisch nur durch Zeugenaussagen bewiesen werden. Heute kann es weitgehend durch erbbiologische Gutachten erwiesen werden. Damit findet eine Annäherung der rechtlichen an die naturgegebene Einordnung statt. Es bleibt aber maßgeblich dabei, dass der Tatbestand nach juristischen Kriterien eingeordnet wird, nicht nach naturwissenschaftlichen. Auch heute wird ein Kind von der Rechtsordnung als ehelich behandelt, solange der Ehemann der Mutter keinen Prozess über die Nichtabstammung führt.

1 Die Übersetzung folgt dem Konzept von Engisch, der mehrfach vom „Geist des Gesetzes“ spricht.

Das Entscheidende sind also die Rechtsfolgen. Rechtssätze knüpfen Folgen an Tatbestände. Zur Vereinfachung der Formulierung von Tatbeständen verwendet das Recht zahlreiche Legaldefinitionen (gesetzliche Definitionen).

In diesem Buch wird statt von „Tatbestand" (ein strafrechtlicher Begriff) von Anspruchsvoraussetzungen gesprochen [siehe Kapitel 1.2]. – Beispielsweise ist die Zustimmung die definitionsgemäß vorhergehende, die Genehmigung die nachträgliche Einwilligung.

Ein vollständiger Rechtssatz besteht also aus Tatbestand und Rechtsfolge. Die „Rechtsfolge" ist eine Rechtsfolgeanordnung, was sein soll. Das Recht zielt also auf gewisse Zwecke ab. Wer diesen Zwecken nicht folgt, erleidet Sanktionen. Insoweit unterscheidet sich das Recht von der Technik. Diese lehrt die Mittel zum Zweck und überlässt es der Moral, die Zwecke zu bestimmen. Die Technik ist moralisch indifferent. Sie empfängt ihre moralische Bedeutung letztens von der Bewertung der Zwecke, denen sie dient.

Es ist vom Ansatz her plausibel, dass man die Erfüllung eines Tatbestandes für bestimmte Rechtsfolgen als Voraussetzung und damit als Ursache für die Rechtsfolgen ansieht. Der abstrakte Tatbestand des Rechtssatzes gibt zunächst nur die Bedingungen und Umstände an, unter denen allgemein eine Rechtsfolge Platz greift. Wird nun im Einzelfall festgestellt, dass die Bedingungen und Umstände für die Rechtsfolge gegeben sind, so ist damit auch die Aktualität dieser Rechtsfolge festgestellt. Das heißt, dass die Rechtsfolge im Einzelfall eintreten soll.

Der Rechtssatz kann z. B. lauten (§ 69c in Verbindung mit § 97 UrhG): „Der Urheber eines geschützten Werkes kann jedem verbieten, sein Werk zu vervielfältigen." Es wird festgestellt: A ist Urheber eines Programms. Dieses Programm erfüllt die Anforderungen an ein geschütztes Werk. B hat ohne Erlaubnis von A eine Kopie des Programms hergestellt. Rechtsfolge: A kann von B verlangen, diese Kopie zu löschen. – Der Jurist nennt das „Subsumtion", wovon im Folgenden ausführlich die Rede sein wird.

Man darf diese juristische Kausalität aber nicht übertreiben. Es kann auch „Doppelgründe" und „Doppelfolgen" geben. So kommt in Betracht, dass ein Vertrag, der wegen Sittenwidrigkeit nichtig ist, wegen arglistiger Täuschung angefochten werden kann. Der entsprechende Vertrag kann auch zugleich wegen eines Formfehlers nichtig sein.

Die juristische Kausalität hat also nur beschränkt etwas mit der naturwissenschaftlichen Kausalität zu tun. Insbesondere kann jemand die Rechtsfolge an diesen oder an jenen Tatbestand anknüpfen, z. B. in Abhängigkeit davon, welchen er beweisen kann. Dementsprechend kann es zu der konkreten Rechtsfolge, insbesondere durch ein gerichtliches Urteil, kommen, dass ein Vertrag von vornherein unwirksam ist oder aber wegen Anfechtung nachträglich unwirksam geworden ist oder wegen Rücktritts rückabzuwickeln ist.

1.3 Die Gewinnung konkreter juristischer Urteile aus dem Rechtssatz, insbesondere das Problem der Subsumtion

Subsumtion ist der Vorgang für den Einzelfall, ein konkretes Urteil zu gewinnen, dass eine Rechtsfolge gilt. Es geht darum zu entscheiden, ob der konkrete Lebenssachverhalt die Voraussetzungen (= die Bedingungen = den Tatbestand) des Rechtssatzes erfüllt. Diese

Voraussetzungen sind als juristische Begriffe formuliert, die sich aus einzelnen Tatbestandsmerkmalen zusammensetzen. Jeder Begriff steht für eine Klasse von Fällen. Man kann darüber streiten, was alles unter eine Klasse fällt. Das wird unter 1.4 behandelt.

Hier geht es erst einmal darum zu verdeutlichen, dass in der Gegenwart festgestellt werden muss, ob die einzelnen Tatbestandsmerkmale erfüllt sind, die meist in der Vergangenheit liegen (auch wenn sie in der Gegenwart liegen, kann es schwierig sein, ihre Erfüllung nachzuweisen). Die unmittelbar erheblichen Tatsachen (Tatbestandsmerkmale) müssen in der Regel durch mittelbar erhebliche Tatsachen, durch Indizien, bewiesen werden. Das lässt nur einen bedingt zuverlässigen Schluss auf die in der Vergangenheit liegenden Ereignisse bzw. Zustände zu *[Beispiele siehe Kapitel 6.3.6]*.

Diese Wahrscheinlichkeit muss in einem Strafprozess wesentlich höher als in einem Zivilprozess sein *[vgl. Kapitel 1.2 (2)]*.

Hier ist der Ansatz für den Beweis des ersten Anscheins im Zivilprozess: Der Erfahrungssatz gilt nicht zwingend, sondern ist so, dass es durchaus Ausnahmen geben kann. Die beweisbelastete Partei braucht nur die mittelbaren Tatsachen für den Erfahrungssatz nachzuweisen *[siehe Kapitel 1.2 (4) und 6.3.6 (3)]*.

1.4 Die Gewinnung abstrakter juristischer Urteile aus den Rechtssätzen. Auslegung und Verstehen der Rechtssätze

Der juristische Obersatz, unter dessen Tatbestand der konkrete Sachverhalt subsumiert wird, findet sich vom Prinzip her im Gesetz. Eine erste Schwierigkeit stellt sich dem Nichtjuristen – manchmal auch dem Juristen – darin, den Obersatz vollständig zu ermitteln. Er kann auf viele gesetzliche Vorschriften verstreut sein.

Im Beispiel unter 1.2 wurde der Obersatz aus zwei Paragraphen gebildet. – Wenn der Praktiker danach fragt, wie etwas rechtlich geregelt ist, fragt er nach dem Obersatz.

Wegen des Grundsatzes der Einheit der Rechtsordnung können sich einzelne Bestandteile des Obersatzes aus verschiedenen Gesetzen ergeben, sogar aus solchen, die zu anderen Rechtsgebieten gehören.

Der Umfang des zulässigen Dekompilierens nach § 69e UrhG wird auch durch das Wettbewerbsrecht bestimmt, auch wenn es in § 69e UrhG nicht aufgeführt wird [siehe Kapitel 5.3.3 (4)].

Ist der Obersatz ermittelt, kann es im Einzelfall einfach sein zu entscheiden, ob der konkrete Sachverhalt die Voraussetzungen abdeckt. Die einzelnen Voraussetzungen können deutlich angeben, auf welche Fallgruppen sie sich erstrecken. Voraussetzungen, die an irgend einer Stelle im Gesetz definiert sind, werden in ihre Bestandteile zerlegt, so dass die Subsumtion aus lauter Einzelentscheidungen besteht.

Häufig ist aber die Abgrenzung, was alles unter die Fallgruppe gehört, nicht eindeutig. Der Obersatz/das Gesetz muss dann ausgelegt werden. Die Juristen haben dazu im Wesentlichen vier Auslegungsmethoden entwickelt:

Ausgangspunkt ist die **Auslegung nach dem Wortsinn:** Bei den einzelnen Begriffen ist nach deren Wortsinn zu fragen. Es kann einen üblichen Wortsinn geben. Der Wortsinn kann aber auch unscharf sein.

Was ist z. B. das „Vervielfältigungsstück" eines Programms, von dem im Urheberrecht für Programme wiederholt gesprochen wird? – Bei unbestimmten Rechtsbegriffen ist die Unschärfe bereits in dem Begriff eingebaut [siehe 1.6 und vgl. Kapitel 1.1.2].

Die **systematische Auslegung** fragt nach der Stellung des Rechtssatzes innerhalb des Gesetzes und innerhalb der Rechtsordnung.

Der Gesetzgeber hätte z. B. die EG-Richtlinie über den Schutz von Computerprogrammen in der Weise in deutsches Recht umsetzen können, dass er die einzelnen Vorgaben der Richtlinie jeweils dort eingefügt hätte, wo die entsprechenden Themen im Urheberrechtsgesetz bereits geregelt waren (Vervielfältigen, Verbreiten, Weitergabe eines erworbenen Vervielfältigungsstücks). Er hat hingegen die Vorgaben in einem eigenen Abschnitt zusammengefasst. Das heißt, dass der Gesetzgeber Programme zum einen zwar als Werke, die wie Sprachwerke zu schützen sind, eingeordnet hat (§ 2 I Nr. 1 UrhG), dass er aber andererseits einen eigenen Abschnitt gebildet hat, weil es letztlich doch um eine eigene Werkart geht [vgl. Kapitel 5.3 am Anfang].

Die **historische Auslegung** „kramt" in der Entstehungsgeschichte des Gesetzes *[siehe 1.5 ergänzend]*.

Dieses Kramen ergibt hinsichtlich des Schutzes von Programmen, dass diese im einleitenden Abschnitt des UrhG (§ 2 I Nr. 1) als Sprachwerke eingeordnet werden mussten, um sie innerhalb des Systems weltweiter Schutzabkommen wirksam schützen zu können. Man kann daraus ableiten, dass es sich nur um eine formale Unterstellung unter Sprachwerke handelt, so dass der eigentliche Wille des Gesetzgebers darin zum Ausdruck kommt, dass er die Vorgaben der Richtlinie in einem eigenen Abschnitt zusammengefasst hat. Die Bildung eines eigenen Abschnitts weist darauf hin, offene Fragen des Urheberrechts an Programmen eher auf Grund von deren Natur als durch Rückgriff auf allgemeine Grundsätze des Urheberrechts zu beantworten. Man kann aber auch argumentieren, dass der Gesetzgeber es sich ohne nachzudenken nur einfach gemacht habe, in dem er die EG-Richtlinie insgesamt an einer Stelle ins Gesetz eingefügt hat; dann enthält die Bildung eines eigenen Abschnitts kein Programm (die Antwort wird in 1.5 gesucht).

Die **teleologische Auslegung** stellt auf den Zweck der Vorschrift (manchmal auch auf den Endzweck/das Ziel) ab.

Es gibt viele Beispiele dafür, dass der Wortlaut einer gesetzlichen Vorschrift oder einer vertraglichen Regelung den Gedanken zeigt, der nicht richtig ausgedrückt worden ist: Beispielsweise drückt § 69e UrhG zum Dekompilieren deutlich nicht das aus, was die Vorschrift bezweckt. Sie will sowohl verträgliche (kompatible) als auch austauschbare andere Programme behandeln, verwendet aber nur den Begriff „interoperabel" [siehe Kapitel 5.3.3.1 (4)]. – In einem Überlassungs- und Pflegevertrag heißt es: „Die Pflegevergütung für das erste Jahr ist in der Überlassungsvergütung enthalten. Danach beträgt die jährliche Pflegepauschale 15 % des dann gültigen Listenpreises." Das ist nach dem Wortlaut des Vertrags der Listenpreis zu Beginn des zweiten Jahres für alle weiteren Jahre. Gemeint ist: „des jeweils bei deren Fälligkeit gültigen Listenpreises."

Das Problem dieser Auslegungsmethode ist, dass es viele Zwecke geben kann. Insbesondere wegen des Grundsatzes der Einheit der Rechtsordnung sind u. U. auch Zwecke zu berücksichtigen, die sich aus anderen Gesetzen ergeben.

Beispiel: Nach § 25 UrhG hat der (angestellte) Programmentwickler dem Wortlaut nach den Anspruch darauf, eine Kopie der von ihm erstellten Programme zur persönlichen Verfügung zu haben *[vgl. Kapitel 5.3.3 (1)]*. § 17

UWG über die Geheimhaltung von Betriebsgeheimnissen spricht entscheidend dagegen.

Die Auslegungsmethoden gelten prinzipiell auch für vertragliche Regelungen; dabei beziehen sie sich aber nur auf die erste Stufe des Schemas, wie festzustellen ist, welche Rechte und Pflichten sich aus einem Vertrag ergeben [vgl. Kapitel 1.3].

Die Rangfolge der vier Auslegungsmethoden ist strittig. Jede hat ihre Berechtigung. Deswegen werden die Methoden vielfach kombiniert angewendet. Die teleologische Auslegung wird als die vornehmste angesehen. Sie mag insbesondere helfen, wenn man anhand der anderen Methoden keine überzeugende Lösung findet. Es darf aber nicht übersehen werden, dass die Abgrenzung insgesamt im Wesentlichen durch die anderen Methoden erfolgt.

Allerdings ist zu fragen, ob der historischen Auslegung nicht der Vorrang gebührt. Das wird unter 1.5 abgehandelt.

Festzuhalten ist, dass Richter zum Teil andersherum vorgehen: Sie wenden diejenigen Methoden an, die im Einzelfall geeignet sind, das von ihnen rechtsgefühlsmäßig als richtig empfundene Ergebnis zu begründen.

1.5 Auslegung und Verstehen der Rechtssätze, Fortsetzung: Gesetzgeber oder Gesetz?

Was soll die historische Auslegung ermitteln: Den Willen des historischen Gesetzgebers oder den „objektiv gültigen Sinn des Rechtssatzes", der „entwicklungsfähig [ist] wie alles, was am ‚objektiven' Geist teilhat?" Man spricht von subjektiver bzw. objektiver Theorie.

Unter 1.4 war als Beispiel zur historischen Auslegung angeführt worden, dass der Gesetzgeber das Urheberrecht an Programmen in einem eigenen Abschnitt zusammengefasst hat. Nach subjektiver Theorie müsste man zu dem Ergebnis kommen, dass der Gesetzgeber das vor allem aus Bequemlichkeit getan hat: Die Umsetzung der EG-Richtlinie interessierte ihn nicht besonders; er war mit der Umsetzung auch bereits erheblich in Verzug. Die Zusammenfassung drückt also keinen Gestaltungswillen aus. Nach der objektiven Theorie drückt diese Zusammenfassung aus, dass es sich hier um eine eigene Werkart handelt, die relativ unabhängig von den allgemeinen Vorschriften des Urheberrechts behandelt werden sollte. Denn vom Ansatz her geht es nicht um den Kernbereich des Urheberrechts; man kann sogar gute Gründe vorbringen, dass das Urheberrecht nicht richtig passt.

Beispiel: Für die DV-Anbieter scheint das Verbot, dass der Anwender das Software-Produkt nicht weitergeben darf, sehr wichtig zu sein. Wenn die Überlassung eines Software-Produktes einen herkömmlichen Lizenzvertrag im Sinne der §§ 31 ff UrhG beinhaltet, ist das Nutzungsrecht nur mit Zustimmung des Lizenzgebers übertragbar. Ein Weitergabeverbot in AGB ist dann sehr wahrscheinlich wirksam. Nimmt man hingegen an, dass der Anwender ein „Vervielfältigungsstück" erwirbt, aufgrund dessen er das Programm benutzen darf, darf er das Vervielfältigungsstück und damit das Recht zum Benutzen des Programms weiterveräußern. Die Entstehungsgeschichte zeigt, dass ursprünglich zwei Vertragstypen in der EG-Richtlinie geregelt werden sollten, nämlich Kauf und Lizenz, dass diese aber zu einem Vertragstyp zusammengefasst worden sind. Das legt nahe, dass es nur einen Typ geben soll. Nach der grammatikalischen und der systematischen Methode wäre das ein kaufartiger Typ; er hätte im Hinblick auf den Programmschutz Einschläge eines Dauerschuldverhältnisses.

In gewissem Umfang ist die objektive Theorie unverzichtbar: Gesetze müssen auch auf neue Sachverhalte angewendet werden, die der Gesetzgeber nicht kannte.

So gibt es eine Unmenge an Theorien, wie der Kauf von Software-Produkten rechtlich einzuordnen ist.

Neue Gesetze zeigen den Willen des Gesetzgebers im Sinne seiner Einstellung, die auch bei der Auslegung älterer Gesetze zu berücksichtigen ist. Auf den ursprünglichen Gesetzgeber kann es also nicht ausschließlich ankommen.

Wenn der Gesetzgeber z. B. zahlreiche Regelungen zur Verringerung von Lärm erlässt, wirkt das auch darauf zurück, wieviel Lärm ein Nachbar gemäß Nachbarrecht hinnehmen muss.

Die objektive Theorie stellt weiterhin die kritische Frage, wer denn in einer parlamentarischen Demokratie überhaupt der historische Gesetzgeber sei, dessen Willen festgestellt werden könne. Schließlich würden die Gesetze im Wesentlichen von der Ministerialbürokratie formuliert werden. Das mache es teilweise unmöglich, den Willen des Gesetzgebers in Bezug auf einzelne gesetzliche Vorschriften überhaupt festzustellen. Die subjektive Theorie hält dem entgegen, dass die Gesetzesentwürfe typischerweise eine ausführliche Begründung haben würden, die sich das Parlament ggf. stillschweigend zu eigen mache.

In der Rechtswirklichkeit gewinnt die objektive Theorie dadurch an Boden, dass die Richterschaft sich als Dritte Gewalt versteht. Ihr Selbstverständnis geht dahin, mehr zu tun, als nur den Willen des historischen Gesetzgebers minutiös anzuwenden.

Das Spannungsverhältnis zwischen den beiden Methoden ist nicht endgültig entschieden. Ausgangspunkt ist der Wille des historischen Gesetzgebers. Wenn dieser nicht feststellbar ist, muss der vernünftige Sinn gesucht werden. Außerdem muss der Sinn mit der Gesamtentwicklung der Rechtsordnung fortgeschrieben werden.

Ein Beispiel dafür, dass es unverzichtbar sein kann, den Willen des historischen Gesetzgebers zu ermitteln, gibt § 69a UrhG. Nur dieser beantwortet die Frage, warum in § 69a UrhG die Voraussetzungen für den Urheberrechtsschutz an Programmen vom Wortlaut her praktisch identisch wie bereits in § 2 UrhG formuliert wiederholt werden [Kapitel 5.3.1 (3)]: Derselbe Wortlaut soll hier einen anderen Sinn haben.

Bei beiden Theorien geht es um eine gewisse Korrektur des Sinns gegenüber dem Wortlaut. Es wird von „extensiver" bzw. von „restriktiver" Auslegung gesprochen. Für die subjektive Theorie versteht sich dieses Begriffspaar ganz einfach: Wenn der Wortlaut enger als der Wille des historischen Gesetzgebers ist, muss der Wortlaut extensiv ausgelegt werden; wenn der Wortlaut gegenüber dem Willen zu weit ist, muss der Wortlaut restriktiv ausgelegt werden. – Für die objektive Theorie geht es bei diesem Begriffspaar um zwei Fragen, nämlich erst einmal um die Frage der extensiven oder restriktiven Auslegung des Wortlautes und sodann um die Frage des weiten oder engen Anwendungsbereichs der Vorschrift.

So darf der Erwerber eines Vervielfältigungsstückes dieses benutzen und auch weiterveräußern, wenn es durch Veräußerung seitens des Rechtsinhabers an ihn gelangt ist. Was gilt, wenn der Lieferant das Programm über eine Leitung überspielt hat? Hat er ein Vervielfältigungsstück geliefert, hat er sogar ein Vervielfältigungsstück durch Veräußerung in den Verkehr gebracht? Wer das bejaht, muss den Wortlaut extensiv auslegen. Er bewirkt damit zugleich einen weiten Anwendungsbereich für das Recht zur Weitergabe.

1.6 Juristenrecht: Unbestimmte Rechtsbegriffe, normative Begriffe, Generalklauseln, freies Ermessen

Das folgende Thema ist in Kapitel 1.1.2 bereits angesprochen worden.

In der Zeit der Aufklärung gab es die Forderung, dass Gesetze so genau gefasst werden sollten, dass absolute Rechtsklarheit und Rechtssicherheit bestehen würden. Die richterliche Gesetzesanwendung sollte wie ein logischer Automat funktionieren. Die Juristen haben dieses Ideal im 19. Jahrhundert aufgegeben, um dem, der Gesetze vollzieht, die Entscheidungsfreiheit zu geben, die erforderlich ist, um das Leben in seiner Vielgestaltigkeit und Unabsehbarkeit zu meistern. Diese Auflockerung der Bindung der Gerichte und Verwaltungsbehörden an das Gesetz begegnet uns heute in den verschiedenen Formen gesetzlicher Ausdrucksweise, wie sie in der Überschrift genannt worden sind.

Unbestimmte Rechtsbegriffe haben einen Begriffskern und einen Begriffshof, wie z. B. Dunkelheit, Lärm oder Gefahr. Der Begriffshof erlaubt eine gewisse selbständige Entscheidung.

Beispiel: Ist ein Software-Produkt als „Sache“ einzuordnen, so dass die Anwendung von Kaufrecht geboten ist? Zur Antwort siehe 1.7 (1).

Normative Begriffe: Bereits deskriptive Begriffe haben, wenn sie in einem Gesetz verwendet werden, einen gewissen normativen Charakter, so dass sie eine eigentümliche Bedeutung haben können, die sie von der entsprechenden biologischen oder physikalischen abhebt.

Beispiel: Das „Vervielfältigungsstück“ eines Software-Produkts.

Es gibt sodann zahlreiche Begriffe, die nur aus der Rechtsordnung heraus zu verstehen sind, z. B. Vertrag oder Ehe. Diese Begriffe können ziemlich konkret sein, z. B. „minderjährig“; sie können aber auch unbestimmt sein, z. B. „unverzüglich“, „angemessen“, „zumutbar“.

Normative Begriffe im engeren Sinne = wertausfüllungsbedürftige Begriffe: Diese bedürfen stets einer Wertung, damit im Einzelfall entschieden werden kann, ob der Begriff erfüllt ist oder nicht. Hier geht es um Begriffe wie die guten Sitten im Wettbewerb, gegen die nicht verstoßen werden darf. Der Richter darf diese Bewertung allerdings nicht nach seiner Auffassung vornehmen, sondern muss sie nach der der betroffenen Verkehrskreise unter Berücksichtigung allgemeiner Rechtsgrundsätze vornehmen.

Hier liegt eine wesentliche Ursache für die Unzufriedenheit der Praktiker mit der Rechtsprechung: Mangels Kenntnissen der Bewertung durch die Betroffenen entscheiden Richter, die nicht im Wirtschaftsleben stehen, häufig nach ihrer Lebenserfahrung unter Rückgriff auf allgemeine rechtliche Erwägungen.

Generalklauseln sind Ergebnis der Gesetzgebungstechnik, die Tatbestandsmerkmale eines Rechtssatzes allgemein sehr weit zu fassen. Den Gegensatz dazu bilden kasuistische Regelungen. Beide Gesetzgebungstechniken können auch miteinander kombiniert werden, z. B. durch „exemplifizierende Regelungen“ wie: „Der Vertrag kann aus wichtigem Grund gekündigt werden. Ein wichtiger Grund liegt insbesondere vor, wenn ...“.

Wann endet die vertragliche Pflicht, Know-how geheimzuhalten? Die Generalklausel nach § 242 BGB lässt die Geheimhaltungspflicht enden, wenn Treu und Glauben überhaupt nicht oder nicht mehr für die Geheimhaltung sprechen. In IT-Verträgen war es längere Zeit üblich, drei Fälle kasuistisch aufzuführen, nämlich
- *wenn der Inhaber des Know-hows dieses allgemein bekannt macht,*
- *wenn der Verpflichtete das Know-how bereits kennt oder*
- *wenn der Verpflichtete es von einem Dritten erhält, der es seinerseits legal erworben hat.*

In den letzten Jahren sind diese Aufzählungen bis auf sieben Einzelfälle erweitert worden. Beispielsweise soll die Pflicht auch erlöschen, wenn der Verpflichtete das Know-how unabhängig entwickelt. Da sich aber auch noch die achte oder neunte Fallgruppe ergeben kann, macht es Sinn, eine Generalklausel voranzustellen, also eine „exemplifizierende Regelung" zu treffen.

Freies Ermessen: Verwaltungsbeamte und Richter müssen beim Gesetzesvollzug im Interesse der Praktikabilität ihrer Entscheidung eine gewisse Entscheidungsfreiheit haben. Rechtslogisch heißt das, dass die persönliche Überzeugung, insbesondere Wertung, des zur Entscheidung Berufenen den Ausschlag dafür geben soll, welche von mehreren sich innerhalb eines „Spielraums" anbietenden Alternativen richtig ist. Es kann sich also ergeben, dass zwei gegensätzliche Entscheidungen beide richtig sind, ohne dass ein logischer Widerspruch vorliegt. Rechtlich kommt es darauf an, ob die Entscheidung vertretbar ist.

Beispiel: Ein Richter muss in bestimmten Fällen eine Klage und eine Widerklage miteinander verbinden (damit nicht widersprüchliche Entscheidungen getroffen werden) oder der Erweiterung einer bereits eingereichten Klage stattgeben. In anderen Fällen soll er das tun, wenn er „das für sachdienlich erachtet", oder „kann" es tun.

Das Ermessen kann auch eingeschränkt sein. Eine Variante davon ist der „Beurteilungsspielraum": Hier geht es nicht um die Freiheit in der Festlegung der Rechtsfolge, sondern um die Freiheit der Bewertung innerhalb eines Spielraums, ob die Tatbestandsmerkmale erfüllt sind, z. B. bei Prüfungsentscheidungen.

1.7 Juristenrecht, Fortsetzung: Lückenergänzung und Berichtigung fehlerhaften Rechts

Die Ergänzung von Lücken und die Berichtigung von als fehlerhaft angesehenem Recht lässt sich nicht scharf trennen. Das Feststellen und das anschließende Schließen einer Lücke kann bereits der Berichtigung dienen.

(1) Lückenergänzung

Es geht um die beiden Fragen, wann eine Lücke vorliegt und wie eine festgestellte Lücke gefüllt wird.

Vorliegen einer Lücke: Der Richter hat auf jede Rechtsfrage eine Antwort zu geben. Von daher ist die Rechtsordnung geschlossen, d. h. lückenlos. Dabei sind die Grenzen der Rechtsordnung zu anderen Gebieten, etwa der Moral, unscharf. Wenn das Recht einen bestimmten Tatbestand nicht regelt, kann das sowohl Ausdruck dessen sein, dass aus diesem Tatbestand kein Anspruch abgeleitet werden kann, als auch, dass das Recht hier gar keine rechtliche Frage sieht.

Eine Lücke im Recht wird dementsprechend enger definiert, nämlich wie folgt: Lücken sind Mängel des positiven Rechts (des Gesetzes- oder des Gewohnheitsrechts), die als Fehlen rechtlicher Regelungsinhalte dort, wo sie für bestimmte Sachverhalte erwartet sind, spürbar werden und die Behebung durch eine rechtsergänzende richterliche Entscheidung fordern und zulassen. Lücken sind also planwidrige Unvollständigkeiten. – Die Nichtregelung eines bestimmten Sachverhalts kann einen Plan beinhalten. Man kann also darüber streiten, ob eine Lücke vorliegt.

Nach welchen gesetzlichen Vorschriften richtet sich die Haftung des Lieferanten bei Fehlern in einem Software-Produkt? Kaufrecht findet nicht unmittelbar Anwendung, weil ein Programm keine Sache ist. Also gilt vom Ansatz her das Allgemeine Schuldrecht. Man kann aber auch die Auffassung vertreten, dass ein Fehler in einem Programm große Ähnlichkeit mit einem Fehler in einer Maschine hat. Man kann also eine Lücke bejahen. Das hat die Rechtsprechung getan.

Manchmal sieht der Gesetzgeber bewusst Lücken vor. In der Begründung zum Gesetzentwurf heißt es dann, dass diese oder jene Frage von der Rechtsprechung geklärt werden solle.

Es ist besonders problematisch eine Lücke festzustellen, wenn sich ein Vertragspartner gegen die Anwendung einer konkreten Vorschrift auf eine Generalklausel beruft. Generalklauseln dienen der (planmäßigen) Auflockerung der gesetzlichen Bindung, damit die Entscheidung an die besonderen Umstände des Einzelfalls angepasst werden kann. Fraglich ist, ob eine Auflockerung im konkreten Fall vom Gesetzgeber gewollt ist.

Gesetzliche Vorschriften werden nicht selten dadurch nachträglich lückenhaft, dass aufgrund ganz neuer wirtschaftlicher Phänomene (z. B. Inflation nach dem Ersten Weltkrieg) oder technischer Fortschritte rechtliche Fragen auftauchen, für die die bisherige Vorschrift nichts Befriedigendes hergibt.

Füllen einer Lücke: Es gibt mehrere Methoden, eine Lücke zu füllen. Die am meisten verbreitete Methode ist die Analogie: Für den nichtgeregelten Tatbestand wird ein geregelter gesucht, der dem nichtgeregelten ähnlich ist. Die Ähnlichkeit muss darin liegen, dass die rechtliche Begründung, auf der die Rechtsfolge des geregelten Tatbestandes beruht, inhaltlich auch für den nichtgeregelten Fall zutrifft.

Nachdem die Rechtsprechung wie dargestellt festgestellt hat, dass hinsichtlich der Behandlung von Fehlern in Software-Produkten eine Lücke vorliegt, hat sie diese in der Weise geschlossen, dass sie die kaufrechtliche Haftung für Mängel angewendet hat.

Beispiel: Ist eine gekaufte Sache mangelhaft, darf der Käufer die Sache insgesamt zurückgeben. Hat ein Anwender eine DV-Anlage mit proprietärem Betriebssystem und (also nur damit verträglicher) Anwendungssoftware gekauft, kann die Leistung schlecht als *eine* Sache angesehen werden. Es liegt aber nahe, diese Lieferung wie eine Sache zu behandeln, d. h. den Anwender für berechtigt zu halten, auch die Hardware zurückzugeben, auch wenn nur die Anwendungssoftware mangelhaft ist. Der BGH hat deswegen von einer „objektiv technisch unteilbaren Einheit“ gesprochen und damit die Gesamtrückgängigmachung ohne weiteres bejaht *[Kapitel 6.4.1]*.

Wo die Ähnlichkeit fehlt, kommt u. U. der Umkehrschluss zum Zuge, nämlich dass die Tatbestände unterschiedlich behandelt werden sollen. Die Entscheidung für Analogie oder Umkehrschluss ist logisch nicht eindeutig.

Wenn sich der Auftragnehmer in einem Programmerstellungsvertrag verpflichtet, nach Erstellung der Spezifikation einen Festpreis für die Realisierung anzubieten, fragt sich, ob er dann auch einen festen Liefertermin anbieten muss (Analogie) oder das nicht zu tun braucht (Umkehrschluss)?

Beispiel: In einem Überlassungsvertrag ist geregelt, dass bestimmte Unterstützungsleistungen unentgeltlich erbracht werden sollen. Der Umkehrschluss liegt nahe, dass alle anderen zu vergüten sind. – In einem anderen Überlassungsvertrag ist vorgesehen, dass bestimmte Unterstützungsleistungen zu vergüten sind. Hier liegt m. E. der Umkehrschluss fern. Näher liegt die Auslegung, dass die Vergütungspflicht hier nur in einigen Fällen betont werden sollte [BGH X ZR 90/91 vom 26.01.93].

Es wird zwischen „Rechtsanalogien" und „Gesetzesanalogien" unterschieden. Der Unterschied liegt darin, dass im ersten Fall die Analogie aufgrund einer einzelnen gesetzlichen Regelung getroffen wird, während im zweiten Fall aus mehreren gesetzlichen Regelungen ein allgemeiner Gedanke als Grundsatz abgeleitet wird. Dieser hat eine breitere Basis für die Berechtigung einer Analogie.

Neben der Analogie dienen „Erst-Recht-Schlüsse" der Lückenfüllung. Sie werden teilweise als Sonderfälle der Analogie eingestuft:

a) Wenn der geregelte Tatbestand schon zu einer bestimmten Rechtsfolge führt, dann erst recht ein anderer, bei dem die Gründe für die Rechtsfolge noch stärker als für den geregelten zutreffen.

Wenn jemand aufgrund einer gesetzlichen Regelung einen Schadensersatzanspruch hat, kann er erst recht auch Unterlassung verlangen. – Wenn der Anwender ein Software-Produkt in Objektcode weiterveräußern darf, darf er es erst recht bei einem RZ-Dienstleistungsunternehmen für sich einsetzen lassen. – Wenn die Vertragspartner vereinbaren, dass (bestimmte) Mitwirkungspflichten des Auftraggebers Hauptpflichten sein sollen [vgl. Kapitel 9.2.3.2 (1)], verliert der Auftragnehmer nicht seine gesetzlichen Ansprüche bei schuldloser Verletzung der Mitwirkungspflichten.

b) Wenn schon ein geregelter Tatbestand eine Rechtsfolge nicht hergibt, dann tut ein anderer, bei dem noch weniger Berechtigung für die Rechtsfolge vorliegt, das erst recht nicht.

c) Wenn der geregelte Tatbestand nur eine beschränkte Rechtsfolge hergibt, gibt er keine weitergehende her.

So sieht § 13 IV UWG vor, dass der Unternehmer auf Unterlassung in Anspruch genommen werden kann, wenn ein Mitarbeiter eine wettbewerbswidrige Handlung ohne sein Wissen begeht. Ähnlich sieht § 100 UrhG auch nur Unterlassungsansprüche vor, wenn ein Mitarbeiter von sich aus eine Raubkopie einsetzt. Schadensersatzansprüche können also nicht auf diese Vorschriften gestützt werden [Kapitel 5.3.4].

Schließlich werden Lücken durch allgemeine Grundsätze des Rechts, insbesondere durch die „Natur der Sache", geschlossen.

So muss der Auftraggeber aus der Natur der Sache Informationen über seine Anforderungen geben [Kapitel 9.1.4 (1)]. – Wegen der Unvermeidbarkeit von Softwaremängeln gibt es eine Anlaufphase [Kapitel 6.3.5.1 (2); siehe auch Kapitel 8.5.2 (1)].

Die Rangfolge dieser Methoden zur Schließung einer Lücke ist problematisch; das Ergebnis ist damit logisch nicht zwingend.

(2) Berichtigung von Widersprüchen in Gesetzen

Eine häufige Ursache für Widersprüche ist, dass neuere Gesetze mit älteren Gesetzen nicht ausreichend abgestimmt sind.

Wenn ein Begriff in verschiedenen Gesetzen mit unterschiedlicher Bedeutung verwendet wird, sehen Juristen das nicht als Widerspruch an, sondern stellen das als unvermeidbar hin.

Für den Fall, dass sich Rechtsvorschriften widersprechen, sind eine Reihe von Grundsätzen zur Auflösung von Widersprüchen entwickelt worden:

- Das höherrangige Recht geht dem niedrigrangigeren vor, z. B. das Grundgesetz einem einfachen Gesetz.
- Die spezielle Rechtsvorschrift geht der allgemeinen vor.
- Die spätere Rechtsvorschrift geht der früheren vor.

Beispiel: Ob ein Programm urheberrechtlich geschützt ist, richtet sich nach § 69a (erst 1993 und als spezielle Vorschrift eingeführt) und nicht nach § 2 UrhG (Gesetz von 1965). Für die Frage, wem die Nutzungsrechte an einem von einem Arbeitnehmer entwickelten Programm zustehen, verwies das allgemeine Urheberrecht in § 42 darauf, dass sich das aus dem Arbeitsvertrag ergeben würde. Der neue § 69b spricht die wirtschaftliche Verwertung dem Arbeitgeber zu. Es liegt jeweils eine spezielle und zugleich spätere Norm vor.

Wertungswidersprüche liegen vor, wenn der Gesetzgeber einer von ihm selbst vollzogenen Wertung in einer gesetzlichen Regelung in einer anderen Regelung nicht treu bleibt. Sie müssen grundsätzlich hingenommen werden.

So betrug vor der Schuldrechtsreform zum 1.1.2002 die Verjährungsfrist für Verzugsansprüche bei Teilverzug 30 Jahre, die für Ansprüche wegen Mängeln 6 Monate: Die Auswirkungen auf die Nutzbarkeit sind oft gleich schwer. Bei einem Kaufvertrag haftete der Verkäufer bei Fehlen zugesicherter Eigenschaften unabhängig von Verschulden auf Schadensersatz; wurde ein Kaufvertrag wegen der Unterstützungsleistungen zum Werkvertrag, war die Rechtslage anders. Auch bei Fehlen von zugesicherten Eigenschaften hatte der Lieferant Schadensersatz nur bei Verschulden zu leisten.

Prinzipienwidersprüche sind Wertungswidersprüche auf höherer Ebene. Sie sind Disharmonien, die in einer Rechtsordnung dadurch zutage treten, dass an ihrer Ausgestaltung verschiedene Grundgedanken beteiligt sind, die miteinander in Konflikt geraten können. Beispielhaft dafür sind erhebliche Umwälzungen, z. B. der Wechsel von der nationalsozialistischen Gesetzgebung zur bundesrepublikanischen. Zahlreiche nationalsozialistische Gesetze waren nicht bereits wegen Verstoßes gegen das Grundgesetz unwirksam geworden. Sie wurden von der Rechtsprechung aber teilweise nicht mehr oder nur noch abgeändert angewandt.

(3) Behandlung anderer Fehler in Gesetzen

Eine Rechtsvorschrift kann zu einer höheren (nicht im Grundgesetz geregelten) Norm in Widerspruch stehen, z. B. einen Fall umfassen, den sie umfassen zu lassen der Gerechtigkeit widerspricht. Die Rechtsprechung ist sehr vorsichtig, solche Rechtsvorschriften offen zu korrigieren.

Der frühe Fristbeginn der kurzen Verjährungsfrist von Gewährleistungsansprüchen bei Kauf- oder Werkverträgen kann dazu führen, dass Gewährleistungsansprüche verjährt sind, bevor der Anwender die Fehler überhaupt entdecken konnte. Der BGH hat abgelehnt, dieses Ergebnis zu korrigieren. Andererseits haben das Bundesarbeitsgericht und der BGH die Haftung des Arbeitnehmers bei leichter Fahrlässigkeit erheblich eingeschränkt [Kapitel 12.1]. Das Bundesarbeitsgericht spricht von „Rechtsfortbildung“.

Die Rechtsprechung arbeitet eher mit weniger angreifbaren Methoden, insbesondere mit der teleologischen Auslegung und der Korrektur des Wortlautes im Interesse des Willens des Gesetzes, wie sie ihn durch Auslegung gewinnt *[vgl. unter 1.4 und 1.5]*.

Beispiel für Ablehnung der Korrektur: Nach § 440 II ZPO wird vermutet, dass ein Text von demjenigen stammt, der ihn „unterschrieben" hat (u. U. blanko). Die Banken hatten Vordrucke eingeführt, bei denen die „Unterschrift für nachstehenden Auftrag" über dem Text stand. Der BGH hat es abgelehnt, die Vermutung auf solche „Oberschriften" auszudehnen [XI ZR 107/89 vom 20.11.90].

1.8 Vom Gesetz zum Recht, von der Jurisprudenz zur Rechtsphilosophie

Hinter dem Gesetz steht etwas Höheres, das als „Rechtsgedanke" bezeichnet werden soll. Das Gesetz ist Niederschlag und Ausdruck von ihm. Er hilft, das Gesetz richtig zu verstehen und anzuwenden.

Eine erste Antwort auf das, was der Rechtsgedanke beinhaltet, gibt die „Interessenjurisprudenz": Jeder Mensch stellt Forderungen an seine Umwelt, um sein Leben gestalten zu können. Diese Forderungen werden Interessen genannt. Sie reichen von wirtschaftlichen Interessen bis hin zu religiösen Interessen. Das Recht hat die Aufgabe, die materiellen und ideellen Interessen der Menschen zu erfassen und zu schützen, soweit sie sich als schutzwürdig darstellen. Das Recht tut dies durch die einzelnen Rechtsvorschriften. In diesen entscheidet es die Interessenkonflikte zwischen den Menschen.

Das Gesetz entscheidet dabei nicht allein nach dem Gewicht der Interessen, sondern auch nach anderen „Gründen", z. B. der Beherrschung des Risikobereichs *[Kapitel 3.3.3 (2)]*, des Vertrauens das jemand gegeben bzw. jemand in Anspruch genommen hat *[vgl. Kapitel 7.1 zur Begründung der Beratungspflicht aus der Inanspruchnahme von Vertrauen]*. So hat der Gesetzgeber den gutgläubigen Erwerb einer Sache durch einen gutgläubigen Dritten vorgesehen, wenn der Eigentümer die Sache demjenigen, der sie dem Dritten verkauft hat, übergeben hatte. Denn der Eigentümer hatte ja dadurch selbst die Gefahrenlage geschaffen. Wenn die Sache hingegen dem Eigentümer gestohlen worden ist, kann der gutgläubige Dritte vom Dieb nicht Eigentum erwerben.

Es stellt sich die Frage, nach welchen Regeln der Gesetzgeber die „Gründe" und die „Interessen" bewertet. Diese Frage muss von der Rechtsphilosophie beantwortet werden und geht über die juristische Methodenlehre hinaus. Uralter Ansatzpunkt sind die Forderungen des Rechtsgedankens nach Gerechtigkeit, Gleichheit und Zweckmäßigkeit. Diese Gesichtspunkte stehen miteinander in Konflikt. Letztlich sind streng logische Systeme nicht möglich. Die Lehre von der Topik betont, dass es bei der Rechtswissenschaft nicht um ein wahres (= logisch korrektes) System geht – was in den letzten Jahrzehnten in Anlehnung an die Entwicklung der Naturwissenschaften im Vordergrund der Überlegungen stand –, sondern um ein plausibles System.

Anhang 2

Schwierigkeiten für IT-Fachleute, mit dem Recht und mit den Juristen umzugehen

Inhaltsübersicht

Dieser Anhang dient mehr der Reflexion als dem Erwerb von Wissen.

2.1 Schwierigkeiten, mit dem Recht umzugehen

(1) Der IT-Fachmann kann Fragen des Vertragsrechts beantworten

Wenn der IT-Fachmann eine vertragsrechtliche Frage behandeln soll, stellt sich häufig ein Vorproblem: Er muss sich erst einmal auf die Rechtsfrage konzentrieren. Er kommt von der praktischen Abwicklung her und distanziert sich gedanklich oft nicht genügend davon *[siehe auch (2.3)]*.

Beispiel: Jemand ist in den Vertrieb eines Standardprogramms eingeschaltet. Auf jeden Fall liefert er das Programm an den Anwender aus. Er kann das rechtlich gesehen als selbständiger Händler tun, der einen Vertriebsvertrag mit dem Anbieter hat und Überlassungsverträge mit den Anwendern schließt. Er kann aber auch als Handelsvertreter eingeschaltet sein, der die Verträge zwischen dem Softwareanbieter und dem Anwender vermittelt.

Das Vertragsrecht hat sich weitgehend durch die Festlegung dessen gebildet, was die Rechtsgenossen für richtig hielten. Der Gesetzgeber hat lange Zeit nur beschränkt aus sozialen Gründen eingegriffen, z. B. ins Mietrecht über Wohnraum. In den letzten Jahren hat er das im Hinblick auf den Verbraucherschutz verstärkt getan. Außerdem wird ein großer Teil aller Fragen der Praxis nicht durch konkrete gesetzliche Vorschriften beantwortet, die der Rechtsgenosse nicht kennt, sondern durch allgemeine Grundsätze, insbesondere durch den von Treu und Glauben (= Fairness) *[Kapitel 1.1.2 (2) und (3)]*. Darüber kann der Rechtsgenosse selbst urteilen. Dementsprechend ist es einem IT-Fachmann im Bereich seiner Verträge weitgehend möglich, zu alltäglichen Rechtsfragen das richtige Ergebnis zu finden. Er muss allerdings aus der aktuellen Situation, in der er befangen ist, einen Schritt zurücktreten und die Situation neutral analysieren. Was Juristen ausmacht ist, dass sie zwei Schritte zurücktreten (und das gelernt haben), nämlich dass sie methodisch an die Ermittlung des Sachverhalts sowie an das Auffinden der rechtlichen Lösung herangehen.[1]

Bei der Analyse der Rechtslage muss der IT-Fachmann alle relevanten Umstände des Einzelfalls berücksichtigen und abwägen. Dabei muss er davon ausgehen, dass das Gesetz vom jeweiligen Schuldner schnelle und sachgerechte Erfüllung seiner Pflichten verlangt. Er kann auch fragen, wie der Gesetzgeber, wenn er diese Frage hätte regeln wollen, diese geregelt hätte.

Außerdem muss der IT-Fachmann dazu bereit sein zu berücksichtigen, dass das Recht die Entscheidungen der Rechtsgenossen etwas systematisieren muss, um sie besser vorhersehbar zu machen. Eine gewisse „Kästchenbildung" ist unvermeidbar. Daraus ergibt sich automatisch, dass die Grenzfälle zweier benachbarter Kästchen zueinander näher sind als es ein jeder von ihnen zum Mittelpunkt/zum Argumentationszentrum seines eigenen Kästchens ist. Daran darf man sich nicht stoßen.

Einzuräumen ist, dass die Lösung komplexer Rechtsfragen wegen deren Komplexität schwierig ist. Das ist nicht anders als bei komplexen Vorgaben bei der Konzeption von Software.

Beispiel: Wie fest ist ein Festpreis, wenn der Aufwand massiv überschritten wird *[siehe Kapitel 9.3.3]*?
Ist es überhaupt angebracht, den Auftragnehmer nicht mehr an einen Festpreis festzuhalten?
Ab wann ist das berechtigt, wieviel Risiko hat der Auftragnehmer übernommen?
Welche inhaltlichen Randbedingungen sind zu beachten (z. B. sachgerechte Kalkulation am Anfang, Mehraufwand objektiv nötig)?
Geht es überhaupt um das Ausführungsrisiko *[siehe Kapitel 9.1.2]* und nicht in Wirklichkeit darum, dass der Auftraggeber laufend kleine Änderungen gewünscht oder seine Mitwirkungspflichten verletzt hat (wofür es einfachere Anspruchsvoraussetzungen gibt)?
Wohingehend ist der Vertrag abzuändern?
Wie (schnell) muss der Auftragnehmer das geltend machen?

Die erste Hauptschwierigkeit bei der Suche nach der richtigen Lösung dürfte für den IT-Fachmann wie für andere Praktiker zum einen darin liegen, dass das Recht nicht so logisch ist, wie man es erwartet. Das kann es teilweise nicht sein, weil es auf verschiedenen Wertungen aufbaut, die sich naturgemäß widersprechen *[siehe (2) und Anhang 1.7 (2)]*. – Das Recht folgt auch oft krummen Wegen, weil die Praktiker solche Wege in der Praxis gehen und dieses Vorgehen als richtig ansehen. Wenn die Praktiker aber Recht finden sollen, verlangen sie plötzlich Konsistenz.

1 Vgl. Hans Albrecht Hesse, Über die Einheit der juristischen Profession, Anwaltsblatt 2002, 69 ff., 72: „Distanz ... im Prozess der Klärung". Hesse betont, dass dieser Prozess bei Juristen anhand von Texten erfolgt (Lesen, selbst schreiben), was „auf unvergleichliche Weise die Chance zur Nachdenklichkeit" biete.

Beispiel: Im Rahmen eines Rechtsseminars stellen sich Praktiker vielfach auf den Standpunkt, dass mündliche Nebenabreden bei Vereinbarung von Schriftform unwirksam seien. Dabei treffen sie in der Praxis laufend mündliche Nebenabreden, obwohl sie Schriftform vereinbart haben. Sie erklären das insbesondere damit, dass das in heißen Phasen des Projektes gar nicht anders gehe.

IT-Fachleute haben manchmal Schwierigkeiten, die Vernunft von Rechtsfolgen anzuerkennen. Wenn z. B. ein Auftraggeber von einem großen Programmerstellungsvertrag zurücktritt (und alle Zahlungen zurückverlangt), halten sie das dann für ungerechtfertigt, wenn der alte Auftragnehmer nur noch wenige Monate gebraucht hätte, der neue Auftragnehmer aber ein vielfaches dieser Zeit für die Neuerstellung benötigen wird. Dem sind zwei Argumente entgegenzusetzen: Erstens bemüht sich das Recht schon sehr, Vernunft über den Grundsatz von Treu und Glauben walten zu lassen *[Kapitel 1.1.3]*. Zweitens muss das Gesetz gegenüber der vertragsbrüchigen Partei eine gewisse Härte zeigen, um sich nicht selbst in Frage zu stellen. Wenn der Auftraggeber also den für ihn unter dem Zeitaspekt nachteiligen Weg im oben angeführten Beispiel geht, muss das als rechtlich zulässig akzeptiert werden.

Die zweite Hauptschwierigkeit besteht darin, dass es einen (nicht überwindbaren) Konflikt zwischen der Einzelfallgerechtigkeit und Rechtssicherheit gibt: Der eine Vertragspartner hält das rechtliche Ergebnis in seinem Fall für „typisch schematisch/juristisch“, weil es seinem Fall nicht gerecht werden würde; der andere beruft sich darauf, dass man sich auf das Recht (= die Gesetze) verlassen können müsse. Eine Variante davon liegt darin, dass man den Prozess ungerechterweise verloren habe, weil man sein gutes Recht nicht habe beweisen können.

Es gibt auch unechte Schwierigkeiten, die dadurch entstehen, dass der IT-Fachmann die juristische Wahrheit verdrängt. Er lehnt sich nicht – wie gefordert – zurück, um die Rechtslage neutral zu analysieren. Es gibt viele Möglichkeiten, das nicht zu tun. Einige Scheinrechtfertigungen sind typisch:

- Der Lieferant meint, nur für das verantwortlich zu sein, was in seiner Macht liege, d. h. was er selbst realisieren könne, obwohl es vertraglich um eine Pflicht geht, die er übernommen hat. Er will also insbesondere für Umstände aus der Sphäre seines Vorlieferanten nicht verantwortlich sein.
  Beispiel: „Ich kann für Programmfehler in Fremdsoftware nicht verantwortlich sein, weil ich das Quellprogramm nicht habe.“ „Ich kann keine neue Version des Software-Produkts liefern, die die gesetzlichen Änderungen berücksichtigt, weil mein Vorlieferant mir noch keine geliefert hat.“ „... Handbuch ...“.
- Der Mangel sei unwesentlich, weil er vom Lieferanten mit geringem Aufwand hätte beseitigt werden können *[Kapitel 6.3 (1)]*.
- Man sei an Zusagen nicht mehr gebunden, wenn der andere Vertragspartner den Vertrag verletzt habe.
- Weil der andere Vertragspartner den Vertrag verletzt habe (und es immer noch tue), dürfe man das auch selbst tun.

(2) Objektive Hindernisse, mit dem Recht richtig umzugehen

Nach diesem relativ optimistischen Einstieg unter (1) soll nicht verschwiegen werden, dass auch der gewünscht nachdenkliche Rechtsgenosse seine erheblichen Schwierigkeiten mit dem Recht hat. Das hat der US-amerikanische Rechtsgenosse mit seinem auf Gerichtsentscheidungen aufbauenden System noch mehr als der deutsche mit seinem System mit Gesetzen. Unsere Rechtsordnung ist nicht gerade übersichtlich, verständlich und konkret *[Kapitel 1.1.2]* und hat mehr Fehler und Widersprüche als nötig.

Außerdem ist die Rechtsordnung nicht so schlüssig, wie gerade IT-Fachleute als logisch denkende Menschen es wünschen, um mit den Begriffen und Funktionen sicher arbeiten zu können. Diese Gedankenstrenge lässt sich nicht erreichen, weil widerstreitende Interessen berücksichtigt werden müssen *[das wird gerade bei der Darstellung der juristischen Methodik im Anhang 1 deutlich]*. Z. B. unterliegen AGB-Klauseln auch dann der Inhaltskontrolle (und können als unwirksam eingestuft werden), wenn der andere Vertragspartner sie gelesen und anerkannt hat. Denn das Recht will den anderen Vertragspartner hier schützen. Der andere Vertragspartner muss schon über die AGB-Klauseln verhandeln und sie dadurch zu Individualvereinbarungen machen, damit die Inhaltskontrolle entfällt *[vgl. Kapitel 1.1.4 (3.1)]*. Oder: Eine überraschende AGB-Klausel bleibt auch dann unwirksam, wenn der andere Vertragspartner sie gelesen hat und ihren Inhalt also kennt. Das irritiert. Denn wenn der Käufer bei Abschluss des Vertrags einen Mangel der Kaufsache kennt, entfallen Ansprüche wegen dieses Mangels. Wenn in einer AGB-Klausel steht, dass Anwendungssoftware mit einer englischsprachigen Benutzerdokumentation (also mangelhaft) geliefert wird, müsste das die Kenntnis eines Mangels vermitteln und damit Ansprüche wegen Mängeln entfallen lassen. Die Klausel bleibt im Normalfall unwirksam.

IT-Fachleute möchten sich gerne an juristische Konstruktionen, die Gesetzen zugrunde liegen oder aus ihnen abgeleitet werden, festhalten können. Diese sind aber nur Versuche greifbar zu machen, um was es wirklich geht, nämlich um die Lösung von Interessenkonflikten. Das soll an der juristischen Behandlung von zwei sich vom Ablauf her stark ähnelnden Situationen verdeutlicht werden:

- Der Lieferant macht ein Angebot zum Preis von 100. Der Anwender lehnt dieses ab und bestellt zum Preis von 95. Der Lieferant führt die Bestellung aus. Der Vertrag kommt dadurch zum Preis von 95 zustande *[Kapitel 2.1]*.

- Der Lieferant macht ein Angebot zu seinen Liefer-AGB. Der Anwender lehnt dieses ab und bestellt zu seinen Einkauf-AGB. Der Lieferant führt die Bestellung aus. Der Vertrag kommt zustande, aber nicht zu den Einkauf-AGB; vielmehr gelten von beiden AGB-Werken nur diejenigen Klauseln, die übereinstimmen *[Kapitel 1.1.4 (2)]*. Der Grund für die unterschiedliche Behandlung liegt darin, dass die Vertragspartner die AGB üblicherweise nicht so wichtig wie die individuellen Vereinbarungen nehmen *[vgl. das Rangverhältnis in Kapitel 1.3 am Anfang]*. Die allgemeine Konstruktion, wie ein Vertrag zustandekommt, wird hier wegen einer anderen Interessenkonstellation durchbrochen.

Das führt zur Frage, nach welchen grundlegenden Prinzipien die Gesetze Interessenkonflikte lösen *[Anhang 1]*, und zur ergänzenden Frage, ob die Richter wirklich danach vorgehen oder nicht stark aus dem juristischen Bauch (dem Bemühen um Gerechtigkeit) entscheiden.

Schließlich bereitet die Trennung von materiellem Recht und Beweislast IT-Fachleuten Schwierigkeiten.

IT-Fachleute haben noch ein ganz spezifisches Problem mit dem Recht: Ihr Verständnis des Vertragsrechts ist häufig durch Verträge über Software-Produkte von US-Anbietern geprägt. Sie lesen immer wieder dieselben langen Regelungen und gewinnen den Eindruck, dass diese erforderlich seien. Hinzu kommt der Eindruck, dass das kontinuierliche Verhalten der US-Anbieter nur auf der Grundlage zu verstehen sei, dass es rechtlich erforderlich und richtig sei. So halten IT-Fachleute Schutzhüllenverträge *[Kapitel 8.6.2]* immer wieder für wirksam, auch wenn sie sofort Zweifel bekommen, wie diese überhaupt zustande kommen können.

(2.1) **Rechtsvorschriften, die häufig verkannt werden:** Es gibt einige Rechtsvorschriften, die aus der Sicht eines Juristen zwar nicht überraschen sollten, die in der Praxis aber häufig verkannt werden. Teilweise ist das darauf zurückzuführen, dass entsprechend falsche Vorbildung vermittelt wurde. Die wichtigsten überraschenden Regelungen sind in der Abbildung „Rechtsvorschriften, die häufig verkannt werden" angeführt.

Rechtsvorschriften, die häufig verkannt werden

Schweigen ist eher Ablehnung als Zustimmung *[siehe Kapitel 2.1.5 und 2.2]*.

Werkverträge sind für den Auftragnehmer nicht wesentlich schlechter als Dienstverträge. Dienstverträge können gegen einen Festpreis, Werkverträge nach Aufwand vergütet werden.

Beim Rücktritt vom Vertrag geht es vor Gericht um eine Ja/Nein-Entscheidung, also um alles oder nichts *[das macht es so verständlich, dass Gerichte in solchen Fällen auf Vergleiche drängen]*. Der eingeklagte Betrag (die gezahlte Vergütung) wird nur ausnahmsweise entsprechend dem Verschulden der beiden Vertragspartner aufgeteilt.

Die wegen Verzugs verwirkte (= zu zahlende) Vertragsstrafe verfällt, wenn sie bei Annahme der Leistung nicht vorbehalten wird (§ 341 Abs. 3 BGB) *[Kapitel 3.9 (1)]*.

Die Vertragsstrafe pauschaliert nicht und begrenzt nicht den Schadensersatz, sondern stellt nur den Mindestschaden dar; der weitergehende Schaden ist also zu ersetzen (§ 340 Abs. 2 BGB) *[Kapitel 3.9 (1)]*.

Der Urheberrechtsschutz an Programmen bezieht sich auf die Darstellung (Programmkonstruktion), nicht auf die im Programm enthaltenen Ideen.

Der Auftragnehmer haftet (fast) nur für versteckte Mängel *[Kapitel 6.3.8 (3)]*.

(2.2) **Eigener/Eigentümlicher juristischer Sprachgebrauch:** Jedes Fachgebiet hat seine Fachsprache, die Fachfremde kaum interessiert. Das Problem für die Rechtsgenossen ist, dass sie die juristische Fachsprache ansatzweise in ihrer Praxis verwenden und also auch verstehen sollen: Die Gesetze wenden sich an sie, ebenso Verträge; Juristen nehmen bei deren Formulierung aber wenig Rücksicht darauf. Manche Begriffe werden in dieser Fachsprache – zum Teil unnötig! – anders als im normalen Sprachgebrauch verwendet. Insbesondere bei den folgenden Begriffen haben Nicht-Juristen häufig Verständnisschwierigkeiten.

Hemmung der Verjährungsfrist im Rechtssinn = Unterbrechung im normalen Sprachgebrauch *[Kapitel 3.10 (3)]*.

Zahlungserinnerung ist eine (freundliche) geschäftliche Erklärung, aber keine, die Rechtsfolgen auslösen soll, ist also keine Mahnung, schafft also noch nicht Zahlungsverzug des Anwenders (dieser kommt aber automatisch in Zahlungsverzug *[Kapitel 3.3.1 (2)]*).

Garantieren/Zusichern begründet in der Regel eine Verschärfung der Haftung gegenüber dem bloßen Vereinbaren einer Pflicht *[siehe auch Kapitel 3.1 (3)]*.

Produkthaftung ist nicht die allgemeine vertragliche Haftung für die Lieferung mangelhafter Produkte, sondern die ganz spezielle außervertragliche des Herstellers, die allerdings nur Personen- und Sachschäden, nicht auch reine Vermögensschäden abdeckt *[Kapitel 3.7]*.

Ausschließliche Nutzungsrechte sind nicht dasselbe wie unbeschränkte Nutzungsrechte *[Kapitel 5.3.3 (3)]*.

„Ein Vertrag" wird vom Nicht-Juristen oft wie „ein Kontrakt" verstanden: diese Leistung gegen jene Gegenleistung. Andere Leistungen fallen nicht unter den Vertrag (= sind ausgeschlossen). Für den Juristen können viele weitere Leistungen unter den Vertrag (= das Vertragsverhältnis) fallen; diese sind aber gesondert zu vergüten.

Beispiel: Aufklärung einer unberechtigten Mängelmeldung als Bedienungsfehler.

Beispiel: „Der Pflegevertrag beginnt nach Ablauf der Verjährungsfrist für Mängelansprüche." Wahrscheinlich soll nur die Zahlungspflicht erst später beginnen – Telefonunterstützung soll von vornherein erbracht werden. „Die Lieferung weiterentwickelter Versionen fällt nicht unter diesen Vertrag." Wahrscheinlich sollen diese auf Anforderung des Anwenders unter dem bestehenden Vertragsverhältnis geliefert und gesondert vergütet werden; vielleicht sollen sie gesondert beauftragt werden.

„Urkunde" klingt gewichtig, erinnert an die Beurkundung bei einem Notar, ist aber nichts anderes als ein Dokument (beinhaltet eine Erklärung und lässt den Aussteller erkennen).

„Geschäftsführungsbefugnis" klingt auch gewichtig und erinnert an den Geschäftsführer, ist aber nichts anderes als die Zuständigkeit für bestimmte Aufgaben (gemäß Arbeitsplatzbeschreibung) *[Kapitel 2.4 (1)]*.

„Grundsätzlich" sagt der Jurist, um zu verdeutlichen, dass es durchaus auch Ausnahmen gibt. Nicht-Juristen wollen das lieber als „in der Regel" bezeichnet haben („Grundsätze dulden keine Ausnahmen."). „In der Regel" lässt hingegen für Juristen weniger an Ausnahmen zu.

(2.3) **Schwierigkeiten, eine Lebenssituation rechtlich zu analysieren:** Es kann für den Nicht-Juristen schwierig sein, die operative Organisation von Leistungsbeziehungen von deren rechtlicher Organisation zu unterscheiden. Rechtlich kommt es auf die letztere an. Von der Lebenswirklichkeit des IT-Fachmanns her dominiert die erstere. Das verstellt den Blick.

Wenn beispielsweise zwei Lieferanten tätig geworden sind, muss der Jurist oft lange nachfragen, um herauszufinden, ob sie als gleichrangige Auftragnehmer tätig geworden sind oder einer als Hauptauftragnehmer und der andere als Unterauftragnehmer.

Ich habe lange Zeit meinen Gesprächspartnern die Frage gestellt, was sie zu tun gehabt hätten. Jetzt frage ich, was sie vertraglich schulden würden.

Ein gewisser juristischer Formalismus ist unvermeidbar: So ist eine Tochtergesellschaft des Anwenders ein Dritter, eine Zweigniederlassung hingegen nicht. Wenn ein für den Anwender erstelltes Programm nicht an Dritte weitergegeben werden darf, scheiden Tochtergesellschaften als Empfänger nach dem Buchstaben des Vertrags aus.

IT-Fachleute erklären oft, dass rechtlich etwas nicht sein könne, weil es in der Praxis nicht durchsetzbar sei. Für Juristen kann nur das nicht sein, was aus Rechtsgründen ausgeschlossen ist. Das sind nur unmögliche Leistungen, nicht aber schon solche, die in der Praxis nicht durchsetzbar sind. Jeder kann eine Pflicht übernehmen, auch wenn er sie aus Gründen der Praxis nicht erfüllen kann – wohl aber ein anderer.

(3) Subjektive Hindernisse, mit dem Recht richtig umzugehen

Die objektiven Hindernisse werden den Nicht-Juristen im Allgemeinen nicht einmal sehr stören, weil er sich gar nicht so sehr mit dem Vertragsrecht befasst. Nach meinen Erfahrungen stößt sich der IT-Fachmann mehr daran, dass das Recht so wenig mit Moral, mit Anstand zu tun habe *[vgl. Anhang 1.1]*. Ihm entscheiden die Richter zu sehr nach formalen Regeln und zu sehr nach der Beweislast und der formalen Beweiserbringung (der Richter würde die typische Lebenssituation zu wenig einbeziehen). Ein gewisser Formalismus ist nötig, damit Menschen in Streitfällen miteinander umgehen können. Jeder möge sich selbst beobachten: Bei Auseinandersetzungen beruft sich jeder auf formale Positionen.

Gegen dieses Unbehagen gegenüber dem Formalen kann jeder im eigenen Bereich etwas unternehmen, nämlich die Spielregeln des Rechts beachten und Beweismittel schaffen. Dem stehen zwei Hindernisse entgegen, nämlich der Aufwand und die eigene Psyche.

Erst einmal beinhaltet es Aufwand, die Grundzüge des Vertragsrechts zu lernen. Ich werde immer wieder nach fertigen Mustern für Allgemeine Lieferbedingungen und für Verträge gefragt. Ermitteln der Anforderungen, Schulung in der Lösung: Was Lieferanten den Anwendern ihrer Standardsoftware empfehlen, sehen sie für sich als Anwender von Standard-Vertragsbedingungen als unnützen Aufwand an.

Dann ist es aufwendig, einen Vertrag konsistent und klar zu formulieren *[zu den Maßnahmen siehe IT-Projektmanagement Kapitel 2.5]*.

Weiterhin ist es mühselig, die einzelnen Punkte vollständig zu formulieren und in den Gesamtzusammenhang einzuordnen. Ich habe mehr Arbeit damit, aus Dokumenten herauszuarbeiten, was die Vertragspartner überhaupt gewollt haben, als zu einem nicht geregelten oder strittigen Punkt die Rechtslage zu ermitteln!

Das endet bei der Vertragsdurchführung u. a. damit, dass es aufwendig ist, Verträge fortzuschreiben, wenn die Leistungen geändert oder die Folgen von Vertragsverletzungen geklärt werden sollen (Fortschreibung von Terminen!).

Viele erwarten bei Schwierigkeiten, dass sie entsprechend ihrem Handeln auf der geschäftlichen Ebene auf der rechtlichen Ebene geschützt werden, und werden enttäuscht. Dabei hat man schon als Kind beim Spielen gelernt, dass man sich an die Spielregeln halten muss. Wenn man von ihnen zu Gunsten des Gegners abweicht, kann man sich nicht darauf berufen. Man kann oder muss sogar dafür bestraft werden. Wer z. B. beim Mensch-ärgere-Dich-nicht-Spiel den Gegner nicht schlägt, obwohl er die Möglichkeit dazu hat, wird bestraft: Sein Stein, der das Schlagen unterlassen hat, wird hinausgestellt. Die Rechtsordnung folgt der günstigen Variante: Man wird nicht automatisch bestraft. Aber man kann vom Gegner bestraft werden.

(4) Juristische Auseinandersetzungen

Kommt es zu einer Auseinandersetzung, an der Juristen beteiligt werden, entsteht vielfach das Gefühl des Versagens. Man war nicht imstande, eine Lösung auf der von einem selbst beherrschten Ebene zu schaffen. Man wird mit seinen Fehlern konfrontiert, seien es solche in der Projektabwicklung oder solche auf der Ebene des Vertrages (schlechte Formulierung; kein Nachführen des Vertrags bei Leistungsänderungen; kein Schaffen von Beweismitteln).

Und dann wird man den Juristen ausgeliefert. Man kann ihnen die Realität nicht vermitteln. Sie entscheiden nach Schemata, in die die Realität hineingepresst wird.

2.2 Schwierigkeiten mit Juristen umzugehen

Schwierigkeiten mit dem Recht hat man besonders, wenn man ein Problem hat *[vgl. Anhang 2.1 (4)]*. Verständlicherweise fühlt man sich gegenüber jenem, der bei der Lösung dieses Problems helfen soll, nicht wohl.

(1) Wie erscheint der Jurist?

Das Ansehen der Rechtsanwälte in der Bevölkerung ist hoch. Seit Jahren „streiten" sie mit den Professoren um Rang 3 (nach den Ärzten und Pfarrern in den Spitzenpositionen), wie Umfragen des Allensbacher Instituts für Demoskopie ergeben.[2] Für Juristen steht aber auch fest, dass sie – trotz ihres Ansehens – unbeliebt sind.[3]

IT-Fachleute erklären mir häufig, dass Juristen anders denken würden, insbesondere nicht problemorientiert, sondern statisch. Juristen können m. E. durchaus zielgerichtet denkend handeln, wenn sie Probleme lösen dürfen. In diesem Zusammenhang sprechen IT-Fachleute den Juristen aber kaum an. Vielmehr sprechen sie ihn im Hinblick auf die Rechtslage an:

Bei der Vertragsvorbereitung soll er auf Risiken hinweisen. Es kann den Praktiker nerven, was Juristen alles fordern, sei es inhaltlich *[siehe unter (2)]*, sei es formal, um eigentlich wasserdichte Regelungen noch wasserdichter zu machen. Denn wenn es zum Streit komme, würde der Gegner (dessen Anwalt) alles bestreiten, was dieser bestreiten könne, ohne schamrot zu werden.

2 Laut Anwaltsblatt 2001, 562 „Berufsprestige und Anwaltschaft" landeten sie 1999 auf Platz 4 nach Ärzten, Pfarrern und Hochschullehrern, wobei die Unternehmer sie fast eingeholt haben.
Wolfgang Hartung, Die Anwaltschaft im wirtschaftlichen Abseits, Anwaltsblatt 2002, S. 268 ff., 271 führt das abnehmende Ansehen darauf zurück, dass insbesondere die Rechtsanwälte sich heute weniger als Organ der Rechtspflege (Verhältnis der Über-/Unterordnung zum Mandanten) und mehr als Dienstleister verstehen und verhalten würden.

3 Johann Braun, Über die Unbeliebtheit des Juristen, JuS (Juristische Schulung) 96, 287 ff. leitet seinen Beitrag mit der Frage ein: „Warum sind Juristen bei Nichtjuristen so unbeliebt?" und zitiert mehrere Bücher mit entsprechendem Titel. Nach seiner Analyse würden die Ursachen dafür kaum bei den Juristen liegen, sondern eher bei den Nicht-Juristen („Besserwisser"). Und wie wird der Jurist am besten damit fertig? Antwort (S. 290): Die Erfüllung der Pflicht, Not abzuwenden, schaffe ein Gefühl der Selbstzufriedenheit.

Bei der Vertragsdurchführung fragt der Projektleiter den Juristen nicht, wie man das Problem lösen könne, sondern wie die Rechtslage sei. Er benötigt vom Juristen einen Teil der Grundlage, die er für seine Entscheidungsfindung braucht (manchmal fragt der Praktiker nach der Problemlösung und muss sich erst einmal anhören, wie die rechtliche Grundlage dafür ist).

Wenn das Projekt gescheitert ist, geht es sowieso nur noch um unerfreuliche Aufräumarbeiten. Dann benötigt man den Juristen am meisten.

Überhaupt ganz allgemein: Der Jurist soll doch bitte die Konzepte, die man hat, hinsichtlich der rechtlichen Seite umsetzen. Er arbeitet aber nicht wie ein Programmierer, der sich nur Rückfragen erlaubt, sondern erklärt, was gehe und was nicht gehe, und gewinnt dadurch, dass er die gesetzlichen Vorschriften kennt und die Regelungen formuliert, Herrschaftswissen.

(2) Der eigene Jurist

Der eigene Jurist, der einem helfen soll, scheint oft das Problem nicht zu verstehen. Selbstverständlich gibt es Juristen, die in ihrem Fach schlecht sind, und auch solche, die sich nicht ausreichend auf ihnen fremde Sachverhalte einstellen können. Grundsätzlich ist es aber eine Stärke von Juristen, sich in neue Sachverhalte einzuarbeiten. Ich behaupte, dass die Gefahr eher darin liegt, dass viele Juristen dazu neigen, mehr Sachkenntnis vorzuspiegeln, als sie haben. Sie tun das, indem sie anscheinend souverän mit den Begriffen[4] und den funktionalen Zusammenhängen, die ihnen mitgeteilt worden sind, argumentieren. Man braucht nur zu sehen, mit welchem Mut Juristen Aufsätze oder sogar Bücher über IT-Rechtsfragen schreiben, aus denen fachliches Halbwissen entgegenspringt. Ein Jurist, heißt es unter Juristen, ist jemand, der von allem etwas und von nichts viel versteht.

IT-Fachleute sollen sich also fragen, ob Kommunikationsprobleme nicht auch von ihnen mitverursacht werden. Wie sehr werfen sich die IT-Fachleute schon untereinander vor, ihre Fachsprache als Herrschaftsinstrument einzusetzen! Vor Gericht gelten Ärzte und IT-Fachleute als diejenigen (Zeugen), die sich am wenigsten darum bemühen, sich verständlich auszudrücken.

Es soll aber nicht bagatellisiert werden, dass die Juristen ihrerseits häufig Herrschaftsverhalten an den Tag legen. Sie gefallen sich häufig in Konstruktionen und in spielerischen Formulierungen. Es kommt hinzu, dass Juristen häufig die Lösung des Falls in rein juristischen Fragestellungen suchen. Das kann schon deswegen berechtigt sein, weil (= wenn) die Argumentationskette der Gegenseite dort am einfachsten aufgebrochen werden kann. Außerdem fühlt sich der Jurist bei solchen Fragestellungen sicherer. Der IT-Fachmann fühlt sich aber erst einmal verständlicherweise verunsichert. Viele IT-Fachleute mögen auch nicht Lösungen, die am eigentlichen Problem vorbeigehen, insbesondere dann nicht, wenn sie mit dem anderen Vertragspartner weiterhin zusammenarbeiten wollen/müssen.

---

4 Braun (Fn 3) S. 288: „Die Erfolgsrate von beiden Parteien zusammen [vor Gericht] entspricht exakt dem Zufall." – Sie entspricht 1.
Graf von Westphalen u. a., Der Jahr 2000 Fehler, Köln 1999 RZ 405: befasst sich damit, ob „die Kaufsache für das Jahr 2000 kompatibel" sein müsse.

Zur Förderung der effektiven Zusammenarbeit mit Juristen sei noch eines gesagt: Viele Menschen reden den Sachverhalt schön, sagen gegenüber ihrem Juristen sogar die Unwahrheit (insbesondere durch Weglassen wesentlicher Tatsachen). Von der Zielsetzung her ist es effektiver, zuerst die eigenen Fehler aufzuzählen – wobei ein Mitarbeiter das mit seiner Stellung im Unternehmen abwägen muss.

(3) Der gegnerische Jurist

Der gegnerische Jurist hat meist die Aufgabe, die Rechtsposition, die man zur Begründung seines Interessenstandpunkts aufgebaut hat, auf Teufel komm raus zu bestreiten. Also bestreitet er Tatsachen: Die Gegenseite würde es bei einem Prozess schwer haben, diese zu beweisen. Der andere solle doch besser keinen Rechtsstreit riskieren. Den IT-Fachmann ärgert dieses Bestreiten. – Der gegnerische Jurist verdreht einem die Worte im Munde; er übertreibt die Sünden der Gegenseite und verharmlost die der eigenen Seite (wie es auch der eigene Jurist gegenüber der anderen Seite tut).

Bei Verhandlungen (über Streitpunkte, manchmal auch über Verträge) kann jeder der beiden Juristen die Aufgabe des Minenhundes haben: Er wird erst einmal vorgeschickt, um die Position der Gegenseite auszukundschaften. Wenn der gegnerische Verhandlungsführer dann hochgeht, weiß der eigene Verhandlungsführer, dass sein Jurist zu weit gegangen ist, und kann abschätzen, wie weit er gehen kann, um dann vermittelnd einzugreifen.

Die Auseinandersetzungen zwischen Juristen können sich auch verselbständigen. Jeder von ihnen kann einen rechtlich gut begründeten Standpunkt haben, einmal weil man sowieso unterschiedlicher rechtlicher Meinung sein kann, sodann weil man die Tatsachen unterschiedlich sehen kann. Noch schlimmer ist es, wenn einer der Juristen einen schwachen Standpunkt hat. Er blockiert den Dialog, in dem er immer wieder dasselbe sagt (man kann auch dann immer wieder dasselbe sagen, weil man Recht hat!). – Der IT-Fachmann soll aber nicht glauben, dass Rechtsanwälte am Prozessieren vor Gericht interessiert sind. Schon das finanzielle Argument sollte den IT-Fachmann überzeugen: Der Ertrag pro Zeiteinheit ist für den Rechtsanwalt mit weitem Abstand günstiger, wenn sich die Parteien vergleichen (es gibt als Belohnung eine zusätzliche Vergleichsgebühr!), als wenn sie vor Gericht ziehen. Nur bei schlechter Auslastung seiner Arbeitskraft lohnt sich ein Prozess für einen Rechtsanwalt.

Dafür spricht auch die Statistik: Die Zahl der Rechtsanwälte hat in den letzten Jahrzehnten sehr stark zugenommen; die Zahl der Prozesse hat sich nur leicht erhöht. Der Umsatz der Rechtsanwaltschaft insgesamt hat stark zugenommen; die Rechtsanwaltschaft hat also ihren Umsatz durch außergerichtliche Tätigkeit erhöht.

Auch Vertragsverhandlungen können durch die Teilnahme von Juristen leiden. Sie können um jede Regelung kämpfen, auch wenn es sich gar nicht lohnt. So komisch es klingen mag: Der Auftragnehmer kommt u. U. besser aus Vertragsverhandlungen heraus, wenn nur der Auftraggeber einen Rechtsanwalt mitbringt (der dann einmal die wahre Rolle des Rechtsanwalts ausüben darf. Über die Beteiligung von Firmenjuristen der Auftragnehmer wird mir das gelegentlich auch berichtet).

Schließlich kann stören, dass der gegnerische Jurist unter einem gewissen Erfolgszwang steht, insbesondere wenn er (selbständiger) Rechtsanwalt ist: Sein Auftraggeber erwartet, dass er etwas herausholt (das gilt auch für den eigenen Rechtsanwalt!).

(4) Der Richter

Es besteht ein gewisses Vorurteil gegen die Qualität von Richtern. Dieses scheint vor allem von deren schlechter Presse her zu kommen: Diese veröffentlicht fast nur das, was Fehlurteile sind oder was die Presse als solche ansieht (und entsprechend darstellt).

Kommen IT-Fachleute mit Richtern in Kontakt, bemängeln sie erst einmal deren Unkenntnis, und zwar sowohl der IT-Technik als auch des Fachgebiets,[5] in dem die Informationsverarbeitung eingesetzt worden ist.[6] Ich kann nur darauf hinweisen, dass ein Richter an einem Verhandlungstag sich mit so vielen Sachgebieten auseinandersetzen muss, dass er diese auch nicht ansatzweise beherrschen kann. Dann kommt die Forderung nach Spezialisierung der Richter. Aber die lohnt nur, wenn dann genügend Fälle zusammenkommen. Das ist in IT-Sachen überhaupt nur bei größeren Landgerichten der Fall.

Dann möge der Richter sich, so die IT-Fachleute, doch wenigstens um Verständnis für den Fall bemühen! Dann mögen, kann ich nur antworten, die Parteien den Fall erst einmal verständlich vortragen. Ich muss aber einräumen, dass das nicht auszureichen braucht. Wenn ich zu einem (mir unbekannten) Gericht muss, gehe ich möglichst eine halbe Stunde vorher in den Gerichtssaal, um den Richter etwas kennenzulernen. Ich bin oft erstaunt, wie sachkundig und rechtlich überzeugend der Richter die Verhandlung führt. Dann kommt mein IT-Fall, und dann gehen die Klappen zu.

Statt sich in den Fall einzuarbeiten, dränge der Richter auf einen Vergleich, lautet die nächste Beobachtung der IT-Fachleute. Man vergegenwärtige sich die Situation: Jede Partei will gewinnen. Das geht nicht. Außerdem liegt die Wahrheit oft in der Mitte. Ein Urteil wird dem u. U. nicht gerecht, insbesondere wenn es einseitig sein muss *[vgl. Anhang 2.1 (2.1) über die Ja/Nein-Entscheidung beim Rücktritt]*. Ein Vergleich dient dem Rechtsfrieden und verringert den Berg unerledigter Akten.

Wenn es zu einem Urteil kommt, wundert sich der Verlierer oft, wie einseitig das Urteil zugunsten des Siegers ist. Richter wollen souverän erscheinen; außerdem wollen sie dem Verlierer klarmachen, dass er nur unnötig Geld ausgibt, wenn er in die nächste Instanz geht. Deswegen werden Entscheidungen häufig einseitig abgefasst, auch wenn der Richter lange abgewogen hat, wie er entscheiden soll.

---

5 Das ist viel nachteiliger als mangelnde Kenntnis der Technik. Denn wenn es darauf ankommt, geht es um die geschuldete Leistung (Sollbeschaffenheit), und damit muss sich der Richter selbst beschäftigen. Wenn der Anwender Ausfälle einer IT-Anlage geltend macht, kann der Richter sachgerecht handeln, nämlich einen Sachverständigen zur „Entscheidung" des Problems einschalten.

6 Beispiele dafür sind, dass in Urteilen häufig „Faktorierung" statt „Fakturierung" (diktiert und) geschrieben (und nicht korrigiert) wird; „Standart-Software" ist bei Gerichten weit verbreitet.

Abkürzungsverzeichnis

a. a. O	am angegebenen Ort
Abs.	Absatz
AFG	Arbeitsförderungsgesetz
AG	Amtsgericht
AGB	Allgemeine Geschäftsbedingungen
AÜG	Arbeitnehmerüberlassungsgesetz
Aufl.	Auflage
BGB	Bürgerliches Gesetzbuch
BGH	Bundesgerichtshof
BVB	Besondere Vertragsbedingungen (der öffentlichen Hand für DV-Leistungen)
ECR	(Zahrnt) Entscheidungen zum Computerrecht
EVB-IT	Ergänzende Vertragsbedingungen (der öffentlichen Hand) für IT-Leistungen
GWB	Gesetz gegen Wettbewerbsbeschränkungen
HGB	Handelsgesetzbuch
PatG	Patentgesetz
PC	Personal Computer
PCM	Plug Compatible Manufacturer
PDV	Prozessdatenverarbeitung
PPS	Produktionsplanungs- und Steuerungssysteme/-software
RZ	Rechenzentrum
Rnd/Rz	Randnummer/-ziffer
SW	Software
TDG	Teledienstegesetz
TDDSG	Gesetz über den Datenschutz bei Telediensten
UrhG	Urheberrechtsgesetz
UWG	Gesetz gegen den unlauteren Wettbewerb
VO-Info	Verordnung über Informationspflichten im Bürgerlichen Recht
WIPO	World Intellectual Property Organization
ZPO	Zivilprozessordnung

Literaturhinweise

1. Bücher

Engisch, Karl Einführung in das juristische Denken
Verlag W. Kohlhammer 1997, 9. Auflage

Zahrnt, Christoph/Erben, Meinhard: IT-/DV-Verträge: Wirksame und unwirksame Allgemeine Geschäftsbedingungen
Hüthig Verlag, 2. Aufl. 2001

Zahrnt, Christoph: Computervertragsrecht in Rechtsprechung und Praxis
Verlag Dr. Otto Schmidt (Loseblatt)

Zahrnt, Christoph: Entscheidungen zum Computerrecht – ECR
Verlag Dr. Otto Schmidt (Loseblatt)

Zahrnt, Christoph: Projektmanagement von IT-Verträgen
dpunkt Verlag, 1. Aufl. 2001

2. Gesetzestexte

Beck'sche Textausgabe **BGB. Bürgerliches Gesetzbuch**, Verlag C.H. Beck (gebunden) oder
BGB. Bürgerliches Gesetzbuch, Beck-Texte im dtv Nr. 5001

Beck'sche Textausgabe **Handelsgesetzbuch**, Verlag C.H. Beck (gebunden) oder
Handelsgesetzbuch, Beck-Texte im dtv Nr. 5002

Urheber- und Verlagsrecht, Beck-Texte im dtv Nr. 5538

Stichwortverzeichnis

Abkürzungen:
AG – Auftraggeber/Anwender
AN – Auftragnehmer/Lieferant
E – Erstellung
HW – Hardware
I.P. – Individualprogramm(e)
L – Lieferung
P – Programm(e)
PE – Programmerstellung
PE-V – Programmerstellungsvertrag
SW – Software
SW-P – Software-Produkt(e)